わかるをつくる

中学

社会

GAKKEN PERFECT COURSE

SOCIAL STUDIES

Gakken

PERFECT COURSE

はじめに

「わかる」経験は，今の世の中，勉強しなくても簡単に手に入ります。たいていのことは，スマホで検索すればわかります。計算もできるし，翻訳機能を使えば，英語を話せなくても海外旅行だってできます。こんなに簡単に「わかる」が手に入る社会に，人は今まで暮らしたことがありません。

こんなにすぐに答えが「わかる」世の中で，わざわざ何かを覚えたり，勉強したりする必要なんて，あるのでしょうか？

実はこんな便利な時代でも，知識が自分の頭の「中」にあることの大切さは，昔と何も変わっていないのです。運転のやり方を検索しながら自動車を運転するのは大変です。スポーツのルールを検索しながらプレーしても，勝てないでしょう。相手の発言を検索ばかりしながら深い議論ができるでしょうか。

知識が頭の「中」にあるからこそ，より効率よく課題を解決できます。それは昔も今も，これからもずっと変わりません。そしてみなさんは，自分の「中」の知識と「外」の知識を上手に組み合わせて，新しいものを，より自由に生み出していくことができるすばらしい時代を生きているのです。

この『パーフェクトコース わかるをつくる』参考書は，意欲さえあればだれでも，学校の授業をも上回る知識を身につけられる道具です。検索サイトをさがし回る必要はありません。ただページを開くだけで，わかりやすい解説にアクセスできます。知識のカタログとして，自分の好きな分野や苦手な分野を見つけるのにも役立ちます。

そしてこの本でみなさんに経験してほしい「わかる」は，教科の知識だけではありません。ほんとうの「わかる」は，新しいことを学ぶ楽しさが「わかる」ということ。自分が何に興味があるのかが「わかる」ということ。学んだことが役に立つよろこびが「わかる」ということ。検索しても手に入らない，そんなほんとうの「わかる」をつくる一冊に，この本がなることを願っています。

学研プラス

PERFECT COURSE

本書の特長

本書は，中学生の社会の学習に必要な内容を広く網羅した参考書です。テスト対策や高校入試対策だけでなく，中学生の毎日の学びの支えとなり，どんどん力を伸ばしていけるように構成されています。本書をいつも手元に置くことで，わからないことが自分で解決できるので，自ら学びに向かう力をつけていくことができます。

「わかる」をつくる，ていねいな解説

基礎的なことを一から学びたい人も，難しいことを調べたい人も，どちらの人にも「わかる」と思ってもらえる解説を心がけました。写真や図表などの資料も豊富で，理解を助けます。用語だけの短い箇条書きではなく，文章によるていねいな解説があるので，読解力・思考力も身につきます。関連事項へのリンクやさくいんも充実しているので，断片的な知識で終わることなく，興味・関心に応じて次々に新しい学びを得ることができます。

「自ら考える力」が身につく

「BRICSが発展したのは，なぜ？」「集団的自衛権の問題点は？」など，知識だけでは太刀打ちできない問題とその考え方を，本文やコラムに掲載しています。社会科では，知識と関連付けながら，ものごとの背景や理由を理解することが，とても重要です。本書に出てくるさまざまな問いの答えを，自分で考え，導き出すことで，一生役立つ社会の力を身につけてください。

高校の先取りも含む，充実の情報量

本書は学習指導要領をベースにしつつも，その枠にとらわれず，より発展的な内容や，教科書では習わないような豆知識も紹介しています。高校入試対策や将来の学習に役立つだけでなく，新たな問題や学ぶべきことを自ら発見・解決し，自立して学び続ける姿勢を身につけることができます。

監修者紹介

太田弘
［おおた・ひろし］
元 慶應義塾普通部教諭

専門分野…地図学，地図・地理教育。著書「ニューヨーク都市地図集成」（柏書房），「航空図のはなし（改訂版）」（成山堂書店），「地球診断」（講談社）
中学生のときの夢…地理の教員。
中学生へのメッセージ…インターネットで世界の詳細がわかる時代になりましたが，旅に出て，実際に肌で世界の自然と文化・人に触れてください。

菊池陽太
［きくち・ようた］
開成中学校・高等学校教諭

専門分野…ヨーロッパ近代史（ヴィクトリア朝期［19世紀］のイギリス），世界史教育。
中学生のときの夢…両親ともに教師で尊敬していたため，教師になるのが夢でした。
中学生へのメッセージ…「歴史とは，現在と過去との対話である。」これは，ある歴史家の有名な言葉です。歴史の学習も，ただ無味乾燥な語句の暗記に終始するのではなく，過去との対話を通じて現在を考えようとする姿勢が大切です。

近藤剛
［こんどう・つよし］
開成中学校・高等学校教諭

専門分野…日本古代中世対外関係史（日本高麗関係史）
中学生のときの夢…歴史・学校が大好きだったので，社会の先生になるのが夢でした。
中学生へのメッセージ…世の中で起きていることには必ず歴史があり，それをどう認識するかによって，未来を切り開く手がかりが得られることもあれば，争いのきっかけになってしまうこともあります。中学の歴史は一つの認識を育む基礎になります。大いに学び，人生を豊かにしてもらえればと願っています。

佐伯暖
［さえき・だん］
開成中学校・高等学校教諭

専門分野…教育学が専門でした。「学校の勉強と塾の勉強の違いは何？」「そもそも学校の役割って何？」というような問いを探究していました。
中学生のときの夢…教師のほか，地図を作る仕事。地図を眺めるだけで幸せな，変な子でした。
中学生へのメッセージ…「裁判官という職業は不要で，判決は住民の多数決に委ねればいいのでは？」「お札に価値を認めるなんて変で，もっと実用的なものを貨幣にするべきでは？」そんな問いに対しても，公民は応える道具を揃えています。素朴な問いを大切にしつつ学びましょう。

構成と使い方

ここでは，この本の全体の流れと各ページの構成，使い方について解説しました。

◉本書の構成

目次 ➡ **地理編**［全4章］ ➡ **歴史編**［全7章］ ➡ **公民編**［全5章］ ➡ **巻末資料** ➡ さくいん

地理編	歴史編	公民編
● 編の導入	● 編の導入	● 編の導入
● 章の導入	● 章の導入	● 章の導入
● 本文	● 本文	● 本文
● 地図で極める	● 歴史年表	● 思考力UP［コラム］
● 思考力UP［コラム］	● 思考力UP［コラム］	● 確認問題
● 確認問題	● 確認問題	

◉本文ページ

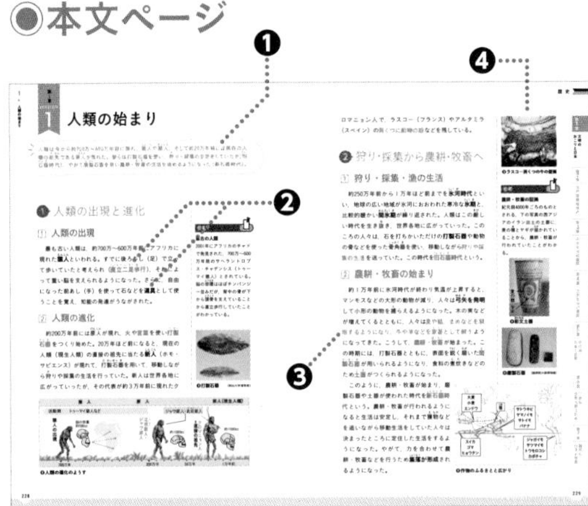

❹ サイドコーナーについて
サイドには以下のようなコーナーがあります。

データFILE／資料
統計資料または法令などを取り扱う。

参考
本文に関連して，参考となるような事項を解説。

用語解説
重要用語について，詳しく解説。

ミス注意
間違えやすい内容について取り上げ，解説。

くわしく
本文の内容をさらに詳しく補足。

発展
発展的な内容について取り上げ，解説。

なぜ?
重要事項の背景や理由について解説。

史料
重要な歴史史料などから，一部を抜粋。

KEY RERSON
本文に登場する重要人物について解説。

❶ リード
この節で学習することを簡潔に分かりやすく，まとめています。

❷ 赤い太字と黒い太字
特に重要な用語は赤い太字に，
それに次いで重要な用語は黒い太字にしてあります。

❸ 色文字
おさえておくべき大事なポイントは色文字にしています。

● 思考力UP
「摂関政治を行うことができたのはなぜ？」など，
本文に関連して，ものごとの理由を考える問いを設けています。

● Episode（エピソード）
本文に関連した内容で，旬なテーマや興味深い話題について，詳しく解説しました。

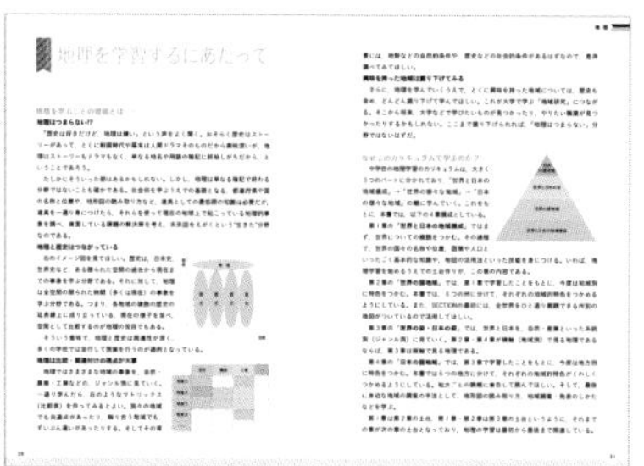

編の導入 [トップページ]
ここでは，地理・歴史・公民を学ぶ意義などについて記述しています。学習を始める前に，心にとめておいてほしいことをまとめました。

章の導入 [トップページ]
各章の内容を，目を引くイラストで表現しました。関連した問いと，ヒントとなるSECTION（セクション）を紹介しているので，本文から探してみましょう。

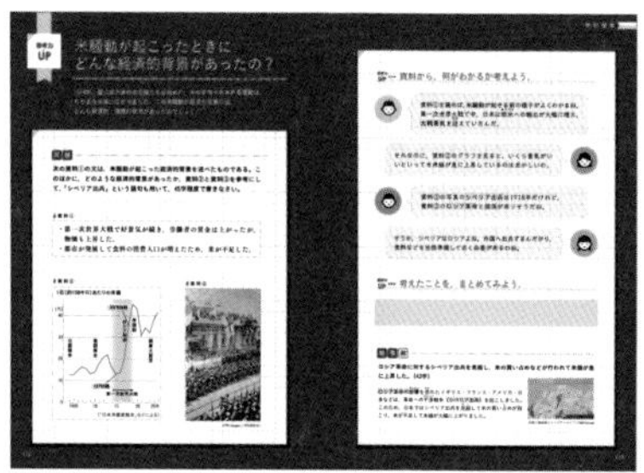

思考力UP [コラム]
知識だけでは太刀打ちできない問題を考えるコラムです。資料や生徒たちの会話をヒントに答えを導き出すので，考える力が鍛えられます。

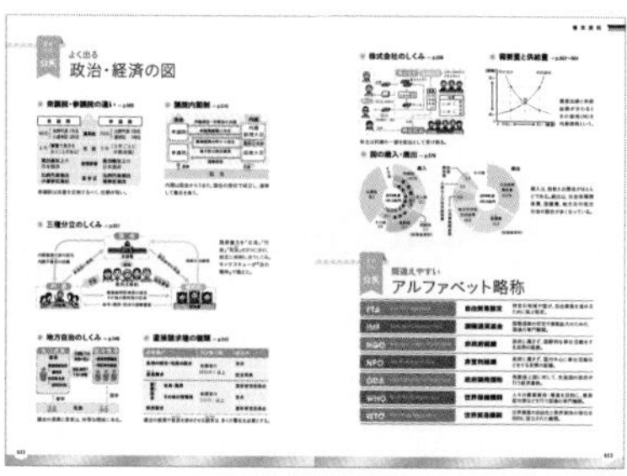

巻末資料
地理・歴史・公民の重要な資料をまとめました。定期テストや入試でよく出る地図，写真，図表をすぐ確認できるので，直前対策にも役立ちます。

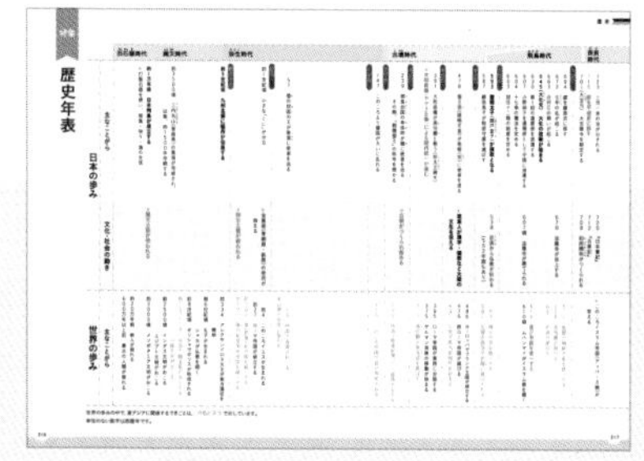

特集 歴史年表
日本と世界の政治・外交・文化の動きを総合した年表で，歴史全体の流れがつかめます。

目次

学研パーフェクトコース
わかるをつくる **中学社会**

地理編

第1章 世界と日本の地域構成 22

第2章 世界の諸地域 46

歴史編

第3章　中世社会の展開　268

第4章　近世社会の展開　302

第6章 二度の世界大戦と日本

公民編

第3章 現代の民主政治と日本の社会 506

SOCIAL STUDIES

地理編

地理を学習するにあたって

地理を学ぶことの意義とは……

地理はつまらない!?

「歴史は好きだけど，地理は嫌い」という声をよく聞く。おそらく歴史はストーリーがあって，とくに戦国時代や幕末は人間ドラマそのものだから興味深いが，地理はストーリーもドラマもなく，単なる地名や用語の暗記に終始しがちだから，ということであろう。

たしかにそういった面はあるかもしれない。しかし，地理は単なる暗記で終わる分野ではないことも確かである。社会科を学ぶうえでの基礎となる，都道府県や国の名称と位置や，地形図の読み取り方など，道具としての最低限の知識は必要だが，道具を一通り身につけたら，それらを使って現在の地球上で起こっている地理的事象を調べ，直面している課題の解決策を考え，未来図をえがくという“生きた”分野なのである。

地理と歴史はつながっている

右のイメージ図を見てほしい。歴史は，日本史，世界史など，ある限られた空間の過去から現在までの事象を学ぶ分野である。それに対して，地理は全空間の限られた時間（多くは現在）の事象を学ぶ分野である。つまり，各地域の複数の歴史の延長線上に成り立っている，現在の様子を並べ，空間として比較するのが地理の役目でもある。

時間
地　理
歴史
歴史
歴史
歴史
空間

そういう意味で，地理と歴史は関連性が深く，多くの学校では並行して授業を行うのが通例となっている。

地理は比較・関連付けの視点が大事

地理ではさまざまな地域の事象を，自然・農業・工業などの，ジャンル別に見ていく。一通り学んだら，右のようなマトリックス（比較表）を作ってみるとよい。別々の地域でも共通点があったり，隣り合う地域でも，ずいぶん違いがあったりする。そしてその背

	自然	農業	工業	…
地域A				
地域B				
地域C				
地域D				
……				

景には，地勢などの自然的条件や，歴史などの社会的条件があるはずなので，是非調べてみてほしい。

興味を持った地域は掘り下げてみる

さらに，地理を学んでいくうえで，とくに興味を持った地域については，歴史も含め，どんどん掘り下げて学んでほしい。これが大学で学ぶ「地域研究」につながる。そこから将来，大学などで学びたいものが見つかったり，やりたい職業が見つかったりするかもしれない。ここまで掘り下げられれば，「地理はつまらない」分野ではないはずだ。

なぜこのカリキュラムで学ぶのか？

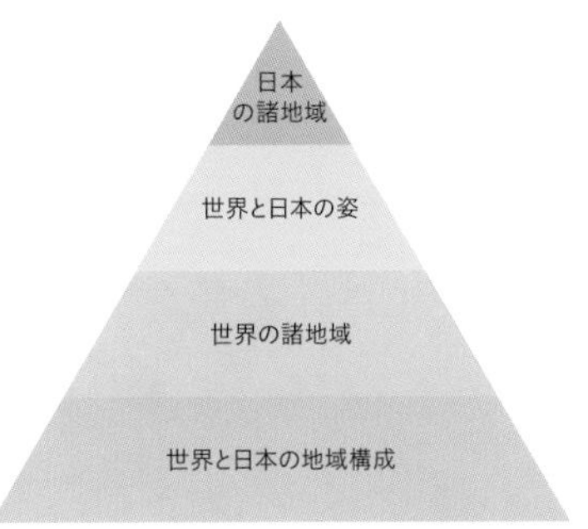

中学校の地理学習のカリキュラムは，大きく３つのパートに分かれており，「世界と日本の地域構成」→「世界の様々な地域」→「日本の様々な地域」の順に学んでいく。これをもとに，本書では，以下の４章構成としている。

第１章の**「世界と日本の地域構成」**ではまず，世界についての概観をつかむ。その過程で，世界の国々の名称や位置，面積や人口といったごく基本的な知識や，地図の活用法といった技能を身につける。いわば，地理学習を始めるうえでの土台作りが，この章の内容である。

第２章の**「世界の諸地域」**では，第１章で学習したことをもとに，今度は地域別に特色をつかむ。本書では，６つの州に分けて，それぞれの地域的特色をつかめるようにしている。また，SECTIONの最初には，全世界をひと通り概観できる州別の地図がついているので活用してほしい。

第３章の**「世界の姿・日本の姿」**では，世界と日本を，自然・産業といった系統別（ジャンル別）に見ていく。第２章・第４章が横軸（地域別）で見る地理であるならば，第３章は縦軸で見る地理である。

第４章の**「日本の諸地域」**では，第３章で学習したことをもとに，今度は地方別に特色をつかむ。本書では６つの地方に分けて，それぞれの地域的特色がくわしくつかめるようにしている。地方ごとの課題に着目して読んでほしい。そして，最後に身近な地域の調査の手法として，地形図の読み取り方，地域調査・発表のしかたなどを学ぶ。

第１章は第２章の土台，第１章・第２章は第３章の土台というように，それまでの章が次の章の土台となっており，地理の学習は最初から最後まで関連している。

第1章

世界と日本の地域構成

ここでは，地球の姿をとらえ，世界と日本の地域構成を学ぶ。また，日本の範囲(はんい)や領土に関する問題もおさえよう。

（Alamy／PPS通信社）

Q. 時差はどうして起こる？
➡ SECTION 1 へ
Q. アメリカ合衆国(がっしゅうこく)の国名の由来って？
➡ SECTION 2 へ
Q. ヨーロッパ州で日本と同じくらいの緯度(いど)の国はどこ？
➡ SECTION 3 へ
Q. 日本でいちばん面積が大きい都道府県は北海道。では2番目に大きいのは？
➡ SECTION 4 へ
1
2
3

第1章 SECTION 1 地球の姿

私たちが暮らす地球は，どのくらい大きいのだろうか。陸地と海洋はどちらが広いのだろうか。地球の姿について，詳しくみていこう。
また，場所ごとに気温の差や時間の差が生じるしくみについても，あわせて学んでいこう。

1 地球の姿

1 宇宙の中の地球

地球は太陽系に属する惑星である。住んでいる私たちにとっては非常に大きく感じられるが，太陽系の中では小さい惑星で，直径はいちばん大きい木星の約11分の1しかない。しかし，現在確認されている惑星の中では，ただ一つ海がある惑星で，宇宙から見ると青い海が美しい。また，生物が確認されている唯一の惑星でもある。このように，地球は広い宇宙にあって特別な存在で，奇跡の星ともいえる。

2 地球の大きさと表面

地球は球体というのが常識だが，実は完全な球体ではない。**赤道**半径が**約6378km**なのに対して，極半径（北極点と南極点を結んだ直線距離の半分）は**約6357km**で，赤道半径のほうが約21km長く，わずかに平べったい球体をしている。赤道の全周は**約4万km**で，日本列島13個分の長さに相当し，時速1000kmの飛行機でも，２日近くもかかる距離である。

地球を宇宙から眺めると，青・白・茶色・緑で構成されていることがわかる。青は海，白は雲と氷，茶色と緑は陸地である。これらを見比べてみると，青い部分が多いことに気づく。表面積は，青い部分の海は約3.6億km^{2}である。地球の表面積は約5.1億km^{2}なので，

発展

陸半球と水半球

海洋が約7割を占める地球だが，見る角度によっては，陸地が海洋と同じくらい広く見える。陸地が最も多く見える半球を陸半球，海洋が最も多く見える半球を水半球という。

陸半球　陸と海の割合は，ほぼ1:1

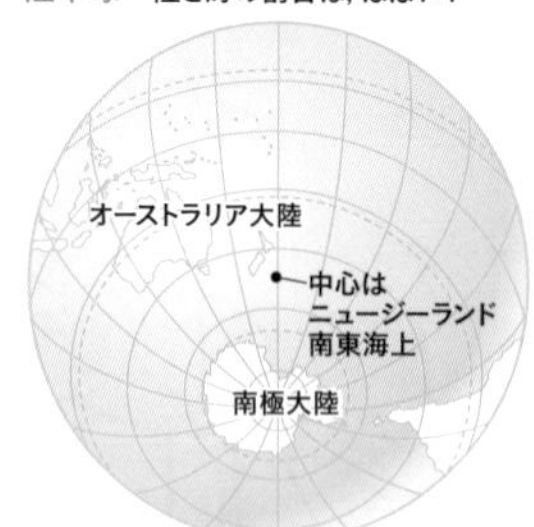

水半球　陸と海の割合は，およそ1:9

海は全体の**約70%**を占めていることになる。一方，陸地の面積は約1.5億km^{2}で，全体の**約30%**となり，海のほうが広い。

3 海洋と陸地の分布

海洋（海）は，**太平洋**，**大西洋**，**インド洋**の**三大洋**と，付属海と呼ばれる，日本海・地中海・東シナ海などの小さな海からなる。このうち，最大の海洋は太平洋で，面積は約1.7億km^{2}にもなり，地球の全陸地の面積（約1.5億km^2）よりも大きい。この太平洋・大西洋・インド洋だけで，全海洋面積の約90％を占めている。

一方，陸地（陸）は**六大陸**とそのほかの島々からなる。大陸とは，とくに大きな陸地のことで，**ユーラシア大陸**，**アフリカ大陸**，**北アメリカ大陸**，**南アメリカ大陸**，**オーストラリア大陸**，**南極大陸**の六つである。小さな島々は陸地ではあるが，大陸とはいわない。また，グリーンランドはかなり大きな島ではあるが，大陸とは呼ばれていない。もっとも大きな大陸はユーラシア大陸で，2番目に大きなアフリカ大陸の2倍近くある。オーストラリア大陸は1つの国（オーストラリア）からなる。南極大陸以外は人が定住している。北極海には陸地がない。

くわしく

南極大陸

南極大陸は定住している人がいないだけでなく，どの国の領土にも属していない大陸である。かつては，各国が領有権を主張していたが，1961年に発効した南極条約によって，各国の領有権が凍結された。現在は観測や研究目的で，日本，アメリカ合衆国，ロシア連邦など多くの国が基地を置いている。

参考

地中海

一般に地中海というと，ヨーロッパ南部とアフリカ北部のあいだに広がる地中海を指すが，広い意味の地中海は大陸に囲まれた海洋をさす。この意味では，メキシコ湾，カリブ海，南シナ海，北極海，紅海も地中海となる。

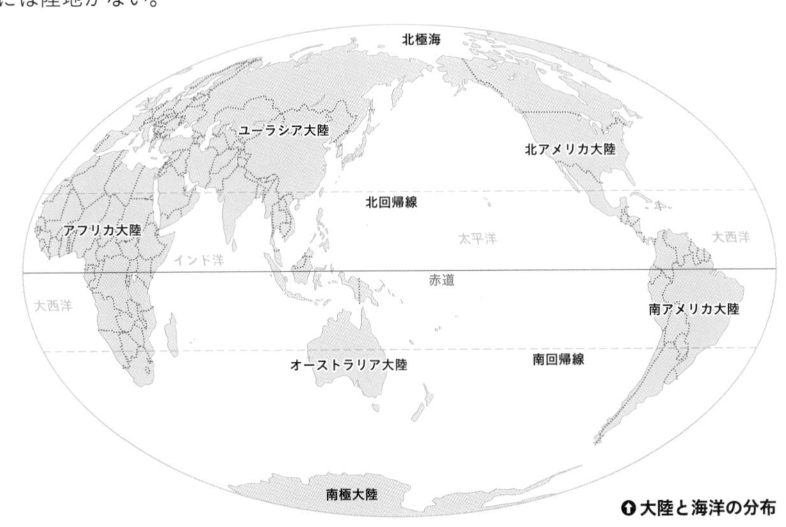

❶大陸と海洋の分布

2 緯度と経度のしくみ

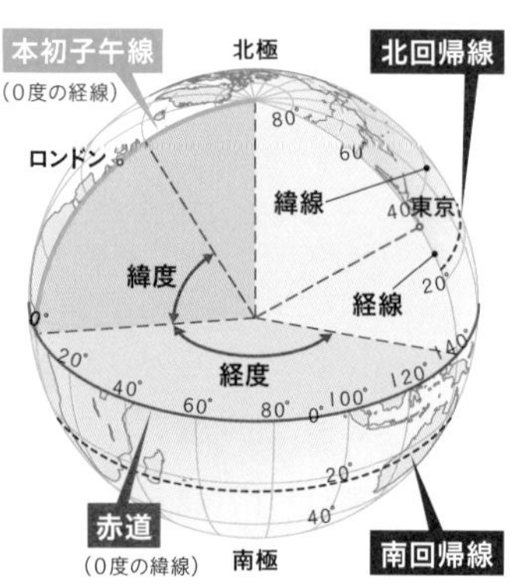

1 緯度と経度

住んでいる住所を番地で示すように，地球上の位置も**緯度**と**経度**で示すことができる。緯度は**赤道**（北極点と南極点の中間にあたる地点を結んだ線）**を0度**として，南北をそれぞれ90度ずつに分けている。同じ緯度の地点を結んだ線を**緯線**といい，赤道より北は北緯○○度，南は南緯○○度と示される。

経度はイギリスの首都**ロンドン**にある旧グリニッジ天文台を通る**本初子午線**を0度として，東西をそれぞれ180度ずつに分けている。同じ経度の地点を結んだ線を**経線**といい，本初子午線より東は東経○○度，西は西経○○度と示される。

回帰線

北緯・南緯約23度の緯線をそれぞれ，北回帰線，南回帰線という。北回帰線は北半球が夏至のときに太陽が真上にくる緯度，南回帰線は北半球が冬至のときに太陽が真上にくる緯度を示している。

2 気温と季節の違い

地球上では，高緯度にいくほど気温が低くなる。これは，太陽の光を受ける地表の角度が緯度によって異なるためである。高緯度では太陽光に対して地表の角度が低く，太陽エネルギー（熱）が弱いため，気温が上がらずに寒くなる。逆に低緯度では，太陽光に対して地表が垂直に近く太陽エネルギーが強いため，気温が上がって暑くなる。

北半球と南半球では季節が逆になる。北半球にある日本が夏のとき，南半球にあるオーストラリアは冬である。これは地球が垂直方向に対して約23度傾いたまま太陽の周りを回っており，北半球と南半球で太陽の光の当たり方が異なるためである。この影響で，極地（北極と南極）に近い高緯度地域では，夏に薄明るい状態が続く**白夜**（→p.71）と呼ばれる現象がみられる。逆に冬になると，太陽が全くのぼらない**極夜**がみられる。

気温の違いと季節の違い

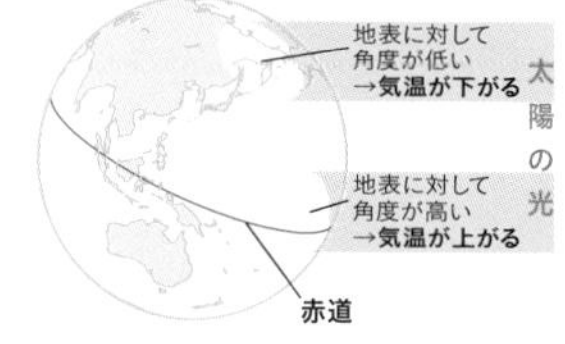

↑気温の違いができるしくみ（7月ごろ）

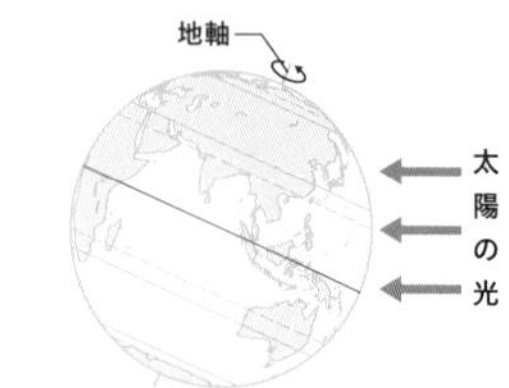

↑季節の違いができるしくみ（7月ごろ）
地軸が約23度傾いているため，北半球に多く太陽の光が当たる。

3 時差のしくみ

地球は自転しているため，場所によって太陽の光が当たる時刻が異なり，昼と夜のずれが生じる。この時刻のずれを**時差**という。地球は1日（24時間）に1回転（360度）するので，**360（度）÷24（時間）＝15**で，1時間に15度の速さで回転していることになる。つまり，**経度15度で1時間の時差**が生じる。世界各国は，それぞれ独自の時刻（**標準時**）を設け，時差による混乱（こんらん）を避（さ）けている。標準時は普通（ふつう），一か国に一つだが，ロシア連邦（れんぽう）やカナダ，アメリカ合衆国（がっしゅうこく）など国土が東西に長い国は，いくつかの標準時を設けている。日本は，兵庫県**明石市**（あかしし）を通る**東経135度**上の時刻を標準時にしている。

二つの地域の時差は，「経度差÷15」で求めることができる。例えば，東経135度を標準時子午線とする日本と，東経15度を標準時子午線とするイタリア（ローマ）の時差は，120度(135－15)÷15＝8で，8時間となる。**地球は左回りに回転しているので，東側のほうが西側よりも時刻が早い**。日本とイタリアでは日本のほうが東にあるので時刻が早く，イタリアが午前11時のとき，日本は8時間進んだ午後7時となる。

ミス注意 

東経にある場所と西経にある場所の経度差の求め方

本初子午線を基準に足し算で計算する。東京は実際には東経約140度に位置するが，日本は東経135度上の時刻を標準時としているため，東京も東経135度として計算する。

■東京（東経135度）とニューヨーク（西経75度）との時差は，
経度差（135度＋75度）÷15＝14で，
時差は14時間となる。

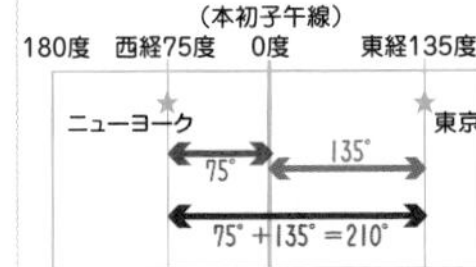
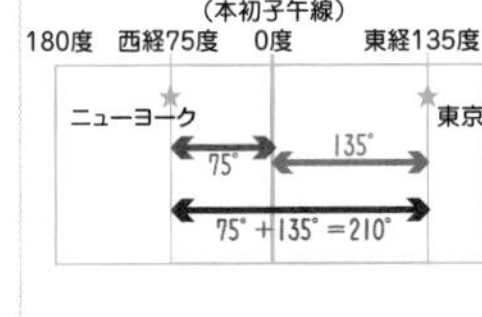

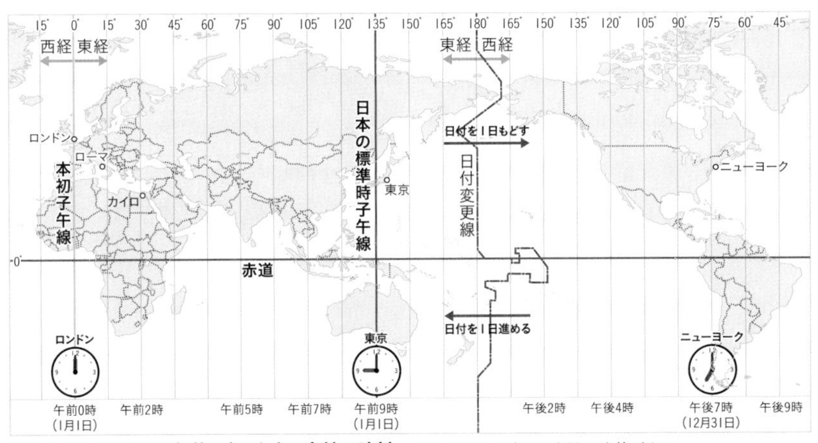

↑ロンドンが1月1日午前0時のときの各地の時刻…ロンドンと日本は9時間の時差がある。

③ いろいろな世界地図

1 地球儀と世界地図

世界地図は，地球の表面を平面で表したもので，地球上の場所や国の大きさ，形，方位，距離などを確認するために使われる。しかし，世界地図では，それらをすべて正しく表すことはできない。それらをすべてをほぼ正しく表せるのは，地球を球体のまま縮小した**地球儀**だけである。世界地図は目的に応じて使い分けられている。

2 角度の正しい地図

緯線と経線が直角に交わる**メルカトル図法**が一般的。メルカトル図法では，2点間を結んだ直線は**等角航路**を示すため**航海図**として用いられ，高緯度にいくほど実際の面積より大きく表される。例えば，南アメリカ大陸とグリーンランドでは，実際には南アメリカ大陸のほうが大きいが，メルカトル図法ではグリーンランドのほうが大きく描かれている。方位も正しくなく，サンフランシスコは東京の真東にみえるが，実際は北東にある。東京の真東は南アメリカ大陸のチリやアルゼンチンである（→p.29）。

くわしく 

等角航路

地球上の2点間で，常に経線と一定の角度を保つように進むコース。大圏航路（→p.29）のように最短コースではないが，航海する場合は経線と進む角度を一定に保てばよいので，時間はかかるが確実に目的地に着くことができる。

⬆ メルカトル図法の大圏航路と等角航路

⬆ メルカトル図法

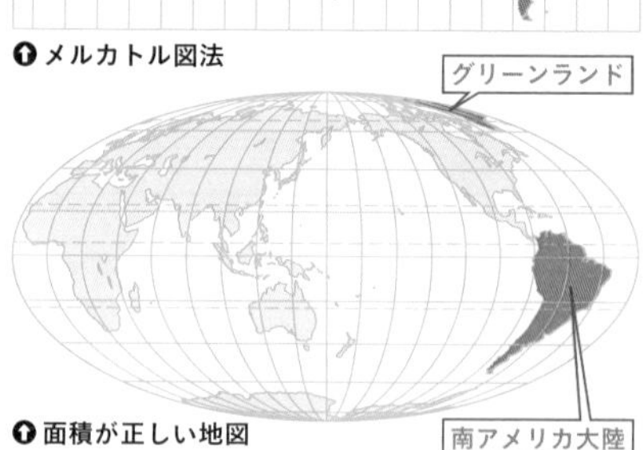

⬆ 面積が正しい地図

3 中心からの距離と方位が正しい地図

正距方位図法が一般的。正距方位図法は，中心の地点とある地点とを結んだ直線が最短コースの**大圏航路**で表されるため，**航空図**に使われる。中心以外の任意の2点の距離と方位は正しくなく，中心から離れるにつれて形がゆがむ。

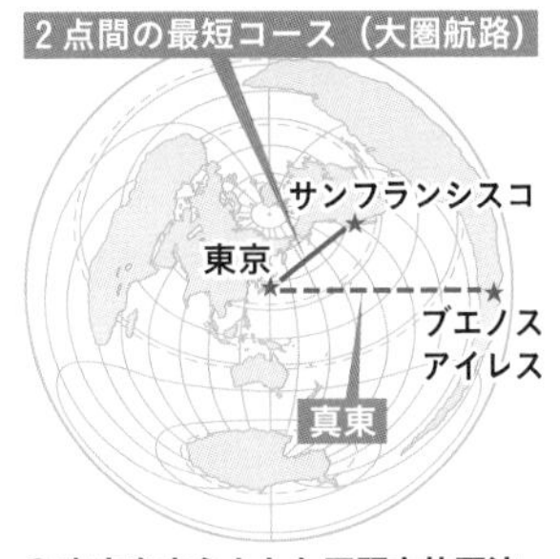

⬆東京を中心とした正距方位図法

用語解説

大圏航路（大圏コース）
地球上の2点間の最短コース。大圏とは，地球の中心を含む平面と地表面が交わってできる円（大円）をいう。

4 面積が正しい地図

面積が正しい地図として代表的なのが，**サンソン図法**と**モルワイデ図法**である。サンソン図法は高緯度になるほど形のゆがみが大きく，モルワイデ図法はサンソン図法よりは高緯度のゆがみが小さい。面積が正しい地図は主に分布図として用いられる。

⬆サンソン図法

⬆モルワイデ図法

思考力UP

Q. 地図がすべてを正しく表せないのはなぜ？

Hint みかんを例にとって考えてみるとよい。みかんの皮をむいて平らにしようとすると，どうなるだろうか。

A. 地球は球体なので，平らにしようとするとひずみができるから

球体を平らにしようとすると，ところどころにひずみができる。球体である地球を平らな地図にしてもひずみができるため，形・面積・角度などをすべて正しく表すことはできない。

第Ⅰ章 SECTION 2

世界の国々の構成

世界には多くの国々があり，それぞれの国が独自の政治を行っている。国と国とは国境線で区切られているが，その国境線はどのように決められているのだろうか。特徴ある国とともにみていこう。

1 世界の国々の構成

1 世界の国々の数

現在，世界には190を超える独立国がある。今でこそ190もの独立国があるが，20世紀半ばころまで世界中の国々が欧米諸国の植民地だったため，1920年に設立された国際連盟の原加盟国は42か国にすぎなかった。しかし，第二次世界大戦が終わると，多くの国々が独立を勝ち得た。とくに1960年はアフリカの17か国が独立し，「アフリカの年」といわれた。東南アジアは，タイを除く国々が欧米諸国の植民地だったが，戦後すべての国が独立した。1991年のソ連解体後は，バルカン半島の国々の独立が相次いだ。これらの独立国のほとんどが**国際連合**（**国連**）に加盟している。

2 国と地域

独立国とは，主権（政府）・領土・国民をもつ国のことである。独立国以外にも国のような形をとっているところがあるが，それらはある国の植民地・自治領，あるいは紛争地域である場合が多く，「地域」と呼ばれることが多い。例えば，中華人民共和国（中国）の南東にある台湾は，第二次世界大戦後に起こった中国の内戦で共産党に敗れた国民政府が逃れてきて，そのまま治めている島である。中国政府は台湾を中国の一部であるとしており，日本をはじめ多くの国々が独立

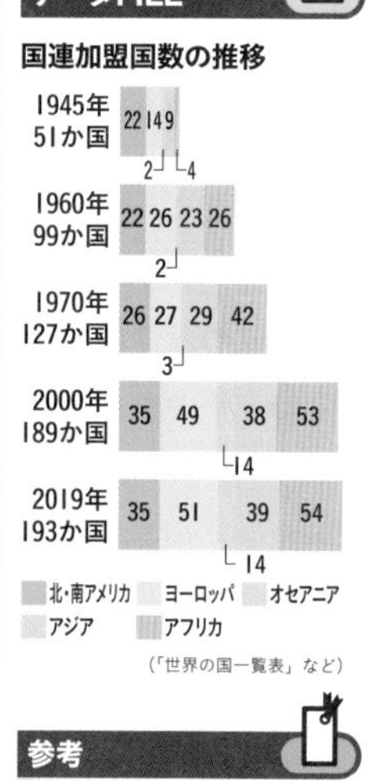

参考

パレスチナ

パレスチナ自治政府が治める地域で，ヨルダン川西岸地区とガザ地区からなる。独立国として認められておらず，対立するイスラエルとの間で，将来の独立について和平交渉が行われていたが，たびたび起こる武力衝突のため，交渉は進んでいない。

国としては承認していない。

3 世界の地域区分

世界は主に地理・文化・言語・民族的な特徴などによって，**アジア州・ヨーロッパ州・アフリカ州・北アメリカ州・南アメリカ州・オセアニア州**の6つの州に区分されている。アジア州はさらに**東アジア**，**東南アジア**，**南アジア**，**中央アジア**，**西アジア**に分けられる。また，オセアニア州は東部のポリネシア，北部のミクロネシア，南部のメラネシアに分けられる。

6州区分のほかにも，さまざまな区分がある。南北アメリカ大陸のうちアングロサクソン系の人々が多いアメリカ合衆国とカナダをアングロアメリカ，ラテン系の人々が多いメキシコ以南の地域をラテンアメリカに分けることもある。また，アフリカ大陸のうちサハラ砂漠以北を北アフリカ，以南を中南アフリカと分けることがある。

データFILE

世界の州別面積・人口

	面積(百万km²)	人口(百万人)
アジア州	31.0	4545
ヨーロッパ州	22.1	743
アフリカ州	29.6	1288
北アメリカ州	21.3	588
南アメリカ州	17.5	428
オセアニア州	8.5	41

面積は2017年，人口は2018年の数値 「日本国勢図会」

⬆アジア州の区分

⬆世界の地域区分

2 さまざまな国境線

1 国境線の種類

国と国とは，**国境線**で区切られている。国境線は主に二つの種類に分けられる。一つは，山脈・川・湖など，**自然を利用した国境線**である。山脈を利用した国境線としては，イタリア，スイス，オーストリアなどを分けるアルプス山脈，スペインとフランスを分けるピレネー山脈，チリとアルゼンチンなどを分けるアンデス山脈が代表的である。湖を利用した国境線としては，アメリカ合衆国とカナダを分ける五大湖，ペルーとボリビアを分けるチチカカ湖などがある。日本のようにほかの国と陸地で国境を接していない国は，海の上に国境線が引かれている。

もう一つは，**経線・緯線を利用した国境線**に代表される人為的に引かれた国境線である。経線・緯線を利用した国境線は直線的で，アフリカに多い。アフリカに多いのは，かつてアフリカを植民地支配したヨーロッパ諸国が経線・緯線に沿って国境線を引いたからである。この国境線は民族分布に留意せずに引かれたため，現在に至る民族紛争の要因の一つとなっている。

(Alamy/PPS通信社)

↑川を隔てた国境…ザンビアとジンバブエを隔てるビクトリアの滝

参考

州を分ける自然

ウラル山脈…ウラル山脈より東はアジア州，西はヨーロッパ州。

スエズ地峡…スエズ地峡より東はアジア州，西はアフリカ州。スエズ地峡には地中海と紅海を結ぶスエズ運河が整備されている。

パナマ地峡…パナマ地峡より北は北アメリカ州，南は南アメリカ州。パナマ地峡には，太平洋と大西洋を結ぶパナマ運河が整備されている。

自然を利用した国境線

経線・緯線を利用した国境線

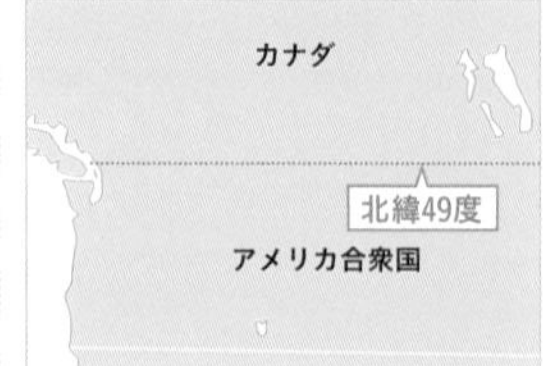

↑世界の国境線

2 国境線が未確定の地域

世界には，国境線が確定していない地域がある。代表的な地域として，インド，パキスタン，中国の国境にある**カシミール地方**がある。カシミール地方は，1947年にインドとパキスタンが独立して以降，両国がその領有権をめぐって対立し，過去3度にわたって，武力衝突(しょうとつ)が起こっている。現在この地域では，正式な国境線のかわりに停戦(ていせん)ラインが引かれ，国境の役割を果たしている。また，朝鮮(ちょうせん)半島の大韓民国(だいかんみんこく)（韓国(かんこく)）と朝鮮民主主義人民共和国（北朝鮮）の国境線も確定していない。両国の境に引かれているのは国境線ではなく，朝鮮戦争の休戦協定によって北緯38度線付近に引かれた暫定(ざんてい)的な軍事境界線である。

そのほか，中国とインドとの国境線の一部やエジプトとスーダンの国境線の一部などが，国境線が確定していない地域である。

3 世界の国々の特色

1 名前に特徴がある国

国の名前にはそれぞれ意味がある。例えば日本には，「日の本(もと)の国（日が昇(のぼ)る国）」という意味がある。世界の国々をみると，人名に由来する国名，自然に由来する国名，位置に由来する国名などがある。

人名に由来する国名として，コロンビアがある。これはアメリカ航路開拓(かいたく)のきっかけをつくった**コロンブス**にちなんだ国名である。また，フィリピンも植民地時代のスペイン皇太子(こうたいし)フェリペにちなんだ国名である。自然にちなむ国名としてはインドがあり，「インダス川が流れる国」の意味である。位置に由来する国名としてはエクアドルがある。エクアドルとは，スペイン語で「**赤道**(せきどう)」を意味し，その名の通り国土に赤道が通っている。

参考

飛び地

世界には，本国と接せず他国に囲まれた飛び地と呼ばれる地域がある。飛び地は主に歴史的な経緯を経て生まれるものである。バルト三国の南にあるロシア連邦のカリーニングラード州やスペイン南部のジブラルタル（イギリス領）などが代表的な飛び地である。

↑カリーニングラードの位置

名前に特徴がある国

●人名に由来する国名

アメリカ合衆国	探検家(たんけんか)アメリゴ=ベスプッチに由来。
ボリビア	独立運動の指導者シモン=ボリバルに由来。

●民族名に由来する国名

フィンランド	「フィン人の土地」の意味。
ウズベキスタン	「ウズベク人の土地」の意味。

●自然に由来する国名

アイスランド	「氷の島」の意味。
オランダ	正式国名のネーデルラントが「低い土地」の意味。

●位置に由来する国名

オーストリア	「東の国」の意味。
モロッコ	「西の国」の意味。

2 島国と内陸国

(AGE/PPS通信社)
⬆南太平洋の島国フィジー

日本のように，四方を海に囲まれ，ほかの国と陸地で接していない国を**島国（海洋国）**という。島国は世界中にたくさんあるが，とくに南太平洋(たいへいよう)とカリブ海に多い。これに対し，モンゴルやスイスなどのように海に全く面していない国を**内陸国**という。内陸国はユーラシア大陸とアフリカ大陸に多い。

⬆島国と内陸国　※イギリス，アイルランド，インドネシアなどは他国と陸地で接するが，島国とした。

4 世界の国々の比較

1 人口が多い国，少ない国

現在，世界の総人口は77億(おく)人を超(こ)え，人口増加による食料不足などが懸念(けねん)されている。とくに発展途上国(とじょうこく)の多いアジアやアフリカでは，**人口爆発(ばくはつ)**と呼ばれる急激な人口増加が深刻である。人口がもっとも多い国は約14億人をようする中国(ちゅうごく)だが，2015年まで**一人っ子政策(せいさく)**（→p.58）を実施(じっし)して人口抑制(よくせい)を進めた結果，人口の急激な増

(Alamy/PPS通信社)
⬆バングラデシュの町の様子

データFILE

人口が多い国と少ない国

多い国

順位	国名	（万人）
1位	中華人民共和国	14億3,378
2位	インド	13億6,642
3位	アメリカ合衆国	3億2,907
4位	インドネシア	2億7,063
5位	パキスタン	2億1,657

少ない国

順位	国名	（人）
1位	バチカン市国	800
2位	ニウエ	2,000
3位	ナウル	11,000
4位	ツバル	12,000
5位	クック諸島	18,000

(2019年)　（「世界国勢図会」など）

加は収まった。逆に人口第2位の**インド**は人口増加が収まる気配はなく，将来は中国の人口を抜くと予測されている。アジアにはインドネシアやパキスタン，日本など人口の多い国が多く，世界の総人口の約60％はアジアに住んでいることになる。日本は約1億2700万人（2019年）の人口を抱え世界では10位前後だが，少子化の影響で人口が減り始めている。

2 面積が大きい国・小さい国

世界には190を超える国があるが，その面積は千差万別である。面積がいちばん大きい国はユーラシア大陸の北半分を占める**ロシア連邦**で，日本の約45倍もある。第2位は北アメリカ大陸の北半分を占める**カナダ**である。この2つの国は非常に大きいが，人間が住むことのできる土地（可住地）はそれほど広くない。

面積の小さい国をみると，**バチカン市国**が世界最小で，面積はわずか0.44km^{2}で東京ディズニーランドよりも小さい。同じくヨーロッパにあるモナコやサンマリノも非常に面積が小さい。これらの国々は，いずれも歴史的な経緯によって小さな国になった。また，太平洋にあるナウルやツバルはさんご礁の上にあるため，面積が小さいという特徴がある。

データFILE

面積が大きい国と小さい国

大きい国

順位	国 名	(万km^2)
1位	ロシア連邦	1709.8
2位	カナダ	998.5
3位	アメリカ合衆国	983.4
4位	中華人民共和国	960.0
5位	ブラジル	851.6

小さい国

順位	国 名	(km^2)
1位	バチカン市国	0.44
2位	モナコ	2.0
3位	ナウル	20
4位	ツバル	30
5位	サンマリノ	60

(2017年)　(「世界国勢図会」など)

❶日本と世界の国の大きさ

3 世界各国の国旗

国旗は国の自然・歴史・文化などを象徴するものであり，自国の国旗はもちろん，他国の国旗にも敬意を払うべきとされている。国旗には，その国の歴史や目指す姿，国民の願いなどが込められており，国旗からその国がどのような国なのかを知ることもできる。例えば，キリスト教国の国旗にはキリスト教の象徴である**十字架**が描かれており，イスラム教国の国旗にはイスラム教の象徴である**三日月**と**星**が描かれたり，緑が使われたりしているものが多い。

国旗は時代とともに変わることもある。現在，アメリカ合衆国の国旗には50州を表す50の星が描かれている。しかし，独立当時の国旗は13の星しか描かれておらず，独立当時は13州だったことがわかる。そのほか，政治体制の変化に合わせて国旗を変えることもある。かつてアパルトヘイト（人種隔離政策）が行われていた南アフリカ共和国では旧宗主国（かつてその国を支配した国）のオランダとイギリスの国旗が描かれていたが，アパルトヘイトの廃止に伴い民族の多様性を表す現在の国旗に変更された。日本では古来より**日の丸**（**日章旗**）が用いられ，1999年には国旗・国歌法によって日の丸が国旗と定められた。

くわしく 

世界の国旗

・キリスト教国の国旗

ノルウェー フィンランド

・イスラム教国の国旗

パキスタン トルコ

・三色旗

フランス イタリア

・アメリカ合衆国の国旗の変化

独立時

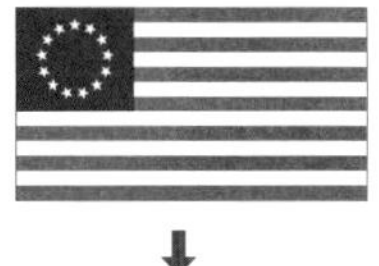

⬇

現在

思考力UP

Q. オーストラリアの国旗の一部にイギリスの国旗が描かれているのはなぜ？

Hint 国旗からその国の歴史がわかることがある。オーストラリアとイギリスの歴史的な結びつきを考えてみよう。

イギリス オーストラリア

ニュージーランド フィジー

A.（例）かつてイギリスの植民地だったから。

オーストラリアは18世紀後半にイギリスの植民地となった。ほかにも，イギリスの植民地支配を受けたニュージーランド，フィジーなどの国旗の一部にイギリスの国旗（ユニオンジャック）が描かれている。

3 日本の位置と範囲

日本は地球上のどのあたりに位置しているのだろうか。大陸，海洋との位置関係や，日本の緯度と経度を確認しておこう。また，日本を構成している島々や東西南北の端もしっかりおさえ，日本の周りにある国々との関係についても学んでいこう。

1 日本の位置

1 緯度と経度でみる日本

日本は北半球にあり，ユーラシア大陸の東，太平洋の北西に位置する島国（海洋国）である。緯度と経度で表すと，**北緯約20～46度**，**東経約122～154度**に位置している。同じ緯度の範囲にある国としては，アメリカ合衆国，中国，イラン，イタリアやスペインなどの地中海沿岸の国々などがある。地中海沿岸の国々は温暖なため南に位置するイメージだが，地中海の真ん中を通る北緯40度は，日本の東北地方北部にある秋田県と同じ緯度である。同じ緯度にありながら地中海が温暖なのは，海流や偏西風の影響である。

同じ経度の範囲にある国としては，オーストラリア，パプアニューギニア，ロシア連邦（東部）などがある。これらの国々は日本との時差が小さい，あるいはない。オーストラリアは南半球に位置するため，季節は日本と逆になる。

くわしく

日本とヨーロッパの緯度

ヨーロッパの多くの国は，日本よりも高緯度に位置する。

❶日本とヨーロッパの位置関係

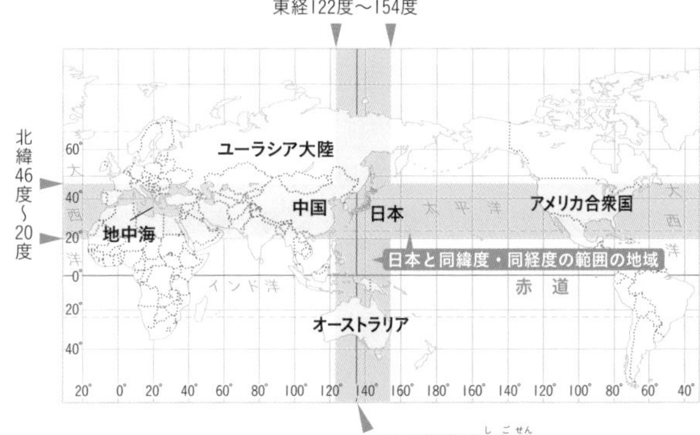

❶日本の位置と同緯度・同経度の範囲の地域

2 世界の国々からみた日本

日本は「**極東**」と呼ばれる地域にある。極東とは，もともとヨーロッパの国々がアジア東端の国々を指した表現で，「極めて東“Far East”」にあることからその名がついた。極東には日本のほか，朝鮮半島，中国東部，ロシア連邦のシベリア東部などが含まれる。

南アメリカ大陸のブラジル，アルゼンチン，チリなどからみれば，日本は地球の反対側に位置するもっとも遠い国となる。ブラジルから日本へは飛行機を利用しても約25～30時間かかる。一方，朝鮮半島の大韓民国（韓国），朝鮮民主主義人民共和国（北朝鮮），ロシア連邦など，日本海をはさむ国々からみると，日本はもっとも近い国の一つということになる。とくに，韓国と九州地方北部にある対馬とは，約50kmしか離れていない。しかし，北朝鮮と日本とは正式な国交がないなど，距離は近いが，いまだに「遠い国」となっている。

参考

近東と中東

東アジアの国々を極東というのに対して，ヨーロッパからもっとも近いトルコなどは近東と呼ばれる。それより少し遠いイラクなどの西アジアの国々は中東と呼ばれる。トルコを中東に含めることもある。いずれもヨーロッパを中心とした見方である。

対せき点

地球上のある地点から地球の中心点を通って，反対側に位置する地点を対せき点という。日本の**対せき点**は，アルゼンチン，ウルグアイ，ブラジルの東沖で，この地が日本からみて反対側の地点となる。

↑地球の正反対側に置いた日本

2 日本の範囲

1 日本の領域

日本は，**北海道**，**本州**，**四国**，**九州**と，そのほかの小さな島々で構成されている。これらの島々をまとめて**日本列島**と呼ぶ。日本列島は弓なりに連なり，長さは約3000kmにおよぶ。面積は約38万km^{2}で，190余りある世界の国々の中では大きいほうから60位くらいに入る。この約38万km^{2}の**領土**と，**領海**，**領空**が日本の**領域**（その国が主権をもち，ほかの国の権利がおよばない範囲）である。領域のうち，陸地のことを領土，沿岸から一般に12海里（約22km，1海里は約1852m）内の海のことを領海，領土と領海の上空の大気圏内を領空という。領域内には，ほかの国の人や船，飛行機などは，その国の許可がないと入ることができない。

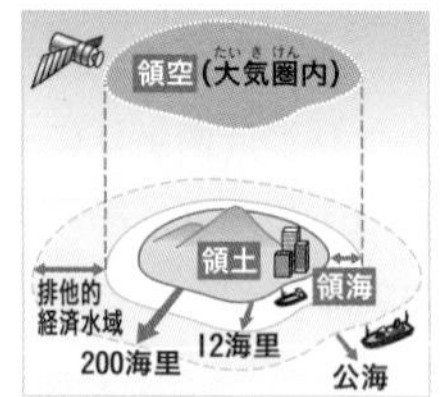

↑国の領域

2 排他的経済水域

海に面する国々は**排他的経済水域**（**EEZ**）という海域を設けている。排他的経済水域とは，海岸線から**200海里**（約370km）以内の海域（領海を除く）のことである。排他的経済水域は領域には含まれないが，**国連海洋法条約**によって排他的経済水域の鉱産資源（石油や天然ガスなど）や水産資源（魚介類）は沿岸国のものとなると決められている。日本は島々が多いため，排他的経済水域の面積はとても広く，国土面積の10倍以上あり，世界でも上位に入る。

⬆日本の排他的経済水域
…近年，南鳥島の周辺の排他的経済水域でレアアース（レアメタルの一つ）が発見された。

発展

排他的経済水域（EEZ）
各国が沿岸海域の資源を保護しようとする考えは以前からあったが，具体化したのは，第二次世界大戦後に結ばれた大陸棚条約である。この条約で，大陸棚の鉱産資源と水産資源は沿岸国のものとなることが定められた。これが発展し，1982年に排他的経済水域を定めた国連海洋法条約が採択された。日本ははじめ，水産資源の権利だけを認めた漁業専管水域を設定したが，条約の批准に伴い，1996年から排他的経済水域を設定した。

3 東西南北の端

日本は多くの島々で構成されており，東西南北の端も島である。北端は千島列島の**択捉島**（北海道）であるが，現在はロシア連邦に占領されている。東端は**南鳥島**（東京都）であるが，自衛隊の隊員などのみが駐在し，一般の人は住んでいない。南端の**沖ノ鳥島**（東京都）は満潮時になると海面に1mほどしか顔を出さない小さな無人島で，波に削られ，侵食される恐れがあった。しかし，この島がなくなると排他的経済水域が大きく減少してしまうため，日本は島の周辺をコンクリートで固める護岸工事を行い，島を守った。西端は**与那国島**（沖縄県）である。この島と台湾は約110kmしか離れていないため，晴れた日には台湾が見える。

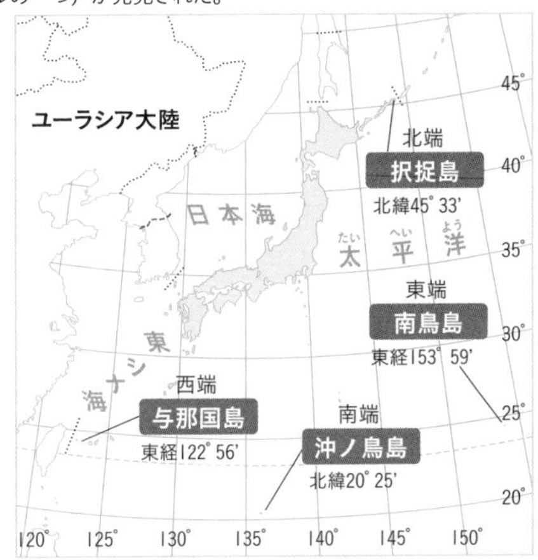

⬆日本の東西南北の端

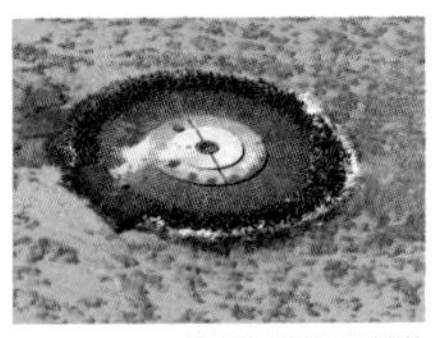
（朝日新聞社/PPS通信社）

⬆満潮時の沖ノ鳥島

3 日本の領土をめぐる問題

1 北方領土問題

世界各地では，領土をめぐる問題が多々あり，日本でも北方領土をはじめとする領土問題がある。**北方領土**は北海道に属する**択捉島**，**国後島**，**色丹島**，**歯舞群島**からなる島々である。日本固有の領土であるこれらの島々は第二次世界大戦後にソビエト社会主義共和国連邦（ソ連）に占領されて以来，長らく占拠され続け，1991年のソ連の解体後はロシア連邦が引き続き占拠している。

2 竹島問題

竹島は**島根県**に属する日本固有の領土である。1905年に日本が領有を宣言し，国際的にも認知されていたが，第二次世界大戦後に**韓国**が領有権を主張し始め，1950年代に占拠して以来，不法占拠を続けている。

3 尖閣諸島

領土問題ではないが，沖縄県に属する日本固有の領土の**尖閣諸島**に対して，1970年代から中国が領有権を主張し始めた。近年は，尖閣諸島周辺の領域に中国船や軍用機が侵入する事件がたびたび起こっている。

くわしく

北方領土をめぐる動き

1956年に結ばれた日ソ共同宣言により，平和条約締結後に色丹島と歯舞群島の返還が合意されたが，いまだに平和条約は締結されておらず，2島返還も実現していない。

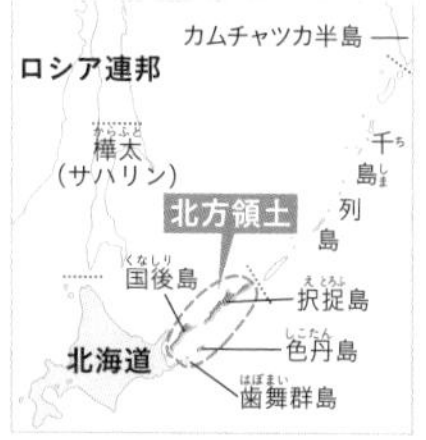

⬆北方領土の位置

⬆竹島の位置

思考力UP

Q. 中国は，なぜ尖閣諸島の領有権を主張し始めたの？

Hint 現在，民族・宗教・資源などをめぐる争いから，さまざまな領土問題が世界中にある。

A.（例） 周辺海域に石油や天然ガスが埋蔵している可能性があるから。

尖閣諸島では，1960年代末に国連の調査によって周辺海域に石油や天然ガスが埋蔵されている可能性が指摘された。これを受けて，1970年代から中国が領有権を主張し始めた。

⬆尖閣諸島の位置

第1章 SECTION 4

日本の地域区分と都道府県

天気予報をみていると，東北地方，九州地方などという言葉をよく耳にする。このように，日本はいくつかの地方に分けることができる。この節では，日本の地域区分について学んでいこう。また，47ある都道府県の面積や人口も確認しよう。

1 日本の地域区分

1 7地方区分

日本は一般に，**北海道地方**，**東北地方**，**関東地方**，**中部地方**，**近畿地方**，**中国・四国地方**，**九州地方**の7つの地方に分けられる。このうち，中国・四国地方を中国地方と四国地方に分ける8地方区分もある。さらに細かく，中部地方を北陸，中央高地，東海に，中国・四国地方を山陰，瀬戸内，南四国に分けることもある。

参考

三重県は何地方？

三重県は7地方区分では近畿地方に含まれるが，産業の面では中部地方の名古屋市との結び付きが強い。そのため，中部地方の一部として扱われることがある。

中国・四国地方の地域区分…中国地方の中国山地の南を山陽と呼ぶこともある。

中部地方の地域区分

7地方区分…天気予報などでは，関東地方に山梨県・長野県・新潟県（甲信越）を加えて，「関東甲信越地方」とすることもある。

2 自然や文化による区分

自然による区分として**気候による区分**（→p.122）がある。これは気温や降水量の違いによって地域を分ける方法で，北海道，太平洋側，日本海側，中央高地（内陸），瀬戸内，南西諸島の六つに分けられる。

文化による区分としては，言葉（方言）や食べ物などによる区分がある。食べ物による区分は，2地方区分（東日本と西日本）と重なることが多い。例えば，雑煮のもちの形は，東日本では四角が多く，西日本では丸が多い。また，麺類は東日本ではそばが主流だが，西日本ではうどんが主流で，その味付けも一般に東日本が濃い味なのに対して，西日本は薄味である。

3 昔の地名による区分

明治時代の初めまで，日本は国（現在の県）と道で区分されていた。この区分は明治時代の廃藩置県によって廃止されたが，旧国名は，越後平野，筑後川などの自然や，加賀友禅（石川県），薩摩切子（鹿児島県）などの工芸品，交通路線，食べ物などに残っている。

くわしく 

2地方区分

2地方区分は，日本を東日本と西日本に分ける方法。フォッサマグナ（→p.118）の西縁を境とし，ここから東を東日本，西を西日本と分けることが多い。

参考 

甲信越地方と京阪神地方

よく，甲信越地方，京阪神地方という言葉を耳にする。甲信越地方とは，山梨県，長野県，新潟県をまとめた呼び名で，これらの旧国名の甲斐，信濃，越後の頭文字をとった呼び名である。京阪神地方とは，京都・大阪・神戸市から1字ずつとった呼び名で，その周辺地域を指している。

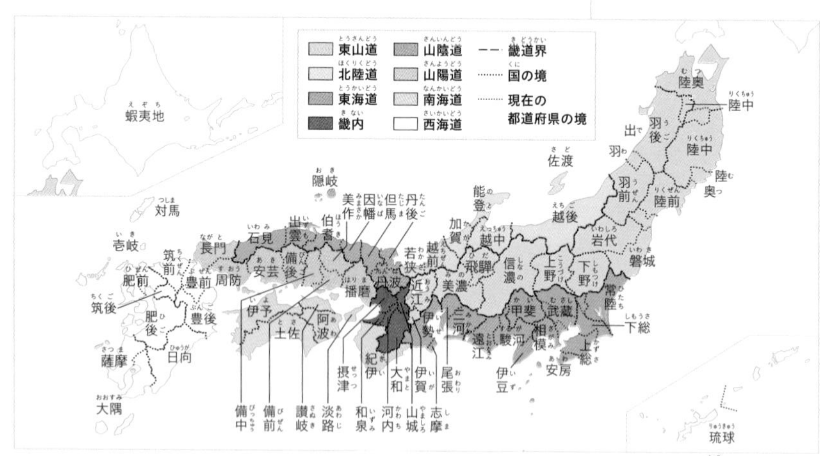

❶**昔の国名と国境（1868年当時）**…都のあった京都を中心として，京都に近い場所を上（前）とし，京都から離れたところを下（中，後）としていた。そのため上野，下野などと呼ばれた。

2 都道府県

1 都道府県の数

日本は47都道府県で構成されている。その内訳は，**1都**（**東京都**），**1道**（**北海道**），**2府**（**大阪府，京都府**），**43県**である。都道府県制度は，明治時代初期にそれまでの行政区分であった藩が廃止されたのに伴って導入された（廃藩置県）（→p.372）。当初は東京都が東京府であったり，沖縄県が鹿児島県の一部であったりと現在と異なっていたが，その後，整理・統合が進み，1943年に現在の形になった。各都道府県には，中心となる役所（都道府県庁）が置かれている。

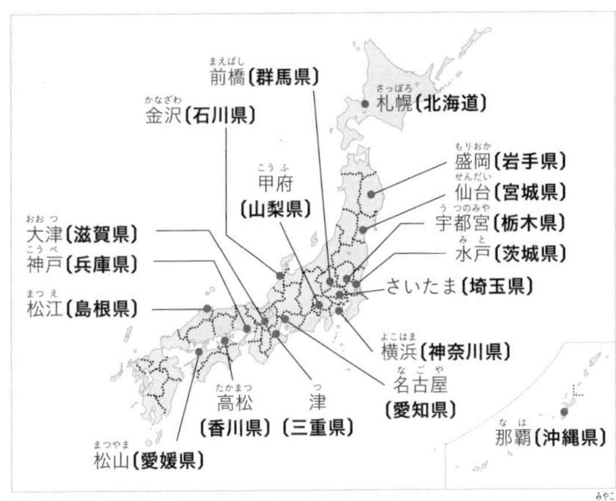

↑県名と県庁所在地名が異なる都道府県…「都」と「府」には，都という意味がある。

2 都道府県や市町村の境界

都道府県や市町村の境の多くは，山や川などの自然を利用して決められているが，なかには，話し合いによって決められた県境もある。また，富士山山頂付近のように，県境が定まっていない地域もいくつかあり，和歌山県北山村のように，周りをほかの県に囲まれた「飛び地」と呼ばれる地域もある。県境や市町村境は市町村の合併などによって変更されることもある。

発展

大阪都構想

大阪市などを解体して，東京都の特別区（23区）のような特別区をつくり，新設する大阪都の下に統合する構想。行政の効率化とコストの削減が主な目的。

都道府県制度の歴史

1871年	廃藩置県が行われ，8月に1道（北海道），3府（東京府，大阪府，京都府），302県に。12月に1道，3府，72県に。
1888年	1道（北海道），3府，43県に。
1943年	1都（東京都），1道（北海道），2府，43県に。

↑和歌山県北山村…1871年に廃藩置県が行われた際，つながりが深かった新宮市とともに和歌山県に編入された。

3 都道府県の比較

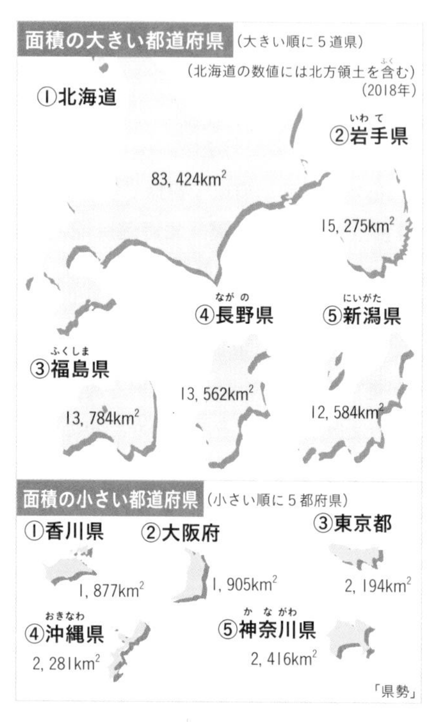

1 面積による比較

面積がもっとも大きい都道府県は**北海道**である。北海道の面積は九州地方のすべての県を合わせた面積の約2倍にあたる。また，東端から西端までは約500kmもあり，東京〜大阪間に匹敵する長さである。面積が大きい都道府県は，以下，岩手県，福島県，長野県，新潟県と東日本の県が続く。

2 人口による比較

日本の人口は，**三大都市圏**（**東京大都市圏，大阪大都市圏，名古屋大都市圏**）に集中しており，人口の多い都道府県もその地域に集中している。人口がもっとも多いのは**東京都**（約1400万人）で，日本の総人口（約1億2700万人）の約9人に1人が東京都に住んでいる計算になる。人口が多い都道府県の上位5位は面積の小さい都道府県が多い。つまり，小さい土地にたくさんの人が住んでいることになり，人口密度が高い。

人口がもっとも少ない都道府県は**鳥取県**である。その人口は約56万人で，東京都の八王子市とほぼ同じである。人口が少ない県は中国・四国地方に集中しており，とくに山間部では**過疎化**が深刻で，**限界集落**（→p.129）がみられる。

データFILE 

人口の多い都道府県と少ない都道府県

順位	都道府県	人口
1位	東京都	1382.2万人
2位	神奈川県	917.7万人
3位	大阪府	881.3万人
4位	愛知県	753.7万人
5位	埼玉県	733.0万人
43位	福井県	77.4万人
44位	徳島県	73.6万人
45位	高知県	70.6万人
46位	島根県	68.0万人
47位	鳥取県	56.0万人

（2018年）「日本国勢図会」

3 内陸県と海に囲まれた県

日本には，海に面していない県が8県ある。関東地方の埼玉県，栃木県，群馬県，中部地方の山梨県，長野県，岐阜県，近畿地方の奈良県，滋賀県である。逆に北海道と沖縄県は四方を海に囲まれている。

CHECK 確認問題

第1章

世界と日本の地域構成

問題　各問いに答えましょう。また，（　）に当てはまる語句を選びましょう。

❶ 図1のAの海を何というか。

❷ 図1のBの大陸を何というか。

❸ アフリカ大陸中央部や南アメリカ大陸北部を通る，図1のCの緯線を何というか。

図1

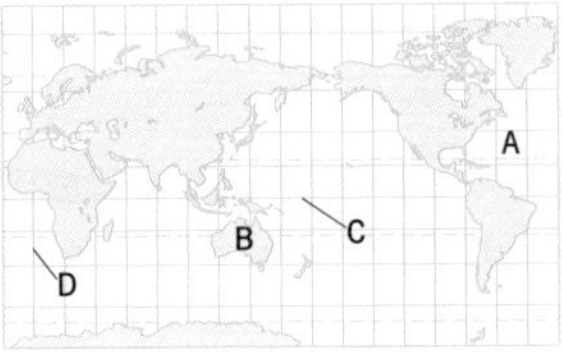

❹ ロンドンの旧グリニッジ天文台を通る，図1のDの経線を何というか。

❺ 経度何度で1時間の時差が生じるか。

❻ 日本の標準時子午線は経度何度か。

❼ 図2は，中心からの距離と何が正しい地図か。

❽ 世界の六州とは，アジア州，ヨーロッパ州，アフリカ州，北アメリカ州，南アメリカ州と，あと一つは何州か。

図2

❾ 世界で最も面積が大きい国はどこか。

❿ 世界で最も面積が小さい国はどこか。

⓫ 鉱産資源や水産資源が沿岸国のものとなる，海岸線から200海里以内の，領海を除く水域を何というか。

⓬ 日本の最南端は（南鳥島　沖ノ鳥島）である。

⓭ 北海道に属する日本固有の領土だが，現在はロシア連邦に不法に占拠されている島々を何というか。

⓮ 島根県に属する日本固有の領土だが，現在は大韓民国（韓国）に不法に占拠されている島を何というか。

⓯ 日本で最も面積が小さい都道府県はどこか。

⓰ 日本で最も人口が少ない都道府県はどこか。

解答

① 大西洋
② オーストラリア大陸
③ 赤道
④ 本初子午線
⑤ 15度
⑥ 東経135度
⑦ 方位
⑧ オセアニア州
⑨ ロシア（連邦）
⑩ バチカン市国
⑪ 排他的経済水域
⑫ 沖ノ鳥島
⑬ 北方領土
⑭ 竹島
⑮ 香川県
⑯ 鳥取県

第2章

世界の諸地域

ここでは，世界のさまざまな地域の生活の様子や，自然，産業などについてくわしく見ていく。ヨーロッパ連合（EU）や東南アジア諸国連合（ASEAN）など，国どうしのつながりもおさえよう。

Q. アメリカ合衆国って多民族っていうけれど, どんな人々がいる？
➡ SECTION 5へ
Q. タピオカの原料を主食とする地域がある？
➡ SECTION 1へ
Q. アマゾン川流域で問題となっていることは？
➡ SECTION 6へ

第2章 SECTION 1

世界各地の生活と環境

世界各地では，気候や宗教の違いによってさまざまな異なる生活をしている。暑い地域，寒い地域，乾燥した地域，高地と低地ではどのような生活をしているのか，詳しくみていこう。

1 気候や標高による暮らしの違い

1 暑い地域の暮らし

赤道に近い地域は気温が高く，雨が多い**熱帯**に属する。**熱帯雨林**が生い茂る東南アジアの家の材料には熱帯樹の葉や幹が利用され，床は湿気を防ぐために高床式となっている。衣服は風通しがよく，汗が乾きやすい麻や綿が使われている。主食は熱帯作物の米である。

↑高床式の住居 （山本宗補/PPS通信社）

同じく熱帯に属するフィジーなどの南太平洋の島々では，主食は熱帯作物のタロいも，キャッサバ，ヤムいもである。キャッサバは**タピオカ**の原料となる。フィジーではバナナややしの葉を利用したロボ料理がみられる。家は東南アジアと同様に高床式の住居がみられる。

2 寒い地域の暮らし

北極や南極に近い高緯度の地域では，寒さに備えた生活が営まれている。冬は，カリブー（トナカイ）やアザラシなどの**動物の毛皮**を利用した保温性が高い衣服を着用し，帽子や耳当て，手袋を身に着けてなるべく肌の露出を抑えている。また，**永久凍土**が広がるロシアなどでは，凍土がとけると地面が沈むため，高床

発展 

ロンジーとサロン

東南アジアのミャンマーやインドネシアのバリ島では，ロンジーやサロンと呼ばれる腰巻きが普及している。これらは風通しがよく，熱帯の暑い気候に適している。

（AGE/PPS通信社）

くわしく 

ロボ料理

地面に掘った穴に焼けた石を置き，肉，魚，いもなどを入れて，やしの葉やバナナでふたをして蒸す。

（岩尾克治/PPS通信社）

にすることによって沈下を防いでいる。

カナダの北極圏に住む**イヌイット**はアザラシやカリブー（トナカイ）を狩り，食用や衣服に利用してきた。また，狩りの際には氷や雪を固めた**イグルー**と呼ばれる仮の住居を使ってきたが，近年は定住化が進み，狩猟生活をする人は少なくなった。

⬆**イグルー** (Aurora/PPS通信社)

3 乾燥した地域の暮らし

砂漠やステップなどが広がる乾燥した地域では樹木がほとんど育たないため，土や泥を固めた**日干しれんが**でできた住居がみられる。乾燥地域は水が少ないため農業には適さないが，地下水がわき出る**オアシス**では乾燥に強い小麦，なつめやしなどを小規模に栽培するオアシス農業が行われている。衣服は，強い日差しや砂ぼこりを避けるために，薄手で丈の長いものが着用される。

(imageBROKER/PPS通信社)

⬆**オアシス**　砂漠の中で，つねに水が得られるところ。集落が発達する。

4 高地と低地の暮らし

標高3000mを超える山々が連なるアンデス山脈には**インディオ**と呼ばれる先住民が暮らしている。この地域では，標高4000m以上の地域で**リャマ**や**アルパカ**の放牧が行われ，荷物運びのほか，毛は衣服の原料として利用されている。

アジアの川沿いの低い地域には，運河が張りめぐらされている。運河は雨季になると氾濫するため，川沿いには洪水に備えた高床式の住居がみられる。また，タイのバンコクでは，水上タクシーなどが利用されている。

くわしく

エスキモーとイヌイット

以前は北極圏に住むアジア系の先住民をまとめて**エスキモー**と呼んでいた。しかし，エスキモーは「生肉を食べる人」という意味で差別的だとの考えから，カナダなどではイヌイットと呼ばれるようになった。ただし，アメリカ合衆国のアラスカ州などではこれまでどおりエスキモーと呼ばれている。

くわしく

日干しれんがの住居

水にぬれると崩れやすく，地震にも弱い。2003年のイランや2015年のネパールでの大地震では，日干しれんがでできた貴重な遺跡や建造物が崩壊した。

(AGE/PPS通信社)

(Alamy/PPS通信社)

⬆**ポンチョ**　アルパカの毛でつくられる。高地の寒さと強い紫外線を防ぐ。

2 宗教と暮らし

1 三大宗教

世界には数多くの宗教がある。このうち，地域や民族の垣根を越えて世界中に広がっている**仏教**，**キリスト教**，**イスラム教**を三大宗教という。おおまかに仏教は東アジアと東南アジアに信者が多く，キリスト教はヨーロッパ，南北アメリカ，オセアニアに，イスラム教は中央アジアから西アジアにかけてと北アフリカなどに信者が多い。そのほか世界的には広がっておらず，特定の民族や地域との結び付きが強い民族宗教がある。インド人などに信仰される**ヒンドゥー教**，ユダヤ人に信仰される**ユダヤ教**のほか，日本の**神道**もこれにあたる。

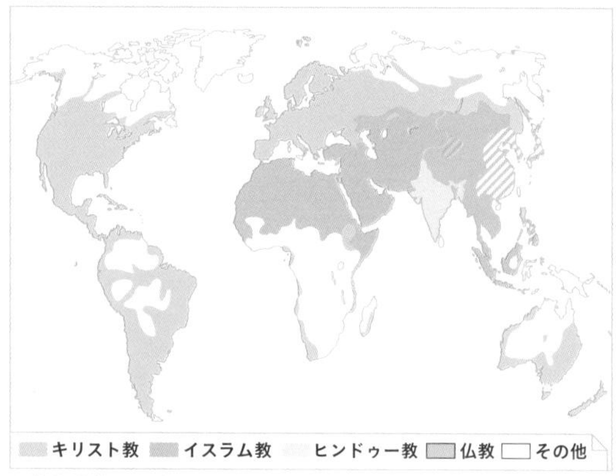

⬆主な宗教の分布

2 宗教と生活の関係

宗教は人々の生活に密接に関係しており，各宗教ではさまざまな習慣がある。例えば仏教には**托鉢**の習慣があり，キリスト教には日曜日の教会の**礼拝**や食事の前の祈りなどの習慣がある。イスラム教は教典（聖典）「**コーラン**」に生活に関する細かなきまりが記されている。また，ヒンドゥー教では牛を聖なる動物として食べるのを禁じている。

くわしく 

イスラム教の習慣

1日5回，聖地メッカへ向かって祈りをささげる。

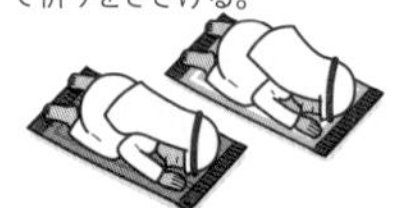

豚肉を食べない。お酒を飲まない。

ラマダン（断食月）には，日が出ている時間帯は飲食しない。

金曜日はモスク（イスラム教の礼拝所）で礼拝する。

（鈴木革/PPS通信社）

⬆**ガンジス川での沐浴**…ヒンドゥー教では，ガンジス川（ガンガー）が「聖なる川」とされ，そこで体を洗い清める沐浴が重要な習慣である。

3 世界の衣食住

1 世界の衣食住

世界には，気候をはじめとする自然環境や宗教の教えなどに合わせた衣食住がみられる。衣服は主に気候に合わせたものが着用されており，暑い地域では防湿性の高い麻や綿などの衣服が，寒い地域では保温性の高い動物の毛皮が使われている。そのほか，各国ならではの伝統的な**民族衣装**もある。

(Alamy/PPS通信社)
↑朝鮮半島の女性が着用するチマ・チョゴリ

食事は，地域で栽培される農作物を主食とすることが多い。とくに**米**，**小麦**，**とうもろこし**は三大穀物といわれ，世界中で食べられている。食事のしかたもさまざまで，世界的にはテーブルに料理を置くスタイルが多くみられるが，砂漠の遊牧民などは地面にしいたカーペットの上に料理を並べて食べる。

↑米を原料にした麺（フォー）
(安部光雄/PPS通信社)

伝統的な住居は熱帯雨林や針葉樹林，日干しれんがなど現地でとれる材料が用いられる。また，モンゴルのゲルのように生活スタイルに合わせた住居もある。

2 衣食住の変化

地域の自然や文化に合わせて発達してきた衣食住だが，近年は画一化が進んでいる。世界各地にジーンズとTシャツが広まっているほか，食事は多様化し，家もコンクリートづくりのものが多くなるなど，伝統的な衣食住に変化が現れている。

くわしく

イスラム教徒の女性の衣服

イスラム教では，女性が人前で肌をさらさないよう教えているため，顔や体を覆う衣服が用いられている。

(Marka/PPS通信社)
↑イランの女性が着るチャドル

くわしく

ゲル

モンゴル族の遊牧民の住居。移動が多い遊牧生活に合わせて，移動しやすい組み立て式になっている。外壁などに家畜である羊の毛が使われている。

(Science Source/PPS通信社)

発展

ハラール

ハラールとはイスラム教で許された食品のことで，豚肉のほか，調理方法などによって細かな規定がある。日本でも外国人観光客の増加によって，ハラールに気遣った食品が増えている。

4 世界の気候

1 熱帯

世界の気候帯は大きく**熱帯**，**乾燥帯**，**温帯**，**冷帯**（**亜寒帯**），**寒帯**に分かれる。

熱帯は，一年中高温で雨が多い**熱帯雨林気候**と，雨季と乾季の区別がはっきりしている**サバナ気候**に分かれる。熱帯雨林気候は毎日のようにスコールと呼ばれる激しい雨が降り，**熱帯雨林**（**熱帯林**）と呼ばれる背の高い常緑樹の密林が形成される。サバナ気候は熱帯雨林気候の周りに分布し，**サバナ**と呼ばれる丈の長い草と樹木がまばらに生えた草原が広がる。

発展

高山気候

熱帯や温帯の高地には，高山気候と呼ばれる気候が広がっている。気温は高度が100m上がるごとに0.5～0.6℃ほど下がるため，赤道周辺などの熱帯地域でも標高2000～3000mのところでは温帯に近いおだやかな気候になる。

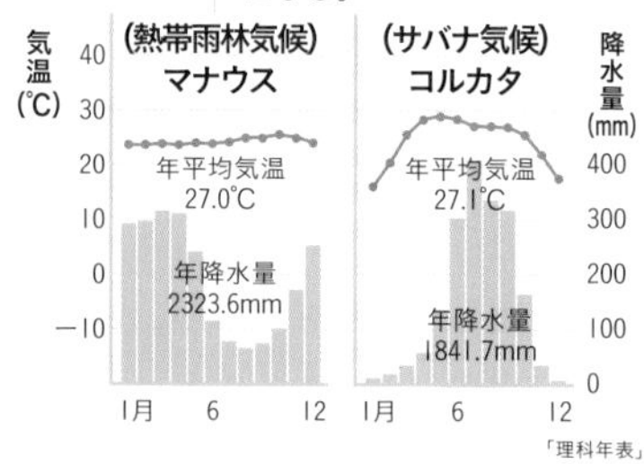

2 乾燥帯

乾燥帯は雨が少ない，あるいはほとんど降らない地域で，樹木はほとんど育たない。中緯度地域と内陸部に分布し，乾燥の程度によって**砂漠気候**と**ステップ気候**に分かれる。砂漠気候では植物はほとんど生えず，わずかにわき水が得られるところに**オアシス**と呼ばれる緑地がみられる。ステップ気候は短い雨季があるため，短い草の生える草原（**ステップ**）が広がる。

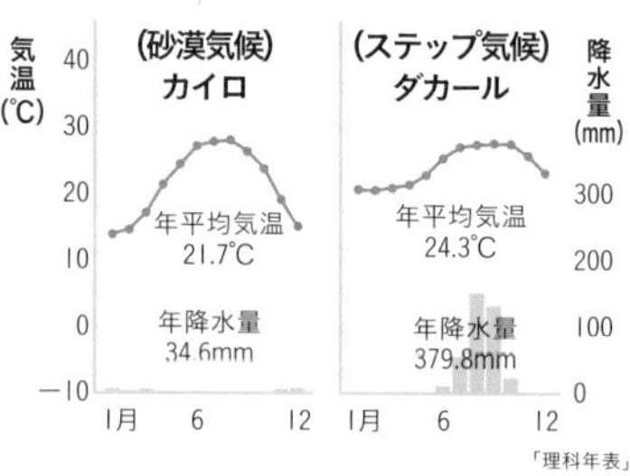

3 温帯

温帯は四季の変化がはっきりしていることが特徴で，主に**温帯湿潤気候**（**温暖湿潤気候**），**西岸海洋性気候**，**地中海性気候**に分けることができる。

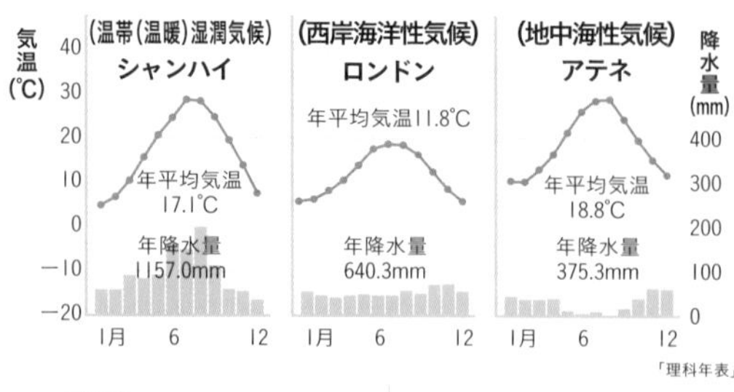

温帯（温暖）湿潤気候は主に大陸の東部に分布し，**季節風**の影響で降水量が多

い。西岸海洋性気候は主に大陸西岸に分布し，**偏西風**の影響で冬でも比較的温暖で，降水量は一年を通じてほぼ均一である。地中海性気候は，夏は乾燥するが，冬はやや降水量が多く，一年を通じて温暖である。

4 冷帯（亜寒帯）と寒帯

冷帯（亜寒帯）は北半球の高緯度地域に分布する。夏が短く，冬の寒さが厳しく，夏と冬の気温の差（年較差）が大きい。冷帯の南部には混交林が広がり，北部には**タイガ**と呼ばれる針葉樹林が広がる。

寒帯は，もっとも暖かい月でも平均気温が10℃未満で，樹木はほとんど育たない。このうち**ツンドラ気候**は大陸の北極海沿岸部に分布し，夏には**永久凍土**の表面がとけてこけ類などが生える。南極大陸やグリーンランド内陸部に分布する**氷雪気候**は，一年中氷雪に覆われる気候である。

くわしく 

季節風と偏西風

季節風は夏と冬でほぼ反対の方向からふく風で，モンスーンともいう。夏は海洋から大陸へ，冬は大陸から海洋へふき，主に大陸東岸の気候に影響を与える。偏西風は中緯度から高緯度地域にかけて1年中ふく西風で，主に大陸西岸の気候に影響を与える。

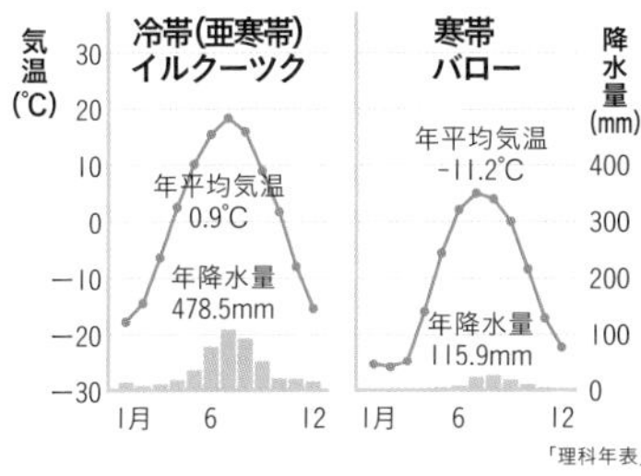

「理科年表」

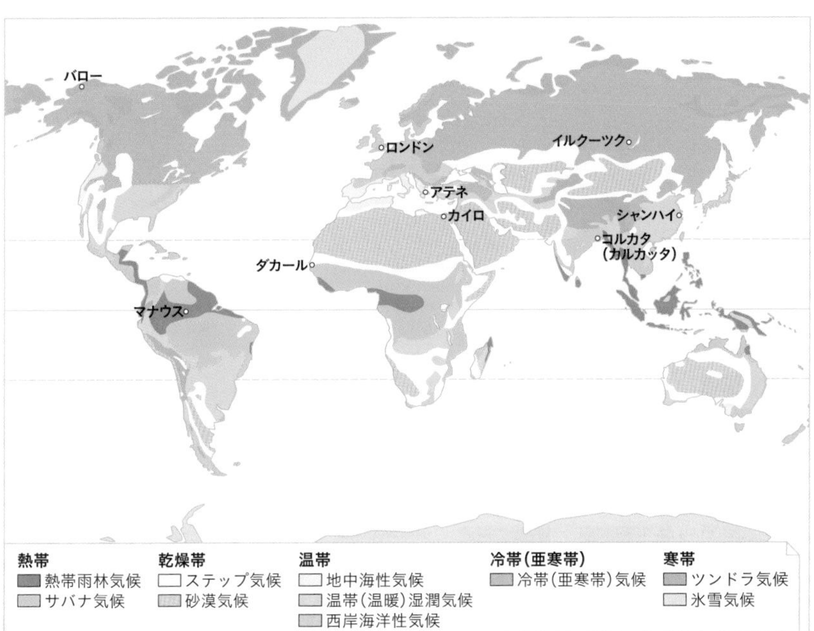

⬆気候帯の分布

PERFECT COURSE

アジア州の地図

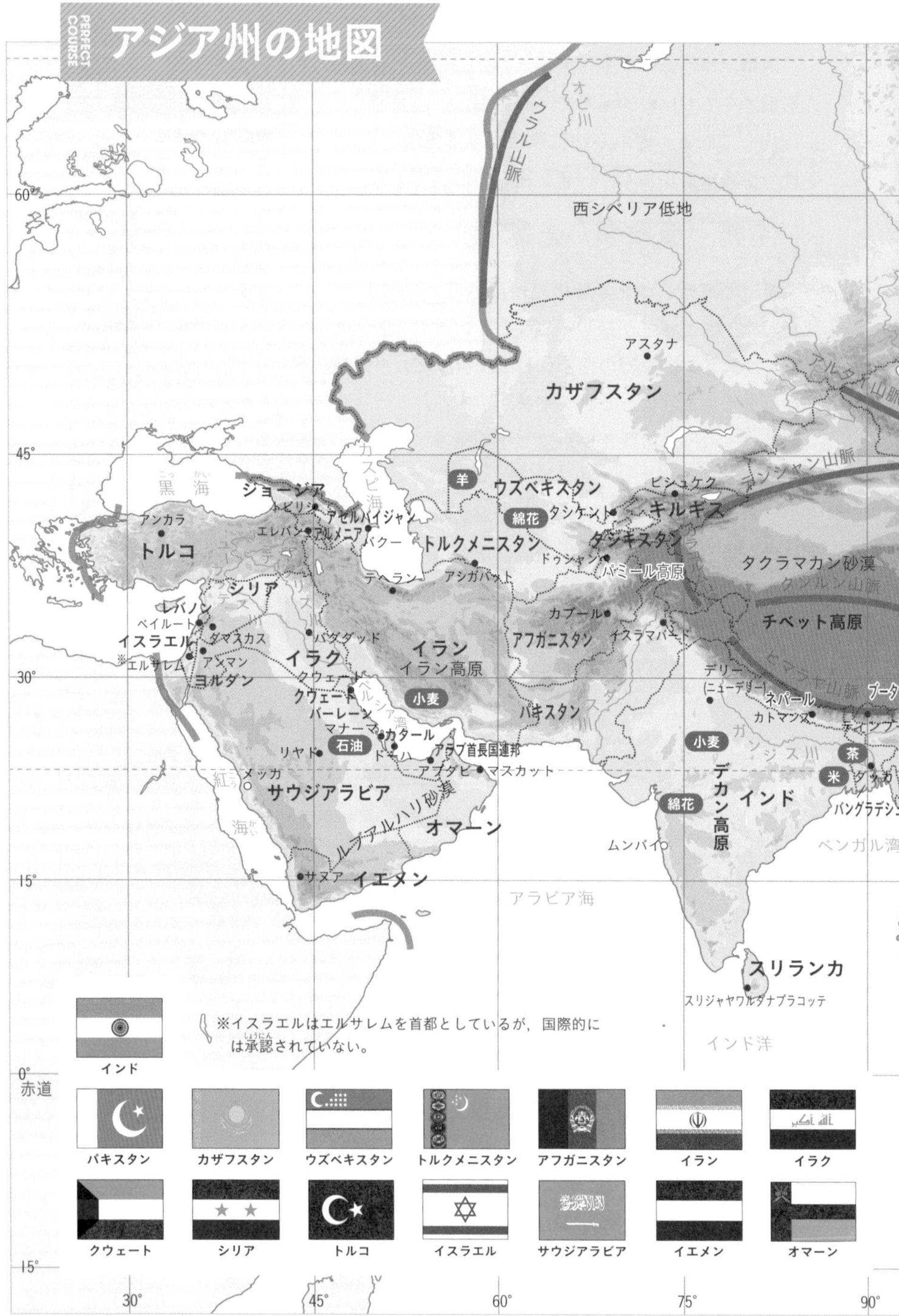

中央シベリア高原
ロシア連邦
小麦
バイカル湖
イルクーツク
アムール川
オホーツク海
カムチャツカ半島
樺太（サハリン）
ハバロフスク
ウランバートル
モンゴル
モンゴル高原
ゴビ砂漠
だいず
とうもろこし
朝鮮民主主義人民共和国
ピョンヤン
北京
ソウル
黄河
こうりゃん
大韓民国
日本海
日本
東京
太平洋
3000m
2000m
1000m
500m
200m
0m
中華人民共和国
綿花
長江
小麦
上海
東シナ海
茶
米
米
香港
ミャンマー
さとうきび
台湾
ネーピードー
ラオス
ハノイ
ビエンチャン
タイ
米
南シナ海
マニラ
バンコク
米
ベトナム
カンボジア
プノンペン
フィリピン
天然ゴム
マレーシア
ブルネイ
バンダルスリブガワン
マラッカ海峡
クアラルンプール
シンガポール
シンガポール
インドネシア
天然ゴム
天然ゴム
ジャカルタ
茶
コーヒー豆
ディリ
東ティモール
ブルネイ
ラオス
日本
シンガポール
タイ
大韓民国
インドネシア
カンボジア
朝鮮民主主義人民共和国
東ティモール
ベトナム
中華人民共和国
バングラデシュ
マレーシア
モンゴル
ネパール
フィリピン
ミャンマー
105°
120°
135°
150°
165°

アジア州の様子

日本が属するアジア州はどのような地域なのだろうか。自然や文化など多方面からみていこう。また，東アジア，東南アジア，西アジアなど，それぞれの地域同士の結び付きにも注目して，学んでいこう。

1 アジア州の自然

1 アジア州の地形

アジア州は世界の6州で**もっとも面積が大きく**，**人口ももっとも多い**州である。中国からネパール，インドなどにかけては8000m級の山々が連なる**ヒマラヤ山脈**とチベット高原が広がり，「世界の屋根」と呼ばれている。それらの山々からは，黄河，長江，メコン川，ガンジス川，インダス川などの大河が流れ，その流域に平野や盆地が形成され，農業に適した豊かな大地を育んでいる。東アジアから東南アジアにかけては，日本列島，フィリピン諸島，カリマンタン島（ボルネオ島），スマトラ島など多くの島々が点在しており，西アジアには砂漠が広がっている。

データFILE

世界の高い山ベスト5

世界には8000mを超える山は14座あるが，そのすべてがアジア州にある。

山	標高	国
エベレスト（チョモランマ）	8848m	中国，ネパール
K2（チョゴリ）	8611m	パキスタン，中国
カンチェンジュンガ	8586m	ネパール，インド
ローツェ	8516m	中国，ネパール
マカルウ	8463m	中国，ネパール

⬆世界の高い山　「理科年表」

2 アジア州の気候

東アジア沿岸部，東南アジア，南アジアは**季節風（モンスーン）**（→p.53）の影響を強く受ける地域で，モンスーンアジアと呼ばれている。これらの地域では，海洋から大陸に向かって湿った季節風がふく**夏に雨季となり**，大陸から海洋へ向かって乾燥した季節風がふく**冬に乾季となる**。一方，季節風の影

(AGE/PPS通信社)
⬆雨季のトンレサップ湖（カンボジア）

(Alamy/PPS通信社)
⬆乾季のトンレサップ湖

響を受けにくい西アジアと中央アジアのほとんどの地域は降水量が少ない乾燥帯に属し，砂漠やステップが広がる。

赤道付近は一年中暑い熱帯に属し，日本や中国の沿岸部には温帯が広がる。シベリアには冷帯（亜寒帯）と寒帯が広がり，オイミャコン（ロシア）は世界最低気温の−71.2℃を記録したことがある。このように，アジア州には熱帯から寒帯まで多様な気候がみられる。

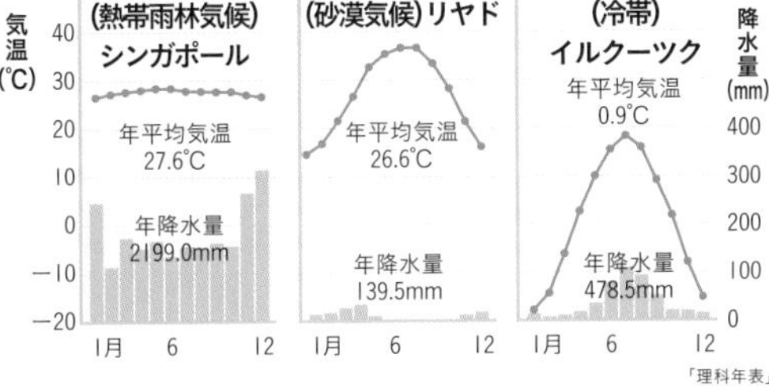

「理科年表」

3 アジア州の民族と文化

アジア州はさまざまな民族と文化が入り混じる地域である。東アジアから南アジアにかけては，習慣や料理などに**中国文化**と**インド文化**の影響が強くみられる。日本と朝鮮半島は中国文化の影響が強く，漢字や儒教は中国から伝わり，年中行事などは中国に似たものがみられる。宗教に注目すると，インドで発祥した**仏教**は東に向かって中国，朝鮮半島，日本へ，南に向かって東南アジアやスリランカへ広がった。

西アジアや中央アジアは**イスラム教**の文化圏にある。現在のサウジアラビアで誕生したイスラム教は西アジアの商人によってシルクロード（絹の道）を通じて中央アジアに広まった。イスラム教はさらに海洋貿易を通じて東南アジアのマレーシアやインドネシアにも伝わった。**キリスト教**は16世紀にヨーロッパの宣教師による布教活動によってアジアへ持ち込まれ，以降フィリピンなどアジア各地に広まった。

用語解説

シルクロード
中央アジアを通り，中国と西アジア，地中海沿岸を結ぶ東西交通路。紀元前2世紀ごろに開かれた。この道を通じてさまざまな文物や文化が行きかい，民族や文化の融合をうながした。

くわしく

仏教の種類
紀元前5世紀ごろに誕生した仏教は陸路や海路でアジア各地に広がっていった。日本や中国，朝鮮半島に伝わった仏教は大乗仏教，ミャンマー，タイ，カンボジアなどに伝わった仏教を上座部仏教という。また，チベットに伝わった仏教は独自に発展し，チベット仏教となった。

(Alamy/PPS通信社)

⬆アンコールワット…12世紀にヒンドゥー教の寺院として建てられたが，のちに仏教寺院となった。現在は世界遺産（文化遺産）に登録されている。

2 東アジアの様子

1 中国の国土

中国は世界で4番目に広い国で，面積は日本の約25倍におよぶ。国土の東側は東シナ海，南側は南シナ海に面しており，東部に平野が広がる。北に**黄河**，南に**長江**という二つの大河が流れ，その流域に人口や産業が集中している。一方，ロシア連邦やモンゴルと国境を接する北部や西部には，ゴビ砂漠，タクラマカン砂漠などの砂漠や草原が広がっている。また，南西部には**チベット高原**があり，黄河や長江など大河の源流となっている。

気候は沿岸部を中心に温帯の地域が多いが，東北地方の冷帯（亜寒帯）から南西部の高山気候，内陸部の乾燥帯，南端のハイナン島の亜熱帯まで多様である。

2 中国の人口と民族

2019年現在，中国の人口は14億人を超え世界一である。この人口の多さによって食料不足や過密などが心配されたため，1970年代末から**一人っ子政策**を導入して人口の抑制を図ってきた。この結果，人口増加は抑えられたが，かわって**少子高齢化が進行し，生産力の低下などが心配されるようになった**。このため，2015年に一人っ子政策は廃止された。

人口を民族別にみると，中国は9割を占める**漢民族**（**漢族**）と55の少数民族からなる多民族国家である。漢民族は主に沿岸部の大都市や平野部に住み，少数民族は内陸部に多く住んでいる。政治・経済の中心を担っているのは漢民族だが，地方ではシンチヤンウイグ

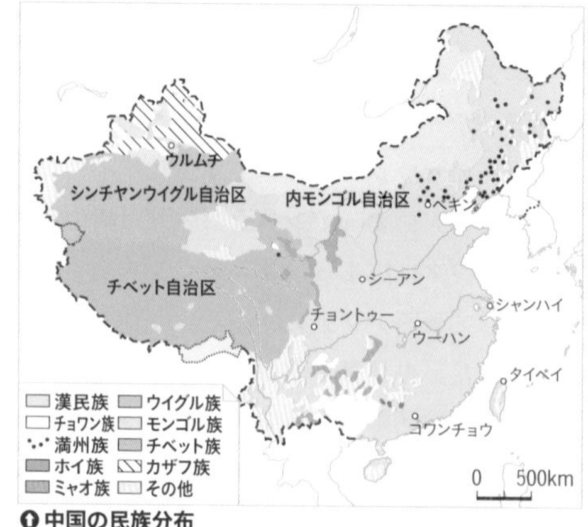

❶ 中国の民族分布

データFILE

中華人民共和国のあらまし
面積●960.0万km²(2017年)
人口●14億3378万人(2019年)
首都●ペキン（北京）
主な言語●中国語など
主な宗教●道教，儒教，仏教，イスラム教など

くわしく

一人っ子政策
夫婦一組の子どもの数を原則1人までとした政策。2人以上の子どもが生まれると罰金を支払わなければならなかったが，2015年の廃止に伴い，2人まで認められることになった。

ル自治区，チベット自治区など，少数民族の自治区が設けられている。しかし，漢民族と少数民族との間には民族や宗教の違いなどから衝突が起こることもある。

3 中国の農業

世界最大の人口を抱える中国は，食料生産量も世界有数の農業大国である。農業は東部の平野部でとくにさかんで，黄河と長江の間にあるホワイ川を境に，北部の東北・華北と南部の華中・華南では栽培される農作物が大きく異なることが特徴である。東北・華北は寒冷な気候のため**畑作**が中心で，小麦や大豆などが生産されている。一方，華中・華南は温暖多雨な気候をいかした**稲作**地帯で，米の生産が中心である。チュー川の南では米の**二期作**が行われているほか，熱帯性作物のさとうきびが栽培されている。

1949年の中華人民共和国の建国以来，中国では政府の計画に沿って生産が行われてきた。しかし，いくら働いても収入が同じだったため生産意欲が低下し，生産量が伸び悩んだ。そこで1970年代半ばからは一定量を政府に納め，残りを自由市場で売ることができる**生産責任制**（**生産請負制**）が導入された。これによって農民の生産意欲が高まり，生産量は大きく増加した。

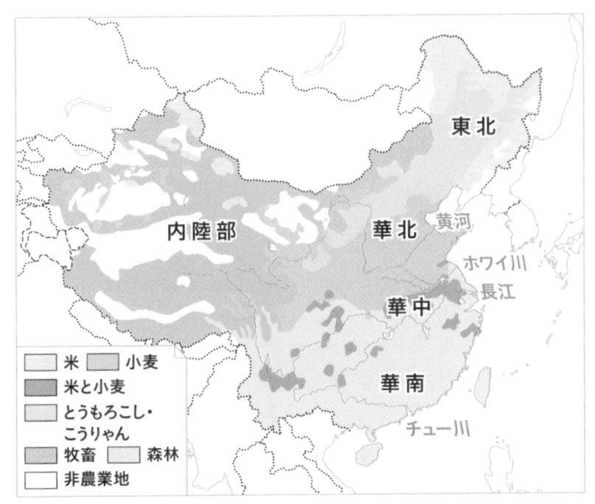

⬆中国の農業区分

データFILE

農作物の生産量

米 計7.7億t

中国	インド	インドネシア	バングラデシュ	その他
27.6%	21.9	10.6	6.4	

小麦 計7.7億t

中国	インド	ロシア	アメリカ	その他
17.4%	12.8	11.1	6.1	

とうもろこし 計11.3億t

アメリカ	中国	ブラジル	その他
32.7%	22.8	8.6	

（2017年）　「世界国勢図会」

くわしく

生産責任制

国から農作物の生産を請け負い，取り決められた量を政府に納め，残りを自由市場で売ることができるしくみ。この制度の導入によって万元戸と呼ばれる裕福な農家が現れた。

4 中国の鉱工業

↑中国の鉱産資源と工業都市

中国は世界でも有数の鉱産資源が豊富な国である。産出する資源は，石炭，石油，鉄鉱石，天然ガス，ウラン，レアメタルなど多種にわたり，産出量も多い。これらの資源をいかし，かつては国の計画のもと国営企業による工業化が進められたが，生産性が上がらなかったため，1970年代後半から改革開放路線が進められ，沿岸部で**経済特区**を設置するなどして外国企業を積極的に誘致した。この結果，工業が飛躍的に発達し，世界各地に工業製品を輸出する**「世界の工場」**と呼ばれるようになり，経済も著しく発展した。これに伴い，国内の消費活動が活発化し，世界的な巨大市場となった。

工業の発達に伴って，工業が発達した大都市と農村の経済格差が大きくなった。この結果，農村から都市に移り住む人が増え，都市部では地価の上昇や交通渋滞などの都市問題が発生している。また，工業化に伴う大気汚染や水質汚濁が深刻化している。とくに**PM2.5**や排出量世界一の二酸化炭素への対策をどうするかが早急な課題である。

5 経済大国となった中国

工業の発展によって経済を発展させた中国は，現在国内総生産（GDP）がアメリカ合衆国に次ぐ世界第2位の経済大国となり，中国経済の動向が世界経済に大きな影響を与えるようになった。さらに中国はアジア，太平洋地域，ヨーロッパ，アフリカへの経済的な影響力を強化しようとしており，**アジアインフラ投資銀行（AIIB）**の設立や**「一帯一路」**の推進によって，中国を中心とした一大経済圏をつくろうとしている。

用語解説 

経済特区

外国企業に対して関税の免除のほか，所得税の一定期間の据え置きなどの優遇措置がとられている。

くわしく 

アジアインフラ投資銀行（AIIB）

アジアと太平洋地域の道路・鉄道・港湾・ダムなど，産業の基盤となるインフラ（社会資本）を整備するために資金を貸す国際金融機関。中国の主導で2016年に開業し，100近くの国・地域が参加している。

くわしく 

PM2.5（微小粒子物質）

直径2.5μm（マイクロメートル）以下の小さな粒の総称。人体に有害で，工場や自動車からの排出ガスなどに含まれる。

6 一国二制度

中国共産党による一党独裁政治が行われている中国にあって，**ホンコン**と**マカオ**は特別行政区に指定され，外交と国防以外の高度な自治権をもっている。

19世紀の欧米による植民地争奪戦の結果，ホンコンは**イギリス**，マカオは**ポルトガル**の植民地となり，資本主義経済が導入され，言論の自由が根付いた。両地域は20世紀末に中国に返還されたが，その際，返還後50年間は政治・経済のしくみを変えないことが約束された。こうして中国の中に二つの異なる制度が共存する**一国二制度**が確立された。

7 朝鮮半島の国々の様子

朝鮮半島は**北緯38度線**付近に引かれた軍事境界線を境にして，南の大韓民国（韓国）と北の朝鮮民主主義人民共和国（北朝鮮）に分断されている。韓国は，かつては稲作を中心とする農業が産業の中心だったが，1960年代半ばに日本やアメリカ合衆国の資本・技術を積極的に導入して工業化を進めた結果，工業国となり，**アジアNIES**（→p.63）を代表する国になった。近年は情報通信技術（ICT）産業が急速に発達している。

一方，北朝鮮は社会主義体制がとられ，工場や土地などは国のものとして管理され，国民の自由は厳しく制限されている。鉱産資源は豊富だが技術や資本不足などのため，工業は発達していない。また，核開発の問題などから国際的に制裁を受けている。日本との間には**日本人拉致問題**などがあり，現在正式な国交はない。

↑朝鮮半島の様子

くわしく

一帯一路

陸路と海路で中国とヨーロッパを結ぼうとする，中国が進めている「シルクロード経済圏構想」。中国から中央アジア，ヨーロッパへと続く陸の交通路（一帯）と，東南アジア，インド，アラビア半島，ヨーロッパへと続く海の交通路（一路）で構成されている。中国はこの構想を通じて沿線各国・地域のインフラ整備を進めて貿易をさかんにし，経済成長を促すとして，巨額の融資を行っている。

参考

台湾

中国南東沖にある台湾は，20世紀半ばの中国の内戦で敗れた蔣介石が率いる国民政府が逃れ，独自の政府を樹立した地である。それ以来，中国と異なる政府が存在する。しかし，中国政府は台湾を自国の領土としており，国際的にも台湾は独立国として認められていない。日本も中華人民共和国を中国唯一の政府としているが，台湾とは経済的，人的な交流がさかんに行われている。

3 東南アジアの様子

1 稲作を中心とする農業

ほとんどの地域が熱帯に属し，雨が多い東南アジアでは**稲作**が農業の中心である。稲作はメコン川流域やチャオプラヤ川流域など，大河流域で行われており，なかには同じ耕地で1年に2回米を収穫する**二期作**を行っているところもある。栽培されているのは，主に**浮稲**と呼ばれる稲で，日本のように苗を使わずに，種を直接水田にまいて育てる（直まき）。東南アジアでは，1960年代に品種改良やかんがい施設の整備などで農業が近代化され，生産量が伸びた。この結果，**タイとベトナムは米の輸出量が世界有数の国になった**。ジャワ島やルソン島の山がちな地域では，山の斜面に切り開いた棚田での稲作が行われている。

2 プランテーションでの農業

東南アジアのマレーシア，インドネシア，フィリピンなどでは，かつて欧米諸国の植民地支配のもとで開かれた**プランテーション**と呼ばれる大農園での農業が行われている。プランテーションでの農業は，主に**バナナ**，**コーヒー**，**天然ゴム**，**あぶらやし**などの熱帯作物を単一栽培し，輸出するために行われてきた。現在もそれらの農作物が国営や民間の大企業の経営となったプランテーションで栽培されているが，小規模な経営もみられるようになった。

(Alamy/PPS通信社)

⬆天然ゴムの栽培

3 東南アジアの工業発展

植民地支配された東南アジアでは農業に力が入れら

データFILE

農作物の生産量

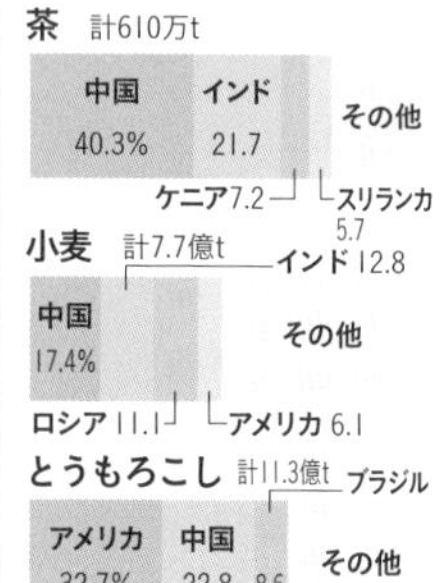

参考

植民地だった東南アジア

かつてタイを除く東南アジアの国々は欧米諸国の植民地支配を受けた。第二次世界大戦後はすべての国が独立を勝ち得た。

⬆1945年の東南アジア

れたため，工業は発達しなかった。しかし，第二次世界大戦が終わり，各国が独立すると，工業化に力を入れる国々が現れた。その代表がシンガポールで，1960年代から1970年代にかけて韓国，台湾，ホンコンとともに急速な工業化を達成し，**アジアNIES**（**新興工業経済地域**）と呼ばれるようになった。1980年代に入ると，マレーシアが税金を優遇するなどして外国企業を誘致し，工業国となった。近年はタイ，フィリピン，インドネシア，ベトナムなどの工業化も進んで多くの日本企業が進出し，**工業団地**も形成されている。これに伴い，かつての一次産品の輸出に頼る**モノカルチャー経済**から工業製品の輸出への転換が進んでいる。

工業の発展に伴い，仕事や経済的な豊かさを求めて農村から都市部へ移り住む人が増加した。この結果，都市部では人口過密となり，住む場所のない人々が**スラム**を形成するなどの問題も起きている。

4 ASEANの形成

東南アジアの10か国は**東南アジア諸国連合**（**ASEAN**）を結成して，貿易の活性化などの経済的な結び付きを強めている。ASEANは経済的な結び付きだけではなく，政治や安全保障での協力も目指しているほか，人的交流も進めている。また，日本や中国，韓国，インド，オーストラリアとの結び付きを強めており，日本とは経済連携協定（EPA）を締結して，貿易を活性化している。

データFILE

輸出品の変化

マレーシア
1980年 129億ドル：原油 23.8%，天然ゴム 16.4，機械類 10.7，木材 9.3，その他
2017年 2164億ドル：機械類 41.0%，石油製品 7.4，パーム油 4.5，その他

タイ
1980年 65億ドル：米 14.7，野菜 11.5，すず 9.3，天然ゴム 8.5，その他
2016年 2136億ドル：機械類 31.3%，自動車 12.8，プラスチック 4.2，その他

「世界国勢図会」など

↑主な国の輸出品の変化

ラオス
ミャンマー
タイ
ベトナム
フィリピン
カンボジア
ブルネイ
マレーシア
インドネシア
シンガポール

↑ASEAN加盟国

Episode

東南アジアで活躍する中国系の人々

東南アジア各国には，中国から移住した人やその子孫が多く住む。それらの人々の中には，商業や金融業など経済界で活躍する人も多く，各国の経済に大きな影響を与えているほか，首相になった人物もいる。なお，中国からの移民のうち，現地の国籍をもっている人を華人，中国籍のままの人を華僑という。

(Alamy/PPS通信社)

↑タイのチャイナタウン

4 南アジアの様子

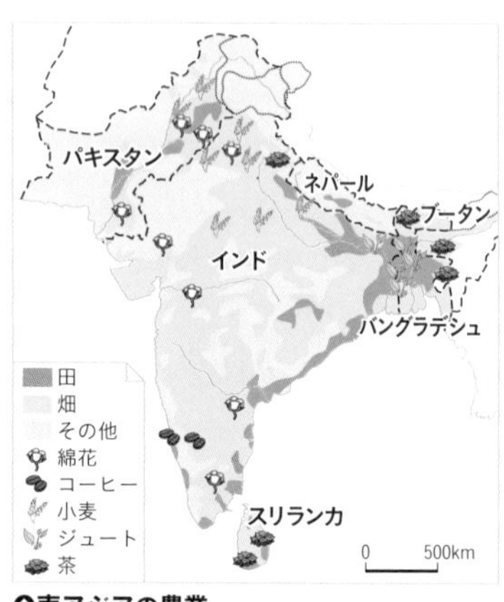

南アジアの農業

1 南アジアの農業

南アジアでは，各地域の気候に合わせた農業が行われている。ガンジス川下流域の高温多湿の地域では米と繊維の原料となる**ジュート**（**黄麻**）の栽培が組み合わされているが，中流，上流にのぼって雨が少なくなると小麦の栽培が多くなる。肥えた土壌が広がるデカン高原では**綿花**の栽培がさかんである。インド北東部のアッサム地方やダージリン地方，スリランカでは茶の栽培がさかんである。この地域の茶は多くが**紅茶**に加工されており，アッサムティー，ダージリンティー，セイロンティーの名で知られている。

2 南アジアの工業・サービス業

工業が遅れている南アジアにあって，中国に次ぐ13億人を超える人口を有するインドは近年工業が急速に発達した国で，**BRICS**の一国にも数えられる。

かつてインドは国内でとれた綿花をいかした綿工業が中心だったが，第二次世界大戦後に重工業化が進み，鉄鋼業や石油化学工業などがさかんになった。1990年代ごろからは，国や州が援助して技術者を育成したり，教育機関や研究所をつくったりした。その結果，ソフトウェアの開発をはじめとする**情報通信技術産業**（**ICT産業**）がさかんになり，「インドのシリコンバレー」と呼ばれる南部の**バンガロール**は，アメリカやヨーロッパのICT関連の企業が進出し，一大ハイテク都市となった。その基盤となっているのが，英語教育と数学教育のレベルの高さである。英語を話せるインド人は世界各地へと働きに出て，ICT産業をはじめとするハイテク産業の担い手となっている。また，アメリカ合衆国帰りのインド人はインド国内のICT産業の

データFILE

農作物の生産量

茶　計610万t
中国 40.3%　インド 21.7　ケニア7.2　スリランカ 5.7　その他
(2017年)

綿花　計2616万t
インド 23.7%　中国 23.6　アメリカ 13.7　パキスタン 9.1　その他
(2014年)

ジュート　計353万t
インド 55.7%　バングラデシュ 42.4%　その他
(2016年)
「世界国勢図会」

くわしく

BRICS
1990年代以降に急速に経済が発展した，ブラジル（Brazil），ロシア（Russia），インド（India），中国（China），南アフリカ共和国（South Afrca）をまとめた呼び名。それぞれの頭文字をとってBRICSと呼ばれる。

発展に寄与している。

最近は人件費の安いパキスタンやバングラデシュに工場をつくる外国企業が増え，これらの国で衣類や繊維品の輸出が増えている。

5 西アジアと中央アジアの様子

1 西アジアの様子

西アジアは**イスラム教徒**がほとんどを占める地域である。乾燥した砂漠が多いため農業はあまりさかんではなく，工業もあまり発達していない。中心となるのは石油産業で，**ペルシア湾岸は世界最大の石油（原油）の埋蔵地，生産地である**。ここで採掘された石油はパイプラインや石油タンカーなどによって欧米や日本をはじめとする世界各地に輸送される。ペルシア湾岸の産油国は他地域の産油国とともに**石油輸出国機構（OPEC）**を結成し，石油の生産量や石油価格を調整し，世界経済に大きな影響を与えている。最近は将来の枯渇に備えて，ICT産業や環境・エネルギーなど，ほかの産業を育成する動きがみられる。アラブ首長国連邦にあるドバイはその典型で，流通業や金融業，観光業で経済を発展させ，今では高層ビルが建ち並ぶ中東の一大都市となった。

(©imageBROKER/PPS通信社)
↑高層ビルが建ち並ぶドバイ

2 中央アジアの産業

中央アジアは，かつてソ連を構成していた地域で，**乾燥帯**が広がり，農業と工業はあまり発達していない。しかし，カスピ海沿岸で石油や天然ガス，**レアメタル（希少金属）**などが産出し，最近はカザフスタンがこれらの資源の輸出によって経済を発展させている。

データFILE

日本の石油輸入先

計 1.8 億 kL

サウジアラビア	アラブ首長国連邦	カタール	クウェート	その他
38.6%	25.4	7.9	7.7	

(2018年)　「日本国勢図会」

参考

西アジアの人口

西アジアの石油産出国では，石油産業や建築業における人手不足を補うため，海外からの出稼ぎ労働者を受け入れている。なかには，人口の半分以上を出稼ぎ者を含む外国籍の人々が占める国もある。

用語解説

石油輸出国機構（OPEC）

1960年に石油産出国が自らの利益を守るために結成した国際組織。世界の石油価格に大きな影響力をもつ。ペルシア湾岸諸国のほか，アルジェリア，ナイジェリア，エクアドルなどが加盟している。

参考

アラル海の縮小

カザフスタンとウズベキスタンの国境にあるアラル海は，かつては世界で4番目に面積が大きい湖だった。しかし，流入する川の水をかんがい用水として大量に使用したことなどから水量が減少し，面積はかつての10分の1以下に縮小している。

思考力UP

BRICS（ブリックス）が発展したのは，なぜ？

1990年代から2000年代にかけて，著しい（いちじるしい）経済発展（けいざいはってん）をとげたブラジル，ロシア，インド，中国（ちゅうごく），南アフリカ共和国をまとめて，BRICS（ブリックス）といいます。これらの国が経済発展をとげた理由を考えてみましょう。

問題

下の各文は，BRICSの国々について説明したものです。これらの文を読んで，BRICSの国々に共通していることを答えなさい。

ロシア
面積が世界最大で，人口は約1億7000万人を有する。石油，石炭，鉄鉱石，天然ガス，ウランなど鉱産資源（こうさんしげん）の産出が多い。

ブラジル
世界第5位の面積を有し，人口は2億（おく）人を超（こ）える。鉄鉱石の産出が多く，日本へも輸出している。

南アフリカ共和国
日本の約3倍の面積の国土を有し，約5800万の人口をかかえる。ダイヤモンド，金，石炭などの鉱産資源が豊富。

インド
世界第7位の面積を有する。人口は13億人を超える。石炭，鉄鉱石などが産出し，鉄鋼業，自動車工業などが発達。

中国
世界第4位の面積を有する。人口は14億人を超え，世界一。石油，石炭，鉄鉱石，レアメタルなどの鉱産資源が豊富。

思考力UP ▸▸▸ 経済が発展する条件は何だろうか。各文から読み取ろう。

どの国も日本より面積が大きいね。

どの国も石油，石炭，鉄鉱石，天然ガスなど，鉱産資源が豊富だね。それらの輸出も多いみたいだよ。

日本もこれらの国々からたくさん鉱産資源を輸入しているって習ったよ。日本企業もBRICSに進出しているんだって。

人口は１億人を超える国が多いね。とくに中国とインドは13億人を超えてるね！

思考力UP ▸▸▸ 考えたことを，まとめてみよう。

広大な国土と多くの人口をもち，鉱産資源にめぐまれている。

広大な国土と豊富な労働力（人口）をもつ国は，潜在的な国力を秘めているといえる。また，豊富な鉱産資源は自国の工業を発展させることができるだけでなく，輸出によって国の経済を発展させることもできる。BRICSの国々はいずれもこれらの条件を満たしていたことから，経済を発展させてきた。

BRICSの中でも，とくに中国の発展はめざましい。中国は1970年代後半に改革開放政策を進め，経済特区を設置するなどして外国企業を誘致した。この結果，経済が著しく発展し，2010年には国内総生産（GDP）で日本を抜き，アメリカ合衆国に次ぐ世界第２位の経済大国となった。将来的にGDPでは中国がアメリカ合衆国を抜き，第１位になるという予測もある。

PERFECT COURSE
ヨーロッパ州の地図
3000m
2000m
1000m
500m
200m
0m
アイスランド
レイキャビク
スカンディナビア山脈
スウェーデン
ノルウェー
オスロ
ストックホルム
60°
北海
デンマーク
コペンハーゲン
バルト海
ロシア連邦(飛び地)
イギリス
ダブリン
乳牛
アイルランド
オランダ
アムステルダム
ドイツ
ベルリン
ポーランド
ワルシャワ
ロンドン
ドーバー海峡
ベルギー
ブリュッセル
ルクセンブルク
ライン川
プラハ
チェコ
小麦
ぶどう
パリ
フランス
ミュンヘン
スロバキア
ウィーン
ブラチスラバ
オーストリア
ブダペスト
ベルン
アルプス山脈
ハンガリー
スイス
リヒテンシュタイン
スロベニア
リュブリャナ
ザグレブ
クロアチア
ミラノ
大西洋
ビスケー湾
45°
サンマリノ
ベオグラード
セルビア
ボスニア・ヘルツェゴビナ
サラエボ
プリシュティナ
モンテネグロ
ポドゴリツァ
スコピエ
アルバニア
ティラナ
マケドニア
イタリア
アドリア海
ピレネー山脈
モナコ
アンドラ
バルセロナ
スペイン
バチカン
ローマ
オリーブ
オレンジ
ポルトガル
マドリード
リスボン
地中海
マルタ
バレッタ
ジブラルタル海峡
イギリス
アイルランド
オランダ
ベルギー
スイス
フランス
スペイン
ポルトガル
30°
15°
0°
15°

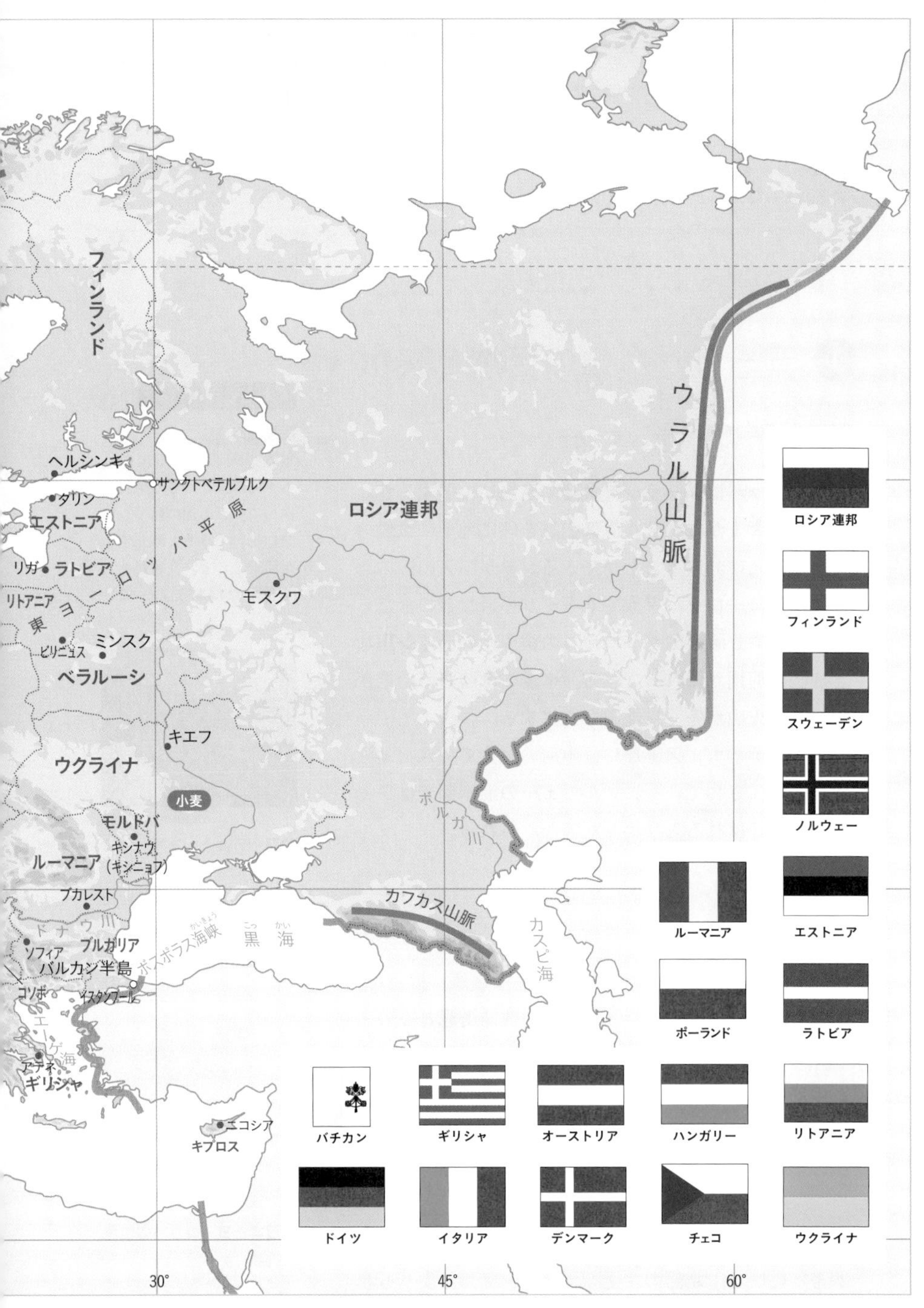
フィンランド
ヘルシンキ
サンクトペテルブルク
タリン
エストニア
リガ
ラトビア
リトアニア
東ヨーロッパ平原
ロシア連邦
モスクワ
ビリニュス
ミンスク
ベラルーシ
キエフ
ウクライナ
小麦
モルドバ
キシナウ
(キシニョフ)
ルーマニア
ブカレスト
ドナウ川
ソフィア
ブルガリア
バルカン半島
コソボ
イスタンブール
ボスポラス海峡
黒海
エーゲ海
アテネ
ギリシャ
ニコシア
キプロス
ボルガ川
カフカス山脈
カスピ海
ウラル山脈
30°
45°
60°
ロシア連邦
フィンランド
スウェーデン
ノルウェー
ルーマニア
エストニア
ポーランド
ラトビア
バチカン
ギリシャ
オーストリア
ハンガリー
リトアニア
ドイツ
イタリア
デンマーク
チェコ
ウクライナ

第2章 SECTION 3

ヨーロッパ州の様子

ヨーロッパは20世紀に2度の世界大戦を経験したが，第二次世界大戦後はヨーロッパ統合の動きが進められ，ヨーロッパ連合（EU）が設立された。この節では，EUの動きを確認するとともに，ヨーロッパの自然や産業についても学んでいこう。

1 ヨーロッパ州の自然と文化

1 地形の様子

ヨーロッパはユーラシア大陸の西端に位置する地域である。大まかに，**アルプス山脈**を境に地形や気候の特徴を南北に分けることができる。アルプス山脈の北側には東ヨーロッパ平原や北ドイツ平原などのなだらかな平原や丘陵が広がり，流れの緩やかな**ライン川**などの**国際河川**が流れる。一方，南側には険しい山地が広がり，火山が多く，地震も発生する。

スカンディナビア半島には氷河の侵食でできた湖沼が多く形成されている。ノルウェーの沿岸部では**フィヨルド**と呼ばれる入り組んだ湾がみられる。

2 気候のようす

ヨーロッパは全体的に高緯度にあり，南部を通る北緯40度の緯線は日本の秋田県や岩手県を通っている。しかし，大西洋を流れる暖流の**北大西洋海流**とその上をふく**偏西風**の影響で，北欧（北ヨーロッパ）など一部の地域を除き，多くの地域は温帯に属しており，高緯度のわりには温暖な気候である。温帯のうち，偏西風の影響が強い西部は**西岸海洋性気候**に属し，地中海沿岸は**地中海性気候**に属する。

北部のスカンディナビア半島のほとんどは冷帯（亜寒帯）に属し，北部の北極圏（北緯66度33分よりも北

くわしく 

国際河川
複数の国を流れる川のうち，沿岸国どうしが条約を結んで，どの国の船でも自由に航行できると取り決めた河川のこと。交通路として重要な役割をもっている。

（後藤昌美/PPS通信社）

⬆フィヨルド…氷河に侵食されてできたU字型の谷に海水が入り込んでできた湾。幅が狭く，奥行きが長く深い。

⬆日本とヨーロッパの位置関係

の地域）は寒帯に属する。この地域では緯度が高く，夏は太陽が沈まない**白夜**となる。大陸部は東部に行くにつれて温帯から冷帯に変わり，冬の寒さが厳しくなる。

(地中海性気候) アテネ
年平均気温 18.8℃
年降水量 375.3mm

(西岸海洋性気候) パリ
年平均気温 11.1℃
年降水量 652.8mm

気温(℃) 40 30 20 10 0 −10 −20
降水量(mm) 400 300 200 100 0
1月 6 12
「理科年表」

2 ヨーロッパ州の言語・文化

1 ヨーロッパ州の言語・民族

ヨーロッパには，大まかに3つの言語形態が存在する。南部のイタリア，スペイン，フランスなどに分布する**ラテン系言語**，北西部のドイツ，イギリス，北ヨーロッパ諸国などに分布する**ゲルマン系言語**，東部のポーランド，ブルガリアなどの東ヨーロッパ諸国に分布する**スラブ系言語**の3つである。これらの言語形態は民族の分布とほぼ一致しており，それぞれ**ラテン民族**，**ゲルマン民族**，**スラブ民族**と呼ばれている。

ミス注意

白夜と極夜

北極と南極に近い高緯度地域では，夏至の前後の時期に太陽が沈まないか，沈んでも地平線近くにあって一日中薄明るい状態が続く。これを白夜という。反対に冬至のころは，太陽が昇らないか，わずかな時間しか昇らずに昼間でも暗い日が続く。これを極夜という。

2 ヨーロッパ州の宗教

ヨーロッパの多くの国では**キリスト教**が信仰されている。キリスト教は主にカトリック，プロテスタント，正教会の3派に分かれるが，ラテン民族はカトリック，ゲルマン民族はプロテスタント，スラブ民族は正教会を信仰する傾向にある。キリスト教は人々の日々の生活に根付いており，日曜日の礼拝や食事の前の祈りなど，生活に欠かせないものとなっている。

しかし，1960代年以降は北アフリカやトルコからの移民や難民が増加するにつれて，イスラム教を信仰する人々が増えている。

⬆ヨーロッパの言語の分布

3 ヨーロッパ州の統合

EU加盟国
EU加盟国・ユーロ導入国
（イギリスは2020年1月にEUを離脱した。）
アイルランド
イギリス
オランダ
デンマーク
スウェーデン
フィンランド
エストニア
ラトビア
リトアニア
ブリュッセル（EU本部）
ベルギー
ルクセンブルク
ドイツ
ポーランド
チェコ
スロバキア
ルーマニア
オーストリア
ハンガリー
スロベニア
クロアチア
ブルガリア
フランス
ポルトガル
スペイン
イタリア
ギリシャ
マルタ
※キプロス
※ギリシャ系住民が主流の南部のキプロス共和国のみ

⬆EU加盟国 (2020年4月末現在)

1 ECからEUへ

歴史的に対立や戦争を繰り返してきたヨーロッパでは，以前から国際的な協調を求める声があった。20世紀に入ると，**2度の世界大戦の発端の地となったことへの反省**や，第二次世界大戦後，アメリカ合衆国とソ連を中心とする冷戦体制下でその地位が低下したことに危機感をもったことなどによって，ヨーロッパの統合を模索するようになった。

この動きの中で，1967年に**ヨーロッパ共同体（EC）**が発足した。当初は経済面での協力が主な目的だったが，その後，政治的・安全保障での協力を進める目的も加わり，1993年に**ヨーロッパ連合（EU）**に発展した。EU発足当初の加盟国は12か国だったが，その後，加盟国が大幅に増えた。**その規模は人口・輸出額ともにアメリカ合衆国を上回り**，世界経済と政治に大きな影響力をもっている。

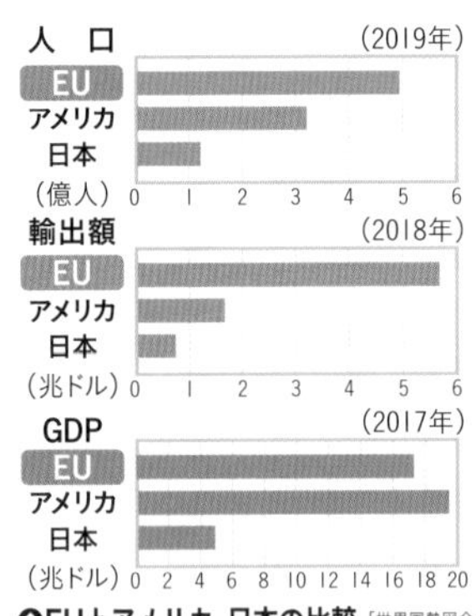

⬆EUとアメリカ，日本の比較 「世界国勢図会」

2 EUの政策

EUは加盟国間（域内）での**人，物，お金の移動を自由にするためのさまざまな政策**を進めている。多くの国々が国境でのパスポートの提示を廃止し，人の移動を自由にした。この結果，通勤や買い物などで他国へ訪れる人が増え，人と物の行き来が活発化した。

また，**関税の撤廃**や共通通貨**ユーロ**の導入も実現し

くわしく

ヨーロッパ統合の歩み

1952年	ヨーロッパ石炭鉄鋼共同体（ECSC）発足
1958年	ヨーロッパ経済共同体（EEC）発足
1967年	ヨーロッパ共同体（EC）発足
1993年	マーストリヒト条約発効により，EUが発足（加盟国は12か国）
1999年	共通通貨ユーロを導入
2002年	共通通貨ユーロが一般に流通
2004年	東ヨーロッパ諸国などの10か国が加盟
2013年	クロアチアが加盟し，加盟国は28か国に拡大
2016年	イギリスが国民投票でEU離脱を決定。
2020年	イギリスがEUを離脱

ている。関税の撤廃は域内の貿易の自由化をうながし，ユーロの導入によって両替の必要がなくなったため，国境を越えた買い物，さらには企業どうしの資金のやり取りや投資，融資も活発になった。また，高速鉄道のICEやユーロスター，高速道路網の整備なども進み，人と物の移動がより便利になった。

3 EUの課題

EUの大きな課題として，経済発展が遅れている東ヨーロッパ諸国と経済的に豊かな西ヨーロッパ諸国との間の経済格差がある。この格差によって，**東ヨーロッパから仕事を求めて西ヨーロッパへ移り住む人（移民）が増加**し，さまざまな問題が生じている。さらに2010年に入ってからは西アジアの紛争地などからの**難民**が押し寄せ，問題となっている。この移民や難民問題をめぐっては，受け入れ賛成と反対の意見の対立があり，EUの結束があやうくなっている。また，EUの権力の拡大によって，自国のことを自分たちで決められなくなったことに対する不満の声もくすぶっている。2016年に**イギリスは国民投票によってEU離脱を決定**し，2020年に離脱したが，この背景にも移民政策やEUの権力の拡大に対する不満があると考えられている。

データFILE 

主なEU加盟国のGDPの比較

	国内総生産(GDP)
ドイツ	36932
イギリス	26312
フランス	25825
イタリア	19438
スロバキア	956
ブルガリア	582
スロベニア	485
エストニア	259

(2017年)　単位:億ドル　「世界国勢図会」

参考 

ギリシャ財政危機

2009年，ギリシャが長年にわたる財政赤字を隠し，深刻な財政危機にあることが発覚した。この危機によってEUとユーロの信用が失われ，ユーロが下落して経済が混乱することが心配された。このため加盟国はギリシャに資金援助したが，負担額が大きいドイツ，フランスなどからはEUに加盟していることに疑問を呈する声もあがっている。

思考力UP

Q. 移民が増えると，何が問題なのか？

Hint 他の国から多くの人々が移り住んでくると，人口増加が急激に進む。急激な人口増加によってどのような影響が出るか考えてみよう。

A.（例）仕事につけない人が増え，失業率が上昇する。

ドイツでは，トルコなどからの移民が増えたことによって元々住んでいた人の失業率が上昇した。また，移民にかける医療費・教育費などの社会保障費への支出が増え，国の財政が厳しくなった。このため，移民の排除や制限を訴える政党が支持率を伸ばしている。そのほか，自国の文化がおびやかされるなどさまざまな問題が生じる。

4 ヨーロッパ州の産業

1 地域によって異なる農業

ヨーロッパでは，気候と同様にアルプス山脈の北側と南側ではさかんな農業が異なる。北側では，小麦，大麦，ライ麦，じゃがいもなどの食料作物の栽培と，豚や牛などの家畜の飼育，家畜のえさの栽培を組み合わせた**混合農業**がさかんである。冷涼なオランダやデンマークでは畜産がさかんで，オランダでは**酪農**によるチーズ，バターの生産，デンマークでは豚の飼育によるハム，ソーセージの生産がさかんで輸出も多い。

いっぽう，南側の地中海沿岸の地域では，乾燥する夏に**オリーブ**や**ぶどう**，**オレンジ**など乾燥に強い果樹を栽培し，やや雨が多くなる冬に**小麦**の栽培を行う**地中海式農業**がさかんである。ぶどうを原料とする**ワイン**の生産もさかんで，世界的にも人気がある。また，羊，ヤギの飼育が古くから行われている。

スイスなどのアルプス地方では，酪農がさかんだが，夏は高地の牧場で，冬はふもとの畜舎で乳牛を飼育する**移牧**が行われている。

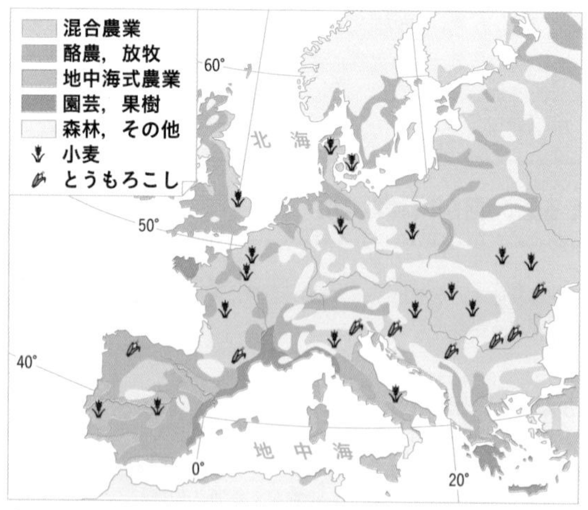

❶ヨーロッパの農業地域

データFILE

農作物の生産量

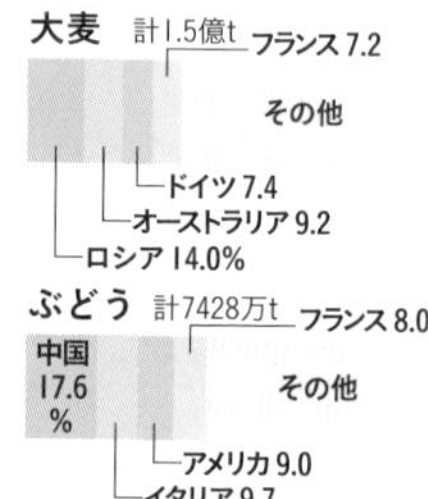

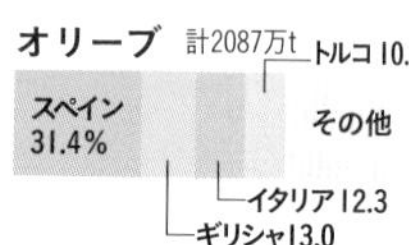

(2017年)　「世界国勢図会」

データFILE

ワインの生産量の割合

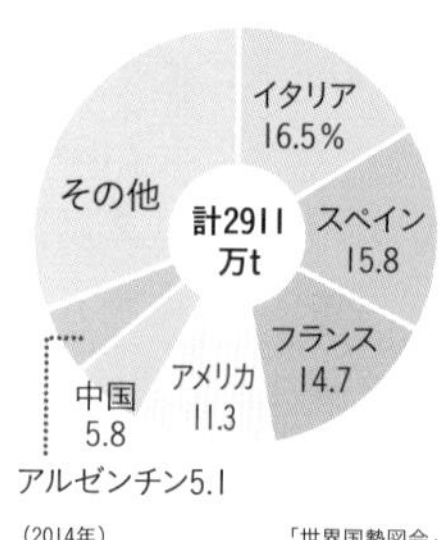

(2014年)　「世界国勢図会」

発展 

オランダの農業

オランダの国土の約4分の1は，海を干拓してできたポルダーと呼ばれる干拓地である。ポルダーは塩分が多いため穀物の栽培に適さない。このため，チューリップの球根や野菜づくりといった園芸農業がさかんに行われている。

2 農業大国フランス

広い平地と温暖な気候にめぐまれたフランスはEU（イーユー）最大の農業国である。セーヌ川，ロアール川などの大河が流れるパリ盆地（ぼんち）では，広大な土地で大型機械を使って**小麦**，大麦，なたね，てんさいなどが栽培されている。とくに，小麦の生産量は世界有数で，自給率は100%を超（こ）え輸出量も多い。中部や南部の丘陵（きゅうりょう）地帯では温暖な気候を利用して，**ぶどう**の栽培と**ワイン**づくりが行われている。また，地中海沿いの地域では，地中海式農業によるオリーブ，ぶどうや小麦の栽培が行われている。

3 ヨーロッパの工業

18世紀にイギリスで始まった**産業革命**（かくめい）（→p.358）はその後，フランス，ドイツなどに広がり，ヨーロッパでは世界に先がけて近代工業が発展した。とくにドイツのライン川中流域は，ルール地方でとれる石炭と輸入鉄鉱石を利用して鉄鋼（てっこう）業が発達し，ヨーロッパの工業の中心地となった。しかし，1960年代にエネルギーの中心が石炭から石油へ変わりエネルギー革命が起こって工業の中心が石油化学工業になると，石油の輸入や製品の輸出に便利な臨海部のロッテルダムやマルセイユで工業が発達した。近年は工業の中心は，大都市のロンドン，パリ，ミュンヘンなどの大都市近郊（きんこう）へ移り，自動車工業や先端（せんたん）技術（ハイテク）産業が発達している。

EUの発足によって，国境を越えた協力も進んでい

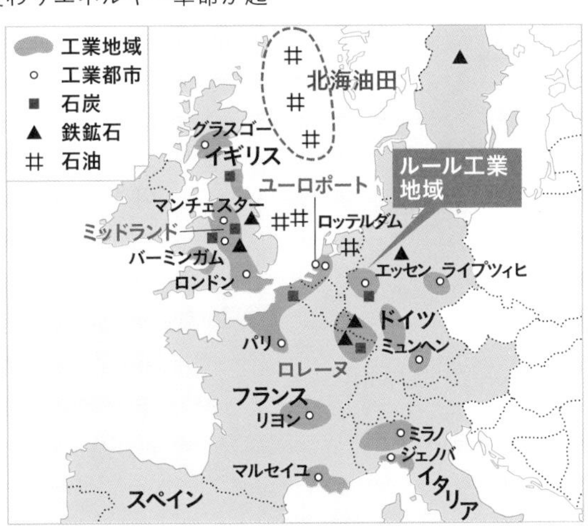

❶ヨーロッパの主な工業地域と鉱産資源

データFILE

小麦の輸出量

計1.8億t

国	割合
ロシア	13.8%
アメリカ	13.1
カナダ	10.7
フランス	10.0
その他	

(2016年)　「世界国勢図会」

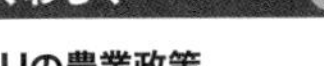

くわしく

EUの農業政策

EUでは，加盟国の農業の保（ほ）護（ご）・振興（しんこう）のために国境を越えた農業政策（共通農業政策）をとっている。この政策のもと，EU外からの輸入農作物に高い関税をかけたり，農作物の市場価格（かかく）が下落した場合，農作物を一定料金で買い取るしくみを整えたりしている。この結果，農作物の自給率は高まったが，EUの財政難（なん）や生産過剰（かじょう）などの弊害（へいがい）が出たため，政策の見直しを進めている。

る。例えば，**航空機**の生産では，フランス，イギリス，ドイツ，スペインが共同出資したエアバス社の組立工場がトゥールーズ，ハンブルクにあり，各国が別々の部品をもちよって組み立てている。1990年代以降は，地価や賃金の安い東ヨーロッパへの工場移転がみられ，日本の自動車，電気機械の企業も工場を移転している。

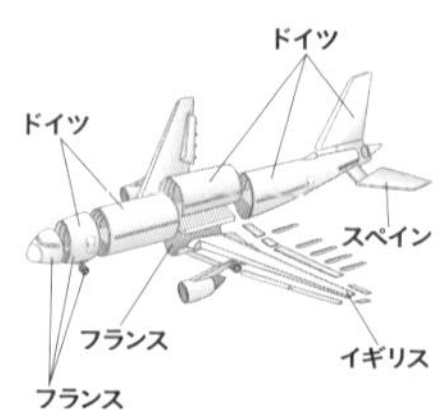

↑航空機生産の分業（一例）

5 環境問題の発生と対策

1 環境問題の発生

早くから近代工業が発達したヨーロッパでは，19世紀には大気汚染や水質汚濁が問題となった。中でもドイツのライン川流域のルール地方では大気汚染や水質汚濁が深刻となったが，排出ガスや廃水の規制，汚水処理施設の設置などの対策を行った結果，大幅に改善された。また，工場や自動車からのばい煙による**酸性雨**は偏西風にのって国境を越えて被害をおよぼしている。このため，EU全体で対策をとっている。

くわしく 

酸性雨

工場や自動車から排出される窒素酸化物・硫黄酸化物などが大気中で水蒸気にとけて降る，酸性度の強い雨。川や湖の魚が死滅したり，森林が枯れたり，銅像がとけたりする被害が出る。

（Alamy/PPS通信社）
↑酸性雨によってとけた銅像

2 環境問題への対策

早くから環境問題が発生したヨーロッパでは環境保全に対する意識が高く，大気汚染，地球温暖化に対する対策も進んでいる。ドイツなどでは**パークアンドライド**の導入によって自動車をなるべく使わずに公共交通機関を利用できるしくみを整えている。低い土地が多いオランダでは，地球温暖化による水没に対する危機感が強いため，二酸化炭素を排出しない自転車の利用を進めている。そのほか，**再生可能エネルギー**の推進，**3R**（→p.587）の徹底などの取り組みも進んでいる。

（Alamy/PPS通信社）
↑電車内に自転車を持ち込めるオランダ

くわしく 

パークアンドライド

郊外に住む人々が最寄りの駅やバス停にある駐車場に自動車をとめ（パーク），路面電車やバスに乗り換えて（ライド）目的の中心部に行くしくみ。自動車の排出ガスによる大気汚染や二酸化炭素の排出量の削減や渋滞の緩和などを目的としている。

6 ロシアの様子

1 国土の特色

ロシアはユーラシア大陸の北半分を占める国で，面積は日本の約45倍もある世界最大の国である。国土は東西に長く広がっており，国内には11もの標準時がある。西部にはウラル山脈が南北に連なり，ここから東はアジア州（**シベリア**），西はヨーロッパ州とされるが，民族的，文化的な共通点からヨーロッパに分類されることが多い。

多くの地域が**冷帯**（**亜寒帯**）に属しており，**タイガ**と呼ばれる針葉樹林が広がっている。北極圏近くの地域は寒帯に属し，シベリアには土や水が凍っている**永久凍土**が広がっている。湖も多くあり，南西部のカスピ海は世界最大の湖，シベリア中南部のバイカル湖は世界最深の湖である。

2 歴史と民族

ロシアでは，1917年のロシア革命で帝政がたおれ，1922年に世界初の社会主義国である**ソビエト社会主義共和国連邦**（**ソ連**）が成立した。第二次世界大戦後はヨーロッパやアジアの社会主義国家建設を支援し，資本主義陣営のアメリカ合衆国と**冷戦**（**冷たい戦争**）を展開した。しかし，社会主義の行きづまりや，国内の民族自立の動きなどから1991年にソ連はロシア連邦，ウクライナ，カザフスタン，バルト三国などに分裂し，解体した。

↑ソ連を構成していた国

(Alamy/PPS通信社)

↑シベリアに広がる針葉樹林

発展

ロシアの民族対立

多くの民族が住むロシアでは民族間の対立が根強く，国内の共和国や自治区の中には，ロシアからの独立を求める運動も起こっている。とくにチェチェン共和国では，1990年代に2度にわたって紛争が起こったほか，独立派の武装勢力によるテロも起こっており，不安定な情勢が続いている。

ロシア連邦は100を超える民族が暮らす多民族国家で，国内に多くの共和国，自治区がある。全体の約8割がスラブ系のロシア人が占め，ロシア人の多くはキリスト教の正教会を信仰している。

3 産業と社会

シベリアからウクライナにかけて広がる**黒土地帯**はヨーロッパ随一の肥えた農業地帯で，**小麦**や**とうもろこし**の生産がさかんである。ロシアではソ連時代には農地の国営化が行われ，大型農業機械を使った大農法を行っていたが，生産効率はあまり上がらなかった。ソ連解体後は農地の私有化が進んだ。

工業では，石炭，石油，鉄鉱石など鉱産資源にめぐまれているため，ソ連時代からコンビナートなどの大工場地域をつくってきた。ソ連解体後，ロシアの国力は著しく低下したが，資源の輸出や生産手段などの私有化，シベリア開発などを行った結果，国力は回復し，現在は**BRICS**（→p.64）の一国に数えられている。

4 日本との関係

日本とソ連は第二次世界大戦で敵対したが，1956年の**日ソ共同宣言**によって国交が正常化した。しかし，平和条約はいまだに結ばれておらず，両国の間には**北方領土問題**（→p.40）が未解決である。しかし，新潟市など日本海側の地域は日本海を囲むロシア，中国，韓国などと経済交流を活性化する**環日本海経済構想**の実現を目指すための取り組みを進めている。

データFILE 

鉱産資源の生産量

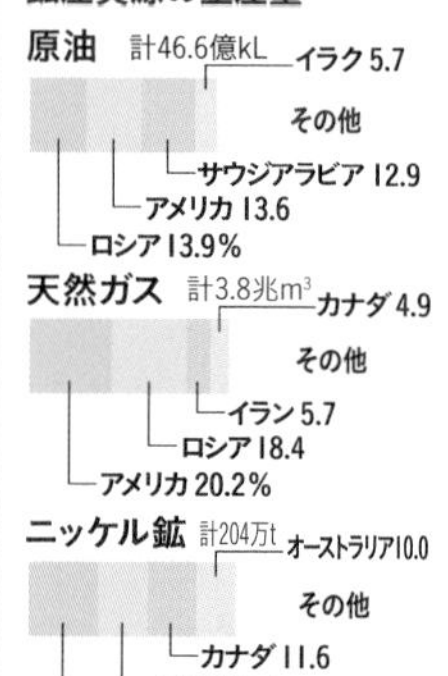

（原油は2018年，天然ガスは2017年，ニッケル鉱は2016年。）「世界国勢図会」

くわしく 

パイプライン
石油や天然ガスなどを輸送する管。

(Alamy/PPS通信社)

↑パイプライン

CHECK 確認問題

第2章 世界の諸地域①

問題 各問いに答えましょう。また，（　）に当てはまる語句を選びましょう。

❶ 熱帯地域にみられる右の写真の住居を何というか。

❷ 世界三大宗教とは，キリスト教，イスラム教と，あと一つは何か。

❸ アジア州の東部から南部にかけての気候に影響を与える，夏と冬とでほぼ反対の方向からふく風を何というか。

❹ 大陸西岸の気候に影響を与える，1年中西から東へ向かってふく風を何というか。

❺ 1970年代末から2015年まで，中国でとられていた人口抑制政策を何というか。

❻ 外国企業を誘致するために中国沿岸部に設けられた5つの地区を何というか。

❼ 経済・政治・安全保障での協力を目指して，東南アジアの10か国が加盟している組織を何というか。

❽ 産油国の利益を守るために，西アジアの産油国が中心となって加盟している組織を何というか。

❾ ノルウェーなどにみられる，氷河に侵食されてできたU字型の谷に海水が入り込んでできた細長い湾を何というか。

❿ イタリア，スペイン，フランスなどに分布する言語のことを（ラテン系　ゲルマン系）言語という。

⓫ 1993年にヨーロッパの国々が発足させた地域統合組織を何というか。

⓬ ⓫ の組織が導入している共通通貨を何というか。

⓭ 地中海式農業による栽培がさかんな，右のグラフの農作物は何か。

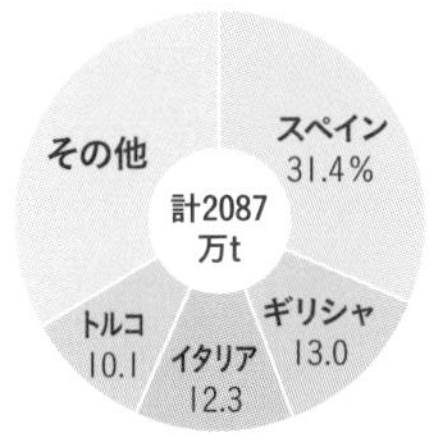

❶ある農作物の生産量

(2017年)　「世界国勢図会」

解答

① 高床式住居
② 仏教
③ 季節風（モンスーン）
④ 偏西風
⑤ 一人っ子政策
⑥ 経済特区（経済特別区）
⑦ 東南アジア諸国連合（ASEAN）
⑧ 石油輸出国機構（OPEC）
⑨ フィヨルド
⑩ ラテン系
⑪ ヨーロッパ連合（EU）
⑫ ユーロ
⑬ オリーブ

アフリカ州の地図

大西洋
地中海
アトラス山脈
ラバト
アルジェ
チュニス
チュニジア
モロッコ
トリポリ
カイロ
アルジェリア
リビア
エジプト
西サハラ
サハラ砂漠
ナイル川
紅海
モーリタニア
ヌアクショット
落花生
マリ
ニジェール
チャド
綿花
エリトリア
セネガル
ダカール
バンジュール
ガンビア
バマコ
ニアメ
ブルキナファソ
ンジャメナ
スーダン
ハルツーム
アスマラ
ジブチ
ギニアビサウ
ビサウ
ギニア
ワガドゥグー
ベナン
ナイジェリア
エチオピア
コナクリ
ニジェール川
トーゴ
アブジャ
アディスアベバ
ソマリア
フリータウン
シエラレオネ
コートジボワール
リベリア
ヤムスクロ
カカオ豆
ポルトノボ
南スーダン
エチオピア高原
モンロビア
コーヒー豆
ガーナ
ロメ
アクラ
中央アフリカ
カメルーン
マラボ
ヤウンデ
バンギ
ジュバ
ギニア湾
赤道ギニア
ウガンダ
カンパラ
ケニア
モガディシュ
リーブルビル
ガボン
コンゴ盆地
ビクトリア湖
ルワンダ
キガリ
ナイロビ
コンゴ
民主共和国
コンゴ共和国
ブラザビル
キンシャサ
ブジュンブラ
ブルンジ
タンザニア
インド洋
ダルエスサラーム
ルアンダ
モロニ
コモロ
アンゴラ
マラウイ
リロングウェ
ザンビア
ルサカ
ハラレ
マダガスカル
アンタナナリボ
ナミビア
ジンバブエ
ボツワナ
ナミブ砂漠
ウィントフック
モザンビーク
プレトリア
ハボローネ
マプト
ムババーネ
エスワティニ
カラハリ砂漠
マセル
レソト
南アフリカ共和国
3000 m
2000 m
1000 m
500 m
200 m
0m
45°
30°
15°
0°
15°
30°
15°
0°
15°
30°
45°

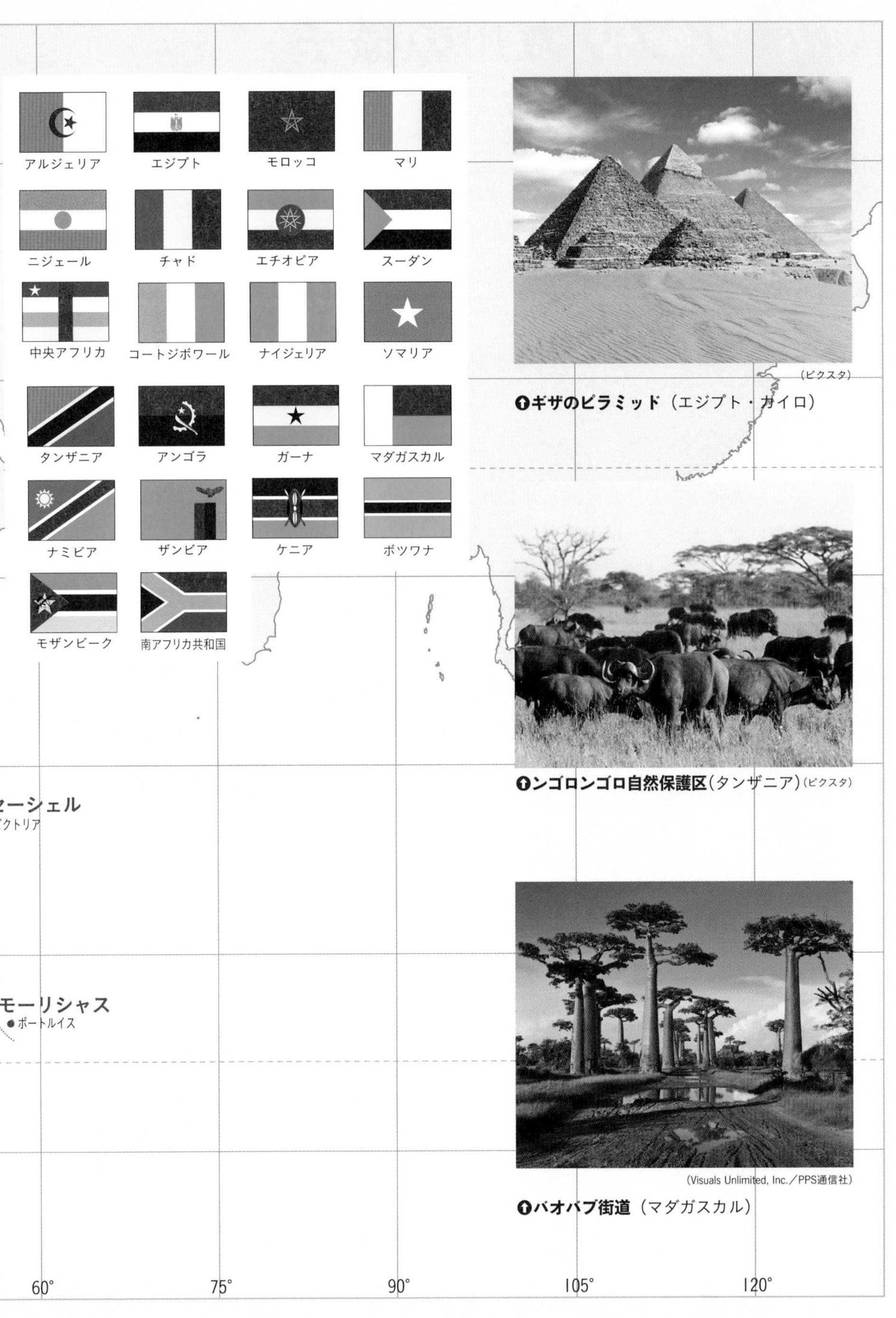

(ピクスタ)

ギザのピラミッド（エジプト・カイロ）

ンゴロンゴロ自然保護区（タンザニア）(ピクスタ)

(Visuals Unlimited, Inc.／PPS通信社)

バオバブ街道（マダガスカル）

アフリカ州の様子

アフリカは，サハラ砂漠や熱帯雨林など雄大な自然が広がる地域である。また，サハラ砂漠以南の地域では，黒人が独自の文化を築いてきた。自然，文化，産業など多方面からアフリカの様子を学ぶとともに，現在のアフリカがかかえる問題を確認しておこう。

1 アフリカ州の自然

1 地形の様子

アフリカ州はアフリカ大陸とマダガスカル島などの島々からなる地域で，地中海をはさんでヨーロッパ州と向かい合う。全体的に高原や台地が広がるなだらかな地形だが，東部にアフリカ大陸最高峰のキリマンジャロ山やケニア山など標高5000mを超える山がそびえる。

北部の大部分は世界最大の砂漠である**サハラ砂漠**が占め，トゥアレグと呼ばれる遊牧民などがわずかに住むのみである。東部にはビクトリア湖やタンガニーカ湖などの大きな湖が多く，世界最長の川である**ナイル川**（6695km）がエチオピア，スーダン，エジプトなどを流れ地中海に注いでいる。

2 気候の様子

アフリカは，赤道を境に南北で対称的に気候帯が分布している。おおまかに赤道付近は熱帯に属し，南北にいくにつれて乾燥帯，温帯へと変化していく。

赤道付近に目を向けると，コンゴ盆地周辺は**熱帯雨林**（**熱帯林**）が生い茂る熱帯雨林気候に属する。この地域はゴリラやチンパンジーなどの野生動物の宝庫である。赤道の東部のケニアやタンザニアは高原が広がるため気候が比較的温暖で，サバナやステップが広がり，ライオン，ゾウ，キリン，サイなどが生息する。

参考

人類誕生の地・アフリカ
人類の祖先（猿人）は，今から約700～600万年前にアフリカ大陸東部で誕生した。タンザニアのラエトリ遺跡には，約360万年前の猿人の足跡の化石が残されている。

ミス注意

サバナとステップ
サバナは熱帯に広がる草原で，木々はまばらで丈の長い草が生える。ステップは乾燥帯に広がる草原で，丈の短い草が生える。

(AGE/PPS通信社)

↑コンゴ盆地の熱帯雨林…マウンテンゴリラなど，貴重な動物がすむ。

その南北に行くと，サハラ砂漠やカラハリ砂漠，ナミブ砂漠などが広がる乾燥帯やステップ気候が分布する。サハラ砂漠より北側の地中海沿岸や大陸南端には地中海性気候や西岸海洋性気候が分布し，温暖な気候である。

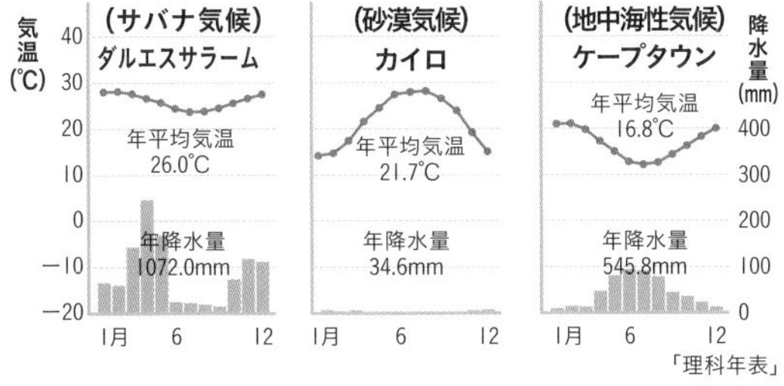

「理科年表」

2 アフリカ州の歩みと文化

1 歩み

アフリカでは，紀元前3000年ごろにナイル川流域に古代エジプト文明が発祥して以来，多くの国々が興亡を繰り返してきた。金や象牙などが豊富だったことからヨーロッパ人が交易にくるようになり，ヨーロッパの国々との貿易で繁栄した国もある。しかし，16世紀以降ヨーロッパ人による**奴隷貿易**が行われるようになり，多くの人々が奴隷として南北アメリカに連れ去られ，過酷な労働を課された。この結果，労働力が減少して国力が衰え，19世紀末までには**ほとんどの地域がヨーロッパ諸国の植民地**になった。

しかし，第二次世界大戦が終わると多くの国々が独立した。とくに17か国が独立した1960年は**「アフリカの年」**と呼ばれている。しかし，植民地時代にヨーロッパ諸国が民族の分布などを無視して直線的に国境線を引いたことなどを原因として，現在も紛争が起こっている。

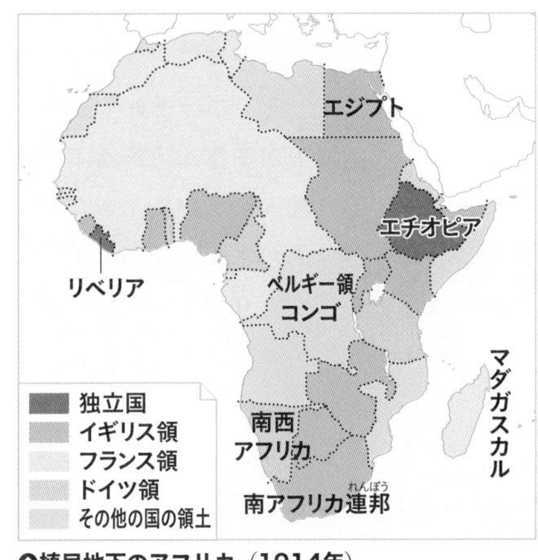

⬆**植民地下のアフリカ（1914年）**

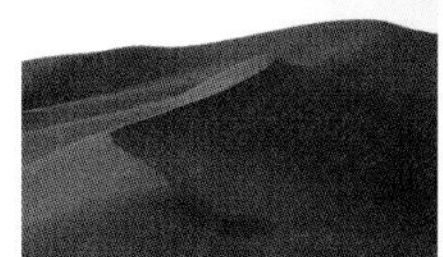

（澤喜恵子/PPS通信社）

⬆**サハラ砂漠**…面積が世界最大の砂漠。南縁のサヘルと呼ばれる地域では砂漠化が進んでいる。

くわしく

奴隷の歴史

奴隷貿易の時代，ギニア湾岸をはじめアフリカ各地には奴隷貿易の基地がつくられた。これらの基地から，多くのアフリカ人が南北アメリカ大陸へ奴隷として連れ去られた。基地の一つであったセネガルのゴレ島は，人類の犯した罪を伝える「負の世界遺産」とされている。

2 文化の様子

植民地支配を受けたアフリカには，言語などに植民地支配をしていた国の文化がみられる。イギリスの支配を受けた東部では**英語**，フランスの支配を受けた西部では**フランス語**が広く話されている。宗教の分布をみると，サハラ砂漠以北の地域は古くからイスラム教の文化圏であったためイスラム教を信仰する人が多く，アラビア語を話す人々が多い。サハラ砂漠以南の地域では，その土地に古くから伝わる伝統宗教のほか，植民地支配を受けた影響でキリスト教を信仰する人々が多い。

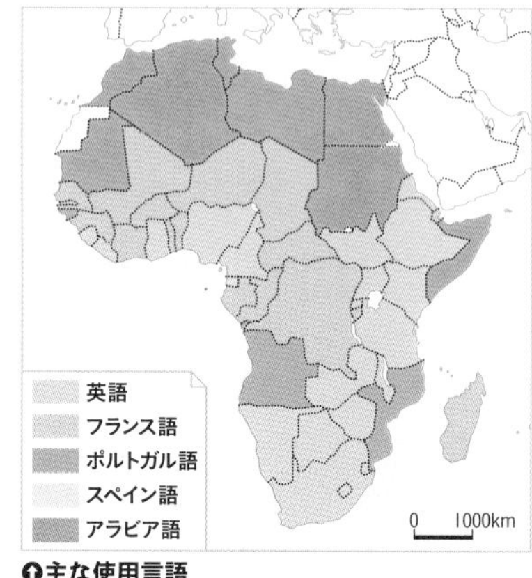

⬆主な使用言語

3 アフリカ州の産業

1 農業の様子

ヨーロッパの植民地時代，アフリカ各地では**プランテーション**（**大農園**）で輸出用作物としてカカオ，茶，コーヒー，綿花などが栽培された。これらは独立後もさかんに栽培され，現在も国の経済を支える重要な輸出品となっている。**カカオ**はチョコレートの原料となる熱帯作物で，コートジボワールやガーナなどの**ギニア湾岸**の国々で栽培がさかんである。日本はカカオの大半をガーナから輸入している。ケニアやタンザニアでは**コーヒー**の栽培がさかんである。とくにタンザニア産のコーヒーは「キリマンジャロ」の銘柄で知られている。また，ケニアでは茶の栽培もさかんである。

南アフリカ共和国や地中海沿岸では**地中海式農業**によるぶどう，オリーブの栽培がさかんである。南アフリカ共和国やチュニジアはぶどうを原料とした**ワイン**の産地として知られている。水が少ない乾燥地帯では，

データFILE

農作物の生産量

カカオ 計520万t

コートジボワール	ガーナ	インドネシア	ナイジェリア	その他
39.1%	17.0	12.7	6.3	

茶 計610万t

中国	インド	ケニア	スリランカ	その他
40.3%	21.7	7.2	5.7	

なつめやし 計817万t

エジプト	イラン	アルジェリア	サウジアラビア	その他
19.5%	14.5	13.0	9.2	

（2017年） 「世界国勢図会」

（Alamy/PPS通信社）

⬆**カカオの栽培**…カカオは南アメリカ大陸原産で，ヨーロッパ人がアフリカに持ち込んだ。

農業はあまりさかんではないが，水がわき出る**オアシス**では，**なつめやし**，**小麦**などが栽培されている。最近ではケニアやエチオピアでバラなどの花が栽培されるようになり，日本へも輸出している。

2 アフリカの鉱工業

アフリカでは，石油，石炭，天然ガス，金，ダイヤモンド，銅などさまざまな鉱産資源が産出する。その多くは植民地時代に開発されたもので，これらの資源をめぐって多くの植民地争奪戦が行われた。

石油は北部のアルジェリアやリビア，ギニア湾岸のナイジェリアやカメルーンなどで産出し，ザンビアからコンゴ民主共和国にかけてのカッパーベルトと呼ばれる地域は世界的な**銅**の産出地である。そのほか，南アフリカ共和国で**金**，ボツワナで**ダイヤモンド**などが産出する。また，近年注目されているのが**レアメタル**（**希少金属**）である。レアメタルはスマートフォンなどの電子機器に欠かせない資源であり，これを求めて世界各国の企業がアフリカへ進出している。これらの鉱産資源はそれぞれの国の重要な輸出品になっている。

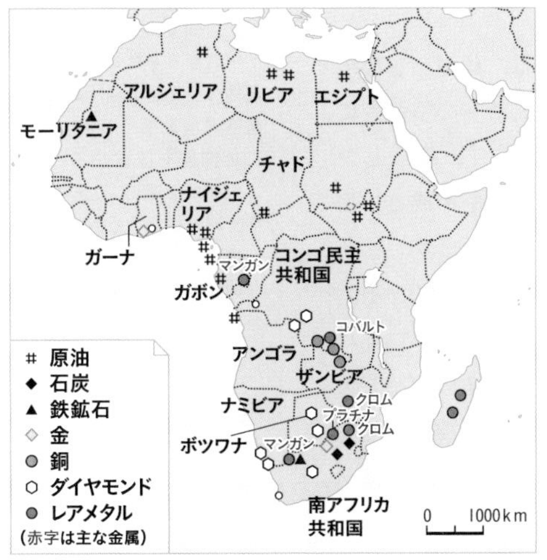

⬆アフリカの鉱産資源の分布

データFILE

鉱産資源の埋蔵量

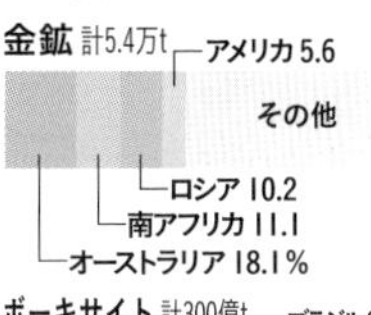

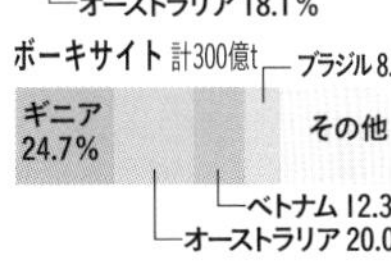

コバルト鉱 計710万t キューバ 7.0
コンゴ民主共和国 49.3%
その他
オーストラリア 16.9

（2017年）　「世界国勢図会」

なぜ？

工業化が遅れている理由

鉱産資源にめぐまれたアフリカだが，南アフリカ共和国以外の国は工業化が遅れている。工業化が遅れている理由としては，政治的に不安定な国が多いため，外国企業の進出が進まないこと，鉄道，道路，港湾などのインフラが整備されていないこと，教育水準が低く優秀な人材が育っていないことなどが挙げられる。

くわしく

レアメタル（希少金属）

埋蔵量が少なかったり，加工するのが難しかったりすることから，生産量・流通量が少ない貴重な金属。プラチナ，リチウム，ニッケル，コバルト，タングステンなどがある。

❹ アフリカ州の課題

1 モノカルチャー経済への依存

アフリカは全体的に経済発展が遅れており，多くの国々が特定の資源や農作物の輸出に頼る**モノカルチャー経済**の状態にある。モノカルチャー経済は天候による不作や価格の下落，他国との関係の影響を強く受けるため，国の収入が不安定になることや，他の産業の発展をさまたげるなどの弊害がある。このため多くの国がモノカルチャー経済からの脱却を目指し，欧米諸国や日本，中国などの経済支援の下，工業化や観光業など他の産業の育成を進めている。

2 食料不足と難民問題

アフリカがかかえる問題の一つとして，食料不足がある。食料不足は人口の増加や干ばつなどの自然災害，紛争や内戦による土地の荒廃などを原因として起こっている。人口増加の一方で，医療や衛生の遅れ，栄養不足などから乳幼児死亡率が高い。また，マラリアやエイズなどの病気で死亡する人が多く，平均寿命が短いことも問題となっている。

ケニアのナイロビなどの大都市では，仕事を求めて農村から移住してくる人々が多い。これらの移住者には職に就けない人や低賃金の人々が多く，そうした人々が**スラム**と呼ばれる環境の悪い地域を形成し，治安や衛生面での問題も発生している。そのほか，紛争や内戦による**難民**の発生も大きな問題となっている。

これらの問題をかかえるアフリカでは，ヨーロッパ連合（EU）をモデルとした地域統合を進め，2002年に**アフリカ連合**（**AU**）を結成した。AUは世界各国や国連の支援のもと，加盟国間での連携を強化し，アフリカの安定に努めている。

データFILE

アフリカの国々の輸出品

特定の鉱産資源や農作物の輸出に頼るモノカルチャー経済の国が多い。

ガーナ 計143.6億ドル

金	原油	カカオ豆	野菜・果実	その他
40.8%	25.2	11.4	3.1	

ナイジェリア 計444.7億ドル

原油	液化天然ガス	石油ガス	その他
81.1%	11.7	1.4	

ボツワナ 計59.0億ドル

ダイヤモンド	機械類	その他
88.7%	2.9	

(2017年)　「世界国勢図会」

発展

フェアトレード

現在，多くの先進国の企業がアフリカなどの発展途上国に進出しているが，これらの企業は現地の農作物などを不当な低価格で買い取り，自国で格安で販売するケースがみられる。これが現地の労働者の雇用状態や生活環境を悪くしている。この問題を改善するために，商品を適正・公平な価格で取り引きする動きが進んでいる。この適正・公平な取り引きをフェアトレードという。

3 世界各国とのつながり

アフリカと植民地支配をしていたヨーロッパの国々とのつながりは現在も深く，アフリカから多くの人々が移民としてヨーロッパに渡っている。また，ヨーロッパ人にとってアフリカは距離も近く，言葉も通じやすい身近な観光地で，リゾートなどで多くの人々が訪れている。近年は**中国との関係が深くなっている**。多くの中国企業がアフリカに進出し，アフリカ諸国への資金援助を進めるなどして経済的に結び付き，アフリカでの影響力を強めている。

日本にとってアフリカは，歴史的な結び付きがあまりなく，距離的にも遠いため，つながりは強くない。しかし，日本は**政府開発援助（ODA）**や**国際協力機構（JICA）**の**JICA海外協力隊**の派遣を通じて，道路や水道，電気などのインフラ整備や学校建設，農業や工業を振興するための技術協力などを行っている。また，日本の**非政府組織（NGO）**（→p.501）もアフリカでの技術協力などを行っている。

（朝日新聞社/PPS通信社）

⬆かきの養殖の技術を教える青年海外協力隊の隊員

くわしく

JICA海外協力隊

日本政府が行うODAの一つで，青年海外協力隊とシニア海外協力隊からなる。主に発展途上国へ隊員を派遣して，現地で技術指導や教育などを行う。分野は，医療・建築・農林水産業・スポーツなど多方面にわたる。

くわしく

アフリカへの自衛隊の派遣

自衛隊は国連PKO（平和維持活動）として，アフリカをはじめ世界各地へ派遣されている。アフリカには，モザンビーク，ルワンダ，スーダン，南スーダンなどに派遣され，インフラの整備などの復興活動や停戦の監視，難民の救援などを行っている。

Episode

アパルトヘイト後の南アフリカ共和国

南アフリカ共和国では，長らくアパルトヘイトと呼ばれる人種隔離政策がとられ，白人が黒人をはじめとする有色人種を厳しく差別してきた。アパルトヘイトは国際的な非難や制裁の結果，1990年代初めに廃止され，1994年にはネルソン＝マンデラが黒人初の大統領に就任した。

しかし，その後も白人と黒人の経済格差などが残った。これを改善するため，企業には社員の半数近くを黒人にすることが義務付けられた。また，国技であるラグビーの代表チーム「スプリングボクス」では白人の選手が多すぎるとして，選手の一定割合を黒人やカラード（混血）などの有色人種にするように求められている。

（ロイター/アフロ）

⬆ラグビーの南アフリカ代表「スプリングボクス」

北アメリカ州の地図

PERFECT COURSE
3000 m
2000 m
1000 m
500 m
200 m
0 m
北極
ベーリング海峡
アメリカ合衆国
(アラスカ)
アンカレジ
アラスカ湾
アラスカ半島
ロッキー
バンクーバー
シアトル
果樹・野菜
サンフランシスコ
カリフォルニア半
太平洋
ハワイ諸島
(アメリカ合衆国)
アメリカ合衆国
カナダ
メキシコ
グアテマラ
エルサルバドル
ベリーズ
ホンジュラス
コスタリカ
パナマ
ジャマイカ
バハマ
キューバ
ハイチ
ドミニカ共和国
トリニダード・トバゴ
75°
60°
45°
30°
15°
165°
180°
165°
150°
135°
120°

海
グリーンランド
ハドソン湾
ナ ダ
小麦
グレートプレーンズ
プレーリー
セントローレンス川
五大湖
オタワ
モントリオール
乳牛
ボストン
シカゴ
とうもろこし
ニューヨーク
アパラチア山脈
ワシントンD.C.
小麦
中央平原
メリカ合衆国
大西洋
綿花
ダラス
石油
茶
果樹・野菜
ヒューストン
メキシコ高原
ミシシッピ川
リオグランデ川
メキシコ
メキシコ湾
バハマ
ナッソー
キューバ
ハバナ
ドミニカ共和国
サントドミンゴ
ハイチ
セントクリストファー・ネービス
(セントキッツ・ネービス)
バセテール
アンティグア・バーブーダ
セントジョンズ
メキシコシティ
ベリーズ
ベルモパン
ジャマイカ
キングストン
ポルトープランス
とうもろこし
グアテマラ
ホンジュラス
ドミニカ国 ロゾー
カリブ海
グアテマラシティ
テグシガルパ
セントルシア カストリーズ
サンサルバドル
マナグア
セントビンセント及びグレナディーン諸島
キングスタウン
バルバドス ブリッジタウン
エルサルバドル
ニカラグア
グレナダ セントジョージズ
トリニダード・トバゴ
ポートオブスペイン
コスタリカ
サンホセ
パナマシティ
パナマ
パナマ運河
105°
90°
75°
60°
45°
30°

第2章 SECTION 5 北アメリカ州の様子

北アメリカ州には，超大国のアメリカ合衆国がある。アメリカ合衆国は農業，工業ともにさかんで，日本とのつながりも深い。この節では，アメリカ合衆国を中心に，北アメリカ州の自然，民族，産業，文化を学んでいこう。

1 北アメリカ州の自然

1 地形の様子

北アメリカ州は，北アメリカ大陸と西インド諸島などからなる地域である。北アメリカ大陸の西部には高くて険しい**ロッキー山脈**が，東部には低くてなだらかなアパラチア山脈がそれぞれ南北に連なる。この二つの山脈の間には，広大な**グレートプレーンズ**，**中央平原**，**プレーリー**が広がる。中央平原には**ミシシッピ川**が南北に流れ，**メキシコ湾**に注いでいる。アメリカ合衆国とカナダの国境には五大湖があり，セントローレンス川を経て大西洋とつながっている。

中央アメリカは火山が多く，地震も多く発生する地域である。

⬆北アメリカ州の区分…北アメリカ（北米）と中央アメリカ（中米）に分かれる。

2 気候の特色

北アメリカ州には，熱帯から寒帯まですべての気候帯が分布する。おおまかに，北緯40度以北の地域は冷帯（亜寒帯）に属し，北極圏は寒帯に属する。また，北緯40度以南は西経100度（付近）を境に，東は温帯，西は乾燥帯が分布する。中央アメリカは全体的に熱帯に属するが，高原が広がる内陸部は温帯に属する。アメリカ合衆国のフロリダ半島南部からカリブ海の島々

くわしく

プレーリーとグレートプレーンズ

プレーリーはミシシッピ川の西に広がる，丈の長い草が生える草原。土地は肥沃で小麦，とうもろこし，大豆などが栽培される。

グレートプレーンズはロッキー山脈の東部に広がる丈の短い草が生える大平原。かんがいにより，とうもろこし，小麦などが栽培されているほか，牛の放牧が行われている。

にかけては熱帯に属し，美しい海岸線をもつリゾート地となっている。カリブ海では夏に**ハリケーン**が発生し，メキシコ湾岸に大きな被害が出ることがある。

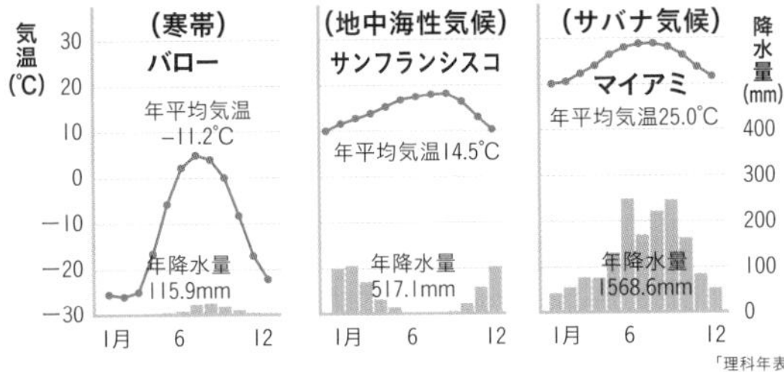

「理科年表」

② 歩みと民族

北アメリカ州には，もともとアジア系の**ネイティブアメリカン**などと呼ばれる先住民が住んでいた。しかし，15世紀末にヨーロッパ人がやってきたのをきっかけにヨーロッパ諸国の進出が進み，中央アメリカを**スペイン**が，アメリカ合衆国とカナダを**イギリス**が支配した。このため，現在も中央アメリカでは主にスペイン語が，アメリカ合衆国とカナダでは主に英語が話されている。18世紀後半になると，東部の13植民地がイギリス本国から独立し，アメリカ合衆国が誕生した。アメリカ合衆国はその後，西部への開拓を進め，19世紀末には太平洋に達した。その間，もともと住んでいた先住民は迫害され，ヨーロッパから持ち込まれた疫病や迫害によって人口が激減した。また，16世紀からはアフリカ大陸から黒人が奴隷として強制的に連行され，農場や鉱山などで過酷な労働を課された。

アメリカ合衆国には新天地を求めて，イタリアやアイルランドなどのヨーロッパ各国や日本や中国などのアジアの国々からも多くの移民がやってきた。近年は**ヒスパニック**と呼ばれるスペイン語を話すメキシコや中央アメリカ，カリブ海の島々などからの移民とその子孫が増加した。このようにして，アメリカ合衆国は多くの人種・民族からなる**多民族国家**となった。

くわしく

ハリケーン

カリブ海やメキシコ湾周辺で8月から10月にかけて多く発生し，西インド諸島やメキシコ湾岸を襲う熱帯性低気圧。2005年に発生したハリケーン「カトリーナ」はアメリカ合衆国のルイジアナ州やミシシッピ州を襲い，1800人以上の死者が出た。

参考

ケベック州

カナダ東部のケベック州は17世紀にフランスが開拓した地域であるため，現在もフランス語を使うフランス系の住民が多い。このため，カナダは英語とフランス語を公用語に定め，町の標識や看板には英語とフランス語の両方が表記されている。このようにカナダは異なる民族・文化を尊重する多文化主義による国づくりを進めている。

データFILE

アメリカ合衆国の人種構成

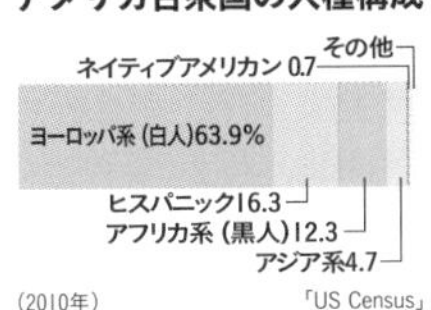

(2010年)　「US Census」

3 北アメリカ州の産業

1 農牧業の特色

広大な土地が広がるアメリカ合衆国とカナダでは，大型機械を使った大規模な農業が行われており，小麦をはじめ生産量が世界有数の農作物が多い。しかし，カナダは冷涼な土地が多いため，農地として適しているのは南部のみである。一方のアメリカ合衆国は国土の広い範囲で農業がさかんで，気候や土壌などの自然環境，都市からの距離などの社会的な条件に合った農作物をつくる**適地適作**が行われている。

地域別にみると**プレーリー**と**グレートプレーンズ**では**小麦**の生産がさかんで，東部の北緯40度付近では**とうもろこし**の生産がさかんである。北緯35度以南はコットンベルトと呼ばれ，古くから**綿花**の生産がさかんだが，最近は大豆の生産や畜産もさかんである。

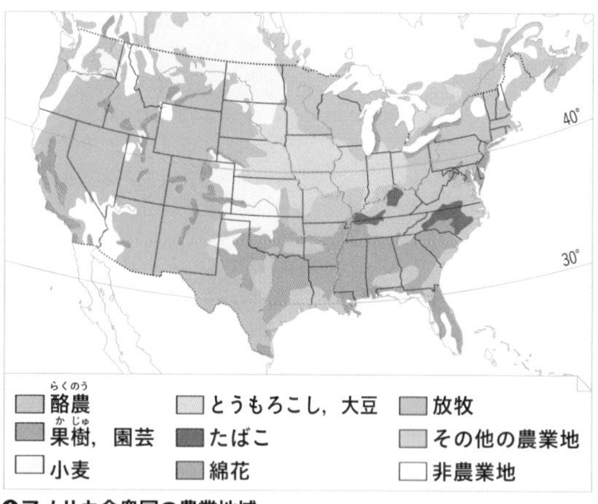

⬆アメリカ合衆国の農業地域

もう一つの特色は，販売を目的として大型機械を使い，大量に農作物を生産する**企業的な農業**である。その主体となっているのは，農業関連の仕事を手がけるアグリビジネスで，その中でもとくに巨大な**穀物メジャー**と呼ばれる企業が強い影響力をもっている。これ

参考

日本とアメリカ合衆国の農業の比較

耕地が広いアメリカでは，大型機械と大量の農薬を使って多くの収穫量をあげている。一方，耕地が狭い日本では，多くの人手や肥料を使って収穫量をあげる集約的農業が行われている。

くわしく

センターピボット

アメリカ合衆国では，センターピボットと呼ばれるかんがい農法がとられている。センターピボットとは，地下水をくみ上げ，回転するスプリンクラーで円形に水をまいてかんがいする農法である。この農法は，グレートプレーンズなど乾燥した土地で行われているが，地下水を大量に使用することが問題になっている。

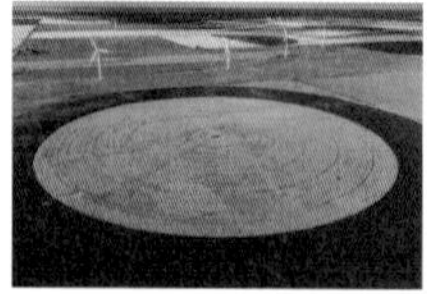

(George Steinmetz/PPS通信社)

⬆センターピボット

らの企業は**バイオテクノロジー**を利用した新しい品種の開発や農作物の生産・加工・貯蔵・運搬・販売などを手がけ，世界各地に進出している。これらの大企業によって行われる農業は生産性が高く，農作物は他国産に比べて安価で，競争力も強く，世界中に輸出されているため，アメリカは**「世界の食料庫」**と呼ばれている。このため，アメリカの生産状況や輸出政策は農業価格をはじめ世界の農業へ大きな影響を与えている。

(Animals Animals/PPS通信社)

⬆大型機械を使った農業

2 鉱産資源の特色

北アメリカ州は鉱産資源が豊富である。アメリカ合衆国では古くから開発されたアパラチア炭田でとれる**石炭**と，五大湖の一つスペリオル湖北西部のメサビ鉄山でとれる**鉄鉱石**がとくに知られている。これらの資源は，**五大湖とその周辺の水運をいかして，北東部から中西部にかけての工業の発展に大きく貢献した**。また，油田も多く，メキシコ湾岸油田やカリフォルニア油田，アラスカ油田などを中心に世界有数の**石油**（原油）の産出量をほこるが，国内の消費量も多いため，世界一の石油の輸入国でもある。最近は**シェールガス**やシェールオイルなどこれまで技術的に採掘が難しかった資源の開発が進んでいる。

カナダは石炭，鉄鉱石，天然ガス，ウランなどが多く産出し，日本へも輸出している。メキシコはメキシコ湾岸で石油が産出し，**銀**の産出量も多い。

⬆石油の採掘　(©Alamy/PPS通信社)

くわしく

バイオテクノロジー
生物，または生物がもつはたらきを人々の生活に利用・応用する技術。生命工学，生物工学ともいう。農作物に利用されている遺伝子組み換え技術もバイオテクノロジーに含まれる。

データFILE

主な農作物の輸出量

小　麦　計1億8365万t

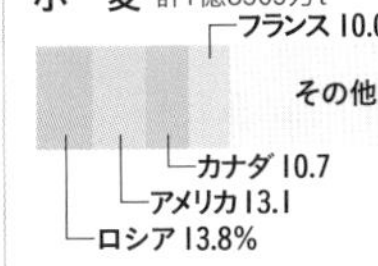

とうもろこし　計1億4736万t

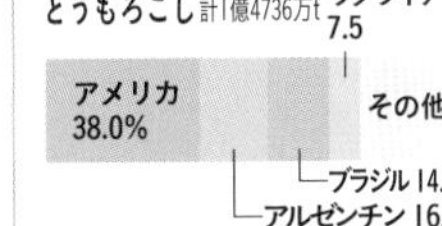

大　豆　計1億3489万t　アルゼンチン 6.6

アメリカ 42.8%　ブラジル 38.2　その他

(2016年)　「世界国勢図会」

データFILE

主な鉱産資源の生産量

天然ガス　計3.8兆m³

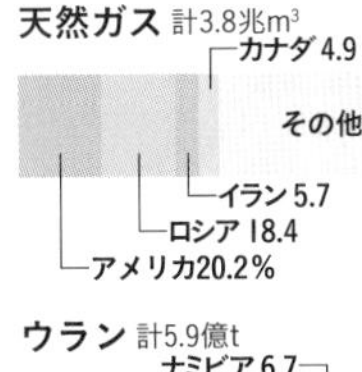

ウラン　計5.9億t

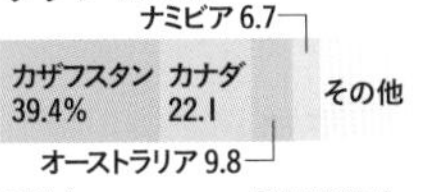

(2017年)　「世界国勢図会」

3 アメリカ合衆国の工業

アメリカ合衆国の工業は，19世紀に北東部のボストンを中心とするニューイングランド州付近での繊維工業から始まった。その後，メサビ鉄山やアパラチア炭田の開発によって**ピッツバーグの鉄鋼業**や**デトロイトの自動車工業**など，五大湖周辺で重化学工業が発達した。自動車工業で取り入れられた**流れ作業による大量生産方式は他の分野にも応用され**，アメリカは世界一の工業国となった。

しかし1970年代ごろから日本や西ヨーロッパで鉄鋼業や自動車工業がさかんになり，アメリカに輸出されるようになると，ピッツバーグやデトロイトなど五大湖周辺の工業は衰えた。そこで，これらの工業に代わって，優れた科学技術をいかした情報通信技術（ICT）産業，航空宇宙産業，エレクトロニクス産業，バイオテクノロジーなどの**先端技術（ハイテク）産業**が発達した。先端技術産業は主に**北緯37度以南**の**サンベルト**と呼ばれる地域で発達し，工業の中心もサンベルトへ移った。とくに西部のサンフランシスコ近郊にあるサンノゼ付近は先端技術産業の大学，研究機関，企業が集中している。この地域は**シリコンバレー**と呼

❶アメリカの主な工業地域と工業都市

くわしく

ラストベルトの明暗

日本や西ヨーロッパ，中国などの台頭によって工業が衰えたピッツバーグやデトロイトでは経済が衰え，「ラストベルト（さびついた地域）」と呼ばれるようになった。しかし，その後，ピッツバーグは先端技術産業や金融業など新しい産業への転換を図り，経済の再生に成功した。一方，デトロイトは，市の財政を支えていた大手自動車会社が倒産するなどして経済が悪化し，財政が破綻した。

なぜ？

サンベルトが発達した理由

地価が安く，工場を建てる広い土地にめぐまれていたことや，人件費が安かったこと，気候が温暖なことなどから工場が進出してきた。

ばれており，世界中から研究者が集まり，ソフトウェアやコンピューターシステムの研究・開発を行い，この分野で世界をリードしている。

4 世界の中のアメリカ合衆国

1 世界に広がるアメリカ文化

「**移民の国**」アメリカ合衆国ではそれぞれの民族が持ち込んだ文化がみられるが，**ジャズ**をはじめ複数の文化が融合して生まれた新しいものもみられる。また，伝統にこだわらず，合理性と利便性を求めるアメリカならではの文化は世界中に広がっている。ハンバーガーチェーン店などのファストフード，インターネットショッピングなどの通信販売，作業着として生まれたジーンズ，アメリカンフットボールや野球などのスポーツ，ハリウッド映画，ジャズ，ロック，テーマパークなどもアメリカ生まれである。これらの文化は**多国籍企業**や軍隊などによって世界中に広められた。

2 アメリカの生活様式

アメリカ合衆国はバスや鉄道などの公共交通機関はあまり発達しておらず，**買い物や通勤など生活全般に自動車は欠かせない**。人々は自動車で巨大なショッピングセンターへ出かけ，大量にまとめ買いする。そのため，ショッピングセンターをはじめ各種施設には巨大な駐車場が完備されていることがめずらしくない。こうしたアメリカの生活様式の根底には，大量生産，大量消費の考えがあり，その考えのもと経済を発展させてきたが，最近は環境保護の考えなどから見直す動きもある。

(Alamy/PPS通信社)
⬆巨大な駐車場を備えたショッピングセンター

(Alamy/PPS通信社)
⬆ジャズ…アフリカ音楽とヨーロッパ音楽が融合して生まれた。

(Alamy/PPS通信社)
⬆メジャーリーグ…アフリカ系（黒人），ヒスパニックなど，さまざまな人種・民族の選手が活躍している。

データFILE 

人口100人あたりの自動車保有台数

アメリカ合衆国	84.9台
カナダ	64.9台
日本	61.2台
ドイツ	60.6台
イギリス	59.5台

(2017年)　「世界国勢図会」

第1章 世界と日本の地域構成
第2章 世界の諸地域
第3章 世界のすがた・日本のすがた
第4章 日本の諸地域

3 経済・政治の中心地

農業，工業，商業，サービス業など各種産業が発達しているアメリカ合衆国では，**多国籍企業**と呼ばれる大企業が世界各地で活動している。その活動分野は食品，科学，医療，保険，日用品，金融，軍事など多方面にわたり，世界各国の経済に影響を与えている。また，ニューヨークには世界三大株式市場の一つであるニューヨーク証券取引所があり，ここでの株価が世界経済に大きな影響を与えている。このようにアメリカは世界経済の中心地としての役割を果たしている。

(Alamy/PPS通信社)

❶ニューヨーク証券取引所のあるウォール街

政治でもアメリカの影響力は強い。巨大な経済力と軍事力を背景にした政治的な発言力は大きく，首都ワシントンD.C.は世界情勢を左右する場となっており，国際連合（国連）の本部もニューヨークにある。

4 アメリカ合衆国と隣国の関係

アメリカ合衆国，カナダ，メキシコは経済的に強く結び付いており，貿易ではそれぞれの国が貿易相手国の上位にきている。この3か国は自由貿易を進めるために**北米自由貿易協定**（**NAFTA**）を結び，関税の撤廃などを進めた。また，アメリカ企業の中には人件費や土地の安いメキシコへ工場を移した企業もある。しかし，アメリカ国内にはNAFTAを不公平とする考えや，メキシコへの工場移転が国内の産業を衰退させているとする考えが根強く，これを見直す動きが起こった。これを受けて2018年にNAFTAに代わるUSMCA（アメリカ・メキシコ・カナダ協定）に3か国が署名した。

用語解説

多国籍企業

巨額の資本を背景に，世界各地に支社や子会社，工場をつくって活動する大企業。日本でもよく知られているアメリカ合衆国に本社を置く多国籍企業としては，コンピューター関連のアップル，マイクロソフト，ファストフードのマクドナルドやケンタッキーフライドチキンなど，数多くある。

データFILE

世界各国の軍事力

	国防支出総額（ドル）（2018年）	兵力（正規）（万人）（2019年）
アメリカ合衆国	6433億	135.9
中国	1682億	203.5
サウジアラビア	829億	22.7
インド	579億	144.5
日本	473億	24.7

「世界国勢図会」

データFILE

3か国の輸出相手国

アメリカ 計1.5兆ドル：カナダ18.3%，メキシコ15.7，中国8.4，日本4.4，その他

カナダ 計4026億ドル：アメリカ76.4%，中国4.3，イギリス3.2，日本2.2，その他

メキシコ 計4095億ドル：アメリカ79.8%，カナダ2.8，ドイツ1.7，中国1.6，その他

(2017年)　「世界国勢図会」

5 アメリカ合衆国がかかえる問題

1 移民の増加

経済的に豊かなアメリカ合衆国には，経済的に貧しいメキシコや中央アメリカの国々，カリブ海の島々からヒスパニックの人々が仕事と高い収入を求めてやってきている。彼らの中には野球などスポーツ界で成功したり，州知事になったりする人もいるが，一般に貧しく，建築現場や農場などの重労働に従事し，アメリカ社会を支えている。彼らは英語をあまり話さずにスペイン語を話し，独自のコミュニティ（共同体）を築くケースがしばしばみられる。このため，以前から住む人々との間にあつれきが生まれることもある。

また，ヒスパニックの中にはアメリカへ不法入国する人もいるため，メキシコとの国境に巨大な壁をつくるなど，排外的な政策もとられている。

2 経済格差

豊かな白人と貧しい黒人やヒスパニックなどとの経済格差が問題である。貧しい人々は都市中心部の劣悪な環境の地域に住み，スラムを形成している。豊かな白人層はそれを避けるために環境のよい郊外の住宅地に住むことが多かった。しかし，最近は中心部で再開発を進めている地域もあり，環境が改善している。

データFILE 

アメリカと中央アメリカ各国の国内総生産（GDP）の比較

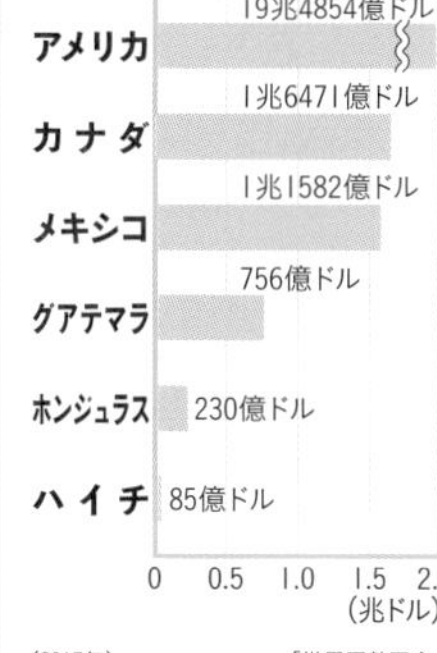

(2017年)　「世界国勢図会」

(Alamy/PPS通信社)

❶ヒスパニックが多い地区
…看板などにスペイン語が表記されている。

Episode

アメリカ合衆国の市民権

市民としての権利を保障され，国政に参加できる権利を市民権という。アメリカ合衆国で生まれた人はどんな人種・民族であれ，親の国籍と関係なくアメリカの市民権を認められる。また，両親のうちどちらかがアメリカ国籍であれば，自動的に市民権を得られる。アメリカの市民権をもっていれば，投票権をはじめとするさまざまな権利を与えられるが，同時に徴兵制への登録や納税などの義務も生じる。

(PIXTA（ピクスタ))

南アメリカ州の地図

⬆マチュピチュ（ペルー）　（ピクスタ）

コロンビア

エクアドル

ブラジル

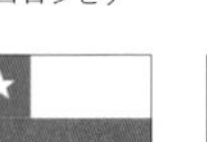

チリ

ペルー

ガイアナ

ウルグアイ

ボリビア

スリナム

アルゼンチン

パラグアイ

ベネズエラ

（関野吉晴／PPS通信社）

⬆ギアナ高地（ベネズエラ，ガイアナ，スリナム，ブラジル，フランス領ギアナ）

太平洋

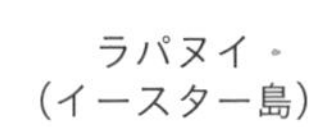

ラパヌイ（イースター島）（チリ）

サライゴメス島（チリ）

（ピクスタ）

⬆コルコバードの丘（ブラジル・リオデジャネイロ）

150°　135°　120°　105°

カリブ海
カラカス
ベネズエラ
ガイアナ
ジョージタウン
スリナム
パラマリボ
ギアナ
コーヒー豆
ボゴタ
リャノ
ギアナ高地
コロンビア
キト
エクアドル
ガラパゴス諸島
(エクアドル)
アマゾン川
アマゾン盆地
コーヒー豆
だいず
セルバ
ブラジル
アンデス山脈
ペルー
リマ
じゃがいも
ブラジル高原
ラパス
ボリビア
ブラジリア
カンポ
リオデジャネイロ
パラグアイ
サンパウロ
アスンシオン
チリ
小麦
とうもろこし
ウルグアイ
サンティアゴ
アルゼンチン
パンパ
ラプラタ川
モンテビデオ
ブエノスアイレス
大西洋
フォークランド(マルビナス)諸島
マゼラン海峡
3000 m
2000 m
1000 m
500 m
200 m
0 m
15°
0°
15°
30°
45°
75°
60°
45°
30°

第2章 SECTION 6

南アメリカ州の様子

南アメリカ大陸は，飛行機を利用しても日本から丸一日かかるほど遠いが，ブラジルに日系人が多く住むなど，日本とのつながりも深い。ここでは，人種・民族，産業，環境問題など多様な面から南アメリカについて学んでいこう。

1 南アメリカ州の自然

1 南アメリカの地形

南アメリカ州は，南アメリカ大陸とガラパゴス諸島，ラパヌイ島などの島々からなる地域であり，**日本からみて地球の反対側に位置する**。大陸北部に赤道が通り，赤道周辺には世界最大の熱帯林が生い茂り，野生生物の宝庫となっている。この熱帯林をぬうように世界で2番目に長く，**流域面積が世界最大のアマゾン川**が流れ，大西洋に注いでいる。アマゾン川は上流から河口までの標高差が少なく，流れが緩やかなため，水上交通路として重要な役割を果たしている。

⬆地球の反対側においた日本

大陸西部には6000m級の山々がそびえる**アンデス山脈**が南北約7500kmにわたって連なり，南部を流れるラプラタ川の流域には**パンパ**と呼ばれる草原が広がる。さらに南部にはパタゴニアと呼ばれる荒涼とした大地が広がり，世界有数の風の強い地域として知られている。

(Alamy/PPS通信社)
⬆**アマゾン川流域に広がる熱帯林**

(Science Source/PPS通信社)
⬆**ガラパゴス諸島（エクアドル）**…古くから大陸から離れていたため，ほかの地域にはみられない固有の動植物が多い。

くわしく 

ラテンアメリカ
メキシコと中央アメリカ，南アメリカは，ラテン系民族であるスペイン系やポルトガル系の移民が多い。このため，この地域のことをラテンアメリカという。一方，アングロサクソン系（イギリス系）の民族が多いアメリカ合衆国とカナダのことをアングロアメリカという。

2 南アメリカの気候

南アメリカ大陸の北部は大部分が熱帯に属し，南に行くにしたがって気温が下がり，温帯，乾燥帯，寒帯へと変わる。北部の熱帯地域のうちアマゾン川流域には熱帯雨林気候が広がり，その南にはサバナ気候が広がる。ただし，エクアドルの内陸部などは赤道直下にあるもののアンデス山中にあり標高が高いため，温暖な気候である。ペルーからチリにかけての太平洋側とアルゼンチンの南部には乾燥帯が広がる。とくにチリ北部のアタカマ砂漠は平均の標高が2000mのところにあり，世界でもっとも乾燥した地域の一つともいわれる。

南部には温帯と乾燥帯が広がるが，南端は寒帯に属し，氷河がみられる。

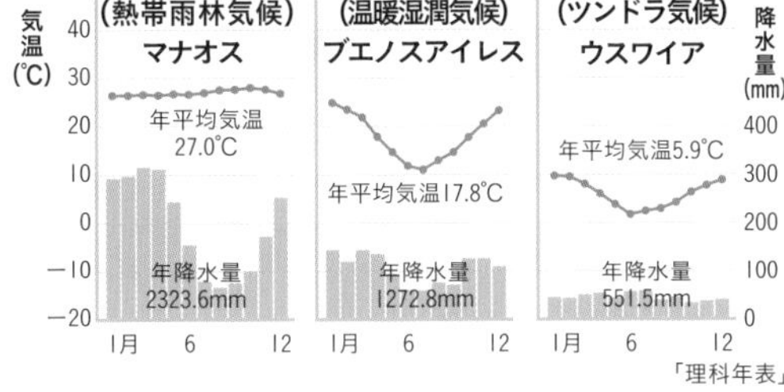

「理科年表」

くわしく

融合した文化

南アメリカでは，ヨーロッパから持ち込まれた文化と奴隷として連れてこられたアフリカの人々（黒人）の文化が融合した文化がみられる。サンバはヨーロッパの謝肉祭とアフリカの文化が融合してできたダンス音楽である。

(Alamy/PPS通信社)

↑リオデジャネイロのカーニバル（ブラジル）…サンバのリズムに合わせて踊る。

2 南アメリカ州の歩みと民族

南アメリカ大陸には，もともとアジア系の**インディオ**と呼ばれる先住民が住んでいた。アンデス地方では高度な文明をもったインカ帝国が繁栄していたが，16世紀前半にスペインに滅ぼされた。それ以降，南アメリカはブラジルがポルトガルに，それ以外のほとんどの地域がスペインに支配された。この影響で，現在もブラジルではポルトガル語，それ以外の地域ではスペイン語が公用語として用いられている。また，ヨーロッパ人の移住と

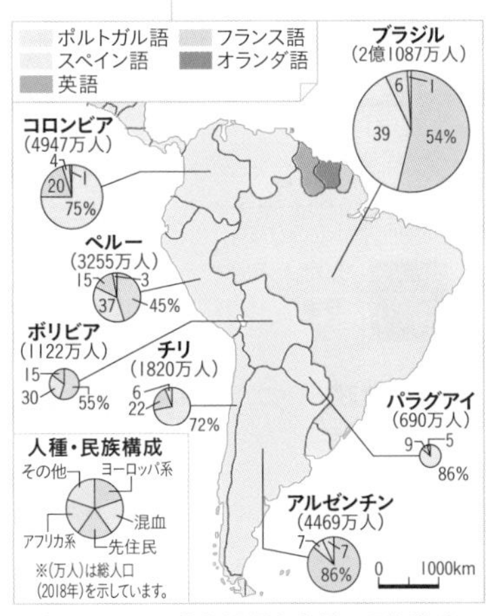

↑南アメリカの主な言語と人種・民族構成

「データブック・オブ・ザ・ワールド」

ともに**キリスト教**も広まった。

植民地時代になると，先住民はアフリカ大陸から強制的に連れてこられた黒人とともに農場や鉱山で過酷(かこく)な労働を課され，迫害(はくがい)や病気のために激減(げきげん)した。この間，白人と先住民の混血である**メスチソ**（**メスチーソ**）と呼ばれる混血の人々が増え，現在の南アメリカでもっとも人口が多くなっている。19世紀になるとイタリアやドイツなどからの，20世紀にはアジアからの移住も進んだ。日本からも20世紀初めにブラジル，ペルー，ボリビア，パラグアイへ多くの人々が移住した。これらの人々とその子孫である**日系人**は現在も南アメリカに多く住む。とくに**ブラジルには約160万人もの日系人がいて**，現在は医師や弁護士などになり，ブラジル社会を支えている人もいる。

データFILE

農作物の生産量

コーヒー豆 計921万t

ブラジル	ベトナム	コロンビア	インドネシア	その他
29.1%	16.7	8.2	7.3	

さとうきび 計18.4億t

ブラジル	インド	中国	タイ	その他
41.2%	16.6	5.7	5.6	

(2017)　「世界国勢図会」

くわしく

ファゼンダ

ブラジルでみられる，大地主が経営者となって労働者を雇い，作物を生産する大農園。地主はふだん都市に住んでいることが多い。ファゼンダの中には，そこに住み込んで働く労働者のための学校や病院などがつくられているところもある。

3 南アメリカ州の農業

1 ブラジルの農業

ブラジルでは，ポルトガルの植民地下で開かれた**ファゼンダ**と呼ばれる大農園で，**コーヒー**，**さとうきび**の栽培(さいばい)がさかんに行われてきた。これらは輸出用にほ

思考力UP

Q. ブラジルに日本人が移住したのはなぜ？

Hint　20世紀初めの日本の経済状況(じょうきょう)が影響(えいきょう)している。当時，日本はどんな経済状況だったのだろうか。

A. 日本政府がブラジルへの移住を推し進めたため。

20世紀初め，日本は日露(にちろ)戦争に勝利したものの賠償金(ばいしょうきん)が得られず，不景気をむかえていた。このため，人々は苦しい生活をしていた。このころブラジルでは奴隷制(どれいせい)の廃止(はいし)の影響で，労働力不足におちいっていた。そこで両国は協定を結び，日本人のブラジル移住を推し進めた。苦しい生活をしていた多くの日本人が，1908（明治41）年に初めて新天地を求めてブラジルに渡った。

(Alamy/PPS通信社)

↑東洋人街（サンパウロ）
…日系人が多く住む。

ぼ単一栽培されてきて，現在もともに生産量は世界一である。近年はこのほか，綿花，大豆，小麦，とうもろこしなども栽培する多角化を進め，単一栽培の状態から抜(ぬ)け出そうとする動きもみられる。また，肉牛の飼育もさかんで，国内で生産されたとうもろこしや大豆のしぼりかすがえさとして利用されている。

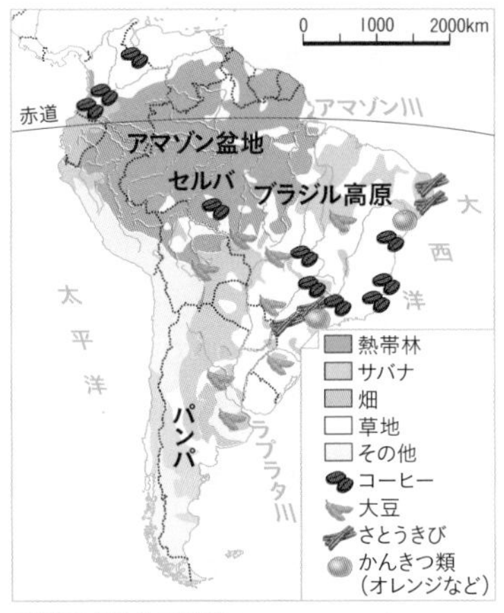

⬆南アメリカの農業 (Diercke Weltatlas 2008)

2 パンパの農業

アルゼンチンはブラジルと並んで農業がさかんな国である。アルゼンチンの首都ブエノスアイレスの周辺には**パンパ**と呼ばれる肥(こ)えた土壌(どじょう)の草原が広がり，世界有数の農業地帯となっている。中心となるのは**小麦**の栽培(さいばい)と**肉牛の放牧**（牧畜(ぼくちく)）で，小麦の輸出量は世界有数である。牧場で働く人々は都市部に住む農場主に雇われていることが多く，牛の世話や牧場の管理をしている。

3 アマゾンでの焼畑農業

アマゾン川流域に住む先住民たちは熱帯林を小規模に焼き，その灰を肥料としてバナナ，じゃがいも，タロいも，とうもろこし，キャッサバなどを栽培している。これを**焼畑(やきはた)農業**といい，先住民たちは伝統的に行ってきた。伝統的な焼畑農業では，ある程度(ていど)まで同じ土地で農作物を育て，土地がやせる前に他の土地に移り，再び木々を焼く。放棄(ほうき)された農地は徐々(じょじょ)に回復していくので，森林を大規模に破壊することはない。

(Animals Animals/PPS通信社)

⬆焼畑農業

データFILE

主な農作物の輸出量

大麦 計3187万t

フランス	オーストラリア	ドイツ	アルゼンチン	その他
18.4%	18.2	10.1	9.1	

とうもろこし 計1億4736万t

アメリカ	アルゼンチン	ブラジル	ウクライナ	その他
38.0%	16.6	14.8	7.5	

大豆 計1億3489万t

アメリカ	ブラジル	アルゼンチン	その他
42.8%	38.2	6.6	

(2016年)　「世界国勢図会」

くわしく

南アメリカ原産の農作物

じゃがいも，とうもろこしはどちらも南アメリカ原産の作物である。この地域を植民地支配したスペイン人によって，ヨーロッパに伝えられ，ヨーロッパから世界中に広まった。また，トマトはアンデスの高地が原産で，アンデスからヨーロッパを経て，世界中に広まった。

4 鉱工業の様子

1 南アメリカの鉱産資源

南アメリカは鉱産資源(こうさんしげん)にめぐまれた地域である。ベネズエラにあるマラカイボ湖は世界有数の**石油**の埋蔵(まいぞう)地(ち)であり，エクアドルでも石油が産出する。ベネズエラ，エクアドルは石油輸出国機構（OPEC(オペック)）（→p.65）にも加盟しており，石油は国の経済を支える重要な輸出品として欠かせない。

ブラジルでは鉄鉱石(てっこうせき)の産出が多い。北部の**カラジャス鉄山**などでみられる大規模な露天掘(ろてんぼ)りは効率よく採掘(さいくつ)することができ，日本にもその多くを輸出している。そのほか，ペルーで銀，チリで銅，ボリビアで石炭が産出するが，近年とくに注目されているのが**レアメタル**（**希少**(きしょう)**金属**）（→p.85）である。ボリビアのウユニ塩湖では，レアメタルの一つであるリチウムの埋蔵(まいぞう)が多いとされ，注目を集めている。

2 南アメリカの工業

ブラジルは，かつてはコーヒーや鉄鉱石などの一次産品の輸出に依存(いぞん)する**モノカルチャー経済**（→p.86）の国だったが，1960年代後半から日本やアメリカ合衆国(がっしゅうこく)などの外国企業(きぎょう)を誘致(ゆうち)し，鉄道・水力発電所・通信などのインフラを整備したことから鉄鋼(てっこう)業，自動車・オートバイ工業や航空機産業が発達した。この結果，経済が著(いちじる)しく発達し，現在は**BRICS**(ブリックス)（→p.64）の一つに数えられている。また，アルゼンチンでもブラジルと同様に外国企業の受け入れをしたことによって自動車工業をはじめとする機械工業が発達しているほか，パンパなどで生産される農作物を加工する食料品工業も発達している。

データFILE

主な国の輸出品

（ベネズエラは2013年，他は2017年）
「世界国勢図会」

（Alamy/PPS通信社）

❶露天掘りの様子

データFILE

ブラジルの輸出品の変化

かつてはコーヒーや鉄鉱石など一次産品がほとんどだったが，現在は機械類の割合も高い。

「世界国勢図会」など

❶ブラジルの輸出品の変化

5 南アメリカ州のかかえる問題

1 熱帯林の減少

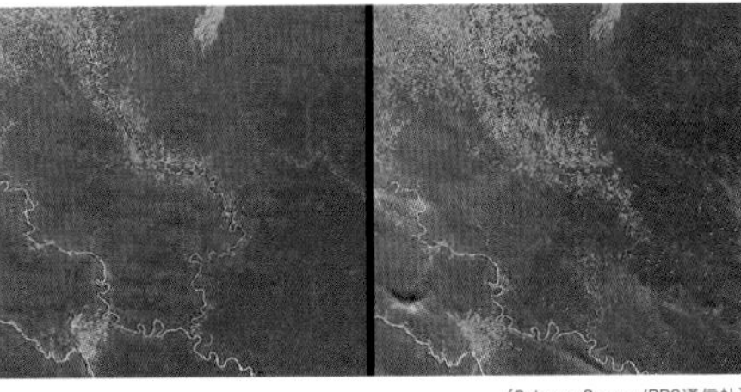

(Science Source/PPS通信社)

↑昔（左）と今のアマゾン川流域の熱帯林

アマゾン川流域には世界最大の熱帯林が広がっている。熱帯林は貴重な野生動物のすみかでもあり，二酸化炭素を吸収して酸素をつくり出す重要な役割をもっていることから**「地球の肺」**とも呼ばれている。しかし，20世紀後半にこの地域でアマゾン横断道路や鉱山，農地，牧場の開発のために大規模な熱帯林の伐採が進んだ。以後も熱帯林の伐採は続き，現在も大量の熱帯林が伐採されている。熱帯林の伐採によって二酸化炭素の吸収量が少なくなり，地球温暖化が進行すると考えられているほか，先住民の生活をおびやかす問題や，動植物の絶滅などさまざまな問題が生じている。

これに対して，ブラジル政府は森林の一部を国立公園に指定したり，世界遺産の登録などによって熱帯林の保護に努めている。また，違法な伐採を取り締まるために人工衛星を使った監視も行っている。近年は，森林と先住民の伝統的な生活を守るために非政府組織(NGO)などによる森林保護活動が活発になっている。

2 都市問題の発生

南アメリカでは，アジアやアフリカの発展途上国と同様に，経済的に貧しい農村から仕事を求めて都市部へ多くの人々が移住してくる。これによって都市部では人口の増加が深刻で，仕事や住む場所がない人々は都市周辺の上下水道や電気などが整備されていない環境の悪い地域に住むようになり，**スラム（ファーベラ）**を形成している。スラムは総じて治安が悪く，路地が入り組んでいて清掃車が入れないなど，衛生面で大きな問題をかかえている。

くわしく

アマゾン川流域の暮らし

アマゾン川流域に広がる熱帯林に住む先住民たちは，伝統的な採集や焼畑農業，川魚をとる漁業などを行ってきた。現在ブラジルの熱帯林では先住民の保護区がつくられ，昔と近い生活が営まれているが，近代的な生活が持ち込まれ，生活が変化した村もある。

参考

バイオエタノール

ブラジルでは，さとうきびを発酵させたバイオエタノールを自動車などの燃料に利用している。さとうきびは生産過程で光合成をおこない二酸化炭素を吸収するため，燃やしても二酸化炭素が増えない環境にやさしいエネルギーとされている。しかし，さとうきび畑をつくるために新たな熱帯雨林の伐採につながる問題や，農薬や肥料による地下水の汚染などが心配されている。

PERFECT COURSE

オセアニア州の地図

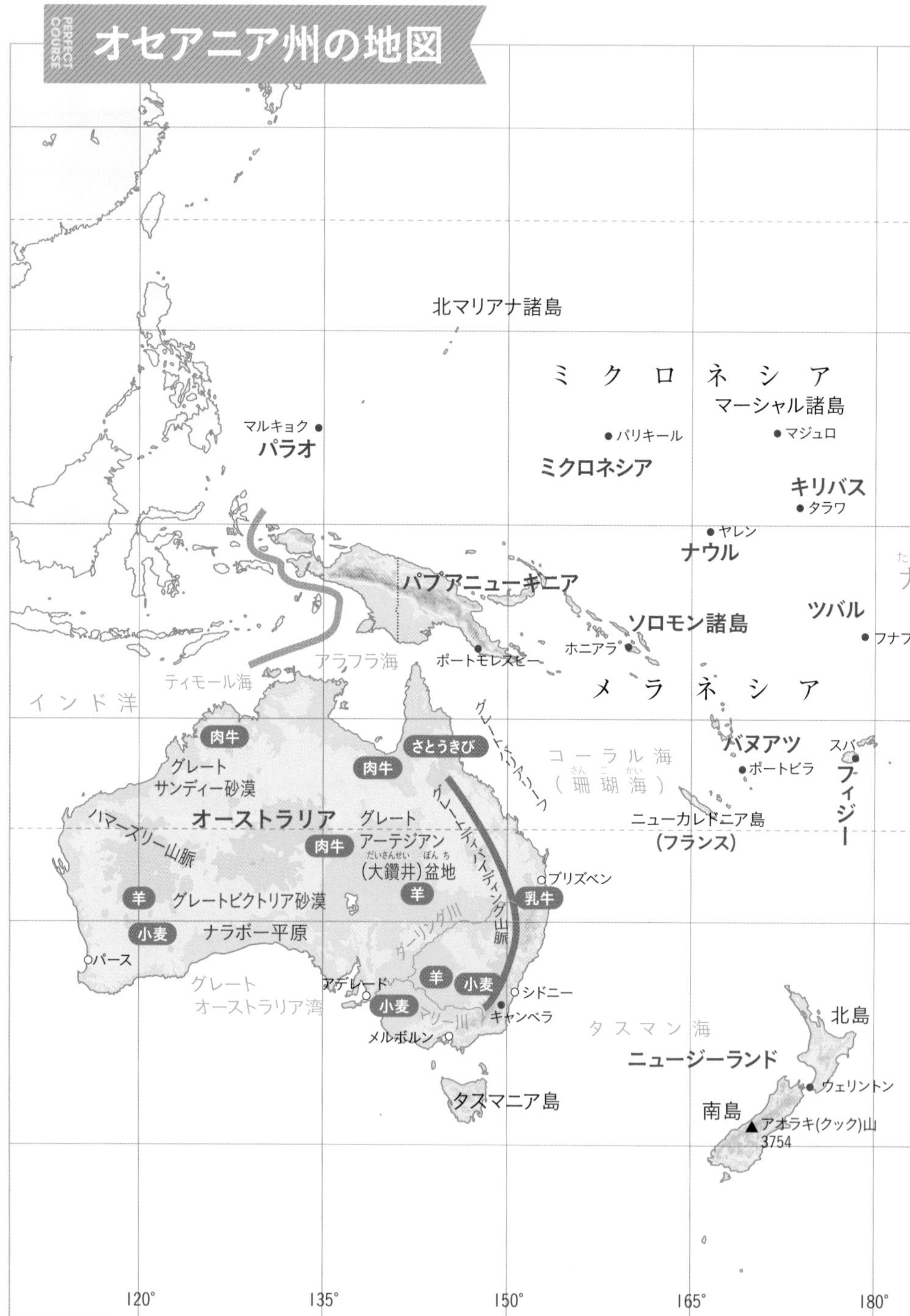

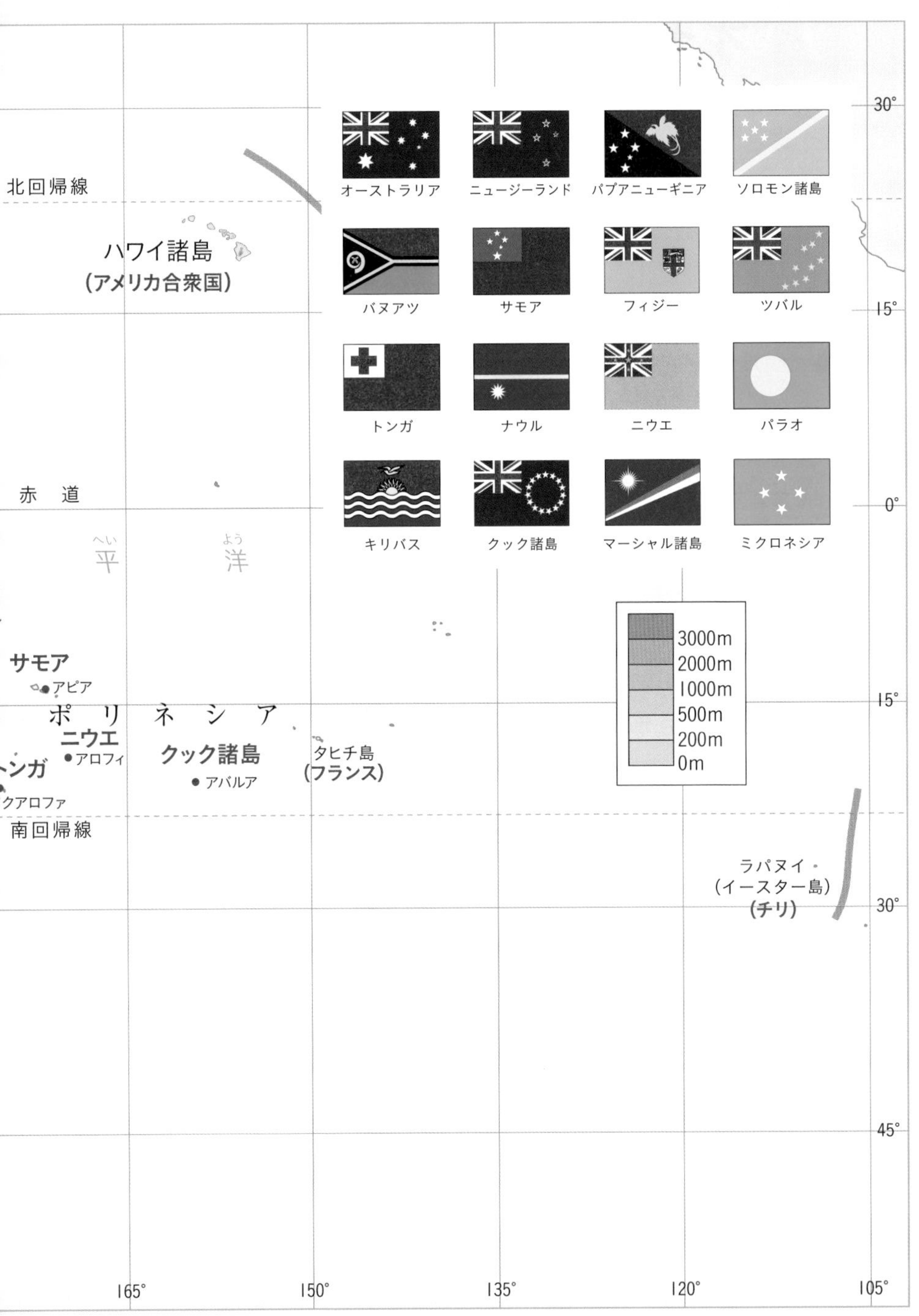
オーストラリア
ニュージーランド
パプアニューギニア
ソロモン諸島
バヌアツ
サモア
フィジー
ツバル
トンガ
ナウル
ニウエ
パラオ
キリバス
クック諸島
マーシャル諸島
ミクロネシア
北回帰線
ハワイ諸島
(アメリカ合衆国)
赤 道
平 洋
サモア
アピア
ポ リ ネ シ ア
ニウエ
アロフィ
クック諸島
アバルア
タヒチ島
(フランス)
ンガ
クアロファ
南回帰線
3000m
2000m
1000m
500m
200m
0m
ラパヌイ
(イースター島)
(チリ)
30°
15°
0°
15°
30°
45°
165°
150°
135°
120°
105°

オセアニア州の様子

オセアニア州は太平洋に広がる地域である。オセアニア州の中心となっているオーストラリアを中心に，オセアニアの自然，歴史と民族，産業について確認しよう。また，オセアニアとその他の地域とのつながりの変化にも注目しよう。

1 オセアニア州の自然

1 オセアニア州の地形

オセアニア州は，オーストラリア大陸やニュージーランドの北島と南島，太平洋に点在する多くの島々からなる地域で，細かく，オーストラリア，**ミクロネシア**，**メラネシア**，**ポリネシア**に分けることができる。

オーストラリア大陸は全体的に平坦で，ほとんどが標高500m以下のなだらかな平原である。一方，ニュージーランドは日本と同様に**環太平洋造山帯**（→p.116）に属し，アオラキ（クック）山をはじめ3000m級の山々がそびえ，**火山や地震も多い**。太平洋に点在する島々は，火山活動でできた火山島と**さんご礁**が隆起してできたさんご礁の島である。トンガ島やハワイ諸島は火山島で土地が肥えているが，さんごからできた島は土地がやせていて水も乏しいため，農業には向いていない。

(©Alamy/PPS通信社)
↑さんご島…周辺にはさんご礁が広がる。

2 オセアニア州の気候

オセアニア州には，熱帯，乾燥帯，温帯が分布する。オーストラリア大陸は**国土の約3分の2が年間降水**

(Science Source/PPS通信社)
↑ウルル（エアーズロック）…オーストラリア大陸の中央部の世界最大級の一枚岩。先住民のアボリジニの聖地となっており，登山は禁止されている。

くわしく

オーストラリアの動物
オーストラリア大陸は，約6000万年前に他の大陸と切り離されたと考えられている。このため，動物は独自の進化をとげ，カンガルーやコアラなどの有袋類をはじめ独自に進化しためずらしい動物が多い。

参考

オセアニアの由来
オセアニアは「大洋」を意味する「オーシャン」からつけられた地域名である。

量500mm以下の雨の少ない土地で，とくに内陸部は乾燥が激しく，グレートビクトリア砂漠やグレートサンディー砂漠などの砂漠や草原が広がる。南東部や南西部の沿岸部には温帯が広がり，人口はこの地域に集中している。一方，砂漠が広がる内陸部には人がほとんど住んでいない。

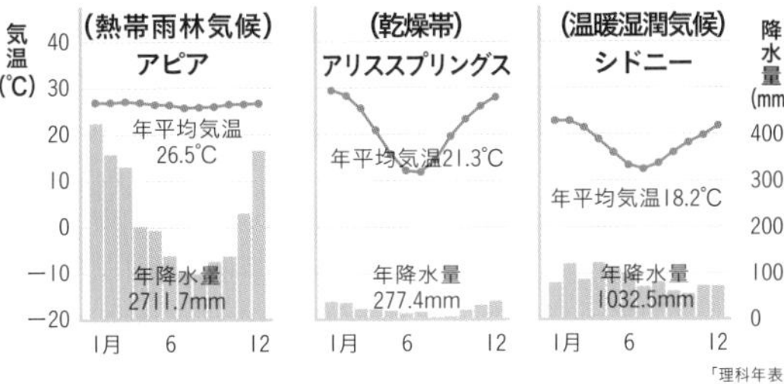

「理科年表」

ニュージーランドは全体的に温帯の西岸海洋性気候に属していて，適度に雨が降り，四季がみられる気候である。太平洋上の島々の多くは熱帯に属する。このうち，赤道周辺のニューギニア島は熱帯雨林気候に属し，熱帯雨林が生い茂るが，フィジーやサモアなどは海からの湿気によって暑さが和らぎ，一年を通じて過ごしやすい海洋性気候である。

2 オセアニア州の歴史と民族

オセアニア州の先住民は，かつてユーラシア大陸から海を渡ってきた人々の子孫と考えられている。

オーストラリアは先住民の**アボリジニ**（**アボリジニー**）が狩りや採集などで暮らす土地だったが，18世紀後半に**イギリス**の植民地となった。これによってアボリジニは居住地を追われ，白人による迫害や疫病などによって，人口が激減した。

当初はイギリス系，のちにギリシャや東ヨーロッパなどヨーロッパ系の移民が多かったが，19世紀半ばに金鉱脈が発見されると中国をはじめアジア系移民が急増した。これに危機感を覚えた白人政府は，白人以外の移民を事実上認めない**白豪主義**という政策をとった。しかし，労働力不足を補うことや経済発展を目的として，1970年代に白豪主義は廃止された。現在は公用語

くわしく 

流刑地だったオーストラリア

オーストラリアは，当初はイギリスで罪を犯した者の流刑地であった。その後，一般人の移住が開始され，本国からの移民が増加した。

くわしく 

海洋性気候

海洋からの風の影響で，気温の日較差や年較差が小さく，降水量が多い気候。大洋上の島々や大陸西岸にみられる。

(Alamy/PPS通信社)

↑アボリジニの絵画…ドット（点）を用いた画法に特徴がある。

の英語以外によるテレビ放送や，異文化理解を目的とした外国語教育など，**多文化社会**を築こうとしている。また，アボリジニの文化を尊重する努力も進んでおり，土地の返還(へんかん)をはじめ，さまざまな取り組みが進められている。

ニュージーランドは先住民の**マオリ**が住んでいたが，19世紀に白人の移住が進んだ。当初は戦争が起こるなど対立したが，その後協定を結び，それ以降，マオリの文化を尊重(そんちょう)する国づくりが進められている。

(森田直樹/アフロスポーツ)

↑ラグビーのニュージーランド代表オールブラックス…試合前にマオリの踊(おど)り「ハカ」を舞(ま)う。

3 オセアニア州の産業

1 オセアニア州の農業

オーストラリアのグレートアーテジアン（大鑽井(だいさんせい)）盆地(ぼんち)を中心とする内陸部は乾燥(かんそう)が激しい砂漠(さばく)やステップが広がっているため，農作物の栽培(さいばい)には適していない。代わりに，**掘(ほ)り抜(ぬ)き井戸**の水を利用した**羊の放牧**が行われており，羊毛の生産量は世界有数である。その外側に広がる比較(ひかく)的雨が多い地域では**肉牛**の飼育がさかんで，オーストラリア産の肉牛は「オージービーフ」として，重要な輸出品となっている。南東部や南西部では，**小麦**の栽培と牧畜を組み合わせた企業(きぎょう)的な農業がさかんで，**小麦の輸出量は世界有数**である。

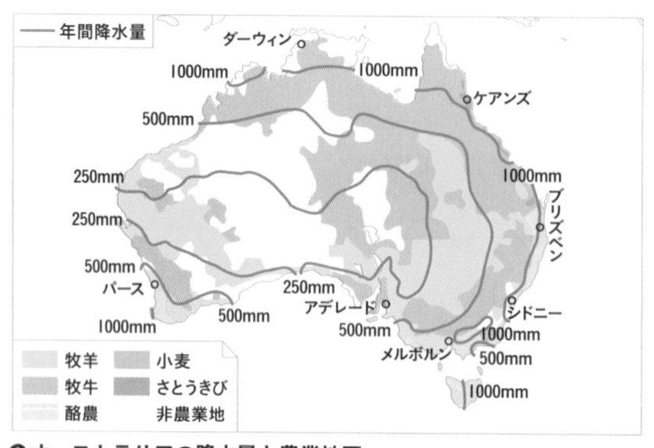

↑オーストラリアの降水量と農業地図

用語解説

掘り抜き井戸

地下を深く掘って，地下水を噴出(ふんしゅつ)させる井戸。オーストラリアの地下水は塩分を含(ふく)んでいるため人間の飲用に適さず，家畜(かちく)の飲み水やかんがい用に利用されている。

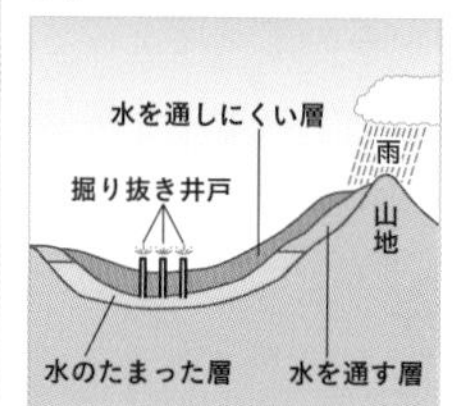

データFILE

羊毛の生産量

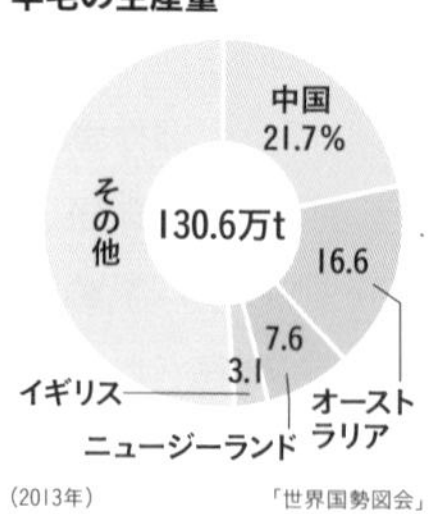

(2013年) 「世界国勢図会」

比較的雨が降り牧草が茂りやすいニュージーランドでも，**羊**の飼育がさかんで，羊の数は人間よりも多い。ニュージーランドでは主に羊毛用として羊が飼われている。また，かつては主に乳製品をつくる乳牛を飼育する**酪農**がさかんだったが，最近は肉牛の飼育も行われている。

太平洋の島々では土地が狭く，やせているところもあるため，大規模な農業は行われていない。

2 鉱工業の様子

オーストラリアは鉱産資源が豊富である。主に東部で**石炭**，北西部で**鉄鉱石**が産出するほか，**ボーキサイト**や**金**，**ウラン**の生産量も世界有数である。石炭や鉄鉱石は地表を直接削る**露天掘り**で行われ，効率がよく，費用も安いので，安価な資源として輸出されている。採掘された石炭や鉄鉱石は鉄道で港に運ばれたのち，日本などに輸出されている。

工業に目を向けると，オーストラリアでは機械工業や食料品工業が発達しているが，輸出品の多くは鉱産資源が占めている。ニュージーランドは乳製品を中心とした食料品工業が中心である。

3 太平洋の島々の産業

パプアニューギニアは石油，天然ガスなど資源が豊富で，輸出も多いが，その他の島国は鉱産資源に乏しく，工業も発達していない。農業も焼畑農業など小規模なもので，タロいも，キャッサバなどが主に栽培されている。海に囲まれているため漁業がさかんな国もある。とくにトンガはまぐろ漁がさかんで，日本への輸出も多い。美しい海をいかした**リゾート開発**も進んでいる。開発には日本企業も携わっており，多くの旅行者がオセアニアの島々を訪れるが，開発などによる海洋汚染が心配されている。

データFILE

鉱産資源の生産量

鉄鉱石 計14.0億t

オーストラリア	ブラジル	中国	インド	その他
34.7%	18.4	16.6	6.9	

ボーキサイト 計2.7億t

オーストラリア	中国	ブラジル	ギニア	その他
30.4%	22.5	12.7	11.7	

（2016年，鉄鉱石は2015年）「世界国勢図会」

（Alamy/PPS通信社）

⬆鉄鉱石の露天掘り

くわしく

地球温暖化の影響

オセアニアには，ツバルをはじめ海抜の低い島国が多い。そのため，地球温暖化による水没の危機に直面している。これに備えるため，すでにツバルなどでは，オーストラリアやニュージーランドに移住する人が増えている。

（Alamy/PPS通信社）

⬆海岸線が侵食されるツバル

4 ほかの地域とのつながり

1 つながりの深い国の変化

かつてオセアニアの国々は，イギリス，アメリカ合衆国，フランスなどの植民地支配を受けた。イギリスの植民地だったオーストラリアとニュージーランドは，長らく貿易などさまざまな面でイギリスとの関係が深かった。しかし，**現在は地理的に近い中国や日本，韓国，東南アジアの国々とのつながりが深く**，貿易額ではそれらの国々が上位にきている。

オセアニアの国どうしのつながりも深く，産業が乏しい小さな島国では，オーストラリアやニュージーランドへ出稼ぎや移住をする人々が多い。

2 日本とのつながり

現在，オーストラリアは日本とのつながりが深く，内陸部の開発事業や資源の輸送のための鉄道建設などに日本の企業が進出している。ほかにも，観光，留学，**ワーキングホリデー**で若者たちの交流が活発に行われている。ニュージーランドにとっても日本は重要な貿易相手国であり，ワーキングホリデーなどによる文化交流も行われている。

データFILE

オーストラリアの貿易相手国

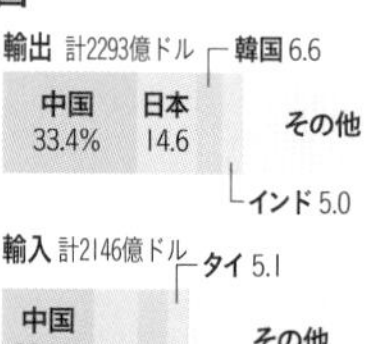

（2017年）「世界国勢図会」

くわしく

ワーキングホリデー

長期間の労働許可がついた海外休暇旅行。一般の旅行では，訪問国での労働は禁止されているが，この制度を利用すれば，旅行をしながら働くことができる。海外旅行をする若者に，文化交流を深める機会を与えることを目的としている。

思考力UP

Q. オーストラリア内陸部で，人々が不便せずに暮らす工夫とは？

Hint 内陸部は交通機関が発達しておらず，移動が難しい。遠く離れた都会との連絡方法として考えられるものは何だろうか。

A.（例）飛行機やインターネットが医療や教育に利用されている。

日本の離島と同様に，オーストラリア内陸部は交通機関が発達しておらず，病院や学校などの公共施設も少ない。このため，病人が出たときは小型飛行機で患者を運んだり，医師を運んできたりしている。また，学校のない地域に住む子どもたちのために，インターネットなどを使って家庭で授業を受けられる通信教育のしくみが整備されている。

CHECK 確認問題

第2章 •••

世界の諸地域②

問題 各問いに答えましょう。また，（　）に当てはまる語句を答えましょう。

❶ アフリカ大陸の北部に広がる，面積が世界最大の砂漠を何というか。

❷ ギニア湾岸の国々では，チョコレートの原料となる（　　　）の栽培がさかんである。

❸ アフリカ大陸に多く分布する，生産量・埋蔵量が少ない貴重な金属を何というか。

❹ 中央アメリカやカリブ海諸国などからアメリカ合衆国に移住した，スペイン語を話す人々やその子孫を何というか。

❺ アメリカ合衆国で行われている，自然環境や社会的な条件に合った農作物をつくる農業を何というか。

❻ 先端技術（ハイテク）産業が発達している，アメリカ合衆国の北緯37度以南の地域を何というか。

❼ サンフランシスコ郊外のサンノゼ付近にある，先端技術産業の研究機関や企業が集中している地域を何というか。

❽ 南アメリカ大陸で栽培がさかんな，右のグラフが示している農作物は何か。

計921万t

ブラジル	ベトナム	コロンビア	インドネシア	その他
29.1%	16.7	8.2	7.3	

❶ある農作物の生産量

(2017年)　「世界国勢図会」

❾ 熱帯雨林を小規模に焼き，その灰を肥料として農作物を栽培する農業を何というか。

❿ 自動車の燃料などに使われている，さとうきびやとうもろこしなどを原料にしたアルコール燃料を何というか。

⓫ オーストラリアの先住民を何というか。

⓬ かつてオーストラリアでとられていた，ヨーロッパ系（白人）以外の移民を制限した政策を何というか。

解答

① サハラ砂漠

② カカオ（豆）

③ レアメタル

④ ヒスパニック

⑤ 適地適作

⑥ サンベルト

⑦ シリコンバレー

⑧ コーヒー（豆）

⑨ 焼畑（農業）

⑩ バイオエタノール（バイオ燃料）

⑪ アボリジニ（ー）

⑫ 白豪主義（政策）

第3章 世界の姿・日本の姿

ここでは，世界と日本の自然環境や人口，日本の産業，貿易や交通など日本と世界の結びつきについて学んでいく。

Q. 世界でもっとも人口が多い地域は何州？

➡ SECTION 2 へ

Q. 石油に代わるエネルギーはまだ現れないの？

➡ SECTION 3 へ

Q. 日本では昔より魚がとれなくなったと聞くけれど，その理由は？

➡ SECTION 4 へ

自然環境の特色をとらえる

世界には，2つの新しい造山帯がある。日本列島も造山帯に属し，地殻が不安定な地域にあるため地震や火山の噴火が多い。また，日本の気候は主に温帯に属している。この節では，世界と日本の地形や気候の特色を見ていく。

1 世界の地形

1 山地の特色

世界の陸地は，高さや起伏から，主に山地，高原，平地に分けられる。平地は陸地の約4分の1を占める。陸地のうち，地殻が不安定で，過去に造山運動が起きた，または現在も起きている地域を**造山帯**という。

造山帯には**アルプス・ヒマラヤ造山帯**と**環太平洋造山帯**がある。アルプス・ヒマラヤ造山帯はユーラシア大陸の南部を東西に連なる造山帯で，アルプス山脈やヒマラヤ山脈などが含まれる。また，太平洋を取り巻く環太平洋造山帯は，アンデス山脈，ロッキー山脈，日本列島，ニュージーランド島などからなる。これらの地域では，活発な地殻変動によって大規模な地震がしばしば起こり，火山活動もさかんである。造山帯以外の地域は地震や火山の活動がほとんどない**安定大陸**で，**侵食**や**風化**により平坦な地形が広がっている。

2つの造山帯と主な山脈

くわしく

プレートテクトニクス

地球の表面は，十数枚の岩盤（プレート）に覆われている。プレートはそれぞれゆっくり一定方向に動くので，プレート同士がぶつかり合う境界部では激しい地殻変動が起こり，地震や火山活動が活発である。このようなプレートの動きにより山脈の形成や地震などが起こるとする考え方を，プレートテクトニクスという。

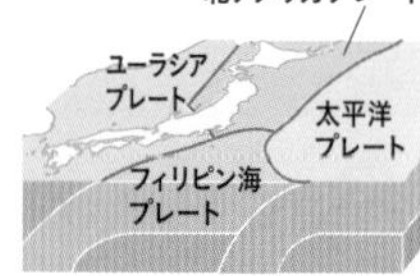

日本周辺のプレート

参考

いろいろな山地

いくつもの山がまとまっているところを山地といい，次のように分けられる。

- **山脈**…山の峰がひとつながりになっている山地。
- **高地**…起伏が小さい山地。
- **高原**…表面がなだらかな山地。

2 平野と川

大陸にみられる大規模な平野の多くは，川や氷河によって侵食されて平坦(へいたん)になった平野である。このうち，地層がほぼ水平で，そのまま平野の地形を形成しているものを**構造平野**という。東ヨーロッパ平原や北アメリカの中央平原などはこうしてできた広大な平野である。

これに対し，川が運ぶ土砂が積もってできた平野を**堆積(たいせき)平野**という。川が山地から平地に出るところには，砂や小石が積もって扇状(おうぎじょう)になった**扇状地(せんじょうち)**ができ，河口には，つぶの細かい土砂が積もってできた**三角州(さんかくす)**（デルタ）が発達する。また，平坦な海底地形や扇状地，三角州が隆起(りゅうき)して台地（洪積(こうせき)台地）になったところもみられる。

ヨーロッパのライン川やアメリカのミシシッピ川など大陸を流れる川は，一般(いっぱん)に水量が豊かで，流れがゆるやかである。そのため，内陸交通路として重要な役割を果たしている川が多い。アフリカのナイル川は水源が雨の多い地域にあるため，下流の乾燥(かんそう)地域のエジプトなどにも豊かな水資源をもたらしている。

データFILE

世界の長い川

順位	河川名	長さ(km)
1位	ナイル	6695
2位	アマゾン	6516
3位	長江（チャンチヤン）	6380
4位	ミシシッピ，ミズーリ，レッドロック	5969
5位	オビ，イルチシ	5568

（「理科年表」）

3 海岸地形と海底地形

海岸には，陸地が沈(しず)んで海水が入りこんだものや，海面が上昇(じょうしょう)して海水が陸地に入りこんだものなどがある。このうち，氷河に削(けず)られてできたU字型の谷に海水が入りこんでできた地形を**フィヨルド**という。また，山地が海に沈(しず)み，谷に海水が入りこんでできる，入り江と岬(みさき)が入り組んだ地形を**リアス海岸**という。

大陸や大きな島の周りには，**大陸棚(たいりくだな)**と呼ばれる深さが200mくらいまでの傾斜(けいしゃ)がゆるやかな海底が広がっている。海底地形のうち，一段と深く，細長い海底地形を**海溝(かいこう)**といい，海溝より深いところを**海淵(かいえん)**と呼ぶ。マリアナ海溝やフィリピン海溝には深さが10000mを超えるところもある。

（後藤昌美／PPS通信社）
⬆フィヨルド

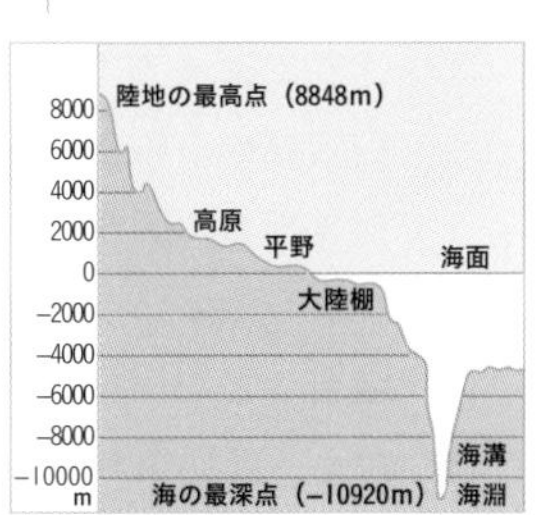

⬆海底地形

2 日本の地形

1 山地の特色

日本列島は**環太平洋造山帯**の一部で，海底から弓なりに連なる山脈の一部であるといえる。**全体的に山がちで，国土の約4分の3は山地である。**

日本は，二つの大陸プレートと二つの海洋プレートがぶつかるところに位置するため，地震や火山活動が活発である。これらのプレートの境界は，本州の中央部に位置する**フォッサマグナ**で，一般にこのフォッサマグナの西縁によって日本は東日本と西日本とに分けられ，東日本では山脈・山地はほぼ南北方向に，西日本ではほぼ東西方向に連なっている。

中央部にある飛驒・木曽・赤石山脈は3000m級の山々が連なる険しい山脈で，「**日本アルプス**」と呼ばれる。また，西日本では，南部に連なる紀伊山地，四国山地，九州山地はけわしく，北部の中国山地はなだらかである。

くわしく

フォッサマグナ

両側を崖に区切られた細長いくぼ地が続くところを地溝帯という。フォッサマグナは大規模な地溝帯で，大きな割れ目という意味である。

フォッサマグナの西縁は新潟県糸魚川市と静岡市を結ぶ線である。

↑主な山脈・山地

2 火山と湖

日本には多くの火山があり，活動の活発な火山も多い。火山の周辺には温泉がわき出るところが多く，観光地になっているところが多い。

火山活動によってできた地形も多くみられる。湖のうち，田沢湖や十和田湖，洞爺湖などは火山の噴火によってできた**カルデラ**に水がたまってできた湖で，これをカルデラ湖という。また，富士五湖や中禅寺湖などは，溶岩などが川をせき止めてできた湖である。

ほかにも，鹿児島県から宮崎県南部に広がる**シラス台地**のように，火山灰が積もってできた台地もみられる。

くわしく

カルデラ

火山の頂上付近に噴火や陥没などによってできた大きなくぼ地のこと。熊本県の阿蘇山のカルデラは大規模なことで知られる。

（フォト・オリジナル）

3 川と平野

国土が狭い日本では，山地から流れ出る雨水が短時間で海まで流れ出てしまう。そのため，大陸の川に比べると一般に短く，流れが急である。また，流域面積が狭く，水量の変化が大きい。

平地には，平野や盆地，台地などの種類がある。海に面した平地を**平野**，山に囲まれた平地を**盆地**という。また，平野や盆地の中で，周りよりもいちだん高くなっているところを**台地**という。

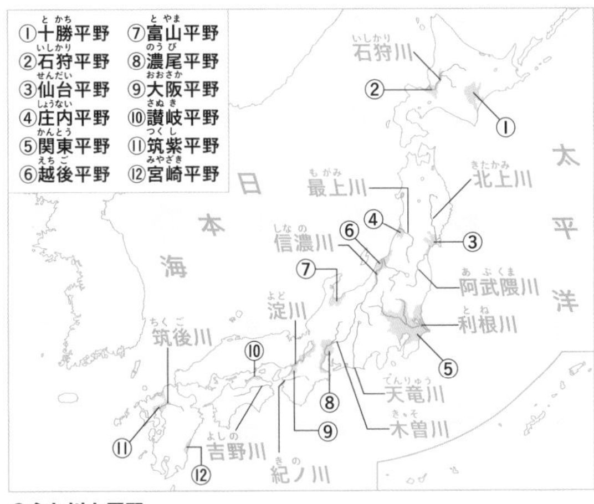

主な川と平野

日本の川は急流のために土砂の運搬・堆積作用が強いため，盆地の周辺では，谷口を中心に**扇状地**が発達しているところがみられ，河口には低湿な**三角州**（デルタ）がみられる。水はけのよい扇状地は果樹園に，三角州は水田に利用されているところが多い。川の流域には，階段状に形成された河岸段丘がみられる。

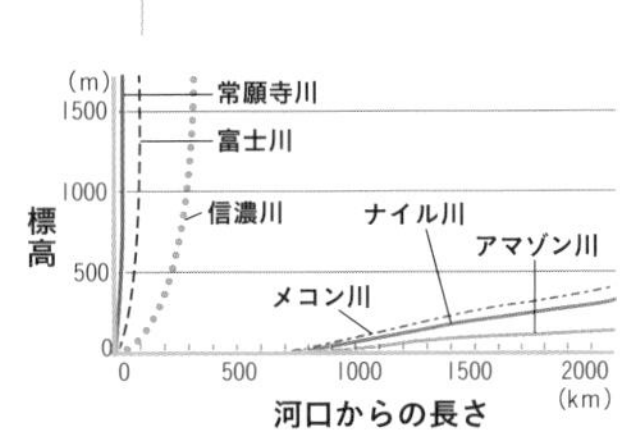

世界と日本の川の比較 （「理科年表」）

日本の長い川ベスト5

1位	信濃川	367km
2位	利根川	322km
3位	石狩川	268km
4位	天塩川	256km
5位	北上川	249km

（「理科年表」）

流域面積が広い川ベスト5

順位	川	流域面積
1位	利根川	16840km^2
2位	石狩川	14330km^2
3位	信濃川	11900km^2
4位	北上川	10150km^2
5位	木曽川	9100km^2

（「理科年表」）

扇状地

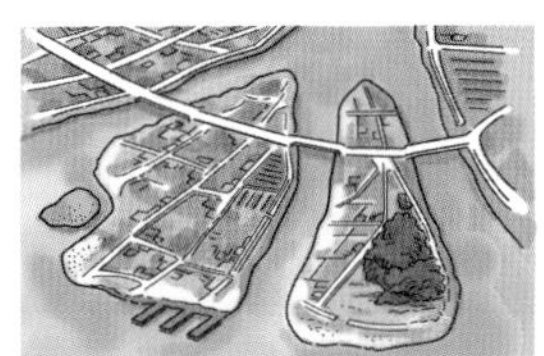
三角州

平地の種類

4 海岸と近海

日本は島国（海洋国）で，出入りの複雑な海岸が多いため面積のわりに長い海岸線をもつ。太平洋側は大きな半島や湾が多く，三陸海岸の南部や志摩半島などには**リアス海岸**が発達している。砂におおわれた**砂浜海岸**も多く，鳥取県や新潟県などには砂丘が発達している。また，潮の干満の差が大きい有明海の海岸には，干潮時に現れる遠浅の海岸が広がる。このほかに岩場が切り立った岩石海岸がある。

近海をみると，太平洋側には日本海溝や伊豆・小笠原海溝など深い海があるが，オホーツク海や東シナ海には，浅い海底地形の**大陸棚**（→p.117）が広がっている。

日本周辺の海流には，北上する**暖流**（暖かい海流）と，南下する**寒流**（冷たい海流）がある。太平洋側には，暖流の**黒潮**（**日本海流**）と寒流の**親潮**（**千島海流**）が流れる。日本海側には，暖流の**対馬海流**と寒流の**リマン海流**が流れる。

沖合いに暖流が流れる地域は温暖であるなど，海流は沿岸の気候に影響を与える。また，三陸海岸沖など暖流と寒流が出合う**潮目**（潮境）は，魚のえさとなるプランクトンが豊富で，多くの魚が集まる好漁場となっている。

⬆リアス海岸

⬆砂浜海岸（九十九里浜）

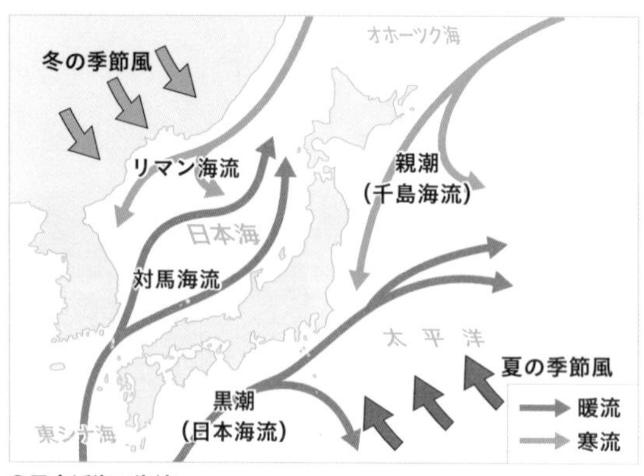

⬆日本近海の海流

3 日本の気候

1 日本の気候の特色

日本は，北海道が冷帯（亜寒帯），南西諸島や小笠原諸島が亜熱帯に属するが，全体としては**温帯**に属する気候で，**四季**がはっきりしている。大陸の東側に位置するため**季節風**（**モンスーン**）の影響を強く受け，世界の中でも降水量の多い地域である。また，南北に細長いため，南北の平均気温の差が大きく，冬には20℃以上もの差が生じる。

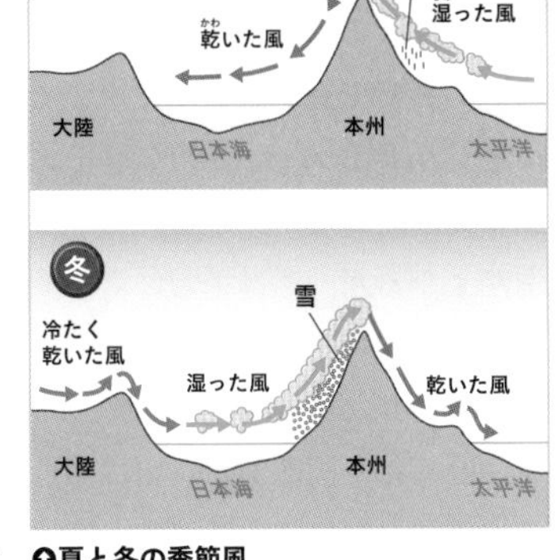

⬆夏と冬の季節風

冬は，大陸の高圧帯からふく冷たい北西季節風が，日本海側に多くの雪を降らせ，太平洋側に乾燥した風をもたらす。また，春は高圧帯と低圧帯が日本の上空を交互に東に進み，天候が変わりやすい。6月～7月になると，梅雨前線が停滞し，雨の日が続く。これが**梅雨**で，北海道ではみられない。この梅雨前線が北上すると梅雨が明け，真夏になる。

夏は，太平洋上の高圧帯からふく南東の季節風の影響で降水量が多く蒸し暑い日が続く。9月になると，日本の海岸に前線が連なり，梅雨に似た雨の多い季節になる。これを**秋雨**という。秋は，春と同じように高気圧と低気圧が交互にやってくるので，秋晴れの日も多いが雨天の日も多く，天候が変わりやすい。

また，夏から秋にかけては，赤道付近の太平洋上で発生した熱帯低気圧が発達しながら北上し，激しい風や大雨をともなう**台風**となって，しばしば日本列島をおそう。

発展 

台風の進路

夏の終わりから秋にかけては，偏西風や気圧配置の影響で向きを変え，日本への上陸が多くなる。

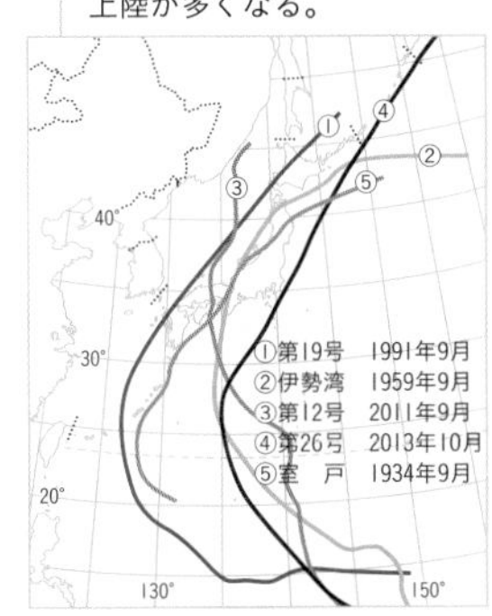

⬆過去の主な台風の進路

（「理科年表」ほか）

2 日本の気候区分

日本の気候は，北海道の気候，**太平洋側の気候**，**日本海側の気候**，**中央高地（内陸，内陸性）の気候**，**瀬戸内の気候**，**南西諸島の気候**に大きく分けることができる。

◉北海道の気候

冷帯（**亜寒帯**）の気候で，夏も冷涼で，少雨である。北海道の中でも，太平洋側は寒流の親潮（千島海流）の影響で夏でもとくに冷涼である。内陸部はとくに冬に低温になり，-30℃以下になることもあるが，夏は比較的気温が上がる。日本海側は，夏は比較的気温が上がるが，冬は積雪による降水量が多い。

◉太平洋側の気候

夏は南東の季節風の影響で降水量が多い気候である。とくに四国南部から紀伊半島，伊豆半島にかけての太平洋沿岸は降水量が多い地域で，紀伊山地の大台ケ原山周辺は日本有数の多雨地域として知られている。冬は日本海側に雪を降らせた北西季節風が山地を越えると乾燥した風（**からっ風**）となるため，太平洋側では晴天の日が続く。

◉日本海側の気候

冬は大陸からふく北西の季節風が，日本海上で大量の水蒸気を含み，山地の手前に多くの雪や雨を降らせる。とくに北陸と東北地方の日本海側は世界的な豪雪地帯である。

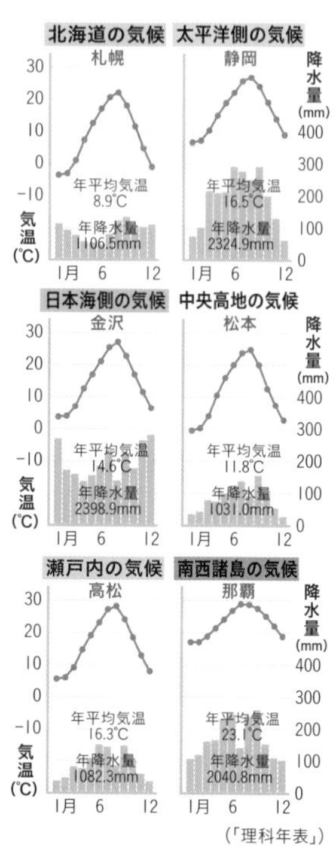

❶各気候区の雨温図

◉中央高地（内陸，内陸性）の気候

中部地方の中央高地は内陸のため，気温の差が大きく，年降水量が少ない気候である。

◉瀬戸内の気候

瀬戸内は，季節風が冬は中国山地，夏は四国山地にさえぎられるため，年降水量が少なく，日照時間が長い。冬でも温和である。

◉南西諸島の気候

冬も温暖な亜熱帯の気候で，梅雨や台風などの影響で夏の降水量が多い。

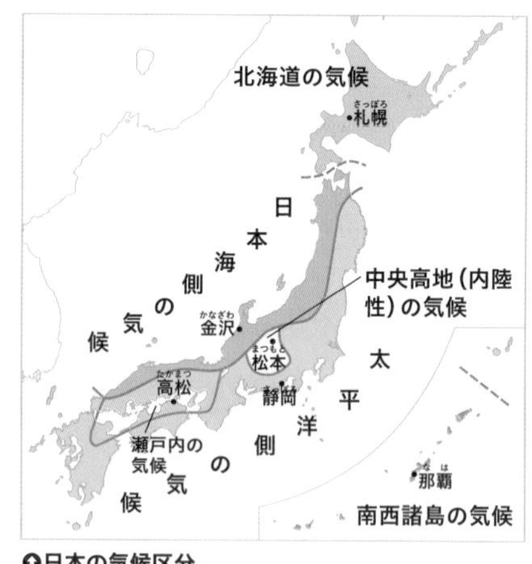

❶日本の気候区分

4 世界と日本の自然災害

1 地形と災害

日本列島は地殻変動が活発な**環太平洋造山帯**の一部で，活断層と呼ばれる地震を起こす可能性が高い断層が多いため，大規模な地震が起こりやすい。とくに，1923年の**関東大震災**や，1995年の**阪神・淡路大震災**（兵庫県南部地震），2011年の**東日本大震災**（東北地方太平洋沖地震）では多くの犠牲者を出した。今後，**南海地震**や**東南海地震**，**東海地震**などの大きな地震が起こるのではないかと警戒されている。

地震は家屋の倒壊や電気・ガス・水道などの**ライフライン**の断絶などのほか，**津波**や山くずれなどを引き起こす。日本では，リアス海岸の三陸海岸で津波の被害が出やすい。世界では，2004年にスマトラ島沖大地震にともなう大津波が，東南アジア・南アジアに大きな被害をもたらした。

火山の**噴火**は溶岩や火山灰の噴出，**火砕流**などにより田畑や家屋に被害をもたらす。日本では，**雲仙岳**（**普賢岳**）や**桜島**（**御岳**），**浅間山**など活動の活発な火山が多く，1990年には雲仙岳の一つ普賢岳で噴火が起こり，翌年，火砕流により大きな被害が出た。

2 気候と災害

日本の気象災害の中でとくに被害が多いのは，**台風**などによる風水害である。とくに南西諸島や九州・四国地方は台風の通り道にあたり，強風や**高潮**などの被害が出やすい。また，梅雨末期の集中豪雨も，川のはんらんや山崩れ，石や泥が斜面を流れ出る**土石流**などをしばしば引き起こす。このように台風や梅雨による降水は水害をもたらすいっぽうで，水資源として重要で，降

くわしく 

阪神・淡路大震災

兵庫県南部地震。1995年1月，淡路島北部を震源として起こった地震で，マグニチュードは7.3。神戸市など大都市をおそった直下型地震で，死者は6400人以上，負傷者は4万人以上にのぼった。

（朝日新聞社／PPS通信社）

↑倒壊した高速道路

くわしく 

雲仙岳の噴火

1990年，普賢岳が約200年ぶりに噴火し，翌年，大規模な火砕流により40人以上の死者・行方不明者が出た。

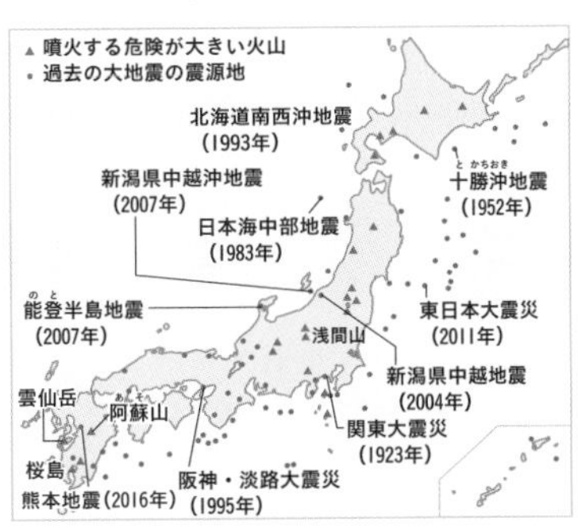

↑主な地震と火山の分布　（「理科年表」）

水量が少ない年は，西日本などで**干害**（**干ばつ**）の被害が出やすい。

北海道や東北地方の太平洋側では，夏の低温と日照不足のため，農作物が育たなくなる**冷害**にみまわれることがある。近年は品種改良などにより被害は少なくなったが，それでも大きな被害を出す年もある。また，北陸や東北地方の日本海側では，**豪雪**により，家屋の倒壊，交通の寸断による地域の孤立などの被害（雪害）が出ることがある。

冷害の多い地域
干害（干ばつ）の多い地域
台風による風水害の多い地域

⬆主な自然災害

3 防災と減災

コンクリートとアスファルトで道路を固められた都市部では，大雨が降ると雨水が地面に染み込まず，一気に河川に流れ込み，氾濫が起こることがある。また，住宅地や道路の建設などのための山林の伐採が原因で，大雨のときに各地でがけ崩れが発生している。地下水のくみ上げすぎによる地盤沈下などを含め，これらは開発によってもたらされる災害なので，「**人災**」ということができる。世界では，熱帯雨林の減少，過放牧などによる砂漠化の進行や地球温暖化に伴う海水面の上昇や異常気象などが問題になっている。これらも，人間の活動が自然のしくみを乱したことによってまねいた災害といえる。

自然現象による災害は避けられない。そのため，被害がおよぶのを防ぐ**防災**や，被害を少なくする**減災**のための取り組みが進められている。

防災のために，近年，多くの都道府県や市区町村などで，地震や洪水，火山の噴火などが発生しやすい場所や避難場所などを示した**ハザードマップ**（**防災マップ**）が作成されている。

⬆ハザードマップ（防災マップ）（江戸川区）

第3章 SECTION 2

人口の特色をとらえる

世界では，発展途上国で人口が増加している反面，先進国では少子化が進んでいる。とくに日本は近年，急激に少子高齢化が進んでおり，過密（化）や過疎（化）に悩む地域も多い。これらの人口の変化と人口分布の特色を，その問題点とともに理解していこう。

1 世界の人口問題

1 人口の変化

世界の人口は，1950年代から急速に増加した。現在，世界の人口は77億人を超え(2019年)，地域別では，アジアが全体の約60%を占める。とくに東・東南・南アジアのモンスーン地帯に人口が集中し，**人口密度**が高い。また，ヨーロッパ西部も人口密度が高い。いっぽう，砂漠，寒冷地，高地などは人口密度が低い。

発展途上国では出生率が高く，また衛生面の向上などから乳児死亡率が急激に低下したため，高い人口増加率を示している。いっぽう，出生率の低いヨーロッパや日本など先進国では，人口増加率が低く，人口が減少している国もみられる。出生率と死亡率の差によって求められる人口の増加率を**自然増加率**という。

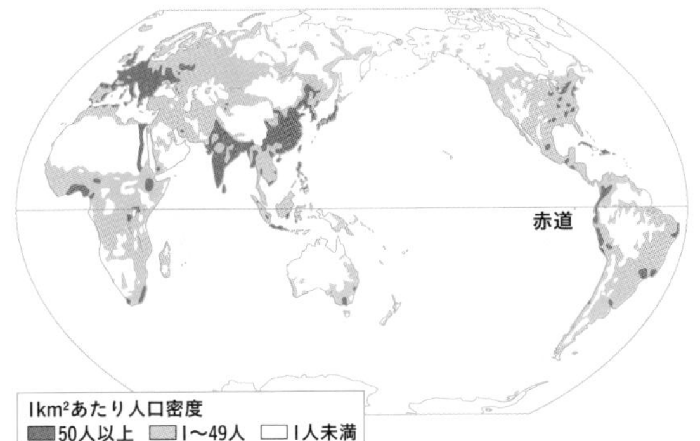

↑世界の人口密度

(「ディルケ=アトラス」)

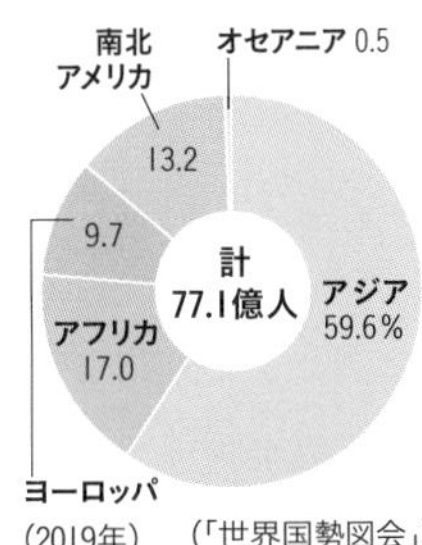

↑地域別人口の内訳

くわしく

人口密度

単位面積あたりに何人が住んでいるかを示す数値。ある国や地域の人口を面積で割って計算する。一般に1km²あたりの数値で示す。

発展

人口移動

人口移動は国際移動と国内移動とに分けられる。大きな国際移動として，15～16世紀にかけて新航路の開拓が進んだことによるヨーロッパ人の南北アメリカ大陸への移住があげられる。国内移動としては，工業の発展に伴う，農村から都市への移動が代表的である。

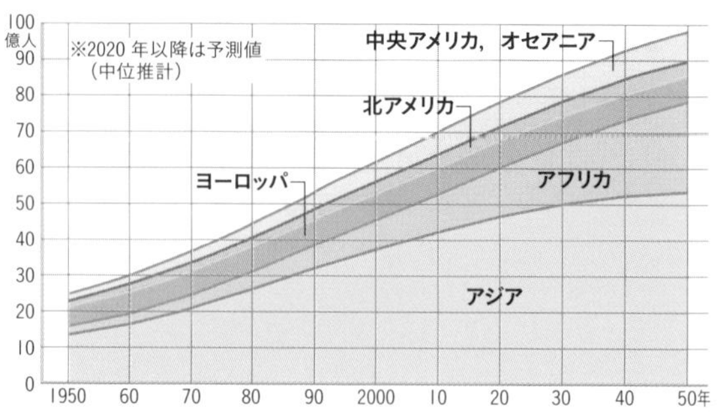

⬆世界の人口の推移

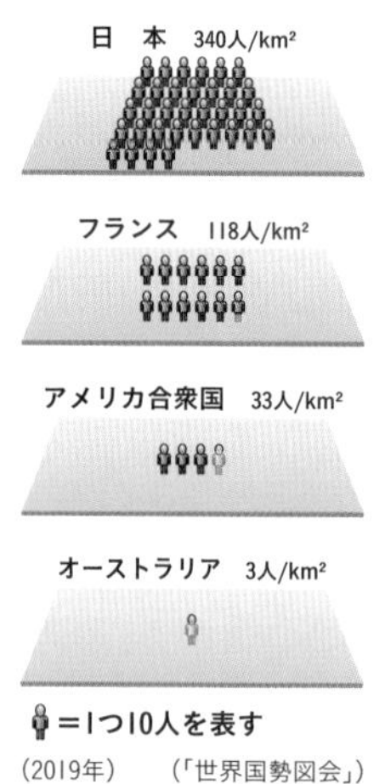

(2019年) (「世界国勢図会」)
⬆主な国の人口密度

2 人口構成

年齢別人口構成から，人口の地域的特色を読み取ることができる。国や地域の人口を男女別・年齢別に表したグラフを**人口ピラミッド**という。

発展途上国は一般に出生率が高く，高齢者の死亡率も高いことから，人口ピラミッドは，年少人口（15歳未満）が多く，老年人口(高齢者人口，65歳以上)が少ない**富士山型**（多産多死型)になる。

いっぽう，経済が発展してくると出生率が低く，死亡率も低い少産少死型の**つりがね型**（人口停滞型）になり，さらに出生率が下がると高齢化が進んだ**つぼ型**（人口減少型）になる。

データFILE

主な国の出生率と死亡率

(人) 0 10 20 30 40 50
(1000人あたり) 出生率 死亡率
日本 (2017年)
アメリカ (2015年)
スウェーデン (2017年)
ナイジェリア (2017年)

(「世界国勢図会」)

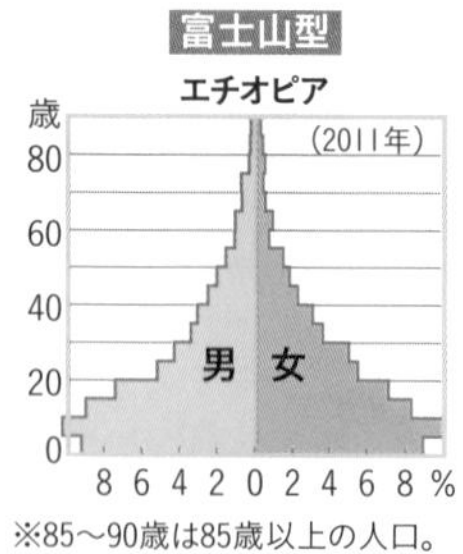

※85～90歳は85歳以上の人口。

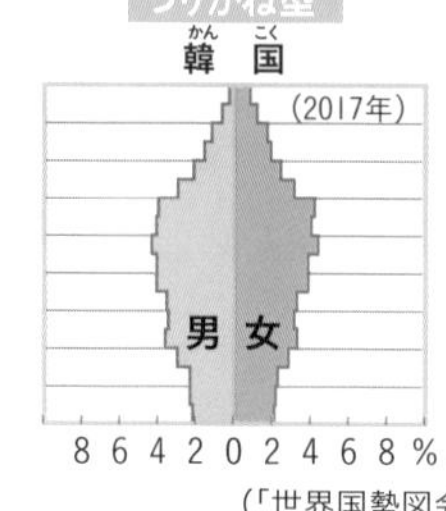

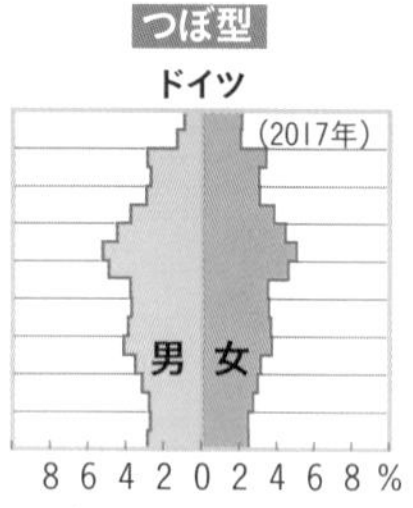

(「世界国勢図会」,「データブック・オブ・ザ・ワールド」)

⬆主な国の人口ピラミッド

3 人口問題

現在，世界の人口の80％あまりが発展途上国に住んでいる。とくにアフリカでは急激な人口増加がみられる。これを**人口爆発**という。このため，アフリカでは人口の増加に食料生産が追いつかず，食料不足に悩む国が多い。食料不足は，干ばつなどによる不作のほか，長く続く内戦や政情不安により難民が増加し，耕地が荒廃していることも大きな要因になっている。また，食料だけでなく住宅や教育，医療など生活に必要なものも不足している。

近年，発展途上国を中心に農村から都市への人口移動が進み，都市の人口が急増している。それに伴って，都市部での**スラム化**が問題になっている。いっぽう，先進国では出生率の低下による労働力不足が問題になっており，海外からの移民や労働者を受け入れる政策をとっている先進国も多い。

(Alamy／PPS通信社)

↑アフリカ最大のスラムといわれるキベラスラム

2 日本の人口構成と変化

1 日本の人口の変化

日本の人口は，約1億2600万人（2018年）である。第二次世界大戦後の**ベビーブーム**以来増加を続け，1960年代後半に1億人を超えた。しかし，出生率は低下する傾向にあり，2005年には，戦後初めて死亡数が出生数を上回り，前年に比べて人口が減少した。今後も人口の減少傾向が続くと予測されている。

男女別・年齢別の人口構成をみると，戦後，多産多死型から多産少死型，さらに少産少死型に移行するにつれて人口ピラミッドは**富士山型→つりがね型→つぼ型**へと変化してきた。

くわしく 

ベビーブーム
出生数が急激に増えること。日本では第二次世界大戦後の1940年代後半と，1970年代前半にベビーブームがおとずれた。

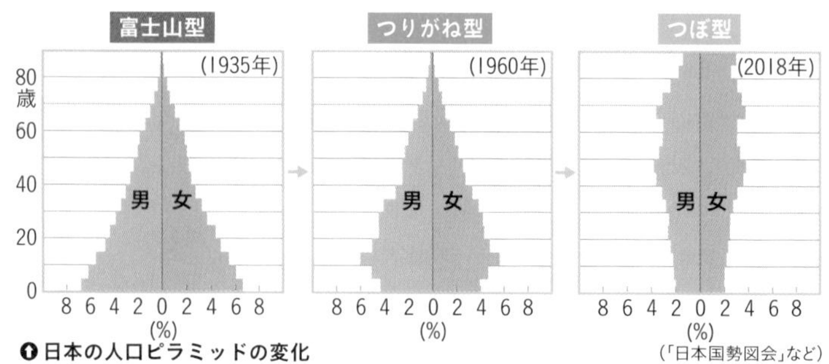

⬆日本の人口ピラミッドの変化

（「日本国勢図会」など）

2 少子高齢社会

少子高齢社会とは，少子化と高齢化が同時に進行している社会のことである。日本は，第二次世界大戦後，保健・医療技術の発達，栄養状態の改善とともに平均寿命がのび続け，現在，日本の平均寿命は世界でトップクラスの水準にある。それとともに，人口の**高齢化**が進み，65歳以上の高齢者の割合は，1994年には高齢社会の基準となる14％を超え，2018年には28％に達した。この高齢化率は世界の中で最も高い水準であり，日本は世界に例をみないスピードで**高齢社会**に突入した。今後も，高齢化はますます進行していくと予測されている。

高齢化
総人口における65歳以上（老年人口）の割合が7％以上を高齢化社会，14％以上を高齢社会，21％以上を超高齢社会という。

少子化の要因としては，出生率の低下があげられる。1人の女性が一生の間に産む子どもの平均（**合計特殊出生率**）は，1970年には2.13だったが，2017年には1.43になった。その背景としては，晩婚化・未婚化のほかに，育児と仕事の両立の難しさや教育費の負担が大きいことなどがあげられる。このような少子高齢化に伴い，高齢者の年金や医療などの社会保障費の増大や生産年齢人口（15〜64歳）の減少による労働力不足が大きな問題になっている。

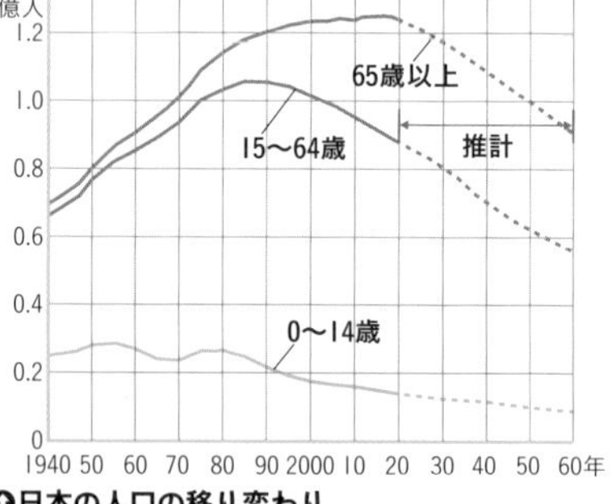

⬆日本の人口の移り変わり

3 日本の人口分布

1 過密と過疎の問題

日本は平野が少なく，人口分布のかたよりが大きい。人口が集中している地域は，南関東から北九州にかけての**太平洋ベルト**である。なかでも，**東京大都市圏・大阪（京阪神・関西）大都市圏・名古屋大都市圏**の**三大都市圏**（都心から50kmの範囲）や，札幌，仙台，広島，福岡といった地方中枢都市にも人口が集中している。このような**過密（化）**により大都市では，大気汚染や騒音などの公害，ごみ処理の問題など，生活環境が悪化する都市問題が発生した。いっぽう，農山村では，若者を中心に都市部へ働きに出る人が多く，人口の急激な減少により，公共交通機関の減少など地域社会の維持が困難になっている地域がある。このような地域を**過疎**地域といい，全国に広がっている。このなかには65歳以上の高齢者が人口の過半数を占める**限界集落**もある。

2 国内の人口移動

1950年代後半から始まる高度経済成長期に，農山村から都市への人口移動が急激に進んだ。いっぽうで，大都市への人口集中が激しくなると，地価が高く，生活環境も悪い都心部から，郊外や近県に住む人が増え，都心の人口が減少した。これを**ドーナツ化現象**といい，1970年代から大都市圏で進んだ。しかし，近年は都心で再開発が進み，高層マンションが建てられるなどした結果，都心の人口も増加傾向にある（**都心回帰現象**）。就職などで，いったん大都市に移住した地方出身者が出身地やその近くにもどり就職する**Uターン**や**Jターン**，大都市圏出身者が大都市圏以外の地域に移住する**Iターン**がみられ，地方人口の減少の緩和が期待されている。

くわしく 

過疎・過密

限られた地域に人口が集中しすぎることを**過密**といい，地域の人口が著しく減少することを**過疎**という。過疎地域の中には，対策として地域の特産物や観光資源などをいかした**町おこし・村おこし**に力を入れているところもある。

人口
8.6%
過疎地

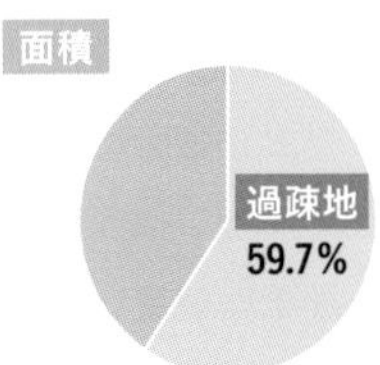

(2017年)　(「日本国勢図会」)

❶過疎地域の全国に占める割合

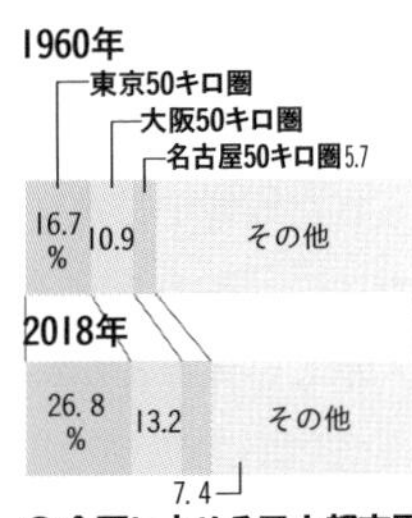

❶全国に占める三大都市圏の人口の割合の変化

(「日本国勢図会」)

資源や産業の特色をとらえる

日本は資源に乏しく，外国からの資源の輸入に頼って工業を発展させてきた。この資源の問題を，世界とのかかわりのなかでとらえよう。また，第二次世界大戦後の日本の工業の急速な発展と，農業などほかの産業の変化を，世界の産業と合わせてみていこう。

1 世界と日本の資源・エネルギー

1 世界の資源の分布

石油・石炭・鉄鉱石などのエネルギー資源や工業の原料となる鉱物を**鉱産資源**という。**石油**（原油）は，産出地に大きなかたよりがあり，ペルシア（ペルシャ）湾を中心とする西アジアが最大の産出地である。なかでもサウジアラビアは西アジア最大の産油国で，原油の確認埋蔵量は世界有数である。**石炭**は中国やインドを中心に広い地域で産出される。**鉄鉱石**は，オーストラリア・ブラジル・中国などで産出量が多い。**レアメタル**（希少金属）は，電子機器などの高度な工業製品の生産に欠かせないため，近年需要が増加しているが，中国や南アフリカ共和国など，限られた地域でしか産出されない。北アメリカでは天然ガスの一種のシェールガスの開発・採掘が進んでおり，新しい資源として注目されている。

原油（2018年）計46.6億kl
ロシア 13.9%
アメリカ 13.6
サウジアラビア 12.9
イラク 5.7
カナダ 5.2
その他

石炭（2016年）計62.7億t
中国 54.4%
インド 10.6
インドネシア 7.3
オーストラリア 6.6
ロシア 4.7
その他

⬆原油と石炭の産出国 （「世界国勢図会」）

レアメタル（希少金属）
埋蔵量が少なく，技術的にも取り出すのが難しい金属。ニッケル，コバルト，プラチナ，リチウム，タングステンなどがある。

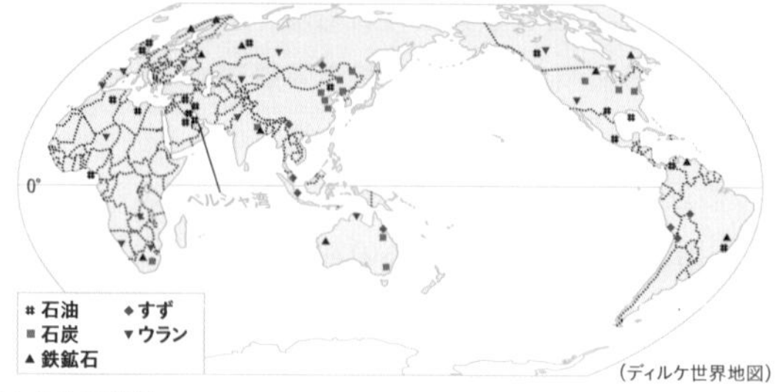

⬆世界の鉱産資源の主な産出地

2 エネルギー資源と環境

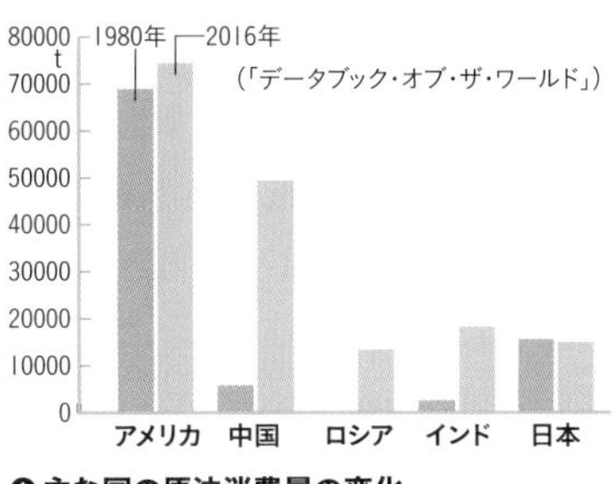

⬆主な国の原油消費量の変化

近年，発展途上国では，人口増加や自動車の普及，産業の発展などによって，エネルギー消費量が激増している。石油・石炭などの化石燃料は燃焼によって大量の二酸化炭素が排出され，**地球温暖化**の原因となっている。そのため，二酸化炭素を排出せず，くり返し利用できる**再生可能エネルギー**（自然エネルギー）として，太陽光，地熱，風力，潮力，波力，バイオマス（バイオ燃料）などが注目されている。資源の埋蔵量には限りがあり，将来，枯渇する可能性がある。環境の保全と経済の発展を両立させた**持続可能な社会**を実現するために，資源を有効に活用する取り組みが世界中で行われている。

用語解説 

バイオマス
動植物から生まれた，再生可能な資源。このバイオマスのエネルギーを利用したのがバイオ燃料で，その一種にとうもろこしやさとうきびなどからつくったバイオエタノールがある。

3 日本の鉱産資源

日本はかつて，**鉱産資源**の種類が豊富で，1960年ごろまでは石炭の生産がさかんに行われていたが，エネルギー源の中心が石油へと移行すると衰退した。1970年代には，**石油危機**（**オイル・ショック**）後は天然ガスの需要が増え，高品質で値段が安い外国の鉱産資源を輸入するようになった。現在では，鉱産資源のほとんどを輸入に頼っている。日本のエネルギー消費量は世界有数で，とくに石油の消費量が多い。石油は，サウジアラビアやアラブ首長国連邦などの西アジア諸国からの輸入が大半を占めている。鉄鋼の生産に必要な石炭，鉄鉱石はともに**オーストラリア**が最大の輸入相手国である。また，生産国が少なく，安定して輸入することが難しいレアメタルを，国内で大量に廃棄される家電製品やパソコンなどから回収し**再利用**（**リサイクル**）する動きが広がっている。

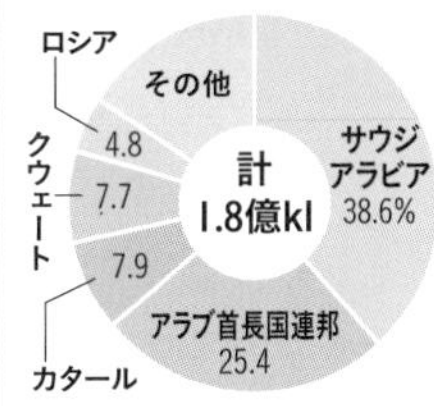

(2018年)　（「日本国勢図会」）
⬆日本の原油の輸入先

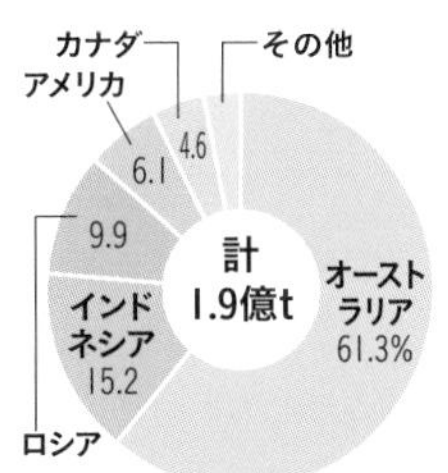

(2018年)　（「日本国勢図会」）
⬆日本の石炭の輸入先

4 日本のエネルギー事情

日本は水資源にめぐまれており，かつての発電の中心は，山間部に建設したダムの水を利用した**水力発電**だった。しかし，電力の需要が増加し，石炭や石油，天然ガスを燃料とする**火力発電**や，ウランを燃料とする**原子力発電**が中心となっていった。火力発電所は，燃料の輸入に便利な臨海部の電力需要の多い大都市付近に，原子力発電所は，人口密集地域から離れた冷却用の海水が得られる海沿いにつくられている。

火力発電は，発電量の調節がしやすいものの，燃料に石油や石炭が使われているため，地球温暖化の原因となる二酸化炭素を多く排出するという問題点がある。いっぽう，原子力発電は二酸化炭素を排出せず効率よく発電することができる。しかし，2011年の**東日本大震災**での福島第一原子力発電所の事故をきっかけに，原子力発電の安全性が改めて問題となり，現在も運転を停止している原子力発電所の再稼働や，今後のあり方について議論が続いている。

年	水力	火力	原子力	再生可能エネルギー
1950年	81.7%	18.3		
1970年	22.3%	76.4	1.3	
2017年	8.9%	85.6	3.1	2.4

（「日本国勢図会」ほか）

⬆日本の発電エネルギー源の変化

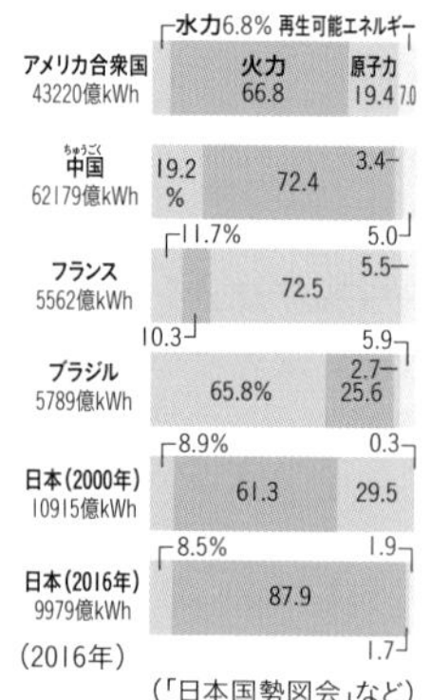

（「日本国勢図会」など）

⬆主な国の発電量の内訳

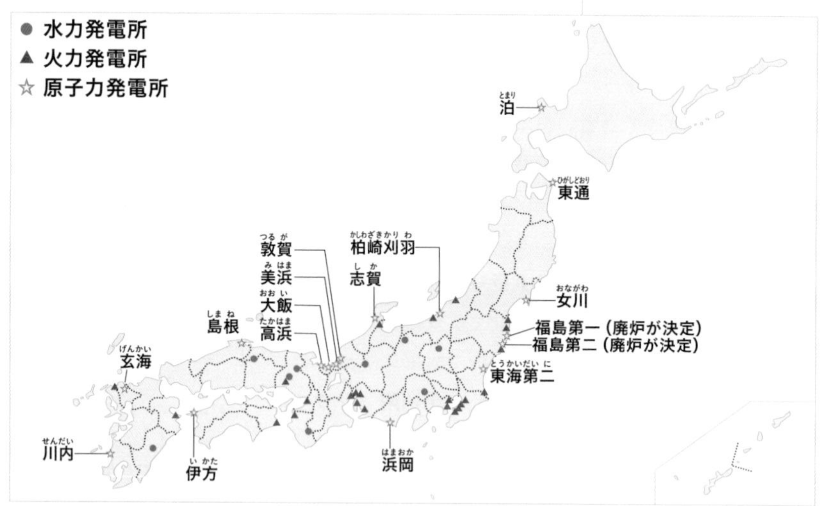

⬆主な発電所の分布 （水力・火力は2018年3月末，原子力は2019年7月末現在） （「県勢」）

2 世界の産業

1 産業の種類

産業は，農林水産業などの**第一次産業**，鉱工業や建設業などの**第二次産業**，これらに含まれない**第三次産業**がある。第三次産業には，小売業や卸売業などの商業，運輸・郵便業，宿泊・飲食サービス業や医療・福祉，教育などのサービス業が含まれる。

一般に，経済の発展にともなって第一次産業から第二次産業，さらに第三次産業の就業者の割合が高くなる。

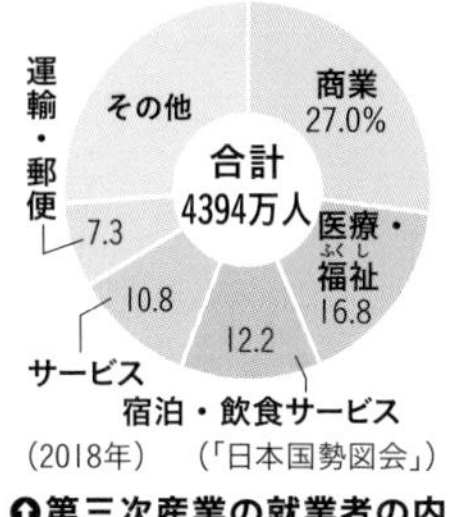

⬆第三次産業の就業者の内訳

2 農業の特色

世界でとくに多く食べられている穀物に，**小麦**，**米**，**とうもろこし**があり，この三つを三大穀物という。小麦は北アメリカのプレーリー，中国北部，フランス平原など，世界の広い範囲で栽培されている。高い気温と多くの水を必要とする米は，季節風の影響が強い東・東南・南アジアが主産地で，中国とインドで生産量が多い。とうもろこしは，飼料として利用されることが多く，畜産のさかんな地域でも栽培されている。穀物の栽培と牧畜や果樹栽培を組み合わせた農業に，**混合農業**や**地中海式農業**がある。混合農業は，小麦などの穀物と大麦や牧草などの飼料作物を栽培し，肉牛や豚などの家畜を飼育する農業で，ヨーロッパの広い地域で行われている。地中海式農業は，夏に乾燥する**地中海性気候**の地域で行われ，夏は乾燥に強いオリーブやぶどう・オレンジなどの果樹，やや雨の多い冬には小麦などの穀物を栽培する。また，アメリカの五大湖周辺やヨーロッパなどの冷涼な地域では牧草を栽培し，乳牛を飼育する**酪農**が行われている。熱帯地域では，カカオ豆，コーヒー豆，油やし，天然ゴムなどの**商品作物**の生産がさかんである。

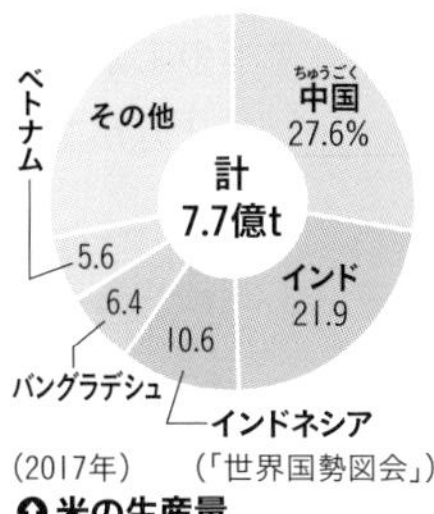

⬆米の生産量

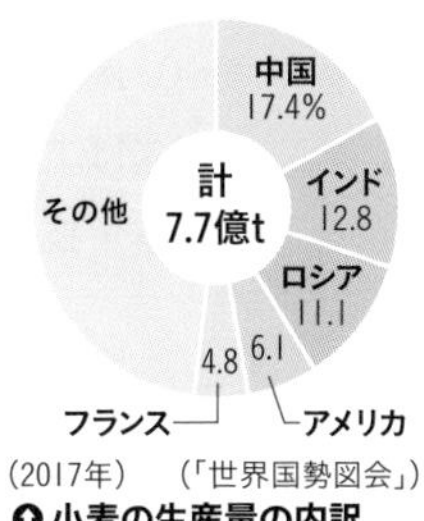

⬆小麦の生産量の内訳

3 食料をめぐる問題

アメリカ合衆国，フランス，オーストラリアなど，広い農地をもち，機械化などによって生産性を高めた国々では，小麦を大量に輸出している。とくにアメリカは，さまざまな食料を世界各国に輸出しているため「**世界の食料庫**」と呼ばれている。いっぽう，発展途上国では食料不足に悩む国々が多い。かつて植民地だった国々では，**プランテーション**（大農園）（→p.62）による輸出用作物の生産に力を入れ，食用作物の生産がおさえられてきたことが主な原因である。

くわしく 

食料不足の原因
近年，アフリカなどの発展途上国では，急激に人口が増加している。そのため，食料生産が人口増加に追いつかず，食料不足に悩む国も多い。

4 工業の歩み

18世紀後半にイギリスで始まった**産業革命**以後，ヨーロッパでは，主に石炭や鉄鉱石の産地を中心に工業地域が発達し，鉄鋼業などの近代工業がさかんになった。

20世紀に入り，大量生産のしくみを導入したアメリカ合衆国の工業生産額がのび，第二次世界大戦後には，アメリカが工業の分野で圧倒的な地位を占めるようになった。これに伴い，アメリカの大企業が世界各地に支社や支店をもつ**多国籍企業**として世界各地に進出した。

（Alamy／PPS通信）
⬆飛行機の組み立て工場

アメリカは1970年代以降，日本などに押され，重化学工業の分野ではその地位を下げたが，コンピュータ，航空機，バイオテクノロジー（生命工学）などハイテク（先端技術）産業の分野で大きな力をもち続けている。また，近年は工業のグローバル化が進み，各国とも海外への資本・技術の移動がいっそうさかんになっている。

5 新しい工業国の台頭

先進国のアメリカ合衆国やドイツのほかにも，1970年代以降，韓国，シンガポール，台湾，ホンコンといった国・地域で工業化が急速に進み，これらの国・地域は**アジアNIES**（**新興工業経済地域**）と呼ばれるようになった。その後，マレーシアやタイなどの**東南アジア諸国連合**（**ASEAN**）の国々も，日本やアメリカなどの資本や技術を導入し，工業化を進めてきた。かつて**モノカルチャー経済**（→p.86）だったこれらの国々では，近年，機械類を中心とした工業製品が輸出の中心になっている。最近では，豊富な労働力をもつ中国で工業の発展が著しい。家電製品やコンピュータ，鉄鋼，自動車などで世界一の生産量をあげており，これらの輸出も急増している。また，広い市場と豊かな労働力をもつインドも工業や情報通信業が急速に発達し，**BRICS**の一員に数えられている。

⬆主な国の自動車生産台数の推移　（「日本国勢図会」）

用語解説

BRICS
経済発展が著しい，ブラジル（**B**razil）・ロシア（**R**ussia）・インド（**I**ndia）・中国（**C**hina）・南アフリカ共和国（**S**outh Africa）のこと。それぞれの英語の頭文字をとって，この名がついた。

❸ 日本の農業

1 日本の農業の特色

日本は北海道を除き，農家1戸あたりの耕地面積が狭く，経営規模も小さいが，大量の肥料を使い，機械化を進めることで多くの収穫量をあげてきた。また，温暖な地域を中心に，稲作が終わったあとの田で小麦などのほかの作物を栽培する**二毛作**を行うなど耕地を有効に活用している。また，かんがい施設の整備，品種改良も行われている。

いっぽうで，大規模な農業が行われているアメリカなどと比べると，生産費がかかり，農作物の価格も高くなるため，価格の安い輸入農作物との競争では不利になる。

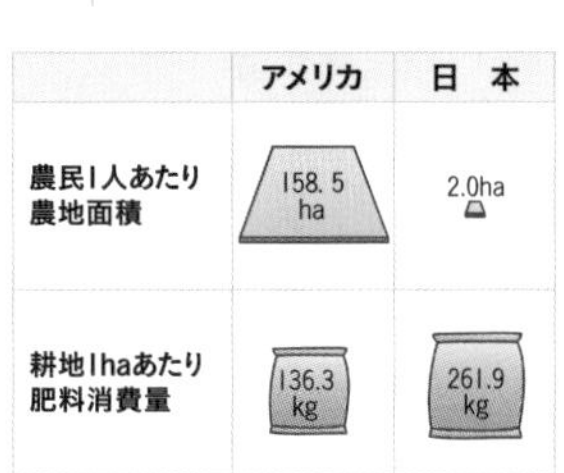

	アメリカ	日本
農民1人あたり農地面積	158.5 ha	2.0ha
耕地1haあたり肥料消費量	136.3 kg	261.9 kg

(2016年)　（「世界国勢図会」）

⬆日本とアメリカの農業経営の比較

2 農業経営の変化

近年，日本は農業人口の減少が著しく，とくに若い世代の働き手の減少による後継者不足が深刻化している。農業人口の高齢化が進むことによって，耕作ができずに放棄される土地の増加も問題となっている。また，農業を主とする農家（**主業農家**，**専業農家**）は大きく減少し，ほかの仕事も兼業する農家（**副業的農家**，**兼業農家**）が大部分を占めている。

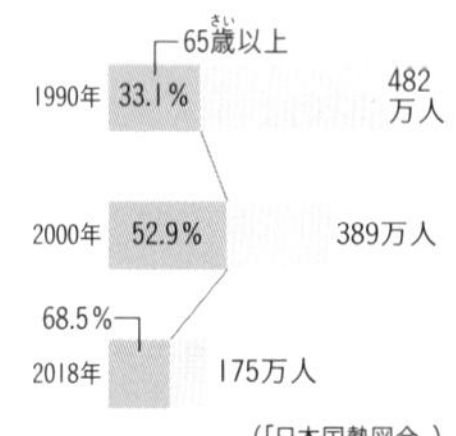

⬆農業就業者数の変化と高齢者の割合

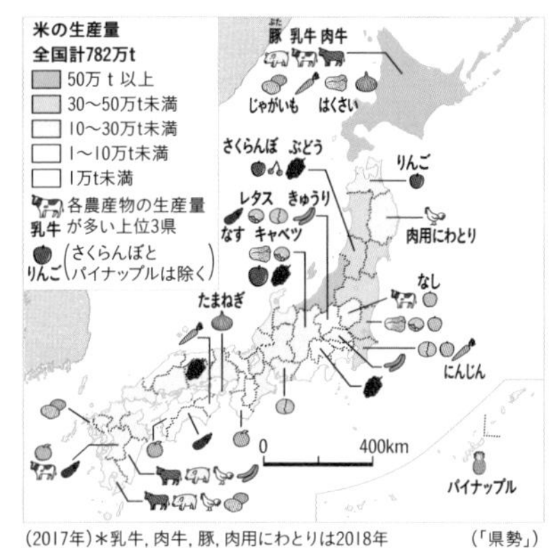

（2017年）＊乳牛，肉牛，豚，肉用にわとりは2018年 （「県勢」）

⬆農産物の主な生産地

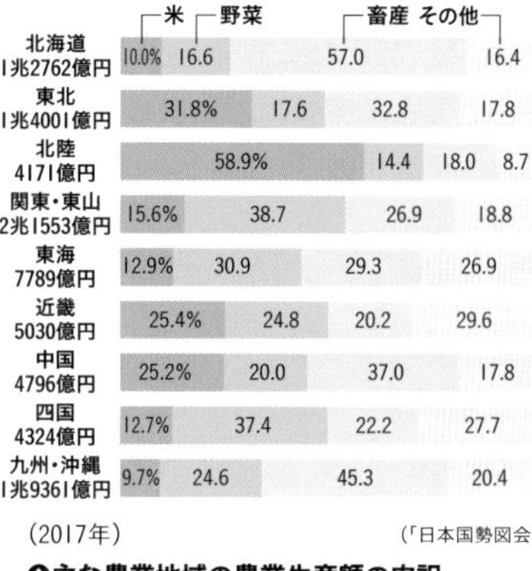

⬆主な農業地域の農業生産額の内訳

3 稲作の変化

第二次世界大戦後，機械化と，寒さや病害虫に強い品種改良が進み，東北地方において深刻だった冷害も減少した。これによって，日本の米の生産量は大幅に増加した。しかし，人々の食生活が変化するにつれて米の消費量が減り，徐々に米が余るようになった。そのため政府は，1960年代末から生産調整（**減反政策**）を進め，耕作を休んだり（休耕），ほかの作物を栽培したり（転作）して対応した。近年は，米の流通のしくみが変化したことに伴い，米の産地間の競争が激しくなっており，各地で**銘柄米**（**ブランド米**）（→p.193）の生産がさかんになっている。

4 日本各地の稲作

日本では，全国的に稲作が行われているが，そのなかでも，庄内平野や秋田平野をはじめとする東北地方や，越後平野を中心とする北陸は，日本の代表的な米の産地であり，**日本の穀倉地帯**と呼ばれている。これらの地域は，広い平野と豊富な雪解け水に恵まれており，夏の気温が高く降水量も多いため，稲作がさかんになった。北海道も低温に強い品種への改良や土地改良によって，稲作を発展させてきた。関東地方は利根川流域が主産地であり，台風による水害を防ぐため，ほかの産地より早く収穫する**早場米**の産地として知られている。

5 野菜の生産

日本の農業は，各地の気候や地形，大都市との距離や交通などの条件によって，さまざまな生産方法がみられる。

東京や大阪など大都市の近くでは，大消費地向けに野菜や花などを生産する**近郊農業**がさかんである。

温暖な高知平野や宮崎平野などでは，ビニールハウスなどでピーマンやきゅうりをはじめとする野菜の生育を早め，ほかの産地より早い時期に出荷する**促成栽培**がさかんに行われている。また，中央高地の八ヶ岳山ろくなどの地域では，冷涼な気候を利用して，レタスやキャベツなどの**高原野菜**の生育を遅らせて，ほかの産地よりも遅い時期に出荷する**抑制栽培**が行われている。ビニールハウスや温室などの施設を使って行われる**施設園芸農業**（→p.177）がさかんな地域もある。

6 果実の生産

日本の果樹栽培は，主に水はけのよい盆地の**扇状地**（→p.119）などでさかんに行われている。青森県などの東北地方の各県や，長野県などの冷涼な地域ではり

くわしく

米の流通のしくみの変化

主要な食料を安定供給するために約50年間，米は，政府が決まった価格で生産者から買い上げ，決められた販売業者に売りわたしていた。（食糧管理制度）。しかし，1995年の新食糧法の施行により，この制度は廃止された。現在，米の流通は自由化し，さまざまな価格で取り引きされている。

（大塚知則／PPS通信社）

↑米の収穫

↑高原野菜の栽培（長野県）

んごの栽培がさかんである。愛媛県や和歌山県など，温暖な西日本ではみかんの栽培がさかんである。ぶどう・ももは，山梨県の甲府盆地や福島県などの内陸の盆地で多く生産されている。

7 日本の畜産業

近年は，経営の大規模化が進んでおり，とくに広い土地がある北海道や，鹿児島県，宮崎県で大規模な畜産が行われている。北海道では乳牛や肉牛，九州南部では肉牛や豚の飼育がさかんである。

しかし，家畜の飼料の大部分を輸入に頼っていることや，外国産肉類の輸入の増加，後継者不足など多くの問題をかかえている。

8 食料自給率

世界的に**貿易自由化**が進んだ結果，安い外国産の農作物が多く輸入されるようになった。また，日本は穀物の自給率が先進国の中で最も低い水準である。米の自給率は高いが，小麦，大豆はとくに低い。さらに，近年は牛肉・オレンジなどの**輸入自由化**の影響もあり，肉類や果実の自給率の低下も著しい。

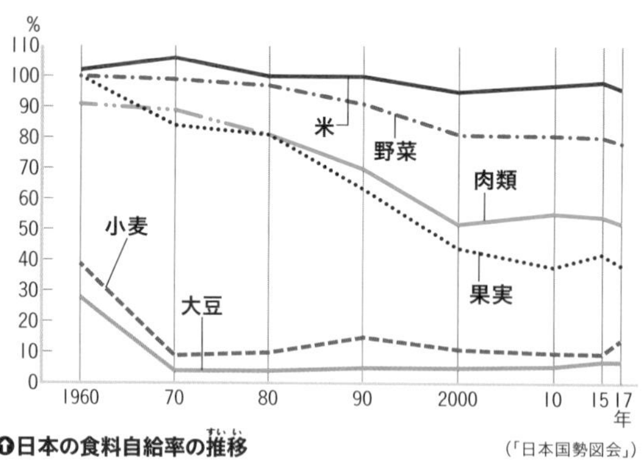

⬆日本の食料自給率の推移　（「日本国勢図会」）

くわしく

乳牛の飼育戸数と1戸あたりの飼育頭数

飼育戸数は減少しているが，1戸あたりの飼育頭数は増えており，経営規模が大きくなっていることがわかる。

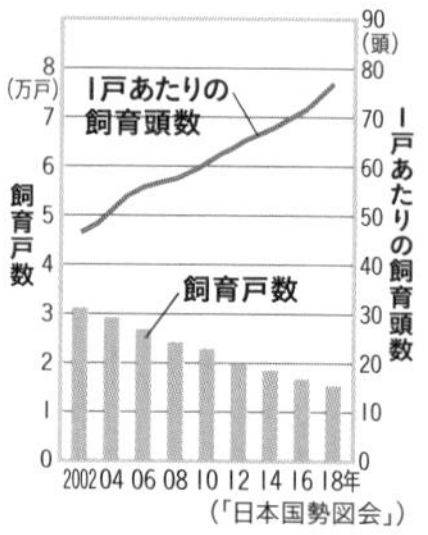

（「日本国勢図会」）

用語解説

貿易自由化

輸入量などの制限をなくし，自由な貿易を行うこと。かつて日本は，国内の農家を守るために，牛肉やオレンジ，米などの輸入を制限していたが，国際的な貿易自由化の流れのなかで，1990年代からこれらの農作物や畜産物の輸入を自由化した。

国名	食料自給率
カナダ	264%
オーストラリア	223%
アメリカ	130%
フランス	127%
ドイツ	95%
イギリス	63%
日本	37%

⬆主な国の食料自給率

（日本は2018年，その他は2013年）

（農林水産省）

4 日本の林業

1 豊富な森林資源

日本は森林が広く，国土の約３分の２が森林に覆われている。日本の森林のうち，人の手によって育てられた人工林は全体の約４割を占める。いっぽう，人の手がほぼ加わっていない天然林のうち，青森ひば・秋田すぎ・木曽ひのき（長野県）は**三大美林**として知られている。人工林では吉野すぎ（奈良県）や尾鷲ひのき(三重県)，天竜すぎ(静岡県）が美林とされており，この地域は日本を代表する林業地である。

⬆日本の三大美林

2 林業の変化

かつて，日本は木材をほぼ自給していたが，1970年代に建築用材の需要が高まると，価格の安い外国産木材の輸入が増加し，現在も多くを輸入に頼っている。しかし，2000年代後半からは，生産量が徐々に増え，自給率も回復しつつある。

また，林業の仕事は長い年月がかかり，難しい作業が多いため，林業に従事する人の減少が続き，高齢化が進んでいた。しかし，近年は国の取り組みによって若い林業従事者も増え，就業者数も増加傾向にある。

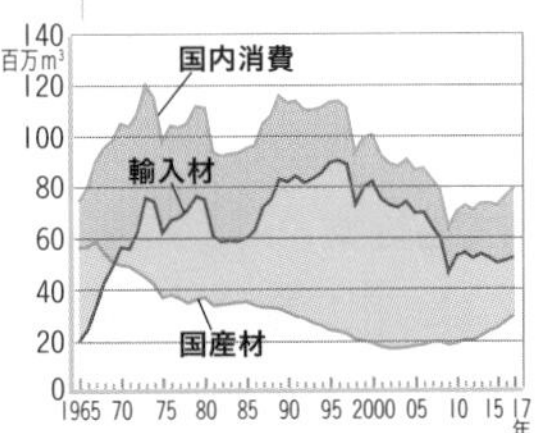

(平成30年)　（「木材需給表」）
⬆木材供給量における国内生産と輸入の移りかわり

思考力UP

Q. 食料自給率が低いと，どんな問題がある？

Hint 自給率が低い食料品は，海外からの輸入によってまかなっていることから考えてみよう。

A. 輸入ができなくなったときに，食料不足になる危険性がある。

日本は小麦や肉類をはじめとする多くの食料品を海外からの輸入品でまかなっている。そのため，世界中でみられる天候不順，あるいは国際情勢の悪化などによって輸入が制限されれば，食料不足におちいる可能性がある。

(ピクスタ)
⬆自給率が低い小麦

5 日本の漁業

1 日本の漁業の特色

島国である日本の近海は，**大陸棚**が広がっていることや，暖流の**黒潮**（**日本海流**）と寒流の**親潮**（**千島海流**）の出合う**潮目**（**潮境**）があることで，魚がよく集まり，日本では昔から漁業がさかんである。しかし，1970年代から各国が**排他的経済水域**（**EEZ**）を設けて外国漁船の漁業を規制したこと，水産資源の保護が求められるようになったことなどが影響し，日本の遠洋漁業や沖合漁業は大きな打撃を受けた。

2 育てる漁業

国内の漁獲量が減っていることにより，日本では水産物の輸入が増加した。近年は「**とる漁業**」から，「**育てる漁業**」へと転換が進められている。「育てる漁業」は，主に魚や貝や海藻などを人工的な施設で育ててからとる**養殖漁業**と，稚魚や稚貝を卵からかえしてある程度育てたあと，海に放流し，成長してからとる**栽培漁業**がある。

3 水産業のさかんな地域

都道府県別の漁獲量をみると，最も多いのが北海道である。また三陸海岸に好漁場をもつ東北地方の漁港や，太平洋側の焼津港（静岡県）や銚子港（千葉県），東シナ海に近い九州地方の漁港なども漁獲量が多い。

日本の水産業の課題として，従事者の減少・高齢化があげられる。また，世界的にみて，乱獲や水質環境の悪化などにより水産資源が減少していることが問題となっている。今後は，国際協力によって，水産資源をいっそう保護していくことが必要である。

くわしく

大陸棚

沿岸から続く傾斜が緩やかで水深200mくらいまでの浅い海底のこと。海水に覆われた大陸ともいえる。魚のエサであるプランクトンが豊富で，一般に好漁場になる。日本近海では，日本海の南部から東シナ海にかけて広がる。

くわしく

とる漁業の種類

- **遠洋漁業**…大型船で遠くの海で数十日から数か月漁をする。
- **沖合漁業**…中型船で数日間漁をする。
- **沿岸漁業**…海岸近くで日帰りで漁をする。

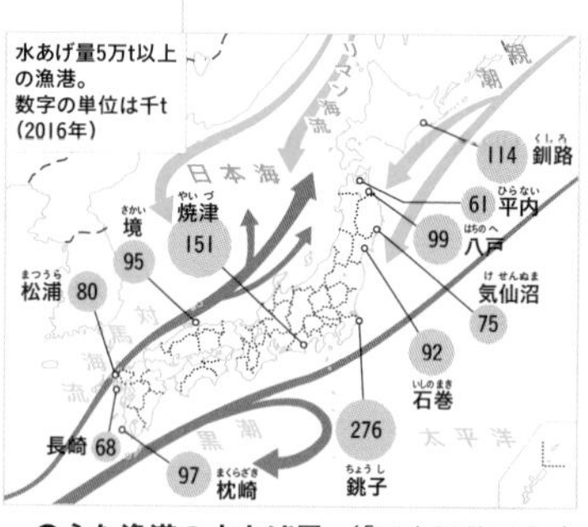

❶主な漁港の水あげ量（「日本国勢図会」）

6 日本の工業

1 日本の工業の変化

日本の近代工業は，明治時代に繊維工業などの軽工業から始まった。早くに発展した**京浜**，**中京**，**阪神**，**北九州**の各工業地帯を**四大工業地帯**，または北九州工業地帯を除いて**三大工業地帯**と呼ぶ。海に面していると原料・燃料の輸入と製品の輸送に便利であるため，第二次世界大戦後は四大工業地帯や他の工業地域の臨海部を中心に，石油化学工業や鉄鋼業などの重化学工業が発達した。その結果，**関東地方から九州地方北部にかけて太平洋ベルトという帯状の工業地域が形成された。**

1970年以降，**石油危機**（オイル・ショック）の影響を受けた日本は，資源を多く使う重化学工業から，自動車や電子機器などの加工組み立て型の**機械工業**に力を入れるようになった。その結果，部品の輸送に便利な高速道路沿いや空港の近くに**工業団地**がつくられ内陸部にも工業地域が広がっていった。近年では電子工学などの先端技術（ハイテク）産業が発展してきている。

日本は，**燃料や原料を輸入し，高い技術によってつくった製品を輸出する加工貿易**で工業を発展させてきた。しかし，日本の自動車や半導体の輸出が拡大したことで，貿易は日本の大幅な黒字となり，1980年代にアメリカやヨーロッパ諸国との間で**貿易摩擦**が起こった。

欧米諸国は日本に対して輸出を制限するように要求したため，日本の企業は欧米諸国に工場をつくり，現地の人を雇って生産を始めた。やがて賃金や土地が安

地域	割合
中京	18.1%
阪神	10.3
瀬戸内	9.5
関東内陸	9.5
京浜	8.0
東海	5.3
北陸	4.4
京葉	3.8
北九州	3.1
その他	

全国計 305.1兆円

(2016年)　(「日本国勢図会」)

➊主な工業地帯・地域の工業出荷額の割合

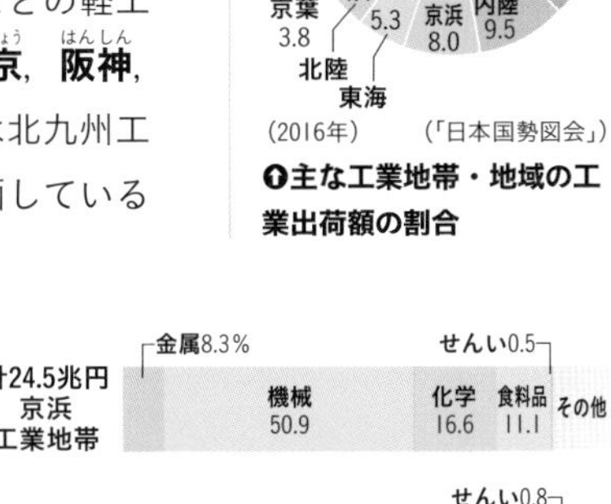

➊三大工業地地帯の工業出荷額の内訳

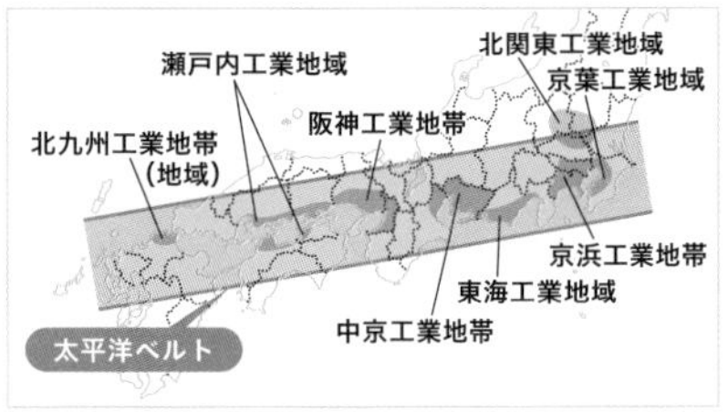

➊太平洋ベルトと工業地帯・地域

くわしく 

石油危機（オイル・ショック）
石油ショックともいう。1973年，産油国がいっせいに石油価格の値上げや輸出制限を行ったことから，世界経済が混乱した。日本も石油化学などの工業が大きな打撃を受けた。

い中国や東南アジアにも工場をつくるようになり，生産コストの削減にも成功した。

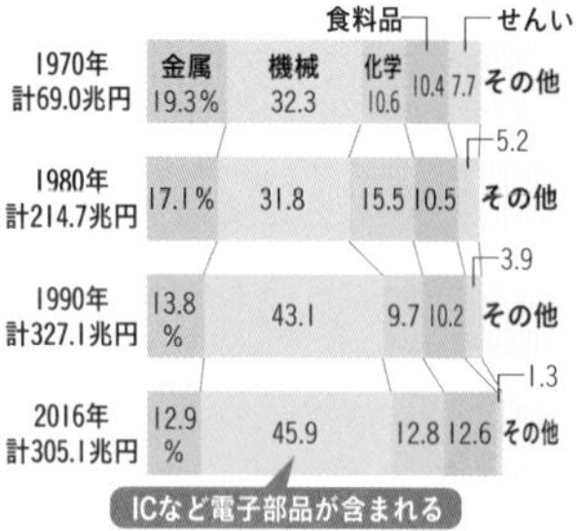

（「日本国勢図会」など）

🅞工業生産額の割合の変化

くわしく

機械工業
機械や器具，その部品などを製造する工業。日本では自動車工業が中心で，生産台数は世界一位となった。近年はIC（集積回路）などの電子部品をつくるハイテク（先端技術）産業も発達している。ICは軽量かつ高価であるため，費用の高い航空機での輸送でも採算が取れるという利点がある。

2 近年の工業の問題

現地生産をする企業が増えたことにより，日本国内の工場の閉鎖が相次ぎ，働く人の数が減少した。その結果，国内生産が衰える「**産業の空洞化**」という現象がみられるようになった。

いっぽう，鉄鋼や家電製品など韓国や中国に追い上げられている分野もあるが，精密機械など海外で評価されている分野もある。

また，日本の工場の大部分は中小工場だが，一般に資金や設備に乏しく，経営基盤が不安定であり，景気の影響を受けやすい。多くの中小工場が大工場の下請けをしているが，独自の技術が世界的に評価されている中小企業もある。

くわしく

自動車の生産量と輸出量の推移
貿易摩擦の解消のために1980年代後半からアメリカなど海外での生産が増えた。

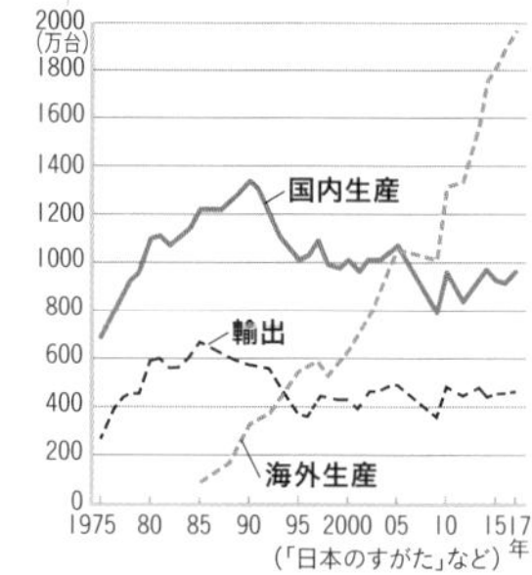

（「日本のすがた」など）

🅞日本の自動車生産・輸出と日本メーカーの海外生産

7 第三次産業・サービス業

1 日本の第三次産業

日本は1950年代半ばから始まった高度経済成長期に第三次産業人口の割合が第一次・第二次産業人口を上回り，現在も第三次産業の割合はいっそう大きくなっている。東京都や大阪府など，商業やサービス業の発達した大都市，北海道や沖縄県など観光業のさかんな都道府県は，とくに第三次

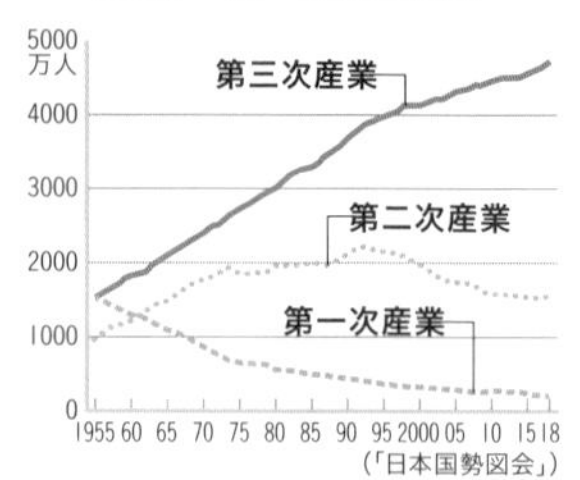

（「日本国勢図会」）

🅞日本の産業別就業者数の変化

産業人口の割合が大きくなっている。

2 商業の変化

商業は，日本の第三次産業で最も大きな割合を占めている。生産者から商品を仕入れて小売業に売る卸売業と，消費者に商品を売る小売業に分かれ，人々の生活の変化とともに形を変えている。

かつて地域の商業の中心であった商店街は，スーパーマーケットやコンビニエンスストアなどの増加によって大きな打撃を受けた。また，自動車の普及にともなって，郊外の幹線道路沿いには大型ショッピングセンターや専門店も増えていった。

近年では，インターネットの発達により，服やインテリアから，音楽・動画までネット上でさまざまな商品の売買がされるようになっており，通信販売のように店をもたない商業の形が増えている。

3 さまざまなサービス業

少子高齢社会となった日本において，介護サービスなどの医療・福祉業が発達している。

IT革命という情報技術（IT），情報通信技術（ICT）の発達によって，アニメーションやゲームソフトなどの情報コンテンツ産業をはじめとした情報通信業の成長もみられる。

また，観光・レジャー業は，外国からの観光客の増加などで観光地を中心に成長している。

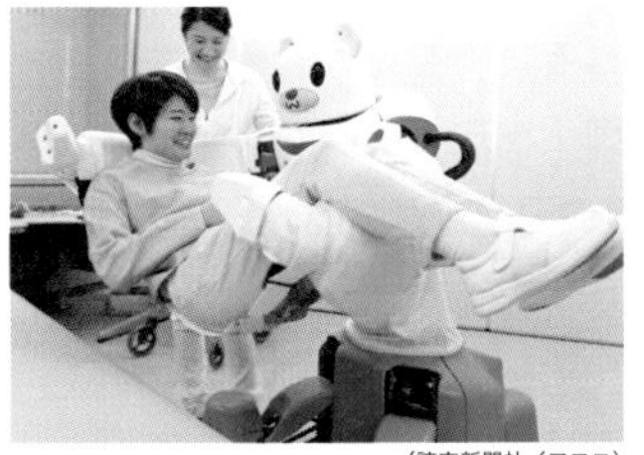
➲介護ができるロボット
（読売新聞社／アフロ）

くわしく

卸売業
生産者と小売業者の仲立ちをする業種。問屋や商社などがこれにあたる。近年は，小売業者でも，価格を安くするために卸売業者を通さず生産者から直接仕入れることもあり，流通のしくみの変化が進んでいる。そのため，卸売業者の比重が低下している。

くわしく

コンビニエンスストアの成長
不況の影響を受けやすい百貨店やスーパーに比べ，販売額を大きくのばした。

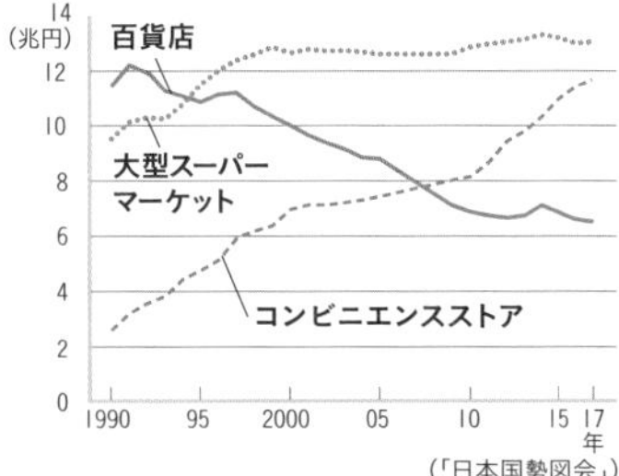

⬆主な小売業の販売額の推移

くわしく

電子マネー
ICチップの入ったカードにお金の電子情報を記憶させておき，駅や店での支払いを，専用の読み取り機を通して行う方法。近年では，スマートフォンで支払いができるバーコード決済も普及している。

地域間の結びつきの特色をとらえる

現在，さまざまな交通・通信手段が発達し，世界中で多くの人・もの・情報などが行き交っている。船や航空機の発達は世界の国々の貿易拡大に大きな役割を果たし，インターネットの普及は人々の生活を大きく変えた。

1 世界と日本の結びつき

1 狭くなった世界

20世紀以降，船や航空機の発達によって国境を越えた人やものの移動が活発になった。第二次世界大戦後は，航空機の高速化・大型化が進み，また目的地までの直行便が増えたことで，移動時間が著しく短縮され，地域間の結びつきが強まった。近年は**グローバル化**が進み，各国の結びつきがいっそう強まっている。

経済的に豊かになった日本では，1970年代以降，海外旅行に行く人が増加した。日本を訪れる外国人も年々増加している。また，航空機による輸送は，人だけでなく貨物の輸送の面でも重要な位置を占めている。国内では**東京国際空港**（羽田空港）や**成田国際空港**をはじめとする国際空港が開港し，世界と人・ものの交流がいっそうさかんになった。

2 海上輸送

年々拡大する世界貿易を支えているのが海上輸送である。海上輸送は，重くかさばる貨物を比較的安く大量に輸送することができる。海上輸送の中心的な貨物である石油や鉄鉱石などの鉱産資源は，タンカー，LNG（液化天然ガス）船など専用船で輸送される。また，大型の工業製品などは，陸上での輸送でも便利なようにコンテナ船を利用することがほとんどである。

くわしく

グローバル化
世界で市場経済が拡大し，お金・人・もの・情報などの国境を越えた移動が活発になる動き。

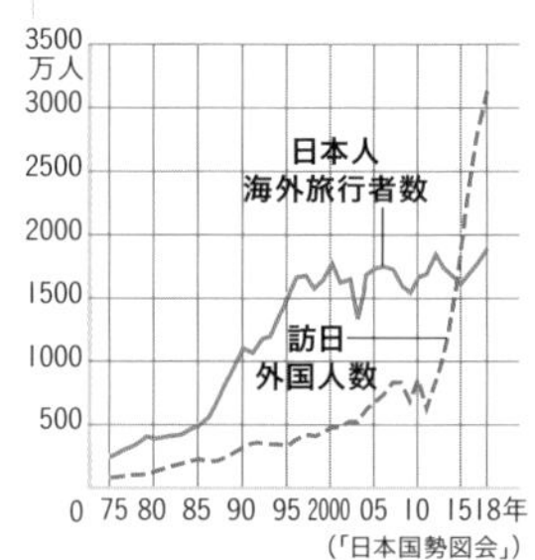

↑日本人海外旅行者数と訪日外国人数の推移

3 航空輸送

大型化・高速化した航空機によって，航空交通は発達した。航空交通による貨物輸送の特色として，運賃は高いが，軽く高価なものを短時間で輸送するのに適していることがあげられる。近年は，工業の発展しているアジアで大規模な空港が完成し，シンガポール，ジャカルタ，クアラルンプール，バンコク，ホンコン，インチョン（韓国）などの空港は**ハブ空港**としての役割をもち，アジアの拠点空港になっている。

航空機による輸送は，かつては旅客が中心だったが，近年は貨物の輸送が増えている。日本国内の海・空の貿易港のなかでは**成田国際空港**の貿易額が最も多く，**関西国際空港**や**中部国際空港**も貿易額が多い(2018年)。航空機で輸送される貨物は，**IC(集積回路)**などの電子部品や精密機械など，**軽量で高価な工業製品が中心**である。また，**魚介類や野菜，切り花**など新鮮さが重要で短時間で輸送する必要がある貨物も多い。

4 日本の貿易

資源の乏しい日本は，かつては**燃料や原料を輸入して製品を輸出する加工貿易**を中心としていた。近年はアジアなどに工場を移して現地生産をし，製品を輸入する企業が増えたため，**製品輸入**が増加している。貿易相手国としては，中国などアジア諸国との貿易が拡大している。近年，最大の貿易相手国は，アメリカ合衆国から中国に代わった。

1980年代に日本の工業製品の輸出が増加したため，アメリカなどでは輸入品におされて工業がふるわなくなり，日本に輸出規制を求めた。こうした貿易をめぐる対立を，**貿易摩擦**という。

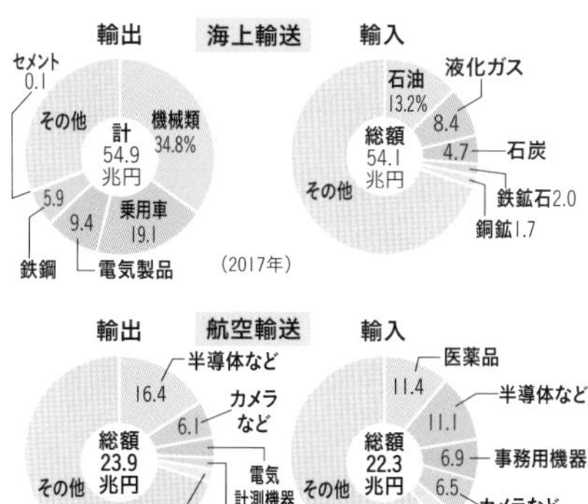

❶日本の海上輸送貨物と航空輸送貨物

発展

日本国籍の船での輸送が減った理由

日本は世界有数の海運国であるが，近年は日本国籍の船による輸送は減少している。これは，日本人船員の賃金が非常に高くなった結果，日本国籍の船で貨物を安く輸送することができなくなったため，船にかかる税金が安いパナマやリベリアなどといった国に便宜的に籍を置いた船（便宜置籍船）が利用されているからである。

用語解説 

ハブ空港

多くの航空路線とつながり，航空輸送の地域の拠点となっている国際空港。自転車の車輪のスポークとつながる軸受け（ハブ）にたとえて，こう呼ばれる。

2 交通による結びつき

1 都市間交通

日本の国内輸送は，1960年代前半ぐらいまでは，旅客輸送・貨物輸送のいずれも鉄道が中心的な役割を担っていた。しかし，その後，高度経済成長期を中心に，自家用車が普及し，高速道路の整備が急速に進むと，自動車による輸送量が大きくのびた。航空輸送も，旅客・貨物とも輸送量をのばしている。一方，鉄道は貨物輸送での地位の低下が著しい。

新幹線の整備によって，旅客輸送の移動時間が短縮された。1964年の**東海道新幹線**の開通後，新幹線網は各地に拡大した。2015年には**北陸新幹線**が長野〜金沢間で開業した。しかし，交通の発達した大都市に対して，地方の過疎地では鉄道やバス路線が廃止され，生活が不便になったところも多い。

参考

リニアモーターカー

超電導磁石を利用した浮上走行で走るリニアモーターを利用した新しい交通手段。時速500 kmでの走行が可能である。現在，東京と大阪の間をおよそ1時間で結ぶ，リニア中央新幹線が建設中である。

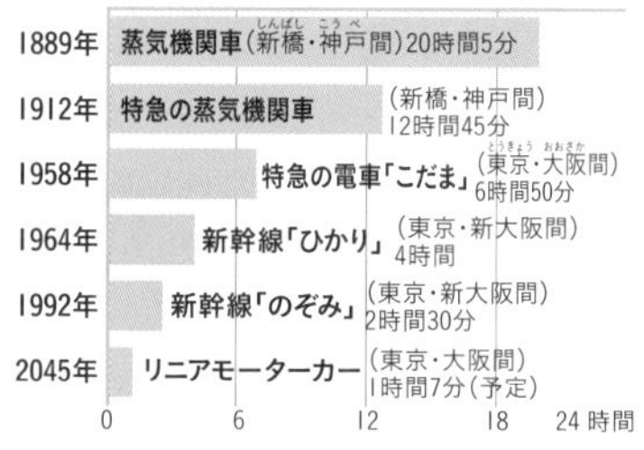

東京・大阪間の移動時間の変化（「JTB時刻表」ほか）

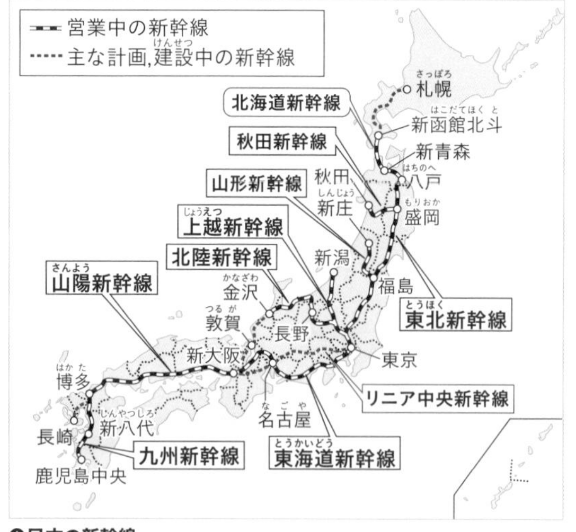

日本の新幹線

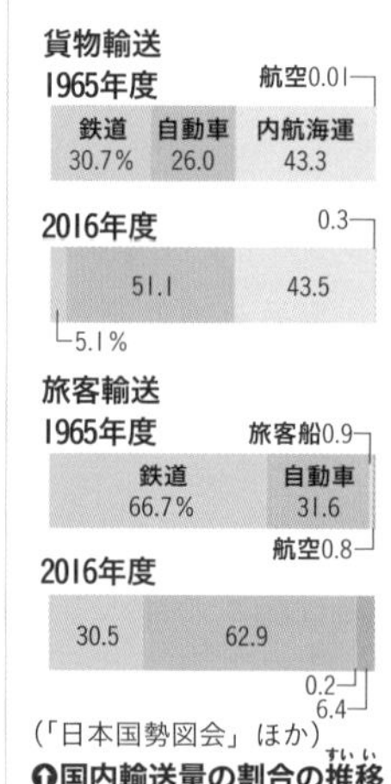

国内輸送量の割合の推移

高速道路は，自動車の普及とともに建設が進んだ。高度経済成長期の1960年代，名神高速道路や東名高速道路など，主に**太平洋ベルト**の工業都市を結ぶ高速道路が建設された。1980年代になると，関越自動車道や東北自動車道などが開通し，工業化の遅れていた内陸部に，工場の進出があいつぎ，原材料や製品を輸送しやすい高速道路沿いに多くの**工業団地**が形成されるようになった。

航空機は，1970年代に利用客が大幅に増え，全国各地に**地方空港**ができた。また，国際空港の整備も進み，海上の人工島に**関西国際空港**（大阪府）や**中部国際空港**（愛知県）が建設された。また，九州地方や東北地方などの空港の近くには，航空輸送に適した**IC**（**集積回路**）などの電子機器工場が多くつくられるようになった。

空港	国内線	国際線
※東京国際	6856	1712
成田国際	746	3150
大阪国際	1568	−
福岡	1765	633
新千歳	1960	349
関西国際	690	2181
那覇	1752	364

※羽田空港

➲日本国内の乗降客数の多い空港

（単位　万人）

（2017年度）　（「日本のすがた」）

交通の発達は，人や物資の流れを変え，地域の産業や生活に大きな影響を与える。そのいっぽうで問題になるのが，大気汚染や騒音などの環境問題である。その対策として，**地球温暖化**の原因になる**二酸化炭素**の排出をおさえる自動車の開発が進められている。

くわしく

エコカーの開発

ガソリンエンジンと電気モーターの両方を使うハイブリッドカーや電気自動車，水素を燃料とした二酸化炭素を排出しない燃料電池自動車がある。

（フォト・オリジナル）

➊工業団地

参考

モーダルシフト

すべての行程をトラック輸送していたものを，途中でトラックから鉄道や貨物船に積みかえて輸送すること。二酸化炭素の排出量の削減や交通渋滞の緩和が期待できる。

思考力UP

Q. 関西国際空港や中部国際空港が海上につくられたのはなぜ？

Hint 空港が地上にあることで問題となっていることは何だろうか。

A. 騒音の心配が少ないから。

空港が地上にあると周辺住民が騒音に悩まされることがあるが，海上にあると，その被害を緩和することができる。また，平地を確保する目的もある。騒音の心配が少ない関西国際空港や中部国際空港などは24時間運用されている。

➊関西国際空港（フォトライブラリー）

3 通信による結びつき

1 インターネット

近年，飛躍的に発達した**情報通信技術**（**ICT**）により，産業や人々の生活が大きく変化している。

1990年代からパソコンや携帯電話などの情報通信機器が急速に普及し，1990年代末には，携帯電話の加入者数は固定電話の加入者数を上回るようになった。

インターネットに接続する回線も，当初は電話回線だけだったが，その後，DSL（デジタル加入者線），**光ファイバー**など，大量の情報を高速で伝達できる**ブロードバンド**が普及した。その結果，文字情報だけでなく，画像や動画も素早くやり取りできるようになった。また，通信に使う端末も，パソコンだけでなく，タブレットやスマートフォンが急速に普及している。

近年，これらの情報通信機器の普及により，インターネットの利用者数は急激に増えており，自宅にいながら世界中の情報を知ったり，ほかの国の人々と交流できたりするようになった。

情報通信網の発達は，人々の生活だけでなく企業の活動も大きく変え，情報通信技術（ICT）産業が成長した。行政の面でも，インターネットを利用したサービスが広まっている。このように，大量の情報が生産され，多くの人々に利用される社会を**情報（化）社会**という。

情報通信技術が普及するいっぽうで，パソコンやインターネットなどを使える者と使えない者との間に経済的・社会的な格差（**情報格差**［**デジタルディバイド**］）を生じさせている。また，ネット上での個人情報の流出，ネットを悪用した犯罪など，新たな社会問題も発生している。

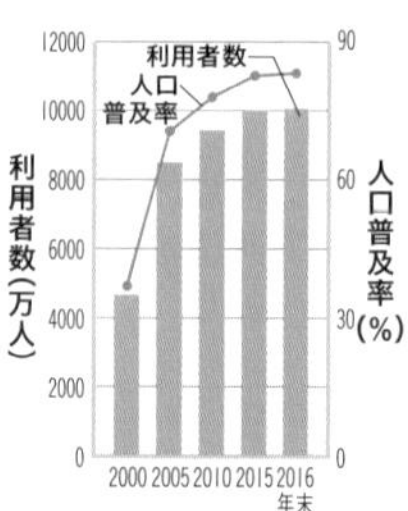

⬆日本のインターネット利用者数と人口普及率の推移
（「日本国勢図会」）

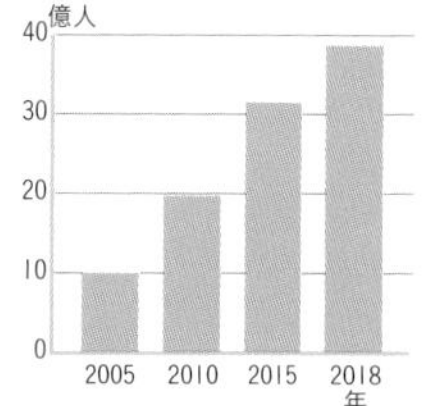

（総務省「情報統計データベース」）
⬆世界のインターネット利用者数の移り変わり

発展

IoT（もののインターネット）
Internet of Thingsの略。様々なものがインターネットに接続され，互いに情報交換することで制御し合うしくみのこと。

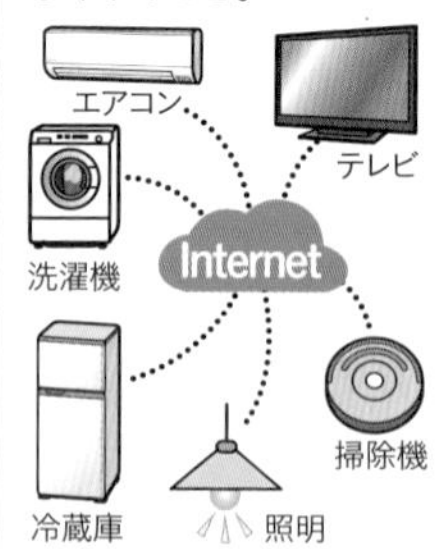

CHECK 確認問題

第3章

世界の姿・日本の姿

問題 各問いに答えましょう。また（　）に当てはまる語句を選びましょう。

❶ 日本列島が属する造山帯を何というか。

❷ 日本列島を東西に分ける，本州中央部を南北に伸びる大きな溝状の地形を何というか。

❸ 右の写真のように，川が山地から平地に出るところにできる傾斜地を（三角州　扇状地）という。

（フォト・オリジナル）

❹ 三陸海岸南部などにみられる，山地が海に沈み込んでできる，入り江と岬が入り組んだ海岸地形を何というか。

❺ 地価が高く，交通渋滞など生活環境の悪い都心部の人口が減り，郊外に住む人が増える現象を何というか。

❻ 太陽光や地熱，風力のように，二酸化炭素を排出せず，くり返し利用できるエネルギーを何というか。

❼ 園芸農業のうち，東京や大阪など大都市の近くで行われている，大消費地向けに野菜や花などを栽培する農業を何というか。

❽ アフリカの発展途上国に多くみられる，特定の農作物や鉱産資源の輸出に頼った経済を何というか。

❾ 日本で食生活が変化して米が余るようになったために，1960年代から行われた米の生産量を調整する政策を何というか。

❿ 魚や貝などを人工的な施設で育ててからとる漁業を（養殖漁業　栽培漁業）という。

⓫ 国内の企業が工場を海外に移すことなどにより，国内生産が衰える現象を何というか。

⓬ 燃料や原料を輸入して，製品を輸出する貿易を何というか。

解答

① 環太平洋造山帯
② フォッサマグナ
③ 扇状地
④ リアス海岸
⑤ ドーナツ化現象
⑥ 再生可能エネルギー（自然エネルギー）
⑦ 近郊農業
⑧ モノカルチャー経済
⑨ 減反政策（生産調整）
⑩ 養殖漁業
⑪ 産業の空洞化
⑫ 加工貿易

第4章

日本の諸地域

Q. 中部地方でぶどうやももの栽培がさかんなのは何盆地

➡ SECTION 4へ

ここでは，日本の各地方ごとの自然や産業，文化についてくわしく見ていく。また，地形図の見方についても学んでいこう。

Q. 高知平野では，温暖な気候をいかしたなすやピーマンなどの○○栽培がさかん。○○に入る語句は？

➡ SECTION 2へ

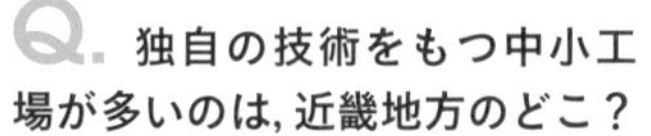

Q. 独自の技術をもつ中小工場が多いのは，近畿地方のどこ？

➡ SECTION 3へ

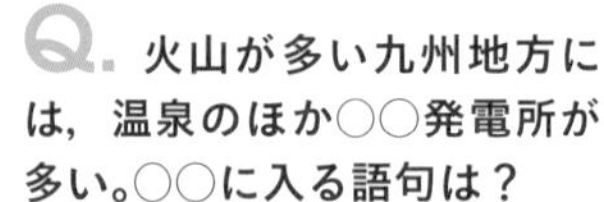

Q. 火山が多い九州地方には，温泉のほか○○発電所が多い。○○に入る語句は？

➡ SECTION 1へ

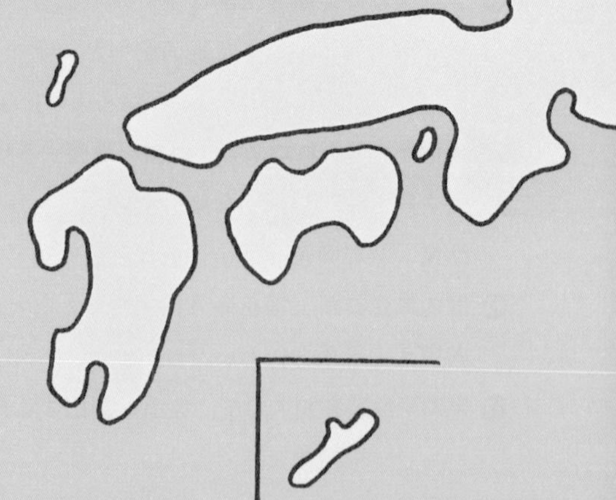

Q. 北海道地方の厳しい寒さを防ぐ，住居の工夫とは
➡ SECTION 7 へ
Q. 東北地方で伝統産業がさかんなのはなぜ？
➡ SECTION 6 へ
Q. 冬に関東地方にふく，冷たい風を何という？
➡ SECTION 5 へ

九州地方の様子

九州地方は温暖な気候を生かした農業や，豊かな自然を生かした観光業がさかんである。また，IC（集積回路）をはじめとする半導体産業も発達しており，シリコンアイランドと呼ばれている。ここでは，産業や環境問題などに着目して，九州地方の様子をみていこう。

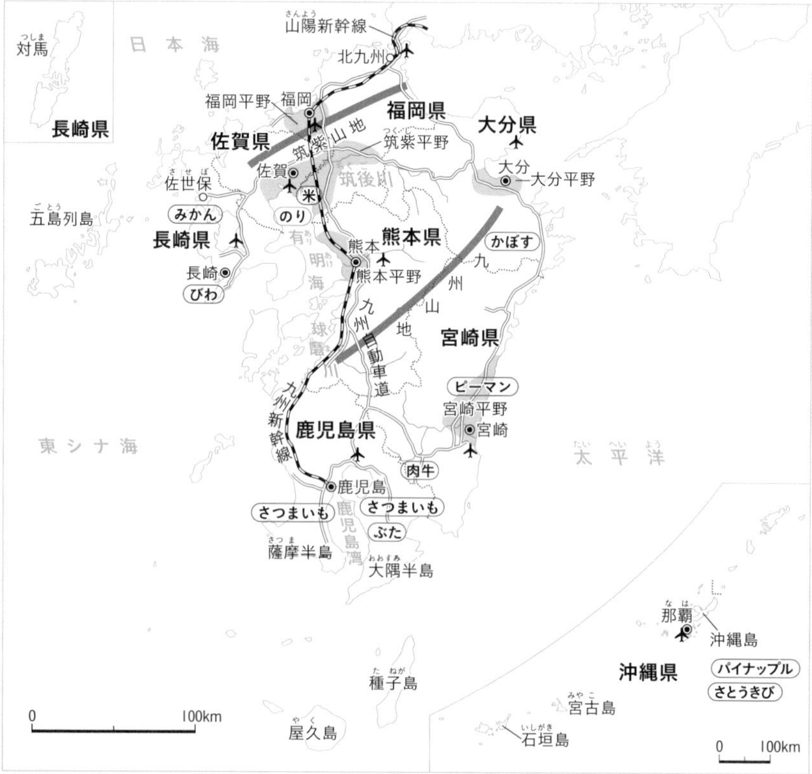

1 九州地方の自然と気候

日本の南西端に位置する九州地方は，九州と，南西諸島の島々などからなっており，南北に長く広がる地域である。

御岳（桜島）
もともと島だったが，噴火で流れ出た溶岩によって大隅半島とつながった。

1 九州地方の地形

⬆阿蘇山のカルデラ

九州には火山活動によってつくられた地形が多くみられる。阿蘇(あそ)山にある大きなくぼ地や鹿児島湾(わん)は，火山の噴火で火山噴出物がふき出したあとがくぼんだ**カルデラ**という地形である。また，九州南部に広がる**シラス台地**は，火山灰が積もってできた台地である。

北部は低くてなだらかな**筑紫(つくし)山地**と**筑紫平野**があり，全体的になだらかだが，中部・南部は，農業がさかんな**熊本平野**や**宮崎平野**のほかは，高く険しい**九州山地**をはじめとした山地や台地が広がっている。

長崎県や大分県の南東部には**リアス海岸**がみられる。また，**有明海(ありあけかい)**は，干潮時は海面上に，満潮時は海面下になる砂や泥(どろ)が堆積(たいせき)した湿地の**干潟(ひがた)**が広がっている。

南西諸島には，石垣(いしがき)島や西表(いりおもて)島など数多くの島々があり，さんご礁(しょう)が広がっている。

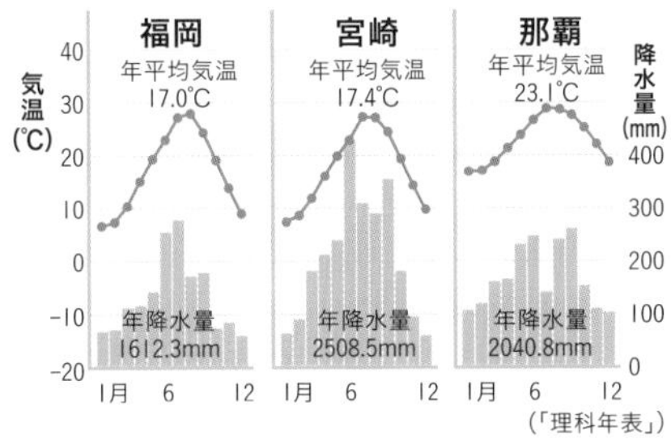

⬆九州地方の主な都市の雨温図

2 九州地方の気候

九州地方は，西に対馬(つしま)海流，東に黒潮(くろしお)（日本海流）の二つの暖流が近海を流れているため（→p.120），冬でも比較的(ひかくてき)温暖である。暖かく湿(しめ)った夏の南東の季節風が太平洋(たいへいよう)上からふいてくる九州地方の太平(たいへい)洋(よう)側は，夏に降水量が多くなり，とくに梅雨(つゆ・ばいう)の時期は大量の雨が降る。南西諸島は冬でも温暖で，降水量は一年中多い。

南西諸島や九州南部は**台風**の通り道となることが多く，風水害を受けやすい。九州北部は夏から秋の降水量は，南部に比べて少ないものの，冬には北西の季節風の影響(えいきょう)で雪が降ることもある。

⬆沖縄県の伝統的な家
…台風に備えて平屋で，家の周りを石垣(いしがき)で囲んでいる。

3 九州地方の人口と交通

九州地方の人口は北部に集中しており，**地方中枢都市**，**政令指定都市**である福岡市には，政府の出先機関や企業の支社・支店が多い。福岡市は福岡空港や博多港，新幹線の博多駅があり，九州の交通の発着地となっている。また，アジアの国々からの観光客が多く，アジアの玄関口の役割を担っている。

	面積（km^2）	人口（万人）	農業生産額（億円）	工業出荷額（億円）
福岡県	4987	510.7	2194	98040
佐賀県	2441	81.9	1311	18790
長崎県	4131	134.1	1632	18478
熊本県	7410	175.7	3423	28574
大分県	6341	114.4	1273	41094
宮崎県	7735	108.1	3524	17102
鹿児島県	9187	161.4	5000	20990
沖縄県	2281	144.8	1005	4929
合計	44512	1431.1	19362	247997

（面積と人口は2018年，農業生産額と工業出荷額は2017年）（「県勢」）

参考

九州地方の歴史

九州地方はユーラシア大陸に近いため，古くから中国や朝鮮半島とのつながりが深い。福岡県は古代に大宰府（p.255）が置かれた場所で，大陸との窓口となった。南蛮貿易が行われた安土桃山時代には，長崎の平戸が外国との窓口の一つとなった。長崎では，鎖国中の江戸時代もオランダ・中国との貿易が行われた。

2 九州地方の産業

1 九州地方の農業

九州北部の筑紫平野は，**米どころ**であると同時に，冬も比較的温暖なことをいかして**二毛作**が行われ，昔から小麦や大麦なども栽培されてきた。また，ビニールハウスを利用した**いちご**の栽培など，大消費地の福岡市に向けた生鮮野菜の生産も行われている。

九州南部の宮崎平野では，温暖な気候をいかした野菜の**促成栽培**がさかんで，**きゅうり**や**ピーマン**などが栽培されている。また，水持ちが悪いシラス台地では，かつては乾燥に強いさつまいもの栽培が中心だったが，第二次世界大戦後に笠野原にダムが建設されたことで，野菜や**茶**，飼料作物などが栽培されるようになった。

くわしく

促成栽培

冬でも温暖な気候により，ビニールハウスの暖房費を抑えられるほか，他の地域からの出荷量が減る時期に出荷することで，高値で売ることができる。

（フォト・オリジナル）

↑宮崎平野のピーマン栽培

南西諸島では，**パイナップル**，**さとうきび**や花など温暖な気候に合った農作物が育てられている。他の地域の出荷量が少ない時期に高値で売れる菊(きく)などの花は，飛行機で東京や大阪などの大消費地へ運ばれる。

参考

さつまいも

少ない水分で育てることができるため，江戸時代にシラス台地で生産が広がった。鹿児島県西部の旧国名である薩摩(さつま)から名づけられた。

2 九州地方の畜産業

九州南部では，飼料作物の栽培とともににわとり，豚(ぶた)，肉牛の飼育を行う畜産業(ちくさん)もさかんである。近年は安い輸入肉が増加したため，「かごしま黒豚(くろぶた)」や「みやざき 地頭鶏(じとっこ)」など質のよい肉を**ブランド化**することで，市場を広げる取り組みがなされている。

昔から家畜放牧に使われてきた草原は，**野焼き**(のやき)によって維持(いじ)されてきたが，飼料やたい肥としての草の利用や人手が減り，草原が荒(あ)れ地や森林へと変わってきている。

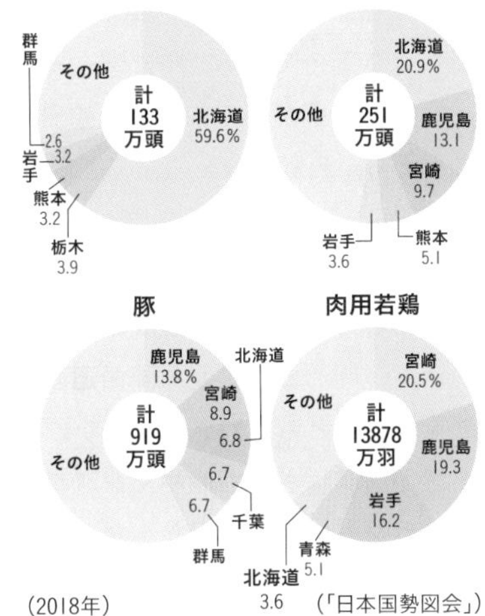

⬆主な家畜の飼育頭羽数の割合

3 九州地方の漁業

九州地方には黒潮(くろしお)にのってまぐろやかつおがやってくること，リアス海岸があり良港にめぐまれていること，西側が**大陸棚**(たいりくだな)（→p.117）が広がる東シナ海に面していることなどにより，漁業もさかんである。とくに長崎県(ながさき)は，日本有数の漁獲量(ぎょかく)を誇(ほこ)っている。また，有明海(ありあけ)での**のり**の生産をはじめ，鹿児島県・宮崎県のうなぎの生産など，養殖業(ようしょく)もさかんである。

4 九州地方の工業

現在の北九州(きたきゅうしゅう)市は鉄鉱石の産地の中国(ちゅうごく)に近いことや，**筑豊炭田**(ちくほうたんでん)があったことで，1901年に官営の**八幡製鉄所**(やはたせいてつじょ)が建設された。これをきっかけに九州北部で**北九州工業地帯**(きたきゅうしゅう)が形成され，鉄鋼業などの重化学工業がさかんになった。

しかし，1960年代にエネルギーの中心が石炭から石

データFILE

九州地方の工業出荷額

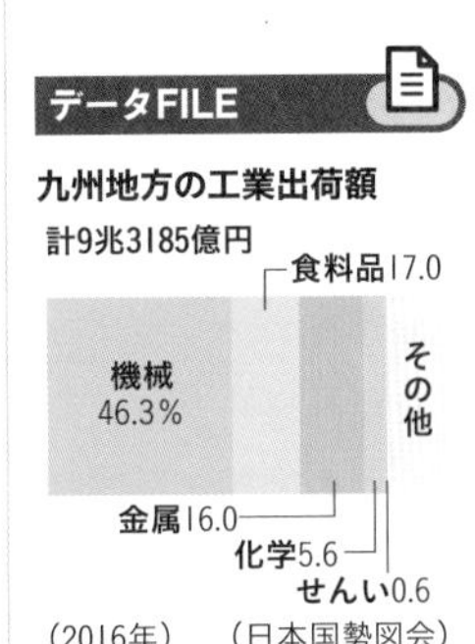

油へ転換する**エネルギー革命**が起こったことで炭鉱が次々と閉山した。さらに日本の工業が素材の生産から，組み立てや加工中心の生産へ移っていったことで，北九州の工業は衰退した。現在では，**北九州工業地域**と呼ばれることが多い。

1970年代からは，九州でIC（集積回路）工場が増えて電子部品をつくる工業がさかんになったことで，九州は「**シリコンアイランド**」と呼ばれるようになった。軽くて高価な電子部品は，輸送費が高い飛行機で運んでも収益があがるため，重要な品目になっているが，現在は外国企業との競争が激しくなっている。

また，日本が多く自動車を輸出している中国に近いことから，自動車の組み立て工場や部品工場が増えた。

5 九州地方の観光業

九州地方には，長崎と天草地方の潜伏キリシタン関連遺産，明治日本の産業革命遺産といった**世界文化遺産**をはじめとした観光地が多い。

南西諸島はさんご礁やマングローブなど，日本のほかの地域とは大きく異なった自然を楽しめ，観光業がとくにさかんである。屋久島は海岸から山頂まで2000mの高低差があり，屋久杉を含む多様な植物がみられるため，世界自然遺産に登録されている。

沖縄県は，かつて**琉球王国**という独立国として中国や東南アジア諸国，日本と交流をしながら独自の文化を育んできた。**首里城**などの琉球王国に関係する遺跡は世界文化遺産に登録されている。また，沖縄県は第二次世界大戦で日本で唯一の地上戦が行われ，多くの犠牲者を出した。この歴史を語り継ぐため，多くの史跡や慰霊碑や資料館などの施設が残されている。

（ピクスタ）

⬆**屋久島の縄文杉**

⬆**首里城の守礼門**…首里城は正殿などが，2019年に焼失したが再建に向けて協議中である。

3 基地問題と南西諸島の自然環境

沖縄県の土地利用

1 沖縄県の米軍基地

沖縄県には，日本国内の米軍基地の約７割が集中している。そのため，米軍基地関係の仕事に就いている住民も多く，基地の存在が沖縄県の経済に大きな役割を果たしている。そのいっぽうで，軍用機の騒音や墜落事故など住民の生活を脅かす問題もあり，基地のあり方をめぐって議論が続いている。

2 さんご礁と環境問題

南西諸島周辺の暖かい海に広がるさんご礁は，多様な生物を育んでいるほか，島を激しい波から守るはたらきがある。また，観光資源としても重要である。しかし，海水温の上昇や，観光施設などの建設で海に流れ込んだ赤土により，さんご礁が大きな被害を受けている。そのためさんご礁を守るための取り組みが行われている。また，観光業と自然環境保護を両立させるエコツーリズムの考え方が広がっている。

（石田義正／アフロ）
赤土が流れ込んだ海

4 九州地方の自然災害と環境問題

1 火山の被害とめぐみ

噴煙をあげる桜島

1990年の雲仙・普賢岳の噴火では，翌年に火砕流による犠牲者が多く出たほか，火山灰により農作物などにも大きな被害が出た。また，ひんぱんに噴火する桜島（御岳）周辺では，火山灰対策のために窓を閉め切ったり，外出時に傘をさしたりすることもある。

火山灰が降り積もってできたシラス台地は，水を通しやすく崩れやすい性質をもつ。これに加え，降水量の多さと台地の上に住む人口の増加で，土砂災害が起こることもある。

このように火山の多い九州地方では，火山による被害があるいっぽうで，温泉や**地熱発電**などのめぐみも受けている。大分県の別府温泉をはじめとする九州各地の温泉地には，毎年多くの観光客が訪れている。また，火山の地熱をいかした地熱発電もさかんで，日本最大級の地熱発電所である八丁原地熱発電所をはじめとして，国内の地熱発電所のうち約４割が九州地方にある。

⬆八丁原地熱発電所（大分県）　（ピクスタ）

2 都市化の問題と対策

コンクリートやアスファルトで舗装されている部分が多い都市部では，雨水が地中にしみこみにくい。そのため，豪雨の際に浸水被害が起こりやすくなる。そこで，福岡市では，雨水管や雨水を一時的に貯めておく雨水調整池を地下に設ける対策をとっている。

くわしく 

四大公害の裁判

1960年代に表面化した次の4つの公害病の裁判で，国・県・企業の責任が問われた。どれも，被害者側が勝訴した。

3 公害と環境に配慮したまちづくり

水俣湾沿岸では1950年代から60年代にかけて，化学工場から出された廃水による水質汚濁が原因で，**四大公害病**の一つである**水俣病**が発生した。化学工場がメチル水銀を海に流したことで水俣湾の魚介類が汚染され，それを食べた人が中枢神経や筋肉が侵される病気にかかったのである。その後，化学工場の会社は被害者たちにより訴えられた。また，水俣湾での漁業が禁止されたり，水俣産の農産物も敬遠されて買われなくなるなど，

	新潟水俣病（新潟県）	四日市ぜんそく（三重県）	イタイイタイ病（富山県）	水俣病（熊本県・鹿児島県）
主な原因	水質汚染 工場廃液中の水銀など	大気汚染 コンビナート工場群の排出した亜硫酸ガス	水質汚染 鉱山から神通川流域に流されたカドミウム	水質汚染 工場廃液中の水銀など
提訴	1967年6月	1967年9月	1968年3月	1969年6月
判決	1971年9月 患者側全面勝訴	1972年7月 患者側全面勝訴	1972年8月 患者側全面勝訴	1973年3月 患者側全面勝訴

⬆四大公害と裁判

患者以外の人たちにも大きな被害が出た。

その後，化学工場による廃液処理の工夫などで現在は環境が改善された。さらに，近年では市をあげてのごみの分別の徹底など，住民の努力により環境にやさしいまちへ変化してきた。現在では，地球温暖化対策の先進的な取り組みをする都市として，水俣市が国から支援を受けることができる**環境モデル都市**に選ばれている。また，持続可能なまちづくりを目指す**エコタウン事業**も進められている。

重化学工業が発達した北九州市でも，1960年代に洞海湾の水質汚濁や大気汚染などの公害が深刻になった。公害防止の法律が制定されてからは，企業により環境改善のための技術が開発・実用化された。1997年には北九州市のエコタウン事業が承認され，リサイクル工業団地の建設など，資源を循環させる取り組みが進められてきた。

北九州市の取り組みは，海外からも注目され，環境問題に悩む国に専門家を派遣したり，海外から研修員を受け入れたりと国際的な協力も行っている。北九州市は水俣市と同じく環境モデル都市に指定されている。九州地方では，熊本県小国町や沖縄県宮古島市も環境モデル都市になっている。

用語解説

エコタウン事業
ゴミの減量化やリサイクルにより，廃棄物をゼロにすることを基本構想とした取り組み。承認された地方公共団体や民間団体に対して，国が事業の支援を行う。

北九州市のリサイクル率とごみ排出量の移り変わり
（「一般廃棄物処理実態調査結果」，北九州市HP）

Episode

諫早湾の干拓

有明海西部の諫早湾では，海流や川によってもたらされた土砂が多く堆積するため，江戸時代から干拓によって排水改善と農地拡大が行われてきた。平成の時代に行われた国による大規模な干拓事業は，有明海の環境に大きな影響を与えたとされ，とくに漁業への被害が報告されている。現在，漁業関係者と干拓地の農業関係者，諫早市，国などの間で，堤防の排水門の開閉について議論がある。

諫早湾
（東阪航空サービス／PPS通信社）

第4章 SECTION 2

中国・四国地方の様子

中国・四国地方は，山陰，瀬戸内，南四国の三つの地域に分けられ，それぞれの地域で気候やさかんな産業が異なる。各地域の気候や産業，中国地方と四国地方のつながりについてみていこう。

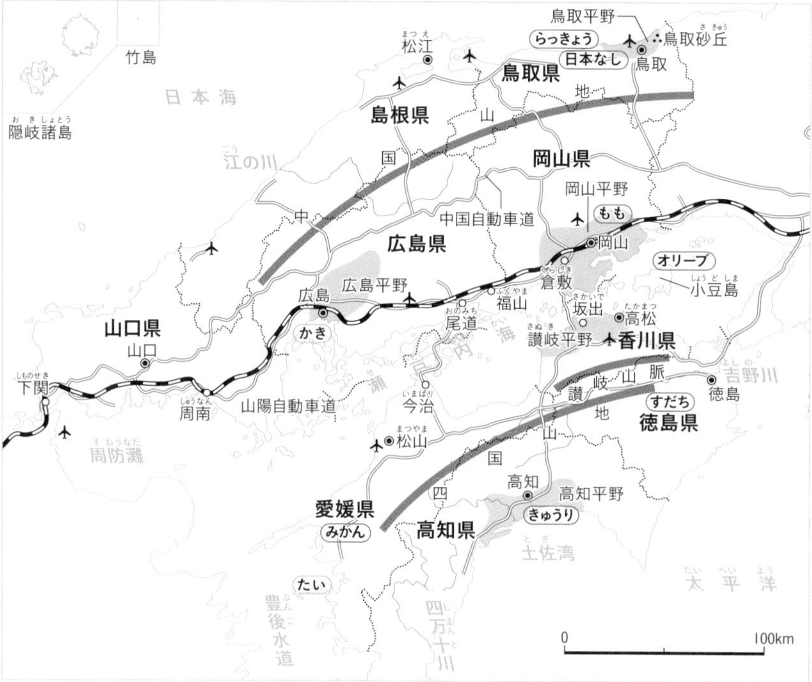

1 中国・四国地方の自然と気候

中国・四国地方は，北は日本海，南は太平洋に面する東西に長い地域である。

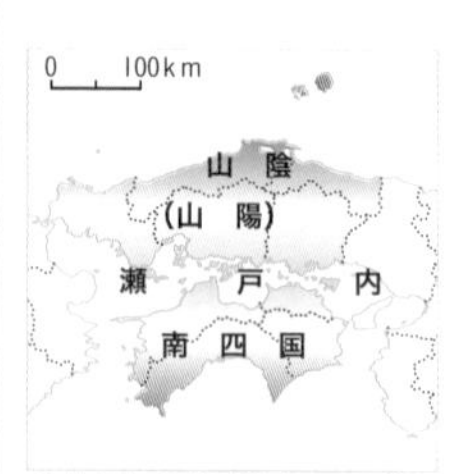

⬆中国・四国地方の区分

1 中国・四国地方の地形と地域区分

中国・四国地方のうち，中国地方にはなだらかな**中国山地**が，四国地方には中国山地よりも険しい**四国山**

地が東西に連なっている。中国山地より北の地域を**山陰**，瀬戸内海に面した地域を**瀬戸内**，四国山地より南の地域を**南四国**といい，三つの地域に分けられる。また，中国地方のうち，中国山地より北を**山陰**，南を**山陽**として二つに分けることもある。瀬戸内海は日本最大の内海（陸に囲まれた海）であり，数多くの島々が点在するおだやかな海である。

2 中国・四国地方の気候

日本海に面している山陰は，冬は北西からふく季節風の影響で，雨や雪が多く降る。

太平洋に面している南四国は，**黒潮**（**日本海流**）の影響で冬でも比較的温暖であるが，夏は南東からふく季節風の影響で雨が多い。また，夏から秋にかけて，台風の影響で暴風や大雨にみまわれることもある。

いっぽう，瀬戸内は中国山地と四国山地によって季節風がさえぎられるため，年間を通じて降水量が少ない。

→湿った空気　→乾いた空気
冬の季節風　日本海　鳥取　雪　中国山地　岡山　瀬戸内海　高松　吉野川　四国山地　雨　室戸岬　太平洋　夏の季節風

⬆中国・四国地方の季節風の様子

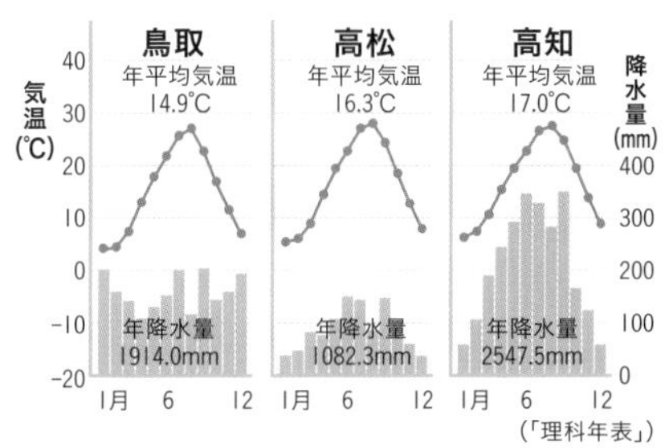

⬆中国・四国地方の主な都市の雨温図

3 瀬戸内の水不足

雨が少ない瀬戸内は，農業用水などの水不足に悩まされてきたため，讃岐平野では，**ため池**をつくって水を確保してきた。いっぽうで，南四国は台風の通り道にあたるため，大雨や洪水の被害を受けやすい。そこで，降水量の多い高知県に早明浦ダムを建設し，南四国側の洪水を防ぐとともに，ダムに蓄えられた吉野川の水を引く香川用水を建設し，水不足に備えられるようにした。しかし，降水量の少ない年には，ダムが干上がることもあり，水不足の完全な解決には至っていない。

（ピクスタ）

⬆**讃岐平野のため池**…主に農業用水として使われてきた。

4 中国・四国地方の歴史

瀬戸内海は，古代から海上交通路として使われ，多くの人や物が行き来してきた。このような背景に加え，工業や陸上交通が瀬戸内を中心に発達した結果，中国・四国地方で人口が多い都市は瀬戸内に多く位置している。

	面積(km²)	人口(万人)	農業生産額(億円)	工業出荷額(億円)
鳥取県	3507	56.0	765	8102
島根県	6708	68.0	613	11841
岡山県	7114	189.8	1505	76409
広島県	8480	281.7	1237	102356
山口県	6113	137.0	676	61307
徳島県	4147	73.6	1037	17935
香川県	1877	96.2	835	26106
愛媛県	5676	135.2	1259	42008
高知県	7104	70.6	1193	5919
合計	50726	1108.1	9120	351983

(面積と人口は2018年，農業生産額と工業出荷額は2017年)　(「県勢」)

くわしく

瀬戸内の海上交通

瀬戸内海は，古代から九州と大阪を結ぶ海上交通として使われ，多くの人や物が行き来してきた。瀬戸内海沿岸には，古くから潮の流れを待つ「潮待ちの港」が設けられ，なかでも現在の広島県福山市にある「鞆の浦」は，瀬戸内海の中心に位置するため，とくに大きな拠点として栄えた。

↑鞆の浦　(ピクスタ)

2 中国・四国地方の産業

1 中国・四国地方の農業

南四国では，九州地方と同様に温暖な気候をいかした野菜の栽培がさかんである。とくに高知県の高知平野では，ビニールハウスを使ったなすやきゅうり，ピーマンなどの**促成栽培**（→p.137）がさかんで，他の地域の出荷量が少ない冬から春にかけて出荷し，高値で取り引きされている。

瀬戸内では，日照時間が長く，降水量が少ない気候をいかして**みかん**などのかんきつ類が栽培されている。愛媛県はみかんの生産量が多く，岡山県では，**ぶどう**や**もも**の生産がさかんである。山陰の鳥取県は，日本なしの生産量が多い。

日本最大級の砂丘である鳥取砂丘では，砂の飛散を

くわしく

農産物の大都市への出荷

中国・四国地方で生産された野菜は，大阪など近畿地方の市場のほか，保冷トラックで鮮度を保ったまま，東京などの遠くの市場にも出荷される。

防ぐための防砂林やかんがい施設を整備し，砂地でも植物が育てられるような技術が開発されてきた。現在では，**らっきょう**や**メロン**などの生産がさかんになった。

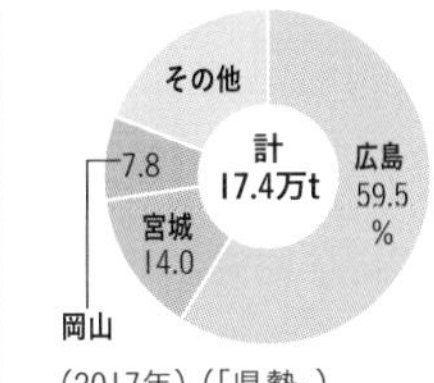

↑養殖かきの県別生産割合

2 中国・四国地方の漁業

島が多くあり，比較的おだやかな瀬戸内海では，養殖漁業がさかんに行われており，広島県の**かき**や愛媛県のまだいが有名である。

↑瀬戸内工業地域の主な工業

3 中国・四国地方の工業

瀬戸内海沿岸には，1960年代に重化学工業の工場が集まり，**瀬戸内工業地域**ができた。岡山県倉敷市の水島地区や愛媛県新居浜市，山口県周南市などには**石油化学コンビナート**が，広島県呉市，福山市などには製鉄所や造船所がつくられた。

また，広島市とその周辺には，**自動車関連の工場**が集まっている。広島県や山口県で組み立てられた自動車は，広島港や山口県の三田尻中関港から海外にも輸出される。このように，海上交通の便をいかした工業が発達してきた。

近年では，山口県宇部市の医薬品製造など，より高度な技術を用いた製品の開発・製造も行われている。

用語解説

コンビナート
原料・燃料・製品などの面で関係が深い工場どうしが結びついて，総合的な生産を行っている工場の集団。このうち，石油関連の工場がパイプラインで結びついたものを石油化学コンビナートという。

思考力UP

Q. 瀬戸内で工業がさかんになったのはなぜ？

Hint 瀬戸内海沿岸部には，塩田のあと地があった。
また，海上交通の便からも考えてみる。

A. 工業用地が得やすく，交通の便がよかったため。
阪神工業地帯などからの工場が移転する土地があったこと，原料を船で輸入するときや，製品を輸出する際に，港や航路が整っていたことなど，瀬戸内は工業が発展する条件が整っていた。

↑水島地区の石油化学コンビナート
(ピクスタ)

4 中国・四国地方の観光業

中国・四国地方の県庁所在地の多くは，江戸時代の城下町に由来している。当時からの武家屋敷や商家がある島根県松江市や，高知城がある高知県高知市など，歴史的な建造物を観光資源として活用しているところも多い。また，島根県には，出雲大社や世界文化遺産に登録されている**石見銀山遺跡**などの史跡もある。同じく世界文化遺産の広島県の宮島にある**厳島神社**は，平安時代に整備された神社で，国内外から観光客が訪れる。

（縄手英樹／PPS通信社）
⬆厳島神社

3 中国・四国地方の交通

1 地方中枢都市の広島市

中国・四国地方で最大の人口をかかえる広島市は，他の多くの県庁所在地と同様，城下町から発展した都市である。現在は中国・四国地方の**地方中枢都市**として政府の出先機関や企業の支店・支社などがあり，中国・四国地方の経済や交通の中心となっている。

第二次世界大戦末期の1945年8月6日，広島市に原子爆弾が投下され**人類最初の被爆都市**となった。広島市は世界文化遺産の**原爆ドーム**の保存や被爆した路面電車の走行など，平和記念都市として，原爆の記憶と平和の大切さを伝えていく活動を行っている。市内にある平和記念公園では，毎年8月6日に平和記念式典が開かれ，多くの人が集まって平和への祈りを捧げている。

⬆**原爆ドーム**…この建物の上空で原子爆弾が爆発した。

くわしく 

平和記念公園
平和記念公園には，毎年100万人以上が訪れ，その中には外国人の姿も多い。資料館の展示や被爆体験者の証言によって，戦争を知らない若い世代にも戦争・核兵器の悲惨さが語り継がれている。

2 中国・四国地方の交通

中国地方は，山陽新幹線や中国自動車道など，東西方向の交通が発達してきた。1991年には広島県北広島町と島根県浜田市の間に浜田自動車道が全線開通し，中国山地を越えて山陽と山陰が高速道路で結ばれた。

かつてフェリーで行き来していた本州と四国の間には，1970年代半ばから**本州四国連絡橋**の建設が始まった。本州四国連絡橋の一つとして，1988年には**岡山県倉敷市と香川県坂出市を結ぶ瀬戸大橋**が開通した。それまで岡山市と高松市の間の移動には，２時間半以上かかっていたが，開通後は１時間程度で移動できるようになった。また，1998年には，**兵庫県神戸市と淡路島（兵庫県淡路市）の間に明石海峡大橋**が開通し，四国と近畿地方間の移動時間も短縮された。このように，四国と本州も橋によって結ばれ，観光や通勤，通学の移動なども便利になっている。

瀬戸内海の島々に住む人々は，橋が開通するまではフェリーが主な交通手段であった。日用品の供給もフェリーによって定期的に行われていた。しかし，橋が開通したことでフェリーの利用者が減り，フェリーの航路や便の数が減ったため，フェリーを利用してきた人の中には，橋の開通前よりも交通が不便になってしまった人もいる。また，日帰りで神戸や大阪に行けるので四国の商店が衰退してしまったことが問題になっている。いっぽうで，本州からの観光客が訪れやすくなったというメリットもある。

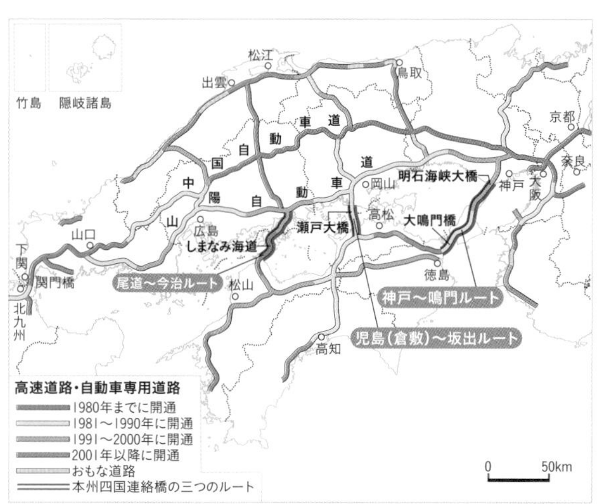

中国・四国地方の道路

明石海峡大橋…世界最長のつり橋。

データFILE

本州・四国間の1日あたりの自動車交通量の変化

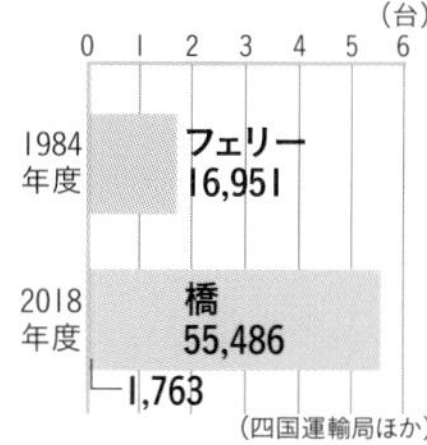

くわしく

本州四国連絡橋

本州と四国を結ぶ三つのルートにかかる橋をまとめた呼び名。児島（倉敷市）～坂出ルートにかかる**瀬戸大橋**，神戸～鳴門ルートにかかる**明石海峡大橋**と大鳴門橋，尾道～今治ルートの**しまなみ海道**にかかる来島海峡大橋などがこれに含まれる。

4 中国・四国地方の課題

1 過疎化の問題

中国・四国地方では，中国山地や四国山地の山間部，瀬戸内海の離島などで，人口の減少と高齢化による**過疎化**が深刻である。これは，交通網の発達とともに，都市へ通勤・通学する人や買い物に行く人が増え，人やものが都市へ吸い寄せられる**ストロー現象**などによって地方の経済が衰退していっていることなどが原因で起こっている。高齢化と過疎化が進み，社会的な共同体として機能を維持するのが難しい集落は**限界集落**（→p.129）と呼ばれ，その数が増えている。若い世代が都市へと移住していくいっぽうで，長年住みなれた地域に住み続ける高齢者も多く，病院や介護施設などの不足や日用品購入の不便さなどが問題となっている。

⬆中国・四国地方の過疎地域

2 過疎化への対策

過疎化への対策として，廃校となった校舎を介護施設として利用したり，移動販売車で食料品などを届けたりしている。また，地域の活性化のために，地元の特産品を地域ブランドとして売り出したり，他地域からの定住希望者を受け入れたりするなど，さまざまな**町おこし・村おこし**（**地域おこし**）が行われている。

山間部に位置する徳島県上勝町では，料理の飾りとして使われる「つまもの」とよばれる草花を出荷している。全国の料亭や旅館などから注文を受け，生産者の多くを占める高齢者がインターネットを利用し，注文や出荷量などを確認しながら販売している。また，鳥取県境港市では町を盛り上げるため，地域にゆかりのある漫画家のキャラクターの銅像や記念館を設けて，観光客を呼びよせる取り組みもなされている。

（後藤昌美／PPS通信社）

⬆鳥取県境港市の「水木しげるロード」

近畿地方の様子

近畿地方には，西日本経済の中心地である大阪があり，その周辺は人口が密集して大都市圏が形成されている。大阪周辺では，どんな産業がさかんなのだろうか。
また，大阪から離れた地域では，どんな産業がさかんなのだろうか。あわせてみてみよう。

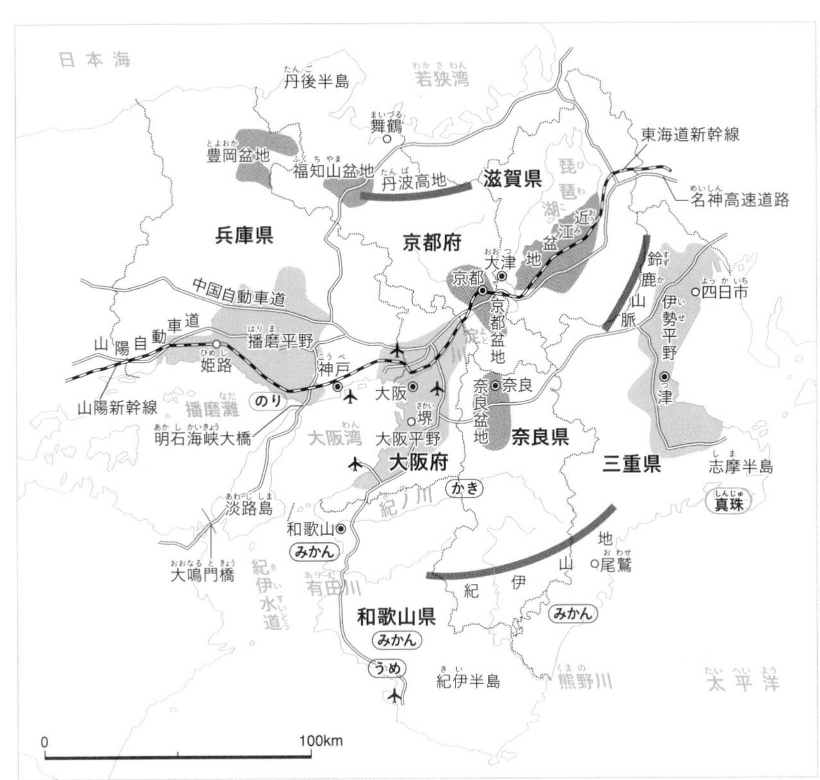

1 近畿地方の自然と気候

本州の中西部に位置する近畿地方は，北部は日本海，南部は太平洋，西部は瀬戸内海に面している。

1 近畿地方の地形

近畿地方はなだらかな山地が続く北部と，険しい**紀伊山地**を中心とした南部，平野や盆地が多い中央部の低地（中央低地）からなる。中央部の低地には**京都盆地**や**奈良盆地**，播磨平野や**大阪平野**が広がり，昔から多くの人々が住んでいた。これらの人々は，滋賀県にある日本最大の湖，**琵琶湖**から大阪湾へと流れる淀川（瀬田川，宇治川）などの水系から生活用水を得てきた。北部と南部の山地は海岸まで続き，北部の若狭湾沿岸と東部の志摩半島には，**リアス海岸**がみられる。

大阪湾と瀬戸内海の間には近畿地方最大の島である淡路島があり，本州とは**明石海峡大橋**で，四国とは大鳴門橋でつながっている。

日本最大の湖，琵琶湖
琵琶湖は，近畿地方の水の供給源となっており「近畿の水がめ」と呼ばれている。

2 近畿地方の気候

北部は，冬に北西の季節風が大陸から冷たい湿った空気を運んでくるため雪が多い。いっぽう南部は，暖流の黒潮（日本海流）の影響で冬でも比較的暖かく，夏は南東からの季節風の影響で暖かく湿った空気が運ばれてくるため，降水量が多い。とくに紀伊半島の南東部では，年降水量が4000mmにのぼるところもある。

中央部は，山に囲まれた盆地を中心に夏は暑く，冬は冷えこむため，年間の気温差が大きくなっている。南北に山地があり，海からの湿った空気が直接運ばれてこないため，降水量は年間を通して少ない。そのため，ため池やかんがい施設が整備されてきた。兵庫県はため池の数が日本一多い。

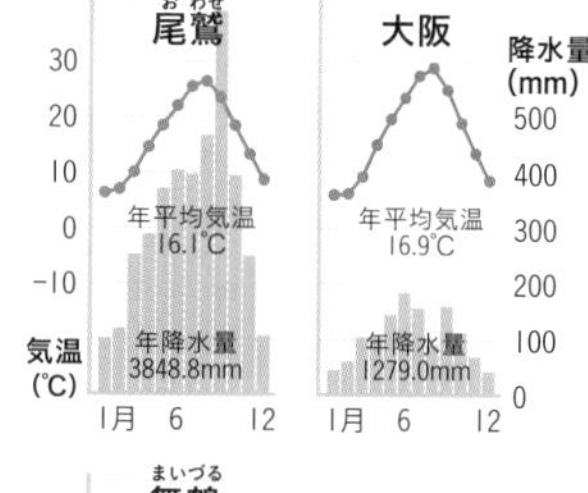

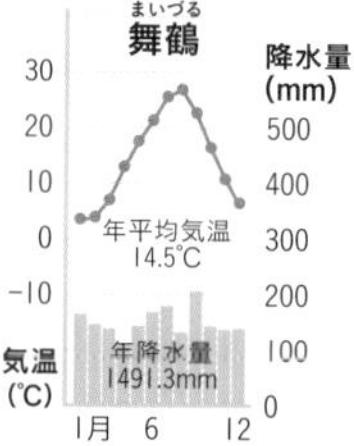

⬆近畿地方の雨温図
（「理科年表」，気象庁HP）

3 近畿地方の歴史と人口

淀川などを通じて琵琶湖にもつながる大阪湾は，古くから船が行き交い，大阪は人や物が集まる場所であった。江戸時代には，蔵屋敷が並び全国から物資が集

（ピクスタ）

⬆**あべのハルカス**…大阪市の再開発で建てられた高層ビル。

まる商業の中心地として栄え，大阪は**「天下の台所」**と呼ばれた。現在でも大阪は近畿地方の経済や文化の中心地となっている。問屋街では卸売業がさかんだが，近年は郊外に移転した卸売業者も多い。また，大阪市の中心部は再開発によって商業施設や高層ビルの建設が進んでいる。

大阪，京都，神戸を中心とした都市圏は**大阪大都市圏**（**京阪神大都市圏**）と呼ばれており，鉄道や道路で各都市が結ばれていることで，近畿地方の人口がこの都市圏に集中しているため，都市中心部周辺の山や丘陵を削って**ニュータウン**が建設されてきた。神戸市の臨海部には，削った土を利用して沿岸を埋め立て，ポートアイランドが建設された。ここには，マンションや商業施設が建設されたほか，沖合いには神戸空港が建設された。大阪府南部の泉州沖には関西国際空港もあり，海外とのつながりの拠点にもなっている。

	面積（km²）	人口（万人）	農業生産額（億円）	工業出荷額（億円）
三重県	5774	179.1	1122	105552
滋賀県	4017	141.2	647	78229
京都府	4612	259.1	737	58219
大阪府	1905	881.3	357	173490
兵庫県	8401	548.4	1634	157988
奈良県	3691	133.9	430	21181
和歌山県	4725	93.5	1225	26913
合計	33125	2263.5	6152	621572

（面積と人口は2018年，農業生産額と工業出荷額は2017年）　（「県勢」）

2 近畿地方の産業

1 近畿地方の農業

大阪市，神戸市，京都市などの大都市の郊外では，消費地との近さをいかして，当日の朝にとれた新鮮な野菜などを市場に出荷する**近郊農業**が行われている。また，京都近郊でとれる加茂なすや九条ねぎといった野菜は**京野菜**として，和歌山県のみかんや梅は紀州み

（ピクスタ）
❶ポートアイランドと神戸空港

くわしく

ニュータウン
大都市の郊外に，計画的に建設された町・市街地をいう。都市部での過密問題の解決と，都市機能を分散させることが主な目的である。近畿地方では，大阪府の千里，泉北ニュータウンや兵庫県の須磨ニュータウンなどがある。

くわしく

私鉄とまちの発展
近畿地方では，私鉄の各社が，ターミナル駅にデパートを建てたり，郊外に野球場や遊園地などの娯楽施設をつくったりして乗客を増やそうとしたことで，私鉄に沿って町が発展していった。大都市に通勤・通学する人が暮らす住宅街も沿線に広がった。こうした鉄道を中心としたまちの開発は，関東地方でも参考にされた。

かんや紀州梅などとしてブランド化され，高値で取り引きされている。

2 近畿地方の林業

降水量の非常に多い，紀伊半島の南東部では**林業**がさかんである。多くの森林は人が植林し育てた人工林で，紀伊山地で育つ**吉野すぎ**や**尾鷲ひのき**は，色や香りのよさから高級木材として建築材や家具などに加工され，高値で取り引きされてきた。しかし，林業従事者の高齢化や外国からの安い輸入木材の増加により，紀伊山地の林業は衰退し，管理が行き届かずに荒れている森林も増加している。森林は，地球温暖化対策や洪水対策でも重要であるため，環境への配慮を目的とした環境林を管理する活動もある。

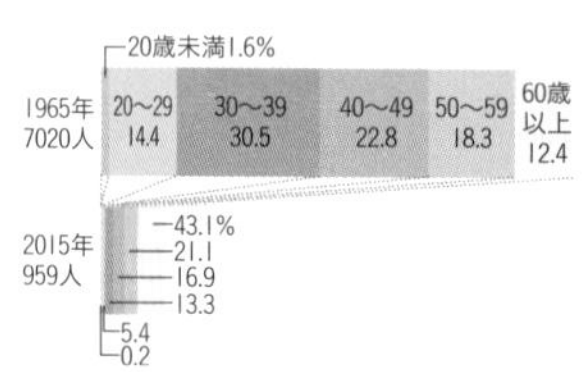

⬆奈良県の林業従事者の変化…ここ10年ほどで，国の取り組みによって，若い林業従事者が増えており，就業者数も増加傾向にある。

3 近畿地方の工業

近畿地方には，大阪府から兵庫県にかけて**阪神工業地帯**が形成されている。この地域では，第二次世界大戦前から繊維工業などの軽工業がさかんに行われていた。戦後は，船で原料や製品を運ぶのに便利な臨海部に**石油化学コンビナート**や**製鉄所**が建設され，重化学工業がさかんになった。また，医薬品や化学品など，高度な技術を必要とする工業も発達した。

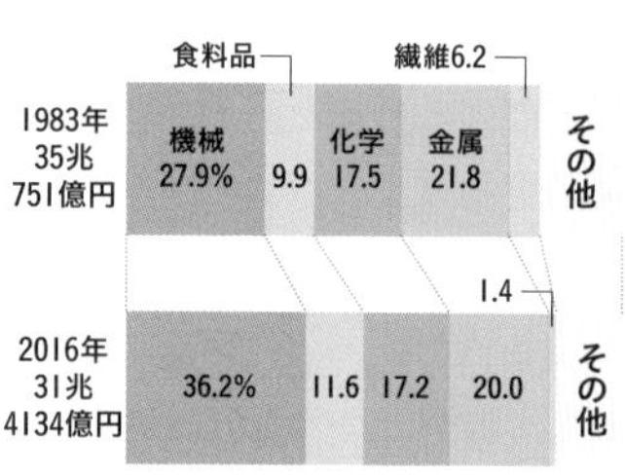

⬆阪神工業地帯の出荷額の変化

しかし，1970年代には，工業用水の不足で地下から水をくみ上げすぎたことによる地盤沈下や，工場の排出ガスによる大気汚染などの公害が発生した。そのため，臨海部の整備や工場の移転が行われたものの，重化学工業は外国との競争によって次第に衰退し，阪神工業地帯の全国に占める地位は低下した。2000年代に入ると，臨海部の工場跡地や内陸部の広大な土地に，太陽電池や蓄電池を生産する工場やテーマパークなどがつくられた。

大阪府の内陸部の東大阪市などには，**中小企業**の工場が多くあり，歯ブラシやボタンなどの日用品をつくる企業から，世界的に使われる自転車部品や新幹線の車両部品など，高度で精密な技術をもつ企業まで，さまざまな企業が工業を支えている。

4 京都の伝統産業

京都府では，**西陣織**や**京友禅**など織物，京焼や清水焼といった陶磁器など，**伝統的工芸品**（→p.195）が今も地場産業として生産されている。近年では，陶磁器の技術を使って独自のファインセラミックスが開発されるなど，伝統的な技術が先端技術と結びついていかされてきている。

5 近畿地方の観光業

近畿地方には数多くの歴史的な観光資源がある。

世界文化遺産に登録されている兵庫県姫路市の**姫路城**は，雄大な天守閣をもち，日本の代表的な城として有名である。

高野山や，比叡山，伊勢神宮など，宗教に関わりのある場所も多い。紀伊山地の山々と熊野本宮大社などの寺社に通じる**熊野古道**は，古くから信仰心をもった人々が訪れており，現在は「紀伊山地の霊場と参詣道」として世界文化遺産に登録されている。

3 近畿地方の環境問題と防災

1 琵琶湖の水質改善

琵琶湖は，1970年代から周辺の人口や工場の増加で生活排水や工場廃水が流され，**赤潮**が発生するなど水質が悪化した。近畿地方の都市圏で利用される水道水の源である琵琶湖の水質悪化は，近畿地方全体の大きな問題である。そのため，滋賀県は，下水道を整備したり，工場廃水を制限したりする対策を行ってきた。

用語解説

中小企業
資本金・従業員数が中小規模の企業。大企業の下請けを行っているところが多く，一般に大企業に比べ，生産性が低くて賃金も安いが，世界有数の高度な技術をもつ中小企業もある。

（田中秀明／PPS通信社）

⬆**西陣織の着物**

（後藤昌美／PPS通信社）

⬆**姫路城**…城の周辺は外壁の色に基準が設けられるなど，景観を壊さないよう配慮されている。

⬆**熊野古道**

また，琵琶湖の周辺住民も，りんを含む合成洗剤の使用中止を呼びかけたのを受け，滋賀県はそのための条例（→p.539）を定めた。この結果，琵琶湖の水質悪化はくい止められたが，問題の完全な解決には至っていない。

用語解説

赤潮

海・川・湖の水面が赤く染まってみえる現象。合成洗剤に含まれるりんなどによって，水中の栄養分が増えすぎて，プランクトンが異常発生することによって起こる。赤潮が発生すると水中の酸素が不足し，魚・貝・海藻などに大きな被害が出る。

2 阪神・淡路大震災を受けて

1995年1月17日に最大震度7を記録する**阪神・淡路大震災**（兵庫県南部地震）が発生した。この地震で，6400人以上の犠牲者が出たほか，多くの建造物が崩壊し，交通網などの都市の機能が麻痺した。この経験をもとに，道路の幅の拡張やゆれに強い建物の建設など，災害に強いまちづくりが進んでいる。また，全国で建造物の耐震性が改めて見直されるなど，地震への対策が強化されてきた。

（朝日新聞社／PPS通信社）

↑阪神・淡路大震災発生直後の神戸の市街地

4 近畿地方の文化と暮らし

1 歴史的都市の奈良・京都

奈良と京都は，古代から政治の中心地として栄えた。奈良には世界最古の木造建築として世界文化遺産に登録されている**法隆寺**をはじめ1000年以上の歴史をもつ寺院が残っている。奈良時代は，東大寺の大仏が建立されるなど，天皇が仏教を重んじ保護した時代であった。このころにつくられた寺院には，ほかに唐招提寺などがある。平城京（奈良県）や平安京（京都府）は，碁盤の目のように東西・南北方向の道路が直角に交わる都市区画が用いられた。現在，奈良や京都の地図に，直角に交わる道路によって四角く区切られた町が見られるのはその名残である。また，「三条」「七条」など，漢数字と「条」で通りが呼ばれるのも，この区画の方法（条坊制）による。

くわしく

都の構造

平城京と平安京は唐（中国）の都の長安をモデルにつくられた。中央には，南北方向に朱雀大路が通り，朱雀大路の北に御所が設けられた（今の京都御苑の一部）。

↑平安京の位置と現在の市街地

京都には平安時代から江戸時代の終わりまで天皇が生活していた御所があるほか金閣や二条城など歴史的建造物が多く，町家や寺社による古くからの町並みが今でも残されている。京都の山々を背景にしたこれらの町並みや日本庭園は，日本の象徴的な景観として国内外から多くの観光客を集めている。こうした景観を損なわないように，京都市では建物の高さや店の看板のデザインなどで規制する条例を定めている。そのため，全国に展開するチェーン店も京都市では他の地域と異なる看板の色使いや外観をしていることがある。また，町家を維持するため，内部を改装して宿泊施設や飲食店として使用したり，移住希望者に売ったり貸し出したりするなどの取り組みが行われている。

2 国際色豊かな都市

大阪市や神戸市など，近畿地方の大都市には，**在日韓国人・朝鮮人**が多く暮らしている。そのなかには，日本が朝鮮半島を植民地として支配していた時期に，労働力として日本に連行されたり，仕事を求めて移住してきたりした人々とその子孫もいる。在日韓国人・朝鮮人が多く暮らす地域では，朝鮮半島の食べ物や伝統芸能などに触れることで，朝鮮半島の文化を感じることができる。

神戸市は，江戸時代末期に外国人の居住や商売を許した外国人居留地が置かれた場所である。このため，異人館街ではヨーロッパのさまざまな様式の建築を見ることができるなど，外国からの影響を感じられる場所が残っている。また，中華街が広がる南京町では，旧正月を祝う中国の祭りの春節祭など，中国の風習・文化を知ることができる。

くわしく 

古都に残る文化財

京都・奈良には国宝や重要文化財が多くあり，「古都京都の文化財」「古都奈良の文化財」として，世界文化遺産に登録されている。京都府と奈良県を合わせて，日本の国宝の約40%，重要文化財の約27%が保存されている。

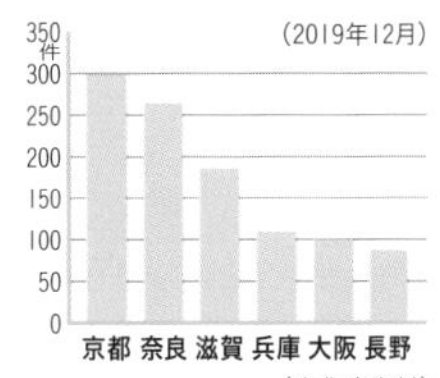

(文化庁資料)

↑国宝・重要文化財の指定件数の多い府県…保護すべき重要な価値があるものとして国に指定された文化財を重要文化財といい，そのうちとくに価値が高いと国に認められたものを国宝という。

(Cynet Photo)

↑大阪府生野区のコリアンタウン

中部地方の様子

中部地方は本州の中央部にある地方で，東海，中央高地，北陸の三つの地域に分かれている。ここでは，中部地方の様子と産業についてくわしく学ぶとともに，伝統産業・地場産業について理解しよう。

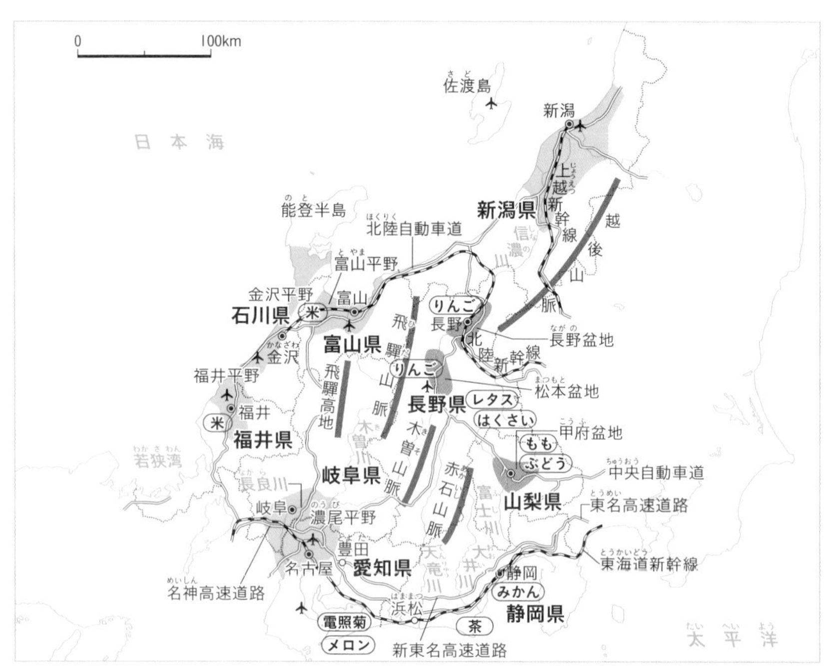

1 中部地方の自然と気候

中部地方は近畿地方と関東地方の間にあり，九つの県からなっている。

1 中部地方の地形

富士山や浅間山，御嶽山などの活火山が点在しているほか，**飛騨山脈・木曽山脈・赤石山脈**には3000m級

くわしく

日本アルプス

日本アルプスを構成する飛騨山脈，木曽山脈，赤石山脈は，それぞれ「北アルプス」，「中央アルプス」，「南アルプス」とも呼ばれている。

の山々が連なっている。この三つの山脈は「**日本アルプス**」や「日本の屋根」と呼ばれ，ここから多くの川が流れ出ている。木曽川や天竜川，富士川などは太平洋へ，日本最長の信濃川，黒部川，神通川などは日本海へ注ぐ。これらの川が土砂を運搬し，堆積させるため，上流部には**甲府盆地**や**松本盆地**などの盆地が，下流部には**濃尾平野**や**越後平野**，富山平野などの平野が形成されている。

2 水害に備えた工夫

山間部や川が多い中部地方は，水害にみまわれやすい地域である。そのため，水害に備えた工夫が多くみられる。家や田畑を守るために周りを堤防で囲んだ**輪中**が，濃尾平野の木曽川，長良川，揖斐川の下流でみられるが，現在は多くが埋め立てられている。

(東阪航空サービス/PPS通信社)

↑木曽三川と輪中地帯…右から，木曽川，長良川，揖斐川である。

3 中部地方の気候

中部地方は，三つの地域で気候の特色が分かれている。**東海**は太平洋側の気候，**中央高地**は中央高地（内陸）の気候，**北陸**は日本海側の気候である。

東海は，夏に南東の湿った暖かい季節風の影響で降水量が多く，冬は北西の季節風の影響で乾燥した晴れの日が多い。中央高地は，夏と冬，昼と夜の気温差が大きく，冬の冷え込みが厳しい。夏は盆地では気温が上がるが，高原は標高が高いため涼しく過ごしやすい。そのため，長野県軽井沢町などには避暑地として東京などから多くの人々が訪れる。北陸は，冬に北西の季節風が湿った冷たい空気を運んでくるため，降雪量が非常に多く，日本有数の豪雪地帯となっている。

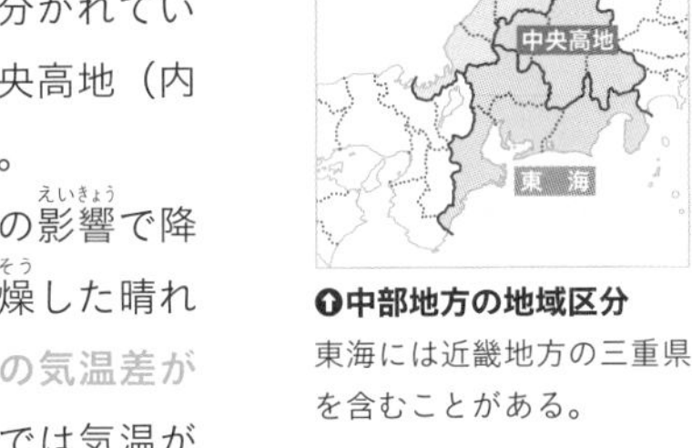

↑中部地方の地域区分
東海には近畿地方の三重県を含むことがある。

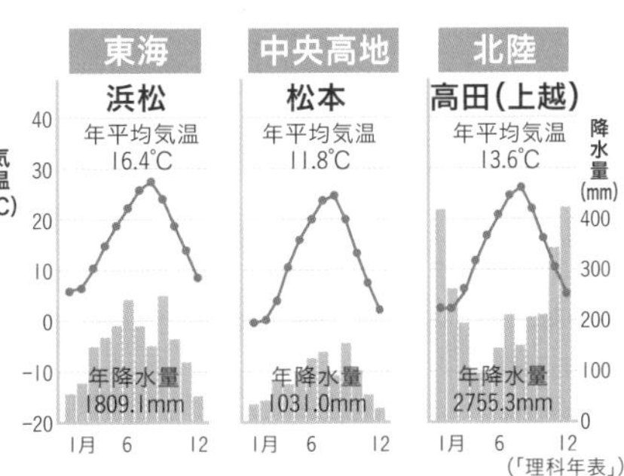

↑中部地方の主な都市の雨温図

4 中部地方の人口

人口は平野部や盆地に集中しており，山間部は過疎化が進んでいる。

東海の沿岸部は，名古屋市，浜松市，静岡市といった政令指定都市があり，東名高速道路や東海道新幹線などが通っているため，首都圏とのつながりが強い。

とくに中部地方最大の都市である名古屋市を中心とする地域は，東京大都市圏，大阪大都市圏に次いで人口が多く，**名古屋大都市圏**を形成している。都市圏内でつくられた工業製品は中部国際空港や名古屋港から国内の主要都市や海外に運ばれる。名古屋市には政府の出先機関や企業の本社・支社が多くあり，経済の拠点にもなっている。

北陸にも，政令指定都市の新潟市をはじめとして沿岸部に富山市，金沢市，福井市などの都市があり，**北陸新幹線**や東海北陸自動車

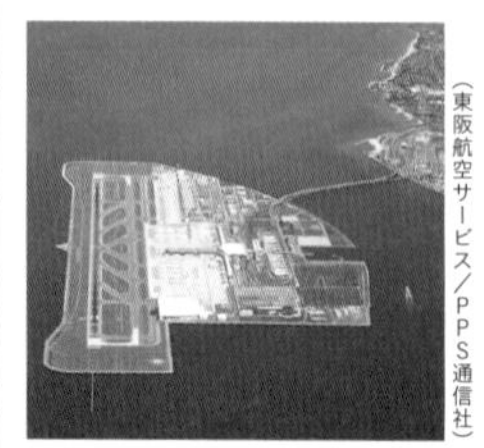

中部国際空港
24時間発着可能な国際空港である。

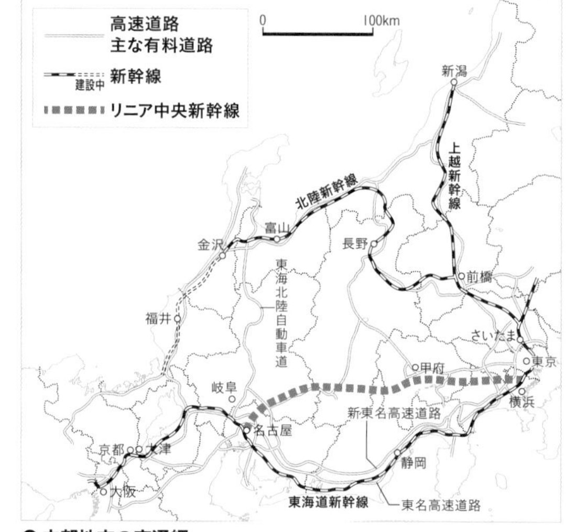

中部地方の交通網

	面積(km²)	人口(万人)	農業生産額(億円)	工業出荷額(億円)
新潟県	12584	224.6	2488	49200
富山県	4248	105.0	661	38912
石川県	4186	114.3	548	30649
福井県	4191	77.4	473	21394
山梨県	4465	81.7	940	25564
長野県	13562	206.3	2475	62316
岐阜県	10621	199.7	1173	57062
静岡県	7777	365.9	2263	169119
愛知県	5173	753.7	3232	472303
合計	66807	2128.6	14253	926519

(面積と人口は2018年，農業生産額と工業出荷額は2017年)　(「県勢」)

発展

リニア中央新幹線
最高時速500kmを超えるリニアモーターカーが走行するリニア中央新幹線は，2027年に東京・名古屋間で開通する予定である。これにより他の都市圏との結びつきがより強くなることが期待される。

道などの交通網の発達により，以前よりも名古屋大都市圏や東京大都市圏とのつながりを強めている。

2 中部地方の産業

1 中部地方の農業

愛知県南西部の知多半島と愛知県南東部の渥美半島には大きな川がないため，かつては水不足により作物の栽培が難しかった。しかし，第二次世界大戦後，木曽川から知多半島に**愛知用水**が，豊川，天竜川から渥美半島に**豊川用水**が引かれたことで，これらの半島では野菜や花を栽培する**園芸農業**がさかんになった。とくに渥美半島の田原市は電照栽培による**菊**の有数の産地で，愛知県は菊の生産量が日本一である。また，渥美半島のほか静岡県など東海の沿岸部は，暖流の黒潮（日本海流）の影響で冬でも比較的温暖であり，日照時間が長いことで温室の暖房費をおさえられるため，冬に切り花やメロンなどを栽培する**施設園芸農業**もさかんである。温暖な気候はキャベツなどの露地栽培や冬に出荷するみかんの栽培にも適している。

静岡県は，**茶**の産地として有名である。温暖な気候と，日当たりと水はけのよさをいかして，**牧ノ原**などの台地では明治時代から茶の栽培がさかんになった。

中央高地の甲府盆地や長野盆地には扇状地が広がるが，水はけがよく稲作には適さない。そのため，明治時代から昭和時代初期の製糸業がさかんな時期には，

くわしく

愛知県の農業用水

愛知県の農業用水としては愛知用水・豊川用水のほかに岡崎平野に矢作川などから水を供給する明治用水がある。この地域では明治時代に開拓が進み，農業生産が大きく伸びたことで，愛知用水建設の気運が高まった。

くわしく

菊の電照栽培

温室の中で夜間に照明を当て，開花時期を遅らせて菊を栽培する。抑制栽培の一つで，他の産地からの出荷が少ないため菊が高く売れる秋から冬に出荷することができる。

⬆電照菊の栽培

用語解説

施設園芸農業

ビニールハウスや温室を使って行われる園芸農業。温室メロンや電照菊の栽培，高知平野や宮崎平野で行われている促成栽培も施設園芸農業の一つ。

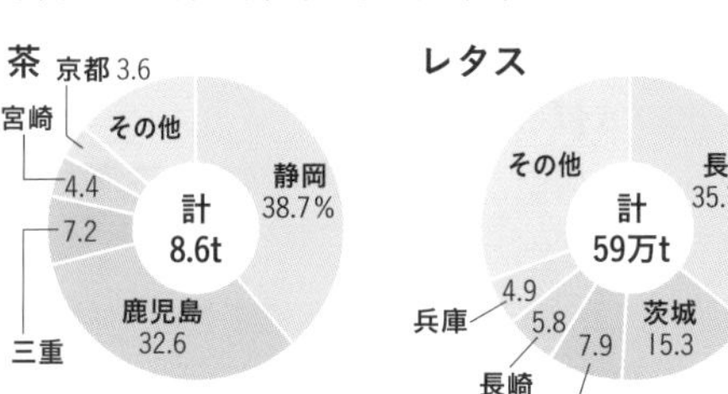

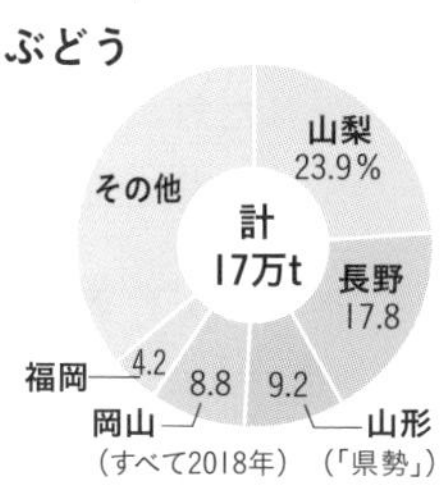

⬆茶，レタス・ぶどうの生産量の割合

桑畑として利用されていた。現在は，果樹栽培がさかんで，**ぶどう**や**もも**の日本有数の産地となっている。りんご狩りやぶどう狩りを楽しめる観光農園やワインをつくるワイナリー見学は多くの観光客をよんでいる。また，八ケ岳や浅間山付近の高冷地では，夏でも涼しい気候をいかしてレタスなどの**高原野菜**を栽培している。高速道路を使って新鮮な野菜を東京などの大都市に出荷しており，野辺山原では夜明けに収穫した新鮮なレタスを出荷して，その日のうちに東京の市場に並ぶようにしている。

北陸では，1年で一度だけ米をつくる**水田単作**がさかんである。冬は大量の雪が降るため，春には大量の雪解け水を得ることができる。水はけのよい扇状地が多いため，かつては水田に適さない土地も多かったが，別の地域から土を運んでくること（客土）で，水田に適した土地がつくられた。耕地整理の進んだ今では，全国有数の米の生産地となっており，秋の長雨となる前に収穫して早めに出荷する早場米が有名である。北陸で開発されたコシヒカリは銘柄米（ブランド米）として人気で，日本各地でつくられるようになった。なかでも新潟県魚沼産のコシヒカリは高値で取り引きされる。

（東阪航空サービス／PPS通信社）
⬆越後平野の水田地帯

参考

新潟県小千谷市周辺の産業
小千谷市は，長岡市山古志地区と並んで，古くからにしきごいの養殖がさかんである。その歴史は江戸時代中ごろまでさかのぼり，現在ではたくさんの品種がつくられている。また，小千谷市は，麻を原料とする織物の小千谷ちぢみや，花火づくりもさかんである。

2 中部地方の漁業

中部地方には，焼津港や沼津港など大きな漁港がある。とくに水あげ量が国内有数の焼津港は，**遠洋漁業**の基地として世界各地でとれたまぐろやかつおが水あげされている。漁港には，魚市場のほかに冷凍倉庫があり，水あげされた魚が保管され，周辺のかまぼこや缶詰などをつくる工場で加工されている。

3 中部地方の工業

愛知県を中心に広がる工業地帯は**中京工業地帯**と呼ばれ，生産額が日本で最大の工業地帯となっている。

（ピクスタ）
⬆名古屋港の自動車専用の埠頭

伊勢湾沿いには三重県四日市市の**石油化学コンビナート**や愛知県東海市の製鉄所など，工業製品に必要な原材料を生産する工場がある。ここで生産された原材料は内陸部に運ばれ，自動車や情報機器などが生産される。もともと綿花の生産地で，繊維工業がさかんだった愛知県豊田市の周辺では，1930年代から織物機械の技術をいかし自動車生産が始まった。現在は**国内最大の自動車工業がさかんな都市**である。豊田市内には部品をつくる**関連工場**が集まり，組み立て工場に部品を納入している。完成した自動車は名古屋港から自動車専用の埠頭を使って国内外に出荷される。

静岡県の太平洋沿岸の工業地域は**東海工業地域**と呼ばれている。静岡県浜松市もかつては繊維工業がさかんで，織物機械をつくる技術が発達していた。第二次世界大戦後はオートバイや**自動車**の生産が行われているほか，スマートフォンなどに使われる光学製品をつくる企業も拠点を置いている。また，**ピアノ**などの楽器生産がさかんで，日本一の生産地となっている。

	金属	機械	化学	食料品	繊維	その他
中京工業地帯　計55兆1211億円	9.1%	69.2	6.1	4.8	0.8	
東海工業地域　計16兆2569億円	7.9%	50.6	10.8	14.5	0.7	

(2016年)　(「日本国勢図会」)

⬆中京工業地帯と東海工業地域の工業出荷額の内訳

長野県諏訪盆地では，かつて製糸業がさかんだったが，衰えると，機械工業が始められ，第二次世界大戦中に東京などから移転してきた機械工場の技術もいかして**精密機械工業**さらに**電気機械工業**が発達した。

4 中部地方の観光業

岐阜県白川郷や富山県五箇山には昔ながらの**合掌造り**の集落が残されている。合掌造りの集落は世界文化

データFILE

静岡県で生産がさかんな工業製品

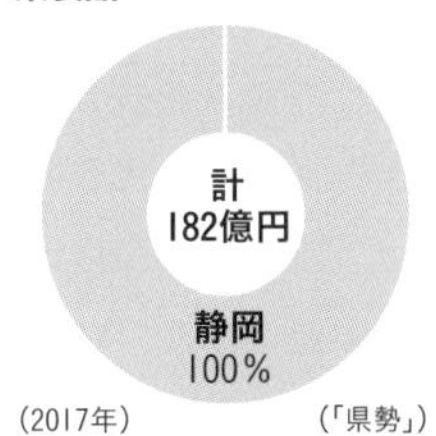

(2017年)　(「県勢」)

⬆ピアノの生産割合

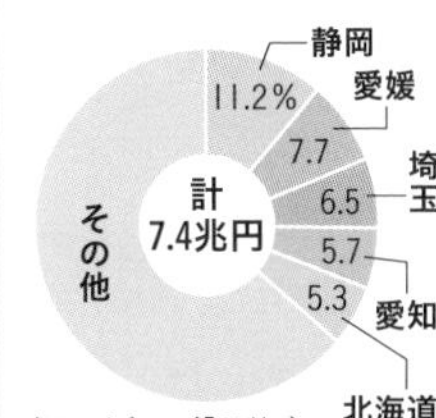

(2017年)　(「県勢」)

⬆パルプ・紙・紙加工品の生産割合

参考

静岡県の工業都市

富士川が流れ，水資源にめぐまれている富士市や富士宮市では，製紙・パルプ工業が発達している。そのため，製紙・パルプ工業の工業出荷額は静岡県が日本一である。また，静岡市ではプラモデルの生産もさかんで，その出荷額は日本一である。

(ピクスタ)

⬆長野県の妻籠宿

遺産に登録されており，毎年多くの観光客が訪れる。

中央高地には，妻籠宿や奈良井宿など江戸時代に交通の要所として栄えた**宿場町**の町並みが現在でも残っている。また，福井県小浜市や石川県金沢市なども歴史的な町並みを残している。

世界文化遺産に登録された**富士山**も観光客が増えたため，富士山の環境保全や登山者へのマナーの呼びかけが必要になっている。

雄大な自然ときれいな空気を楽しめる長野県の上高地は，毎年夏に多くの観光客が集まるが，自家用車の乗り入れを規制するなど環境に配慮した対策がとられている。

（ピクスタ）

⬆上高地の風景

なぜ？

福井県に原子力発電所が多い理由

若狭湾沿岸に原子力発電所が集中している理由は，いくつかある。

- 地盤が安定しているとされている。
- 冷却用の水を海から得ることができる。
- 人口の少ないところに建設することが法律で定められている。

5 原子力発電所の議論

中部地方には，新潟県柏崎市・刈羽村，石川県志賀町，福井県敦賀市，美浜町，おおい町，高浜町，静岡県御前崎市の7か所に**原子力発電所**がある。地元には国や発電所から財政面での援助がなされるものの，事故が起こった際の放射性物質の影響ははかりしれない。2011年の東日本大震災での福島第一原子力発電所の事故以降，原子力発電所の稼働の是非や安全性について議論がある。

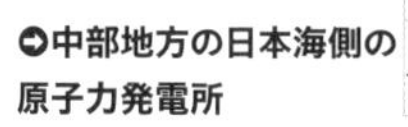

➡中部地方の日本海側の原子力発電所

3 中部地方の伝統産業・地場産業

1 伝統産業

江戸時代，加賀藩の城下町であった金沢市は，加賀藩による奨励もあり，金箔工芸や九谷焼などの陶磁器，加賀友禅などの伝統的工芸品が多くつくられてき

（伝統的工芸品産業協会）

⬆金沢箔の工芸品

た。他にも，雪の上にさらすことで染め模様を仕上げる新潟県の小千谷ちぢみや石川県の輪島塗，福井県の越前和紙など，各地域独自の技術が受け継がれてきた。

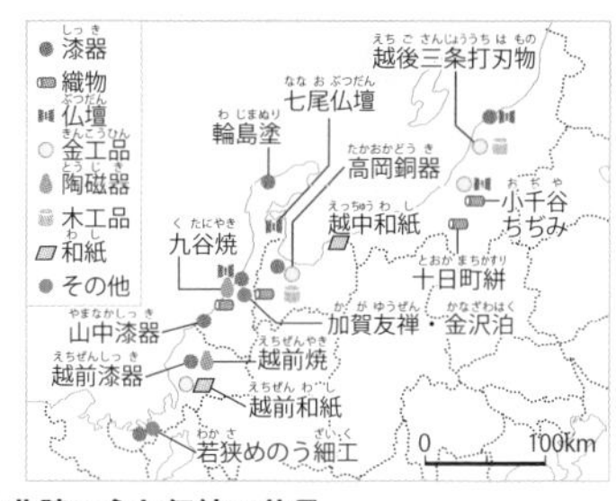

⬆北陸の主な伝統工芸品

2 北陸の地場産業

冬の降雪量が多い北陸は，冬に農作業を行うことが難しかったため，人々は副業で生計を補っていた。こうして，漆器や織物などをつくる**地場産業**が発達した。金属加工が発達した新潟県燕市では，その技術を使ってナイフやフォークなどの洋食器や機械部品などが生産されている。

日本の**眼鏡フレーム**生産量の約９割を占めている福井県鯖江市の眼鏡産業も冬の農家の副業から始まったものである。現在では，国内だけでなく，世界の生産量の約２割を占めるほどにまでなっている。眼鏡製造の技術をいかし，精密機器などの生産に進出する企業も出てきている。富山県ではアルミの精錬・加工がさかんで，現在でも輸入したアルミニウムでアルミサッシなどが生産されている。

用語解説

地場産業と伝統産業
古くからの技術や地元でとれる原材料などをいかし，地域と結びついて発展してきた産業を地場産業といい，そのうち近代以前から現代まで日常生活で使われてきた伝統的工芸品を生産する産業を伝統産業という。

思考力UP

Q. 富山県でアルミ工業が発達したのはなぜ？

Hint アルミ工業には大量の電力が必要。富山県は豊富な水が得られることを考えてみる。

A. 水力発電によって安定した電力と工業用水が得られるため。

富山県には黒部川などの豊富な水源があり，水力発電所が多く建設された。安定した電力と工業用水が得られる地であったからこそ，アルミ工業が発達したのである。第二次世界大戦後，経済発展に伴って起こった建設ブームに乗って，アルミ工業は発展していった。

⬆黒部ダム

CHECK
確認問題

第４章

日本の諸地域①

問題　各問いに答えましょう。また，（　）に当てはまる語句を選びましょう。

❶ 九州南部に広く分布する，火山の噴火による噴出物が積もってできた台地を何というか。

❷ 四大公害病のうち，八代海沿岸で発生した公害病を（イタイイタイ病　水俣病）という。

❸ 1901年に現在の福岡県北九州市につくられた官営の製鉄所を何というか。

❹ 宮崎平野や高知平野でさかんな，ビニールハウスを利用して農作物の栽培・出荷時期を早める農業を何というか。

❺ 岡山県倉敷市と香川県坂出市を結ぶ橋は，（瀬戸大橋　明石海峡大橋）である。

❻ 中国・四国地方の山間部の過疎地域などでみられる，65歳以上の高齢者が人口の過半数を占める集落を何というか。

❼ 西陣織や京友禅などの伝統的工芸品が有名な都道府県はどこか。

❽ 1995年に発生した，兵庫県を中心に大きな被害をもたらした地震を何というか。

❾ 大阪府の千里地区のように，都市郊外に，計画的に建設された住宅団地や市街地を何というか。

❿ 飛驒山脈・木曽山脈・赤石山脈を総称して何というか。

⓫ 工業出荷額が日本最大の，愛知県を中心に広がる工業地帯を何というか。

（フォト・オリジナル）

⓬ 洪水の被害が多かった濃尾平野南部につくられた，周りを堤防で囲んだ右の写真のような集落を何というか。

解答

❶ シラス台地（シラス）
❷ 水俣病
❸ 八幡製鉄所
❹ 促成栽培
❺ 瀬戸大橋
❻ 限界集落
❼ 京都府
❽ 阪神・淡路大震災（兵庫県南部地震）
❾ ニュータウン
❿ 日本アルプス（日本の屋根）
⓫ 中京工業地帯
⓬ 輪中

第4章 SECTION 5

関東地方の様子

関東地方は，1都6県からなる地方である。なかでも東京都は日本の政治・経済，文化の中心地で，関東地方の各県だけでなく，全国の各道府県，世界各国との結びつきが強い。ここでは，東京都を中心とした関東地方の様子や産業，人々の暮らしなどをみていこう。

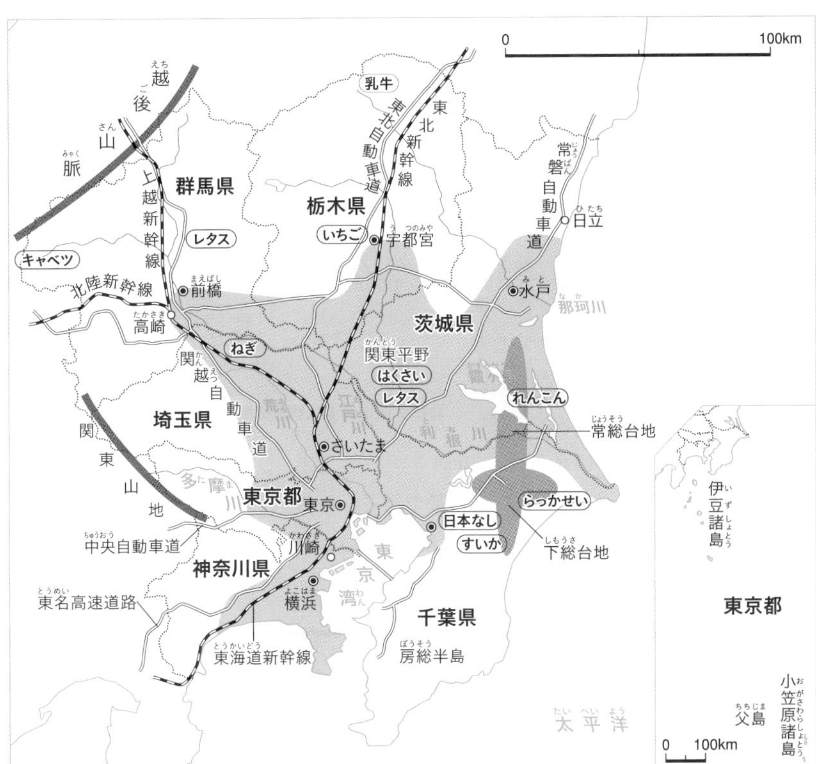

1 関東地方の自然と気候

関東地方は，本州の東部に位置し，1都6県からなっている。伊豆諸島や小笠原諸島，日本最南端の沖ノ鳥島，最東端の南鳥島はいずれも東京都に属する。

1 関東地方の地形

関東地方には，日本で最も広い**関東平野**があり，その周囲には越後(えちご)山脈や関東山地などが連なっている。関東平野には，**関東ローム**と呼ばれる赤土に覆(おお)われた台地が広がる。また，流域面積が日本最大の**利根川(とねがわ)**が流れており，中流・下流には低地が広がる。台地は，水を得にくいため畑作などに利用され，低地は水田地帯や住宅地などが広がる。

くわしく

小笠原諸島

東京都中心部から約1000km南の太平洋上にある島々。父島(ちちじま)と母島(ははじま)を中心に，多くの島々があり，周辺にはさんご礁(しょう)が広がる。豊かな自然が残されており，2011年には世界自然遺産(いさん)に登録された。

2 関東地方の気候

関東地方の内陸の地域では，冬と夏の気温差が大きい。冬には北西からふく**季節風**が越後(えちご)山脈などにぶつかり雪や雨を降らせたあと，冷たく乾(かわ)いた風（**からっ風**）となって関東平野にふきおろすため，乾燥(かんそう)した晴れの日が続く。夏は蒸し暑く山沿いの地域では雷雨(らいう)が発生しやすくなる。いっぽう，海沿いの地域では近海を流れる黒潮（日本海流）の影響(えいきょう)で冬でも比較(ひかく)的温暖である。東京都に属する小笠原(おがさわら)諸島は，沖縄と同緯度(いど)にあるため，亜熱帯(あねったい)の気候で一年中暖かい。

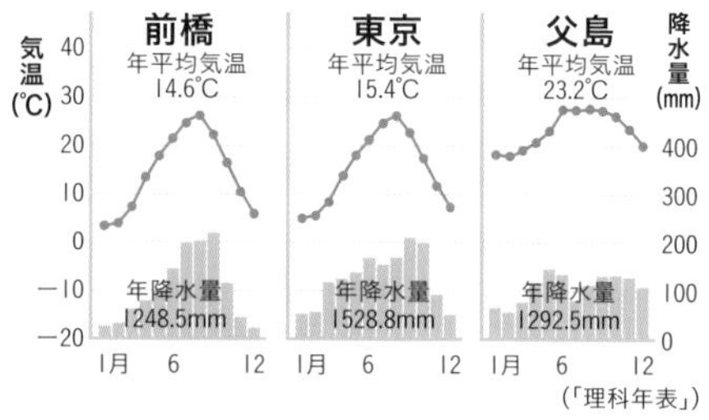

関東地方の主な都市の雨温図

思考力UP

Q. 関東地方に赤土が積もっているのはなぜ？

Hint 関東平野の周辺には多くの火山があることから考えてみる。

A. 火山の噴火による火山灰が降り積もったため。

関東平野でみられる赤土は，関東ロームと呼ばれている。関東ロームは，富士山，浅間山，箱根山(はこねやま)などの噴火による火山灰が関東平野の台地や，丘陵(きゅうりょう)地に降り積もってできた。火山灰に含まれる鉄分が長い時間をかけて風化し，酸化(さんか)したことによって赤くなった。

（ピクスタ）

関東ローム…上の赤い層。

東京都や神奈川県などの都市の中心部では，周りの地域よりも気温が高くなる**ヒートアイランド現象**がみられる。これは，自動車や建物からの排出熱（はいしゅつ）や，アスファルトの舗装（ほそう），建物の集中が原因である。

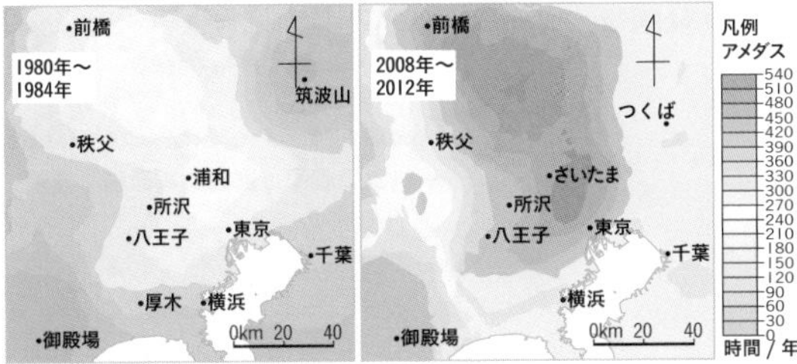

関東地方における30℃以上の合計時間数の分布（5年間の年間平均） （環境省資料）

住宅地や畑が広がる関東平野
（東阪航空サービス／PPS通信社）

	面積（km²）	人口（万人）	農業生産額（億円）	工業出荷額（億円）
茨城県	6097	287.7	4967	123377
栃木県	6408	194.6	2828	92793
群馬県	6362	195.2	2550	90985
埼玉県	3798	733.0	1980	137066
千葉県	5158	625.5	4700	121895
東京都	2194	1382.2	274	79116
神奈川県	2416	917.7	839	180845
合計	32433	4335.9	18138	826077

（面積と人口は2018年，農業生産額と工業出荷額は2017年） （「県勢」）

2 関東地方の産業

1 関東地方の農業

関東地方の人口は日本の総（そう）人口の約３分の１を占（し）めており，日本で最も人口が多い地域となっている。そのため，東京を中心とする大消費地に向けた**近郊農業**（きんこう）がさかんである。埼玉，茨城，千葉などの各県でさかんに行われており，大都市に住む人々に新鮮（しんせん）な野菜を提供している。また，高速道路網（もう）が整備さ

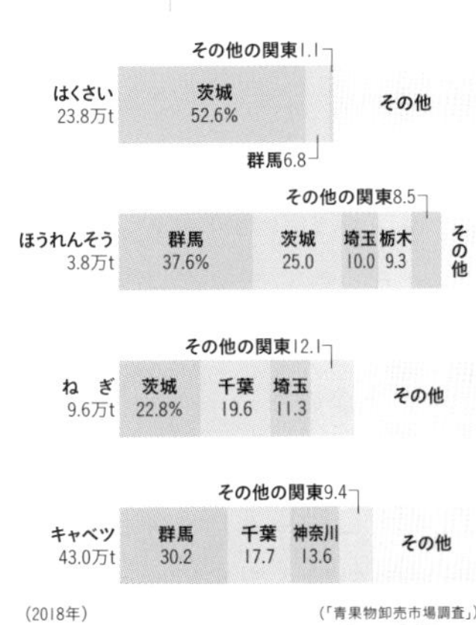

関東地方で消費される野菜の産地

れ，保冷車を利用できるようになり，遠く離れた地域に農作物を出荷する**輸送園芸農業**がさかんに行われるようになった。群馬県嬬恋村をはじめとする山間部では，夏でも涼しい気候を利用してレタスやキャベツなどの**高原野菜**の抑制栽培が行われている。冬でも暖かい千葉県の房総半島南部や神奈川県の三浦半島では，都市部に向けて生花や野菜が一年中生産される。

(Cynet Photo)
⬆キャベツの収穫（群馬県嬬恋村）

2 関東地方の畜産業

茨城県，千葉県，栃木県，群馬県では畜産業がさかんである。栃木県は酪農がさかんで，乳牛の飼育頭数は全国有数である。茨城県，千葉県は卵用にわとり，群馬県は豚の飼育がさかんである。生産された乳製品や卵は，**東京大都市圏**（→p.188）へ出荷される。

3 関東地方の工業

京浜工業地帯は東京都，神奈川県，埼玉県にまたがる工業地帯である。東京は，政治・経済，文化の中心地で，多くの情報が集まり出版物が多いため，**印刷業**がさかんである。また，東京湾沿岸の埋立地には，石油化学コンビナートや製鉄所が立ち並ぶ。千葉県の臨海部には**京葉工業地域**が形成されていて，船で海外から輸入した原油を原料とした製油や石油化学工業がさかんである。工業生産額は機械工業よりも化学工業・金属工業の割合が高い。

いっぽう，群馬県や栃木県，茨城県では，関越自動車道や東北自動車道沿いに**北関東工業地域**が形成され，機械類や自動車関連の工場が多く集まっている。2011年に北関東自動車道が全線開通してからは，茨城県の日立港や常陸那珂港から効率的に製品を輸出できるようになった。

データFILE

印刷・同関連業の工業生産額割合

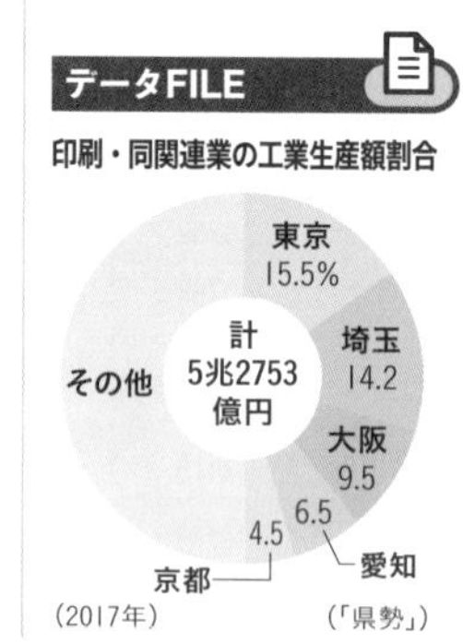

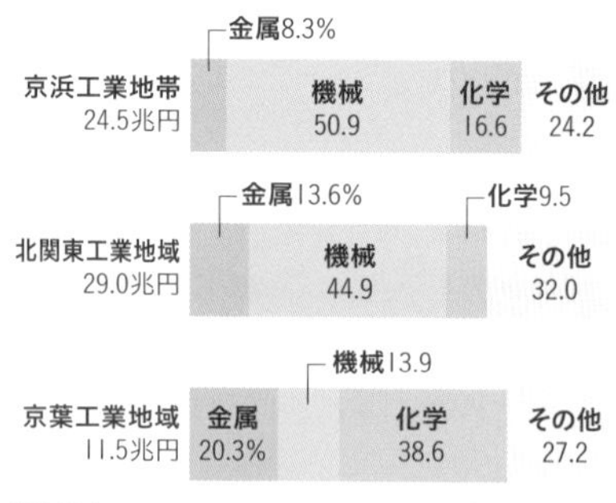

⬆関東地方の工業地帯・地域別生産額の割合

また，茨城県には鹿嶋市を中心に，**鹿島臨海工業地域**が広がっている。この地域は，かつては砂浜が広がるだけの海岸だったが，砂浜を掘り込んで港がつくられた。周りには製鉄所や石油化学コンビナートが建設され，鉄鋼業と石油化学工業を中心に発展し，一大工業地域へと成長した。茨城，栃木，群馬，埼玉各県の高速道路周辺などに工業団地が多くみられる。

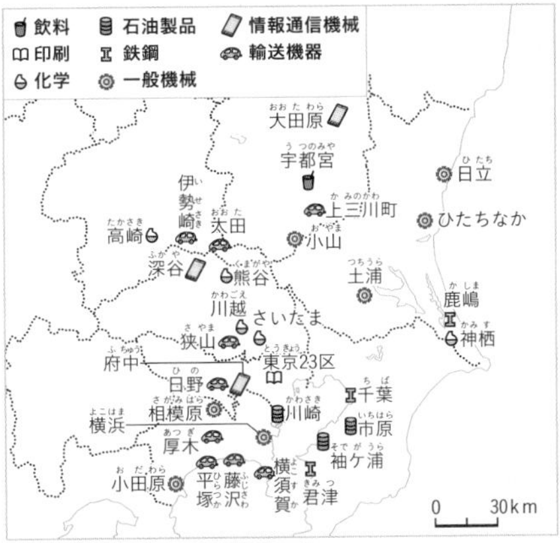

⬆関東地方の主な工業都市

4 関東地方の商業

関東地方は，東京大都市圏を中心に日本最大の消費地である。そのため，大型ショッピングセンターや百貨店などの商業施設が数多く立地しており，商業に携わる人も非常に多い。また，東京湾岸などの交通網の発達した地域につくられた**物流センター**や卸売市場は，国内外の物資を扱い，日本の商業を支えている。

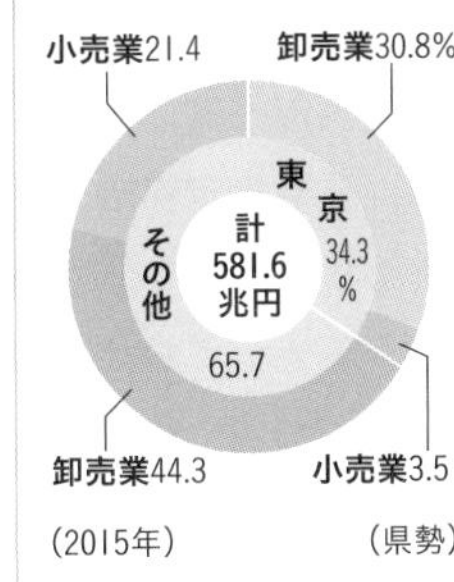

⬆卸売業・小売業の年間販売額に占める東京都の割合

5 人口集中による産業

東京大都市圏には，テーマパークや美術館，展示場といった施設が数多くある。これらの施設には国内だけでなく，海外からの観光客もたくさん訪れる。このように観光業が発達した東京大都市圏は，サービス業の比率が高いことが特徴である。

また，東京には世界中から膨大な情報が集まるため，多くのテレビ局や出版社などの企業がある。インターネットなどの通信技術を利用した**情報通信技術（ICT）関連産業**や，アニメーションなど映像作成に関する産業も発達している。

3 首都，東京と拡大する大都市圏

1 首都，東京

東京は，中世以降に開発が進み，徳川家康によって江戸幕府が置かれ日本の政治の中心地となった。明治政府は，江戸を東京と改称し日本の首都に定めた。現在，東京は国会議事堂や主な中央官庁，最高裁判所などの国の中枢機能や大企業の本社が集中する日本の政治・経済の中心地である。関東地方は東京都の都心から神奈川県・千葉県・埼玉県・茨城県にかけて広がる**東京大都市圏**を中心に発展をとげてきた。

2 過密化が進む東京大都市圏

東京大都市圏には，特別区である東京23区や，**政令指定都市**の千葉市，川崎市，横浜市，相模原市，さいたま市がある。そのため，多くの人やもの，機能が集まっており，**過密化**が進んでいる。その影響で，ごみ問題や住宅不足，交通渋滞など多くの都市問題が発生してきた。そのため，東京の中心部に住むのを避けて，千葉県や埼玉県などに住む人が増える**ドーナツ化現象**が深刻になった時期もあったが，現在は東京の中心部で再開発が進んだことから，中心部に人口が戻る**都心回帰現象**がみられるようになった。

3 拡大する大都市圏

第二次世界大戦後，東京に人口が集中し，住宅地不足のため地価が高くなった。その後，住宅地の開発が郊外へ広がり，計画的に建設された**ニュータウン**（→p.169）ができて，東京の周辺部にも人口が増加した。また，東京都心には，会社や学校が多いため，郊外や他の都道府県から通勤・通学する人が多い。都心

用語解説

東京大都市圏
日本の三大都市圏のひとつ。都心から約50km～70kmの範囲で経済的にふかく結びついた地域のこと。

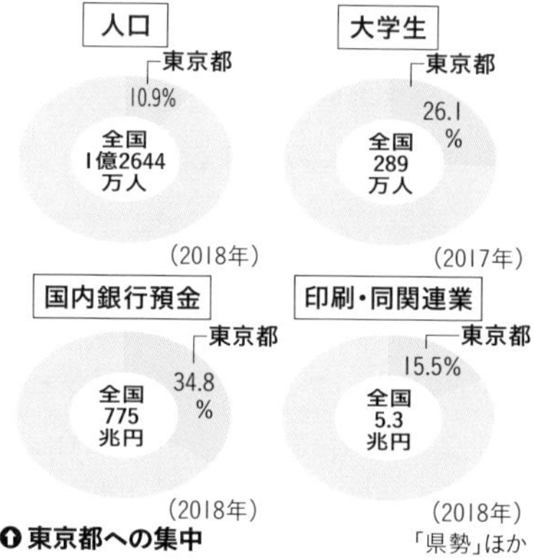

⬆東京都への集中
「県勢」ほか

くわしく

特別区
東京23区がこれにあたる。各区が一般の市町村と同じような役割をもつ地方公共団体。

参考

都心と副都心
政治や経済，文化の中心となる重要な施設が集中する地区を都心という。東京都の千代田区，港区，中央区などが都心にあたる。
また，都心の機能を分担する地区を副都心という。東京都では，新宿や渋谷，池袋，臨海部などが副都心にあたる。

第1章 世界と日本の地域構成
第2章 世界の諸地域
第3章 日本の姿・世界の姿
第4章 日本の諸地域

には昼間に多くの人が集まるので，昼間人口が夜間人口よりも多くなる。逆に郊外では，夜間人口が昼間人口よりも多くなる。

都心と郊外を結ぶ鉄道の発着点となる新宿や池袋などの駅は**ターミナル駅**と呼ばれ，交通の拠点としてたくさんの人々に利用されており，朝夕のラッシュ時には非常に混雑する。そこで，東京都心に集中していた機能を分散させるために，郊外の**再開発**が進められた。茨城県つくば市には，1970年代に東京の大学や政府の研究機関が移転してきて，筑波研究学園都市が形成された。1980年代から，横浜市の臨海部の**「みなとみらい21」**の開発や，さいたま市の**「さいたま新都心」**の開発などが進められた。また，近年は東京の晴海地区をはじめとする都心の再開発も進んでいる。

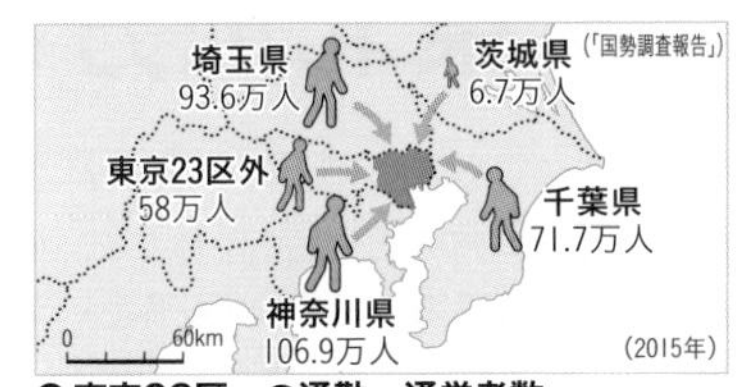

東京23区への通勤・通学者数

東京23区の昼夜間人口…数値は夜間人口を1.0としたときの昼間人口の割合。

（東阪航空サービス／PPS通信社）

「みなとみらい21」地区

4 東京大都市圏の交通

高速道路や鉄道などが東京を中心に放射状に発達しており，東京は国内の各地とつながっている。航空網も東京国際空港（**羽田空港**）を中心に，日本各地の空港と結ばれている。さらに，東京国際空港と**成田国際空港**（千葉県）によって世界各地とも結ばれており，たくさんの人々に利用されている。これらの空港は，貿易港として貨物の輸送も行われているが，とくに成田国際空港は日本最大の貿易港である。そのほかにも，東京の周辺には東京港，横浜港，川崎港，千葉港など日本有数の貿易港が数多くある。

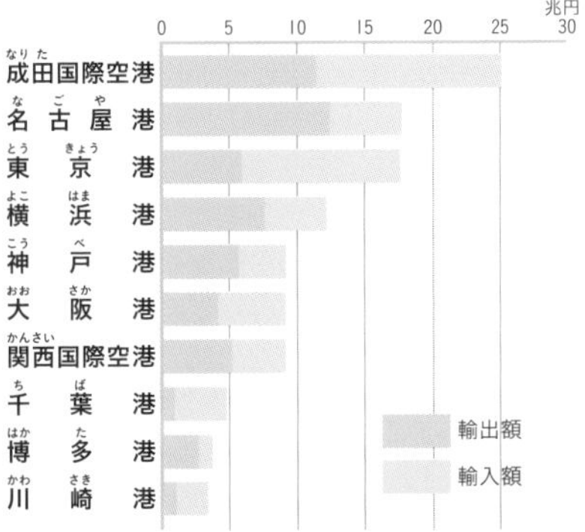

日本の主な港の貿易額（2018年）（「日本国勢図会」）

東北地方の様子

東北地方は本州の北東部に位置する。稲作や果樹栽培など農業がさかんなイメージが強いが，近年，交通網の整備により各地に工場が進出し，工業も発達してきている。
東北地方の自然や産業，文化についてくわしくみていこう。

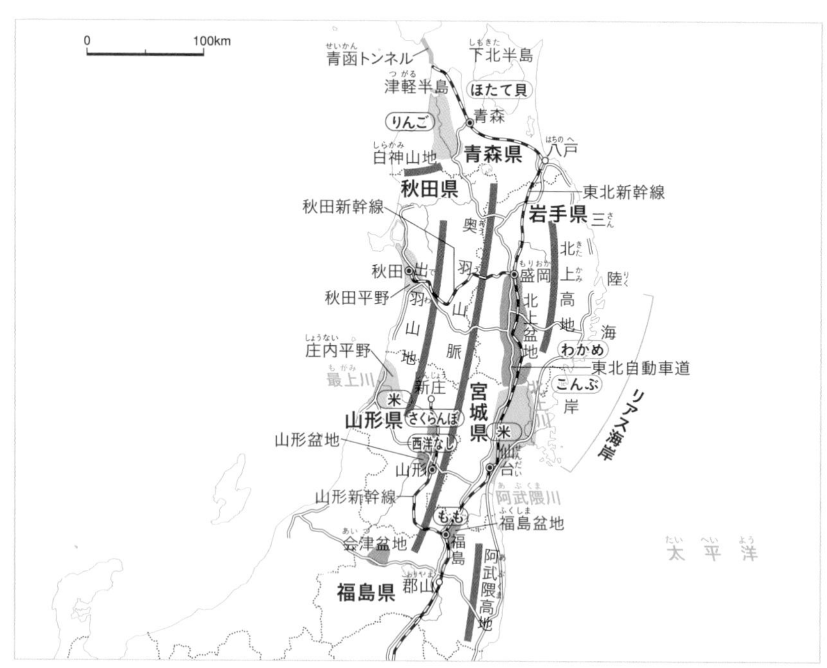

1 東北地方の自然と気候

本州の最北端にある東北地方には，たくさんの山地・川があり，豊かな自然が残っている。また，日本有数の穀倉地帯であり，果樹栽培もさかんである。

1 東北地方の地形

東北地方の中央には，険しい**奥羽山脈**が南北に連なっている。日本海側には**出羽山地**，太平洋側には比較的平坦な**北上高地**が奥羽山脈に並行して連なっている。青森県と秋田県の県境には，世界自然遺産に登録されている**白神山地**が広がっている。また，鳥海山・磐梯山などの火山が点在し，十和田湖のように火山の爆発や噴火によってできた湖もある。

南北に連なる山地や山脈からは，大きな川が流れ出し，盆地や平野を形成している。**北上川**流域に北上盆地や仙台平野，雄物川流域には秋田平野，**最上川**流域に山形盆地や庄内平野などが広がる。

太平洋側の三陸海岸南部では，湾と岬が複雑に入り組んだ**リアス海岸**がみられる。

2 東北地方の気候

東北地方は本州のほかの地域と比べて緯度が高く，全体的に冬の寒さが厳しい。東北地方の気候は，奥羽山脈を境に太平洋側（東側）と日本海側（西側）の気候に分かれる。日本海側では，夏になるとフェーン現象が起こり，気温が上昇することがある。いっぽう，冬になると，北西の**季節風**が暖流の対馬海流の上を通って冷たく湿った空気を運ぶため，雪が多く降る。太平洋側では，初夏から夏にかけて**やませ**と呼ばれる北東の冷たく湿った風が吹き，日照時間が不足して気温が下がり，冷害が発生することがある。

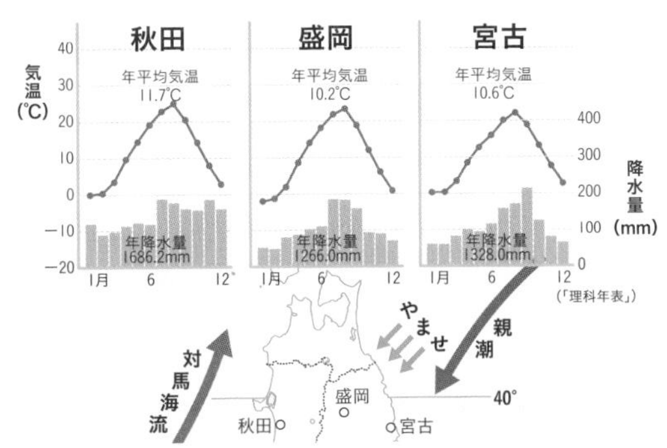

⬆東北地方の主な都市の雨温図

（フォト・オリジナル）
⬆三陸海岸のリアス海岸
…典型的なリアス海岸が続く。

参考

フェーン現象
山脈をこえてふく風がふき下りるときに風下側で高温になる現象。夏に南東からの季節風が太平洋側で雨を降らせた後，山脈を越えて日本海側に高温で乾いた風をもたらす。

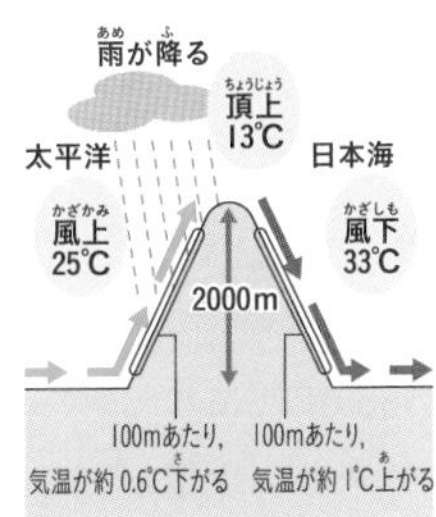

⬆フェーン現象のしくみ

	面積(km^2)	人口(万人)	農業生産額(億円)	工業出荷額(億円)
青森県	9646	126.3	3103	19361
岩手県	15275	124.1	2693	25432
宮城県	7282	231.6	1900	44953
秋田県	11638	98.1	1792	13898
山形県	9323	109.0	2441	29215
福島県	13784	186.4	2071	51571
合計	66948	875.5	14000	184430

(面積と人口は2018年，農業生産額と工業出荷額は2017年)　(「県勢」)

四国 3.0
東海 5.9
北海道 6.6
近畿 6.7
中国 6.9
九州・沖縄 10.6
北陸 14.1
※関東・東山 18.7
東北 27.5%
計 778万t
(2018年)　(「日本国勢図会」)

⬆米の地方別生産割合
※東山とは，山梨県と長野県のこと

2 東北地方の産業と交通

1 東北地方の稲作

東北地方の平野や盆地では，昔から稲作がさかんだった。庄内平野・仙台平野・秋田平野などが代表的な産地である。東北地方の米の生産量は，全国の4分の1以上を占めており，北陸とともに日本の穀倉地帯である。

太平洋側では初夏から夏にかけて，**やませ**(→p.191)がふくと，**冷害**が起こり，不作となることがある。1993年は，沖縄県を除く日本全国で異常気象が発生し，東北地方の太平洋側で冷害が発生した。この冷害をきっかけとして，当時宮城県で開発されていた「ひとめぼれ」など，寒さに強い品種の栽培が広がった。

⬆東北地方各県の主な銘柄米の作付面積
(2018年)　(農林水産省)

2 稲作をめぐる動き

1960年代になると，日本人の食生活が変化するにつれて米の消費量が減り，米が余るようになった。そのため政府は，1970年から米の生産量を減らす**減反政策**(**生産調整**)をはじめ，稲作から大豆・そばなどの農作物への**転作**や，耕作を休む休耕などを進めた。また，農村への工場の進出にともない，農業以外にも働く機会が増えたことで，**兼業農家**(→p.136)が増加した。

銘柄米
都道府県ごとに産地や品種が登録され，とくに市場での評価が高く，銘柄がつけられた米を，銘柄米(ブランド米)という。

また，日本では，1942年から政府が主食である米の生産・流通を管理する**食糧管理制度**がとられ，農家を保護してきた。しかし，1995年に**新食糧法**が施行され，米も他の農作物と同様に市場での取り引きが自由に行えるようになった。それによって，日本産より価格の安い外国産の米が国内に輸入されるようになった。そこで，農家は他の米の産地との差別化をはかるために，米のブランド化を目指し，よりおいしい**銘柄米**（**ブランド米**）の開発に取り組んでいる。

3 東北地方のくだものづくり

東北地方の盆地や平野のへりにある傾斜地，山間から平地に川が流れ出る場所にある扇状地では，果樹栽培がさかんである。**津軽平野**を中心に栽培されている青森県の**りんご**，**山形盆地**を中心に栽培されている山形県の**さくらんぼ**（**おうとう**）は，とくに有名である。また，山形県では西洋なしの栽培もさかんである。福島盆地を中心に栽培されている福島県の**もも**は，山梨県に次ぐ生産量を誇っている。

4 東北地方の漁業

東北地方の太平洋側は，天然の良港や好漁場が多く，漁業がさかんである。南部に**リアス海岸**が連なる**三陸海岸**は，入り江が多く漁港に適しており，宮城県の気仙沼港や青森県の八戸港など水あげ量の多い漁港が点在している。また，湾内は波がおだやかなため，**わかめ**や**こんぶ**，かき，ほたて貝などの**養殖業**もさかんである。

三陸海岸の沖合いには，寒流の**親潮**（**千島海流**）と暖流の**黒潮**（**日本海流**）が出合う**潮目**（**潮境**）がある。潮目は，魚のえさとなるプランクトンが豊富なため，かつおやさんま，いわしなど，たくさんの魚が集まる好漁場となる。

データFILE

くだものの生産の割合

りんご

計 75.6万t
青森 56.6%
長野 20.3
山形 6.4
岩手 5.4
福島 3.7
その他 7.6

さくらんぼ

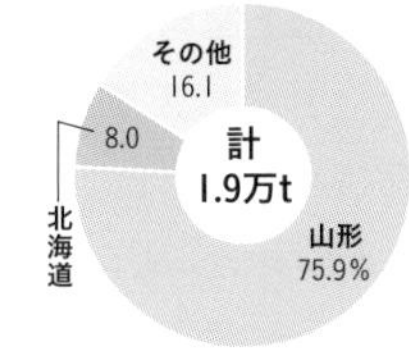

もも

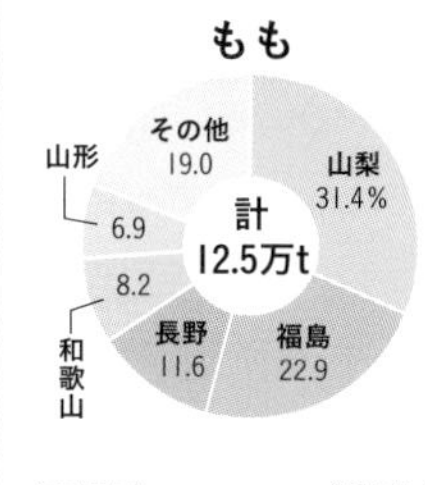

（2017年）　（「県勢」）

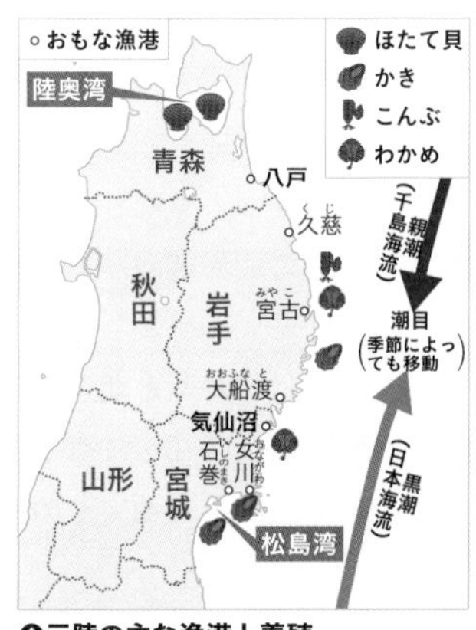

❶三陸の主な漁港と養殖

5 東北地方の工業

鉄鉱石の産地があり，鉄鋼業がさかんであった岩手県釜石市を例外として，東北地方の工業は，かつては製材業や食料品工業が中心であった。しかし高度経済成長期には，太平洋ベルトを中心として日本の工業化が進んだため，東北地方では仕事を求めて関東地方へ集団で就職する人や，農業のできない冬に**出かせぎ**に行く人が増加した。その後1970年代から1980年代にかけて，北上盆地に東北自動車道や東北新幹線が開通すると，沿線に**工業団地**がつくられ，**IC**（**集積回路**）**工場**などが進出した。その結果，冬の働き場所が生まれ，出かせぎに行く人が減少した。

現在，東北自動車道沿いの工業団地で，ICなどの半導体や電子部品をつくる**先端技術**（**ハイテク**）**産業**が発達している。また，東北地方はハイブリッドカーなどをはじめとする自動車工業もさかんである。

（フォト・オリジナル）

↑高速道路のインターチェンジ付近につくられた工業団地

6 東北地方の都市と交通

宮城県の県庁所在地である仙台市は，人口が100万人を超える東北地方の地方中枢都市であり，政令指定都市にも指定されている。

東北地方と関東地方は，東北・秋田・山形新幹線や，東北・秋田・山形自動車道などの交通網の発達によって結びついている。また，東北自動車道や東北新幹線が開通した結果，交通の便がよくなり，関東地方やその他の地方からの観光客が多く訪れるようになった。

1988年には青森県と北海道を結ぶ**青函トンネル**が開通し，2016年には北海道新幹線が開業した結果，北海道地方との結びつきも強まった。

↑東北地方の交通網（2019年12月現在）

3 東北地方の伝統産業と文化

1 東北地方の伝統産業

東北地方では，農作業が難しい冬の間の家内労働として，地元の森林・鉱産資源を利用した工芸品がつくられ，伝統産業が発達した。東北地方には，漆器の**津軽塗**（青森県）や**会津塗**（福島県），木工品の**天童将棋駒**（山形県）などをはじめとするさまざまな**伝統的工芸品**が現代に受け継がれている。

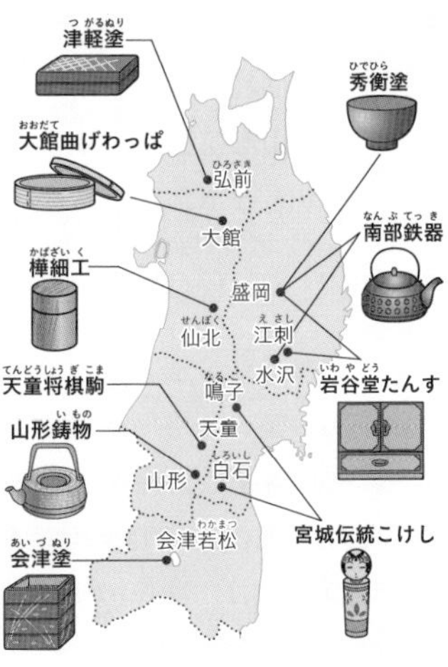

東北地方の主な伝統的工芸品

2 東北地方の祭りと伝統行事

東北地方の各地には，地域の特色を色濃く反映した祭りや伝統行事が今も受け継がれており，国の**重要無形民俗文化財**に指定されているものも多い。秋田県の男鹿半島では，毎年大みそかの夜に**なまはげ**という伝統行事が行われる。また，秋田県横手市や盛岡市で毎年２月に行われる，かまくらも有名である。毎年８月に開催される秋田市の**秋田竿燈まつり**は，米の豊作を祈る祭りであり，岩手県滝沢市で開催される**チャグチャグ馬コ**は，昔の農作業に不可欠であった馬をねぎらうための祭りである。このような祭りには，冬の寒さの厳しい東北地方において米の豊作を願う人々の祈りが込められている。竿燈まつりに加えて，**青森ねぶた**

なまはげ

秋田竿燈まつり　（フォト・オリジナル）

青森ねぶた祭　（Cynet Photo）

祭（青森市）・**仙台七夕まつり**（仙台市）は，東北三大祭りと呼ばれ，東北地方の重要な観光資源になっている。また**山形花笠まつり**（山形市）をくわえて，東北四大祭りと呼ぶこともある。

3 東北地方の歴史的な遺産

東日本大震災が発生した2011年には，平安時代に奥州藤原氏の築いた寺院や遺跡群のある**平泉**（岩手県）が世界文化遺産に登録され，被災した人々の心を勇気づけた。東北地方では他にも2009年に，早池峰神楽（岩手県花巻市），秋保の田植踊（仙台市秋保），大日堂舞楽（秋田県鹿角市）の三つの伝統芸能が，2018年には男鹿のナマハゲ（秋田県男鹿市）がユネスコの**無形文化遺産**に登録された。

(中尊寺)

↑中尊寺金色堂

岩手県の平泉は，平安時代に奥州藤原氏の拠点であった。内部が金箔ではられた中尊寺金色堂は，当時の繁栄をうかがわせる。

↑仙台七夕まつり

↑山形花笠まつり

(Cynet Photo)

Episode

東北地方の稲作と伝統的な食文化

米の生産量が全国の４分の１以上を占める東北地方では，秋田県のきりたんぽや宮城県のずんだ餅など，米を使ったさまざまな郷土料理がある。

全体的に寒さが厳しい東北地方では，寒さに強いそばや小麦の生産もさかんに行われてきた。岩手県の郷土料理であるわんこそばは，とくに有名である。

↑きりたんぽ鍋

(TCA/PPS通信社)

↑ずんだ餅

(ピクスタ)

4 東北地方の課題

1 東北地方のかかえる課題

近年問題となっているのが，少子高齢化に伴う人口減少である。また，高速道路や新幹線が通っていない，交通が不便な農村部から都市部に人口が流出することで，**過疎化**も進んでいる。

ほかにも，現在まで大切に受け継がれてきた伝統産業だが，伝統的工芸品の材料となる資源の不足や，大量に生産された価格の安い製品や海外からの輸入品との競争などの課題もかかえている。

また，少子高齢化による職人の高齢化や後継者不足の問題もある。その対策として，後継者の訓練校を設置するなどして，その育成に取り組んでいる。

データFILE

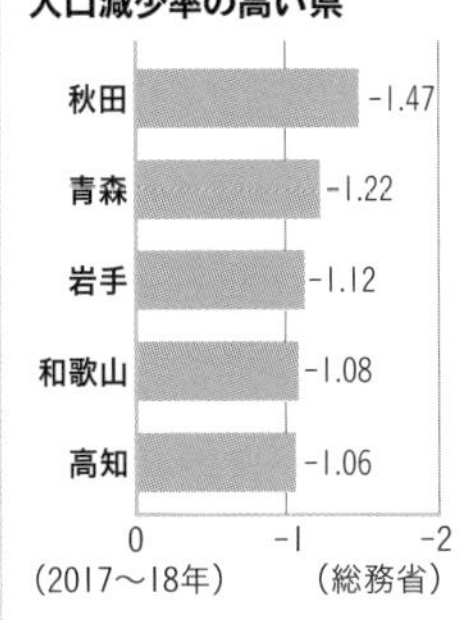

人口減少率の高い県

県	人口減少率
秋田	-1.47
青森	-1.22
岩手	-1.12
和歌山	-1.08
高知	-1.06

（2017〜18年）（総務省）

2 東日本大震災の影響と復興

東北地方には，関東地方へ電力を供給するために，数多くの原子力発電所が建設された。2011年に**東日本大震災**（東北地方太平洋沖地震）の津波による重大な事故が起きた**福島第一原子力発電所**もその一つである。放射性物質が大量に放出されたため，放射線量の高い地域などの住民は，自分の家を離れ，福島県内だけではなく日本各地に避難あるいは移住することを余儀なくされた。さらに，田畑や漁港も大きな打撃を受け，福島第一原発周辺の県の農作物・水産物には風評被害が広がった。2019年現在，かつおの水あげ量やわかめの生産量は，震災前の水準に回復しており，復興が進んでいる。

この事故を受けて，原子力に代わる新しいエネルギーとして，再生可能エネルギー（→p.131）への転換がはかられている。

（朝日新聞社）

↑廃炉作業が進む福島第一原子力発電所

北海道地方の様子

北海道は日本の最北端に位置し，北にはロシア連邦がある。大規模な農業が行われており，全国有数の生産量をほこる農畜産物が多い。ほかに，漁業や工業の特色についても，くわしくみていこう。

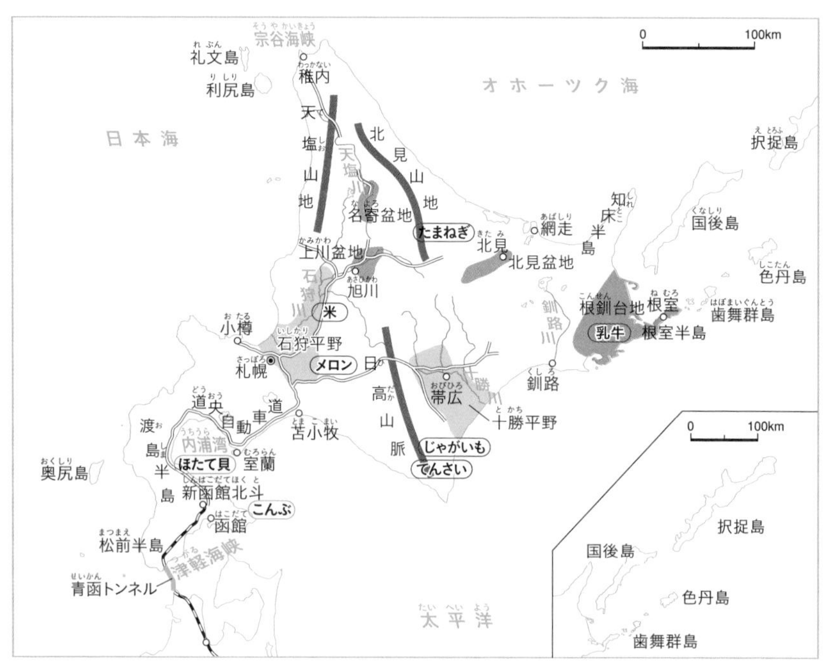

① 北海道地方の自然と気候

北海道は日本の最北端に位置する最大の都道府県で，面積は日本の総面積の約５分の１を占める。津軽海峡をはさんで本州と向き合っている。

	面積（km^2）	人口（万人）	農業生産額（億円）	工業出荷額（億円）
北海道	83424	528.6	12762	62126

(面積と人口は2018年，農業生産額と工業出荷額は2017年)　（「県勢」）

※面積は北方領土を含んだもの。

1 北海道地方の地形

北海道の中央には，北見山地，日高山脈といった険しい山地・山脈が南北に連なる。東部から羅臼岳，大雪山，十勝岳，**有珠山**など，火山も多く分布している。平野は，石狩川流域に**石狩平野**，十勝川流域に**十勝平野**などが広がる。北海道の東部に位置する十勝平野と**根釧台地**は，火山の噴出物でできた広大な火山灰が広がる土地である。**洞爺湖**や屈斜路湖は，火山の噴火によってくぼんだ土地（カルデラ）（→p.118）に水がたまってできたカルデラ湖である。このように，北海道地方の地形は，火山に大きな影響を受けている。これらの火山は，噴火によって大きな災害をもたらすこともあるが，同時に，北海道の美しい景観を生み出している。

↑洞爺湖　（ピクスタ）

2 北海道地方の気候

北海道は，**冷帯**（**亜寒帯**）に属し，冬の寒さが厳しく平均気温は氷点下になり，夏でも涼しい。梅雨の影響を受けないことが大きな特徴で，台風の接近や上陸も少ない。

中央部に大きな山地・山脈が連なっていることや，近海の海流などの影響で，北海道内でも太平洋側と日本海側，内陸部では気候が異なる。太平洋側は沖合いを寒流の**親潮**（**千島海流**）が流れているため，日本海側より平均気温が低い。また，夏には南東の湿った季節風によって**濃霧**が発生する。この濃霧によって夏でも日照時間が短くなり，気温が下がることがある。いっぽう，日本海側では沖合いを暖流（対馬海流）が流れていて，冬にはその上を北西から冷たく乾いた季節風がふいてくる。そうしてできた雪雲が中央部の大きな山々にぶつかり，雪がたくさん降る。内陸部の盆地では，とくに夏と冬の気温の差が大きい。オホーツク海沿岸では，

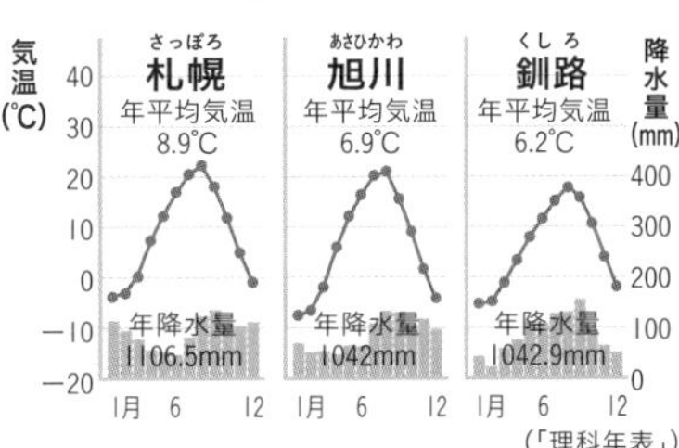

↑**北海道地方の主な都市の雨温図**…釧路など太平洋側の地域は札幌などの日本海側に比べ雪が少ない。

↑オホーツク海の流氷　（ピクスタ）

冬になると**流氷**が押し寄せる。

2 北海道地方の産業

1 北海道地方の農業

広大な土地をもつ北海道では，大規模な農業が行われている。畑作のほか，気候や土地の特色にあわせた工夫によって稲作や酪農もさかんである。

北海道では大規模な機械化農業がさかんで，農家１戸あたりの面積は，全国平均の10倍を上回る（→p.201）。高い食料自給率をほこり，整備された交通網と保冷技術の進歩によって食料品を全国へと出荷する北海道は，日本の食料庫としての役割を担っている。

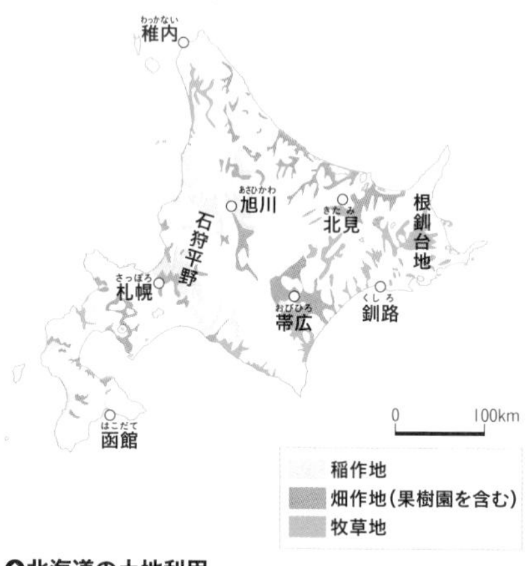

⬆北海道の土地利用

北海道は，低い気温と泥炭地が広がっている影響で，稲作には向かない地域であった。それを排水設備の整備や**客土**により，稲作を行える土地に改良し，加えて**品種改良**によって寒さに強い稲の品種をつくり出したことで，今では全国有数の稲作地帯になっている。稲作は石狩平野と上川盆地でさかんである。

用語解説 

客土
ある土地に，ほかの土地から性質の異なる土を運んできて混ぜ入れること。北海道はこれによって，稲が育つ土壌へと改良することができた。

思考力UP

Q. 北海道東部で濃霧が発生しやすいのはなぜか？

Hint 霧は，水蒸気を含んだ大気が冷やされることで発生する。では，北海道東部では何が何によって冷やされるのだろうか。

A. 季節風が親潮によって冷やされるから。
北海道東部では，夏に南東からふいてくる暖かく水蒸気を多く含んだ季節風が，寒流の親潮（千島海流）に冷やされることで濃霧が発生する。

⬆霧が発生するしくみ

畑作の中心地は，火山灰土が広がる**十勝平野**である。主に，寒さに強い**じゃがいも**や砂糖の原料になる**てんさい**，また火山灰土で栽培できる大豆やあずきなどがさかんにつくられている。土地の栄養分が失われないようにする工夫として，**輪作**が行われているのも特徴である。

酪農は，火山灰土に覆われ，夏は濃霧の影響で気温が低く，農作物の栽培に適さない**根釧台地**が中心地となっている。涼しい気候でも育つ飼料を生産し，乳牛を育ててとった乳は，バターやチーズなどの乳製品に加工され，遠い消費地に出荷されている。1950年代には，政府が根釧台地に**パイロットファーム**（**実験農場**）を建設し，酪農を行う人の援助を始めた。また，1973年から新酪農村の建設を始め，整備を行ったことで，大規模な酪農地域になった。

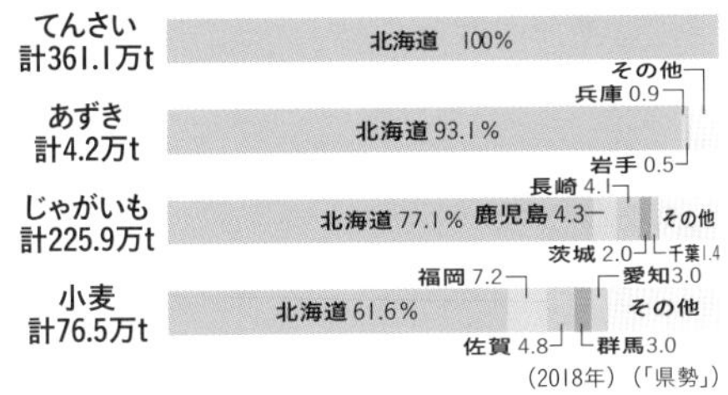

❶北海道で栽培がさかんな農作物

2 北海道地方の漁業

海に囲まれた北海道では漁業もさかんである。ロシアやアメリカに近いオホーツク海とベーリング海は世界有数の漁場で，**北洋漁業**がさかんに行われてきた。しかし，1970年代に各国が**排他的経済水域**（**EEZ**）を設定し，他国の漁獲量を制限したり，高い入漁料をとったりするようになった影響で，徐々に衰退していった。

こうしたなかで，北海道は「とる漁業」から「育てる漁業」（→p.140）への転換を進めている。

用語解説

輪作
同じ耕地に，一定の順序・年数で異なる作物を順番に栽培すること。同じ耕地で同じ作物を栽培していると，土地の栄養分が失われてしまうため，それを防ぐ目的がある。

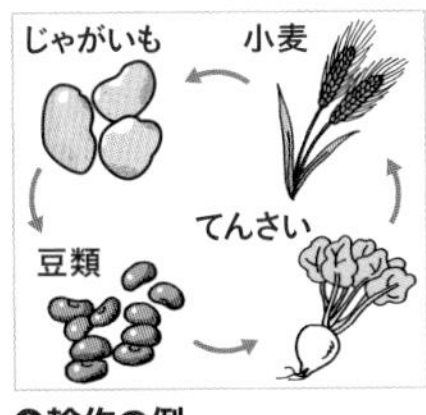

❶輪作の例

北海道
25.8ha

全体平均
2.1ha

(2017年)　　（農林業水産省）

❶農家一戸あたりの耕地面積比較

用語解説

北洋漁業
オホーツク海やベーリング海などの北太平洋海域で行われる遠洋漁業。さけやます，すけとうだら，かになどをとる。釧路港や根室港を拠点としてさかんに行われてきた。

3 北海道地方の工業

北海道では**食料品工業**がさかんで，地元でとれた農作物や畜産物，魚介類などを食料品に加工して，全国へと出荷している。帯広市では，バターやチーズなどの**乳製品**，水あげの多い根室市，釧路市などでは，缶詰や冷凍品といった**水産加工品**が生産されている。北海道で多くとれるてんさいを原材料にした菓子の製造なども行われている。

また，地元でとれる資源を利用した工業も発達している。苫小牧市や釧路市では，豊かな針葉樹林から得られる木材を使って紙などをつくる**製紙・パルプ工業**がさかんに行われ，発展してきた。室蘭市のように，北海道では，地元でとれる石炭を利用した鉄鋼業も栄えていた。しかし，1960年代のエネルギー革命によって石炭よりも石油の需要が増えたことや，原料を海外から輸入する割合が増えたこともあり，鉄鋼業や石炭産業は衰えていった。かつて炭鉱で栄えた夕張市はその影響を受け，財政難におちいった。

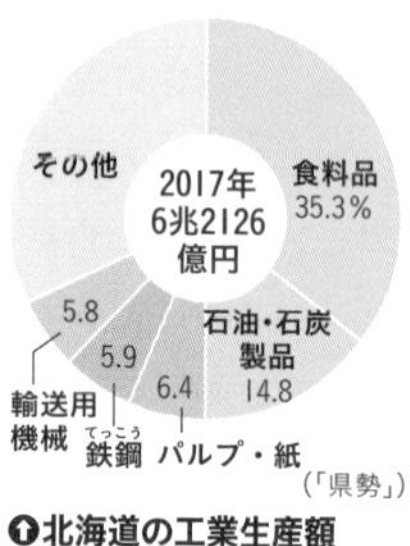

⬆北海道の工業生産額

4 北海道地方の観光業

北海道の観光資源は，その美しく雄大な自然である。また，降雪量の多さをいかして「さっぽろ雪まつり」に代表される雪まつりが各地で開催されている。オホーツク海沿岸に流れ着く**流氷**も重要な観光資源であり，オホーツク海に面した**知床半島**や網走市には，流氷を一目見ようと観光客がやってくる。南半球が夏季である11月ごろから２月ごろにかけては，オーストラリアなどから多くのスキー客が訪れる。近年，北海道を訪れる外国人観光客は増加し続けている。

⬆さっぽろ雪まつり

くわしく 

知床

オホーツク海につき出す知床半島の付近は，流氷が到達する南限の地である。また，知床は2005年に**世界自然遺産**に登録されていて，美しい自然や温泉を楽しむため多くの観光客が訪れている。

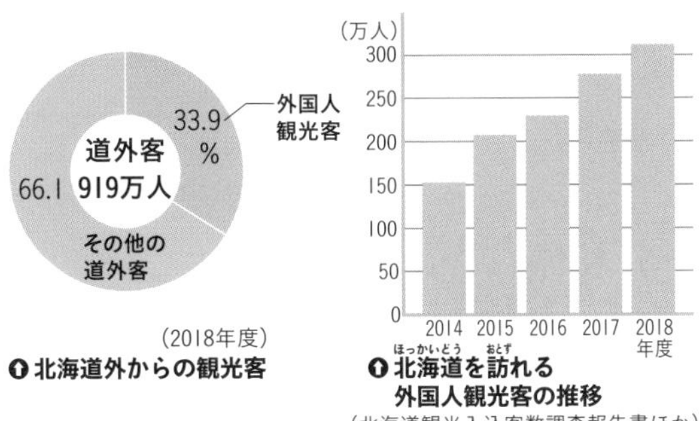

⬆北海道外からの観光客

⬆北海道を訪れる外国人観光客の推移

(北海道観光入込客数調査報告書ほか)

また，**国立公園**に指定されている全国34の公園のうち，6つの公園が北海道にあり，美しい自然環境が広がっている（2019年現在）。専門のガイドとともに自然の中でそのしくみや特色を学ぶ**エコツーリズム**，農村などに宿泊し農作業を体験できるグリーンツーリズムなど環境保護との両立を目指した新しい観光の形もみられる。

北海道の空の玄関口は，**新千歳空港**である。新千歳空港～東京国際空港（羽田空港）間の利用者数は国内線最大で，年間約900万人におよぶ。鉄道は，青森県と青函トンネルで結ばれ，また2016年には**北海道新幹線**が新青森～新函館北斗間で開業した。2030年度には，新函館北斗～札幌間も開業予定である。

用語解説

国立公園

美しい自然環境を守り，後世に伝えていくために，国が指定し保護・管理する地域。

(Cynret Photo)

⬆知床国立公園の高架木道

参考

北海道の地名

北海道の地名には，アイヌ語を起源とするものが多い。アイヌ語に漢字やカタカナをあてたため，ほかの都府県にない音の地名がある。

3 北海道地方の歴史と暮らし

1 北海道地方の歴史

北海道はかつて**蝦夷地**と呼ばれており，古くから先住民族の**アイヌの人々**が暮らしてきた。アイヌの人々は漁や狩猟，採集をして生活し，自然と密着した独自の文化をもっていた。しかし，明治時代になると，政府が**開拓使**という役所を置き，各地からの移住者や警備の役割

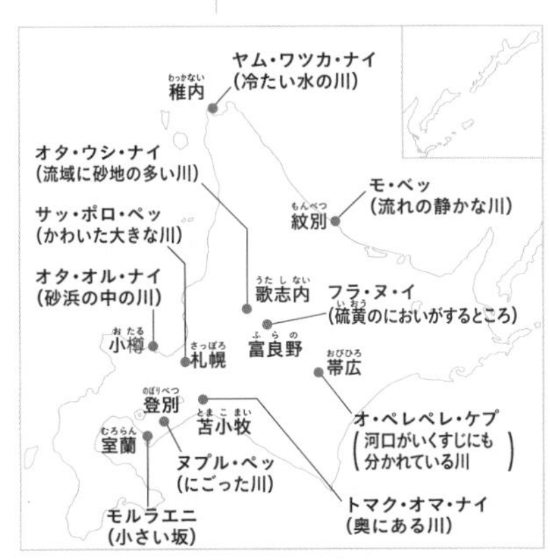

⬆アイヌ語が語源となった地名

ももつ**屯田兵**による開拓を進めていった。アイヌの人々は住む場所を失い，アイヌ語を禁止されるなど，日本の習慣や文化を強要される同化政策によって文化までもうばわれることになった。

2 北海道地方の大都市 札幌

札幌市は北海道の人口の３分の１以上が集中する大都市で，政令指定都市に指定されている。明治時代に北海道開拓の拠点として計画的につくられた都市のため，道路が碁盤の目状に区画されている。北海道のなかでもとりわけ観光客が多く，交通や観光の拠点となっている。

（ピクスタ）
⬆碁盤の目状の道路が広がる札幌の中心地

3 北海道地方の寒さ対策

北海道では，冬の厳しい寒さをしのぐための工夫があらゆるところでみられる。住宅の壁は厚く断熱性の高いものが用いられ，窓は二重になっている（二重窓）。雪の重みで家が崩壊するのを防ぐため屋根は急傾斜になっている家が多い。雪の多い地域の道路には**ロードヒーティング**という設備が採用されていて，道路の中に凍結防止のための電熱線や温水パイプなどが入っている。信号機も雪が積もりにくいように縦向きになっている。

（フォト・オリジナル）
⬆北海道の気候に合うように工夫された住宅

4 北海道地方の災害対策

活火山の多い北海道地方では，災害対策にも力を入れている。火山が噴火した際に避難情報をすばやく発信したり，避難場所・避難経路を示したハザードマップ（防災マップ）を活用して避難訓練を行うなど，災害が起こった場合に備えている。2000年に有珠山が噴火した際には，住民が避難訓練の経験をいかした行動をとり，人的な被害はなかった。有珠山と洞爺湖周辺は世界ジオパークにも認定され，環境問題や防災学習に役立てられている。

用語解説 

ジオパーク
科学的，あるいは文化的に貴重，あるいは美しい地質を含む自然公園。世界的に価値の高い世界ジオパークは日本には９か所あり（2019年現在），環境問題の教育や防災学習に役立っている。「ジオ」は大地，地球という意味。

思考力UP

北海道でよく見られる，道路標識の意味は？

北海道の気候と生活について，もっと掘り下げて考えてみましょう。

問題

北海道でよく見られる，右の写真の矢印の道路標識（ひょうしき）は，何のためにあるか，北海道の気候から考えて，簡潔（かんけつ）に書きなさい。

（ピクスタ）

この標識は，関東地方では見たことがないなぁ。

「気候から考えて」とあるから，北海道の冬の寒さや雪の多さと何か関係がありそうだね。

道路の端（はし）を指していることも，ポイントなのかもしれないね。

思考力UP ▸▸▸ 考えたことを，まとめてみよう。

上の会話文をヒントに，答えをつくってみましょう。

解答例

冬に道路が雪におおわれても，道路の端（路肩（ろかた））の位置がわかるようにするため。

北海道では，11月ごろから雪が降（ふ）り始めます。雪が積もる期間は，道路の除雪が行われますが，短い時間で大雪が降ると，除雪が間に合わない場合もあります。そこで，道路が雪におおわれても自動車を運転する人が路肩の位置がわかるように，写真の道路標識が設置されているのです。

身近な地域

地形図をみると，実際の距離やその土地の使われ方などさまざまなことがわかる。まず初めに地形図の基本的なことがらをマスターし，地形図の読み取りにも挑戦しよう。身近な地域調査では，地形図の読み取りが役立つ。

1 地形図のきまり

1 地形図の種類

地形図とは，土地の起伏や分布する建物などの様子をくわしく表した地図である。地形図を発行しているのは，国土交通省の**国土地理院**で，**5万分の1**，**2万5千分の1**，**1万分の1**の地形図がある。５万分の１や２万５千分の１といった数字は，実際の距離を縮めた割合である**縮尺**を表している。縮尺が大きい（分母が小さい）地形図のほうが狭い範囲についてくわしい情報が表されている。

⬆5万分の1の地形図「静岡」

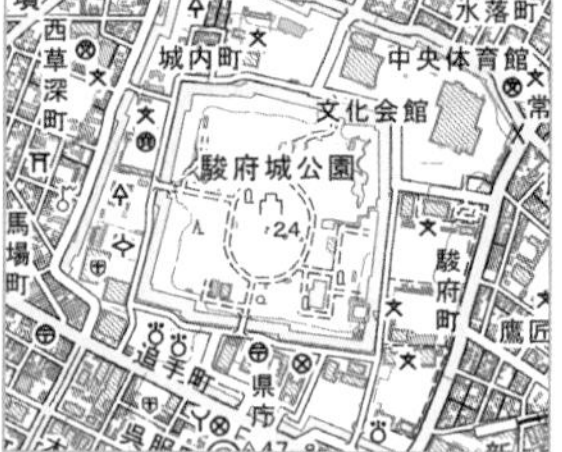

⬆2万5千分の1の地形図「静岡東部」

2 実際の距離の求め方

縮尺から実際の距離を求めることができる。求め方は，**実際の距離＝地図上の長さ×縮尺の分母**である。５万分の１の地形図上で２cmの距離であれば，実際の距離は，２(cm)×50000=100000(cm)=１kmとなる。また，地図上の長さは，**実際の距離×縮尺**で求められる。

参考

実測図と編集図

２万５千分の１の地形図は，現地での実際の測量・調査や空中写真測量などをもとに作成した地図である。このような地図を実測図という。いっぽう，５万分の１の地形図や20万分の１の地勢図は，２万５千分の１の地形図をもとに作成した地図で，このような地図を編集図という。

参考

国土地理院の発行している主な地図

国土地理院では，以下の地図も発行している。

- **20万分の1地勢図**…５万分の１の地形図16面を貼り合わせて１面にまとめた図。地表の起伏のようすが立体的に見やすくなっている。
- **50万分の1地方図**…全国を８面で，地方ごとに表した図。地方ごとのようすを調べるのに便利。
- **100万分の1日本**…日本全土を３面でカバーしている。日本語版と国際版の２種類がある。

3 等高線のきまり

地形図中には，たくさんの線が引かれている。この線は同じ高さのところを結んだ線で**等高線**と呼ばれる。等高線は主に**主曲線**と**計曲線**からなる。等高線の間隔は縮尺によって異なり，主曲線は，２万５千分の１の地形図では**10m**ごと，５万分の１の地形図では**20m**ごとに引かれ，計曲線は２万５千分の１の地形図では50mごと，５万分の１の地形図では100mごとに引かれている。等高線からは高さのほか，土地の傾斜も知ることができる。等高線の間隔が狭く，こみいっているところは傾斜が急なことを，間隔が広くゆったりとしているところは，傾斜がゆるやかなことを表している。また，等高線が標高の高いほうから低いほうへ向かって張り出しているところは**尾根**，低いほうから高いほうへ向かって食いこんでいるところは**谷**というように，その土地がどんな地形をしているかもわかる。

4 地図記号と方位

地形図中には，さまざまなマーク（記号）が示されている。この記号は地図記号と呼ばれ，その土地がどのように利用されているのか，どんな建物が建っているのかなどを表している。方位は，とくに示されていなければ，上が北を示している。ただし，上が北ではない場合は，方位記号で北が示される。

市役所	保健所	田	三角点
町村役場	老人ホーム	畑	水準点
官公署	寺院	果樹園	橋
小・中学校	神社	茶畑	鉄道・駅
高等学校	自然災害伝承碑	くわ畑	郡市の境界・東京都の区界
郵便局	発電所	荒地	都・府県の境界
裁判所	図書館	広葉樹林	市街地（家が集まっているところ）
税務署	博物館・美術館	針葉樹林	
消防署	灯台		
警察署	風車		
交番	城あと		
病院	温泉		

⬆おもな地図記号

くわしく

等高線の種類

計曲線は太い線，主曲線は細い線で示される。補助曲線は傾斜のゆるやかなところに補助的にえがかれる破線で，傾斜が急なところでは省略される。

線の種類＼縮尺		1/25,000	1/50,000
計曲線		50m	100m
主曲線		10m	20m
補助曲線		2.5m 5m	10m
		–	5m

※2.5mの補助曲線には必ず数値が記入される。

くわしく

等高線の見方

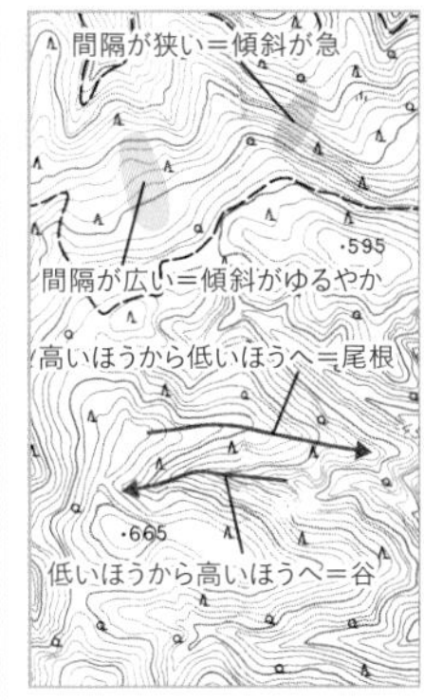

参考

水準点と三角点

・**水準点**…高度の基準になる点。
・**三角点**…測量を行うときの位置の基準になる点。

2 地形図の読み取り

等高線や地図記号から，地形を読み取ることができる。川がつくり出す地形である扇状地，三角州を例にとってみてみよう。

1 扇状地の地形図

扇状地（→p.119）の等高線は谷口を中心にして同心円状に広がっている。また，ゆるやかな傾斜地のため，等高線はほぼ等間隔に引かれている。地図記号をみると，**扇央**（中心部）は**果樹園**が多いことがわかる。これは，つぶのあらい土砂が積もり，水はけがよいためである。**扇端**（末端部）は湧き水が得られ水が豊富なため，集落が発達し，水田が広がるところも多い。

2 三角州の地形

三角州（→p.119）に等高線はほとんどみられず，土地が低くて平坦なことがわかる。地図記号をみると，低湿地が広がっているため，**水田**が多い。また，集落が集中していることも多い。

くわしく

日本の代表的な扇状地と三角州

〈扇状地〉
- **山形盆地**（山形県）…さくらんぼ（おうとう），西洋なしの栽培がさかん。
- **甲府盆地**（山梨県）…もも，ぶどうの栽培がさかん。
- **富山平野**（富山県）…客土や土地の改良によって，水田化が進んだ。

〈三角州〉
- **広島市**（広島県）…太田川河口に三角州がみられる。
- **萩市**（山口県）…阿武川河口に三角州がみられる。

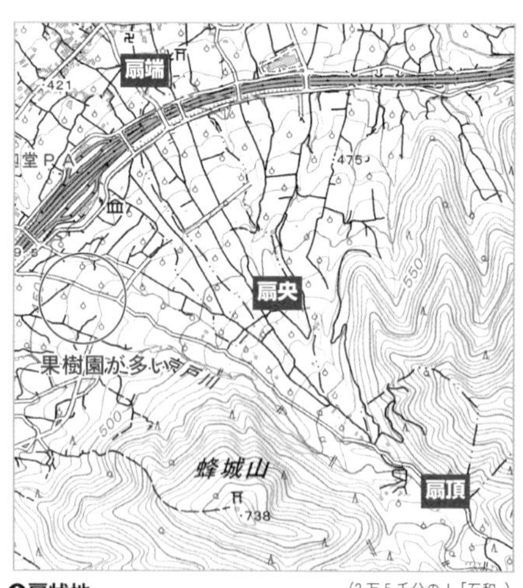

➊扇状地 （2万5千分の1「石和」）

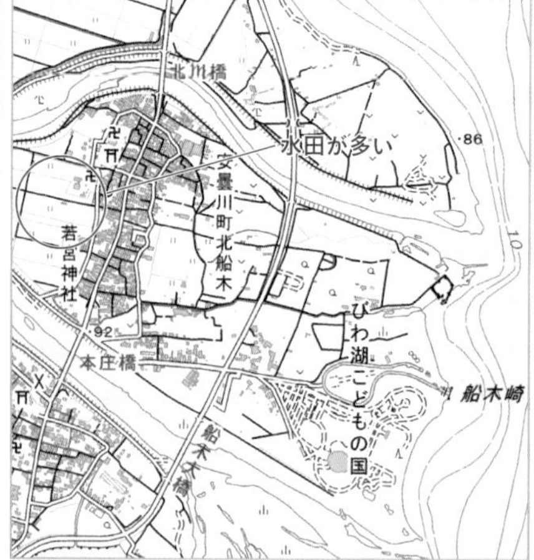

➊三角州 （2万5千分の1「勝野」）

3 特色のある集落

日本各地には特色ある集落がみられ，地形図にもその特徴が表れている。近畿地方を中心とする西日本では，条里集落がみられる。条里集落とは，7世紀以降に行われた土地区画制（条坊制，条里制）によって計画的につくられた集落で，碁盤目状に区画されているのが特色である。現在の地形図をみても，道路が規則正しく並んでいる。また，「条」のつく地名も多くみられる。

北海道の石狩平野や上川盆地では，屯田兵村がみられる。この村も碁盤目状の土地区画に特徴がみられ，道路が規則正しく並んでいる。また，「屯田」のつく地名もみられる。

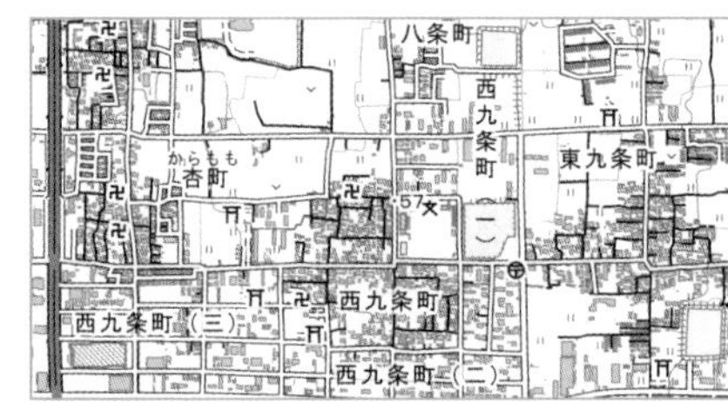

⬆条里集落 （2万5千分の1「大和郡山」）

⬆屯田兵村 （2万5千分の1「札幌北部」）

Episode

新旧地形図の比較

地域調査の1つとして，古い地形図と新しい地形図を見比べる方法がある。地図記号や道路・鉄道などを見比べることによって，新旧の変化を調べることができる。

「名古屋北部」の1970年と2008年の地形図を見比べると，①田だったところが市街地に変わっている，②高速道路がつくられた，などの変化が読み取れる。

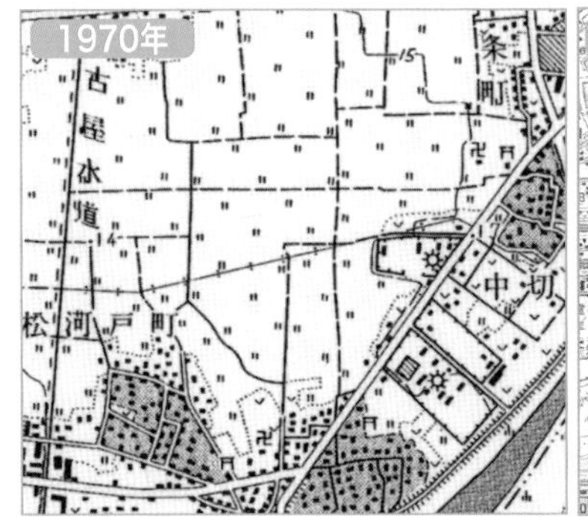

（2万5千分の1「名古屋北部」）

3 調査の進め方

1 調査の準備

地域調査（身近な地域の調査）の主な目的は，地域の自然や産業などを調べ，その地域の特徴を知ることである。地域調査を行う際は，最初に，調査テーマの設定，調査地域の選定，予備調査を行う必要がある。

調査テーマを決めるときには，「なぜなのか」と疑問に思ったことや，興味をもったことを書き出すとよい。調査テーマが決まったら，調査地域の選定と予備調査を進める。

予備調査として代表的なのは，**文献調査**である。文献調査とは，本や統計，地形図，写真などの資料をあたって調査テーマについて調べることである。これらの資料は，図書館や市役所，町役場などで調べるとよいが，インターネットでの検索によっても多くの情報を得ることができる。農業についてはJA（農業協同組合），商工業については商工会議所，観光については観光協会に問い合わせると，よりくわしい資料が手に入る。

2 野外調査

調査の準備が終わったら，実際に現地に行き，野外調査を行う。野外調査は，**野外観察**（フィールドワーク）と**聞き取り調査**が中心となる。聞き取り調査をする場合には，質問事項を整理しておき，必ず事前に訪問先に連絡をして許可を得て，訪問する日時を伝えておく。実際に聞き取りをする際には，記録用のノートやボイスレコーダーなどを用意し，聞いた内容をしっかり記録しておくと，調査結果をまとめるときに便利である。

野外観察はルートマップに従って進めていき，必要に応じて写真を撮ったり気づいたことをメモしたりするとよい。

インターネットの情報の利用上の注意

インターネットは，瞬時に情報を送受信できるため，調べごとをするのに，非常に便利である。しかし，なかには誤った情報や公正でない情報もある。それらに惑わされないように，公式サイトなど正確な情報をのせているものを利用するようにしよう。

参考

野外調査での持ち物

記録用ノート，筆記用具，ルートマップ，地形図，カメラ，方位磁石（方位磁針），ボイスレコーダー，ビデオカメラ，スマートフォンなど。

4 調査のまとめ方

1 まとめ方

野外調査が終わったら，調査結果をまとめる。まとめるときには，文章が長くならないように，簡潔にまとめることが重要である。①，②，③…などと，箇条書きにするのもよい。この際，グラフやイラスト，地図（白地図にかきこむとよい），写真などを入れると，わかりやすくなる。

2 発表の方法

発表の方法は，レポート形式にするのが一般的だが，新聞の形にして発表したり，パソコン，ビデオ，スライドを使って上映したりして発表する方法もある。また，イラストマップにするのもよい。発表が終わったら，質問を受けつけ，他者の意見を聞くと自分の勉強にもなる。また，お世話になった人や機関への報告書の提出や礼状も忘れないようにする。

レポートの例

市の人口の変化と農業の変化について

2年A組　第2班

1　調査の動機と目的

学校の近くで，畑だったところに家が建った。ほかにもそういう地域があったので，市の人口がどう変化していて，農業とどういう関係があるかについて調べてみたいと思った。

2　調査の方法

①市が発行した統計資料で，人口や農家数の変化を調べた。
②地域の人やJA（農業協同組合）の人にお話を聞いた。

3　わかったこと

①町田市では人口が増え続けていて，住宅が増えている。
②最近は，駅周辺の地価が高いので，学校の近くのように駅から離れたところに住宅を建てる人が増えている。
③人口が増えるにつれて，農地が減り，農業をやめる人が増えている。

4　感想

農地は環境にも大切なので，市では農業を守る取り組みを進めているそうだ。次はその取り組みについても調べたい。

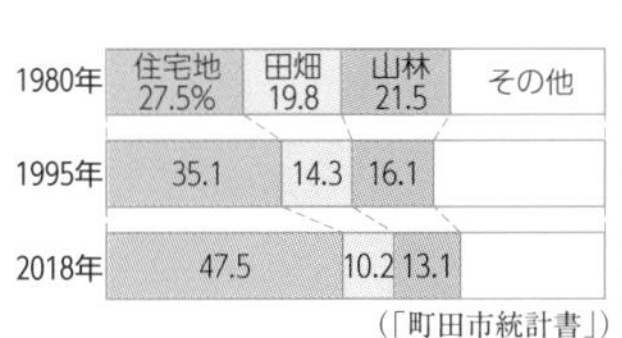

（「町田市統計書」）

↑町田市の土地利用の変化

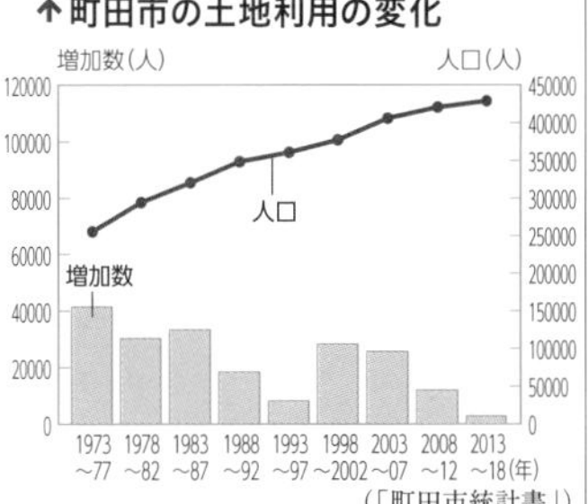

（「町田市統計書」）

↑町田市の5年ごとの人口増加数と人口の変化

CHECK 確認問題

第4章 ・・・

日本の諸地域②

問題　各問いに答えましょう。また，（　）に当てはまる語句を選びましょう。

❶ 関東平野の台地をおおう，火山灰が降り積もってできた赤土を何というか。

❷ 関東地方を流れる，流域面積が日本最大の川は（信濃川　利根川）である。

❸ 埼玉県や千葉県などでさかんな，大消費地の都市部に向けて野菜や花などを栽培する農業を何というか。

❹ 千葉県の臨海部に形成されている工業地域を何というか。

❺ 東北地方の中央部を走る山脈を何というか。

❻ 初夏から夏にかけて東北地方の太平洋側にふく，北東からの冷たく湿った風を何というか。

❼ 秋田県男鹿市で行われる伝統行事は，（チャグチャグ馬コ　なまはげ）である。

❽ 1988年に開通した青森県と北海道を結ぶトンネルを何というか。

❾ 同じ耕地で，異なる作物を順番に栽培することを何というか。

❿ 明治時代に政府が北海道の開拓のために置いた役所を何というか。

⓫ 地形図で，海面からの高さが同じところを結んだ線を何というか。

⓬ 右の地形図の地図記号Yは何を表すか。

⓭ 右の地形図の地図記号∧は何を表すか。

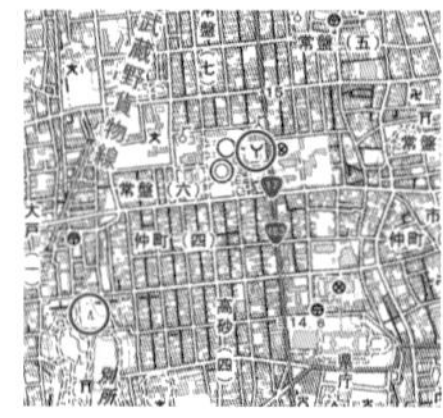

解答

1. 関東ローム
2. 利根川
3. 近郊農業
4. 京葉工業地域
5. 奥羽山脈
6. やませ
7. なまはげ
8. 青函トンネル
9. 輪作
10. 開拓使
11. 等高線
12. 消防署
13. 針葉樹林

歴史編

歴史を学習するにあたって

歴史を学ぶことの意義とは…

歴史は古い？

歴史は過去を学ぶ教科である。また歴史は暗記科目だ，ともよく言われる。しかし，歴史学者 E.H.カーはこんなことを言っている―歴史は現在と過去の対話である―。

単に過去の出来事を覚えるだけが歴史学習の到達点ではない。過去の経験を現在に活かすために，私たちは歴史と真正面から向き合うのである。

人類が生きた記録の集大成＝私たちの財産

歴史は人類が集積してきた経験の宝庫である。困難にぶつかった時，人はそれまでの経験で解決をはかろうとする。それでも迷った時は，周囲の人に相談するかもしれない。相談された人は，また経験からアドバイスをする。これで参考になる経験は２倍になる。歴史を学ぶことも，こうした身近な問題と同じである。変化する社会の中で，様々な人々の経験を記録したものが歴史であり，自分の生きる道，社会の進む道を判断する時，この上ない財産となるのである。

過去に学び，今を生きる

最後に，こんなことを頭の隅に置きながら歴史を学んでほしい。

一つは，伝統や文化を引き継いでいくという意識。近年，日本の伝統や文化が失われていくことが危惧(ぐ)されているが，現代の私たちの生活は先人が築いてきたものの延長線上にあることを忘れないでほしい。

一方で，「負の歴史」と呼ばれるものも存在する。日本は近代において帝国主義政策をおし進め，他国へ進出した過去を持つ。例えば毎年８月に議論となる靖国(やすくに)神社参拝問題は，こうした近代の日本と中国・韓国との歴史的背景を知ることで初めて問題の深さを理解し，自分なりの見解を持つことができるだろう。過ちを繰り返さないためにも，現代社会を自分らしく生きていくためにも，歴史を知ることは非常に重要なのである。

現在も，各地の紛争や環境問題など，私たちは多くの課題を抱えている。こうした課題をどう乗り越え，今後発展していくのか，そこには過去に学ぶ歴史が大きなヒントになってくれるはずである。

なぜこのカリキュラムで学ぶのか？

歴史学習のカリキュラムは時代順で，「文明のおこりと日本」→「古代国家の歩み」→「中世社会の展開」→「近世社会の展開」→「近代の日本と世界」→「二度の世界大戦と日本」→「現代の日本と世界」と学んでいく。日本史における政権の移りかわりを中心に，各時代の文化・外交なども詳しく扱っている。また，特に学校の授業でじっくり時間を割けないと言われる近・現代史を厚く取り上げている。

第１章の**「文明のおこりと日本」**では，人類の出現から古代国家の成立までをみていく。世界では，オリエントやインド・中国に発生した古代文明や，ギリシャ・ローマの文明をみる。日本では，狩りや採集の時代から，稲作が伝わって「むら」が生まれ，しだいに「くに」となり，大和政権へと発展していく様子を学習する。

第２章の**「古代国家の歩み」**では，天皇・貴族を中心とした政治が平城京・平安京などで展開される。大陸から伝わった律令制度・仏教などを受け継ぎ，その影響を受けつつ，日本独自の制度・文化を生み出していった様子をしっかりおさえよう。

第３章の**「中世社会の展開」**では，地方の豪族などが武装して生まれた武士が，しだいに実力をつけて権力を奪い，政治を担っていく姿をみる。やがて政権内の争いなどから群雄割拠の戦国時代となっていく。産業の発展や民衆が成長していく様子も学習する。また，公家・武士・民衆それぞれを反映した文化の特色をつかもう。

第４章の**「近世社会の展開」**は，日本がヨーロッパの影響を直接受けるようになる時代から始まる。全国統一の機運が生まれ，やがて江戸幕府の支配体制が確立する。鎖国という体制下での政治，産業・文化の発達を学習する。

第５章の**「近代の日本と世界」**では，欧米諸国の世界進出に日本が巻き込まれていく様子を学習する。開国した日本が近代国家を作り上げていく過程をしっかりおさえよう。また近代産業の発展や，日本の大陸進出への動きもみていこう。

第６章の**「二度の世界大戦と日本」**では，世界中を巻き込んだ第一次世界大戦・世界恐慌・第二次世界大戦といった激動の時代をみていく。日本が世界の中でどのような動きをしていったのか，また，国内における社会運動の展開や，戦時下での民衆の暮らしなどもおさえよう。

第７章の**「現代の日本と世界」**では，第二次世界大戦終結後から現代にいたるまでを学習する。日本国憲法を中心とする戦後の日本の民主化から，世界を二分した冷戦，そして現在も世界各地で続く紛争や環境問題などにも目を向けよう。

歴史の学習においては，歴史全体の流れを意識しながら学習を進めてもらいたい。そのため歴史編の最初には，10ページにわたる詳細な**「歴史年表」**を付けている。毎回の学習の際にはこの年表を活用し，時代の前後のつながりや，歴史全体における位置づけなどもその都度，確認するようにしてもらいたい。

歴史年表

		旧石器時代	縄文時代	弥生時代
日本の歩み	主なことがら	約1万年前　**日本列島が成立する** ●打製石器を使い、採集・狩り・漁の生活	前3500頃　三内丸山(青森県)の集落が形成され、以後、約1500年存続する 前5世紀頃　**九州北部に稲作が伝来する**	前300 前1世紀頃　小さな「くに」が分立 紀元 57　倭の奴国の王が後漢に使者を送る
	文化・社会の動き		●**縄文土器が使われる**	●**弥生土器が使われる** ●金属器(青銅器・鉄器)の使用が始まる
世界の歩み	主なことがら	約600万年以上前　最古の人類が現れる 約20万年前　新人が現れる	前3000頃　メソポタミア文明がおこる エジプト文明がおこる 前2500頃　インダス文明がおこる 前1600ごろ　中国で殷王朝が成立する 中国文明がおこる 前8世紀頃　ギリシャでポリスが形成される 前6~5世紀頃　シャカが仏教を開く 孔子が生まれる 前334　アレクサンドロス大王が東方遠征を開始	前221　秦の始皇帝が中国を統一する 前202　漢(前漢)が中国を統一する 前27　ローマ帝国が成立する 前4　このころイエスが生まれる 25　中国で後漢がおこる ●仏教が中国に伝わる

世界の歩みの中で，東アジアに関係するできごとは，この色の文字で示しています。
単位のない数字は西暦年です。

奈良時代

- 723 三世一身の法が出される
- 710 **都を平城京に移す**
- 701(大宝元) 大宝律令を制定する

飛鳥時代

700

- 694 都を藤原京に移す
- 672 壬申の乱が起こる
- 663 白村江の戦いが起こる
- **645(大化元) 大化の改新が始まる**
- 630 第1回の遣唐使を派遣する
- 607 小野妹子を遣隋使として中国に派遣する
- 604 十七条の憲法を定める
- 603 冠位十二階の制度を定める

600

- **593 聖徳太子**(厩戸皇子)**が摂政となる**
- 587 蘇我馬子が物部守屋を滅ぼす

古墳時代

500

- 478 倭王武(雄略天皇)が南朝(宋)に使者を送る

400

- 391 大和政権が高句麗と戦う(好太王碑文)
- ● **大和政権(ヤマト王権)による国内統一が進む**

300

- 239 邪馬台国の卑弥呼が魏に使者を送る
  その際、「親魏倭王」の称号を授かる

200

- 147 このころより倭国が大いに乱れる

100

- 720 『日本書紀』
- 712 『古事記』
- 708 和同開珎がつくられる
- 670 法隆寺が炎上する
- 607頃 法隆寺が建てられる
- 538 百済から仏教が伝わる
  (552年説もあり)
- ● **渡来人が漢字・儒教など大陸の文化を伝える**
- ● **古墳がつくられ始める**

- ● このころイスラム帝国(アッバース朝)が栄える
- 676 新羅が朝鮮半島を統一する
- 668 高句麗が滅びる
- 660 百済が滅びる
- **618 唐が中国を統一する**
- 610頃 ムハンマドがイスラム教を開く
- 589 隋が中国を統一する
- 562 加羅の諸国が新羅に滅ぼされる
- 486 ヨーロッパでフランク王国が成立する
- 476 西ローマ帝国が滅びる
- 439 中国で南北朝時代が始まる
- 395 ローマ帝国が東西に分裂する
- 375 ゲルマン民族の移動が始まる
- 313 高句麗が楽浪郡を滅ぼす
- 220 中国で後漢が滅び、三国時代となる
- 105 このころ中国で紙が発明される

奈良時代　　平安時代

1185　頼朝が全国に守護・地頭を置く
1185　壇ノ浦の戦いで平氏が滅びる
1180　源頼朝が平氏打倒の兵を挙げる(源平の争乱〜85)
1167　平清盛が太政大臣となる
1159(平治元)　平治の乱が起こる
1156(保元元)　保元の乱が起こる

1100

1086　白河上皇が院政を始める
1083　後三年合戦が起こる(〜87)
1069　後三条天皇が荘園の整理を行う
1051　前九年合戦が起こる(〜62)
1016　藤原道長が摂政となる

1000

988　尾張国の郡司・農民らが国司の横暴ぶりを朝廷に訴える
939　藤原純友の乱が起こる(〜41)
935　平将門の乱が起こる(〜40)
901　菅原道真が大宰府に流される

900

894　遣唐使が停止される
887　藤原基経が関白となる
866　藤原良房が摂政となる
802　坂上田村麻呂が胆沢城を築く

800

794　**都を平安京に移す**
784　都を長岡京に移す
743　墾田永年私財法　大仏造立の詔が出る
741　国分寺建立の詔が出る

●鎌倉時代にかけて、新しい仏教がおこる
1124　中尊寺金色堂
1053　平等院鳳凰堂
●浄土信仰(浄土教)が広まる
●『源氏物語』(紫式部)
●『枕草子』(清少納言)
985　『往生要集』(源信)
935頃　『土佐日記』
905　『古今和歌集』
●かな文字の使用
806　真言宗(空海)
805　天台宗(最澄)
●『万葉集』
754　唐の高僧鑑真が来日する
752　東大寺大仏の開眼供養

●宋で朱子学が大成される
1127　中国で宋が再興する(南宋)
1096　十字軍の遠征開始(〜1270)
1066　ノルマン人がイングランドを征服
1038　セルジュク=トルコが建国する
979　宋が中国全土を統一する
960　宋(北宋)がおこる(〜1127)
936　高麗が朝鮮半島を統一する
935　新羅が滅びる
907　唐が滅び、諸国分立の時代に
875　唐で黄巣の乱が起こる(〜84)
843　フランク王国が三つに分裂する(フランス、ドイツ、イタリアのおこり)
768　フランク王国、カール大帝が即位
755　唐で安史の乱が起こる(〜63)

安土桃山時代 / 戦国時代 / 室町時代 / 南北朝時代 / 鎌倉時代

- 1576 信長が安土城を築く
- 1575 長篠の戦いで織田・徳川連合軍が武田軍を破る
- **1573 織田信長が室町幕府を滅ぼす**
- 1543 ポルトガル人が種子島に鉄砲を伝える
- 1500
- 1488 加賀の一向一揆が起こる(〜1580)
- 1485 山城国一揆が起こる(〜93)
- **1467(応仁1) 応仁の乱が起こる**(〜77)
- 1429 尚巴志が沖縄を統一し、琉球王国を建てる
- 1428(正長1) 正長の土一揆が起こる
- 1404 足利義満が明と貿易(勘合貿易)を始める
- 1400
- 1392 南朝と北朝が統一される
- 1378 足利義満が幕府を室町の「花の御所」に移す
- **1338 足利尊氏が征夷大将軍になる**
- 1336 後醍醐天皇が吉野に移り、南北朝が対立する
- **1334 後醍醐天皇が建武の新政を始める**
- 1333 鎌倉幕府が滅びる
- 1300
- 1297(永仁5) 幕府が永仁の徳政令を出す
- 1281(弘安4) 弘安の役が起こる ┐
- 1274(文永11) 文永の役が起こる ┘**元寇**
- 1232 北条泰時が、御成敗式目を制定する
- 京都に六波羅探題を置く
- 1221(承久3) 承久の乱が起こる
- 1219 源氏の将軍が絶え、北条氏が実権を握る
- 1203 北条時政が執権となる
- 1200
- **1192 頼朝が征夷大将軍になる**

- 1582 天正遣欧少年使節が出航する(〜90)
- ●南蛮文化がもたらされる
- **1549 キリスト教が伝わる**
- **1489 義政が銀閣を建てる**
- 1467 雪舟が明(中国)に渡る
- 1439 足利学校が再興される
- ●『御伽草子』が流行する
- ●連歌・能・狂言がさかんになる
- **1397 義満が金閣を建てる**
- ●『太平記』
- ●『神皇正統記』(北畠親房)
- 1331 『徒然草』(吉田兼好)
- ●金沢文庫が成立
- ●『平家物語』ができる
- 1212 『方丈記』(鴨長明)
- 1205 『新古今和歌集』
- 1203 東大寺南大門金剛力士像
- 1199 東大寺南大門が再建

- 1526 インド、ムガル帝国が建国される
- 1519 マゼランの船隊が世界周航に出発(〜22)
- **1517 ルターがドイツで宗教改革を始める**
- 1498 バスコ=ダ=ガマがインド航路開拓
- **1492 コロンブスが西インド諸島に到達**
- 1453 ビザンツ帝国が滅びる
- ●グーテンベルクが活版印刷術を発明
- 1402 明の永楽帝が即位
- 1392 李成桂が朝鮮国を建てる
- 1368 元が滅び、朱元璋(洪武帝)が明を建国する
- ●イタリアでルネサンスが始まる
- ●『神曲』(ダンテ)
- 1299 オスマン帝国の成立
- ●『世界の記述』(マルコ=ポーロ)
- 1279 元が宋(南宋)を滅ぼし、中国を統一
- 1275 マルコ=ポーロが元に着く
- 1271 フビライ=ハンが元を建国、都を大都(現在の北京)に移す
- 1215 マグナ=カルタ(大憲章)を認めさせる
- **1206 チンギス=ハンがモンゴルを統一**

江戸時代

- 1721 目安箱を設ける
- **1716（享保元） 徳川吉宗が享保の改革を行う**（〜45）
- 1709 新井白石の政治（〜16）

1700

- 1685 徳川綱吉が生類憐みの令を出す
- 1669 シャクシャインの戦い
- 1657（明暦3） 明暦の大火で江戸市街の約6割を焼失
- 1641 平戸のオランダ商館を長崎の出島に移す（鎖国体制が固まる）
- 1639 ポルトガル船の来航を禁止
- 1637 島原・天草一揆が起こる（〜38）
- 1635 武家諸法度で参勤交代を制度化する
- 1624 スペイン船の来航を禁止
- 1615 大阪夏の陣（豊臣氏が滅びる）
  武家諸法度・禁中並公家諸法度が定められる
- 1609 朝鮮との国交が回復する
- **1603 徳川家康が征夷大将軍になり、江戸に幕府を開く**

1600

安土桃山時代

- 1600 関ヶ原の戦いが起こる
- 1597（慶長2） 秀吉軍が再び朝鮮を侵略する（慶長の役）
- 1592（文禄元） 秀吉軍が朝鮮を侵略する（文禄の役）
- **1590 豊臣秀吉が全国を統一する**
- 1588 秀吉が刀狩令を出す
- 1585 秀吉が関白となる
- 1583 豊臣秀吉が大阪城を築く
- 1582 本能寺の変　太閤検地が始まる

- 1720 キリスト教に関係ない漢訳洋書の輸入を認める
- ● 歌舞伎・人形浄瑠璃が人気
- **1694頃 『奥の細道』（芭蕉）**
- ● 浮世草子が人気になる
- 1682 『好色一代男』（西鶴）
- 1630 キリスト教関係の書籍の輸入を禁止
- 1620 桂離宮の造営（〜24）
- 1617 日光東照宮なる
- 1612 幕領にキリスト教禁止令、翌年、全国におよぼす
- ● かぶき踊り（出雲の阿国）
- 1587 秀吉がキリスト教の宣教師を国外に追放
- ● 千利休がわび茶を大成
- ● 桃山文化が栄える

- 1765 ワットが蒸気機関を改良する
- 1762 『社会契約論』（ルソー）
- 1748 『法の精神』（モンテスキュー）
- 1689 「権利の章典」が発布される
- **1688 イギリスで名誉革命が起こる**
- 1661 ルイ14世の治世（〜1715）で、フランスで絶対王政が確立される
- 1644 明が滅び、清が中国を統一する
- **1640 イギリスでピューリタン（清教徒）革命がおこる**（〜60）
- 1628 イギリスで「権利の請願」
- 1620 ピューリタンが北アメリカへ移住
- 1619 オランダがジャワに進出
- 1602 オランダが東インド会社を設立
- 1600 イギリスが東インド会社を設立
- 1588 イギリスがスペインの無敵艦隊を破る
- 1581 オランダがスペインから独立宣言
- ● イギリスで絶対王政が全盛になる
- 1558 イギリス、エリザベス一世が即位
- 1541 カルバンがスイスで宗教改革を行う
- 1534 イエズス会が設立される
- 1533 スペインがインカ帝国を滅ぼす

第二次長州出兵
1866 薩長同盟が結ばれる
幕府が長州藩を攻める（第一次長州出兵）
1864 四国連合艦隊が下関砲台を占領する
1863 薩英戦争が起こる
1862 生麦事件が起こる
1860 桜田門外の変が起こる
安政の大獄が起こる（～59）
1858（安政5） 日米修好通商条約を結ぶ
1854 日米和親条約を結ぶ
1853 ペリーが浦賀に来航する
1841（天保12） 水野忠邦が天保の改革を行う（～43）
1839 蛮社の獄（渡辺華山・高野長英ら処罰）
モリソン号事件が起こる
1837 大塩の乱が起こる
●百姓一揆・打ちこわしがさかんになる
1833（天保4） 天保のききんが起こる（～39）
1825 異国船打払令を出す
フェートン号事件
1808 間宮林蔵が樺太を探検（～09）
1800
1792 ロシアの使節、ラクスマンが根室に来航
1787 松平定信が寛政の改革を行う（～93）
1782（天明2） 天明のききんが起こる（～87）
1772 田沼意次が老中になる
1742 公事方御定書が定められる
1732 享保のききんが起こる
1722 上米の制を定め、参勤交代制を緩める

1868 慶應義塾が創立
1865 長崎の大浦天主堂なる
1858 福沢諭吉が私塾を開く
1848 本木昌造がオランダから鉛活字を購入する
●**浮世絵が流行する**
1821 伊能忠敬の『大日本沿海輿地全図』が完成
1814 『南総里見八犬伝』（馬琴）
●川柳・狂歌が流行する
1802 『東海道中膝栗毛』（一九）
1798 『古事記伝』（本居宣長）
1774 『解体新書』（杉田玄白ら）
●**国学がおこる**
●**蘭学がおこる**
1765 鈴木春信が錦絵を創始

1865 リンカンが暗殺される
1864 太平天国が滅びる
1863 リンカンが奴隷解放宣言を出す
アメリカで南北戦争が起こる（～65）
1861 イタリア王国が成立
1858 ムガル帝国が滅ぼされる（イギリスがインドを直接支配下に）
1857 インド大反乱（～59）
1853 クリミア戦争が起こる（～56）
1851 中国で太平天国の乱（～64）
『共産党宣言』（マルクス・エンゲルス）
1848 フランスで二月革命が起こる
1842 イギリスと清が南京条約を結ぶ
1840 アヘン戦争が起こる（～42）
1837 イギリス、ビクトリア女王が即位
1832 イギリスで第一次選挙法改正
1830 フランスで七月革命が起こる
1823 アメリカがモンロー宣言
1804 ナポレオンがフランス皇帝になる
1789 フランス革命が起こり、「（フランス）人権宣言」が発表される
1787 アメリカ合衆国憲法が制定される
『諸国民の富』（アダム＝スミス）
1776 「（アメリカ）独立宣言」が発表される
1775 アメリカで独立戦争が起こる（～83）
●**このころイギリスで産業革命が始まる**

明治時代

1895 三国干渉（ロシア・ドイツ・フランス）
下関条約を結ぶ
日清戦争が始まる（〜95）
1894 条約改正（領事裁判権の撤廃に成功）
1890 第1回衆議院議員総選挙　第1回帝国議会
1889 大日本帝国憲法が発布される
1886 ノルマントン号事件が起こる
1885 内閣制度創設、伊藤博文が初代内閣総理大臣となる
1882 立憲改進党の結成　日本銀行の開業
1881 国会開設の勅諭が出される　自由党の結成
1880 国会期成同盟の結成
1879 琉球藩を廃し、沖縄県を置く（琉球処分）
1877 西南戦争が起こる
1876 日朝修好条規を結ぶ　各地で地租改正反対一揆
江華島事件が起こる
1875 樺太・千島交換条約を結ぶ
1874 民撰議院設立の建白書　佐賀の乱
1873 徴兵令を布告する　地租改正を行う
1872 琉球王国を琉球藩とする
岩倉使節団を欧米に派遣する（〜73）
日清修好条規を結ぶ
解放令
1871 廃藩置県を行う
開拓使を置く
蝦夷地を北海道と改める
1869 版籍奉還を行う　東京遷都
五箇条の御誓文が出される
1868（明治元）　戊辰戦争が始まる（〜69）
1867 **大政奉還→王政復古の大号令**

1897 志賀潔が赤痢菌発見
1892 伝染病研究所設立
● **足尾銅山鉱毒事件が起こる**
1890 教育勅語が出る
● 軽工業で産業革命が始まる
1889 東海道線が全通
1886 学校令、四年制の義務教育
1883 鹿鳴館ができる
1882 東京専門学校創立
1879 教育令を制定
1877 東京大学開設
1876 札幌農学校創立
太陽暦の採用
富岡製糸場ができる
新橋・横浜間の鉄道開通
学制の公布
1872 『学問のすゝめ』（福沢諭吉）
● **文明開化**
津田梅子ら女子留学生らが渡米
1871 郵便制度がつくられる
1870 『横浜毎日新聞』創刊
1869 東京・横浜間に電信開通
1868 神仏分離令が出され、廃仏毀釈運動が起こされる

1899 義和団事件が起こる（〜01）
1898 アメリカがフィリピン・ハワイ諸島などを併合
1894 朝鮮で甲午農民戦争が起こる
1887 フランス領インドシナ連邦成立
1884 イギリスで第三次選挙法改正
1882 三国同盟（ドイツ・オーストリア・イタリア）が成立する
1877 インド帝国を成立させ、イギリスのインド支配が完成
1875 イギリスがスエズ運河会社の株を買収する
パリ＝コミューン
1871 ドイツ帝国が成立する
1870 プロイセン・フランス戦争（〜71）
1869 スエズ運河が開通
イギリスで第二次選挙法改正
1867 アメリカ、ロシアよりアラスカを購入

大正時代

昭和時代

- **1900**

- 1941 日ソ中立条約を結ぶ
- 1940 日独伊三国同盟を結ぶ
- 1938 国家総動員法を制定する
- **1937 日中戦争が始まる**(～45) 南京事件が起こる
- 1936 二・二六事件が起こる
- 1933 国際連盟を脱退する
- 五・一五事件が起こる
- 1932 「満州国」建国
- **1931 満州事変が起こる**
- 1927(昭和2) 金融恐慌が起こる
- 1925 治安維持法制定 普通選挙法公布
- 1924 第二次護憲運動が起こる
- 1923 関東大震災が起こる
- 1922 全国水平社が結成される
- 1920 国際連盟に加盟する
- 原敬が、最初の本格的な政党内閣を組織する
- シベリア出兵を行う(～22)
- 1918 米騒動が起こる
- 1915 中国に二十一か条の要求を突き付ける
- **1914 第一次世界大戦に参戦する**
- 1912(大正1) 第一次護憲運動が起こる
- **1911 条約改正の完成**(関税自主権の回復)
- **1910** 大逆事件が起こる **韓国併合**
- 1906 南満州鉄道株式会社を設立する
- 1905 ポーツマス条約を結ぶ
- **1904 日露戦争が始まる**(～05)
- 1902 日英同盟を結ぶ
- 1901 官営八幡製鉄所が操業を開始する

- 1940 津田左右吉の著書発禁
- 1937 文化勲章を制定
- 1934 丹那トンネル開通
- 清水トンネル開通
- 1931 初の国産トーキー映画
- 1929 『蟹工船』(小林多喜二)
- 『伊豆の踊子』(川端康成)
- **1925 ラジオ放送の開始**
- 1921 友愛会が、日本労働総同盟と改称
- 1920 日本初のメーデー
- 1918 『赤い鳥』創刊
- 1916 吉野作造が民本主義を唱える
- 1911 平塚らいてふらが『青鞜』創刊
- 1910 『白樺』創刊
- 1907 六年制の義務教育
- 1904 与謝野晶子が、「君死にたまふことなかれ」を発表
- 1903 小学校教科書の国定化
- ●重工業で産業革命が起こる

- **1939 第二次世界大戦が始まる**(～45)
- 独ソ不可侵条約が結ばれる
- 1937 中国国民党と共産党が抗日民族統一戦線を結成する
- 1936 スペイン内戦が起こる(～39)
- ドイツが国際連盟を脱退する
- アメリカがニューディール政策を実施
- 1933 ヒトラーのナチスが政権をとる
- 1930 ロンドン海軍軍縮会議
- **1929 世界恐慌が起こる**
- 1928 ソ連が第一次五か年計画を実施
- 1927 中国国民政府が成立する
- 1924 イギリスに最初の労働党内閣が成立する
- ソビエト社会主義共和国連邦成立
- 1922 イタリアでファシスト政権成立
- 1921 ワシントン会議が開かれる(～22)
- 1920 国際連盟が設立される
- ドイツでワイマール憲法公布
- ベルサイユ条約を結ぶ
- 1919 三・一独立運動、五・四運動が起こる
- **1917 ロシア革命が起こる**
- **1914 第一次世界大戦が始まる**(～18)
- 1912 清が滅び中華民国が成立する
- 1911 中国で辛亥革命がおこる
- 1910 南アフリカ連邦が成立する
- 1907 三国協商(イギリス・フランス・ロシア)が成立する
- 1905 シベリア鉄道が完成する

1992 国際平和協力法（PKO協力法）が成立する
1991（平成3） バブル経済が崩壊する
●バブル経済
1985 男女雇用機会均等法が公布
1979 国際人権規約を批准する
1978 **日中平和友好条約を結ぶ**
1973 石油危機が起こり、高度経済成長が終わる
1972 **沖縄が日本に復帰する** 日中共同声明
1971 国会で非核三原則を決議する
国民総生産（GNP）が資本主義国の2位に
1968 小笠原諸島が日本に復帰する
1967 公害対策基本法を制定する
1965 **日韓基本条約を結ぶ**
1963 部分的核実験禁止条約に調印
1960 安保闘争 日米安全保障条約を改定
●高度経済成長
1956 **日ソ共同宣言に調印 国際連合に加盟**
1954 第五福竜丸が被曝（ひばく） 自衛隊が発足する
1953 奄美（あまみ）群島が日本に復帰する
日米安全保障条約を結ぶ
1951 **サンフランシスコ平和条約に調印する**
1950 警察予備隊ができる
1946 農地改革 **日本国憲法を公布する**（47 施行）
財閥解体 女性にも参政権
ポツダム宣言を受諾して無条件降伏する
1945 広島・長崎に原子爆弾が投下される
太平洋戦争が始まる（〜45）

1990 国際花と緑の博覧会が開かれる
1988 青函（せいかん）トンネル・瀬戸大橋が開通
1985 科学万博つくばが開かれる
1978 新東京（成田）国際空港が開港
1975 国際海洋博覧会が沖縄で開かれる
1970 **日本万国博覧会が大阪で開かれる**
第18回オリンピック・パラリンピックが東京で開かれる
1964 **東海道新幹線の開通**
1953 テレビ放送の開始
1951 児童憲章ができる
1949 湯川秀樹が日本人初のノーベル賞
1947 教育基本法の公布
六・三・三・四制実施
1944 集団疎開が始まる
1942 関門海底トンネル開通
●言論・出版・集会の取り締まり強化

1992 地球サミット開催
1991 湾岸戦争 ソビエト連邦解体
1990 東西ドイツが統一される
1989 **冷たい戦争（冷戦）の終結を宣言**
ベルリンの壁崩壊
1987 中距離核戦力（INF）全廃条約
1980 イラン・イラク戦争（〜88）
1979 米中の国交正常化
第1回主要国首脳会議（サミット）
1975 ベトナム戦争終結
第四次中東戦争 **石油危機**
1973 東西両ドイツが国連に加盟する
1971 中国が国連の代表権を獲得する
1969 アポロ11号で人類が月面到達
1968 核拡散防止条約が結ばれる
東南アジア諸国連合が成立
ヨーロッパ共同体（EC）が発足
1967 第三次中東戦争が起こる
1965 ベトナム戦争が激しくなる
1960 「アフリカの年」
1955 アジア・アフリカ会議が開かれる
1954 中国・インドの平和五原則
1950 **朝鮮戦争が始まる**（〜53）
1949 **中華人民共和国が成立する**
1949 北大西洋条約機構（NATO）が発足
●冷たい戦争（冷戦）が始まる
国際連合が発足する
1945 ドイツが降伏する
1943 イタリアが降伏する

時代 | 令和時代

2019 消費税が8%から10%へ引き上げられる

2019 平成の天皇が生前退位する

2017 共謀罪を含む改正組織的犯罪処罰法が成立

安全保障関連法が成立し集団的自衛権認める

2015 選挙権年齢が満18歳に引き下げられる

2014 消費税が5%から8%へ引き上げられる

特定秘密保護法が成立する

2013 公職選挙法改正でネット選挙が解禁

2011 東日本大震災が起こる

2009 政権交代が起こる(民主党中心の連立内閣)

2007 防衛庁が防衛省に昇格　国民投票法が成立

2004 イラクに自衛隊が派遣される

2003 個人情報保護法が成立

2002 日朝首脳会談(平壌宣言)

2000

2000 九州・沖縄サミットが開かれる

1995 阪神・淡路大震災が起こる

1993 環境基本法を制定する

2021 東京オリンピック・パラリンピックが開催(予定)

2019 ラグビーワールドカップ日本で開催

百舌鳥・古市古墳群が世界文化遺産に登録

2019 大阪でG20が開かれる

2018 改正民法で成人年齢を満18歳に引き下げ(22より施行)

2016 マイナンバー制度(社会保障・税番号制度)の運用を開始

2015 北陸新幹線が長野・金沢間で開通

2013 富士山が世界文化遺産に登録される

2012 山中伸弥、ノーベル医学生理学賞を受賞

2006 教育基本法の改正

2005 愛知で愛・地球博開催

2002 日韓共催のサッカーワールドカップが開催

1997 アイヌ文化振興法成立

新型コロナウイルス感染症が世界的に流行する

2020 イギリスがEUを離脱する

アメリカと北朝鮮の初の首脳会談が行われる

2018 日本・カナダなど11か国がTPP11に署名

アメリカがパリ協定から離脱する

2017 アメリカがTPPを離脱する

核安全保障サミットが開催される

2016 環太平洋経済連携協定(TPP)に参加12か国が署名

2015 パリ協定が採択される

2008 世界金融危機が起こる(～10)

2005 京都議定書が発効する

2003 イラク戦争が起こる

アフガニスタン攻撃

2001 アメリカで同時多発テロが起こる

地球温暖化防止京都会議が開かれる

1997 イギリスが中国へ香港を返還する

1996 包括的核実験禁止条約

1993 ヨーロッパ連合(EU)の発足

第1章

文明のおこりと日本

第１章では，人類の出現から，我が国で大和政権が成立する古墳時代までを取り上げる。狩り・採集・漁の暮らしから農耕・牧畜へと生活を発展させ，支配者の出現・戦いを通じて，古代国家が成立してく道筋をおさえる。また，世界の古代文明の特徴もつかもう。

Q. 卑弥呼はどのように政治を行ったの？
➡ SECTION 4へ
Q. 古墳の大きさは何を表しているの？
➡ SECTION 5へ
Q. 土器や土偶はどのように使われたの？
➡ SECTION 3へ

人類の始まり

人類は今から約700万～600万年前に現れ，猿人や原人，そして約20万年前には現在の人類の祖先である新人が現れた。彼らは打製石器を使い，狩り・採集の生活をしていたが(旧石器時代)，やがて磨製石器を使い農耕・牧畜の生活を始めるようになった（新石器時代)。

1 人類の出現と進化

1 人類の出現

最も古い人類は，約700万～600万年前にアフリカに現れた**猿人**といわれる。すでに後ろあし（足）で立って歩いていたと考えられ（**直立二足歩行**)，それによって重い脳を支えられるようになった。さらに，自由になった前あし（手）を使って石などを**道具**として使うことを覚え，知能の発達がうながされた。

2 人類の進化

約200万年前には原人が現れ，**火**や**言葉**を使い**打製石器**をつくり始めた。20万年ほど前になると，現在の人類（現生人類）の直接の祖先に当たる**新人**（ホモ・サピエンス）が現れて，打製石器を用いて，移動しながら狩りや採集の生活を行っていた。新人は世界各地に広がっていったが，その代表が約３万年前に現れた**ク**

最古の人類

2001年にアフリカのチャドで発見された，700万～600万年前のサヘラントロプス・チャデンシス（トゥーマイ猿人）とされている。脳の容積はほぼチンパンジー並みだが，背中の骨が下から頭骨を支えていることから直立二足歩行していたことがわかっている。

⬆打製石器　（明治大学博物館）

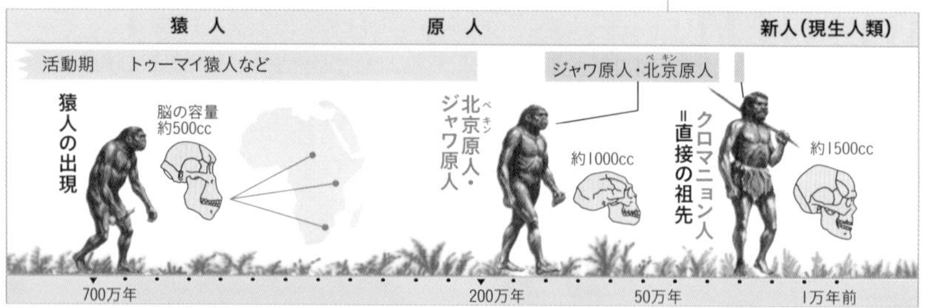

⬆人類の進化のようす

ロマニョン人で，ラスコー（フランス）やアルタミラ（スペイン）の**洞くつに動物の絵**などを残している。

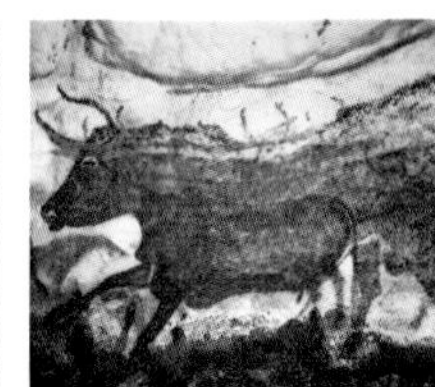
ラスコー洞くつの牛の壁画

❷ 狩り・採集から農耕・牧畜へ

1 狩り・採集・漁の生活

約250万年前から１万年ほど前までを**氷河時代**といい，地球の広い地域が氷河におおわれた寒冷な**氷期**と，比較的暖かい**間氷期**が繰り返された。人類はこの厳しい時代を生き抜き，世界各地に広がっていった。このころの人々は，石を打ちかいただけの**打製石器**や動物の骨などを使った骨角器を使い，移動しながら**狩りや採集の生活**を送っていた。この時代を**旧石器時代**という。

2 農耕・牧畜の始まり

約１万年前に氷河時代が終わり気温が上昇すると，マンモスなどの大形の動物が減り，人々は**弓矢を発明**して小形の動物を捕らえるようになった。木の実などが増えてくるとともに，人々は**麦や稲，まめなどを栽培するようになり，牛や羊などを家畜として飼う**ようになってきた。こうして，**農耕・牧畜**が始まった。この時期には，打製石器とともに，表面を鋭く磨いた**磨製石器**が用いられるようになり，食料の煮炊きなどのため**土器**がつくられるようになった。

このように，農耕・牧畜が始まり，磨製石器や土器が使われた時代を**新石器時代**という。農耕・牧畜が行われるようになると生活は安定し，それまで獲物などを追いながら移動生活をしていた人々は決まったところに定住した生活をするようになった。やがて，力を合わせて農耕・牧畜などを行うため**集落が形成**されるようになった。

参考

農耕・牧畜の証拠

紀元前4000年ごろのものとされる，下の写真の西アジアのイラン出土の土器に，麦の穂とヤギが描かれていることから，農耕・牧畜が行われていたことがわかる。

彩文土器

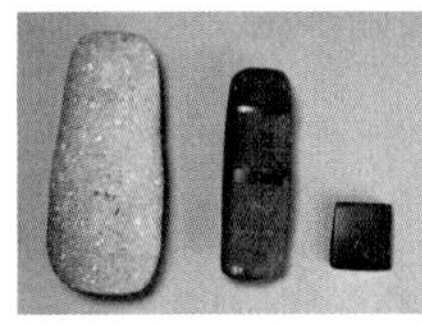
磨製石器　（國學院大學博物館）

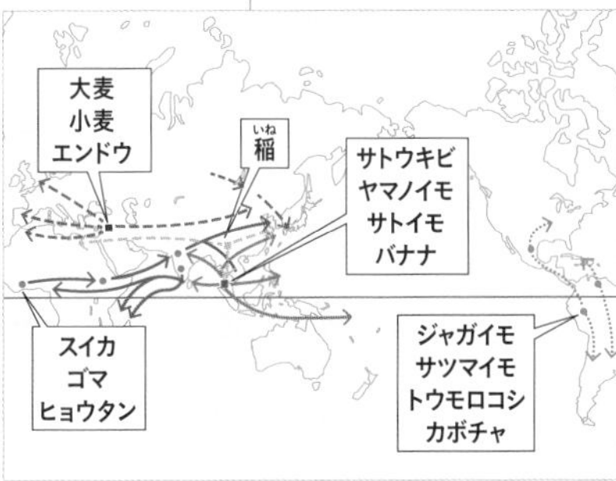

作物のふるさとと広がり

古代文明の発生

紀元前4000年ごろから，気候が温暖なアフリカやアジアの大河周辺で，エジプト文明・メソポタミア文明・インダス文明・中国文明が発生した。やがて，地中海周辺ではギリシャ・ローマの文明が栄え，中国では秦・漢などの王朝が中国を統一していった。

❶ オリエントの文明

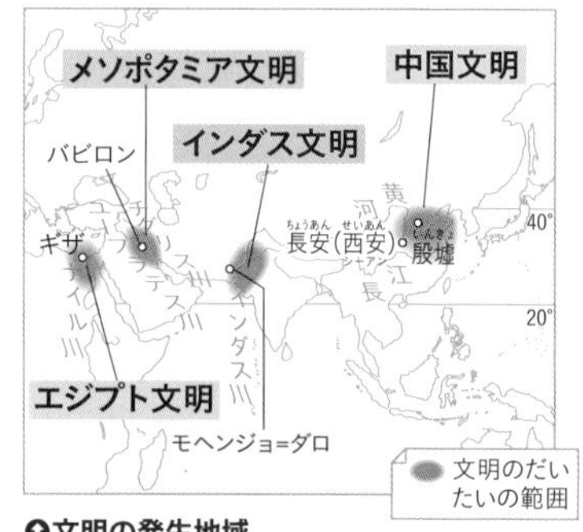

⬆文明の発生地域

1 古代文明の発生

農耕・牧畜が始まると，人々は食料を計画的に生産して蓄えるようになり，そうした中で共同作業を指揮する**指導者**が現れた。やがて土地や食料をめぐって集団の間で争いが起こり，勝った集団が敗れた集団を従え，支配者と支配される者が生まれた。勝った指導者は王や貴族など人々を支配する者になり，各地に小さな国ができ，**青銅器**や**鉄器**がつくられ**文字も使用**されるようになった。こうして大河周辺で気候が温暖で農耕に適した，西アジアからエジプトのオリエントと呼ばれる地域に**エジプト文明・メソポタミア文明**が，アジアでは**インダス文明・中国文明**（→p.233）が発生した。

⬆象形文字

2 エジプト文明

ナイル川は，毎年夏になるとはんらんし，上流から肥えた土を運んできたので，早くから農耕がさかんで，各地に小さな国家が生まれていた（「**エジプトはナイルのたまもの**」）。

紀元前3000年ごろになると，エジプト王国によって国々が統一された。国王はファラオと呼ばれて強大な権力をもち，太陽神の子とあがめられ，王の墓として**ピラミッド**が，その守り神としてスフィンクスがつく

⬆ピラミッド（奥）とスフィンクス（手前）

られた。ナイル川の増水期や種まき・収穫の時期を知る必要から**天文学**が発達し，1年を365日として12か月に分ける**太陽暦**もつくられた。また**象形文字**が発明され，碑文や墓室，石棺などに刻まれた。

3 メソポタミア文明

紀元前3000年ごろ，**チグリス川**と**ユーフラテス川**の流域のメソポタミアと呼ばれた地域では，神殿を中心とした都市（都市国家）がつくられ，**メソポタミア文明**がおこった。メソポタミアでは，エジプトと同じように農耕の必要から天文学や数学が発達し，月の満ち欠けをもとにした太陰暦がつくられ，1週間を7日とすること（1週7日制），時間などを計る**60進法**が考え出された。1週7日制や60進法は，現在でも使われている。また記録のために，粘土板にけずった葦などで刻まれた，くさびのような形をした**くさび形文字**が使われた。

紀元前2000年ごろには，この地域に**バビロニア王国**が建てられ，紀元前18世紀ごろに**ハンムラビ王**がメソポタミア地方を統一した。ハンムラビ王は中央集権的な政治のしくみを整え，かんがい事業などに力を入れるなど，バビロニア王国の全盛期を築いた。そして**ハンムラビ法典**を制定し，国を治めた。

4 オリエント地方

西アジアからエジプトにかけての地域はオリエントと呼ばれ，エジプト文明・メソポタミア文明の広がりとともに，新しい文明も形づくられていった。地中海周辺では小さな国がいくつか生まれ，やがて現在の**アルファベット**のもとになる文字もつくられた。

紀元前6世紀には，イラン高原におこったペルシャが勢力を広げ，東はインダス川から西はエジプトまでの全オリエントを統一した。

くわしく 

メソポタミア

メソポタミアとは，「2つの川の間の地方」という意味で，チグリス川とユーフラテス川にはさまれた地域をいう。ほぼ現在のイラクからパレスチナに続く一帯で，土地がよく肥えて農耕に適していたことから，「肥沃な三日月地帯」と呼ばれた。

⬆くさび形文字

くわしく 

ハンムラビ法典

282条からなる世界最古の法典。現在の民法・刑法などの内容を含み，日常生活を具体的に規定している。原文は，2m余りの石の円柱にくさび形文字で刻まれている。

用語解説 

オリエント

古代ローマ人が，ローマから見て東方の地を指して言ったもの。「太陽ののぼる土地」という意味で「東方」とも訳され，とくにアジア西南部からアフリカ北東部の地域を呼ぶ。

2 ギリシャ・ローマの文明

1 ギリシャの文明

⬆パルテノン神殿

地形が複雑なため統一国家ができなかったギリシャでは，紀元前8世紀ごろから，ギリシャ人が地中海各地に**アテネ**・スパルタに代表される**都市国家**（**ポリス**）を建設した。アテネでは，成年男子市民が全員参加する**民会**で民主的な政治（**直接民主制**）が行われた。紀元前５世紀にペルシャが攻めてくると，アテネ・スパルタを中心に団結してこれを破り，ギリシャは全盛期を迎えた。ギリシャでは，**人間を中心とした合理的・科学的な文化**が栄えた。建築ではアクロポリスの丘に**パルテノン神殿**が建てられ，彫刻も調和のとれた作品がつくられた。哲学・数学などの学問も発達し，人間と同じような感情をもつ神々が描かれた**ギリシャ神話**もつくられた。

2 ヘレニズム時代

やがてポリス間の対立などでギリシャが衰えてくると，紀元前４世紀に北方の**マケドニア**が攻め込んできてギリシャを征服した。さらに**アレクサンドロス大王**はギリシャ軍も率いて東方遠征を行い，ペルシャを滅ぼしてインダス川流域まで進出した。

発展 

アレクサンドロス大王の東方遠征

大王はわずか10年ほどでインダス川流域まで進出したが，遠征途中に，各地にアレクサンドリアと名づけた都市を建設した。そこにギリシャ人を移住させてギリシャ文化を東方に広めた。この結果，これまでのオリエントの文化とギリシャ文化が融合して，ギリシャ風のヘレニズム文化が生まれた。

思考力UP

Q. 古代アテネと今日の民主政治は，どのように違うのだろう？

Hint 古代アテネでは，18歳以上の成年男子だけが民会に出席して直接政治に参加し，女性や奴隷は参加できなかった。現在日本をはじめ世界の多くの国では，満18歳以上の男女による選挙で選ばれた代表者（議員）が，議会（国会）で政治を行っている。

⬆古代アテネの民会の様子（想像図）

A. 古代アテネでは男子だけの直接民主制，今日の日本では男女平等の間接民主制が行われている。

なお，現在でもスイスの一部の州では直接民主制が行われている。

アレクサンドロス大王の遠征により，ギリシャ文化が東方にも伝えられ，オリエントの文化と結びつくことによって**ヘレニズム**（「ギリシャ風の」という意味）と呼ばれる文化が生まれた。科学では「アルキメデスの原理」で知られるアルキメデスが，美術では**ミロのビーナス**などの彫刻が代表である。ヘレニズムの文化はやがてローマ文化に受け継がれ，のちにはインド・中国を経て日本の美術にも影響をおよぼした。

3 ローマの文明

ギリシャ西方のイタリア半島にはラテン人の都市国家が多くあり，その中から**ローマ**が勢力を広げてきた。紀元前６世紀に貴族を中心とする共和制の国となり，紀元前30年にはイタリア半島を統一して地中海周辺地域に領土を広げ，やがて皇帝が支配する帝政が始められた。２世紀初めには領土は最大となり，政治も安定してローマは「永遠の都」と呼ばれた。

ローマ帝国では実用的な文化が栄え，各地からローマに道路が通じ，水道橋や**円形闘技場**（コロッセオ），公衆浴場などの建造物がつくられた。また，広い領土と多くの民族を支配するために**ローマ法**が制定された。

４世紀末には，政治の混乱などからローマ帝国は，**東ローマ帝国**（ビザンツ帝国）と**西ローマ帝国**に分裂した。コンスタンティノープルを都とする東ローマ帝国（→p.304）は15世紀まで続いたが，西ローマ帝国は異民族の侵入などで５世紀に滅んだ。以後，西ヨーロッパでは小国が分立するようになった。

3 アジアの文明

1 インダス文明

インダス川流域は土地が肥え，早くから農耕が行われていた。紀元前2500年ごろ，インダス川中・下流域

発展

ローマ帝国の拡大

最盛期のローマ帝国の領土は，現在のカスピ海沿岸やイギリスの南半分，サハラ砂漠にまで広がり，シルクロードを経て中国（漢）・インドとも交易を行っていた。また，帝国内にはローマ風の都市もつくられ，現在のパリやロンドンなどもこの時代につくられた。

参考

ローマ法

ローマ帝国では法律の研究が進み，たびたび法律がつくられたが，それらの法律は６世紀になって東ローマ帝国で「ローマ法大全」としてまとめられた。これらの法律は，のちにヨーロッパ諸国の法律の手本となった。

⬆円形闘技場（コロッセオ）

のモヘンジョ＝ダロやハラッパーなどの，計画的に建設された都市を中心に，**インダス文明**が栄えた。都市にはれんがづくりの建物が並び，**道路や排水設備**がつくられ，**公衆浴場・市場**なども**整備**されて，青銅器や土器が使用されていた。**インダス文字**と呼ばれる象形文字も使われていたが，まだ解読されていない。

紀元前1500年ごろ，中央アジアから**アーリヤ人**が侵入して先住民を征服し，神官（バラモン）を最高身分とする厳しい身分制度（のちの**カースト制**）をもつ国々をつくった。

2 中国文明

中国では，紀元前4000年より前から**黄河**流域で雑穀（あわやきび）を中心とする農耕が，長江流域でも簡単な稲作が行われ，広い地域で農耕が行われていた。やがて収穫が安定してくると，２つの川の流域にはいくつかの都市が生まれ，文明がおこった（**中国文明**）。とくに，黄河の中・下流域には肥えた黄土が積もり農耕に適していたため人々が移り住み，各地に都市が生まれていた。

紀元前1600年ごろになると，黄河流域のいくつかの都市を統合して**殷**が王朝を開き，占いによる政治を行った。殷では優れた青銅器の武器や祭器がつくられ，**のちの漢字のもと**になった**甲骨文字**が使用された。殷は紀元前1100年ごろ周に滅ぼされ，周は紀元前８世紀ごろ衰えると，いくつかの国が争う**春秋・戦国時代**となった。この時代には鉄器の使用が広まり，鉄製の農具が広く使われるようになって収穫が増え，それに伴って商工業も発達した。また，諸国が有能な人材を求めたこともあり，優れた思想家が現れた。そのうちの１人で，紀元前６世紀ごろ現れた**孔子**は，**仁（思いやりの心）と礼（守るべき秩序）による政治**を説いた。孔子の教えは**儒学（儒教）**として，朝鮮や日本にも伝えられて大きな影響を与えた。

⬆インダス文字が刻まれた印章

(DeA Picture Library/PPS通信社)

くわしく

カースト制

神官（バラモン）を最高位として王族・武士（クシャトリヤ）・平民（バイシャ）・奴隷（シュードラ）の４つの身分に分けられた。階層は次第に細分化されて，現在は2000にも達するといわれる。今日のインドでは，カースト制は法律で禁止されているが，まだ根強く残っている。

くわしく

甲骨による占い

亀の甲や牛の骨を火であぶり，表面に生じたひび割れで吉凶を判断し，この結果を甲骨の表面に甲骨文字（象形文字）で刻んだ。

⬆甲骨文字　(國學院大學博物館)

参考

孔子と『論語』

孔子の言行や弟子たちとの問答などは，のちに『論語』としてまとめられた。

3 秦・漢の統一

紀元前221年，長く争いの続いた中国を**秦**が統一し，王は**始皇帝**と名のった。始皇帝は，全国を郡と県に分けて中央から役人を派遣して治めさせ，また，貨幣や文字，ます・はかりなどの度量衡を統一し，政治の方針に合わない書物を燃やすなど思想の統制も行った。また，北方の遊牧民の侵入を防ぐため**万里の長城**を築いた。しかし，厳しい政治に対して反乱が起こり，秦は統一後わずか15年で滅んだ。秦に代わって中国を統一した**漢**は，紀元前2世紀の**武帝**のとき，朝鮮・中央アジア・ベトナム北部におよぶ大帝国となった。漢では，儒学が国の学問となって重んじられ，紙も発明されて，歴史書なども書かれた。中央アジアも支配したことで，**シルクロード**（**絹の道**）を通って中国の絹織物などが西方に運ばれ，西方からは馬・ぶどうや，インドでおこった仏教などが中国に伝わった。なお，漢は紀元8年にいったん滅んだが（前漢），25年に再興され，これ以降を後漢という。

一方朝鮮では，漢が楽浪郡などを設けていたが，紀元前後になると北部に小国を統一して高句麗（コグリョ）がおこった。

↑万里の長城　現存する長城は，明時代（14～16世紀）に大改修されたもの。

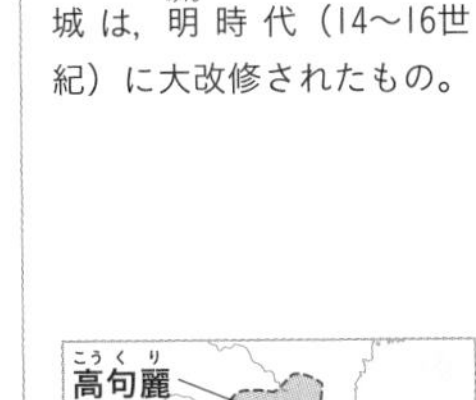

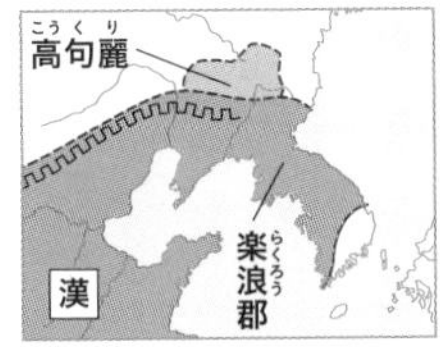

↑紀元前1世紀ごろの朝鮮半島

参考

漢の支配

漢は周辺諸国の王に印を与えて支配を認めたが，その代わりに諸国の王は，貢物を持った使者を漢に送って国交を開き，家臣の立場となって忠誠を誓った（朝貢）。

参考

製紙法の発明

紙が発明される前は，木の札や絹の布などに文字が書かれていた。紙の製法自体は前漢時代に知られていたが，2世紀初めごろ，後漢時代に蔡倫がその製紙法を改良したといわれる。

製紙法は，8世紀にイスラム帝国に伝わり，その後，ヨーロッパへも伝わった。

4 三大宗教

1 宗教のおこり

原始時代の人々は，自然の現象などに人の力を越えた神秘的なものを感じ，それを恐れ，神としてあがめるようになった。やがて，人々は心の安らぎを得ようとして，また苦しみから逃れようとして神に祈るようになった。こうした心の支えを求める気持ちから宗教が生まれてきた。

現在，世界にはさまざまな宗教があるが，とくに民族や地域を越えて世界各地に広まり，現在も多くの人々に信仰されている**キリスト教・仏教・イスラム教**は三大宗教と呼ばれている。

2 仏教

紀元前6～5世紀ごろにインドで生まれた**シャカ**（釈迦）が，厳しい身分制度を批判して，人はみな平等で，修行を積み悟りを開けば誰もが救われると説いた。これが**仏教**のおこりで，やがて東南アジアや中国を経て日本へも伝えられた。その後インドでは，民間の信仰をもとにした多神教のヒンドゥー教がさかんになり，仏教は衰えていった。

3 キリスト教

紀元前後に，西アジアのパレスチナに生まれた**イエス**が，ユダヤ教を発展させて，神の前ではみな平等で，誰でも神の愛を信ずることで救われると説いた。彼は人々から「救世主（キリスト）」と呼ばれ，その教えは「聖書（新約聖書）」としてまとめられ，弟子たちによって**キリスト教**として広められた。

キリスト教は，やがて４世紀に**ローマ帝国の国教**となり，ヨーロッパから世界各地へ広まった。

4 イスラム教

７世紀初め，アラビア半島で**ムハンマド**（マホメット）が，唯一神アラー（アッラー）のお告げを受け**イスラム教**を開いた。彼は，神の前ではみな平等であり，神の教えを厳しく守ることや，神の像を崇拝してはならないことなどを説いた。聖典（教典）の「**コーラン**（クルアーン）」は，ムハンマドが神から受けた言葉をまとめたもので，宗教面だけでなく，広く信者の生活や行動なども定めている。

イスラム教は，アラビア半島からやがて西アジアや北アフリカへ，さらに東南アジア各地に広まった。

⬆ボロブドゥール　インドネシアにある世界最大級の仏教寺院遺跡。

くわしく

ユダヤ教

唯一神ヤハウェを信じる宗教。ユダヤ民族は神に選ばれた民族で，やがて救世主（メシア）が現れて幸福な生活を送れると信じていた。なお，ユダヤ教の聖典は「旧約聖書」である。

⬆サン・ピエトロ大聖堂

バチカン市国にあるカトリックの総本山。

⬆スルタン・アフメット・モスク　トルコのイスタンブールにあるイスラム教の礼拝堂。

第1章 SECTION 3

日本のあけぼの

氷河時代の日本は，大陸と陸続きだったこともあり，大型動物やそれを追って人々も移動してきた。約1万年ほど前になると，ほぼ今と同じような日本列島が成立し，人々は打製石器に加えて磨製石器と縄文土器を使用するようになり，生活も大きく変わってきた。

1 日本列島の成り立ちと旧石器文化

1 氷河時代の日本列島

氷河時代には海面が今より100m以上低いときもあり，現在の日本列島は大陸と陸続きになることもあった。この時期には，大陸から**マンモス**，ナウマンゾウ，オオツノジカなどの大形の動物が渡ってきた。このような大形の動物を追って，人々も移り住んできた。人々は**打製石器**を使って大形の動物をとらえ食料としていた。この時代は**旧石器時代**にあたる（→p.229）。

2 日本列島の成立

今から1万年ほど前になると氷河時代が終わり，気候の温暖化などが進んで氷が溶け海面が上昇してきたことから，それまで大陸の一部であったところが島となり，ほぼ現在と同じような日本列島が成立した。同じころ大形の動物も死に絶え，それらの化石が長野県の野尻湖など各地で発見されている。

3 旧石器時代の日本

日本の旧石器時代は，人類が移住してきてから，約1万年前までの約数万年続いたと考えられている。しかし，かつては縄文時代以前の日本に人々は住んでいなかったと考えられていたが，2～3万年前の地層のある群馬県の**岩宿遺跡**から初

参考

重要な食料，ナウマンゾウ

ナウマンゾウは1頭の体重が約4～5t（1t=1000kg）もあり，肉の量は約1.7tと推定されている。仮に，1人が1日1kgの肉を食べたとすると1700日分で，4年半以上もの量になる。
人々にとって貴重なたんぱく源であり，ナウマンゾウを捕獲することは，男たちにとって重要な仕事だった。

↑ナウマンゾウ（復元模型）
（長野県立歴史館）

アジア大陸
大形動物や人々が移動してきた。
日本海
太平洋
当時の陸地
岩宿
打製石器が出土。
野尻湖
大形動物のきばや角の化石が出土。

↑約2万年前の日本

めて打製石器が発見された。これにより日本にも，**旧石器時代があったことが明らかにされた**。その後，各地から旧石器時代の打製石器が発見され，沖縄県の山下洞穴などからは数万年前の化石人骨も発見されている。人々は，打製石器を先端に付けたやりなどを使って狩りを行い，木の実などの採集や漁を行っていた。10人ほどの集団で，岩かげや洞くつなどに住み，獲物を追って移動していた。また，離れた地域との交易も行っていた。

くわしく

岩宿遺跡の発見

1946年，相沢忠洋が，それまで人類は住んでいなかったと考えられていた，数万年前の火山灰が積もってできた関東ローム層から打製石器を発見した。その後本格的な発掘が行われて，日本にも旧石器時代があったことが明らかにされた。

↑打製石器（岩宿遺跡出土）

（明治大学博物館）

参考

旧石器時代の交易

打製石器の原料となる黒曜石は，長野県の八ヶ岳一帯などに産出地がある。黒曜石は産出地を特定できるので，とれた場所と，これを原料としてつくった打製石器の分布から，旧石器時代にも広く交易が行われていたことが明らかになっている。

❷ 縄文時代の社会と文化

1 縄文時代の始まり

約1万年前になると，森林が広がるなど自然環境も大きく変わり，**海面の上昇で魚や貝などが豊富になり，木の実やイノシシ，シカなど小形の動物も増えてきた**。

日本列島に住む人々は，木の実などの保存や煮たきのために土器をつくるようになった。低温で焼かれた土器は厚手で黒褐色をしており，**表面には縄目のような文様が付けられているものが多いことから縄文土器**と呼ばれる。この時代を**縄文時代**，その文化を**縄文文化**と呼び，紀元前5〜4世紀ごろまで続いた。

2 人々の生活

人々は，食料の得やすいわき水のある台地や日の当たる山ろくに，地面を掘りくぼめて柱を立て，草などで屋根をかけた**たて穴住居**をつくり，20〜30人ほどの小さな集団で共同生活をしていた。集落の中央には広場がつくられ，そこで集会や祭りなどを行っていたと考えられる。人々は，木の実の採集のほか，弓矢や骨角器を使って狩り

↑縄文土器　（國學院大學博物館）　（津南町教育委員会）

や漁を行い，獲物は公平に分けていた。集落の近くには，人々が食べた貝がらや動物の骨，不用になった土器・石器などが捨てられた**貝塚**ができた。ごみ捨て場である貝塚は，**当時の人々の生活の様子を知るうえで重要な遺跡**である。

道具では，縄文土器で煮たきや，どんぐりなどのあく抜き，火を通しての殺菌などができるようになって，食生活も豊かになった。また，これまでの打製石器に加えて，鋭く磨いた**磨製石器**がつくられるようになった。イノシシなどの骨から骨角器がつくられて，釣り針や矢じりに使われた。

縄文時代は，磨製石器や土器が使用されていることで**新石器時代**（→p.229）に当たるが，漁がさかんで，木の実や動物も豊かだったので，農耕・牧畜はまだ本格的には行われなかった。

（東北大学大学院文学研究科）

（個人蔵 画像提供：東京国立博物館/Image:TNM Image Archives）

⬆土偶

3 信仰と風習

縄文時代の人々は，太陽や月，山，川などあらゆる自然物や自然現象に不思議な力があるとして，神として崇拝した（アニミズム）。豊かな実りを祈るために，女性などをかたどった**土偶**と呼ばれる土製品がつくられた。また，成人になったことを示すため特定の歯を抜く**抜歯**の風習があった。死者の埋葬も手厚く行われ，遺体の手足を曲げて横たえる**屈葬**が行われた。

Episode

縄文時代の常識を変えた三内丸山遺跡

三内丸山遺跡は青森市にある，縄文時代の大集落遺跡である。5500年ほど前から1500年以上の長い間，多いときには数百人の人々が生活していたと考えられる。巨大な６本の木柱穴のほか，約500のたて穴住居跡などさまざまな発掘があったが，ひょうたん・くり・まめ類などの種子の出土は，これまで主に採集や狩り・漁の生活と考えられてきた縄文時代に，食料を栽培して得ていたことを示す大きな発見だった。こうした発掘結果から，三内丸山遺跡はこれまでの縄文時代のイメージを大きく変えることになった。

⬆三内丸山遺跡

日本の古代国家のおこり

稲作が本格的に始まると，社会のしくみも大きく変わってきた。集落の中に貧富の差ができ，むらを指導する有力者が現れ，有力なむらが周辺のむらを従えて各地に小さな「くに（国）」ができた。やがていくつかのくにが連合するようになり，２世紀には邪馬台国が出現した。

1 弥生時代の社会と文化

1 弥生時代の始まり

紀元前４世紀ごろ，主に朝鮮半島から渡ってきた人々によって，九州北部に**稲作**（**水稲耕作**）が伝えられ，やがて西日本から東日本へと広まっていった。これによって，日本は食料を生産する段階に移っていった。稲作とともに**金属器**も伝わり，土器も**弥生土器**が使われるようになった。

稲作が本格的に始まった紀元前４世紀ごろから紀元３世紀ごろまでを**弥生時代**といい，その文化を**弥生文化**と呼ぶ。

2 弥生時代のくらし

稲作が始まると，人々は水田の近くに「**むら**」をつ

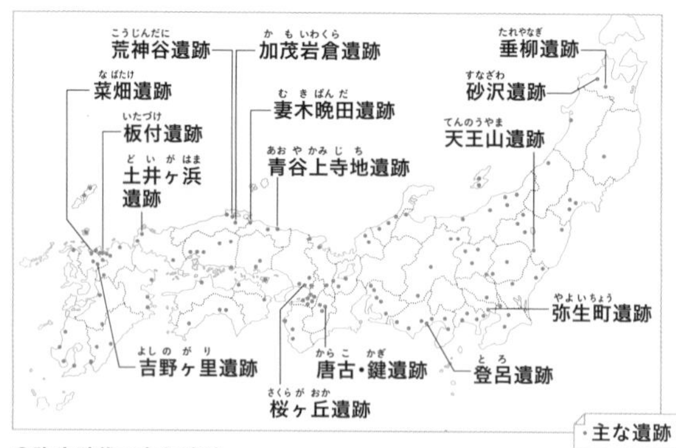

⇧弥生時代の主な遺跡

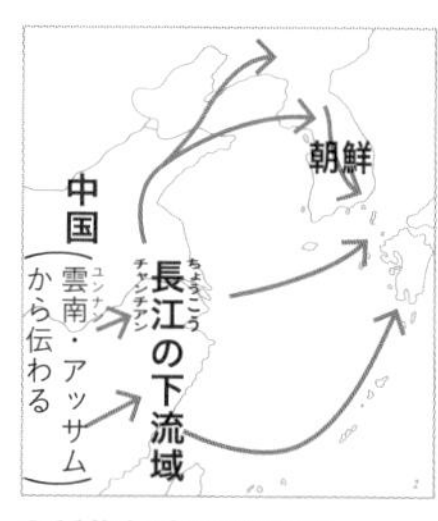

⇧稲作伝来の道すじ

（静岡市立登呂博物館）

⇧復元された高床倉庫

高床倉庫

高床倉庫には，収穫した稲ばかりではなく，ほかの食料や道具類なども収められていたと考えられる。倉庫の柱や，中に入るためのはしごの途中には，ねずみが入らないよう，ねずみ返しと呼ばれる平らな板を取り付けていた。なお，こうしたしくみは，現在もアフリカや東南アジアなどの建物で見ることができる。

くり，**たて穴住居**に住んだ。農作業は共同で行い，収穫した稲は湿気などを防ぐため**高床倉庫**に蓄えた。当時の稲作やむらの様子は，**登呂遺跡**（静岡県）や**吉野ヶ里遺跡**（佐賀県）などからわかる。

なお，九州から本州に稲作が広がっていたころ，北海道や沖縄などの南西諸島では稲作などの農耕は行われず，北海道では狩りや漁を中心とした**「続縄文文化」**が，南西諸島では貝などの採集が中心の**「貝塚文化」**が続いていて，弥生文化は広がらなかった。しかし，これら2つの地域は孤立していたわけではなく，沖縄などでとれた貝が腕輪などに加工されて運ばれ，九州の遺跡や，遠くは北海道でも発見されている。

3 弥生時代の道具

稲作とともに，**鉄器**や**青銅器**などの**金属器**も伝わった。鉄器は，実用品として武器や鉄製の刃先をもつ農具のほか，木製農具をつくる工具などにも使われるようになった。青銅器では，**銅剣・銅矛**ははじめ武器として使われていたが，やがて**銅鏡**や**銅鐸**と同じように，共同の祭りの道具（祭器）として使われるようになった。土器は，高温で焼かれた赤褐色の，**文様はない，丈夫で薄手の弥生土器**がつくられるようになった。弥生土器は，使いみちによって，貯蔵用のつぼ，煮たき用のかめ，盛り付け用の高坏などに分けられる。

稲作では，木製のくわ・すきで耕し，田げたをはいて水田にもみをまき，収穫には**石包丁**で穂を摘み取り，木製のうすときねで脱穀して，高床倉庫に貯蔵した。

（国営海の中道海浜公園事務所）
⬆吉野ヶ里遺跡

なぜ？ 

なぜ稲作が行われていたことがわかるの？

銅鐸に脱穀の様子や高床倉庫が描かれたものがある，もみがらの跡がついた土器が発見されることがある，プラントオパール（植物ケイ酸体化石）や土中にそのまま残された花粉などが見つかる，以上のことなどから，稲作の存在を確かめることができる。

参考 

銅剣・銅鐸の大量出土

1984年，島根県斐川町（現出雲市）の荒神谷遺跡から，358本の銅剣が出土し，1996年には，荒神谷遺跡から南東の山腹にある加茂岩倉遺跡からは，39点の銅鐸が出土した。

銅剣・銅鐸がこのように一度にたくさん出土したのは初めてで，この地方に強い政治勢力があったことがわかる。

⬆弥生土器（左はつぼ型土器，右は高坏）
（東京大学総合研究博物館）（國學院大學博物館）

⬆銅鐸

（東京国立博物館）

⬆田げた
（静岡市立登呂博物館）

2 「むら」から「くに」へ

1 支配者の出現

稲作がさかんになると，「むら」の中でも人々の間で収穫量や蓄えに差ができるようになり，貧富の差が生じるようになった。また，むらの中に共同作業を指図したり，「祭り」をとり行ったりする**指導者**（首長）が現れた。やがて人口も増え，水田が広がってくると，蓄えた食料や土地，用水などをめぐって周辺のむらとむらが争うようになり，勝った強力なむらが敗れたむらを従えた。

2 「くに」の成立

周辺のむらを従えて大きくなったむらは，やがて小さな「くに」に発展し，争いなどを指揮していた指導者は人々を支配する有力者（**豪族**）や王となり，こうして身分の違いも生まれてきた。吉野ヶ里遺跡（佐賀県）は，物見やぐらを構え，周囲を柵と濠に囲まれた弥生時代の大規模な集落（環濠集落）跡で，２世紀ごろの「くに」の様子をよく示している。

3 邪馬台国の時代

1 小国の分立と大陸の情勢

中国の漢（前漢）の歴史書「漢書」地理志によると，紀元前１世紀には倭（日本）は100余りの小国に分立し，漢が朝鮮半島に置いた楽浪郡に定期的に使いを送る国もあったという。また後漢の歴史書「後漢書」東夷伝によると，現在の福岡市周辺にあったと思われる**奴国**の王が，紀元57年に後漢の光武帝に使いを送り，皇帝から**金印**を授けられたという。江戸時代に，

くわしく

首のない人骨
吉野ヶ里遺跡から出土した人骨に首がないものがあり，長崎県の遺跡からは頭頂部に銅剣の先が残っている人骨も発見されている。これらのことは，弥生時代に「むら」と「むら」，「くに」と「くに」との戦いがあったことを示している。

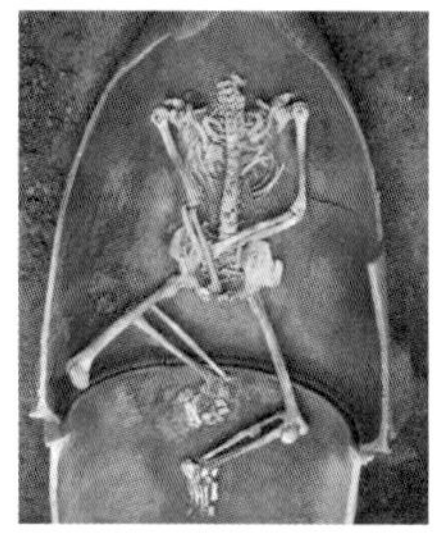
⬆**首のない人骨**　(佐賀県提供)

くわしく

金印の意味
奴国の王が金印を授かったということは，その地位を後漢の光武帝に認められたということで，自分の権威をほかの国に示すものとなったと考えられる。

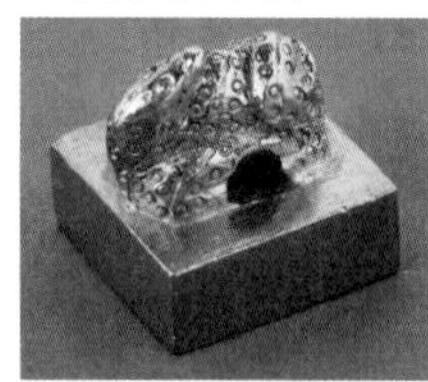
⬆**金印**　刻まれた文字「漢委奴国王」。(福岡市博物館　画像提供福岡市博物館／DNPartcom)

志賀島（福岡県）から発見された「**漢委奴国王**」と刻まれた金印が，そのとき授けられたものといわれている。

大陸では，後漢の勢力が衰えて220年に滅び，その後は**魏・呉・蜀**の３国が分立して争う**三国時代**となった。一方朝鮮半島では，後漢の衰えを見て北部の**高句麗**が勢力を広げ，南部では小国が分立していた。

2 邪馬台国

３世紀に中国で三国が分立していたころ，日本では小国の連合が進み，**邪馬台国**という国が生まれた。魏の歴史を書いた「三国志」魏書の倭人についての記述（**魏志倭人伝**）によると，倭国では２世紀終わりごろに争いが起こったが，諸国が共同で邪馬台国の女王**卑弥呼**を立てると争いがおさまり，卑弥呼が**30ほどの小国を従えていた**という。卑弥呼は宮殿の奥に住み，弟が政治に当たっていたとされる。邪馬台国にはすでに大人・下戸という身分の違いがあり，税のしくみも整い，市も開かれていたという。239年，卑弥呼は魏に使いを送り，**「親魏倭王」の称号と金印や銅鏡100枚などを授けられた**。247年ごろ卑弥呼が亡くなると，男の王が立ったが争いがおさまらなかったので，卑弥呼の一族の女性が王となってようやく争いがおさまったという。邪馬台国の位置については，九州北部説と近畿（大和，奈良県）説の大きく２つに分かれているが，まだ確定されていない。

史料

魏志倭人伝（一部要約）
…この国はもともと男子の王がいたが，国内が乱れたので１人の女性を王に立てた。その名を卑弥呼という。卑弥呼は鬼道（まじない）を行い，成人しているが夫はおらず，１人の弟が政治を補佐していた。卑弥呼が死んだあとには，直径が100歩余りの大きな墓がつくられた。

KEY PERSON

卑弥呼
(2世紀末～3世紀)

（模型）（大阪府立弥生文化博物館）

「魏志」倭人伝に記されている邪馬台国の女王。30ほどの小国を従え，まじないによる政治を行った。魏に使いを送り，「親魏倭王」の称号と金印や銅鏡100枚を授けられた。

Episode

邪馬台国はどこに？

邪馬台国の位置については，近畿説（大和，奈良県）と九州北部説に大きく分けられ，長い間論争が続いている。「魏志」倭人伝に書かれている邪馬台国への方位と行程，また書かれている国々をどの地域に当てはめるか，などの解釈のしかたによってその位置が大きく異なるからである。ただ，考古学的には，古墳や出土品などから近畿説が有力とされている。

⬆卑弥呼の墓とされる箸墓古墳（奈良県）

第1章 SECTION 5 大和政権と大陸との交流

3世紀後半になると，各地に王や豪族(ごうぞく)の墓である古墳(こふん)がさかんにつくられるようになった。大和(やまと)政権は5世紀には九州北部から東北地方南部までを従え，中国・朝鮮(ちょうせん)との交流を行うとともに，中国や朝鮮半島から移り住んできた渡来人(とらいじん)が新しい技術や学問を伝えた。

1 古墳の出現と大和政権

1 古墳の分布

3世紀後半になると，王や豪族(ごうぞく)の墓として，各地に**古墳**(こふん)と呼ばれる大きな墓がつくられるようになった。古墳には，**円墳**(えんぷん)・**方墳**(ほうふん)のほか，その両方を合わせた**前方後円墳**(ぜんぽうこうえんふん)などがある。古墳の造営には多くの富と労働力が必要なことから，とくに大型の前方後円墳が分布している地域には，強大な支配者がいたことを示している。5世紀につくられた**大仙古墳**(だいせんこふん)（**仁徳陵**(にんとくりょう)古墳）（大阪府）はその代表である。各地で古墳がさかんにつくられた6世紀までを，**古墳時代**と呼ぶ。

2 古墳文化

古墳の表面には石がしきつめられ，周りや墳丘(ふんきゅう)の上

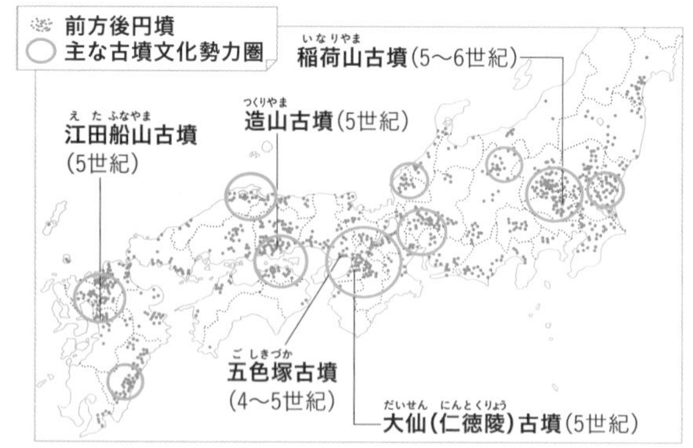

⬆前方後円墳の分布

参考

百舌鳥(もず)・古市古墳群(ふるいちこふんぐん)

大仙古墳の周辺には大小49基の古墳が集中し，百舌鳥・古市古墳群と呼ばれる。前方後円墳のほか円墳・方墳など形も大きさも異なる古墳で構成されていることから，権力の大きさや身分の差が目に見える形で示されている。2019年に世界文化遺産に登録された。

⬆いろいろな埴輪(はにわ)

にはさまざまな形をした**埴輪**が置かれた。これらの埴輪からは，**当時の人々の生活の様子などを知ることができる**。内部には石室がつくられ，死者の棺の内外には鏡・勾玉・武具などの副葬品が置かれた。このころの人々は，稲作に関係深い太陽や水などの自然を神として敬い，祭祀（まつり）の対象とした。また，豪族も一族の祖先の神（氏神）を信仰するようになった。こうした中で，国の成り立ちやそれぞれの豪族の一族（氏）たちについての神話や伝承がまとめられていった。

3 大和政権の成立

3世紀後半になると，奈良盆地（奈良県）を中心とする地域の豪族が連合して強大な政権が生まれた。この政権を**大和政権**（またはヤマト王権），その政府を**大和朝廷**と呼ぶ。大和政権の王は**大王**と呼ばれるようになり，各地の豪族を従えながら，**5世紀には九州北部から東北地方南部までを勢力下**に置いた。大和政権では，有力な豪族たちが氏と呼ばれる一族を率いて，大王から姓を与えられて仕事を分担した。姓は，豪族の政治的地位や家柄を示すもので，とくに有力な氏には大臣・大連などの称号を与えて朝廷の政治を行わせた。地方の有力豪族にも姓を与え，地方の政治に当たらせた。

2 東アジアとの交流

1 朝鮮との関係

朝鮮半島北部では**高句麗**が勢力を広げ，4世紀に入ると南部に**新羅**，**百済**がおこり，三国が対立する状態となった。大和政権は，鉄などの資源を確保するため，小国が分立していた朝鮮半島南部の**伽耶地域**（**任那**）の国々と関係をもっていた。4世紀前後に，大和政権

⬆大仙古墳（仁徳陵古墳）

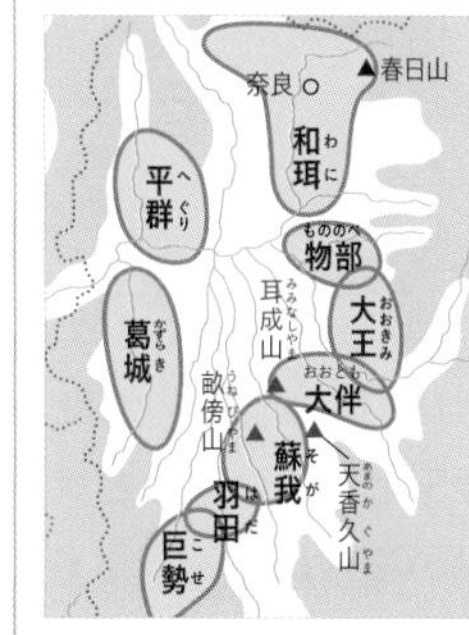

⬆大和地方の豪族の分布

くわしく

氏の決まった仕事

中央の有力な氏は，それぞれ決まった仕事をもって朝廷に仕え，この仕事は代々受け継がれた。蘇我氏は大臣として財政や外交を担当し，物部氏は大連として軍事や刑罰を担当した。やがて，大臣の蘇我氏と大連の物部氏は，朝廷での二大勢力となり，両氏は激しく対立するようになった。

が百済と伽耶地域の国々と結び，南下する高句麗や新羅と戦ったことが，高句麗の好太王（広開土王）の碑文に記されている。

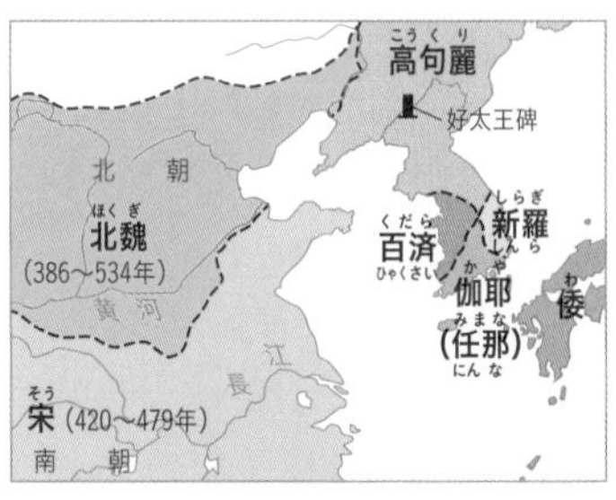

⬆4～5世紀ごろの東アジア

2 中国との関係

中国では，3世紀後半に魏・呉・蜀の三国が滅ぶと国内の混乱が続き，5世紀には多くの国が南朝と北朝に分かれて争う**南北朝時代**となった。南朝では**宋**が勢力を伸ばし，大和政権も宋と通交した。

南朝の宋の歴史書「宋書」倭国伝によると，5世紀に大和政権の5人の王（**倭の五王**）がたびたび南朝の宋に使いを送ったことが記されている。その目的は，**倭王としての地位と朝鮮半島南部の軍事的指揮権を中国の皇帝に認めてもらうため**であった。このことは，倭王武の手紙にもよく表れている。

なお，五王の最後の王である**武は雄略天皇**で，稲荷山古墳（埼玉県）出土の鉄剣や江田船山古墳（熊本県）出土の鉄刀に記されている「**ワカタケル大王**」と同一人物と考えられている。

史料

倭王武の手紙

昔から，私の祖先はよろい・かぶとを身につけ，山や川をかけめぐり，各地で戦い，東は55国，西は66国，さらに海を渡って95国を平定しました。…陛下に貢ぎ物を届けることをじゃまする高句麗を攻めたいと思いますので，私に高い官位を与えて認めてください。

（一部要約）

3 渡来人と大陸文化

中国や朝鮮半島との交流が続く中で，主に朝鮮半島から一族で日本へ移住してくる人々（**渡来人**）が増えてきた。彼らは，農業用のため池をつくる土木技術のほか，鍛冶，機織りや，須恵器と呼ばれる固い土器，鉄製の農具などをつくる技術を伝えた。また，**漢字**や**儒教**（→p.234）を伝え，6世紀半ばには百済が**仏教**を伝えるなど，**日本の文化などに大きな影響**を与えた。大和政権は，朝廷の記録や財政，さらに外国への文書の作成などに，漢字を知り優れた知識をもつ渡来人を登用した。豪族たちも，さまざまな知識や技術をもつ渡来人を自分のもとに招いた。

くわしく

稲荷山古墳（埼玉県）出土の鉄剣

稲荷山古墳から出土した鉄剣には115の文字が刻まれている。この中の「獲加多支鹵大王」とは倭の五王のうちの「武」（雄略天皇）だと考えられ，5世紀の末に，大和政権の支配が関東地方にまで広がっていたことを示している。

（所有：文化庁，写真提供：埼玉県立さきたま史跡の博物館）

⬆文字が刻まれた鉄剣

確認問題 CHECK

第1章 文明のおこりと日本

各問いに答えましょう。
また，(　)に当てはまる語句を選びましょう。

❶ 現在の人類の直接の祖先は(原人　新人)である。

❷ 農耕・牧畜が始まり，磨製石器や土器が使われるようになった時代を何という。

❸ エジプト文明で国王の墓としてつくられたものを何という。

❹ メソポタミア文明で使用された文字を何という。

❺ 現在の漢字のもとになった文字を何という。

❻ 漢の時代に開かれた，中央アジアを通って西方と中国を結ぶ道を何という。

❼ 「コーラン」を聖典とする，ムハンマドが開いた宗教は何か。

❽ 日本にも旧石器時代があったことが明らかになった，群馬県にある遺跡を何という。

❾ 主に縄文時代の人々が捨てた，貝がらや土器などが積もってできた遺跡を何という。

❿ 縄文時代に，安産や豊かな実りを祈ってつくられた，図の焼き物を何という。

図

（東北大学大学院文学研究科）

⓫ 弥生時代に，収穫した稲穂などを蓄えた建物を何という。

⓬ 奴国の王が光武帝から授けられた金印には，漢字5文字で何と刻まれているか。

⓭ 3世紀の日本で，30ほどの小国を従えていた邪馬台国の女王は誰か。

⓮ 世界最大級の墓で，世界文化遺産にも登録されている，大阪府堺市にある前方後円墳を何という。

⓯ 古墳の周りや表面に置かれた，さまざまな形をした焼き物を何という。

⓰ 古墳時代，主に朝鮮半島から移住してきた人々を何という。

解答

❶ 新人
❷ 新石器時代
❸ ピラミッド
❹ くさび形文字
❺ 甲骨文字
❻ シルクロード（絹の道）
❼ イスラム教
❽ 岩宿遺跡
❾ 貝塚
❿ 土偶
⓫ 高床倉庫
⓬ 漢委奴国王
⓭ 卑弥呼
⓮ 大仙（仁徳陵）古墳
⓯ 埴輪
⓰ 渡来人

第2章
古代国家の歩み

第２章では，飛鳥時代から奈良時代を経て，貴族政治が全盛となる平安時代までを取り上げる。大陸から伝来した仏教や律令制度が政治に取り入れられ，やがて摂関政治が全盛を迎えた。各代における仏教の展開や，文化の特色にもしっかり目を向けよう。

Q. なぜ遣唐使は停止されたの？
➡ SECTION 4 へ
Q. 律令国家ってどんな国なの？
➡ SECTION 2 へ

聖徳太子の政治と飛鳥文化

分裂していた中国が隋により再統一されたころ，日本では豪族の争いが激しくなっていた。そうした中で推古天皇が即位すると聖徳太子が摂政となり，蘇我氏と協力して政治の改革を始めた。このころ，飛鳥地方を中心に最初の仏教文化（飛鳥文化）が栄えた。

1 東アジアの情勢

1 中国の様子

国内の分裂が続き，多くの国が対立していた南北朝時代の中国では，６世紀末に北朝から出た**隋**が南北朝を統一した。２代皇帝の煬帝は，黄河流域と長江流域を結ぶ**大運河**を建設し，また，領土を広げようと朝鮮半島などにたびたび遠征を行った。しかしこれらの負担は人々の不満を招き，隋は約30年で滅んだ。

隋に代わって，618年には**唐**が中国を統一した。唐は**律令**などの法律をつくり，地方へは中央から役人を派遣するなど中央集権政治を進めた。また，**戸籍に登録した人々に土地を分け与え，税や兵役を負担させる**など，支配のしくみを整え，７世紀後半には朝鮮半島の高句麗を滅ぼして，東は朝鮮半島から西は中央アジアにおよぶ大帝国を築いた。**唐の政治や文化は，朝鮮半島や日本など周辺諸国に大きな影響を与えた。**

律令
律…刑罰を定めたもの。
令…国の制度や政治を行ううえでのきまりを定めたもの。

唐の都長安
長安（現在の西安）は８世紀には人口100万人を数え，東西各地から多くの使節や留学生・商人が集まった。シルクロードを通ってイスラム文化ももたらされ，長安には国際色豊かな文化が栄えた。

2 朝鮮半島の動き

６世紀に入ると，朝鮮半島では政治制度を整えた百済・新羅が勢力を伸ばしてきた。日本と密接な関係をもっていた伽耶地域もしだいに圧迫され，562年には新羅に征服された。これによって，**朝鮮半島における大和政権の影響力は後退した。**

❶唐の領土と朝鮮半島

② 推古朝と飛鳥文化

1 推古朝における政治

政治制度を整えてきた大和政権だが，6世紀に入ると，しだいに勢力を強めた有力豪族たちの対立が激しくなった。587年には，渡来人と結んだ大臣の**蘇我氏**が，仏教の受け入れに反対する大連の物部氏と対立し，物部氏を滅ぼして権力を握った。

592年に女帝の**推古天皇**が即位すると，おいの**聖徳太子**（**厩戸皇子**）が**摂政**となった。そして，豪族たちの争いを和らげようと，**蘇我馬子**と協力して，中国・朝鮮に学んで**大王（天皇）を中心とする政治を目指した**。

2 聖徳太子の改革

まず603年に**冠位十二階**の制度を定め，これまでのように家柄にとらわれず，**才能や功績ある人物を役人に取り立て**，冠の色や大小でその地位を区別した。604年には仏教や儒教の考え方を取り入れて**十七条の憲法**を制定し，天皇の命令には従うことなど，**政治に対する役人の心構えを示した**。また，仏教を厚く信仰した太子は，人々に仏教の信仰をすすめ，みずからも経典の注釈書を著したという。

3 遣隋使の派遣

朝鮮半島で新羅の勢力が強くなってきたこともあり，推古朝では強大な帝国を築いた隋と結んで朝鮮半島での立場を有利にし，また隋の進んだ制度・文化を取り入れようとした。607年，聖徳太子は**小野妹子**などを**遣隋使**として派遣した。このとき，倭の五王のときのように中国の皇帝に従うのではなく，**対等の立場で国交を行う姿勢**を示した。遣隋使には多くの留学生や学問僧が同行したが，彼らは帰国後に大化の改新（→p.253）で大きな役割を果たした。

KEY PERSON 

聖徳太子（厩戸皇子）
（574～622年）

（宮内庁蔵）

推古天皇の摂政となり，蘇我馬子と協力しながら政治改革に当たった。冠位十二階，十七条の憲法を制定し，遣隋使を派遣して隋と国交を開いた。仏教を厚く信仰し，法隆寺を建てた。

用語解説

摂政
天皇が幼かったり女性だったりした場合に，天皇の代理として置かれた。もともとは皇族が就いたが，平安時代になって藤原氏が就くようになった（→p.264）。

史料 

十七条の憲法
一に曰く，和をもって貴しとなし，さからふことなきを宗とせよ。
二に曰く，あつく三宝（仏・仏教の教え・僧）を敬へ。
三に曰く，詔（天皇の命令）をうけたまはりては必ずつつしめ。
（一部要約）

4 飛鳥文化

6世紀末ごろから，飛鳥地方（奈良盆地南部）は大王や豪族の邸宅が建てられるなど政治の中心となっていた。仏教の広がりとともに，豪族たちは古墳に代わって寺院を建てるようになり，聖徳太子や蘇我氏が仏教を保護したことから，飛鳥地方を中心に**飛鳥文化と呼ばれる日本で最初の仏教文化**がおこった。

飛鳥文化は，海外との交流により南北朝時代の中国や朝鮮，さらにインドや西アジア，ギリシャなどの文化の影響を受けたものとなった。また，彫刻や工芸などに優れた技術をもつ渡来人の子孫の活躍にも支えられていた。

❶**寺院建築**　蘇我氏が建てた飛鳥寺（奈良県），聖徳太子が建てたといわれる**法隆寺**（奈良県）や四天王寺（大阪府）などがある。法隆寺は，一度火災にあって再建されたが，現存する世界最古の木造建築として世界文化遺産に登録されている。

❷**仏像彫刻**　法隆寺金堂の**釈迦三尊像**が有名で，中国南北朝時代の影響がうかがえ，渡来人の子孫がつくったとされている。このほかに法隆寺の百済観音像，広隆寺（京都府）の弥勒菩薩像などがある。

❸**工芸品**　法隆寺にある仏具で，仏像などを納めるための玉虫厨子があり，側面には絵画が描かれている。

参考

対等の外交を目指した聖徳太子

聖徳太子らは隋（中国）との対等な外交を目指して，小野妹子に「日出づるところ（日本）の天子，書を日没するところ（隋）の天子にいたす。つつがなきや…（お変わりありませんか）。」と記した国書を持たせた。隋の皇帝煬帝は，この国書を見て，「蛮夷（未開地の民族）の書，無礼なるものあり…。」として気分を害したといわれる（「隋書」倭国伝による）。

参考

法隆寺金堂壁画

金堂の12面の壁には，国内最古の仏教絵画が描かれていた。この壁画は，中国の敦煌莫高窟にある壁画などと並んで，仏教絵画の代表作とされてきた。しかし1949年，模写作業をしているときの火災で一部が黒こげになり彩色が失われてしまった。この事件をきっかけに，翌1950年に文化財保護法が制定された。

⬆**法隆寺の西院全景**　法隆寺は1993年に世界文化遺産に登録された。

⬆**釈迦三尊像**　法隆寺の金堂にある本尊。

（法隆寺）

大化の改新と律令国家

中国で唐が一大帝国を築くなど，東アジアの情勢が大きく変わっているとき，日本では中大兄皇子らが蘇我氏を倒し，大化の改新と呼ばれる改革を始めた。中央集権国家の建設は701年の大宝律令によって実現し，新しい都として平城京がつくられた。

1 大化の改新

1 大陸の情勢と日本

隋の後に中国を統一した唐は，律令などを整えて中央集権政治を進めて大帝国を築き，７世紀中ごろには朝鮮の高句麗（コグリョ）を攻めるなど，国力のさかんなときを迎えていた。こうした動きに，朝鮮や日本でも緊張が高まった。日本では，聖徳太子の死後，**蘇我氏**が太子の子（山背大兄王）を滅ぼして権力を握っていた。

2 大化の改新の始まり

蘇我氏の政治に不満が高まっていたころ，唐から帰国した留学生や学問僧から，隋や唐の政治制度などが伝えられた。こうした中で**中大兄皇子**や**中臣鎌足**（のち**藤原鎌足**）らは，新しい中央集権を目指して，645年に蘇我蝦夷・入鹿親子を倒した（**乙巳の変**）。新たに即位した孝徳天皇のもとで，中大兄皇子は鎌足や帰国した留学生や学問僧の協力を得て政治改革を始め，都も**難波宮**（大阪府）に移された。ここに始まる一連の改革は，このとき最初の元号として定められたとされる「大化」にちなんで，**大化の改新**と呼ばれる。

3 大化の改新の方針

646年には**改新の詔**が出され，これまで豪族が支配していた土地と人々を国が直接支配する**公地・公民**の

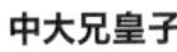

KEY PERSON

中大兄皇子
（626～671年）

（跡見学園女子大学図書館）

中臣鎌足と協力して蘇我氏を倒し，大化の改新と呼ばれる改革を始めた。白村江の戦いに敗れたあと，大津宮で即位して天智天皇となり，律令に基づく政治を進めた。

参考

改新の詔の内容

改新の詔には，地方行政組織として郡を置いたと書かれているが，木簡の発掘などによって大宝律令（701年）より以前は「評」が使われていたことが明らかになった。これによって，646年の改新の詔には，のちの大宝律令などによって書き加えられた部分があることが明らかになった。

方針などが示された。また，権力の集中を目指して朝廷や地方の組織が改められ，班田収授法や租・調・庸（→p.257）など，統一した税制の整備などが進められた。こうした方針はすぐに行われたのではなく，実現までに50年余りかかった。

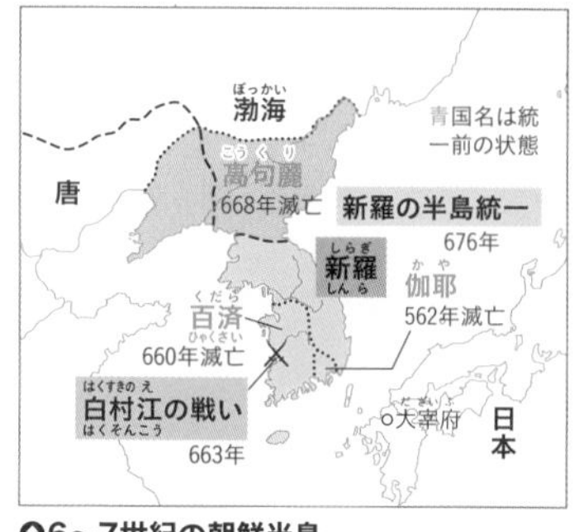

⬆6～7世紀の朝鮮半島

❷ 改新政治の進展

1 朝鮮半島の情勢

朝鮮半島では，7世紀半ばに唐が新羅と結んで百済を滅ぼした。日本は，百済の求めに応じて軍を送ったが，663年に**白村江の戦い**で**唐・新羅連合軍に敗れた**。唐と新羅はついで高句麗も滅ぼしたが，やがて新羅は唐の勢力を追い出し，676年に朝鮮半島を統一した。高句麗が滅んだ後，朝鮮半島北部には渤海がおこった。一方，白村江の戦いに敗れた日本は，唐・新羅の攻撃に備えて西日本各地に山城をつくるなどして守りを固め，国内の政治改革に力を注いだ。

くわしく

大野城と水城

唐・新羅の連合軍が九州北部に攻めてくるという不安があったため，博多湾（福岡県）の近くに山城である「大野城」と，「水城」と呼ばれる土塁を建設した。このような防衛施設は，九州から瀬戸内にかけて数多く築かれた。

⬆**大野城の遺構**（福岡県）

2 律令国家への歩み

668年，中大兄皇子は大津宮（滋賀県）で即位し**天智天皇**となり，**初めての全国的な戸籍**をつくるなど，律令に基づく政治をおし進めた。天智天皇の死後の672年，天皇の位をめぐって天皇の子の大友皇子と，天皇の弟の大海人皇子が争う**壬申の乱**が起こった。勝利した大海人皇子は，都を飛鳥にもどして**天武天皇**となり，律令や歴史書の作成を命じるなど，強力な支配体制をつくり上げていった。天武天皇の死後は，皇后が**持統天皇**として即位し，飛鳥浄御原令を施行し，中国にならった本格的な都である**藤原京**の造営を行った。

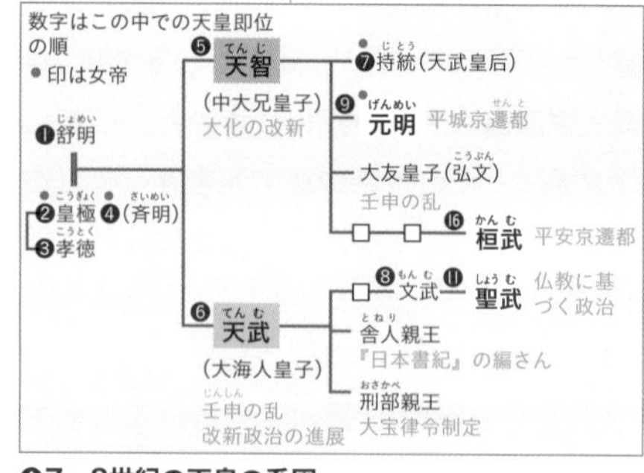

⬆7～8世紀の天皇の系図

こうして，天武・持統天皇の７世紀後半に，律令国家への準備が進められた。このころ天皇の権威も確立し，「大王」に代わって「天皇」の称号が用いられ，*「日本」という国号が使われるようになったと考えられている。

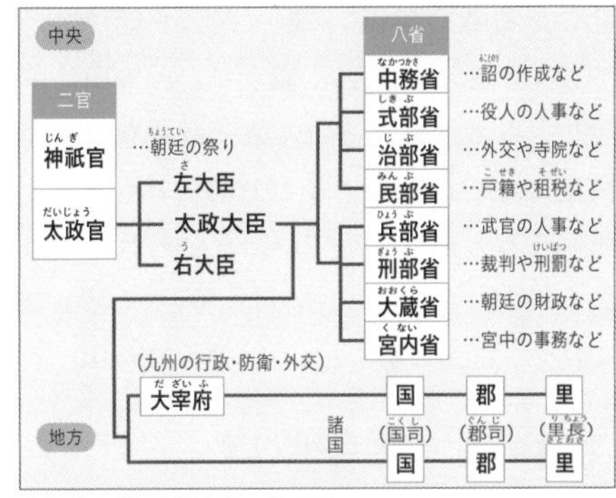

❶律令に基づく政治のしくみ

❸ 大宝律令と平城京

1 律令国家のしくみ

701年，藤原不比等らによって**大宝律令**が完成し，**中央集権国家のしくみが整えられた。** **律**は刑罰のきまり，**令**は国の制度や政治を行ううえでのきまりを定めたもので，律令に基づいて政治が行われる国家を**律令国家**という。律令国家は，天皇と，高い位を与えられた**貴族**と呼ばれる有力豪族を中心に政治が行われた。

中央には**二官八省**が置かれ，地方は五畿七道に分けられて国・郡・里が置かれた。地方豪族が**郡司**・**里長**に任命され，彼らを監督するために中央から貴族が**国司**として派遣された。九州北部には**大宰府**（福岡県）が置かれ，九州地方の政治や外交・防衛に当たった。都と地方の国府（諸国の役所）を結ぶ道路もつくられ，役人が利用する馬などが用意された**駅**が置かれた。

支配領域も広がり，東北地方の政治と蝦夷と呼ばれた人々に対する拠点として太平洋側に多賀城（宮城県）が築かれた。また，九州南部の隼人と呼ばれる人々も従えるようになった。

用語解説

五畿七道

古代の行政区分で，五畿は現在の大阪府・京都府・奈良県周辺の大和・山城・河内・摂津・和泉の5国のことで，七道は東海道・東山道・北陸道・山陽道・山陰道・南海道・西海道。現在の地方行政区分に重なるところもある。

2 平城京の様子

710年，元明天皇は唐の都長安にならって奈良に都を造営し，藤原京から都を移した。

この都を**平城京**といい，奈良に都が置かれた約80年間を**奈良時代**という。平城京の中央を南

❶**平城京（模型復元）** 東西約６km，南北約５kmあった。 （奈良市役所）

＊推古天皇（→p.251）のころからという説もある。

北に走る幅約70mの朱雀大路の北端には，天皇の住居や役所がある平城宮が置かれた。東西に設けられた**市**では，各地から送られてきた産物などが売買され，**和同開珎**などの貨幣が使われることもあった。平城京には約10万人が暮らしていたといわれ（そのうち役人は約1万人），その繁栄ぶりは「青丹よし　奈良の都は咲く花の　におうがごとく　今さかりなり」とうたわれた。

3 聖武天皇の政治

奈良時代の初めのころは政治も安定していたが，やがて貴族の間などで争いが起こり，724年に即位した**聖武天皇**のころには，災害が続き伝染病も流行するなど，社会不安が広がっていた。そこで聖武天皇は，国家を守る力をもつと考えられていた**仏教の力に頼って社会不安をしずめようと**，国ごとに**国分寺**と国分尼寺を建てた。都には総国分寺として**東大寺**を建て，金銅の**大仏**をつくらせた。このころの僧は，税を免除されるなどの保護を受ける代わりに，仏教の力で国家の安定を祈るよう命じられ，寺院以外での活動は禁止されていた。しかし，**行基**のように民間で仏教を広め，橋や用水路をつくって人々に敬われる僧も現れた。国は行基を取り締まったが，大仏づくりには人々の力が必要だったことからその活動を認め，大仏づくりへの協力を求めた。

KEY PERSON

聖武天皇
（701～756年）

（東大寺）

光明皇后とともに仏教を厚く信仰し，仏教の力で国を守ろうと諸国に国分寺・国分尼寺を置き，都の東大寺には大仏をつくった。聖武天皇の時代に，仏教を中心とした天平文化が栄えた。

東大寺の大仏　（東大寺）

思考力UP

Q. 平城京の役人が小刀をつねに持っていたのはなぜ？

Hint

当時は紙が貴重品で，役人は木簡と呼ばれる木の札に，「筆」を使って文字を書いて記録を残していた。しかし，文字を修正したり，使用済みの木簡を再利用するときは，「小刀＝ナイフ」で文字を削っていた。このころの役人にとって，「筆」と「小刀」は必需品であった。記録などに当たる役人のことを「刀筆の吏」と呼んでいたのは，これに由来している。

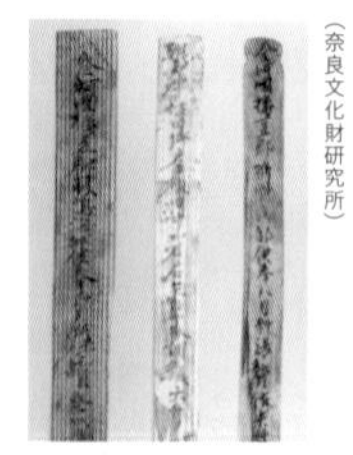
（奈良文化財研究所）

木簡

A. 記録用の木簡の文字の修正や再利用に，小刀を使っていたから。

人々の暮らしと天平文化

奈良時代の人々は良民・賤民に分けられて戸籍に登録され，班田収授法によって土地を与えられたが，その一方で重い税が課せられた。8世紀前半の聖武天皇の時代には，遣唐使によって唐の文化の影響を強く受けた貴族中心の天平文化が，奈良の都に栄えた。

1 人々の暮らし

1 人々の身分

奈良時代の人々は，**良民**と，奴婢などの**賤民**に分けられ，律令に基づいて6年ごとに作成される戸籍に登録された。この戸籍をもとに**班田収授法**を実施し，6歳以上の良民男子には2段（約23アール），女子にはその3分の2の**口分田**を与え，死ぬと国に返させた。賤民には，良民男女のそれぞれ3分の1の口分田が与えられた。

2 人々の負担

口分田を与えられた人々には，**租**・**調**・**庸**，**雑徭**などの税が課せられた。

租は，ききんなどに備えて諸国の倉庫に納められたが，調・庸は，中央に納められて役人の給与や朝廷の費用にあてられた。調・庸，雑徭は主に成年男子に課せられたが，調・庸を都まで運ぶこと（運脚）も義務だった。このほか兵役の義務もあり，成年男子3，4人に1人は，都を守る衛士か九州北部を守る**防人**となった。

主な税の種類

種類	内容	納める先
租	収穫量の約3%の稲を納める	地方の倉庫へ
調	絹・糸・真綿など地方の特産物を納める	都に運ばれて朝廷の費用に
庸	労役10日の代わりに麻布などを納める	

参考

兵役

兵役に就いた者は各地の軍団に入り，一定期間の訓練を受けた。兵役の期間は，衛士は1年間，防人は3年間だったが，兵士の装備や食料は原則として自分で負担しなければならず，また働き手をとられることで，人々には大きな負担であった。

史料

「貧窮問答歌」

…ぼろぼろに破れたものを身にまとい，倒れかけた小屋の地面にわらをしいて，父母はわたしの枕のほう，妻子は足もとのほうにいて，なげき悲しんでいる。かまどには火の気はなく，米を蒸すこしきもくもの巣だらけになっている。こんな状態なのに，むちを持った里長が税を取り立てるために，寝ているところまで来て大きな声をあげている。世の中とは，こんなにもどうしようもないものなのか。（『万葉集』より　一部要約）

山上憶良の「貧窮問答歌」からは，農民の苦しい生活の様子がよくわかる。

また，春に国司が稲を貸し付けて，秋の収穫時に利息をつけて返させる**出挙**（**公出挙**）は強制になり，人々の負担となった。これらの人々に対して，わずか200人ほどの貴族は，位に応じた役職について高い給与や土地が支給され，調・庸や雑徭，兵役などが免除された。また罪を犯しても減刑されるなど，多くの**特権をもち，その身分と特権は子孫にも引き継がれた**。

一方，人口の１割ほどとされる**奴婢**と呼ばれた人々は，所有者の財産として売買されることもあり，良民との結婚も禁止され，子孫も奴婢とされた。

③ 公地・公民制のくずれ

このころは鉄製農具も普及して生産力が高まっていたが，一方重い税負担から逃れようと，戸籍の性別や年齢をいつわったり(偽籍)，口分田を捨てて他国へ逃げ出したりする者(逃亡)が現れた。また人口の増加などもあって，**口分田が不足**するようになった。

口分田の不足を補うため，朝廷は743年に**墾田永年私財法**を出して人々に開墾をすすめ，新しく開墾した土地（墾田）の**永久私有を認めた**。有力な貴族や寺社，地方豪族は周りの農民などを使って開墾をしたり，墾田を買い取ったりして，私有地を増やしていった。

こうした私有地は**荘園**と呼ばれるようになり，律令制度の根幹をなす**公地・公民の原則はくずれていった**。

発展

貴族の特権

貴族の子弟は，成年になると父，祖父の位に応じて，一定の位が与えられる特権があった。これによって，貴族の家から位の高い者が代々送り出された。のちに藤原氏が朝廷で勢力を広げたのは，この制度によるところが大きい（→p.264）。

参考

開墾のすすめ

723年に**三世一身法**が出され，新しくかんがい施設をつくって開墾した者には，孫（またはひ孫）までの３代に限って私有を認めた。しかし，返す時期が近づくと耕作をやめるなどしたため，あまり効果はなかった。そのため743年に墾田永年私財法が出され，墾田には口分田と同じように租がかけられたが，私有が認められ売買もできるようになった。

❷ 遣唐使

① 遣唐使派遣の目的

中国では618年に唐が統一を果たしていたが，日本からは遣隋使に引き続き，たびたび**遣唐使**が送られた。遣唐使は630年から838年まで十数回にわたって派遣され，唐の制度や文化を日本へもたらした。

⬆遣唐使船などの航路

2 遣唐使の人々

遣唐使には大使のほか留学生や学問僧が同行し，多いときで500人が4隻の船にのって唐へ渡った。帰国した彼らは，日本の政治制度や文化に大きな影響を与えたが，**阿倍仲麻呂**のように唐の皇帝に認められて高官となり，そのまま帰国できず唐で一生を終える者もいた。また，遣唐使とともに渡った学問僧の願いで，日本に渡る決心をした唐の高僧**鑑真**は，何度も遭難して盲目となり，6回目にようやく来日して仏教の戒律（守るべき規律）を伝え，**唐招提寺**を建てた。

3 朝鮮半島との関係

朝鮮半島を統一した**新羅**とも，多くの使節が往来していたが，関係が悪化することもあった。それでも民間の往来はさかんに行われていた。中国東北部に建国された**渤海**とも，8世紀初めからしばしば使節が往来し，渤海を経由して日本に伝えられた唐の文化もあった。

3 天平文化

1 天平文化の特色

奈良時代の文化は，聖武天皇の天平年間（8世紀前半）に最も栄えたことから，天平文化と呼ばれている。

KEY PERSON

鑑真
（688～763年）

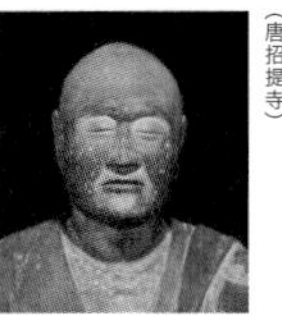
（唐招提寺）

日本の僧の求めに応じて，盲目になりながらも来日した唐の高僧。戒律を伝え，唐招提寺を建てて仏教の発展に尽くした。

ミス注意

飛鳥文化と天平文化
飛鳥文化は飛鳥時代（7世紀）に栄えた，貴族中心のわが国最初の仏教文化であり，天平文化は奈良時代（8世紀）に栄えた貴族中心の仏教文化である。
どちらも国際性のある文化であり，特色がよく似ているので，まちがえないようにしよう。

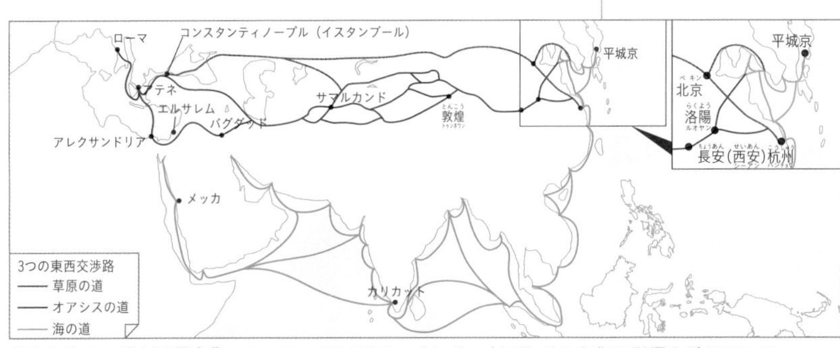

シルクロードと天平文化　ローマ・西アジア・インド・中国などの文化の影響を受けている。

天平文化は，遣唐使を通じて唐の文化の影響を受け，さらに**シルクロード（絹の道）を通じて遠く西アジア・インドなどの影響も受けた国際色豊かな文化**である。

また，聖武天皇の仏教保護政策もあって寺院を中心とした**仏教文化**として貴族の間に広まった。

2 天平文化の美術

❶**建築**　聖武天皇の愛用品などを納めた東大寺の**正倉院**，唐招提寺金堂，東大寺法華堂（三月堂），法隆寺夢殿など。

❷**彫刻**　興福寺の**阿修羅像**，東大寺法華堂の不空羂索観音像と日光・月光菩薩像など。

❸**絵画**　薬師寺の「吉祥天像」，正倉院の「鳥毛立女屛風」など。

❹**工芸**　天平文化の宝庫ともいわれる正倉院の宝物が有名。紺瑠璃坏，漆胡瓶，螺鈿紫檀五絃琵琶などは，西アジア・インドなどの影響が見られる。

3 歴史書と万葉集

律令国家のしくみが整い，国際的な交流がさかんになると，国の成り立ちなどを記すことなどを目的に，歴史書や地誌がつくられた。8世紀初めのことである。

歴史書としては，神話・伝承などをもとにした「**古事記**」「**日本書紀**」が，地誌としては，地方の自然・産物などをまとめた「**風土記**」がつくられた。

和歌もさかんとなり，大伴家持がまとめたとされる「**万葉集**」がつくられた。「万葉集」には，天皇から防人や農民の歌まで約4500首が収められ，代表的な歌人に柿本人麻呂・山部赤人・山上憶良らがいる。「万葉集」の表記には，漢字の音を使って日本語を表した**万葉がな**が使われていた。

⬆**正倉院の校倉造**（正倉院正倉）

参考

正倉院の校倉造

正倉院には，三角形の木材を井桁に積み上げた「校倉造」という建築様式が使われている。風通しをよくして湿気を防ぐためともいわれる。

⬆**阿修羅像**（興福寺）

⬆**正倉院の宝物**（正倉院宝物）

第2章 SECTION 4

平安京と東アジアの動き

平城京での政治が混乱すると，桓武天皇は平安京に都を移して律令政治の立て直しに力を注いだ。また，蝦夷の人々が住む東北地方にも支配を広げるために，たびたび大軍を送った。このころ中国では宋が，朝鮮半島では高麗が，それぞれ統一を成しとげ，日本とも往来していた。

1 平安京

1 平安京へ都を移す

奈良時代中ごろから，政権をめぐる貴族間の勢力争いが起こって政治が乱れ，道鏡のように天皇の信頼を得て皇位をねらう僧も現れた。

そこで**桓武天皇**は，人心を一新して政治を立て直そうと，仏教勢力を奈良（平城京）に残したまま，784年に長岡京（京都府）に都を移し，ついで794年には**平安京**（京都府）に都を移した。平安京に都が移ってから，12世紀末に鎌倉幕府が成立するまでの約400年間を**平安時代**という。

↑平安京の位置と現在の市街地

2 律令政治の再建

桓武天皇は，まず地方政治の改革に力を入れ，**勘解由使**という役職を設けて**国司の監督を強めた**。また，人々の負担を減らすために，東北・九州を除いて**一般の人々の兵役をやめ**，軍団も廃止した。また，８世紀後半ごろから，男子の人数を少なくするなど戸籍をいつわったり，逃亡したりする者がいっそう多くなって戸籍が実情に合わなくなり，複雑な手続きを必要とする班田収授を行うことが難しくなってきた。そのため桓武天皇は，班田収授を確実に行うように，６年ごとの戸籍に基づく**口分田の支給を12年に１度**と改めた。

この時代は，大宝律令が制定されてすでに100年以

くわしく

奈良時代の貴族の勢力争い

737年，藤原不比等の４人の子が病死すると，皇族出身の橘氏が，唐から帰国した僧玄昉や吉備真備を用いて勢力をふるった。これに反対する藤原広嗣が，740年に兵を挙げたが失敗した。しかしこの後，光明皇太后の保護を受けた藤原仲麻呂が次第に勢力を伸ばしてきた。

参考

兵役の中止

一般の人々からの兵役を中止した代わりに，郡司など地方豪族の子弟から志願で兵士を採用した。これを健児といった。

上がたち，社会が変化して合わない面も出てきた。そのため，実情に合わせて政治を進めるために，令の規定にはない新しい官職も設けられた。

3 東北地方の平定

東北地方には，朝廷の支配に従わない**蝦夷**と呼ばれる人々が生活をしていた。朝廷は，奈良時代に多賀城を設けて東北進出の拠点としていたが，８世紀末には蝦夷の指導者**アテルイ**に朝廷軍が敗れるなど，大規模な争いが続いていた。797年，桓武天皇から**征夷大将軍**に任命された**坂上田村麻呂**は，大軍を率いて争いを平定し，802年に**胆沢城**（現在の岩手県奥州市）を築いた。アテルイが降伏すると，朝廷は支配の拠点を多賀城から胆沢城に移しその勢力を広げたが，蝦夷の人々の抵抗はこの後も続いた。

参考

新しい官職

国司の監督をする勘解由使もその１つで，ほかに天皇の秘書官のような蔵人頭，都の治安維持などに当たる検非違使などがある。

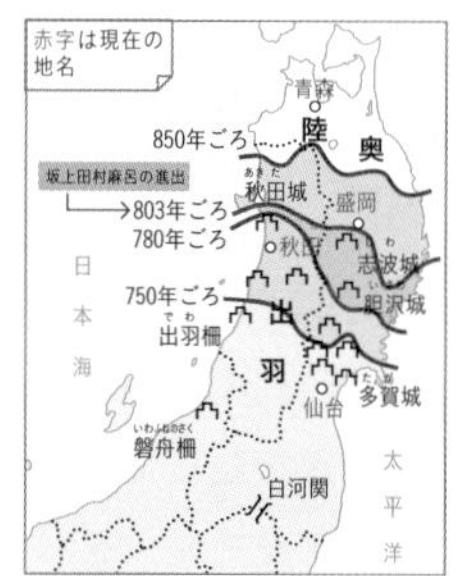

↑東北地方への進出

2 新しい仏教

1 仏教の革新

奈良時代の後半には，仏教勢力が政治に関わって政治が乱れることがあったので，桓武天皇は平城京の大寺院を平安京に移すことを許さなかった。そのような中で，仏教にも新しい動きが現れた。桓武天皇も，新しい仏教の動きを支持し，唐から帰国した**最澄**と**空海**がその中心となった。

最澄
(767~822年)
(比叡山延暦寺)

空海
(774~835年)
(高野山金剛峯寺)

2 最澄と空海

最澄（伝教大師）と**空海**（弘法大師）は，遣唐使に従ってともに唐に渡り，９世紀の初めに帰国して仏教の新しい教えを伝えた。**最澄**は**天台宗**を伝え，比叡山（京都府・滋賀県）に**延暦寺**を建てた。一方空海は**密教**を学んで帰国し，高野山（和歌山県）に**金剛峯寺**を建てて**真言宗**を伝えた。

用語解説 

密教

仏教の教えの一つで，秘密の言葉を唱える呪法などによって仏の世界に近づき悟りを開こうとするもの。これに対して，書かれている経典などから釈迦の教えを学び，悟りを開こうとする教えを顕教といった。

密教はのちに延暦寺にも伝わり，世間から離れた**山奥などで厳しい修行**をすることに重点を置いた。密教は，国家の平安を祈るとともに，祈りやまじない（加持祈祷）によって，個人の幸福を追究したことから，やがて天皇や貴族たちに信仰されて広まった。

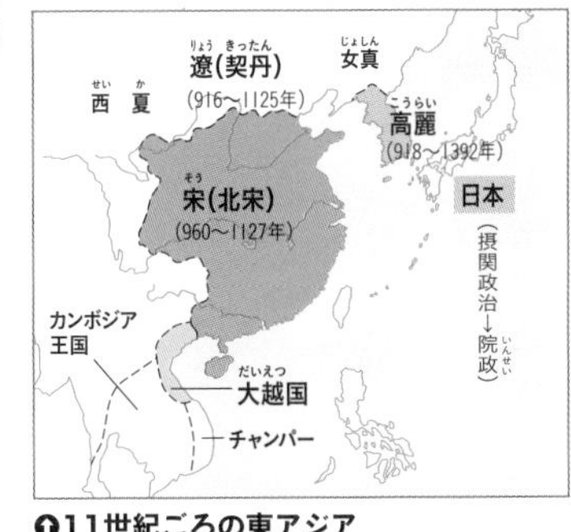

⬆11世紀ごろの東アジア

3 東アジアの動き

1 中国・朝鮮の動き

中国では，８世紀半ばに大きな争乱が起こって唐が衰え，異民族の侵入などもあって907年に滅んだ。その後，約50年におよぶ分裂の時代が続いたが，10世紀後半に**宋**（北宋）が再び中国を統一した。

一方朝鮮半島では，10世紀初めにおきた**高麗**に新羅がくだり，朝鮮半島を統一した。

すでに，894年に日本は**遣唐使を停止**していたが，このような東アジアの変化にも関わらず，日本は宋や高麗と正式な国交を開かなかった。しかし，宋の商人はしばしば高麗や九州の博多（福岡県）を訪れたり，西国の商人が高麗におもむくなど，三国間貿易が行われた。

2 遣唐使の停止

９世紀には遣唐使派遣の間隔があくようになり，代わりに唐の商人たちが交易のためにしばしば来航し，交易も行うようになっていた。多くの僧たちも，これを利用して中国に渡った。

こうした中で，894年に遣唐使に任命された**菅原道真**は，**唐の衰えや航海の危険などを理由に遣唐使の停止を進言**し，これが認められた。以後遣唐使は派遣されなくなった。

なぜ？ 

遣唐使停止の主な理由

①唐の国力が衰えた。
②航路は遭難が多く，危険をおかしてまで中国に渡ろうとする意欲を失っていた。
③民間での貿易がさかんに行われていた。
④国は，財政難になっていた。

KEY PERSON

菅原道真
（845〜903年）

（太宰府天満宮）

９世紀末に右大臣となったが，それを快く思わない藤原氏によって，901年に大宰府へ左遷され，そこで亡くなった。その後，都で災難が続いたことを道真のたたりと恐れた朝廷は，道真を天神（学問の神様）とし，やがて京都の北野天満宮にまつった。

摂関政治と国風文化

9世紀後半ごろから，藤原氏が摂政・関白の地位をほぼ独占するようになって，政治の実権を握るようになった。藤原氏の政治は摂関政治と呼ばれ，11世紀の藤原道長・頼通のときに全盛期を迎えた。このころ，貴族を中心に日本の生活・風土に合った国風文化が栄えていた。

1 摂関政治

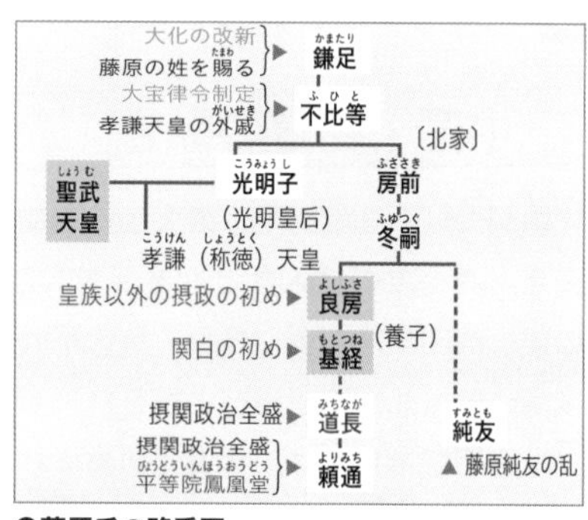

⬆藤原氏の略系図

1 摂関政治の始まり

大化の改新で活躍した中臣（藤原）鎌足の子孫である**藤原氏**は，9世紀ごろから競争相手の有力な貴族を次々に退けて勢力を伸ばした。さらに，娘を天皇の后にして，産まれた子を天皇に立てて，天皇の外戚（母方の親戚）となり，しだいに朝廷での実権を握っていった。そして，天皇の外祖父（母方の祖父）として，天皇が幼いときは**摂政**（→p.251），成人したのちは**関白**という天皇を補佐する職に就いて，天皇の権威を背景にして政治の実権を握った。こうした藤原氏の政治を**摂関政治**といい，866年に**藤原良房**が臣下ではじめて摂政となり，ついで887年には，良房の養子の藤原基経が初めて関白に任じられた。

2 摂関政治の全盛

藤原基経の死後，しばらくは摂政・関白を置かずに，菅原道真を重く用いるなど，天皇自らが政治を行った時期もあった。しかし**10世紀後半になると，ほぼ摂政・関白の職が常置**されるようになり，その地位は代々**藤原氏が受け継ぐ**ようになっていった。

摂関政治は，11世紀前半の**藤原道長**とその子**藤原頼通**のとき全盛期を迎え，藤原氏は朝廷の高位高官を一

藤原道長
（966～1027年）

（藤田美術館）

娘を天皇の后とし，11世紀前半に摂関政治の全盛期を築いた。三女が后となったとき，「この世をば わが世とぞ思う 望月の 欠けたる ことも 無しと思えば」と，その満足な気持ちを詠んだ。

族でほとんど独占し，その地位に応じた多くの給与を受け取っていた。また，摂政・関白は役人の任免権をもっていたので，良い地位を求めて藤原氏に取り入ろうとする貴族が私有地（荘園）を寄進するなどしたので，藤原氏の収入は大きなものとなった。

3 地方政治の乱れ

都で藤原氏などの貴族が華やかな生活を送っていたころ，**地方の政治はほとんど国司に任されるように**なった。そのため，任命されても現地に行かないで，代理の者を送って収入だけ得ようとする国司も多くなり，地方政治が乱れてきた。こうした中で，やがて武士が台頭してくるようになってきた（→p.270）。

発展

地方政治の乱れ

実際に任命された国へ行った国司も，決まった額の年貢さえ国に納めれば，あとは自由に自分のものとできた。そのため，決められた以上の税を課して，農民を苦しめる者も多かった。尾張国の国司だった藤原元命のように，農民たちから31か条にわたる暴政を訴えられ，やめさせられた国司もいた。

2 国風文化

1 国風文化とその内容

9世紀末に遣唐使が停止されたころから，貴族たちはこれまでの唐風文化を受け入れながら，**日本の風土や生活，感情に合った日本的な文化**を生み出していった。この文化は**国風文化**と呼ばれ，藤原氏による摂関政治が行われていたころに最も栄えた。

貴族は，**寝殿造**の邸宅に住んで詩歌や宴を楽しんだ。

（国立歴史民俗博物館）

⬆**寝殿造**（復元模型）

思考力UP

Q. 藤原氏が摂関政治を行うことができたのはなぜ？

Hint

平安時代の貴族社会では，結婚すると妻の家で生活することが多く，産まれた子も母の家で育てられ，母方の祖父（外祖父）が養育し後見する習わしがあった。こうしたことから，藤原氏は天皇の后となった娘が産んだ子を天皇に立て，天皇の親族という立場で摂政・関白となって政治の実権を握った。

A. 天皇の外祖父の立場を利用して，摂政・関白となったから。

しかし，1068年に藤原氏の娘を母としない後三条天皇が即位すると，摂関政治はしだいに衰えていった。

邸宅の中は，日本の自然などを描いた**大和絵**の障子（襖），屏風，几帳などで仕切られた。衣服は，男子は**衣冠・束帯**，女子は**女房装束**（十二単ともいう）が正装となった。この時代，**かな文字**がつくられて**自分の考えや感情を自由に表現**できるようになり，女性による優れた文学作品も多く生まれた。

❶**和歌**　**紀貫之**らが編集した「**古今和歌集**」は，天皇の命令でつくられた最初の勅撰和歌集。

❷**物語**　光源氏を中心とした貴族の宮廷生活を描いた**紫式部**の「**源氏物語**」のほか，かぐや姫の伝説をもとにした「竹取物語」などの物語文学も生まれた。

❸**随筆**　宮廷で体験したできごとを随筆としてまとめた**清少納言**の「**枕草子**」。

❹**日記**　紀貫之の「土佐日記」は，かな文字で書かれた最初の日記である。

2 浄土へのあこがれ

10世紀後半になると，社会の乱れなどから人々の間に不安な気持ちが高まった。こうしたとき，念仏を唱えて阿弥陀仏にすがり，死後に極楽浄土に生まれ変わることを願う**浄土信仰**（**浄土教**）が，空也などによって広められた。浄土信仰は**末法思想**によっていっそう広められ，11世紀には地方にも広まり，各地に阿弥陀如来像や阿弥陀堂がつくられた。**藤原頼通**が宇治（京都府）に建てた**平等院鳳凰堂**は代表的な阿弥陀堂で，中央には阿弥陀如来像が安置されている。

用語解説

かな文字

これまで日本には独自の文字がなく，漢字を使って日本語を表していた。9世紀ごろから，漢字を簡略化して日本語を表せるように工夫したかな文字が使われるようになった。かな文字には，万葉がなをくずして簡略化した「平がな」と，漢字の一部分をとった「片かな」がある。

なぜ？

平安時代に女性が活躍した理由

藤原氏が自分の娘を天皇の后とするときに，教養や才能のある女性をそばに仕えさせたから。紫式部も清少納言も，そうした女性の一人だった。

用語解説

末法思想

釈迦の死後2000年がたつと，釈迦の教えも忘れられ社会が乱れるという考えで，当時，1052年から末法の世に入るといわれていた。

⬆源氏物語絵巻　（五島美術館）

⬆平等院鳳凰堂　（平等院）

CHECK 確認問題

第2章

古代国家の歩み

問題 各問いに答えましょう。
また，(　)に当てはまる語句を選びましょう。

❶ 家柄にとらわれず，才能や功績のあった人物を役人に取り立てた，聖徳太子が定めた制度を何という。

❷ 現存する世界最古の木造建築といわれる寺院は何か。

❸ 中臣鎌足とともに，大化の改新を進めた皇子は誰か。

❹ 壬申の乱に勝利して即位した(天智　天武)天皇は，天皇中心の国づくりを進めた。

❺ 701年制定の，律令国家の基本となった法律は何か。

❻ 班田収授法に基づいて6歳以上の男女に与えられた土地を何という。

❼ 絹・糸など地方の特産物を納める税を何という。

❽ 土地の永久私有を認めた，743年に出された法律は何か。

❾ 図の楽器に代表される，聖武天皇の時代に栄えた国際色豊かな文化を何という。

図

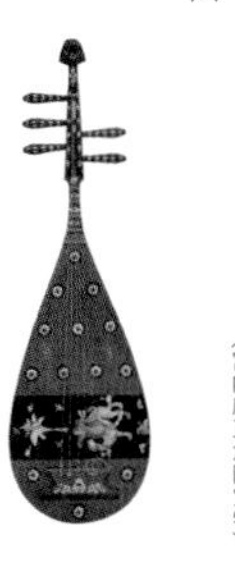

(宮内庁正倉院宝物)

❿ 天皇から農民の歌まで，約4500首を収めた和歌集を何という。

⓫ 平安京に都を移した天皇は誰か。

⓬ 797年に征夷大将軍に任命されて，蝦夷平定に活躍したのは誰か。

⓭ 唐から帰国した(最澄　空海)は天台宗を伝え，比叡山に延暦寺を建てた。

⓮ 遣唐使の停止を進言した人物は誰か。

⓯ 「この世をば　わが世とぞ思う～」と満足な気持ちをよんだ，摂関政治の全盛期を築いた人物は誰か。

⓰ 多くの文学作品を生むきっかけになった，漢字をもとにつくられた文字を何という。

⓱ 貴族の宮廷生活を描いた『源氏物語』の作者は誰か。

解答

① 冠位十二階
② 法隆寺
③ 中大兄皇子
④ 天武
⑤ 大宝律令
⑥ 口分田
⑦ 調
⑧ 墾田永年私財法
⑨ 天平文化
⑩ 万葉集
⑪ 桓武天皇
⑫ 坂上田村麻呂
⑬ 最澄
⑭ 菅原道真
⑮ 藤原道長
⑯ かな文字
⑰ 紫式部

第3章

中世社会の展開

第3章では，武士のおこりから武家政権が展開された鎌倉（かまくら）時代と室町（むろまち）時代を取り上げる。守護（しゅご）・地頭（じとう）の設置など武士による支配体制がつくられ，のちに力をつけた守護大名が戦国大名へ成長する様子をつかむ。また，各時代における文化の特色と発展にも注目しよう。

Q. 義満(よしみつ)はどのようにして室町幕府の全盛期を築いたのだろう？
➡ SECTION 5へ
Q. 武士はどのようにして台頭してきたの？
➡ SECTION 1へ

第3章 SECTION 1

武士のおこりと平氏政権

10世紀になると，都や地方では戦うことを職業とする武士が成長してきた。地方の武士は，やがて都から下ってきた貴族たちを棟梁として武士団を形成するようになった。院政が始まると武士はさらに勢いを強め，やがて平氏が武士として初めて政治の実権を握った。

1 武士のおこりと成長

1 武士のおこり

武士は，もともと武芸をもって朝廷に仕えた都の武官や地方豪族で，内裏（天皇の住居）や都の警備などに当たっていた。中には，貴族に仕えて屋敷の警備などに当たる武士もいた。武士は，こうした朝廷や貴族とのつながりの中で，しだいにその地位を高めていった。地方の武士は，家子（一族の者）や郎党（家来）を率いて勢力を広げるため争いを繰り返していたが，やがて都から移り土着した貴族らと主従関係を結び，彼らを**棟梁**として大きな**武士団**を形成していった。

2 武士の成長

力を伸ばした武士は，やがて朝廷の政治に不満をもつようになり，反乱を起こす者も現れた。10世紀中ごろ，下総（千葉県・茨城県の一部）で平将門が国司と対立して反乱を起こしたが（**平将門の乱**），940年に一族の平貞盛らに討たれた。同じころ瀬戸内海一帯では，藤原純友が海賊を率いて反乱を起こしたが（**藤原純友の乱**），941年に源経基らに討たれた。朝廷は，東西２つの反乱を，武士団の力によって平定できたことで，武士の力を認めるようになった。この後，各地で武士団が生まれていった。

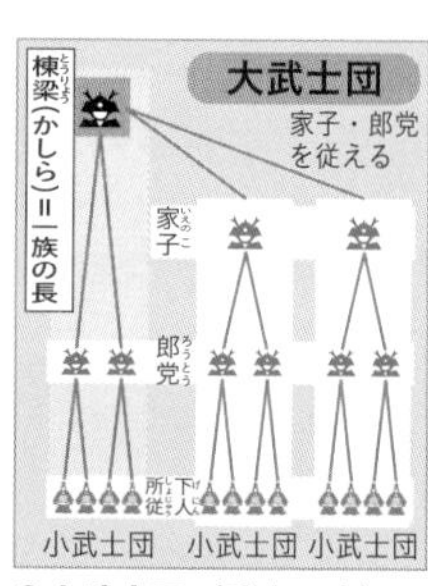

⬆大武士団（武士の家）のしくみ　小武士団がまとまって，大武士団に成長した。

参考

平将門の乱

将門は，常陸（茨城県）など３か国の国府を攻め落とし，自らは新皇と名のって一時は東国の大半を支配した。

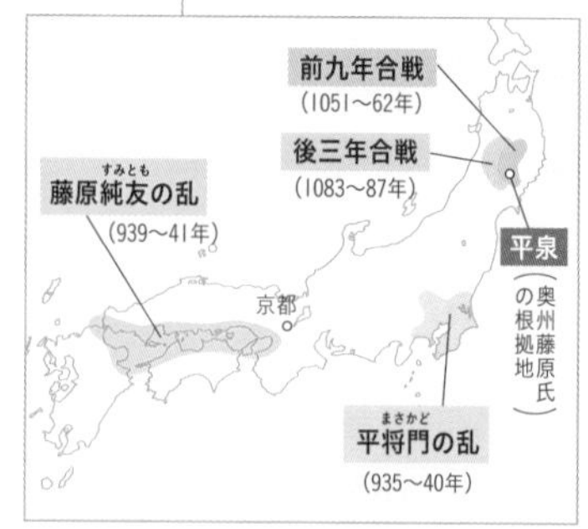

⬆地方武士の反乱と奥州藤原氏

3 源氏と平氏

武士団の中でも，天皇の子孫である**源氏**と**平氏**が有力となり，一族を率いる棟梁となって勢力を伸ばした。11世紀後半，東北地方では陸奥の豪族安倍氏が反乱を起こし（**前九年合戦**），ついで出羽の清原氏の相続争いが起こった（**後三年合戦**）。

この２度の争いを源頼義・義家父子が平定したことで，**源氏は東国で勢力を伸ばしていった**。こののち，**奥州藤原氏**が平泉（岩手県）を根拠地にして勢力を広げ，清衡・基衡・秀衡の３代にわたって栄えた。その栄華は**中尊寺金色堂**にみられる。一方，12世紀前半に瀬戸内海の海賊を平定した**平氏は西国（西日本）に勢力を広げていった**。

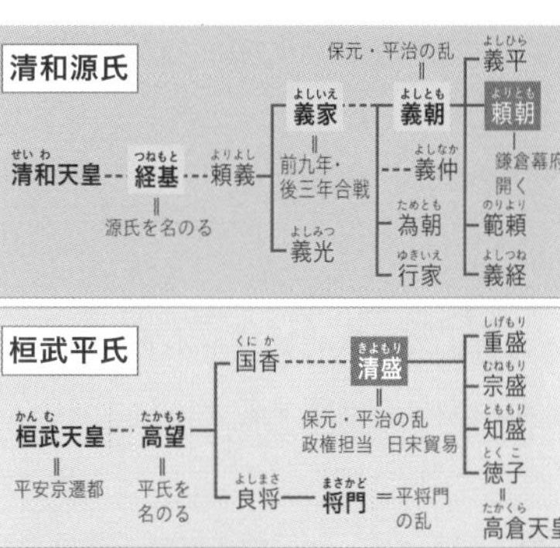

⬆源氏と平氏の略系図

参考

奥州藤原氏

奥州藤原氏は，砂金や馬などの産物と各地との交易で栄えた。都の文化も積極的に取り入れて，浄土へのあこがれから中尊寺金色堂をつくった。金色堂は，浄土信仰の地方への広がりを示している。

（中尊寺）

⬆中尊寺金色堂の内部

2 院政

1 院政の開始

11世紀中ごろ，藤原氏と外戚関係のない**後三条天皇**が即位すると，自ら政治を行い，**荘園の整理などの政治改革**を行った。荘園の整理は摂関家も例外ではなく，藤原氏の力を弱めるなど一定の効果をあげた。あとを継いだ**白河天皇**は，1086年に位を幼少の皇子に譲って**上皇**となり，摂政や関白の力を抑えて院（上皇の御所）で政治を行った。この政治を**院政**といい，実質的には白河上皇・鳥羽上皇・後白河上皇の３代で約100年間続いた。

2 院政の影響

院政が始まると，上皇は自由な立場で先例にとらわれない政治を行った。また，これまで藤原氏に抑えられていた貴族たちが集まり，政治の実権は藤原氏から

参考

白河上皇の３つの嘆き

白河上皇は，思いどおりにならないものとして，「賀茂川の水（洪水），双六の賽（さいころの目），山法師（延暦寺の僧兵）」の３つをあげた。

上皇へ移った。院には多くの荘園が寄進されて経済力が高まった。また上皇が仏教を保護したことで寺社も荘園を集め，武装した僧（**僧兵**）を組織して勢力を強めた。僧兵は，要求を通すため集団でしばしば院などに押しかけたが（強訴），これに対抗するため院も武士の力を利用したので，武士が中央でも活躍するようになった。

⬆**僧兵**（天狗草紙絵巻）　（東京国立博物館）

❸ 平氏の政権

1 平氏の進出

鳥羽上皇が亡くなると，天皇と上皇の対立に摂関家の対立も加わり，それぞれが武士を味方に加えて，２度の内乱が起こった。1156年の**保元の乱**では，**平清盛**・**源義朝**が味方した後白河天皇方が勝利し，清盛と義朝は中央へ進出していった。1159年には，院の近臣の内部争いに**平清盛と源義朝の対立**がからんで**平治の乱**が起こった。この乱でも勝利した平清盛は勢力を広げ，敗れた源義朝の子の頼朝は伊豆（静岡県）に流された。朝廷内の２度の争いを武士の力で解決したことで，**武士が政治の上でも大きな力をもつ**ようになった。

2 平氏の政権

平治の乱に勝利した**平清盛**は，1167年に武士としてはじめて**太政大臣**となった。清盛は，娘を天皇の后にして一族も朝廷の高位高官につけるなど政治の実権を握り，**はじめて武士の政権を成立させた**。そして西国を中心に多くの国を支配し，広大な荘園も清盛のもとに集まった。また，瀬戸内海航路を整え，**大輪田泊**（現在の神戸港）を修築するなどして，**日宋貿易**に大きな関心を寄せた。しかし，娘が産んだ子を天皇（安徳天皇）に即位させるなど，**藤原氏と変わらない平氏の政治**に，しだいに貴族や寺社の反発が高まっていった。

KEY PERSON 

平清盛
（1118～1181年）

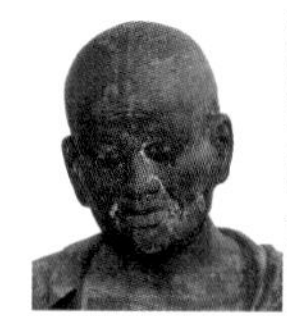

（六波羅蜜寺 撮影：浅沼光晴）

保元・平治の乱に勝利し，太政大臣となって，はじめて武士の政権を成立させ，日宋貿易などを行った。しかし朝廷の政治を思うままに動かし始めたため，武士たちの反発が高まり，各地で源氏が挙兵する中で病死した。

発展 

日宋貿易と厳島神社
貿易では，日本から金・水銀・刀剣・硫黄・木材などが輸出され，宋からは宋銭・陶磁器・書籍などが輸入された。航海の安全を守るため，平氏はしばしば瀬戸内海の厳島神社（広島県）に参詣した。神社には一族の繁栄を願って華やかな経典（平家納経）が納められている。なお，神社は世界文化遺産に登録されている。

鎌倉幕府の成立

平氏を倒した源頼朝は，鎌倉で本格的な武家政権を始めた。頼朝の死後は北条氏によって執権政治が行われ，承久の乱に勝利した幕府はその勢力を西国まで広げた。そして北条泰時によって御成敗式目が定められるなど，執権政治は最もさかんな時期を迎えた。

1 源平の争乱

1 平氏への反感

平氏の貴族的な政治に武士の不満が高まる中で，平清盛は後白河上皇の院政を停止させ，1180年に孫の安徳天皇を即位させた。これに対して地方の武士や貴族・寺社も反感を強め，平氏打倒の動きが強まってきた。

（数字は合戦の行われた年）
1185年の勢力圏
源義経の進路　源氏
源義仲の進路　平氏
源範頼の進路　奥州藤原氏

⬆源平の争乱

2 平氏の滅亡

1180年，源頼政と後白河上皇の皇子以仁王が平氏打倒の兵を挙げると，これをきっかけに伊豆（静岡県）に流されていた**源頼朝**や，木曽（長野県）の源義仲ら各地の源氏が立ち上がった。北条時政の協力で挙兵した源頼朝は東国武士を結集し，**鎌倉**（神奈川県）に入って関東地方を支配下に置いた。そして，弟の**源範頼**や**義経**らを派遣して各地で平氏を破り，1185年に**壇ノ浦の戦い**（山口県）で平氏を滅ぼした。

KEY PERSON 

源頼朝
（1147〜1199年）

（神護寺）
（源頼朝と伝えられる肖像画）

鎌倉幕府の初代将軍。伊豆で挙兵し，鎌倉を本拠地に，弟義経などの活躍で平氏を滅ぼした。守護・地頭の設置などを行い，征夷大将軍となって本格的な武家政治を始めた。

2 源頼朝と鎌倉幕府

1 守護・地頭の設置

源頼朝は，平氏滅亡後に対立した弟の源義経を捕らえることを理由に，1185年に**守護・地頭の設置**を朝廷に認めさせた。**守護**は国ごとに置かれ，国内の御家人の統率や軍事・警察に当たり，**地頭**は荘園・公領（国司の支配地）に置かれ，土地の管理や年貢の取り立てに当たった。さらに，1189年には義経をかくまった奥州藤原氏（→p.271）を滅ぼして，東北地方も支配した。こうして頼朝の支配権は全国におよび，本格的な武家政権である**鎌倉幕府**が開かれた。以後，幕府が滅びるまでの約150年間を**鎌倉時代**という。

参考

公武の二重支配

武家政治が始まったが，朝廷の任命する国司もまだ公領を支配し，貴族・寺社などの荘園領主の支配も続いていた。鎌倉時代の初期には，まだ朝廷と幕府が二重に全国支配をしているような状態だった。

2 鎌倉幕府のしくみ

鎌倉を離れず，武家政権をつくることに力を注いだ**源頼朝**は，1192年に朝廷から**征夷大将軍**に任命され，名実ともに鎌倉幕府が成立した。鎌倉は源氏ゆかりの地であり，三方を山に囲まれて，谷が深く切れ込んで攻めにくく，本拠地としてふさわしい場所だった。

幕府のしくみは，簡単で実際的なものだった。中央には，政務一般や財政に当たる**政所**，御家人の統率や軍事に当たる**侍所**，訴訟・裁判に当たる**問注所**が置かれた。地方には，国ごとに**守護**，荘園・公領ごとに**地頭**が置かれた。承久の乱後には京都に**六波羅探題**が置かれた。

鎌倉
将軍 ― 執権（将軍を補佐）
侍所（御家人の統率・軍事）
政所（政務一般，財政など）
問注所（訴訟・裁判）
京都 ― 六波羅探題（承久の乱後設置 朝廷の監視・西国武士の統率）
地方 ― 守護（諸国の軍事と警察，御家人の統率）
地方 ― 地頭（荘園・公領の管理・年貢の取り立て）

↑鎌倉幕府のしくみ

3 御恩と奉公

将軍と主従関係を結んだ武士は**御家人**と呼ばれ，土地を仲立ちとした**御恩**と**奉公**の関係で結ばれていた。**御恩**は，将軍が御家人に先祖伝来の領地を認めたり，新しい領地を与えることで，守護や地頭に任命することも御恩の1つだった。これに対して**奉公**は，御家人が将軍に忠誠を尽くし，鎌倉や京都の警備に当たり，戦いが起こったときは「**いざ鎌倉**」と一族を率いて軍役を果たすというものであった。

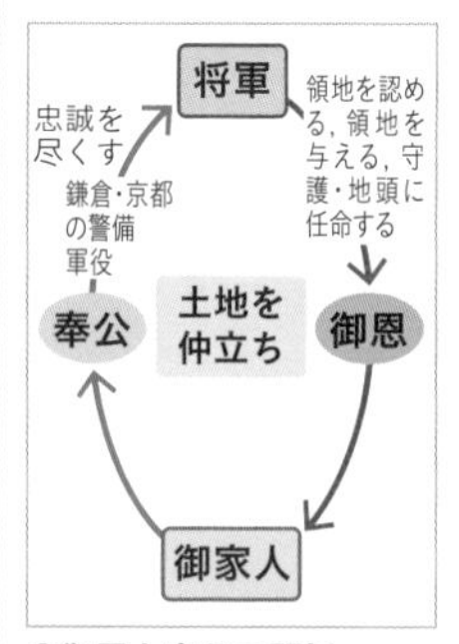

↑御恩と奉公の関係

こうした主従関係は，将軍と御家人の間だけではなく，御家人と一族・郎党との間でも結ばれていた。このように，主人と従者が，土地を仲立ちとして御恩と奉公の関係で結ばれている制度を**封建制度**という。

参考

武士と一所懸命

武士は，先祖伝来の領地や与えられた領地を，生活を支えるために命がけで守った。こうした鎌倉時代の武士の生き方から「一所懸命」という言葉が生まれたが，現在は「一生懸命」などとも使われている。

③ 北条氏の執権政治

1 執権政治の始まり

源頼朝の死後，子の頼家と実朝が２代・３代の将軍となった。しかし，頼家は母の**北条政子**の父**北条時政**に暗殺され，実朝も頼家の子の公暁に殺されて源氏の将軍は３代約30年で絶えてしまった。以後，京都の藤原摂関家などから名だけの将軍を迎えた。この間，北条時政は**執権**という地位に就いて幕府の実権を握った。この地位は子の義時に受け継がれ，義時は侍所の長官和田義盛を滅ぼして，政所と侍所の長官を兼ねて勢力を固め，以後，執権の地位は北条氏によって独占されていった（**執権政治**）。

史料

北条政子の演説

みなの者，心を一つにして聞きなさい。これが最後の言葉です。頼朝公が幕府を開いて以来，みなが得た官職や土地など，その恩は山よりも高く，海よりも深いものです。みながそれに報いたいという気持ちは，決して浅くないはずです。名誉を重んじる者は，早く朝廷方の逆臣を討ちとり，幕府を守りなさい。

（『吾妻鏡』一部要約）

2 承久の乱

京都では，院政を行っていた**後鳥羽上皇**が勢力回復の動きを強めていた。源氏の将軍が３代で絶えたのを知ると，西国の武士や北条氏の勢力拡大に反発する武士の一部も味方にして，1221年，北条義時追討の兵を挙げた。これに対して幕府では，北条政子が頼朝の御恩を説いて御家人たちに結束を訴え，幕府は大軍を送って１か月足らずで上皇方を破り，京都を占領した（**承久の乱**）。敗れた後鳥羽上皇は隠岐（島根県）に流された。

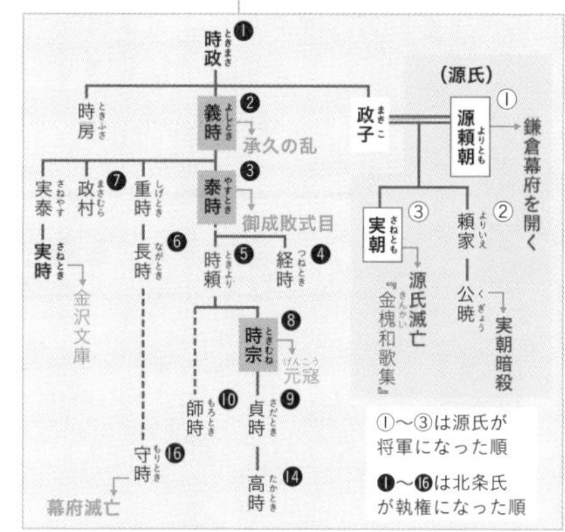

⬆**北条氏の略系図**　頼朝の妻政子の実家である北条氏が，執権となって力を伸ばした。

幕府は，上皇方に加わった公家や武士の領地を没収し，功績のあった東国の御家人を没収した土地の地頭に任命した。また，京都に**六波羅探題**を置いて，朝廷の監視や西国武士の統率に当たらせた。これによって，幕府の力は西国にもおよぶようになった。

3 執権政治の確立と御成敗式目

承久の乱のあと，執権政治は3代執権**北条泰時**によっていっそう進められた。泰時は，有力御家人を11名選んで（**評定衆**），執権とともに政務の処理や裁判に当たらせた。

このころは地頭の力が強くなり，地頭と荘園領主との争いがしばしば起こり，また御家人の間でも領地をめぐる争いが絶えなかった。そこで泰時は，1232年，御家人に対して訴訟や裁判の基準を示すため，頼朝以来の先例や武士社会の慣習道理をもとに**御成敗式目**（**貞永式目**）を制定した。式目は51か条からなり，守護・地頭の任務や，御家人の所領についてのきまりなどが定められた。また，律令に比べて文章がやさしく，実際的な内容で，守護を通して御家人に知らされ，幕府の勢力範囲で適用された。御成敗式目はわが国最初の**武家法**で，のちの戦国時代の分国法など，武士の法律の手本となった。こうして，承久の乱から御成敗式目の制定を経て，北条氏による執権政治が確立した。

史料

御成敗式目

一　守護の職務は，頼朝公の時代に定められたように京都御所と都の警護と，謀反人などの取り締まりである。

一　女子が養子を取ることは律令では禁止されているが，子のいない女子が養子に所領を譲ることは，武家社会の慣習として数え切れないほどある。

（一部要約）

参考

式目と律令

北条泰時は，京都にいる弟への手紙で「…（式目）は武士の便宜のためにつくったもので，これによって朝廷の取り決めや律令の規定が少しでも改まることはありません。」と述べている。

思考力UP

Q. 源頼朝が鎌倉に幕府を開いたのはなぜ？

Hint　11世紀半ばから源氏は鎌倉を所領にしていたので，源氏ゆかりの地だった。また右図のように鎌倉は南を海に，北・東・西の三方を100mほどの山に囲まれ，複雑に入り組んだ谷もあり，馬に乗って戦う武士たちには攻めにくく，守りやすい地形だった。

A. 源氏ゆかりの地であるとともに，三方が小高い山に，一方は海に面していて，敵の攻撃を防ぐのに適していたから。

⬆鎌倉時代の鎌倉の地形

武士の暮らしと鎌倉文化

武士は地頭などに任命され，周辺の農民を支配しながら，「いざ鎌倉」に備えて武芸の訓練にはげんだ。農民は，荘園領主と地頭の支配に苦しみながらも生産を増やし，商工業も発達してきた。この時代，素朴で力強い文化が栄え，わかりやすい仏教も広まった。

1 武士と農民

1 鎌倉武士の暮らし

⬆武士の館（一遍聖絵）　（清浄光寺［遊行寺］）

地頭となって，荘園・公領の年貢の取り立てなどを行っていた武士は，ふだんは先祖伝来の領地で農業を営み，周りの田畑を農民に耕作させていた。そして，領地内で周囲に堀や塀をめぐらした板ぶきの簡素な館に住んでいた。武士の社会では，**惣領**を中心に一族がまとまって団結し，領地は分割して相続されたので，女性が地頭になることもあった。

武士は「**いざ鎌倉**」と合戦に備えて，日ごろから流鏑馬・笠懸などの武芸の訓練を行い，こうした中で「**弓馬の道**」などと呼ばれる，武勇・忠孝などを重んじ，恥を知る態度など，武士の道徳が育っていった。

参考

武芸の訓練
下図の笠懸のほかに，走っている馬上からたて続けに的を射る流鏑馬，囲いの中に犬を放って射る犬追物は，合わせて騎射三物と呼ばれた。流鏑馬は，現在も神社の神事などで行われている。また，犬追物は特別の矢を使い，犬を殺傷することはない。

2 地頭の土地侵略

武家政治が安定してくると，支配を広げようとする地頭は，荘園領主に差し出すはずの年貢を横取りしたりすることが多くなった。さらに荘園・公領の土地や農民を勝手に支配するようになったため，地頭と荘園領主との間でしばしば争いが起こった。領主は幕府に訴えたが，その解決に長い年月がかかるなど，地頭の動きを抑えること

⬆笠懸（男衾三郎絵詞）　走る馬上から弓で矢を射て的に当てる武芸。　（東京国立博物館）

は難しかった。そのため，領主は地頭の荘園侵略がこれ以上進まないようにするため，地頭に土地の管理を任せて一定額の年貢を納めさせたり（**地頭請**），荘園を分割して与えたりした（**下地中分**）。こうして，地頭は領主と同じような力をもって荘園と農民を支配するようになっていった。

3 農民の暮らし

鎌倉時代には，かんがい施設が整い，用水池もつくられ，水車も利用されるようになった。農作業には鉄製の農具がより普及し，牛馬の利用も広まった。また，稲の品種改良が進み，木や草の灰が肥料として使われて収穫も増え，西日本では同じ田畑で米と麦をつくる**二毛作**も始まった。こうして農業の生産が高まると，農具などをつくる鍛冶屋や，衣料の染物を行う紺屋などの手工業者が農村に住み着くようになった。

しかし，農民は領主・地頭の両方から年貢や労役を負わされ，二重の負担に苦しんだ。こうした中で，用水路の工事などを通じて村を中心に農民たちの団結が強まり，地頭の横暴を領主に訴える農民もいた。

4 商工業の発達

産業の発達で生産力が高まると，京都や鎌倉は商業の中心地として栄え，常設の小売店もつくられるようになった。また，荘園や公領の中心地や，人が多く集まる寺社の門前や交通の要所には**定期市**が開かれるようになり，地元の産物などが売買された。京都など中央から，織物などを運んでくる行商人も現れた。売買には中国から輸入された**宋銭**が使われ，**借上**と呼ばれる金融業者（高利貸し）も現れた。

商工業が発達し物資が流通するようになると，陸上や海上の交通も発達してきた。各地の港では，商品の中継や物資の

用語解説

地頭請・下地中分

地頭請…領主が地頭に荘園管理のいっさいを任せて，一定の年貢の納入を請け負わせる取り決め。

下地中分…荘園を領主と地頭で半分にするなど分割し，互いの支配に干渉しないように取り決めた。

史料

阿氐河荘の農民の訴え

（地頭が農民を）何かにつけて人夫としてこき使うので，材木を切り出す暇がありません。また，「逃げ出した百姓の畑に麦をまけ」と要求し，「麦をまかないと，女や子どもの耳を切り，鼻をそぎ，髪を切るぞ」と責められます。

（一部要約）

紀伊国（和歌山県）の阿氐河荘の農民は，地頭の横暴に反抗して集団で村から逃亡し，その理由を荘園領主に訴えた。

（清浄光寺［遊行寺］）

⬆定期市の様子（今の岡山県瀬戸内市）

運送などに当たる問（問丸）が発達し，こうした港や主な道沿いには宿泊のための宿屋が設けられるようになった。

2 鎌倉時代の文化

1 鎌倉文化の特色

鎌倉時代には，京都を中心に伝統的で優美な**公家文化**が，公家（貴族）や僧などに受け継がれていた。これに加えて，新しく支配者となった武士の気風を反映した，素朴で力強い**武家文化**が生み出されて，しだいに広まっていった。また，僧や商人たちの中国（宋）との交流が活発になると，宋から禅宗や新しい建築様式などが伝えられ，その影響も文化に表れた。

2 文学・学問

武士や民衆の力が伸びてくるとともに，文学や学問にも新しい動きが現れてきた。武士の間でも学問を好む者が現れ，文学にも時代の移り変わりを映した軍記物などがつくられた。

❶**軍記物**　合戦の様子を力強く描いた物語。平氏一門の盛衰を力強く美しい文章で描いた「**平家物語**」は軍記物の傑作で，**琵琶法師**によって武士や，文字を知らない人々にも語り広められた。

❷**和歌集**　平安時代に続いてさかんで，**後鳥羽上皇**の命令で**藤原定家**らが編集した「**新古今和歌集**」はその代表である。ほかに３代将軍源実朝の「**金槐和歌集**」，武士から僧になった西行の「山家集」などがある。

❸**随筆**　社会のむなしさなどをつづった鴨長明の「**方丈記**」，人々の姿や自然を観察した兼好法師（吉田兼好）の「**徒然草**」など。

❹**歴史書**　末法思想（→p.266）に基づいて時代の移

史料

「平家物語」
祇園精舎の鐘の声，諸行無常の響あり。娑羅双樹の花の色，盛者必衰のことわりをあらわす。おごれる人も久しからず，ただ春の夜の夢のごとし。
（一部）

「平家物語」の書き出しの部分で，平氏一門の盛衰を漢語混じりの美しい文章でつづっている。この物語は，平曲として琵琶法師によって広く語り伝えられた。

（本願寺）
⬆**琵琶法師**（慕帰絵詞）

参考

新古今調
新古今和歌集には，細やかな感情を美しく詠んだ歌が多く，その歌風は新古今調といわれ，万葉調・古今調とともに三大歌風として，のちの和歌の手本とされた。
「見渡せば　花も紅葉もなかりけり　浦の苫屋（そまつな小屋）の　秋の夕暮れ」（藤原定家）

り変わりを記した慈円の「愚管抄」，鎌倉幕府の記録である「吾妻鏡」など。

❺**学問**　北条実時は武蔵国金沢（現在の横浜市）に**金沢文庫**を開き，和漢の書物を集めた。

3 建築・美術

建築では宋から新しい様式が伝えられ，絵画では絵巻物がさかんになった。

❶**建築**　平安時代に大風で倒壊した**東大寺南大門**が，宋から伝えられた力強い大仏様という様式で再建された。同じく宋から，優雅な美しさをもつ禅宗様が伝えられた。

❷**彫刻**　**運慶・快慶**らが，東大寺南大門の**金剛力士像**に代表される力強く写実的な彫刻をつくった。

❸**絵画**　武士の活躍を描いた「蒙古襲来絵詞」，一遍の生涯を描いた「一遍聖絵」などがある。

3 鎌倉時代の宗教

1 鎌倉仏教の背景

平安時代末から鎌倉時代にかけて，源平の争乱など戦乱が相次ぎ，ききんなどの天災も起こって社会不安が高まり，人々は心のよりどころを求めるようになった。しかし，これまでの仏教は教えも難しく，学問や祈祷が中心だった。こうした中で，人々の期待に応え

参考

金沢文庫
北条実時（のち金沢氏）は学問好きとして知られ，国内外の多くの書物を集めて，一族をはじめ多くの人々に公開した。足利学校（→p.300）とともに中世の学問の中心となった。幕府が滅びると衰退したが，現在は神奈川県立金沢文庫となっている。

参考

禅宗様
唐様とも呼ばれ，鎌倉時代につくられた円覚寺舎利殿にその姿を見ることができる。

発展

金剛力士像
南大門の金剛力士像は，1988～93年にかけて解体修理が行われた。その結果，向かって左の阿形は運慶と快慶が仏師13人を率いて制作したが，右の吽形の制作には運慶は直接に関わっていないことがわかった。これによって，運慶は2つの像の総指揮に当たっていたと考えられている。

↑**東大寺南大門と金剛力士像**（左が阿形像，右が吽形像）

（東大寺／撮影：飛鳥園）

るように，誰もが実行できる，やさしい教えを説いた仏教が，比叡山延暦寺で学んだ僧たちを中心に説かれるようになり，武士や人々の間に広まっていった。

⬆踊念仏で教えを広める一遍（東京国立博物館）（一遍聖絵）

2 新しい仏教と広がり

平安時代末期から鎌倉時代中期にかけて，浄土信仰の流れから，**法然**が**浄土宗**を，**親鸞**が**浄土真宗**を，**一遍**が**時宗**をそれぞれ開いた。一方**日蓮**は，法華経をもとに**日蓮宗**（法華宗）を開いた。宋からは**禅宗**が伝えられ，**栄西**が**臨済宗**を，**道元**が**曹洞宗**を開いた。

こうした新しい仏教は，念仏・題目・座禅など，実行しやすく，わかりやすい教えだったので，しだいに人々の間に広がっていった。

くわしく

幕府の保護を受けた禅宗
栄西が伝えた臨済宗は，幕府や朝廷に近づき，その保護のもとで教えを広めようとした。これに対して，道元の伝えた曹洞宗は，人々の悩みを救うという立場から権力に近づかず，修行を重んじ，地方で発展した。

鎌倉仏教の特色

宗派	開祖	教義・特色		広がり
浄土宗	法然	念仏「南無阿弥陀仏」を唱え，阿弥陀仏にすがれば，極楽浄土に生まれ変われる。一遍は踊念仏などで布教。		貴族・武士・庶民
浄土真宗	親鸞			庶民・地方武士
時　宗	一遍			庶民・地方武士
日蓮宗（法華宗）	日蓮	題目「南無妙法蓮華経」を唱えれば，人も国家も救われる。他宗を激しく非難。		関東の武士 商工業者
臨済宗	栄西	座禅によって自力で悟りを開く。	幕府の保護	貴族・幕府有力者
曹洞宗	道元		権力を嫌う	北陸などの地方武士

新しい仏教が広まっても，天台宗・真言宗などこれまでの仏教の勢力もいまだ強く，朝廷や幕府の保護を受けていた。またこの時代には，仏教と神への信仰を調和させようとする**神仏習合**の考えが広まり，新たに神道も形成されていった。

用語解説

神道
日本に古くからある，祖先や自然などへの信仰。仏教や儒教などの影響を受けて，しだいに理論化されていった。鎌倉時代には，伊勢神宮の神官によって新しい神道説（伊勢神道）が説かれていた。

元寇と鎌倉幕府の滅亡

東西にまたがる大帝国を築いたモンゴル帝国は，日本を従えようと2度にわたって来襲したが，いずれも御家人たちの活躍などで退却した。その後，御家人たちの生活は苦しくなって幕府への不満も高まり，足利尊氏らの挙兵によって，1333年に鎌倉幕府は滅んだ。

1 モンゴル帝国と元

1 モンゴル帝国の成立

13世紀初め，中国北方のモンゴル高原で遊牧生活を送っていたモンゴル民族の中から**チンギス＝ハン**が現れ，部族を統一して，1206年に**モンゴル帝国**を建設した。その後チンギス＝ハンの子孫たちが，アジアから東ヨーロッパへと各地の征服を進め，モンゴル帝国はユーラシア大陸の東西，アジアからヨーロッパにまたがる大帝国へと発展した。

2 元の成立

モンゴル帝国は，この後チャガタイ＝ハン国などに分かれたが，5代皇帝の**フビライ＝ハン**は，1271年に中国やモンゴルなどを本国として都を**大都**（現在の北京）に移し，国号を**元**と改めた。さらに1279年には宋

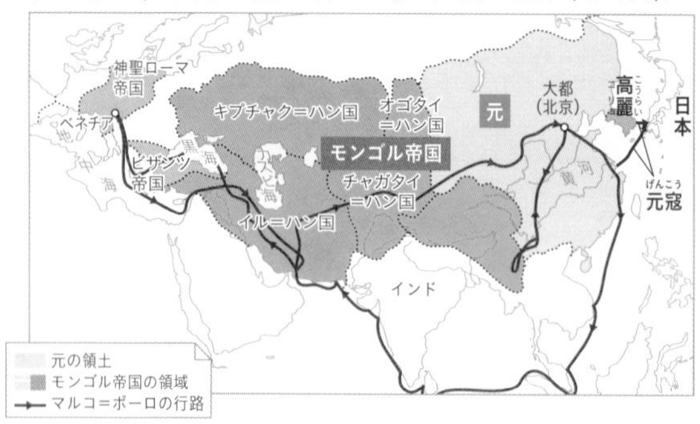

↑モンゴル帝国と元（13世紀ごろ）

参考

中国の周辺
中国では，960年に宋が統一を成しとげていたが，周辺では諸民族が建国して宋を圧迫していた。北方のモンゴル高原では，モンゴル系の遊牧民が遼（契丹）を建国し，モンゴル系・トルコ系などの諸民族を支配していた。しかし，12世紀初めに遼が滅び，農耕・狩猟を行う女真族の金が中国北部を支配すると，モンゴル民族の間に統一の動きが強まっていった。

（台北 国立故宮博物院）
↑フビライ＝ハン（1215～94年）

(南宋）を滅ぼして，中国全土を支配した。

元は，漢民族を支配するために，中央アジアや西アジアの異民族や元に来たヨーロッパ人を重用した。フビライに仕えたイタリア人の**マルコ＝ポーロ**もその１人で，帰国後語った旅行記「世界の記述（東方見聞録)」の中で，日本を「黄金の国ジパング」と紹介した。

3 東西の交流

アジア・ヨーロッパにまたがる大帝国が形成されたことで，陸上・海上の交通路を通じて東西の交流が急速に進み，商人やキリスト教の宣教師などヨーロッパから中国を訪れる人も多くなった。これとともにイスラム文化が西方から中国に伝えられ，中国からは**火薬**や**羅針盤**などがヨーロッパに伝わった。羅針盤はやがてヨーロッパで改良され，大航海時代の幕を開けることになった（→p.309)。

2 モンゴル帝国の襲来

1 元の襲来

朝鮮半島の高麗を従えたフビライは，日本も従えようとたびたび使者を送ってきた。鎌倉幕府の８代執権**北条時宗**はその要求を拒否し，元の襲来に備えて九州北部の防備を固めさせた。1274年，元と高麗合わせて

参考

マルコ＝ポーロと「世界の記述(東方見聞録)」
マルコ＝ポーロは，イタリアのベネチアの商人の子で，17歳で出発し３年半かかって元に到着し，フビライ＝ハンに17年間仕えた。帰国後，この経験が『世界の記述』としてまとめられた。この中で，日本を「黄金の国ジパング」と紹介していたことが，ヨーロッパの人々のアジアへの思いをかき立てることになった。

KEY PERSON

北条時宗
(1251～1284年)

(熊本満願寺)

鎌倉幕府の８代執権。文永の役・弘安の役と２度にわたる元の襲来を退けた。禅宗を信仰し，南宋から僧を招いて鎌倉に円覚寺を建てた。

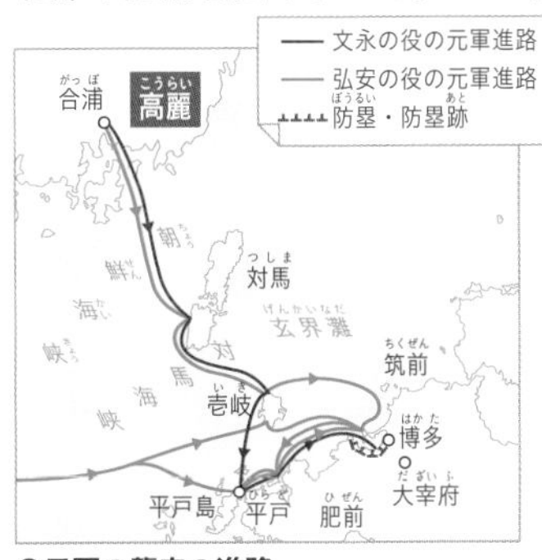

↑元軍の襲来の進路

↑元軍と戦う武士（蒙古襲来絵詞・模本）　(菊池神社)

約３万の兵が対馬・壱岐を攻めたあとに九州北部の博多湾岸に上陸してきた。元軍は，「てつはう」と呼ばれる火薬兵器と集団戦法で幕府軍を苦しめたが，暴風雨や元と高麗の対立もあって退却した（**文永の役**）。

南宋を滅ぼした元は，1281年に約14万といわれる大軍で再び九州北部に攻めてきたが，博多湾沿岸に築かれた石の防壁（防塁）と，御家人たちの活躍で上陸できず，さらに暴風雨が起こって退却した（**弘安の役**）。この２度の元の襲来を**元寇**と呼んでいる。元は３度目の遠征を計画したが，フビライが死んだこともあって実行されなかった。こうした戦いはあったが，元と日本の民間での貿易は行われており，僧などの往来もあった。

↑博多湾の石の防壁

参考

元の敗因

襲来してきた軍勢の中には，元に支配されている高麗や南宋の人々も多く含まれていた。そのため，日本との戦いでは士気が上がらず，戦いの結果にも大きな影響を与えたといわれる。

2 元寇の影響

元寇では，御家人のほか朝廷などに仕える武士も戦ったので，彼らの間で国家意識が高まった。さらに朝廷や寺社からは，暴風雨は神風で，元軍が退却したのは神に祈ったからだとして，神が日本を守ってくれるという**神国思想**が生まれた。北条氏の権力は一時的に高まったが，多くの戦費を使ったため，幕府の財政は苦しくなった。また外国との戦いなので領地が得られず，御家人に土地などの恩賞を与えられなかったので，御家人たちの間で幕府への不満が高まっていった。

3 鎌倉幕府の滅亡

1 御家人の生活苦

２度の元寇で戦費を負担した多くの御家人は，幕府から十分な恩賞をもらえなかった。また，次の元の襲来に備えて沿岸警備が続けられたことも，御家人たちにとって大きな負担となった。さらに，**分割相続**に

↑恩賞を求める御家人　肥後国（熊本県）の御家人竹崎季長が，鎌倉におもむき恩賞を求めているところ（模本）。（菊池神社）

よって領地がしだいに小さくなって，収入が減り，商業の発達とともに支出が増えて高利貸し（借上）に借金を重ね，領地を手放す御家人も出てきた。幕府は，このような御家人の生活苦を救うため，1297年に**永仁の徳政令**を出して，御家人の領地の質入れ・売買を禁止し，手放した土地を無償で取り返させることにした。これによって御家人の生活は一時的に救われたが，経済が混乱し，御家人に金を貸す者はいなくなり，かえって生活が苦しくなった。

史料

永仁の徳政令

所領を質に入れて流したり売買したりするのは，御家人の生活苦のもとであるから，今後は禁止する。これまで，御家人以外の武士や庶民が御家人から買い取った土地については，年数に関係なく，元の所有者に返さなければならない。

（一部要約）

2 北条氏への不満

御家人の生活が苦しくなる一方，北条氏は広大な領地を持ち，元の襲来に備える意味もあって権力を一族に集中したために，御家人の幕府への不満が高まった。また，守護など有力な御家人は国内の地頭や武士などを従えて勢いを伸ばし，幕府の命令を聞かない者も出てきた。また，経済が発展していた近畿地方を中心に，幕府や荘園領主に従わず，年貢をうばい取ったりする，**悪党**と呼ばれる新興の武士も現れた。これを抑えるため，北条氏がますます権力を強めたので，御家人たちはさらに不満を高めるようになった。

↑悪党と呼ばれた武士　（国立国会図書館）

3 鎌倉幕府の滅亡

御家人の反発が高まり，鎌倉幕府の衰えを見た**後醍醐天皇**は，政治の実権を朝廷に取り戻そうと，2度にわたって倒幕計画を進めたが幕府に知られて失敗し，1332年に隠岐（島根県）に流された。しかし，天皇の皇子の護良親王や河内(大阪府東部)の新興の武士**楠木正成**らが，悪党など各地の反幕府勢力を集めて兵を挙げ，幕府を支えてきた有力御家人も北条氏打倒の兵を挙げた。有力御家人だった**足利尊氏**は，京都の六波羅探題を攻め落とし，関東では**新田義貞**が鎌倉に攻め入り，1333年に鎌倉幕府は滅亡した。

参考

新田義貞

新田氏は，足利氏と同じ源氏の流れをくむ有力御家人でもあった。鎌倉幕府を滅ぼしたあと，建武の新政では足利尊氏と対立した。尊氏が武家政権の復活を目指して兵を挙げると，南朝方の武士の中心として活躍したが敗れて戦死した。

第3章 SECTION 5 南北朝と室町幕府

建武の新政は2年ほどでくずれ，足利尊氏が京都で武家政治を再興し，以後約60年にわたって動乱が続く南北朝時代となった。この間守護は，任国を領地化して守護大名に成長していった。3代将軍足利義満のとき南北朝は統一され，室町幕府は最盛期を迎えた。

1 南北朝の動乱

1 建武の新政

鎌倉幕府が滅んだ後，京都に戻った**後醍醐天皇**は，天皇中心の新しい政治を始めた。1334年に年号を「**建武**」と改めたことからこの政治を，**建武の新政**という。後醍醐天皇は，幕府はもちろん院政も認めず，公家（貴族）と武士を統一した政治を理想とした。しかし，実際は公家重視の政治が行われ，さらに，これまでの武士社会の慣習を無視した政策を進めたため，政治の混乱が起こった。武士の間では不満が高まり，武家政治の復活を望むようになった。

2 南朝と北朝の争い

武士の不満を受けて，武家政治の復活を目指した**足利尊氏**は，1335年に兵を挙げたが失敗し，九州へ逃れた。翌1336年，再び兵を挙げた尊氏は京都を占領し，建武の新政は2年ほどでくずれた。足利尊氏は京都に別の天皇（光明天皇）を立て，これに対して**後醍醐天皇**は吉野（奈良県）に逃れて正当性を主張し，新田義貞や公家の北畠親房を中心に勢力の回復を目指した。ここに京都の**北朝**と吉野の**南朝**の2つの朝廷が生まれ，諸国の武士も2つに分かれて争うようになり，以後約60年にわたる全国的な動乱が続いた。この時代を**南北朝時代**という。やがて室町幕府の権力が強まると，武

KEY PERSON 

後醍醐天皇

（1288～1339年）

（如意輪寺）

鎌倉幕府を倒し，建武の新政を行った天皇。天皇中心の政治を理想としたが，武士の不満などからわずか2年ほどで失敗した。吉野に逃れて南朝をたてた。

史料 

二条河原落書

①このごろ都にはやるもの。夜討・強盗・にせ綸旨（天皇の命令）。召人・早馬・虚騒ぎ。…

②着つけぬ冠，上のきぬ。持ちもならわぬ笏持ちて。内裏まじわり，めずらしや。…

（一部要約）

1334年，京都の鴨川の二条河原にかかげられたとされる落書で，建武の新政の混乱ぶりを風刺している。

士の多くは北朝（幕府方）に付くようになり，南朝の勢力はしだいに衰えていった。

❶花の御所（洛中洛外図屏風）（国立歴史民俗博物館）

❷ 室町幕府

1 守護大名の成長

足利尊氏は，地方武士を守護のもとに従わせて，幕府支配を強めようとした。そのため，守護に荘園や公領の年貢の半分を取る権限を認め（半済令），守護はこれを利用して国内の荘園や公領を侵略し，これを地方武士に分け与えた。さらに，荘園や公領の領主は，強大化した守護に年貢の徴収を請け負わせるようになった（守護請）。こうした権限を利用して勢力を強めた守護は，領内の地頭や荘官，さらに武士たちをまとめ，やがて国司の権限も吸収して一国全体を支配する**守護大名**へと成長していった。

2 室町幕府の成立

1338年，足利尊氏は北朝の天皇から征夷大将軍に任命され，京都で武家政治を再興した。３代将軍**足利義満**は，京都の室町に「**花の御所**」と呼ばれる邸宅を建て，ここで政治を行った。このことから足利氏の幕府を**室町幕府**と呼び，幕府が京都に置かれた約240年間

KEY PERSON

足利義満
（1358〜1408年）

（鹿苑寺）

室町幕府の３代将軍。南北朝の統一を実現させて幕府の基礎を固め，日明貿易（勘合貿易）を始めるなど，幕府の全盛期を築いた。京都北山に金閣をつくり，これに代表される北山文化が栄えた。

思考力UP

Q. 後醍醐天皇の建武の新政はなぜ失敗したの？

Hint 後醍醐天皇は，天皇中心の政治を目指して建武の新政を始めた。しかし，公家重視の政策を行い，恩賞も鎌倉幕府を倒すために活躍した武士たちには少なかった。さらに，武家社会の慣習を無視するなどしたため，多くの武士が不満をもつようになった。

A. 公家重視の政策で，これまでの武家社会の慣習を無視するなどしたので，多くの武士が不満をもつようになったから。

を**室町時代**という。幕府の政治が安定し，各地の争いも少なくなると，1392年，足利義満の呼びかけで南朝と北朝が統一され，天皇は北朝の後小松天皇一人となり，内乱も終わった。足利義満は，朝廷がもっていた京都の警察権や諸国へ課税する権利なども得て全国を支配し，さらに，山名氏清や大内義弘など有力な守護を倒して勢力の拡大に努めた。将軍をやめてからも政治の実権をもち，**太政大臣**となって朝廷内でも勢力を広げ，室町幕府の全盛期を築いた。

室町幕府を開く
❶尊氏
❷義詮
基氏 → 鎌倉府の長官
❸義満 → 南北朝の統一 日明貿易開始 北山文化(金閣)
❹義持
❺義量
❻義教
❼義勝
⓫義澄
⓬義晴
⓭義輝
⓮義栄
⓯義昭 → 幕府滅亡
義視
❿義稙
❽義政 → 応仁の乱 東山文化(銀閣)
❾義尚
(❶〜⓯は室町幕府の将軍になった順)

⇧足利氏の略系図　足利氏は源氏の流れをくんでいた。

3 室町幕府のしくみ

幕府のしくみも義満のころにほぼ整い，中央には将軍を補佐する**管領**が置かれ，その下に**侍所・政所・問注所**が置かれた。管領は鎌倉幕府の執権に当たるもので，細川氏など足利氏一族の有力守護3氏が交代で任命され（**三管領**），京都の警備や御家人の統率に当たる侍所の長官も，山名氏ら有力守護4氏が交代で任命された（**四職**）。地方には，鎌倉に**鎌倉府**を置いて足利尊氏の子の足利基氏を**鎌倉公方**にして東国10か国を支配させ，関東管領が補佐した。また，守護・地頭のほか，九州には九州探題，東北には奥州探題を置いて，それぞれの地方の政治に当たらせた。幕府の財政は，支配地からの年貢収入は少なかったが，京都で高利貸しなどを行っていた土倉や酒屋（→p293）を保護し，その代わりに取り立てた税によって豊かになった。また日明貿易による利益も財源となった。

義満の死後は，有力守護大名の話し合いで政治が行われるようになった。一方，鎌倉府の長官の鎌倉公方は独立した姿勢を見せるようになり，しだいに京都の幕府と対立するようになっていった。

くわしく

三管領・四職

三管領…足利氏一族の有力守護の細川氏・畠山氏・斯波氏の3氏が交代で，管領に任命された。

四職…山名氏・赤松氏・一色氏・京極氏の4氏が交代で，侍所の長官に任命された。

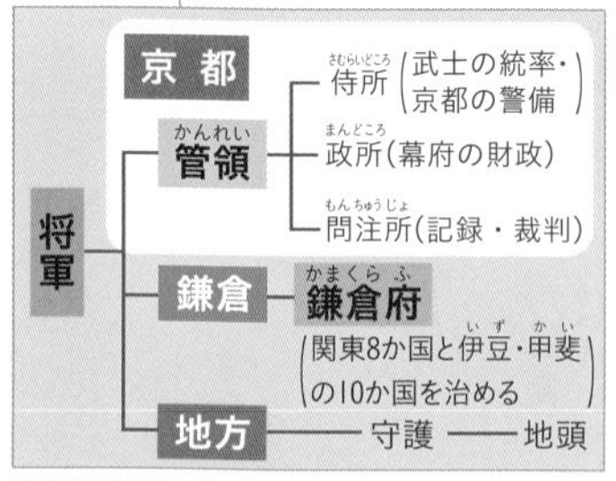

⇧室町幕府のしくみ

第3章 SECTION 6

東アジアの情勢と日明貿易

南北朝の動乱期にあった14世紀後半，中国では明が，朝鮮では朝鮮国が建てられた。日本は明との貿易（勘合貿易）を始め，朝鮮とも貿易を行った。このころ琉球では琉球王国が中継貿易で栄え，蝦夷地では和人とアイヌの人々との交易が行われていた。

❶ 東アジアの情勢

1 明の成立

中国では，14世紀になると各地で漢民族が反乱を起こし，元が衰えると1368年に**朱元璋**（**洪武帝**）が**明**を建国し，モンゴル民族を北に追いやった。漢民族による中国統一を実現した明は，皇帝の力を強め，15世紀の３代皇帝**永楽帝**は，都を北京に移して国内政治を整え，積極的な対外政策をとり，明の全盛期を築いた。明代には，陶磁器や絹・綿織物などの手工業が発達し，これに伴って商業も活発に行われた。学問では，儒学の中の朱子学が栄え，また，王陽明が知識と行動の一致を説く**陽明学**を説いた。

2 朝鮮国の成立

朝鮮半島では，高麗が倭寇に苦しめられるなど，国内は混乱におちいっていた。このとき，倭寇の撃退に活躍した**李成桂**（イソンゲ）が高麗を滅ぼして，1392年に**朝鮮国**を建てた。朝鮮では，**ハングル**という文字をつくるなど独自の文化が発展し，印刷には金属活字が使われた。朝鮮は，日本に倭寇の取り締まりと貿易を求めてきたので，足利義満はこれに応じて日朝貿易が始まった。貿易は，幕府のほか守護や商人も参加し，朝鮮から大量の**木綿**や仏教の経典などが輸入され，日本からは銅や硫黄が輸出された。

参考

明の対外政策

永楽帝は家臣に命じて大船団を７回にわたり遠征させ，遠く西アジアや東アフリカ諸国に，明に貢ぎ物を持って来るようにうながした。

くわしく

ハングル（訓民正音）

大韓民国（韓国）や朝鮮民主主義人民共和国（北朝鮮）で現在も使われている表音文字で，15世紀に公布された。

アンニョンハセヨ
안녕하세요
（こんにちは）

❶ハングルの一例

発展

日朝貿易

対馬の宗氏との間で制度を決め，朝鮮の３つの港で行われた。木綿は衣料に用いられるなど，人々の生活に大きな影響を与えた。

2 倭寇と日明貿易

1 倭寇の活動

このころ，対馬・壱岐(長崎県)や肥前松浦地方(長崎県・佐賀県)などを根拠地に，朝鮮や中国で貿易を強いたり，沿岸を襲って海賊行為を行ったりする集団が現れ，**倭寇**と呼ばれて恐れられた。倭寇は，南北朝時代にさかんに活動したが，勘合貿易が始まると一時衰え，16世紀になると再び活発となった。倭寇には，西日本の武士や商人などのほかに中国や朝鮮の人々も多くいた。

明の兵と戦う倭寇（倭寇図巻）（東京大学史料編纂所）

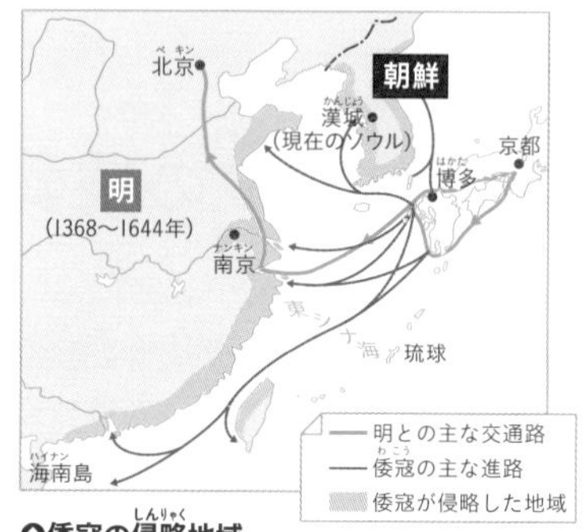

倭寇の侵略地域

2 日明貿易（勘合貿易）

倭寇の襲来に明は，日本に**倭寇の取り締まりと国交を求めてきた**。南北朝の動乱を収めた**足利義満**は，これを受け入れて倭寇の取り締まりを命じ，明と国交を開いた。このとき明は，義満が臣下（家来）の礼をとり，貢ぎ物を持ってくるという朝貢形式を要求してきた。義満は**貿易の利益が大きいことを考え**，その要求に応じて1404年に貿易を始めた。日明貿易は，倭寇と区別するために，正式な貿易船には**勘合**という証明書（渡航証明書兼貿易許可証）を用いたことから，**勘合貿易**とも呼ばれる。日本からは刀・銅・硫黄・漆器などが輸出され，明からは銅銭（永楽通宝など）・生糸・絹織物・書画・陶磁器などが大量にもたらされた。

応仁の乱（→p.295）で幕府の勢力が衰えると，貿易の実権は，堺（大阪府）の商人と結んだ細川氏や博多（福岡県）の商人と結んだ大内氏など，西国の有力守護大名の手に移っていった。やがて大内氏が貿易を独占したが，16世紀半ばに大内氏が滅びると勘合貿易も断絶した。

くわしく 

勘合

勘合とは，中国の公文書の一種で，正式な使節かどうかを確かめるために取り入れられた。日本のほか，タイやカンボジア・ベトナムの王朝との間でも使用され，明国内の治安維持などのため，また国家の対面を保つためのものだった。朝鮮や琉球に対しては使用されなかった。遣明船1隻につき1枚の勘合を持たせ，勘合に押された割印を，寧波と北京にある底簿と照合し，交易を行った。

3 琉球と蝦夷地

首里城正殿（復元）　（写真提供：首里城公園）
1992年に復元されたが，2019年に焼失し，現在再建計画中。

1 琉球王国

沖縄は北山・中山・南山の３つの王国に分かれ争っていたが，15世紀初め中山王の**尚巴志**が沖縄島を統一し，首里（現在の那覇市）を都に**琉球王国**を建てた。明と朝貢貿易を行っていた琉球は，日本・朝鮮をはじめ東アジア諸国とも活発に中継貿易を行って繁栄し，独自の文化を築いていた。また，首里の外港である那覇は中継貿易などでにぎわい，国際港として繁栄した。

参考

按司
琉球では，いくつかの村を支配する按司と呼ばれる豪族が，各地のグスク（城）を根拠地にして勢力を争っていた。14世紀になって，それらの勢力が北山・中山・南山の３つの勢力にまとまった。

2 アイヌの人々との交易

蝦夷地（北海道）では，アイヌの人々が狩りや漁，交易を行っていた。14世紀になると，津軽半島（青森県）の十三湊を根拠地とした豪族の安藤（安東）氏と交易を行い，ここを通じてさけや昆布などが京都などに送られていた。15世紀には，和人（本州の人々）が蝦夷地南部に館を築いて進出した。和人との交易に不満をもったアイヌの人々は，1457年に首長**コシャマイン**を中心に蜂起したが，やがて制圧された。

Episode

利益が大きかった日明貿易

遣明船

明との貿易は，日本からの遣明船が皇帝に対する貢ぎ物を持って行き，これに対して皇帝から返礼品が与えられるという朝貢形式で行われた。皇帝からは，銅銭をはじめ絹織物・綿織物・陶磁器・書画など，貢ぎ物の倍以上の返礼品が与えられた。また，商人たちが持ってきた物資の売買も認められたので，これを売って生糸などを持ち帰って売ると，２～３倍以上の利益をもたらした。さらに，朝貢形式だから税金はかからず，使節や商人たちの滞在費もすべて明が負担したので，その利益は大きかった。

遣明船を１回送ると，持って行った品物の５倍以上の利益が出たといわれる。

民衆の成長と戦国大名

この時代は農業とともに，手工業などの諸産業も急速に発達した。力を伸ばした農民たちは惣をつくって団結を強め，領主や幕府に対して一揆を起こすこともあった。15世紀に応仁の乱が起こり，以後戦国時代となって各地に戦国大名が出現し，領国の支配を進めていった。

1 産業の発達と都市

1 農業の発達

農業技術が進歩して，米と麦の**二毛作**が各地に広がり，かんがい用の**水車**が使われるようになった。耕作には牛馬耕が普及し，肥料には草や木の灰のほか牛馬のふんや堆肥が使われるようになり，収穫量も増えていった。また，桑・麻・漆・藍など手工業の原料となる作物のほか，駿河（静岡県）の茶，甲州（山梨県）のぶどう，紀伊（和歌山県）のみかんなどの特産物の栽培も始まった。

（東京国立博物館）

田植えと牛馬耕（月次風俗図屏風）

農業の発達
摂津（大阪府・兵庫県）など都の周辺では，二毛作に加え三毛作も行われるようになった。また稲の種類も増え，早稲・中稲・晩稲といった品種改良も進んだ。

2 手工業・鉱業の発達

需要の高まりとともに手工業も発達した。これまで

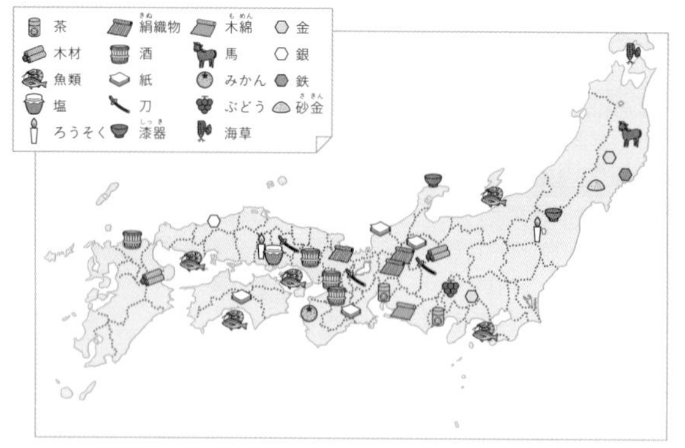

各地の主な特産物

領主の下で働いていた職人も，人々の求めに応じて仕事をするようになり，大工・鍛冶・織物・紙すきなどの専門の職人も増えた。そして，西陣（京都市）や博多（福岡県）の絹織物をはじめ，越前（福井県）・美濃（岐阜県）の紙，瀬戸（愛知県）の陶器，灘（兵庫県）の酒，美濃・備前（岡山県）の刀，河内（大阪府）のなべ・かまなど，各地で多くの特産物が生まれた。

鉱業では，甲斐（山梨県）の金，石見（島根県）の銀，中国地方の砂鉄などの採掘がいっそう進み，精錬の技術も改良されて生産量が増加した。

3 商業・運送業の発達

農業や手工業の発達に伴って商品の生産がさかんになると，それらを売るための商業がさかんになった。**定期市**が広く各地で開かれるようになり，開かれる回数も増えて月６回開かれる市（**六斎市**）が一般的になった。京都・奈良・鎌倉などには常設の小売店（見世棚）や，特定の商品を扱う専門の市もできた。また，**行商人**も増えてきた。こうした商品の取引には，鎌倉時代に輸入された中国の宋銭や，日明貿易で輸入された明銭（永楽通宝など）が使われた。

貨幣の流通に伴って，**土倉・酒屋**などの商人が高利貸しも営んで大きな利益を上げていた。幕府はこれらを保護・統制するとともに営業税を取ったが，それは幕府の重要な財源ともなった。土倉・酒屋をはじめ商人や手工業者たちは，**座**と呼ばれる同業者の団体を結成し，武士や貴族，寺社にお金を納めて営業の独占権などを認められた。

運送業もさかんとなり，陸上交通では物資を運ぶ**馬借**や**車借**が，海上交通では港町に運送業と倉庫業を営む**問**が活動した。こうした交通の発達に目を付けた幕府や寺社は，交通の要所に**関所**を設けて通行税を取るようになった。

参考

刀の生産

刀は国内向けのほかに，日明貿易での重要な輸出品でもあったので，各地で大量につくられた。

参考

定期市

現在も，各地に四日市，五日市，六日町，八日市，十日市場，上市などの地名があるが，これらの地名は，このころに定期市が開かれた名残である。

参考

馬借と車借

馬借は馬の背中に荷物をのせて運んだのに対して，車借は牛などに荷車を引かせて荷物を運んだ。琵琶湖のほとりの坂本や大津など，京都周辺で活動した。

⬆**馬借**（石山寺縁起絵巻） （石山寺）

4 都市の発展

鎌倉時代までは，京都や鎌倉といった政治的な都市が中心となっていたが，室町時代には商業の発展に伴って各地にさまざまな都市が生まれた。

寺社や神社に参詣する人が増えると，その門前に店が並ぶなどしてにぎわい**門前町**ができた。また，海上交通の発達や中国（明）との日明貿易で，堺（大阪府）や博多（福岡県）をはじめ重要な港には**港町**が形成された。陸上交通では，街道に沿う交通の要地には**宿場町**が形成された。戦国時代になると，戦国大名の城を中心に**城下町**がつくられた。

こうした都市の中には，**裕福な商工業者たちが自治組織をつくって町を運営する**ところもあった。京都では**町衆**と呼ばれる商工業者によって自治が行われ，応仁の乱後の京都を復興させ，**祇園祭**も復興された。日明貿易で栄えた堺では会合衆，博多では年行司と呼ばれる商工業者によって自治が行われた。

参考

さまざまな都市

門前町には，伊勢神宮の宇治・山田（三重県）や信濃（長野県）の善光寺の長野などがある。港町には，堺・博多のほか坊津（鹿児島県），小浜・敦賀（ともに福井県），大津（滋賀県），桑名（三重県）などがあり，宿場町には，草津（滋賀県）などがある。

祇園祭（洛中洛外図屏風）

（米沢市〔上杉博物館〕）

2 民衆の成長

1 自治を行う農民

生産力が高まり，収穫も安定してくると，力を蓄えてきた農民たちは，自分たちの村を守り，**荘園などの枠を越えて**共同で使う用水の利用などについて話し合う必要が生まれた。そのため村ごとにまとまるようになり，有力な農民を中心に**惣**（**惣村**）という自治組織をつくるようになった。農民たちは名主（有力な農民）を中心に**寄合**を開き，かんがい用水や入会地（村人の共同利用地）の管理方法などについて**村のおきて**や行事を定めた。また領主に納める年貢も，村がまとめて請け負うこと（地下請）も行われるようになった。

史料

村のおきて

一．身元保証のない者を村に住まわせてはならない。

一．家を売った者は，百文につき三文ずつを村に納めなければならない。　　（一部要約）

村のおきてに違反した者は，厳しく罰せられた。

2 土一揆の発生

自治を行うようになった農民は，荘園領主や守護大名などに対して，いくつかの村が団結して年貢軽減などを求めるようになった。さらに，借金の帳消しなどを求めて土倉・酒屋を襲い，幕府に対しても，借金の帳消しを命じる**徳政令**を出すよう要求して立ち上がることもあった。こうした農民の行動を**土一揆**（**徳政一揆**）といい，15世紀に入って近畿地方を中心に広がった。

1428年，近江（滋賀県）の馬借たちが，幕府に徳政令を要求して**正長の土一揆**を起こした。この一揆は都の周辺に広がり，一揆勢は土倉や酒屋を襲って借金証文などをうばった。1485年には，山城（京都府）の武士と農民が守護大名畠山氏の軍勢を追い出し，８年間にわたって自治を行った（**山城国一揆**）。さらに1488年には，**蓮如**の活動によって浄土真宗（一向宗）が広まっていた加賀（石川県）で，信仰で結びついた農民や武士たちが守護大名の富樫氏を倒して**約100年間にわたり自治**を行い，「百姓の持ちたる国」と呼ばれた（**加賀の一向一揆**）。

くわしく

一揆とは

もともとは「揆（はかりごと）をいっしょにする」という意味だったが，やがて，ある目的のために神や仏に誓い合って一致団結して行動することを意味するようになった。

参考

正長の土一揆の碑文

奈良市郊外の柳生に，上の写真のような地蔵菩薩があり，右下に27の文字が刻まれている。これは「神戸の４つの村では，正長元（1428）年以前にもっていた借金はすべて帳消しにする」と正長の土一揆の成果を記したもので，ここを所領とする興福寺が徳政令を出した結果である。

3 応仁の乱と戦国大名

1 応仁の乱

15世紀中ごろ，６代将軍足利義教が守護大名の赤松氏に暗殺されると（嘉吉の変），幕府では守護大名の勢力争いが起こった。こうした中で，８代将軍**足利義政**の跡継ぎをめぐり，義政の弟義視と，子の義尚をおす義政の妻日野富子が対立し，これに有力守護大名の**細川勝元**と**山名持豊**（宗全）の幕府での実権をめぐる勢力争いが結びつき，1467年，**応仁の乱**が起こった。

⬆**応仁の乱**（真如堂縁起絵巻）（真正極楽寺）

細川方（東軍）・山名方（西軍）に分かれた乱は，守護大名を巻き込んで約11年間も続き，京都は戦火や足軽などの乱暴もあって荒れ果てた。そして幕府は京都周辺を支配するだけとなり，将軍の権威も衰えた。京都での戦乱が終わった後，戦乱は地方にも広がり，社会には新しい動きが現れてきた。

2 戦国大名の出現

応仁の乱のころから，力のある者が，実力で上の身分の者に打ち勝つ**下剋上**の風潮が広がり，守護大名の一族や家臣などがその地位をうばったり，守護大名が勢力を強めたりするなどして，各地に**戦国大名**が現れた。戦国大名が領国支配の拡大を目指して争うようになった，応仁の乱後の約100年間を**戦国時代**という。

3 戦国大名の領国支配

戦国大名は，領国内の武士をまとめて強力な軍隊をつくり，荘園領主の支配も認めず，領国を直接支配した。城も交通の便のよい平地に築き，周辺に家臣や商工業者を集めて城下町をつくった。また，家臣団や農民を統制するため独自の**分国法**（**家法**）を制定した。さらに用水路の建設などで耕地を広げて農業をさかんにし，鉱山の開発を進め，領国を豊かにしていった。

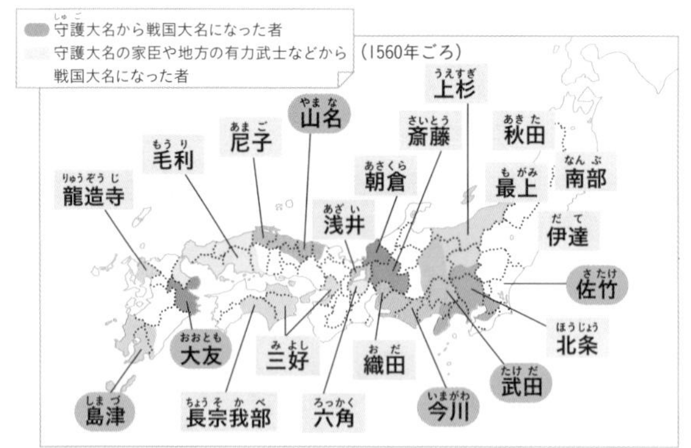

⬆主な戦国大名の分布

（真正極楽寺）

⬆**足軽**　応仁の乱ごろから活躍した軽装の兵。

参考

西陣

西陣織で知られる京都西陣の地名は，西軍の山名氏が陣を置いたことによる。

参考

鉱山の開発

戦国大名が鉱山の開発を進めたことで，採掘技術や精錬技術（鉱石から不純物を取り除くこと）などが進んだ。甲斐（山梨県）や伊豆（静岡県）の金山や，世界遺産に登録された石見銀山（島根県）や但馬銀山（兵庫県）などが有名。

史料

分国法

一，けんかをしたときは，理非を問わず両方罰すること。
（伊達氏－塵芥集）

一，許可なく他国に手紙を出してはならない。
（武田氏－甲州法度之次第）

一，本拠である朝倉館のほか，国内に城をかまえてはならない。
（朝倉氏－朝倉孝景条々）

第3章 SECTION 8

室町時代の文化

室町時代には，幕府が京都に置かれたこともあって，武家の文化に公家の文化が融合し，さらに禅宗を通じてもたらされた中国の文化も取り入れて，簡素で深みのある文化がおこった。応仁の乱をきっかけに文化は地方にも広がり，庶民文化も発達してきた。

1 室町文化

1 室町文化の特色

室町時代には，幕府が京都に置かれたことから，武家は進んで公家の文化を吸収した。また，日明貿易で明（中国）との交流が活発になったことから，宋・元や明の文化がもたらされ，学問や芸術に大きな影響を与えた。商人や僧の往来もさかんになり，禅宗が文化や生活面に影響をおよぼし，**公家文化と武家文化が溶け合って，簡素で深みのある文化**が生まれた。さらに，急速に成長してきた農村や都市の民衆の文化とも混じり合って，独特の趣のある文化となっていった。

2 北山文化と東山文化

室町時代の文化は，大きく**足利義満**の時代の**北山文化**と，**足利義政**の時代の**東山文化**に分けられる。

ミス注意 

各時代の文化の特色

飛鳥文化…6世紀後半～7世紀前半の飛鳥時代の，法隆寺を中心とする文化。初めての国際性のある仏教文化。

天平文化…8世紀の聖武天皇の時代を中心に栄えた文化。貴族中心の国際色豊かな仏教文化。

国風文化…11世紀前半の，摂関政治の全盛期に栄えた文化。日本の自然，風土や生活に合った優美な貴族文化。

鎌倉文化…12世紀末～14世紀初めの鎌倉時代の文化。武士の気風を反映した，素朴で力強い文化。

Episode

南北朝時代の文学

南北朝時代には，動乱の時代を背景にして優れた歴史書や軍記物が生み出された。南朝の中心人物だった北畠親房は，南朝の天皇の正統性を「神皇正統記」に著した。一方武家の立場からは，承久の乱から足利氏が政権をとるまでの動きが「梅松論」に著された。

軍記物では，南北朝の動乱を美しい文章で描いた，全40巻からなる「太平記」がつくられた。「太平記」は僧などによって多くの人に語り広められ，のちの文学にも大きな影響を与えた。

⬇道ばたで講釈する太平記読み

14世紀末の３代将軍**足利義満**のころは幕府の全盛期で，京都の北山に建てた金閣に代表される**北山文化**が栄え，**公家文化と武家文化の融合**がみられるようになり，次の東山文化に受け継がれた。15世紀後半の８代将軍**足利義政**のころには，京都の東山に建てた銀閣に代表される**東山文化**が栄え，禅宗の影響がいちだんと強まり，**簡素で深みのある文化**が発達した。

KEY PERSON 

足利義政
（1436～1490年）

（東京国立博物館）

室町幕府の８代将軍。応仁の乱の最中に，将軍職を子の義尚に譲った。乱ののち京都東山に山荘をつくり，そこに建てた銀閣を中心に，東山文化が栄えた。

2 室町文化の内容

1 建築と庭園

３代将軍**足利義満**は，京都の北山に山荘（北山殿）を建てた。そこに建てられた３層の**金閣**は，寝殿造風と和様，そして禅宗寺院の禅宗様を合わせたもので，この時代の文化の特色をよく表している。壁などに金箔が貼られたことで金閣と呼ばれるが，義満の死後は鹿苑寺となった。

一方８代将軍**足利義政**は，応仁の乱後に京都東山の山荘に**銀閣**を建てた。銀閣は書院造と禅宗様の２層からなり，義政の死後は慈照寺となった。

この時代，禅宗寺院の様式を取り入れた**書院造**と呼ばれる建築様式が用いられるようになった。書院造は，床の間・違い棚が設けられて書画や生け花が飾られ，畳が敷かれるなど，**近代の和風建築のもと**になった。

書院造の代表的な建物として，銀閣と同じ敷地にあ

参考 

金閣の造営
金閣の工事は，守護大名を動員して，約３年かかった。総工費は，現在の金額で約100億円を超えるともいわれる。
金閣は1950年に放火にあって焼失したが，５年後に復元された。その後1986～87年に大修理が行われ，貼り替えた金箔は約20万枚，約７億円かかったという。

⬆**金閣**　（鹿苑寺）

⬆**銀閣**　（慈照寺）

⬆**書院造（東求堂同仁斎）**　（慈照寺）

り，義政の書斎であった**東求堂同仁斎**が知られる。

また，龍安寺や大徳寺大仙院などには，禅宗の影響を受けて，砂利と岩石を組み合わせて自然を表した，**枯山水**の庭園がつくられた。こうした庭園づくりには，河原者と呼ばれた人々が活躍した。

2 絵画

絵画では，墨一色で自然などを描く**水墨画**が中国から伝えられ，禅僧たちによってさかんに描かれた。禅の修行をしながら水墨画を学んだ**雪舟**は，守護大名大内氏の援助で中国（明）に渡り，多くの技法を学んで帰国し，**日本風の水墨画を完成させた**。また，狩野正信・元信父子が，水墨画に大和絵の技法を取り入れて新しく**狩野派**をおこした。狩野派は，安土桃山時代に発展し，江戸時代には日本画の中心勢力となった。

3 文学

この時代，これまでの和歌に代わって**連歌**が流行した。連歌は，**和歌の上の句と下の句を，別の人が次々に詠み継ぐもの**で，二条良基が連歌の規則を定め，応仁の乱のころ**宗祇**によって確立された。連歌は，指導する連歌師が各地を回ったので，地方の大名・武士や庶民の間にも広まった。やがて，連歌の発句が俳諧（俳句）として独立した文学になった。また庶民の間では，絵入り物語の**御伽草子**が広く読まれ，「物くさ太郎」「浦島太郎」「一寸法師」などが親しまれた。

4 芸能

平安時代から民間芸能として行われていた猿楽や田楽などの芸能をもとにして，足利義満の保護を受けた**観阿弥・世阿弥**父子が**能**（**能楽**）を大成した。能は，能面を付けて，謡曲に合わせて舞うもので，武家の間に広まった。

能の合間には，大名や僧を皮肉ったり庶民の生活を

用語解説

河原者

死んだ牛馬の皮をなめしたり（やわらかくすること），井戸掘りなどを行う，優れた技術をもちながら差別されていた人々。庭園づくりや芸能を仕事にしている人々もいて，中世の文化を担っていた。銀閣の庭をつくった善阿弥も河原者の一人で，足利義政から「天下第一」とたたえられた。

KEY PERSON 

雪舟

（1420～1506年）

（常栄寺）

日本風の水墨画を完成させた禅僧。京都の寺で修行しながら絵を学び，大内氏の援助で明に渡って水墨画を学んだ。帰国後は各地をめぐって自然などの絵を描いた。

↑「秋冬山水図」（雪舟筆）

（東京国立博物館 Image:TNM Image Archives）

題材にした，こっけいな**狂言**が演じられて，庶民にも親しまれた。鎌倉時代に栄西が中国（宋）から伝えた茶を飲む習慣は，村田珠光が茶と禅の精神を統一して静かに茶を楽しむ**わび茶**の方式をつくり出し，茶道（茶の湯）の基礎がつくられた。茶の湯は庶民にも広まり，茶の産地などを当てる会などが開かれるようになった。また，床の間に飾る生け花も，この時代に花道としての基礎が築かれた。

（国立歴史民俗博物館）

↑**能を楽しむ人々**（洛中洛外図屏風）

3 室町文化の広がり

1 地方への広がり

応仁の乱が起こると，公家（貴族）や僧が**戦国大名を頼って地方に下っていく**ようになり，京都の文化が地方にも伝えられた。また，大名たちも積極的に公家たちを迎え入れたこともあり，大内氏の城下町・山口などでは優れた文化が発達した。また，商工業者が力を強めて各地の都市でも文化が広まり，農村でも独自の文化が芽生えてきた。このころは，**盆踊り・村祭りなどの行事**もさかんに行われるようになった。

2 仏教・学問の広まり

臨済宗は，足利義満によって京都・鎌倉に**五山の制**が設けられるなど，幕府の保護を受けて栄えた。五山の僧は，朱子学の研究や漢詩文の創作をさかんに行い，幕府の政治・外交の顧問としても活躍した。一方，天台宗・真言宗など古くからの仏教は，公家の没落などで衰えてきたが，鎌倉時代におこった新しい仏教は武士や商工業者・農民などの間に広まっていった。学問では，15世紀に関東管領の上杉憲実によって下野（栃木県足利市）に**足利学校**が再興され，全国から多くの僧や武士が学びに来た。

くわしく

京都五山と鎌倉五山

五山とは，南宋（中国）の官寺の制にならって定めた臨済宗の格式の高い寺院で，京都五山と鎌倉五山がある。

京都五山…南禅寺を五山の上に置き，天龍寺・相国寺・建仁寺・東福寺・万寿寺の５寺。

鎌倉五山…建長寺・円覚寺・寿福寺・浄智寺・浄妙寺の５寺。

↑**足利学校跡**

CHECK 確認問題

第3章

中世社会の展開

問題 各問いに答えましょう。
また，（　）に当てはまる語句を選びましょう。

❶ 10世紀中ごろ，下総を根拠地に反乱を起こしたのは誰か。

❷ 白河天皇が位を譲って上皇となったのち，摂政・関白を抑えて行った政治を何という。

❸ 武士として初めて太政大臣となり，政治の実権を握ったのは誰か。

❹ 源頼朝が荘園・公領に置いた役職は何か。

❺ 朝廷の勢力回復を目指して承久の乱を起こした上皇は誰か。

❻ 承久の乱後，京都に置かれた幕府の機関は何か。

❼ 3代執権北条（義時　泰時）は御成敗式目を制定した。

❽ 琵琶法師によって語り広められた，平氏一門の盛衰を描いた軍記物は何か。

❾ 踊念仏などによって時宗を広めた僧は誰か。

❿ 座禅で悟りを開こうとする曹洞宗を宋から伝えた僧は誰か。

⓫ 2度にわたる元の襲来を退けた8代執権は誰か。

⓬ 建武の新政を始めた天皇は誰か。

⓭ 明との貿易で，正式な貿易船と倭寇とを区別するために用いられた証明書を何という。

⓮ 1467年に京都を主戦場に始まった戦乱を何という。

⓯ 戦国大名が，領国支配を固めるために定めた法を何という。

⓰ 8代将軍足利義政のころ栄えた文化を何という。

⓱ 和風建築のもとになったともいわれる，図のような部屋の建築様式を何という。

⓲ 墨一色の濃淡で自然などを描く，日本風の水墨画を完成させたのは誰か。

図

（慈照寺）

解答

❶ 平将門
❷ 院政
❸ 平清盛
❹ 地頭
❺ 後鳥羽上皇
❻ 六波羅探題
❼ 泰時
❽ 平家物語
❾ 一遍
❿ 道元
⓫ 北条時宗
⓬ 後醍醐天皇
⓭ 勘合
⓮ 応仁の乱
⓯ 分国法（家法）
⓰ 東山文化
⓱ 書院造
⓲ 雪舟

第4章

近世社会の展開

第４章では，ヨーロッパ諸国の近代化への歩みと，安土桃山時代から江戸時代までを取り上げる。織田信長・豊臣秀吉による全国統一から江戸幕府による支配体制の確立までの流れと将軍や老中らによって行われた幕府政治の改革の内容をきちんとつかもう。

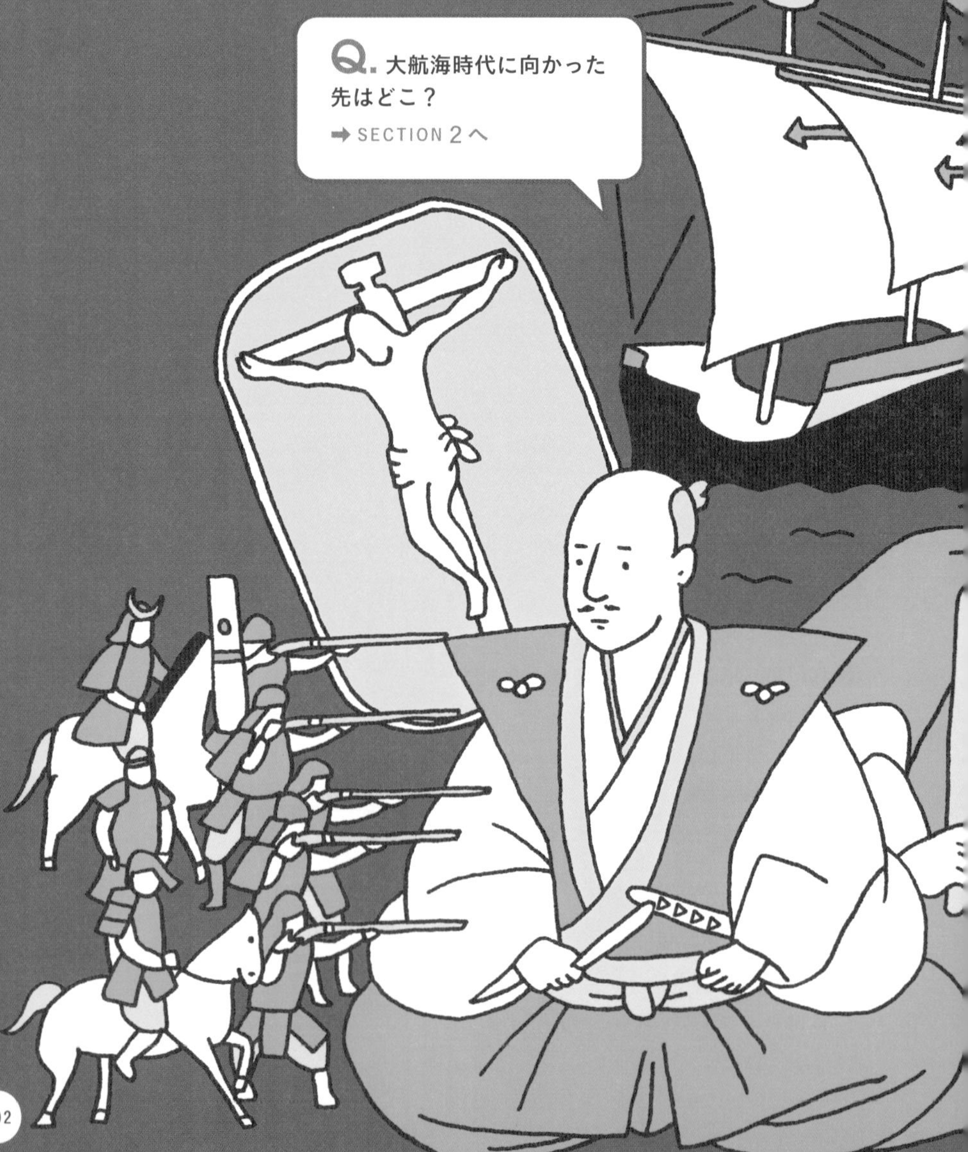

Q. 大航海時代に向かった先はどこ？

➡ SECTION 2 へ

Q. 家康(いえやす)はどのような体制を築いたの？
➡ SECTION 4 へ

Q. 幕府はなぜ鎖国をしたの？
➡ SECTION 5 へ

Q. 信長と秀吉はどのように全国統一を進めたの？
➡ SECTION 3 へ

第4章 SECTION 1 ヨーロッパとイスラム世界

ローマ帝国が滅んだあと，ローマ教皇が国王をしのぐような力をもつようになった。一方イスラム教が勢力を広げ，2大陸にまたがるイスラム帝国を築いた。イスラム勢力に聖地エルサレムがうばわれると，教皇の呼びかけで11世紀末から十字軍の遠征が行われた。

1 ヨーロッパ社会の形成

1 ローマ帝国の分裂

繁栄を誇っていたローマ帝国は，4世紀末に東西に分裂した（→p233）。このころ，中央アジアの遊牧民族に押された**ゲルマン人**が，次々とローマ帝国内に侵入し，各地にいくつかの国を建てた。

こうした混乱の中で，**西ローマ帝国**は476年に滅んだが，コンスタンティノープルを首都にした**ビザンツ帝国**（**東ローマ帝国**）は，東ヨーロッパを中心に，15世紀にオスマン帝国に滅ぼされるまで続いた。

2 ヨーロッパ諸国のおこり

ローマ帝国が分裂したあとは，ヨーロッパ全体を支配する国はなかったが，その中でも発展したのが**フランク王国**で，8世紀後半のカール大帝のとき西ヨーロ

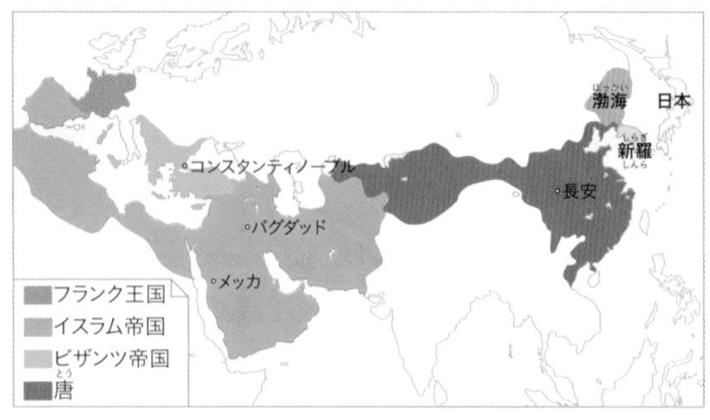

↑8～9世紀の世界

発展

ゲルマン人
古くからスカンディナビア半島やバルト海沿岸など北ヨーロッパに住んでいた，フランク，アングロ＝サクソンなど多くの部族からなる民族。4世紀に中央アジアにいたフン族が西に進んできたので，多くのゲルマン民族が西ローマ帝国の領土に侵入してきた。

発展

コンスタンティノープル
現在のトルコ最大の都市であるイスタンブールの旧称。ボスポラス海峡をはさんでアジアとヨーロッパの2つの大陸にまたがる都市。紀元前8世紀ごろからギリシャの植民都市がつくられ，当時はビザンティウムといった。オスマン帝国の首都でもあり，正教会（ギリシャ正教会）の本山としても栄えた。

ッパの中心勢力となった。この結果，９世紀のヨーロッパでは，フランク王国・ビザンツ帝国・イスラム帝国が対立している状態となった。

しかし，９世紀後半にフランク王国は３王国に分裂し，現在の**ドイツ・フランス・イタリア**のもとができた。

3 キリスト教の発展

一方，キリスト教は各地に広まっていったが，11世紀に西ヨーロッパの**カトリック教会**と，ビザンツ帝国と結び付いた東ヨーロッパの**正教会**に分裂した。

西ヨーロッパ諸国の王や貴族は，カトリック教会に土地を寄進するなどし，教会と結び付いて勢力を広げた。寄進を受けたカトリック教会では，王や貴族と同じように土地と農民を支配したので，その頂点に立つ**ローマ教皇**（**法王**）は，信仰上の権威だけでなく，政治のうえでも国王をしのぐ力をもつようになった。

2 イスラム世界の発展

1 イスラム帝国の動き

イスラム教（→p236）を開いた**ムハンマド**（マホメット）は，教団を組織して勢力を広げ，７世紀前半にはアラビア半島を統一した。ムハンマドの死後，彼の後継者（カリフ）たちがさらに領土を拡大し，８世紀前半には，東はインド西北部から西は北アフリカを経てイベリア半島まで，アジア・アフリカ・ヨーロッパ

参考

ノルマン人の活躍

フランク王国が分裂していたころ，北ヨーロッパに住んでいたゲルマン人の一派ノルマン人が，各地に侵入して次々と国を建てた。９世紀半ばには現在のロシアのもとになる国をつくり，11世紀にはイングランドに侵入して，現在のイギリスのもとを築いた。また，原住地にはノルウェー・スウェーデン・デンマークの北欧三国がつくられた。

Episode

中世ヨーロッパのキリスト教文化

５世紀末に西ローマ帝国が滅んでから，15世紀中ごろまでを中世と呼んでいる。
この時代は，国王・諸侯・騎士が主従関係で結ばれ，それぞれが領主として農奴と呼ばれる農民を支配していた。人々の生活はキリスト教と深く関わっていたため，文化の面ではキリスト教の信仰を中心にした文化が栄えた。
2019年に火災にあったフランスのノートルダム大聖堂は，ヨーロッパ中世を代表する教会建築で，高くそびえる尖塔と美しいステンドグラスを持つゴシック様式の傑作といわれていた。

の大陸にまたがる**イスラム帝国**を築いた。首都**バグダッド**は人口100万人を超え，唐の長安と並ぶ国際都市として栄えた。イスラム商人は，シルクロード（絹の道）やインド・唐に至る海上の道を利用して，さかんに東西交易を行った。

2 イスラム文化

イスラム商人の活動によって東西の文化がさかんに交流し，イスラム帝国では，**ギリシャ・ローマの文化やインド・中国の文化が融合された独自の文化**が栄えた。数学・天文学・化学・医学などが発達し，文学では『アラビアン＝ナイト（千夜一夜物語）』が知られる。

発展

イスラムの学問

数学ではインドの数字を改良してアラビア数字がつくられ，現代数字のもとになった。化学では蒸留などの実験方法が考え出され，医学では外科手術が発達した。

参考

十字軍

最初のころは，聖地を取り戻すという宗教的な情熱から遠征していたが，しだいに情熱を失い，失敗することが多くなった。13世紀初めの第４回目の遠征では，ベネチアの商人に利用されて，聖地に行かずに財宝目当てでビザンツ帝国の首都コンスタンティノープルを占領したこともあった。

3 十字軍

1 十字軍の遠征

11世紀に，聖地である**エルサレム**がイスラム勢力（セルジューク朝）にうばわれ，巡礼者が迫害され，ビザンツ帝国をおびやかすようになった。そのため，ビザンツ帝国がローマ教皇に救援を求めると，**教皇は，国王や諸侯に聖地奪回の十字軍の遠征を呼びかけた。**十字軍は，1096年から約200年間にわたって７回派遣されたが，最終的に失敗に終わった。

2 十字軍の影響

十字軍の失敗で**ローマ教皇の権威は衰え**，諸侯や騎士の多くは没落した。一方発達してきた都市の商人と結んだ**国王が勢力を伸ばしてきた**。また，イスラム世界との接触によって，ヨーロッパにイスラムの進んだ文化がもたらされ，また東方に保存されていたギリシャ・ローマ文化が流れ込み，やがて始まるルネサンスの素地がつくられた。

↑十字軍の遠征

第4章 SECTION 2

ヨーロッパ社会の発展

14世紀にイタリアの都市からルネサンスが始まり，16世紀には宗教改革がおこり，ヨーロッパ近代化の出発点となった。一方，アジアへの新しい道を求めたヨーロッパ諸国は，新しい航路の開拓を進め，15世紀後半に大航海時代が始まった。

1 ルネサンス

1 ルネサンスのおこり

十字軍の輸送や東方貿易などで栄えた14世紀の北イタリアでは，イスラム文化や忘れられていた古代ギリシャ・ローマの文化が流れ込み，教会や封建的なしきたりにとらわれない自由な動きが高まっていた。この**人間性尊重**の動きは，人間のありのままの感情を尊ぶ古代ギリシャ・ローマの文芸の復興から始まったので，**ルネサンス**（**文芸復興**）と呼ばれている。この動きは，14〜16世紀にかけてフランス・イギリス・オランダなど西ヨーロッパ各地に広まっていった。

ルネサンス期のイタリア

くわしく

『神曲』
この当時は難解なラテン語で書かれた書物がほとんどで，読める人は少なかった。ダンテは，誰でも読めるように，平易なイタリア語で長編叙事詩『神曲』を著した。

2 文学・美術

文学では，14世紀にイタリアで，**ダンテ**が『神曲』をイタリア語で著してルネサンス文学のさきがけとなった。スペインでは，セルバンテスが『ドン＝キホーテ』を著して没落する騎士を風刺し，イギリスでは，**シェークスピア**が『ハムレット』など多くの戯曲を著した。

絵画では，**レオナルド＝ダ＝ビンチ**が「**モナ・リザ**」「最後の晩餐」などを描き，**ボッティチェリ**は「春」などの華やかな絵を描いた。また，**ミケランジェロ**は「天地創造」「最後の審判」などの絵

「**春**」（ボッティチェリ画）

画や，「ダビデ像」などの彫刻を残した。建築では，ギリシャ・ローマの様式をもとにルネサンス様式が生まれ，サン＝ピエトロ大聖堂（カトリック教会の総本山）が改築された。

3 自然科学・技術の発達

ルネサンス期には，自然を実験と観察によって科学的にとらえようとする動きが強まり，それに伴って技術も発達して，近代科学のもとが開かれた。

16世紀半ばに，**コペルニクス**が天体観測に基づいて地動説を唱え，その説を受け継いだ**ガリレオ＝ガリレイ**が天体望遠鏡を改良して観測を行い，地動説の正しさを証明した。

このころ，中国で発明された**火薬**や**羅針盤**がヨーロッパに伝えられ，改良されて実用化された。火薬は兵器に利用されて戦法を変え，騎士の没落を早めた。羅針盤も改良されて遠洋航海が可能になり，新航路の開拓に影響を与えた。15世紀半ばには，ドイツの**グーテンベルク**によって**活版印刷**が始められ，知識の普及に役立った。とくに，活版印刷による聖書の普及は，宗教改革に大きな影響を与えた。

2 宗教改革

1 宗教改革の始まり

十字軍の遠征の失敗などで，ローマ教皇の権威が衰え，教会の教えもしだいに形式的になり，聖職者の中にはぜいたくな生活にふける者も現れていた。人々の間では，社会不安が続く中で，教会の改革を求める声が高まっていた。こうした中で，ローマ教皇がサン＝ピエトロ大聖堂の改築資金を得るため，**免罪符**（贖宥状）を売り出すと，**ルター**や**カルバン**がこれを批判して宗教改革を始めた。

↑「**ダビデ像**」（ミケランジェロ作）（写真は複製）

参考

「それでも地球は動く」

地球が自転しながら太陽の周りを公転しているという地動説の正しさを証明したガリレイは，天動説を主張するローマ教会によって宗教裁判にかけられ，地動説を放棄するよう約束させられた。しかし，ガリレイは「それでも地球は動く」とつぶやいたという。

なお，1992年にローマ教皇庁は自らの誤りを認め，ガリレイの名誉回復を行った。

参考

免罪符

カトリック教会が，これを買うと罪が許され，来世で受けなければならない苦しみから逃れられる，としたお札。サン＝ピエトロ大聖堂の改築費を得るため，免罪符を大量に発行したことが，ルターやカルバンの批判を招いた。

2 二分されたカトリック教会

1517年，ドイツの**ルター**は**免罪符**の販売に抗議して「95か条の意見書」を公表したが，これが宗教改革のきっかけとなった。ルターは，「人は信仰のみによって救われ，信仰のよりどころは聖書だけである」と主張し，聖書をドイツ語に翻訳して出版した。教皇はルターを破門したが，その主張は教会に不満をもつ諸侯や農民たちに支持されて広がっていった。ルターより少し遅れて，フランスの**カルバン**がスイスで宗教改革を始め，「信仰に基づいて職業に励むことが神の心にかなう」と説いて，商工業者に受け入れられた。

ルターやカルバンの考えを支持する人々は**プロテスタント**（抗議する者）と呼ばれ，西ヨーロッパのキリスト教は，それまでのカトリックと，プロテスタントの２つに分かれた。

3 宗教改革の影響

宗教改革に対して，カトリック教会の側でも改革の気運が高まった。改革の中心となったのはスペインで，ロヨラや**ザビエル**は**イエズス会**を結成した。そしてスペインやポルトガルの海外進出とともに，アジアや中南米など海外への布教に乗り出した。この活動の中で，ザビエルが日本にキリスト教を伝えた（→p.312）。

3 大航海時代

1 新航路の開拓の背景

十字軍の遠征や，**マルコ＝ポーロ**の『**世界の記述**（**東方見聞録**）』の影響で，ヨーロッパの人々の間にはアジアへのあこがれが強まっていた。さらに，ヨーロッパの人々にとって，アジア産の香辛料や絹織物は生活に必要な貴重品だった。しかし，アジアとの貿易はイスラム商人やイタリア商人が独占し，さらに，オス

KEY PERSON 

ルター
（1483〜1546年）

(Erich Lessing / PPS通信社)

ドイツの神学者。信仰のよりどころは聖書だけであると，ローマ教皇の免罪符の販売に抗議して宗教改革を始めた。ルターの考えを支持する人はプロテスタントと呼ばれた。

参考 

宗教戦争

宗教改革が行われ，カトリック教会の側での改革が進むと，プロテスタントとカトリック教会の間で激しい対立が生じた。フランスでは16世紀半ばすぎにユグノー戦争（フランスではプロテスタントはユグノーと呼ばれた），17世紀初めには，ドイツを舞台にプロテスタント保護を名目に各国が干渉して，三十年戦争が起こった。

参考 

香辛料

こしょうなどの香辛料は，肉の保存剤や調味料として，肉料理を好むヨーロッパの人々の生活には欠かせないものだった。

マン帝国が西アジアを支配して通過する産物に重税をかけたので，アジアの産物はたいへん高価だった。

そのため，ヨーロッパの人々は，イタリア商人などの勢力下にある地中海や，西アジアを通らないで，**直接アジアへ行く航路を開拓**するようになった。また，羅針盤が改良され，海図の作成などで航海術が進歩したことも，新航路開拓に影響を与えた。

2 新航路の開拓

新航路開拓の先がけとなったのはスペインとポルトガルで，これらの国にとっては，**アジアとの貿易のほか，キリスト教を世界に広めることも目的**だった。

ポルトガルは，早くからアフリカを回ってインドへの航路の開拓に努め，1488年にはアフリカ南端の喜望峰に到達していた。ついで1498年には，**バスコ＝ダ＝ガマ**が喜望峰を回り，インド西岸のカリカットに到着して**インド航路を開拓**した。これによって，ヨーロッパとインドが初めて海路で結ばれた。

ポルトガルと対抗していた**スペイン**は，大西洋を西へ行けばアジアへ着くと信じた**コロンブス**を援助した。コロンブスは，1492年にカリブ海の島に到達し，その後の航海で未知のアメリカ大陸にも到達したが，最後までここがインドの一部だと信じて疑わなかった。

コロンブスとアメリカ
コロンブスが上陸したのは，現在の西インド諸島のサンサルバドル島。そこをインドの一部と考えていたので，現在も周辺の島群を西インド諸島と呼んでいる。コロンブスはアメリカ大陸にも上陸して「新大陸の発見者」といわれるが，それをアジアとは別の新大陸と確認したのはアメリゴ＝ベスプッチで，新大陸は彼の名をとってアメリカと名付けられた。

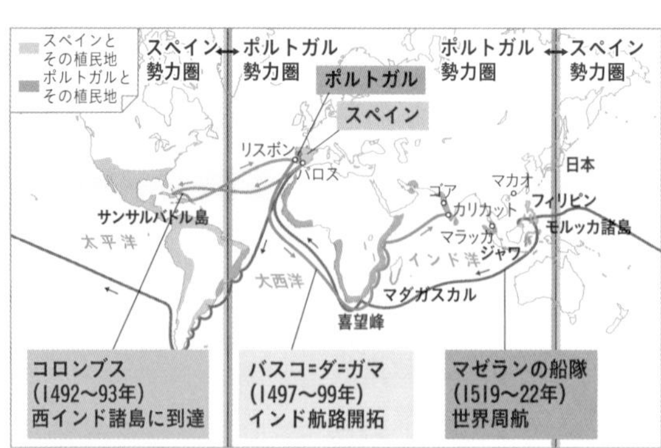

⬆新航路の開拓

(Bridgeman Images/PPS通信社)

⬆上陸するコロンブス

さらに16世紀には，スペイン国王の命令を受けた**マゼラン**が，船隊を率いて大西洋を横断し，アメリカ大陸南端の海峡（現在のマゼラン海峡）を経て太平洋を横切り，フィリピンに着いた。マゼランはここで死んだが，船隊はさらに西へ進み，1522年，スペインに戻り**世界一周**を成しとげた。これによって，**地球が球体であることが実証され**，ヨーロッパ人による世界の一体化が進められる道が開かれた。

こうして，ヨーロッパ人による新航路の開拓が進んだ時代を**大航海時代**と呼んでいる。

3 ポルトガル・スペインの海外進出

ポルトガルは，インドのゴアや中国（明）のマカオを根拠地にして，香辛料を中心とするアジア貿易を独占し大きな利益を上げた。

アメリカ大陸に進出した**スペイン**は，16世紀に**アステカ王国**や**インカ帝国**を滅ぼし，先住民を銀の鉱山や大農園などで働かせ，労働力が不足すると，アフリカから奴隷として黒人を連れてきて働かせた。こうして，アメリカ大陸はヨーロッパの植民地となった。

スペインはやがてフィリピンを占領し，マニラを拠点に大量の銀をヨーロッパに運んだ。

アメリカやアジアに植民地を広げたスペインは，ポルトガルを併合してその植民地も手に入れ，一時は「**太陽の沈まぬ国**」として繁栄した。

17世紀になると，**スペインから独立を宣言したオランダ**が，**東インド会社**をつくってジャワ島のバタビア（現在のジャカルタ）を本拠地として，香辛料貿易を独占した。ポルトガルに代わってアジアに進出したオランダは，日本とも貿易を行い，17世紀にはヨーロッパの貿易・金融の中心地として繁栄した。

オランダと結んだ**イギリス**は，1588年にスペインの無敵艦隊を破り，やがて東インド会社をつくってインドを中心にアジアへ進出してきた。

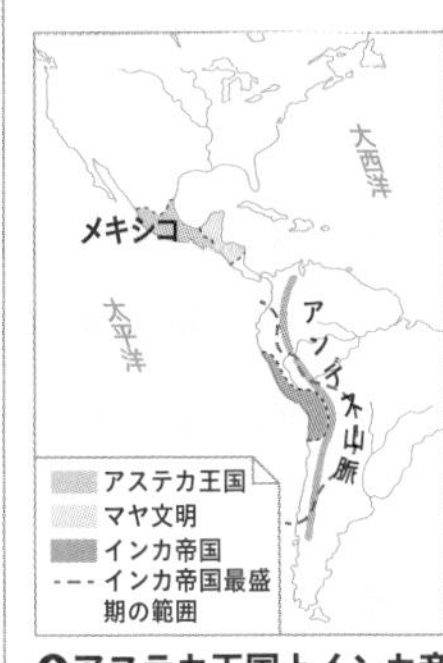

↑アステカ王国とインカ帝国

↑インカ帝国のマチュピチュ遺跡

参考

オランダの独立
オランダでは，本国のスペイン国王がプロテスタントを弾圧して重税をかけたため，1568年から独立戦争を起こし，1609年に事実上独立が認められた（正式承認は1648年）。

参考

東インド会社
アジアとの貿易を独占する権利を与えられた会社。イギリスは1600年，オランダは1602年に設立したが，貿易の独占権だけではなく外交権や軍事権も与えられた。

第4章 SECTION 3

全国統一への歩み

16世紀中ごろ，鉄砲とキリスト教が伝えられ，戦国時代の社会が大きく変化してきた。こうした中で織田信長が室町幕府を滅ぼして統一事業を進め，ついで豊臣秀吉によって全国統一が成しとげられた。この時代には，豪華で壮大な桃山文化が栄えた。

❶ ヨーロッパ人の来航

1 鉄砲の伝来

1543年，1隻の中国人の倭寇の船が，暴風雨で種子島に流れ着いた。この船に乗っていた**ポルトガル人**によって，日本に初めて**鉄砲**が伝えられた。これが，日本に来た最初のヨーロッパ人であった。

鉄砲は，戦国時代の日本で新しい武器として戦国大名に注目され，堺（大阪府）や国友（滋賀県）などの刀鍛冶職人によって製造され，急速に全国に広まっていった。鉄砲が広まると，城は鉄砲による攻撃に備えた高い石垣や狭間（銃眼）を持つ平城にかわり，戦い方もこれまでの騎馬中心から足軽鉄砲隊を中心とする集団戦法に変化した。その結果，勝敗が早く決まるようになり，全国統一の動きが急速に進んだ。

2 キリスト教の伝来

1549年，アジアで布教活動を行っていたイエズス会の宣教師**フランシスコ＝ザビエル**が鹿児島に来て，日本に初めて**キリスト教**を伝えた。ザビエルは，鹿児島から山口・京都・豊後府内（大分市）などを訪れ，2年余りで日本を去った。その後，貿易船に乗って宣教師があいついで来日し，各地に**教会堂**（**南蛮寺**）や病院・孤児院などを建てて布教活動を進めたので，信者（**キリシタン**）はしだいに増えていった。

参考 

鉄砲

当時の鉄砲は，銃口から火薬とたまを入れ，火を着けた縄で点火して火薬を爆発させ，たまを発射したので火縄銃とも呼ばれた。なお，種子島に伝えられたことから，火縄銃のことを種子島とも呼んだ。

KEY PERSON 

フランシスコ＝ザビエル

（1506～1552年）

（神戸市立博物館 Photo:Kobe City Museum/DNPartcom）

日本にキリスト教を伝えたイエズス会の宣教師。インドのゴアで日本人アンジロウに会い，日本への布教を決心し，1549年鹿児島に上陸した。そして，天皇に布教許可を得ようと京都に入ったが果たせず，豊後府内などを回り，1551年に日本を離れた。

宣教師は，ヨーロッパの文化ももたらし（**南蛮文化**），天文学・医学など新しい学問を伝えた。**活版印刷機**も伝えられ，『聖書』や『平家物語』や，『伊曽保（イソップ）物語』などがローマ字で印刷された（キリシタン版，天草版という）。ヨーロッパ風の絵画のほか南蛮屏風なども描かれ，また南蛮風の服装が流行し，パンやカステラなどももたらされた。

ポルトガルの貿易船は，キリスト教の布教を認めた大名領に入港したので，大名の中には，貿易のため信者になる者もいた。このような大名を**キリシタン大名**といい，そのうち大友宗麟（義鎮）・有馬晴信・大村純忠は，1582年に４人の少年使節（**天正遣欧少年使節**）をローマ教皇のもとに送った。

参考

南蛮文化の影響
衣服や食物の名に現在も残っている。例えば，日本語になったポルトガル語として，食べ物のカステラ，コンペイトウ，パン，雨具のカッパ，遊びのカルタ，石けんのシャボン，織物のビロードなどである。反対にポルトガル語になった日本語には，カタナ＝刀，ボンゾ＝坊主，ビョンボ＝屏風などがある。

3 南蛮貿易

ポルトガル人についでスペイン人も来航すると，長崎や平戸（長崎県）で貿易が行われるようになった。当時の日本では，彼らを**南蛮人**と呼んだことから，この貿易を**南蛮貿易**という。貿易では，中国産の生糸や絹織物を中心に，東南アジアの香辛料，ヨーロッパの毛織物・ガラス製品・時計などが輸入され，日本からは**銀**や刀剣・漆器などが輸出された。

（神戸市立博物館
Photo:Kobe City Museum/DNPartcom）

⬆南蛮船と南蛮人（南蛮図屏風）

Episode

帰国した天正遣欧少年使節のその後は？

1590年，帰国した伊東マンショ，千々石ミゲル，中浦ジュリアン，原マルチノの４人の少年を待っていたのは禁教だった。キリスト教弾圧の中で，千々石はやがて改宗し，伊東と原は司祭となったが，伊東は病死し，原はマカオに追放された。一人残った中浦ジュリアンは信仰を守り続けたが，1632年に捕らえられ翌年処刑された。刑場で「我こそは，ローマを見た中浦ジュリアン神父である！」とさけんだといわれる。

（京都大学附属図書館）

⬆天正遣欧少年使節

❷ 織田信長の統一事業

1 信長による統一への歩み

16世紀の中ごろ，勝ち残った戦国大名は京都に入り全国統一を実現しようと考えていた。尾張（愛知県）の戦国大名だった**織田信長**は，1560年，東海地方を支配する駿河（静岡県）の今川義元を**桶狭間の戦い**で破って勢力を広げ，1567年には美濃（岐阜県）の斎藤氏を破り，「天下布武（天下に武を布く）」の印章を使用して武力による全国統一の意志を明らかにした。そして1568年，**足利義昭**を助けて京都に上り，義昭を室町幕府の第15代将軍に就けて全国統一への歩みを始めた。1570年には，姉川の戦いで近江（滋賀県）の浅井氏と越前（福井県）の朝倉氏を破り，翌年には両氏に味方した**比叡山の延暦寺を焼き討ち**にして，強大な仏教勢力を屈服させた。1573年には，敵対するようになった**足利義昭を追放して室町幕府を滅ぼした。**

1575年，信長は同盟を結んだ徳川家康と**長篠の戦い**で**鉄砲を大量に使用**して，騎馬隊を中心とする甲斐（山梨県）の**武田勝頼**を破り，翌年から全国統一の拠点として壮大な安土城（滋賀県）を築き始めた。1582年，信長は，中国地方の毛利氏を討つために出陣し，京都の本能寺に滞在しているとき，家臣の**明智光秀**にそむかれ自害した（**本能寺の変**）。

織田信長
（1534～1582年）

尾張の戦国大名。「天下布武」をかかげて武力による全国統一を目指し，1573年には室町幕府を滅ぼした。長篠の戦いでは鉄砲隊を用いて武田氏を破り，安土城を統一の本拠地とした。統一を目前にしながら，家臣の明智光秀に襲われ自害した。

くわしく 

安土城
安土城の中央には5層7階建ての壮大な天守が築かれ，外壁などには金箔が貼られたという。また，内部には狩野永徳らの障壁画など，豪華な装飾がほどこされていたとされる。

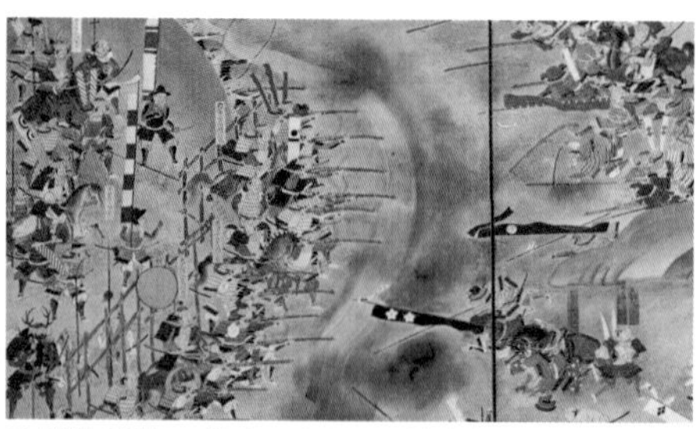

⬆長篠の戦い 川をはさんで，鉄砲隊がいる左側が織田・徳川連合軍，右側が武田軍。

（徳川美術館 ©徳川美術館イメージアーカイブ/DNPartcom）

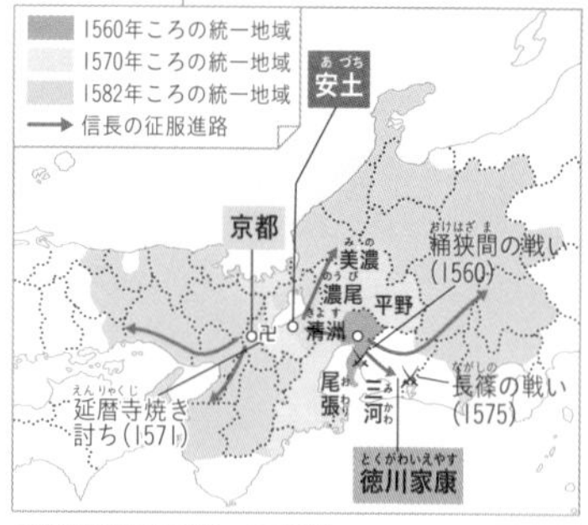

⬆織田信長の統一の経過

2 信長の政治

信長は，積極的に商工業を保護する政策をおし進めた。そのため，物資の輸送をさまたげていた**各地の関所を廃止**し，交通の便をはかって商品の流通をさかんにした。また，誰でも自由に商売ができるように，安土城下では，新興の商工業者を集めて**市場の税を免除**し，営業を独占していた**座の特権を廃止**した。商工業をさかんにするこの政策を，**楽市・楽座**という。その一方で，統一事業をさまたげる寺院などの古い勢力を抑え，**貿易の利益を得るためにキリスト教を保護**した。また，信長と鋭く対立していた各地の一向一揆を破り，浄土真宗（一向宗）の拠点の石山本願寺（大阪府）を10年にわたる戦いの末に降伏させた。さらに，信長に対抗していた自治都市の**堺**（大阪府）も屈服させて自治権をうばい直轄地とした。

史料

楽市令

一．ここ安土は，楽市としたので，座の特権・諸税・労役を免除する。

一．京都へ上り下りする商人は，安土に必ず宿泊すること。

一．他国から安土に来て住み着いた者は，前から住んでいた者と同様に扱う。

（一部要約）

3 豊臣秀吉の統一事業

1 秀吉による統一の経過

織田信長の家臣**羽柴秀吉**（のちの**豊臣秀吉**）は，明智光秀を1582年の山崎の戦い（京都府）で倒し，翌1583年には信長の家臣柴田勝家を破って，**信長の後継者としての地位を固めた**。同じ年，秀吉は石山本願寺跡に**大阪城**を築いて本拠地とした。1585年には朝廷から**関白**に任じられ，長宗我部氏をくだして四国を平定すると，翌年には**太政大臣**に任じられて**豊臣の姓**を与えられた。秀吉は天皇から全国の支配権を任されたとして，全国の戦国大名に停戦を命じた（惣無事令）。1587年には，九州の島津氏を降伏させ，1590年には小田原（神奈川県）の北条氏を滅ぼし，東北地方の伊達氏なども服属させて，**全国統一を完成**した。

KEY PERSON

豊臣秀吉

（1537～1598年）

（高台寺）

全国統一を成しとげた武将。信長の後継者となり，1590年に全国統一を実現した。朝廷から関白・太政大臣に任命され，豊臣の姓をもらい統一事業を行った。検地や刀狩を行って，近世社会の基礎を確立した。関白をやめたあとは太閤と呼ばれた。

（大阪城天守閣）

⬆**大阪城**　（大阪夏の陣図屏風・部分）

2 秀吉の国内政策

秀吉の政治は，基本的に信長の政策を引き継ぎ，それを発展させたものだった。経済的には，征服した土地など約200万石の領地を持ち，佐渡金山（新潟県），石見銀山（島根県），生野銀山（兵庫県）などの鉱山を直接支配し，**天正大判**などの統一貨幣を鋳造した。

さらに京都・大阪・堺・長崎など重要都市を直接支配して，商人たちの富を利用した。

(芥田家／写真提供：姫路市)

↑京ます 秀吉は京都で使われていたますに統一して米の量をはかった。
1杯分が1升で，100升が1石となる。

3 検地と刀狩

秀吉は，土地と農民を支配し，確実に年貢を取り立てる目的で，1582年ごろから，統一的な基準で**検地**を始めた（**太閤検地**)。まず，ものさしやますを統一し，全国の田畑の面積や土地のよしあしを調べ，予想される収穫量を**石高**（米の体積）で表し，田畑の耕作者をすべて検地帳に登録した。これによって，農民は土地の所有権を認められたが，年貢を納める義務を負わされ，土地を離れることをができなくなった。武士は，石高で知行（領地）を与えられ，それに応じた軍役を果たすことが義務付けられた，検地によって公家（貴族）や寺社はこれまでもっていた土地の権利を失い，荘園制も完全になくなった。

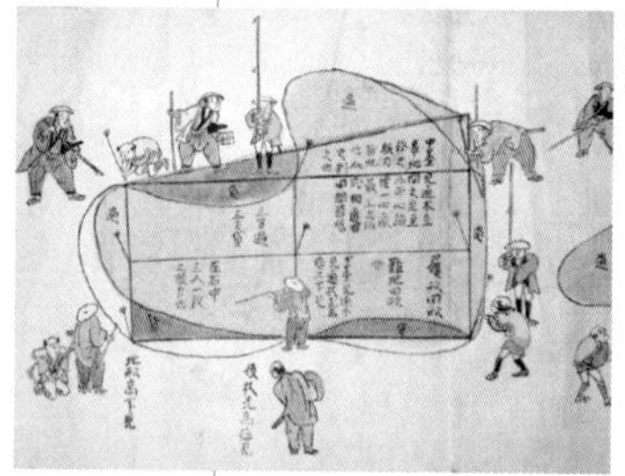
(玄福寺)

↑検地の様子（江戸時代の様子）

1588年には，武力による農民の一揆を防ぎ，耕作に専念させるために**刀狩**を命じ，農民や寺社から刀・弓・やり・鉄砲などの武器を取り上げた。

検地と刀狩によって，武士と農民の身分がはっきり区別されていわゆる**兵農分離**が進み，江戸時代へと続く身分制度の基礎が確立した。

史料

刀狩令

一．諸国の百姓たちが，刀・わきざし・弓・やり・鉄砲その他の武具を持つことは固く禁止する。不必要な武具を蓄えていると，年貢を出ししぶり，自然と一揆をくわだてるからだ。また，年貢を徴収する武士に対してよからぬ行為をして処罰される者が出てしまうからだ。

（一部要約）

4 宣教師の追放と貿易の奨励

秀吉は，初めはキリスト教の布教を認めていたが，長崎が教会領になっていることを知ると，キリスト教の力を恐れて，1587年に**バテレン（宣教師）追放令**を出し，宣教師を国外に追放した。しかし，貿易は奨励したので，禁教は徹底されなかった。

海外貿易には積極的で，京都・長崎などの商人に東南アジアとの貿易を行わせ，貿易船の安全を図るため倭寇などの海賊行為を取り締まった。また，朝鮮，インドのゴア，高山国（台湾），ルソン（フィリピン）などに手紙を送り，服属するよう求めた。

5 朝鮮侵略

明の征服を考えた秀吉は朝鮮に協力を求めたが，拒否されると，1592年，15万の大軍を朝鮮に送った（**文禄の役**）。日本の軍勢は首都漢城（ソウル）を占領したが，民衆からなる義兵の抵抗や**李舜臣**の水軍の活躍，さらに明の援軍もあって不利になり休戦した。日本は明と講和交渉を進めたが成立せず，1597年に再び出兵した（**慶長の役**）。しかし苦戦し，翌1598年の秀吉の死をきっかけに引き揚げた。7年にわたる戦乱で朝鮮の国土は荒れ，日本に連行される者もいた。日本でも，戦費などが武士や農民の重い負担となり，大名間の争いもあり，**豊臣氏の没落を早めることになった。**

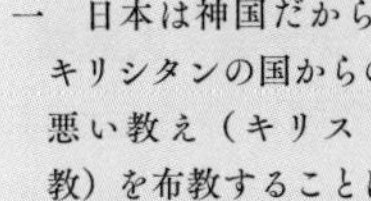

史料

バテレン（宣教師）追放令

一　日本は神国だから，キリシタンの国からの悪い教え（キリスト教）を布教することはよろしくない。

一　南蛮船は貿易が目的であるから別である。今後とも取引するように。

（部分要約）

発展

朝鮮からの陶工

大名たちが朝鮮から連れ帰った陶工たちによって，有田焼（佐賀県），萩焼（山口県），薩摩焼（鹿児島県）など，各地に陶磁器づくりが伝わった。とくに，日本を代表する有田焼（伊万里焼）は李参平によって始められ，有田町には「陶祖李参平」をたたえる石碑が建てられている。

4 桃山文化

1 桃山文化の特色

信長・秀吉の時代を，信長の城のあった安土，秀吉が晩年いた伏見城のあった桃山の地名から**安土桃山時代**と呼び，この時期の文化を**桃山文化（安土桃山文化）**と呼んでいる。桃山文化は，新興の大名や，商業や貿易で富を蓄えた大商人たちの気風を反映して，**豪華で力強いもの**となった。また仏教の影響が薄れ，南蛮文化の影響を受けるようにもなった。

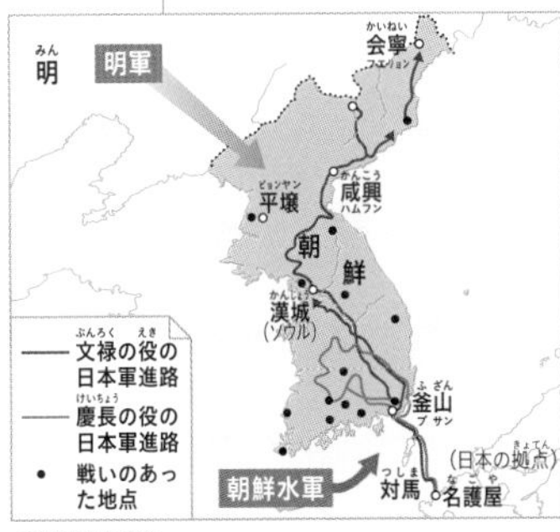

↑朝鮮侵略

2 建築・絵画

建築や絵画には，桃山文化の特色がよく表れている。**安土城・大阪城・姫路城**など，そびえ立つ**天守**（**天守閣**）や石垣が築かれた壮大な城は，領内の政治の中心となり，支配者の権威を示した。

城の内部や大商人の邸宅には**書院造**が取り入れられ，ふすまや屏風には，豊かな色彩を用いた**狩野永徳・山楽**らの狩野派や，水墨画にも優れた長谷川等伯らの**障壁画**が描かれ，ふすまの上などの欄間は豪華な彫刻で装飾されていた。

このほかに，庶民の生活を描いた風俗画や，南蛮人の風俗などを描いた南蛮屏風などが流行した。

3 芸能と生活

室町時代に始まった茶の湯は，大名や大商人の間で広く流行していた。織田信長・豊臣秀吉にも仕えた堺の商人の**千利休**は，内面の精神を重視した**わび茶**の作法を完成させ，**茶の湯を茶道として確立**した。

庶民の間では，琉球（沖縄県）から伝わった三線をもとにした**三味線**で浄瑠璃が語られるようになり，それに合わせてあやつり人形を動かす**人形浄瑠璃**が流行した。17世紀に入ると，**出雲の阿国**が**かぶき踊り**を始め人気を集めた。食事もこれまでの２回から３回になり，衣服では色あざやかな**小袖**が一般的となり，麻に代わって**木綿**が庶民の衣料として普及した。

参考

姫路城

江戸時代の初め，城主となった池田氏が大修理を行い，大天守と３つの小天守からなる現在の姿となった。その美しい白壁から白鷺城とも呼ばれ，世界遺産に登録されている。なお，2015年に平成の大修理が完了した。

KEY PERSON

千利休

（1522～1591年）

（堺市博物館）

堺の商人出身。茶の湯を茶道として確立した。織田信長や豊臣秀吉に仕えたが，のちに秀吉の怒りを買い，自害を命じられた。
子孫は，表千家・裏千家・武者小路千家の３千家に分かれ，現在も続いている。

⬆**唐獅子図屏風**（狩野永徳画）　（宮内庁三の丸尚蔵館）

⬆**姫路城**　（姫路市）

江戸幕府の成立

関ヶ原の戦いに勝利した徳川家康は，1603年に征夷大将軍となり江戸幕府を開いた。幕府は，武家諸法度などで大名を統制しながら，3代将軍家光のころまでには支配体制を確立した。身分制度も整えられ，武士と百姓（主に農民）・町人に大きく分けられた。

1 江戸幕府の全国支配

1 関ヶ原の戦い

三河（愛知県）の小さな大名だった**徳川家康**は，織田信長と同盟を結び，ついで豊臣秀吉の家臣となった。1590年，秀吉が北条氏を滅ぼすと関東に移され，**江戸**（東京都）を本拠地に実力を蓄えていった。

秀吉の死後，家康が最大の実力者になると，秀吉の子の豊臣秀頼政権を守ろうとする**石田三成**は，1600年に毛利輝元ら西国の大名を誘って，家康を倒すため兵を挙げた。全国の大名は，三成方の**西軍**と家康方の**東軍**に分かれて戦い（**関ヶ原の戦い**），勝利した家康は全国支配の実権を握った。

2 江戸幕府の成立と大阪の陣

1603年，**徳川家康**は朝廷から征夷大将軍に任命さ

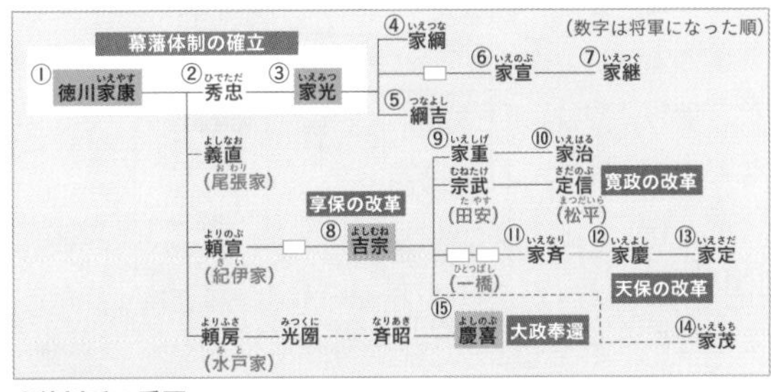

徳川氏の系図

（国立歴史民俗博物館）

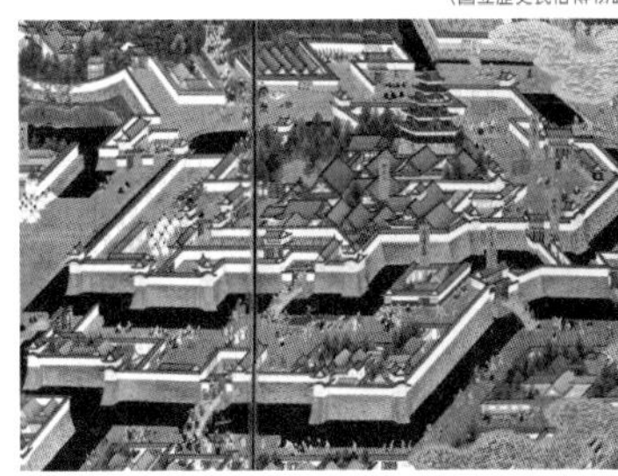

3代将軍家光のころの江戸城（江戸図屏風）

KEY PERSON

徳川家康
（1542～1616年）

（臨済寺）

三河の戦国大名で，江戸幕府の初代将軍。関ヶ原の戦いに勝利して全国支配の実権を握り，1603年征夷大将軍となって江戸に幕府を開いた。2度の大阪の陣で豊臣氏を滅ぼし，武家諸法度の制定などで大名を統制して幕府の基礎を固めた。

れ，江戸に幕府を開いた（**江戸幕府**）。以後，幕府が滅びるまでの約260年間を**江戸時代**という。

征夷大将軍となった２年後，家康は将軍職を子の秀忠に譲り，**将軍の地位は徳川氏が代々受け継ぐことを諸大名に示した**。自らは大御所として実権をもったが，一大名となった豊臣秀頼に味方する大名も多かった。家康は豊臣氏を挑発して，1614・1615年の２度にわたる**大阪の陣**（冬の陣・夏の陣）で豊臣氏を滅ぼし，幕府権力の基礎を固めた。

3 幕藩体制

江戸時代には，強大な権力をもつ**将軍**（幕府）と**大名**（藩）が主従関係を結び，全国の土地と人民を支配したが，このしくみを**幕藩体制**という。幕府の直接支配地（**幕領**）は約400万石で，家臣（旗本・御家人）の領地を合わせると，**全国の石高の約４分の１**を占めた。また，大阪・京都・長崎などの重要都市や，佐渡金山（新潟県）・石見銀山（島根県）など重要鉱山も直接支配し，貨幣の鋳造権も独占した。

4 江戸幕府のしくみ

幕府は，中央に最高職として将軍が任命した**老中**を置いた。老中は政務全般を取りしきり，その下で**寺社奉行・町奉行・勘定奉行**の**三奉行**が政務を分担した。ほかに，老中を補佐する若年寄や大名を監視する大目付，臨時の最高職として**大老**が置かれた。これらの役職には**譜代大名や旗本が任命**され，外様大名が就くことはほとんどなかった。地方には，朝廷や西国大名の監視などに当たる**京都所司代**のほか，長崎・堺・佐渡など重要都市には奉行（**遠国奉行**）が置かれた。郡代・代官は勘定奉行の下で幕領の支配に当たった。

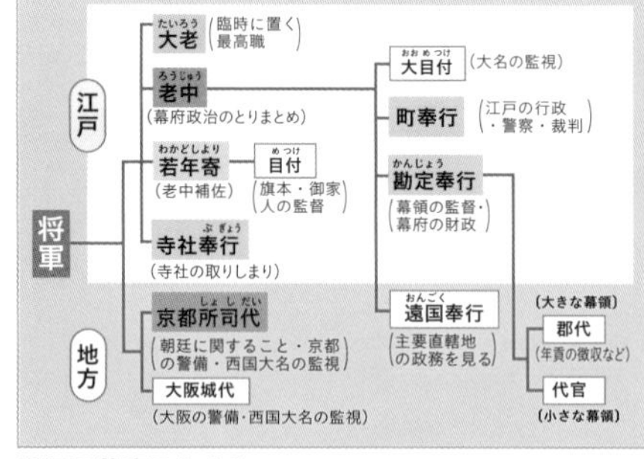

⬆江戸幕府のしくみ

参考

豊臣氏への挑発

豊臣秀頼が京都の方広寺を復興するときにつくったつりがねに，「国家安康」「君臣豊楽」と書かれていた。これは，家康を２つに切ってのろい，豊臣氏を君として楽しむということだ，と言って豊臣氏を困らせ，戦う口実とした。

発展

旗本と御家人

ともに１万石未満の将軍直属の武士で，旗本は将軍に会えるが，御家人は会えなかった。旗本は約5000人，御家人は約１万7000人いた。

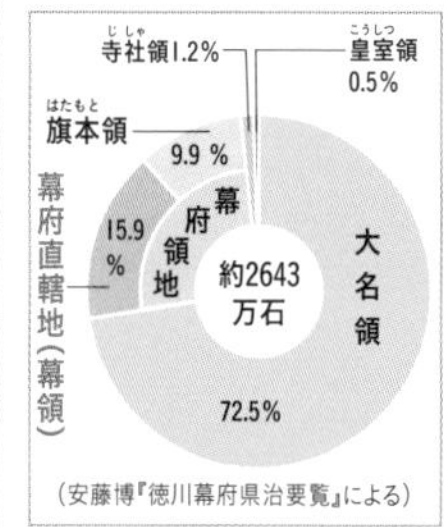

⬆領地の割合

❷ 大名・朝廷の統制

1 大名と藩

大名は，将軍と主従関係を結び，**1万石以上の領地を与えられた武士**で，その領地の支配を任されていた。**この大名の領地と支配のしくみ**を**藩**という。藩のしくみは幕府にならい，幕府の老中に当たる家老のほか奉行などを置いて領内の政治を行った。大名の数は分家などで増え，江戸時代後期には約270家あった。

2 大名の統制

幕府は，大名を将軍との関係をもとにして，親藩・譜代・外様に分けて支配した。

親藩は**徳川氏一門の大名**で，関東・東海・近畿などの重要地に配置された。とくに，尾張（愛知県）・紀伊（和歌山県）・水戸（茨城県）の３家は**御三家**と呼ばれて重んじられた。**譜代大名**は，**関ヶ原の戦い以前からの徳川氏の家臣**で，関東・東海・近畿などの重要地に配置され，幕府の要職に就いた。**外様大名**は，**関ヶ原の戦い以後に徳川氏に従った大名**で，九州や東北など，江戸や要地から遠い地域に多く配置され，幕府の役職に就くことはほとんどなかった。

↑主な大名の配置（1664年）

発展

大名の負担

大名は，石高に応じて一定の兵馬を伴って参戦する義務（軍役）があったので，つねに戦いの用意をしておかなければならなかった。このほかにも，御手伝普請と呼ばれる，江戸城の修理や河川の改修などの土木工事を負担させられた。これらに加え，参勤交代が大きな負担となって，大名の財政を苦しめた。

参考

大名の分類

親藩の中でも御三家は，将軍の跡継ぎがいないときには，後継者を立てることになっていた。
譜代大名は幕府の要職に就いたが，多くは５万石以下で，外様大名に比べて石高の少ない者が多く，最大でも彦根藩（滋賀県）の井伊氏の30万石だった。
外様大名は，加賀藩（石川県）の前田氏103万石を筆頭に，薩摩藩（鹿児島県）の島津氏73万石，仙台藩（宮城県）の伊達氏56万石など，大きな藩が多いが，主に江戸から遠い地域に配置された。

幕府はまた，大名の領地替え（**国替**）を行ったり，藩を取りつぶして領地を取り上げる（**改易**）など，強大な権力を示すとともに，大名を統制した。

3 武家諸法度

幕府は，大名を統制するため大阪の陣直後の1615年に**武家諸法度**を制定し，幕府の許可のない城の修理や，大名同士の結婚などを禁止し，違反した大名は厳しく罰せられた。これは徳川家康が定め，２代将軍徳川秀忠の名前で出したもので，以後，将軍が代わるごとに出された。

1635年，３代将軍**徳川家光**のときには**参勤交代**が制度化され，**大名は１年ごとに江戸と領地を往復**し，妻子は江戸に置かれた。大名は，江戸と領地の二重生活で財政的に苦しくなった。

こうして３代将軍徳川家光のころまでに，将軍と全国の大名との主従関係が確立した。

4 朝廷・寺社の統制

幕府は，大名だけではなく朝廷や寺社にも厳しい統制を加えた。朝廷に対しては京都所司代を置いて監視し，さらに**禁中並公家諸法度**を出して，「天皇は学問に励むことが第一」などと，天皇や公家の行動を細かく制限して政治活動を抑えた。寺院に対しても法度を定めて統制し，寺社奉行に監視させた。

3 さまざまな身分と暮らし

1 身分制度の確立

幕府は，豊臣秀吉の検地・刀狩による兵農分離策を受け継いで，身分制度をさらに強めていった。

支配体制を強化するため，身分を武士・百姓（農業を中心に林業・漁業などに従事する人々）・町人など

参考

国替
転封ともいい，江戸時代の初期には，幕府の大名統制策として多く行われた。
国替が行われると，家臣はともに新しい国へ移ったが，農民は移ることを禁止された。

参考

一国一城令
1615年，武家諸法度に先立って，幕府は大名の居城を１つに限り，それ以外の城をすべて取り壊させる一国一城令を出していた。
その後，武家諸法度で城の修理にも幕府の許可が必要と定めた。

史料

武家諸法度（1635年）
一．文武弓馬の道（学問と武芸）に励むこと。
一．大名は領地と江戸に交代で住み，毎年４月中に参勤せよ。
一．新しく城を築いてはならない。石垣などの修理は奉行所に届け出ること。
一．大名は幕府の許可なく，勝手に結婚してはならない。
一．米500石以上を積むことができる船を建造してはならない。
（一部要約）

に大きく分け，武士を支配階級とする社会をつくった。同じ身分の中にも上下の差があり，身分は原則として代々受け継がれた。また，百姓・町人とは別に，えた身分・ひにん身分など厳しく差別された人々もいた。

2 武士の暮らし

支配階級の武士は，将軍を頂点として大名・旗本・御家人，さらにその下にそれぞれの家臣というように，いくつもの階層から構成されていた。武士は主に城下町に住み，領地や米などの俸禄を支給されて軍役などの義務を務め，**名字（姓）を名のり，刀を差すことなどの特権**（**名字帯刀**）が認められた。また，小さいころから主君への忠義や名誉を重んじる，武士道と呼ばれる道徳意識が教えられた。

3 百姓の暮らし

全人口の約85％を占める百姓は農村・漁村・山村などに住み，自給自足に近い生活を送りながら，年貢を課せられ武士の生活を支えていた。百姓の大部分は農村に住み農業を営む農民で，農村では，土地を持ち年貢を納める義務のある**本百姓**（地主や自作農）と，土地を持たず小作を行う**水のみ百姓**の区別があり，本百姓は**収穫高の40～50％を年貢として納めた**（**四公六民・五公五民**）。幕府は年貢を安定して得るために，田畑の売買や分割，本百姓の移住などを原則として禁止したり，米以外の作物の栽培を制限したりするなどの規制を行った。さらに衣類は「麻と木綿に限る」など，衣食住のすべてにわたり日常生活も統制した。また，本百姓**5戸1組を原則**として**五人組**の制度をつくり，年貢の納入や犯罪の防止に連帯責任を負わせた。

村の運営は，有力な本百姓の中から**庄屋**（または**名主**）・**組頭**・**百姓代**などの村役人が選ばれて自治を行い，年貢を徴収したり，幕

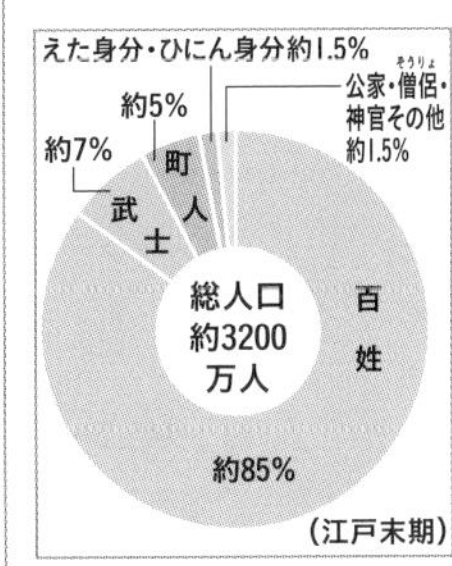

⬆身分別人口の割合
（関山直太郎『近世日本の人口構造』による）

参考

家の身分制度

庶民の家でも身分制度が強まり，個人より「家」が重んじられ，家長が大きな権限をもち，家を相続する長男が大切にされた。男尊女卑の風潮も強く，女性の地位は低かった。

発展

農民の負担

年貢のほか，副業などにかかる税や，河川の土木工事にかり出されたり，街道周辺の村には公用の通交のために，人や馬を差し出す負担もあった。

（相国寺）

⬆年貢の納入

府や藩の命令を伝え，また寄合を開いて村のおきてなどを定めた。百姓は，用水を共同で利用したり，田植えを助け合ったりしたが，村のおきてなどを破った者には，葬式，火事以外には協力しないという村八分にすることもあった。

4 町人の暮らし

町人は，**主に城下町に住む商人や職人**で，店や土地を持つ家持・地主と，店や土地を借りている店借・地借に分かれていた。家持・地主から名主など町役人が選ばれ，幕府や藩に営業税を納めて自治を行った。町人の中でも，職人は親方・徒弟，商人は主人と奉公人（番頭・手代・丁稚）の身分に分かれていた。町人への幕府の統制は百姓よりもゆるく，比較的自由でもあった。

5 差別された人々

百姓・町人とは別に，えた身分・ひにん身分などの差別された人々がいた。えた身分の人々は農業などを営んで税を納めるとともに，死んだ牛馬の処理や皮革業などに従事していた。ひにん身分の人々は，役人の下働きや芸能などの仕事を行っていた。これらの人々は，ほかの身分の人々から差別され，住居や服装などを規制されたが，社会に必要な仕事や文化を担っていた。

史料 

百姓の生活心得

一．朝は早起きをして草を刈り，昼は田畑の耕作を行い，晩には縄をない，俵をあみ，一心に仕事に励むこと。

一．酒や茶を買って飲んではならない。

一．雑穀をつくり，米を多く食いつぶさないこと。

一．麻と木綿のほかは着てはいけない。

（一部要約）

農民の統制のために，幕府が出したと伝えられている，32条からなる触書。

Episode

江戸のリサイクル社会

江戸時代，世界有数の大都市だった江戸は，物を大切にして，壊れた物は修理して再利用し，現在ではごみとされてしまうものでも，最後の最後まで利用するという徹底したリサイクル社会だった。

江戸周辺の村々では近郊農業がさかんで，野菜を育てるために大量の肥料が必要だった。そこで，農家の人は定期的に江戸の町に出かけて行って，し尿や風呂・かまどの灰を肥料として買い求めた。とくに，し尿は有効な肥料で，商品という感覚をもっていたようである。

ヨーロッパの大都市では下水道の普及で，し尿をそのまま流したため，悪臭がひどかったので，幕末に来日した外国人は，日本の都市の清潔さにおどろいたといわれている。

↓灰買い（上）と下肥買い

5 鎖国

幕府は諸外国と貿易を中心とした友好関係をとったが，島原・天草一揆をきっかけに禁教策を強めた。そしてポルトガル船の来港を禁止して，長崎でオランダ・中国とだけ貿易を行う，いわゆる鎖国体制を完成した。鎖国下でも，朝鮮や琉球などへの窓口は開かれていた。

1 貿易の振興

1 徳川家康の外交政策

徳川家康は朝鮮との国交回復を目指し，**対馬の宗氏を通じて**交渉を行い，1609年に国交を回復した。中国とは国交回復を拒否されたが，民間の交易は行われていた。一方，17世紀に勢力を広げてきた**オランダ**や**イギリス**とは，**平戸**（長崎県）に商館を開いて貿易を行い，中国産の生糸・絹織物などが輸入され，日本からは銀や刀などが輸出された。家康はスペイン領のメキシコとの貿易も求め，1610年に田中勝介をメキシコに派遣し，1613年には仙台藩主（宮城県）の伊達政宗もメキシコとの通商を求めて**支倉常長**をスペインに派遣したが，ともに目的は果たせなかった。

参考

家康の外交・貿易顧問

1600年，豊後（大分県）にオランダ船が漂着した。家康は，乗っていたヤン＝ヨーステンとイギリス人のウィリアム＝アダムズ（三浦按針）を江戸に招いて外交・貿易顧問とした。その後，オランダとイギリスとの貿易が始まった。

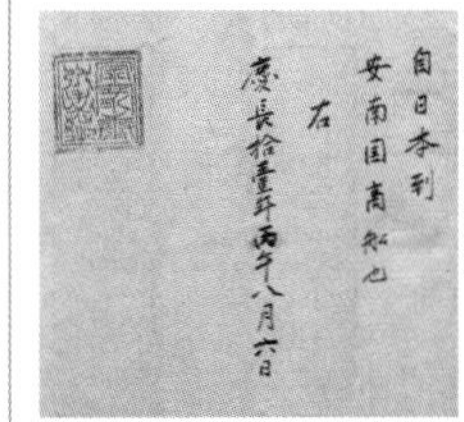
自日本到安南国主 右 慶長拾壹年丙午八月六日

（公益財団法人前田育徳会）

⬆朱印状

2 朱印船貿易

日本人の海外進出もさかんになり，家康は秀吉の政策を受け継いで貿易の発展に努めた。家康は，ルソン（フィリピン）・安南（ベトナム）・カンボジア・シャム（タイ）など東南アジアへ出かける船に海外渡航許可書の**朱印状**を発行し，それぞれの国に保護を依頼した。朱印状を持った貿易船を**朱印船**といい，京都・摂津（大阪府・兵

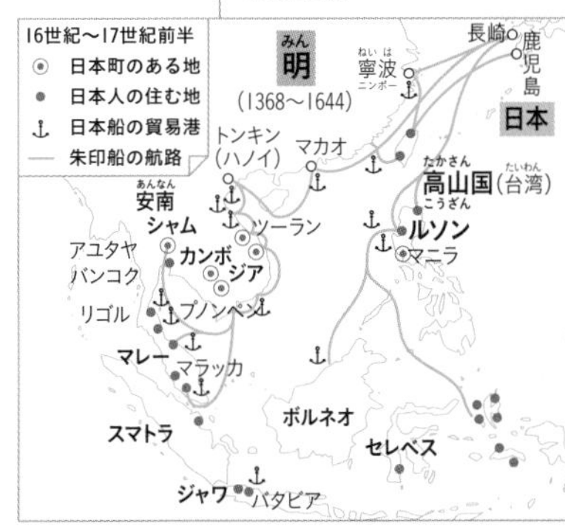

⬆朱印船の航路と日本町

庫県)・長崎などの商人や島津・有馬などの西国大名らが朱印船を送って貿易を行った(**朱印船貿易**)。貿易がさかんになると，山田長政のように海外に移住する日本人が増え，各地に自治を行う**日本町**ができた。

> **参考**
> **山田長政**
> 朱印船でシャム（タイ）に渡り，アユタヤの日本町の指導者となり，国王の信頼を得てシャムの役人となった。

2 鎖国への道

1 禁教の強化

徳川家康が，最初は貿易の利益のためキリスト教を黙認したことでキリスト教は全国へ広まり，信者も江戸時代初めには約70万人いたとされる。しかし，**キリスト教の教えが領主への忠義を重んじる封建道徳と合わないことや，信者が団結するのを恐れたことから，**しだいにキリスト教を警戒するようになった。さらにオランダが，貿易と布教活動を一体とするポルトガル・スペインが，日本を領土とする野心があるなどと伝えたことで，幕府は禁教の方針を強め，1612年，幕領に**キリスト教禁止令**（禁教令）を出し，翌年これを全国に及ぼした。２代将軍徳川秀忠は禁教令をいっそう強め，信仰を捨てない多くの信者を国外に追放し，宣教師・信者を処刑した。

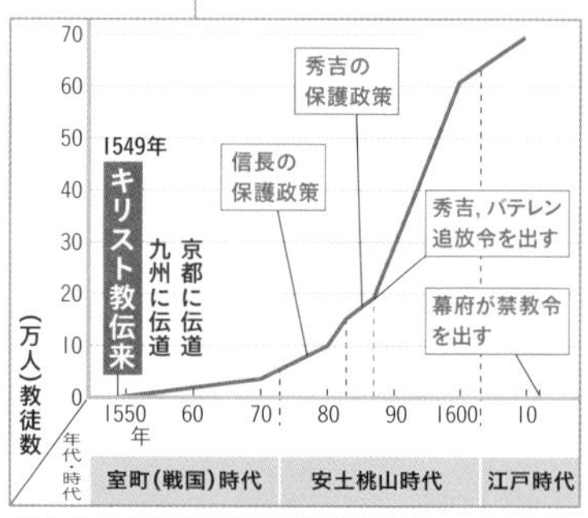

⬆キリスト教徒の数の移り変わり
(『日本史資料集成』をもとに作図)

> **参考**
> **キリスト教への弾圧**
> キリシタン大名だった高山右近は，禁教令のため1614年にマニラに追放され，そこで病死した。1622年には，長崎で宣教師や信者ら55人が処刑された。

2 島原・天草一揆

1637年，キリスト教徒への弾圧と重い年貢の取り立てに苦しんだ島原（長崎県）と天草（熊本県）の人々が，天草四郎（益田時貞）という少年を大将にして，約３万7000人で一揆を起こした(**島原・天草一揆**)。この地方はかつてキリシタン大名の領地で，キリスト教徒も多かった。幕府は約12万の大軍を送って，翌年にようやく一揆をしずめた。この乱の後，幕府は，信者を発見するため以前から行っていた**絵踏**をいっそう

(朝倉市秋月博物館)

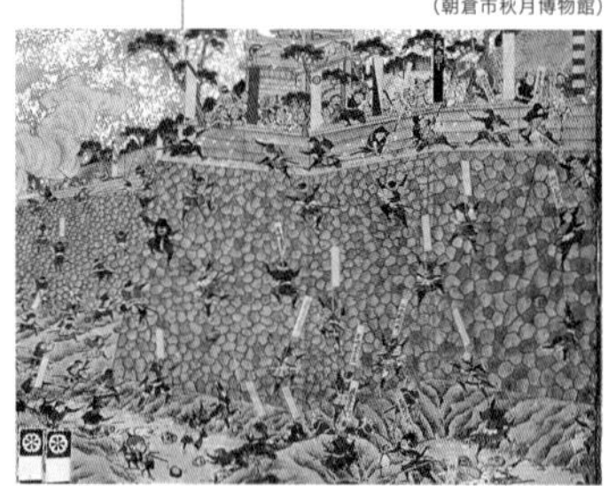
⬆島原・天草一揆

強化した。また宗門改を行って，人々が仏教徒であることを寺院に証明させ（寺請制度），寺院は毎年調査して領主に報告し，その結果は宗門人別改帳に記録・保存された。宗門人別改帳は戸籍としての役割をもつようになり，人々は奉公や結婚・移転・旅行などには，寺院の発行する証文が必要とされるようになった。

3 鎖国の完成

幕府は，禁教政策を強める一方で，しだいに貿易の統制も強めていった。1616年にはヨーロッパ船の寄港地を平戸（長崎県）と長崎に限り，３代将軍徳川家光は，1624年にスペイン船の来航を禁止した。1635年には日本人の海外渡航と外国にいる日本人の帰国を一切禁止した（朱印船貿易は停止）。そして島原・天草一揆後の1639年には**ポルトガル船の来航を禁止**し，1641年には平戸のオランダ商館を長崎の**出島**に移した。すでに，中国船も長崎以外への来航を禁じられていたの

くわしく 

絵踏

キリスト教徒を発見するために，イエスや聖母マリアの像を踏ませて，踏まなかった者は，キリスト教徒とみなして改宗を強制した。長崎では，正月の年中行事として幕末まで行われていた。

（東京国立博物館）

⬆絵踏に使われた踏絵

鎖国への歩み

年代	キリスト教関係	貿易関係
1543	ポルトガル人が種子島に漂着し鉄砲を伝える	
1549	ザビエルがキリスト教を伝える	
1584		スペイン船が平戸に来航する
1587	豊臣秀吉がバテレン追放令を出す	
1609		オランダが平戸に商館を設置
1612	幕領にキリスト教禁止令を出す	このころ山田長政がシャムへ渡る
1613	キリスト教禁止令を全国に出す	イギリスが平戸に商館を設置
1616	ヨーロッパ船の来航地を平戸・長崎に制限する	
1623		イギリスが平戸商館を閉じて日本から撤退する
1624	スペイン船の来航を禁止する	
1633	特定の船以外の海外渡航を禁止し，海外にいる日本人の帰国を禁止する	
1635	外国船の来航・貿易地を長崎・平戸に限る。日本人の海外渡航と帰国を禁止する	
1637	島原・天草一揆が起こる	
1639	ポルトガル船の来航を禁止する	
1641		平戸のオランダ商館を長崎の出島に移す

で，オランダと中国だけが長崎で貿易を許されることになった。こうした幕府の，キリスト教を禁止し，貿易を統制して外交を独占した政策はのちに**鎖国**と呼ばれるようになり，以後200年余り続いた。鎖国による貿易の統制で幕府は利益を独占し，幕藩体制も強化されたが，海外からの情報を十分に知ることができなくなり，産業や文化への影響が制限されることになった。

（長崎歴史文化博物館）

⬆**出島**　長崎港内につくられた人工の島。役人と，決められた商人だけが入れた。

3 鎖国下の対外関係

1 四つの窓口

鎖国下においても，海外との窓口が閉ざされていたわけではなく，対馬（長崎県）・薩摩（鹿児島県）・松前（北海道）では，それぞれ**朝鮮・琉球王国・蝦夷地**との窓口は開かれていた。長崎貿易は幕府が独占したが，対馬・薩摩・松前では，それぞれの領主が貿易をすることが許されていた。

2 オランダ・中国との長崎貿易

鎖国によって，来航する外国船はキリスト教の布教を行わないオランダと中国だけとなり，貿易も長崎港に限られた。オランダとの貿易

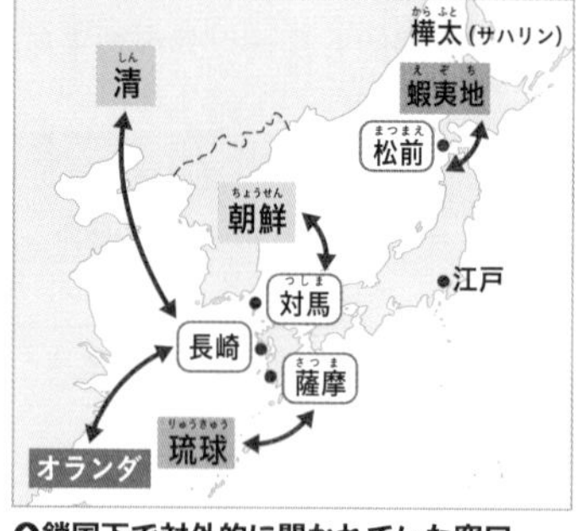

⬆**鎖国下で対外的に開かれていた窓口**

思考力UP

Q. 江戸幕府が長崎貿易を独占したのはなぜ？

Hint　当時，長崎貿易での最大の輸入品は中国産の生糸と絹織物で，1630年代のオランダ商館の帳簿によると，輸入品総額の80%を占めていた。幕府にとって，生糸の輸入と流通を抑えることは，経済政策にとって重要でもあった。そのため幕府は，貿易の権利と利益を守るために，また大名が貿易で富を蓄えないように，貿易港を，直接支配している長崎に限定し，出島での貿易を独占した。

A. 輸入生糸による利益を守るとともに，大名が貿易によって富を蓄えることを防ごうとしたから。

は，長崎の出島のオランダ商館でのみ認められた。

一方中国では，17世紀前半に明が滅び清が成立していた。国交はなかったが，中国の商人の居住を長崎の**唐人屋敷**に限定して貿易を行った。長崎貿易では，主に中国産の生糸や絹織物，砂糖や薬品などが輸入され，金・銀・海産物などが輸出された。

幕府は，オランダ商船が来航するたびに，オランダ商館長に海外情報を記した「**オランダ風説書**」の提出を義務付け，中国にも「**唐船風説書**」を提出させて，海外情報を独占した。

3 朝鮮・琉球と蝦夷地

国交を回復した朝鮮とは，対馬（長崎県）の宗氏が朝鮮の釜山に倭館を置いて，独占して貿易を行った。朝鮮からは朝鮮人参や生糸・木綿などが輸入され，銀や銅が輸出された。朝鮮からは，将軍が代わるごとに300～500人の祝賀の使節（**朝鮮通信使**）が派遣されてきた。使節の中には学者や文人も含まれ，日本人との交流も行われた。

独立国であった**琉球王国**は，17世紀初めに薩摩の島津氏によって征服され支配下に置かれたが，幕府は琉球を異国と位置づけ，中国との貿易を続けさせてその利益を得た。また薩摩藩は，琉球国王や将軍が代わると琉球から使節を江戸に送らせた（**琉球使節**）。

蝦夷地（北海道）では，アイヌの人々が漁業や，千島列島や樺太（サハリン）などとの交易で生活をしていた。蝦夷地南部を領地としていた松前藩は，幕府からアイヌとの交易を許され，米などをこんぶ・さけなどと交換して大きな利益を得ていた。松前藩との取引に不満をもつアイヌの人々は，1669年に首長**シャクシャイン**を中心に立ち上がったが敗れ，以後はさらに厳しい支配を受けることになった。

参考

オランダ風説書

風説書は，オランダ通詞（通訳）が翻訳し長崎奉行を通じて幕府に提出された。風説書は，幕府がヨーロッパやアジアの情勢を知る唯一の手がかりとなり，その情報は幕府が独占した。のち，日本が開国するきっかけとなったペリーが来航する予定も，オランダからの情報によって知っていた。

参考

朝鮮通信使

使節は対馬から下関に着き，瀬戸内海を通って大阪・京都を経て江戸に到着した。途中で人々との交流を行ったが，現在でも唐子踊（岡山県）など使節の足跡が各地に残っている。また対馬藩に仕えた雨森芳洲のように，通訳なしで朝鮮語を話し，朝鮮語の研究に優れた成果を上げる学者もいた。

（長崎県立対馬歴史民俗資料館）

↑朝鮮通信使

産業の発達と商人の台頭

江戸時代は，新田開発や農具の改良などが進んで農業の生産も増え，手工業も発達して各地に特産品が生まれた。鉱業・林業・水産業などの諸産業も発達し，商品の流通がさかんになると陸上・海上交通路も整備され，江戸・大阪などを中心とする都市が発達した。

1 産業の発達

1 農業の発達

江戸時代，幕府や藩の財政は主に年貢米によっていた。そのため幕府や藩は，年貢米の増収をはかるために，用水路をつくり，河川を整備し，海や沼地を干拓して**新田開発**に力を注いだ。その結果，18世紀の初めには，耕地面積は豊臣秀吉のころに比べて２倍近くに増えた。農業技術書の，**『農業全書』**などによって進んだ農業技術が各地に伝えられたほか，農具の改良や発明もあいついだ。土を深く耕すための**備中ぐわ**，脱穀を効率よくする**千歯こき**，もみの選別のための**千石どおし**や**唐箕**がつくられて農作業の効率が高まり，生産力が大きく向上した。また肥料も，これまでの堆肥のほか，**干鰯**（干したいわし）・**油かす**（菜種油のしぼりかす）などの，貨幣で購入する**金肥**が使われるようになった。

(東京大学史料編纂所)

⬆農具の進歩（労農夜話） 千歯こき・唐箕などの農具が使われた。

参考

『農業全書』
江戸時代前期，農学者の宮崎安貞が著した農学書。自分の体験をもとに，農業の仕事や作物の栽培法などを，百姓にも理解しやすいように絵や図を多く用いて解説している。

2 各地の特産物

都市で織物などの手工業が発達するに伴って，農村では，衣料の原料となる麻・木綿，染料に使う藍・紅花，油を取るための油菜，和紙の原料となるこうぞ・みつまたなどの，売るためにつくる**商品作物**の栽培がさかんになった。阿波（徳島県）の藍，出羽村山地方（山形県）の紅花などの染料，宇治（京都府）の茶，

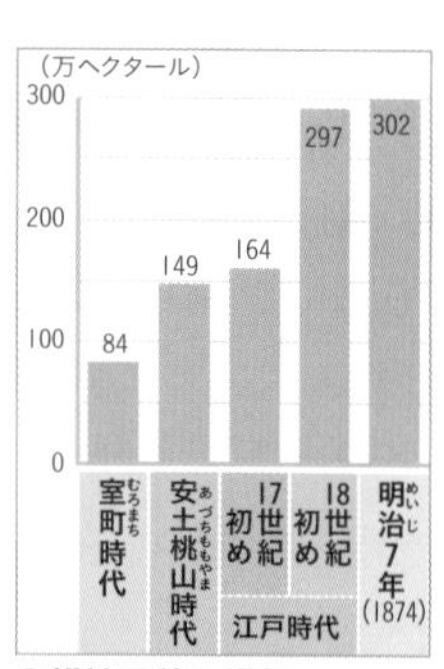

⬆耕地面積の増加

紀伊（和歌山県）のみかんなど，諸藩の育成もあり各地に特産物が生まれた。

3 鉱業の発達

戦国時代に続いて，幕府や諸藩は貿易での輸出品や貨幣をつくるために鉱山の開発に努めた。採掘や精錬の技術が発達したこともあり，佐渡（新潟県）・伊豆（静岡県）の金山，生野（兵庫県）・石見（島根県）の銀山などの採掘が進み，新たに別子（愛媛県）・足尾（栃木県）などの銅山が開かれた。幕府は重要な鉱山を直接支配し，江戸や京都に設けた金座・銀座で小判などの金貨や銀貨（丁銀，豆板銀）をつくった。このほかに，銅貨として各地の銭座で**寛永通宝**などが大量につくられ，全国で流通した。

4 林業・水産業の発達

都市の発展に伴って，建築用材や土木工事に大量の木材が必要になった。幕府・諸藩も山林の管理に力を入れたので，木曽ひのき（長野県）・秋田すぎ（秋田県）など各地で良質の木材が産出された。

水産業では，網が麻糸でつくられてじょうぶになり，網を使った漁がさかんになった。九十九里浜（千葉県）では大規模な**いわし漁**が行われた。いわしは干

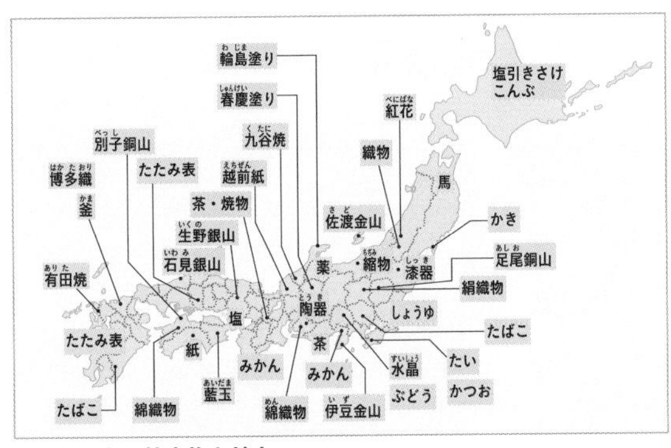

⬆各地の主な特産物と鉱山

（九州大学総合研究博物館）
⬆佐渡金山

（名古屋市博物館）
⬆木曽の林業

参考

寛永通宝

寛永通宝は主に銅でつくられ，江戸時代の最も日常的な貨幣として流通した。これによって，これまでの明銭などの中国銭は使われなくなった。

発展

貨幣と藩札

17世紀中ごろまでに，金・銀・銅の三貨が全国に通用するようになった。諸藩では三貨のほかに，幕府の許可を得て藩内でだけ通用する藩札（紙幣）を発行して利用させるところもあった。

して肥料に加工され（干鰯），近畿地方や東海地方の綿作地で売られた。紀伊（和歌山県）や土佐（高知県）では捕鯨やかつお漁が，蝦夷地（北海道）ではにしん・さけ・こんぶ漁が行われ，17世紀末になると，蝦夷地の俵物（干しあわびなどの海産物）は中国への輸出品とされた。また，瀬戸内海沿岸では大規模な塩田が開かれた。

（国文学研究資料館）
⬆土佐沖の捕鯨

2 都市と交通の発達

1 都市のにぎわい

産業の発達とともに，都市の規模が大きくなり，とくに江戸・大阪・京都は**三都**と呼ばれて栄えた。

江戸は幕府が置かれた政治の中心地で，「将軍のおひざもと」と呼ばれる**最大の城下町**であった。江戸城の周りには大名や旗本などの屋敷が並び，その周りには必要な物資をまかなう商人や職人が住み，18世紀初めには人口100万人を超える，世界有数の都市となった。

大阪は，商業の中心地として**「天下の台所」**と呼ばれ，諸藩が**蔵屋敷**を置いて年貢米や特産物を売りさばいたことで，**全国の物資の集散地**となった。

また，**京都**は朝廷や多くの寺社がある古くからの都で，**学問・文化の中心地**として栄えるとともに，西陣織や清水焼などの優れた工芸品を生産していた。

このほか，大名の城を中心に城下町，街道沿いには

参考

世界有数の大都市「江戸」
18世紀初めの江戸の人口は，町方だけでも50万人以上いた。そのうえ，諸藩の江戸屋敷が置かれ，参勤交代などで江戸に住む武士が50万人以上はいたとみられ，100万人を超える大都市だった。ちなみに，19世紀初めのロンドンが約86万人，パリが約55万人だったといわれるので，江戸は世界有数の大都市だったといえる。

⬆にぎわう江戸の日本橋　（国立歴史民俗博物館）

（大阪市立中央図書館）
⬆蔵屋敷が建ち並ぶ大阪の安治川河口

参勤交代や旅人のために宿場町，大きな寺社の近くには門前町，港の周辺には港町が，それぞれ発達した。

2 陸上交通の発達

参勤交代が制度化され，都市が発達して商業が活発になると，陸上交通が発達した。幕府は，江戸の日本橋を起点に**東海道**・**中山道**・**日光道中**・**奥州道中**・**甲州道中**の**五街道**を幹線道路とし，また要地に通じる脇街道（主要道路）を整備した。街道には宿場が置かれ，幕府役人や大名などが泊まる本陣や，一般の旅人が泊まる旅籠があり，人足や馬が備えられた。街道の要地には，人々の往来を監視するために**関所**が設けられ，とくに「入鉄砲に出女」が警戒された。街道が整備されると，通信制度として手紙や小荷物を運ぶ**飛脚**も整備された。

3 水上交通の発達

各地の年貢米や特産物などを大量に運ぶために，江戸の商人河村瑞賢によって**東廻り航路**・**西廻り航路**が開かれ，主に東北・北陸地方の物資を江戸や大阪に運んだ。大消費地の江戸と大阪の間には，南海路と呼ばれる定期航路が開かれ，木綿・油・しょうゆなどを運ぶ菱垣廻船や，酒を運ぶ樽廻船が往復した。

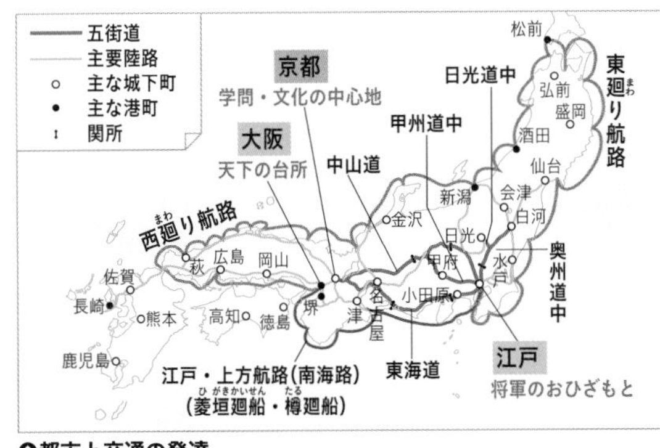

⬆都市と交通の発達

参考

五街道の起点―日本橋

五街道の起点は日本橋（現在の東京都中央区）で，「お江戸日本橋　七つ（午前4時ごろ）立ち…」と歌われたように，各地に向かう人々は早朝，日本橋から旅立った。現在も日本橋には，すべての道路の起点とされる「日本国道路元標」が設置されている。

(PIXTA)

くわしく

「入鉄砲に出女」

関所では，とくに江戸に入る鉄砲と，江戸から出る女性に注意をはらった。これは，江戸の治安を守るため，武器を持ち込むことを防ぎ，江戸から大名の妻が逃亡するのを監視したもので，大名などが幕府に対して反抗することを防ごうとしたためである。

用語解説

東廻り航路・西廻り航路

ともに日本海側の酒田（山形県）から，東廻りは津軽海峡を通って江戸まで，西廻りは日本海を下関まで行き，瀬戸内海を通って大阪まで荷を運んだ。途中での荷物の積み替えもなくなり，経費が安くすんだ。

③ 商人の台頭

1 商業の発達

商業が発達すると，**問屋**・**仲買**・**小売**など商人の区別もはっきりし，大阪の堂島米市場，江戸の日本橋魚市場などのように米・野菜・魚などを専門に扱う卸売市場も生まれた。また，近江（滋賀県）や伊勢（三重県）の商人や富山の薬売りなどが，全国を行商した。

2 商人の繁栄

問屋・仲買などの大商人は，**株仲間**という同業者組合をつくり，幕府や藩に税を納める代わりに営業の独占を認めてもらった。江戸時代は，東日本では金，西日本では銀が主に流通していたので，貨幣の流通がさかんになると，三都などには金銀の交換を行う**両替商**が現れた。両替商は，やがて預金や貸し付けなど現在の銀行のような仕事をするようになり，大きな利益を上げていった。江戸の三井，大阪の鴻池などのように，大名に貸し付けを行う両替商も現れた。

このほか，蔵屋敷の年貢米などの売買に当たる蔵元・掛屋，旗本・御家人が受け取る俸禄米（給与としての米）を売りさばく**札差**など，幕府や藩の御用に当たる御用商人も栄えた。

くわしく

金と銀の交換

東日本では金，西日本では銀が取引の主流だったため，上方の商品を江戸に運ぶときには，大量の金と銀の交換が行われた。金は1両＝4分のように価格が決まっていたが（計数貨幣），銀は重さをはかって価値を計算するため（秤量貨幣），その交換比率を決めて交換する必要があった。

参考

三井家と両替商

伊勢出身の三井高利は，江戸に越後屋呉服店を開き，「現金かけ値なし（すべて現金売りで，実際の値段より高くしない）」という薄利多売で大もうけし，その利益をもとに両替商も始めた。

Episode

菱垣廻船・樽廻船で運ばれる「下りもの」

江戸時代，関東で生産の少なかった絹織物や木綿，酒やしょうゆや塩などは，菱垣廻船・樽廻船で上方から大消費地の江戸に運ばれてきた。これらの商品は「下りもの」と呼ばれ，江戸では一流品として大切にされた。とくに，今でも知られる灘・伊丹（兵庫県）などからの酒は「下りもの」の花形で，品質もよく「下り酒」として江戸っ子には大人気だった。反対に，酒に限らず関東で生産されるものは，二流品として「下らないもの」といわれていた。現在，取るに足らないものを「下らない」というが，これが語源ともいわれる。

第4章 SECTION 7

幕府政治の動きと社会の変化

徳川綱吉・新井白石による政治のあと，18世紀に８代将軍徳川吉宗による享保の改革が行われた。ついで老中田沼意次が商人を積極的に利用した政治を行い，老中松平定信が寛政の改革を行ったが，百姓一揆がしきりに起こるようになり幕藩体制はゆらいできた。

1 幕府政治の動き

1 将軍綱吉の政治

17世紀後半には幕藩体制も安定し，政治の方針も，法律・制度を整え，学問・礼節を重んじることで社会秩序を保とうとする**文治主義**へと改められた。５代将軍**徳川綱吉**は儒学を学ぶことをすすめ，孔子をまつる湯島聖堂を建てて，儒学の中でも身分秩序を重んじる**朱子学を奨励**した。このころ，江戸の大火（明暦の大火）からの復興や寺院建築などに多額の費用を使い，さらに金銀の産出量が減ったことで財政が苦しくなった。綱吉は，**金の量を減らした貨幣を大量に発行して収入を増やしたが**，かえって物価が上昇して人々を苦しめた。また，1685年に極端な動物愛護政策である**生類憐みの令**をしいて殺生を禁じ，とくに犬を保護したことで綱吉は「犬公方」とも呼ばれた。

2 新井白石の政治

綱吉の死後，６代将軍徳川家宣は生類憐みの令を廃止し，儒学者の**新井白石**を用いて政治の刷新を行った（正徳の政治）。ついで７代将軍徳川家継も，引き続き新井白石を用いて政治を行った。２代の将軍に仕えた白石は，将軍の権威を高めるために，儀式や衣服の制度を整え，また朝鮮通信使の待遇を簡素化した。さら

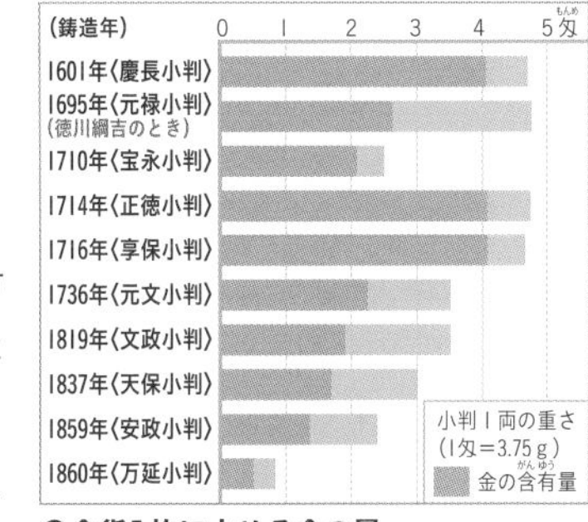

⬆金貨１枚に占める金の量

なぜ？

なぜ文治主義へ転換した？

江戸時代初期には武力で抑える武断政治が行われ，多くの大名が取りつぶされて牢人が増加し，社会不安を引き起こした。そこで幕府は，武断政治を改めて，文治主義によって幕府の権威を高めようとした。

くわしく

生類憐みの令

将軍綱吉が出した極端な動物愛護令。動物を殺すことや，食べるために飼うことを禁止した。また，綱吉が戌（犬）年生まれだったため，とくに犬を大切にするように命じられた。

に，貨幣の質を元に戻す一方，金銀の海外流出を防ぐために海舶互市新例（長崎新令）を出して，長崎貿易でのオランダ・中国との貿易額を制限した。

3 享保の改革

新井白石の政治も，財政立て直しにはあまり効果はなかった。そこで1716年，**紀伊藩主**（和歌山県）の**徳川吉宗**が８代将軍となり，家康の政治を理想にして，幕府財政の立て直しと支配の強化を目指して，**享保の改革**（1716～45年）と呼ばれる改革を行った。

まず吉宗は，武士に質素・倹約を命じ，大岡忠相を町奉行に任命するなど，有能な人材を役人に登用した。また，裁判の基準を定めるため**公事方御定書**を制定し，庶民の意見を聞くために**目安箱**を設置した。

財政立て直しのために**上米の制**を定め，大名に１万石について100石の米を納めさせる代わりに，参勤交代で江戸にいる期間を１年から半年に短縮した。また，町人に出資させて新田開発を進めて米の増産に努め，さらに豊作・凶作に関係なく一定の年貢を取り立てた。また，実際に役立つ実学を奨励し，ききん対策として青木昆陽に甘藷（さつまいも）の栽培法を研究させて，人々にすすめた。さらに，キリスト教に関係ない漢訳されたヨーロッパの書物の輸入を認めた。

こうした一連の改革によって，幕府財政は一時的に立ち直ったが，年貢率の引き上げや**享保のききん**の影響で人々の生活は苦しく，**百姓一揆**や**打ちこわし**が続発した。

KEY PERSON

徳川吉宗

（1684～1751年）

（徳川記念財団）

御三家の紀伊藩主から８代将軍となる。米価の安定に苦労した吉宗は，「米将軍」とも呼ばれた。

参考

目安箱設置の効果

目安箱への投書によって，江戸小石川（現在の東京都文京区）の薬園内に医療施設として小石川養生所が設けられて，貧民の施薬や治療に役立った。

くわしく

公事方御定書

1742年，徳川吉宗が裁判の基準を定めるために出した法令。上下２巻で，下巻は「御定書百箇条」と呼ばれ，判例や取り決めなどをもとに，刑法や訴訟法などについての規定を盛り込んだ。

2 社会の変化

1 農村の変化

18世紀半ばごろになると，自給自足に近かった農村でも貨幣経済が広がって，肥料や農

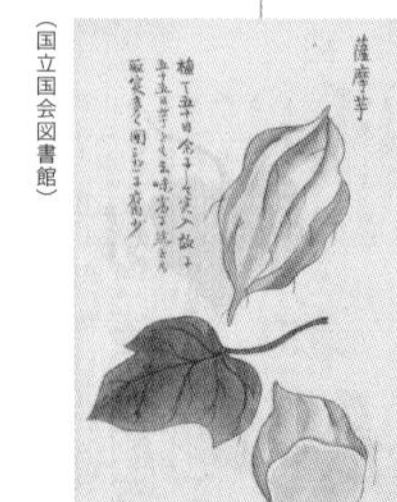

（国立国会図書館）

⬆『甘藷記』 青木昆陽はさつまいもの栽培法を研究して，吉宗に報告した。

具を買う貨幣が必要となり，また，売る目的でつくる**商品作物**の栽培がさかんになった。こうした中で，農民の間では，借金のため土地を手放して小作となったり，都市に働きに出る者が増える一方，土地を買い集めて地主となる者が出るなど，貧富の差が大きくなってきた。

2 農村工業の発達

貨幣経済が進んで生活も向上すると，各地では手工業が広まり，農村でも，商品作物の栽培や養蚕とともに，副業として織物や紙などをつくって問屋に売る家内工業が行われるようになった。18世紀になると，大量の商品を扱うため，問屋や地主が農民に資金や織機などの道具を貸し与えて商品をつくらせ，それを安く買い取るようになった。これを**問屋制家内工業**といった。

19世紀に入ると，問屋や大地主の中には，道具を備えた工場を建設して人を雇い，分業と協業で生産する者が現れた。こうした生産を**工場制手工業**（**マニュファクチュア**）といい，伊丹や灘（兵庫県）の酒造業，大阪周辺や尾張（愛知県）の綿織物，桐生（群馬県）・足利（栃木県）の絹織物などに多く見られた。こうした工場制手工業は，明治時代に近代工業が発展する基礎となった。

発展 

工場制手工業と藩営工場

工場による生産様式の発達は，農村の自給自足経済をくずし，幕藩体制を揺がすものとなった。こうした動きに対して，藩の中には新しい商品を藩専売としたり，藩営工場を設けて新しい生産様式を積極的に取り入れるところも出てきた。

（愛知県図書館）

⬆工場制手工業

思考力UP

Q. 江戸時代にききんが多かったのはなぜ？

Hint 江戸時代中期ごろから，享保・天明・天保の三大ききんをはじめ，各地でしばしばききんが起こっている。その理由として，①天災への予知や病害虫などの対策が遅れていたこと，②年貢の取り立てが厳しく，凶作などに備えて藩や村で米を蓄えておくことがほとんどできなかったこと，などが挙げられる。

A. 天災の予知や病害虫の対策が遅れ，また凶作に備えた米の蓄えもなかったから。

3 百姓一揆と打ちこわし

⬆打ちこわし（幕末江戸市中騒動図）
（東京国立博物館／Image:TNM Image Archives）

江戸時代には，天候不順や火山の噴火などの天災がたびたび起こり，そのたびに凶作となってききんに見舞われ，多くの死者も出た。それにも関わらず，幕府や藩は年貢を重くし，利益の多い特産物を専売制にしたり，商品作物を安く買い上げたりしたので，百姓の収入は増えず，生活は苦しかった。

そこで百姓は，年貢を減らすことや免除，商品作物の自由な売買，ときには不正を働く代官の交代などを求めて，多くの村が団結して領主に訴える**百姓一揆**を起こした。ときには，大名の城下に押しかける大規模な一揆も各地で見られるようになった。こうした一揆は18世紀後半になると多くなり，とくにききんのあった年の前後に増加している。

一方都市では，凶作などで米価が上昇すると，生活に苦しむ人々が，米の買い占めなどを行っている商人を集団で襲う**打ちこわし**を起こした。

4 幕府・藩の対応

このような百姓一揆に対して，幕府や藩が訴えを認めることもあったが，多くは武力で鎮圧して指導者を厳しく罰した。幕府や藩は百姓への統制を強化するとともに，一揆を抑えるため，百姓とえた身分・ひにん

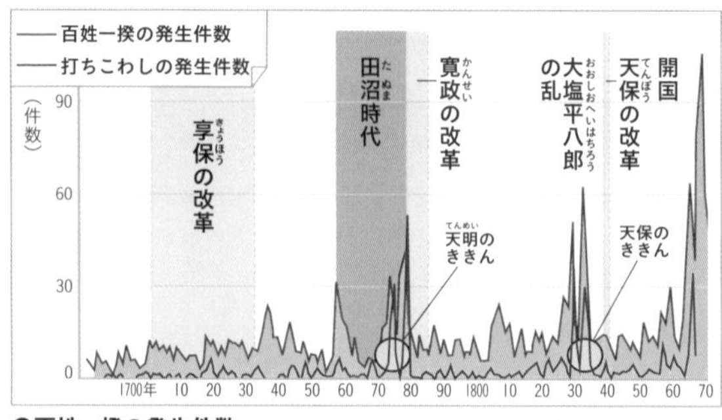

⬆百姓一揆の発生件数　（『百姓一揆総合年表』より）

参考

渋染一揆

1855年，財政難に苦しむ岡山藩では倹約令を出し，えた身分の人々だけに対して，「衣類は柄のない藍染（青色）・渋染（茶色）のものに限る」などのきまりをつくった。翌1856年，年貢も納めているのにこの差別政策はがまんできないと人々はこの条項の撤回を求めて立ち上がり，これを行わせなかった。

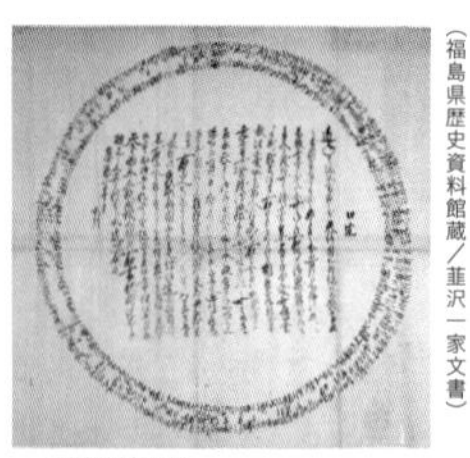
（福島県歴史資料館蔵／韮沢一家文書）

⬆**傘連判状**　一揆の参加者は，中心人物がわからないように，円形やだ円形に署名した。

身分の人々とを対立させることもあった。また岡山藩では，えた身分の人々だけに対して差別を強める倹約令を出したところ，渋染一揆が起こり，倹約令は実施されなかった。

❸ 田沼の政治と寛政の改革

1 田沼意次の政治

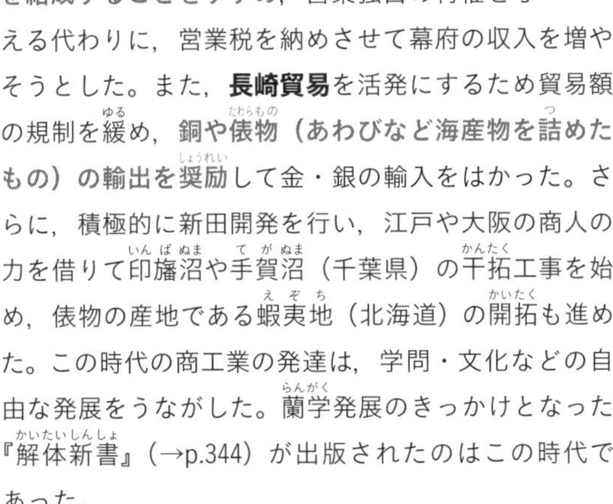

1772年，10代将軍徳川家治のもとで老中となった**田沼意次**は，これまでの年貢に頼るだけの政策を変え，**商人の豊かな経済力を積極的に利用する政策**を行った。まず，商工業者が**株仲間を結成することをすすめ**，営業独占の特権を与える代わりに，営業税を納めさせて幕府の収入を増やそうとした。また，**長崎貿易**を活発にするため貿易額の規制を緩め，**銅や俵物（あわびなど海産物を詰めたもの）の輸出を奨励**して金・銀の輸入をはかった。さらに，積極的に新田開発を行い，江戸や大阪の商人の力を借りて印旛沼や手賀沼（千葉県）の干拓工事を始め，俵物の産地である蝦夷地（北海道）の開拓も進めた。この時代の商工業の発達は，学問・文化などの自由な発展をうながした。蘭学発展のきっかけとなった『解体新書』（→p.344）が出版されたのはこの時代であった。

しかし，商人を積極的に利用しようとする田沼の政策は，特権などを求めてわいろが行われるようになり，人々の批判を招いた。こうした中，1782年に**天明のききん**が起こり，翌年の浅間山の噴火でききんは全国に広がった。各地で百姓一揆・打ちこわしが続く中，1786年，将軍家治の死とともに田沼意次は老中を辞めさせられた。

（長崎歴史文化博物館）

⬆長崎の出島での貿易

参考

蝦夷地の開発

仙台藩の医師工藤平助が，ロシアの南下を見て，『赤蝦夷風説考』という本を著して，ロシアとの貿易と蝦夷地の開発を説いた。田沼意次はこの意見を取り入れて，最上徳内らに蝦夷地の調査を行わせた（→p.347）。

2 寛政の改革

1787年には，江戸・大阪などで大規模な打ちこわしが起こった。このような中で，11代将軍徳川家斉のもとで老中となった**松平定信**は，祖父の徳川吉宗の政治を理想として，**寛政の改革**（1787～93年）を始めた。まず荒れた農村を復興させるため，東北地方や北関東からの出稼ぎを制限し，商品作物の栽培を制限して米など穀物の生産をすすめ，ききんに備えて各地に倉を建てて米を蓄えさせた（囲米）。都市では，仕事に就いていない者は農村に帰るようすすめ，江戸の石川島に人足寄場を設けて浮浪人に技術を身に付けさせた。生活に苦しむ旗本・御家人には質素・倹約を命じ，札差からの借金を帳消しにした（**棄捐令**）。そのうえで武芸を奨励し，**幕府の昌平坂学問所では朱子学以外を教えることを禁止し**（**寛政異学の禁**），試験で有能な役人を登用した。しかし，政治批判を禁じたり，庶民が好む出版物を規制したりする厳しい改革は人々の反感を買い，改革は約６年で終わった。

このころ，ロシア船が漂流民の大黒屋光太夫を送り届けに蝦夷地に来航するなど，外国船が日本近海に現れて，幕府は海防の対策も迫られていた（→p.347）。

3 諸藩の改革

諸藩でも，17世紀後半には貨幣経済の広がりなどで財政が苦しくなっていた。そのため，藩内だけで通用する藩札を発行したり，家臣の俸禄を減らしたりして財政難を乗り切ろうとしていた。18世紀後半になると，藩主が先頭に立って藩政改革を行うようになり，農村の復興のために特産物の生産を奨励し，それを藩の専売として財政難を乗り切るなどの政策を行った。

米沢藩（山形県）・熊本藩・秋田藩など，財政立て直しに成功した藩では，藩士子弟の教育のため藩校を建てるなど人材の育成にも力を入れた。

KEY PERSON 

松平定信
（1758～1829年）

（南湖神社）

白河藩主（福島県）から老中となり，寛政の改革を行った。しかし，厳しい改革に不満が高まり，「白河の清きに魚のすみかねて，もとのにごりの田沼（田沼意次のこと）こひしき」と狂歌によまれた。

（模写・東京大学史料編纂所）
⬆昌平坂学問所での講義

くわしく 

改革に成功した藩主
米沢藩の上杉治憲は，うるし（漆器の塗料）を専売にするなどで財政立て直しに成功し，天明のききんでは領内で１人の餓死者も出さなかったという。熊本藩の細川重賢は，ろうの原料であるはぜの専売制などで，秋田藩の佐竹義和は織物など特産品の生産を奨励して，それぞれ財政立て直しに成功した。

8 江戸時代の学問と文化

17世紀末から18世紀初めにかけて，町人の経済力を背景に大阪・京都の上方で元禄文化が栄え，19世紀初めには文化の中心は江戸に移り，化政文化が栄えた。学問では儒学が中心だったが，18世紀に入って蘭学や国学などの新しい学問も学ばれるようになった。

1 学問と元禄文化

1 学問の発達

幕藩体制が安定してくると，政治のあり方などを説く儒学がさかんになった。徳川家康が**林羅山**を政治の顧問としてから，とくに**身分秩序を重んじる朱子学が儒学の中心**となって，幕府や藩に受け入れられた。儒学の一派では，**中江藤樹**が知識と実行の一致（知行合一）を説く**陽明学**を説き，幕府から警戒された。

鎖国の政策によって西洋の学問は入らなかったが，実用的な学問は発達した。農学では，**宮崎安貞**が作物の栽培法を研究して**『農業全書』**を著して広く利用され（→p.330），天文学では**渋川春海**が日本人による最初の暦（貞享暦）を作成し，数学では**関孝和**が和算と呼ばれる日本独自の数学に優れた研究を残した。

日本の歴史や古典に関する研究も進み，御三家の水戸藩の**徳川光圀**は，全国から学者を集めて**『大日本史』**の編さんに着手し，『万葉集』や『源氏物語』に関する研究は，のちの国学の出発点となった（→p.343）。

2 元禄文化の特色

17世紀末～18世紀初めの5代将軍徳川綱吉のころは，幕藩体制も安定し，経済も発達してきた。こうした中で，京都・大阪を中心とする**上方**で，**都市の繁栄と町人の豊かな経済力を背景**に，現実的で活気に満ち

くわしく

関孝和の和算

和算とは，日本独自の数学で，16～17世紀のころから築城・検地などの必要もあってさかんになった。

関孝和は，複雑な方程式の解法や円周率の計算などを行った。これは，当時のヨーロッパの数学と比べても劣らないものだった。

参考

『大日本史』

1657年に編さんが始まり，完成は約250年後の1906年で，397巻・目録5巻から成る大書。その編さんを通して尊王論が形成され，幕末の尊王攘夷運動に大きな影響を与えた。

た文化が栄えた。この時期の文化を，**元禄文化**という。

3 文学・芸能

井原西鶴は，金銭や出世を求める人間のありのままの姿を，『日本永代蔵』や『世間胸算用』などの**浮世草子**と呼ばれる小説に描いた。また，**松尾芭蕉**は，連歌から分かれた**俳諧**（俳句）を芸術にまで高め，紀行文『**奥の細道**』などを著した。**近松門左衛門**は，人形浄瑠璃や歌舞伎の台本作家として活躍し，義理と人情にしばられて悩む男女の姿を描き，『曾根崎心中』や『国姓（性）爺合戦』などの名作を著した。

歌舞伎は演劇として発達し，江戸の市川団十郎や上方の坂田藤十郎らの名優が現れ，常設の芝居小屋もできて人々の娯楽として楽しまれた。

4 絵画・建築・工芸

江戸時代初期に**俵屋宗達**が大和絵の画法をもとに大胆な構図と美しい色彩の**装飾画**を始め，元禄期に**尾形光琳**が大成して琳派をおこした。**菱川師宣**は木版画による**浮世絵**をはじめ，町人の生活や風俗を描いて人々の人気を得た。

室町時代に始まる狩野派では，狩野探幽が幕府の御用絵師として活躍した。

建築では，江戸時代初期に徳川家康をまつる豪華な**日光東照宮**や，簡素でみやびな桂離宮が建てられた。

近松門左衛門

（1653～1724年）

（公益財団法人 柿衛文庫）

人形浄瑠璃や歌舞伎の台本作家。門左衛門の浄瑠璃は竹本義太夫が語って（義太夫節）大評判となった。門左衛門は浄瑠璃の台本約130，歌舞伎の台本約30を残し，その作品は現在も上演されている。

⬆**見返り美人図**（菱川師宣筆）（東京国立博物館）

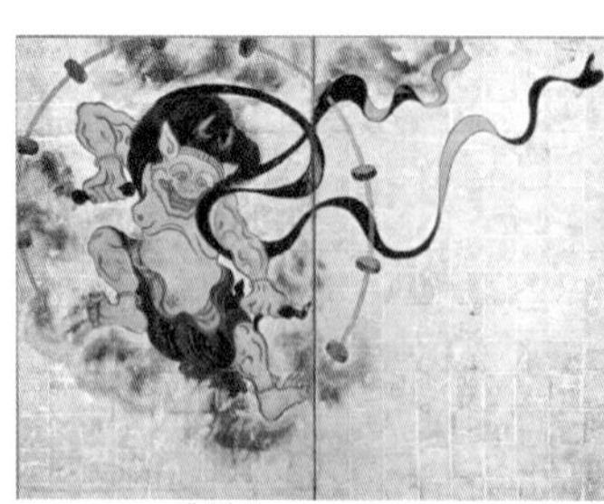

⬆**風神雷神図屏風**（雷神部分：俵屋宗達筆）（建仁寺）

⬆**燕子花図屏風**（尾形光琳筆）（根津美術館）

工芸では，本阿弥光悦が蒔絵（漆塗りの器などに金や銀の粉で模様を表す工芸）に優れた作品を残した。

陶芸では絵付の技術が伝えられ，酒井田柿右衛門が有田焼の赤絵を完成し，野々村仁清は色絵を完成して京焼の祖といわれた。染物では，宮崎友禅が友禅染と呼ばれる美しい染物を始め，小袖などの華やかな衣服に仕立てられた。

5 生活文化の発展

庶民の生活も向上し，食事も１日３食が普通になり，衣服は木綿が一般的となり，活動しやすい小袖が広く着られるようになった。都市では防火のため瓦屋根も見られるようになり，菜種油などを使った行灯が照明として広まった。ひな祭りやこいのぼり，盆踊りなどの年中行事も，各地で行われるようになった。

2 新しい学問と教育

1 国学の発達

国学は，日本の古典を研究して，**儒教や仏教などの外来思想に影響を受ける前の日本人の考え方や精神を明らかにしようとする**学問である。元禄時代に『万葉集』を研究した契沖らによって始められ，やがて日本古来の道（古道）を説く国学として発達していった。18世紀には，荷田春満や**賀茂真淵**が，儒教・仏教を除いた日本人古来の精神の復活を説いた。ついで真淵に学んだ**本居宣長**は，『古事記』の中に日本古来の精神があるとして『古事記伝』を著し，国学を大成した。また，塙保己一は古典を収集・分類して『群書類従』を編さんし，宣長の思想を受け継いだ平田篤胤は，古代精神への復古を唱えた（復古神道）。国学は，やがて天皇を尊ぶ思想(尊王論)と結び付いて，幕末の尊王攘夷運動に影響を与えた(→p.368)。

なぜ？ 

学問・教育が普及した理由

この時代は木版印刷がさかんになって，さまざまな書物が出版されていたことが，学問・教育の普及を助けた。

KEY PERSON 

本居宣長

(1730～1801年)

（本居宣長記念館）

伊勢（三重県）の松阪で医者をしながら，34年間をかけて「古事記伝」44巻を完成し，国学を大成した。「源氏物語」の研究では，物語の本質を「もののあわれ」にあるとした。

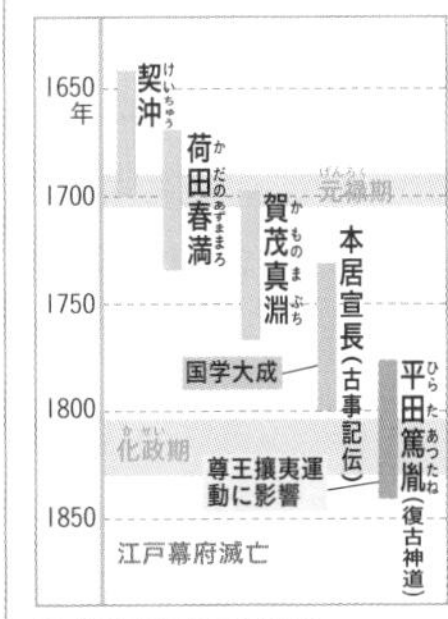

↑代表的な国学者

第1章 文明のおこりと日本
第2章 古代国家の歩み
第3章 中世社会の展開
第4章 近世社会の展開
第5章 近代の日本と世界
第6章 二度の世界大戦と日本
第7章 現代の日本と世界

2 蘭学の発達

徳川吉宗が，キリスト教に関係のない漢訳のヨーロッパの書物の輸入を認め，青木昆陽らにオランダ語を学ばせたことで，ヨーロッパの学問・文化はオランダ語を通して学ばれるようになり，**蘭学**と呼ばれた。

1774年，**杉田玄白**や前野良沢らはオランダ語に訳されたドイツの人体解剖書「ターヘル＝アナトミア」を翻訳して**『解体新書』**として出版した。これをきっかけに蘭学の基礎が築かれ，オランダ語の辞書や入門書もつくられて，蘭学を学ぶ人も増えてきた。とくに自然科学の分野での研究が進み，**平賀源内**は日本で初めての発電機（エレキテル）や寒暖計をつくった。また西洋の測量術を学んだ**伊能忠敬**は，幕府の命令で17年間かかって全国の海岸線を歩いて測量し，現在とほぼ変わらない日本地図を作成した（「大日本沿海輿地全図」）。幕府でも，西洋の暦を参考にして日本独自の暦を作成した。

くわしく 

『解体新書』の出版

1771年，前野良沢・杉田玄白らは江戸の刑場での死体解剖を見学したさい，持参したオランダ語訳の「ターヘル=アナトミア」の人体図と見比べて，その正確さにおどろいたという。

そして早速，この本の翻訳に取りかかり，3年半の苦心を重ねて，『解体新書』を出版した。のちに玄白は，その苦心を回想して『蘭学事始』を著した。

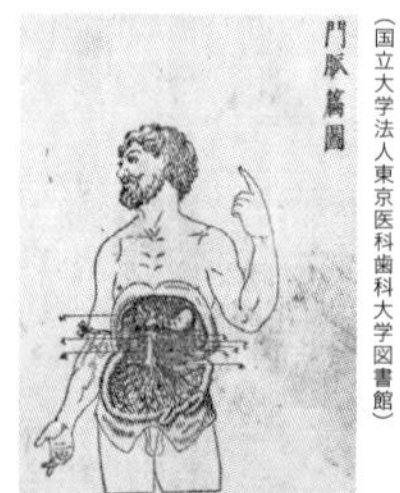

（国立大学法人東京医科歯科大学図書館）

↑**『解体新書』**
（本文のさし絵）

3 教育の広がり

幕府の教育は，昌平坂学問所で朱子学を中心に行われていたが，18世紀に入ると，町人や百姓の間にもしだいに教育が広まっていった。京都の町人**石田梅岩**は心学をおこし，儒教に仏教の教えなどを加えて，倹約・正直などの町人道徳をやさしく説いた。

長崎では，オランダ商館の医師として来日したドイツ人**シーボルト**が，長崎郊外に**鳴滝塾**を開いて多くの医学者・蘭学者を育てた。

大阪の医者**緒方洪庵**が開いた蘭学塾（**適塾**）には，全国から多くの弟子が集まり，のちに活躍する福沢諭吉（→p.380）らが育っていった。

また**寺子屋**が多く開かれ，僧や浪人などが先生となり，町人や農民の子どもたちに日常生活に必要な「読み・書き・そろばん」などを教えた。

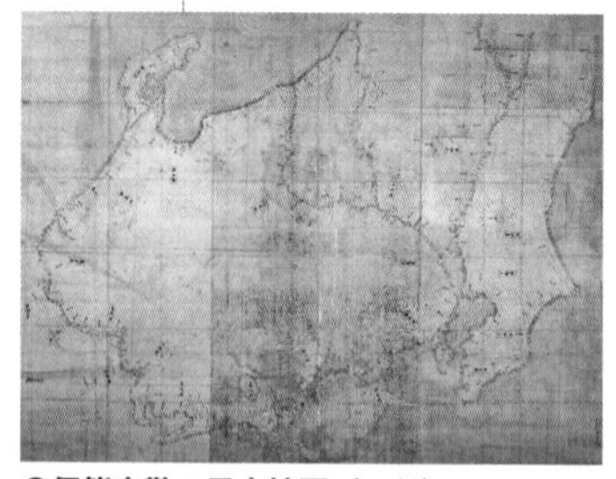

↑**伊能忠敬の日本地図**（一部）
現在の日本地図とほとんど変わらないほど正確だった。（千葉県香取市　伊能忠敬記念館）

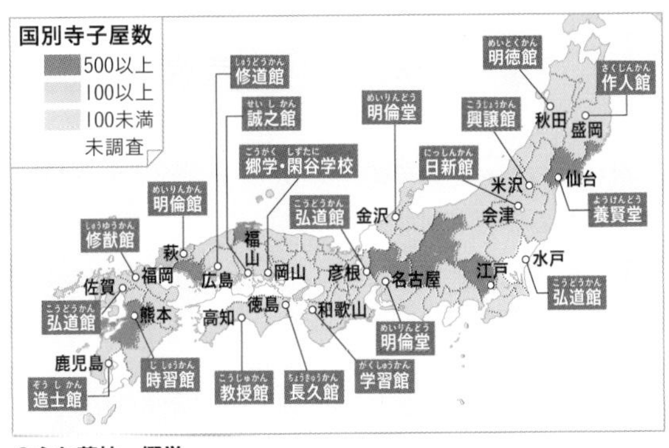

❶主な藩校・郷学

諸藩も幕府にならって教育に力を入れ，**藩校**を設立して，藩士の子弟に学問や武術を教え人材の育成をはかった。また岡山藩の閑谷学校のように，藩校のほかに庶民を対象にした学校（郷学）をつくるところもあった。

3 化政文化

1 化政文化の特色

19世紀初め，11代将軍徳川家斉の文化・文政時代には，文化の中心は上方から江戸に移った。この文化を**化政文化**といい，町人をはじめ庶民や農村の地主など多くの人々を担い手として栄えた。化政文化は，三都（江戸・大阪・京都）を始めとする都市の繁栄と，交通の発達による全国的な交流，出版や教育の普及などで各地に伝えられ，内容も多種多様になった。

2 文学

文学では，いろいろな種類の小説が書かれるようになった。笑いなどをもとに，庶民の生活を生き生きと描いた**こっけい本**がさかんに書かれ，**十返舎一九**は「東海道中膝栗毛」で東海道の旅をおもしろく描いた。

参考

寺子屋

19世紀になって急速に普及したが，貨幣経済の発達によって，町人や農民も字を書いたり，そろばんで計算する機会が増えたことが原因でもある。「読み・書き・そろばん」の中では「書き」の書道が最も重んじられ，教科書として往来物と呼ばれる手紙形式のものが使われた。

ミス注意

元禄文化と化政文化

同じ町人文化だが，時期と場所を区別しておこう。元禄文化は17世紀後半～18世紀前半，豊かな町人の経済力を背景に，京都・大阪の上方を中心に栄えた。一方，化政文化は19世紀初めに，都市の繁栄を背景に江戸を中心に栄え，全国へ広まった。

読本と呼ばれた，歴史や伝説を題材とした長編小説では，**滝沢馬琴**が『南総里見八犬伝』を著した。これらの小説は，貸本屋の発達とともに広く読まれるようになった。俳諧では，**与謝蕪村**が自然の美しさを絵画的に表現し，**小林一茶**が素朴で人間味あふれる句をよんだ。また，大田南畝（蜀山人）は和歌の形を借りた**狂歌**で，柄井川柳は俳句の形を借りた**川柳**で，それぞれ政治や世相を皮肉った作品をつくった。

3 美術・芸能

18世紀後半に**鈴木春信**が多色刷りの木版画である**錦絵**を始めてから，**浮世絵**が大量に刷られて大流行した。

鈴木春信・**喜多川歌麿**が美人画を描き，**東洲斎写楽**が個性豊かな役者絵などを描いた。風景画では，**葛飾北斎**が「富嶽三十六景」を，**歌川（安藤）広重**が「東海道五十三次」を描き，人気を呼んだ。浮世絵は，のちにヨーロッパの画家たちにも大きな影響を与えた。

4 化政文化と庶民生活

歌舞伎は各地に芝居小屋がつくられて全盛期を迎え，落語や講談を楽しむ**寄席**や**大相撲**も人気を集め，庶民の日常的な娯楽となった。歌舞伎や大相撲は地方興行も行われ，各地に伝えられた。また，交通路が整備されて庶民も旅行がしやすくなり，伊勢神宮（三重県）・讃岐（香川県）の金刀比羅宮・信濃（長野県）の善光寺などへの寺社参詣もさかんになった。

史料 

狂歌

やまぶきのはな紙ばかり　紙入れに　みの一つだになきぞあやしき

・「七重八重花は咲けども山吹の　実の一つだになきぞ悲しき」という和歌をもじったもので，山吹色をした金貨が財布の中に1枚もないという意味。

川柳

抜かば抜け　あとで竹とはいわさぬぞ

・いばる武士を皮肉ったもので，貧しい武士の中には刀身を売って，竹でごまかす者がいたようである。

（東京国立博物館／Image:TNM Image Archive）

⬆**役者絵（三世大谷鬼次の奴江戸兵衛）**（東洲斎写楽画）

⬆「**富嶽三十六景**」（**神奈川沖浪裏**）（葛飾北斎画）
（個人蔵）

⬆**芝居小屋**
（国立国会図書館）

第4章 SECTION 9

幕府政治の行きづまり

18世紀末からの外国船の接近に対して，幕府は異国船打払令を出して鎖国の体制を守った。こうした中で，幕府権力の回復を目指して，水野忠邦が天保の改革を行ったが失敗し，一方，改革に成功した長州藩や薩摩藩などは，雄藩として発言力を強めていった。

1 諸外国の接近

1 外国船の来航

18世紀末から19世紀にかけて，シベリアに進出してきたロシアや，植民地化したインドを基地にしたイギリス，太平洋に進出してきたアメリカなどが，**燃料の薪や水を要求するとともに通商を求めて**しばしば日本近海に現れるようになった。

↑外国船のあいつぐ来航

1792年には，ロシアの**ラクスマン**が漂流民を送り届けるため蝦夷地の根室に来航し通商を求めたが，老中松平定信は長崎で交渉すると回答するとともに，諸藩に沿岸警備の強化を命じた。ついで1804年には，**レザノフ**が通商を求めて長崎に来たが，幕府は「鎖国は祖法（受け継がれてきたきまり）である」としてこれを断った。1808年には，イギリス軍艦**フェートン号**が，対立していたオランダ船を追って長崎港に侵入する事件が起こった。

参考

ロシアのアジア進出

シベリアに進出したロシアは，18世紀中ごろからは千島列島や樺太に現れるようになっていた。

2 北方の探検

ロシアの南下を警戒した幕府は，諸藩に沿岸の警備を強化するよう命じた。そして，最上徳内・近藤重蔵らに蝦夷地や千島・樺太（サハリン）の調査を命じ，19世紀初めまでに蝦夷地を直轄領とした。ついで1808年，**間宮林蔵**に樺太を調査さ

↑間宮林蔵らの北方探検

せ，樺太がシベリアと陸続きではなく，島であることが明らかになった（間宮海峡の発見）。

3 幕府の対策

あいつぐ外国船の来航に対して，幕府は1825年に**異国船打払令**を出して，沿岸に近づく外国船の撃退を命じた。1837年には，漂流民を送り届けながら通商を求めて浦賀（神奈川県）に来航したアメリカ商船モリソン号が，打払令によって砲撃される事件（**モリソン号事件**）が起こった。しかし，アヘン戦争（→p.363）で清がイギリスに敗れたことを知ると，幕府の老中水野忠邦は1842年，異国船打払令を緩めて**薪水給与令**を出し，寄港した外国船に薪・水・食料を与えることにした。

1844年には，**オランダ国王が世界情勢を説いて開国を勧告**してきたが，幕府はあくまで鎖国体制を守るとしてこれを拒否した。

2 幕府政治への批判

1 蘭学者による政治批判

モリソン号事件を知った蘭学者の**渡辺崋山**は『慎機論』を，**高野長英**は**『戊戌夢物語』**を著して，日本を取り巻く国際情勢を述べながら幕府の打払令を批判した。そのため幕府は，1839年に２人を厳しく処罰し，さらに「尚歯会」という知識人の勉強会に集まる蘭学者を弾圧した。これを**蛮社の獄**という。

2 天保のききんと大塩の乱

1830年代には　東北地方を中心に全国的にききんが続いた。米の収穫も減り，米価も上がって人々の生活は苦しく餓死する人も続出し，各地で百姓一揆や打ち

参考

知っていた幕府

中国でアヘン戦争が起こったことを，幕府はオランダ商館長の提出する「オランダ風説書」（→p.329）によって知っていた。

参考

尚歯会

1832年ごろ，蘭学者の渡辺崋山・高野長英らの交友がもとになり，当時の知識人が結成したグループ。西洋の学術や文化を研究し，政治や経済についても話し合われたが，1839年，蛮社の獄によって解散した。なお，蛮社とは「蛮学社中」の略で，蛮学＝蘭学を中心に学んでいるグループの意味である。

くわしく

江戸時代の三大ききん

享保のききん…1732年，長雨とイナゴの害が主な原因で，西日本一帯で起こった。

天明のききん…1782年から1787年にかけて，洪水・浅間山の噴火・東北地方の冷害などが原因で連続的に発生した。

天保のききん…1833年ごろから1839年にかけて，冷害・洪水・暴風雨などが原因で全国的に起こった。

こわしがたびたび起こった。

大阪でも影響は大きかったが，大商人は米を買い占め，大阪町奉行所も貧民の救済策をとらず，米不足にも関わらず幕府の指示で，米を江戸に送っていた。これを見た元大阪町奉行所の役人で陽明学者の**大塩平八郎**は，奉行所に貧民の救済を求めたが聞き入れられなかった。そのため1837年，大塩は貧民を救済するため，門弟と大商人を襲った（**大塩の乱**）が，乱はわずか半日で鎮圧された。しかし大阪という幕府の直轄地で，元役人が起こした反乱に幕府は大きな衝撃を受けた。

（大阪歴史博物館）

大塩の乱で燃える大阪の町

参考

大塩の乱の影響

越後柏崎（新潟県）では，国学者の生田万が大塩門弟と称して代官所を襲った（生田万の乱）。

3 天保の改革

1 天保の改革

国内ではききんが長期化して社会不安が高まり，外国から開国を迫られるなど，幕府は厳しい状況に追い込まれていた。こうした中，老中の**水野忠邦**は，幕府の権力の強化を目指して，12代将軍徳川家慶のもとで，**天保の改革**（1841～43年）を始めた。

忠邦は，享保・寛政の改革にならい，武士には文武（学問と武芸）を奨励し，倹約令を出して質素・倹約を呼びかけ，庶民の風俗も厳しく取り締まり，政治批判や風紀を乱す書物は出版禁止とした。

また物価の上昇は，株仲間が商品流通などを独占しているからとして**株仲間の解散を命じた**。農村の立て直しのためには，江戸に出稼ぎに来ている農民を村に帰らせた（**人返しの法**）。外国に対しては，薪水給与令で対応する一方，江戸湾の警備を強化した。

1843年には，支配強化のために**江戸・大阪周辺の農村を幕府の直轄地にしようとした**（**上知令**）が，大名や旗本の反対で実施できなかった。このため忠邦は老中を辞めさせられ，天保の改革はわずか２年余りで失

KEY PERSON

水野忠邦

（1794～1851年）

（東京都立大学図書館）

京都所司代などを経て1834年に老中となり，天保の改革を行った。人返しの法で農村の復興を，上知令で幕府権力の回復を目指したが，２年余りで失敗した。

ミス注意

株仲間への政策のちがい

老中田沼意次は，商人の経済力を利用するために株仲間の結成を奨励した。一方，天保の改革では，物価の引き下げを目的に株仲間を解散させた。

敗に終わった。改革の失敗は，幕府権力の衰えを示す結果となった。

2 諸藩の改革

諸藩でも，権力の強化や財政立て直しのため改革が行われた。とくに西日本の外様大名らは，有能な中・下級武士を用いて成功した藩が多かった。

薩摩藩（鹿児島県）では，商人からの借金をたな上げにする一方，奄美群島の黒砂糖を専売にし，さらに琉球との密貿易で利益を上げた。

長州藩（山口県）では，多額の借金を整理し，紙やろうを専売制にした。さらに下関を拠点に他藩への金融業を行って利益を上げた。

肥前藩（佐賀県）では，農村の復興に力を入れ，陶磁器を専売にしてヨーロッパに輸出して，財政に余裕ができた。このほか，土佐藩（高知県）・宇和島藩（愛媛県）・越前藩（福井県）の各藩でも改革に成功した。

改革に成功した薩摩・長州・肥前などの西国の諸藩は，大砲などの製造に必要な鉄をつくる反射炉を建て，洋式軍備にも力を入れるなど軍備の近代化を進めた。こうした諸藩は，**雄藩（勢力の雄大な藩）と呼ばれ，幕末の政治に大きな発言力をもつようになった。**

幕府も，伊豆（静岡県）の韮山に反射炉をつくった。

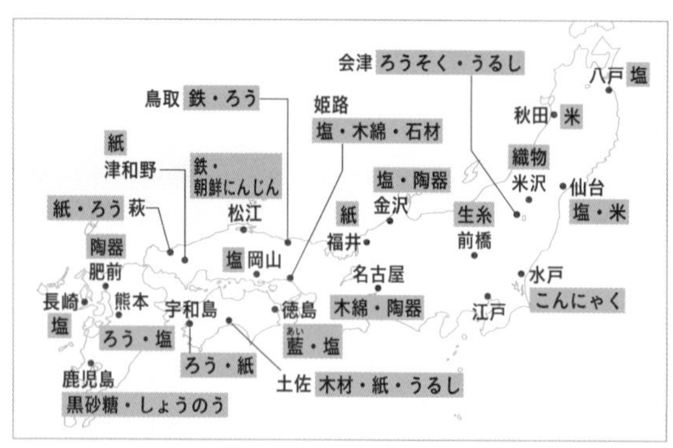

↑主な藩の専売品

くわしく

薩摩藩の借金返済
大阪などの大商人から500万両の借金をしていたが，下級武士出身の調所広郷は，250年の年賦返済という踏み倒しのような方法で借金をたな上げにした。

参考

改革に成功したほかの藩
長岡藩（新潟県）では，西洋式軍制を取り入れるなどの改革を進め，水戸藩では，人材を登用して改革を進めた。

↑韮山の反射炉 大砲製造のため，炎などを反射させて高温を出し，鉄などの金属を溶かす炉。

↑藩政改革に成功した主な藩

CHECK 確認問題

第4章

近世社会の展開

問題 各問いに答えましょう。
また，（　）に当てはまる語句を選びましょう。

❶ 14世紀にイタリアから始まった，人間性を尊重する新しい文化の動きを何という。

❷ ドイツで宗教改革を始めたのは誰か。

❸ 1549年，日本にキリスト教を伝えた宣教師は誰か。

❹ 鉄砲隊を使い，織田信長が武田氏を破った戦いを何という。

❺ 織田信長が安土城下で座の特権を廃止した政策を何という。

❻ 豊臣秀吉の太閤検地と刀狩によって，武士と農民の身分がはっきりしたが，このことを何という。

❼ 太閤検地によって全国の土地の生産は，何という統一基準で表すようになったか。

❽ 堺の商人でわび茶の作法を完成させたのは誰か。

❾ 江戸幕府が大名統制のために制定した法令を何という。

❿ 大名を1年おきに江戸と領地を往復させる，3代将軍徳川家光が定めた制度を何という。

⓫ 江戸幕府がオランダとの貿易を行った，長崎港内につくられた人工島を何という。

⓬ 土を深く耕すことができるように改良された図の農具を何という。

図

⓭ 都市の問屋や手工業者がつくった同業者組合を何という。

⓮ 享保の改革を行った将軍は誰か。

⓯ 松平定信が朱子学以外の講義を禁じた政策を何という。

⓰ 京都・大阪の上方を中心に栄えた町人文化を何という。

⓱ 『古事記伝』を著し国学を大成したのは誰か。

⓲ 杉田玄白らが海外の解剖書を翻訳して出した本は何か。

⓳ 風景画に優れ，「富嶽三十六景」を描いたのは誰か。

⓴ 天保の改革を行った老中は誰か。

解答

❶ ルネサンス（文芸復興）

❷ ルター

❸ ザビエル

❹ 長篠の戦い

❺ 楽市令（楽市・楽座）

❻ 兵農分離

❼ 石高

❽ 千利休

❾ 武家諸法度

❿ 参勤交代

⓫ 出島

⓬ 備中ぐわ

⓭ 株仲間

⓮ 徳川吉宗

⓯ 寛政異学の禁

⓰ 元禄文化

⓱ 本居宣長

⓲ 解体新書

⓳ 葛飾北斎

⓴ 水野忠邦

第5章

近代の日本と世界

第５章では，江戸幕府の滅亡(めつぼう)から，明治(めいじ)新政府による日本の近代化の過程を取り上げる。日本は日清(にっしん)・日露(にちろ)戦争で勝利し，帝国(ていこく)主義国家としての道を歩んでいく。欧米(おうべい)諸国でも市民革命・産業革命を経てアフリカ・アジアの侵略(しんりゃく)が進むなど，近代の世界的な動きをくわしく見ていこう。

Q. ナポレオンはどのようにヨーロッパを征服していったの？
➡ SECTION 1 へ
Q. 日本の産業革命はどのように進んだの？
➡ SECTION 11 へ

第5章 SECTION 1 市民革命の時代

ヨーロッパでは，成長してきた市民階級が，権利と自由を守ろうと市民革命を起こすようになった。イギリスではピューリタン革命・名誉革命が起こって議会政治が始まり，ついでアメリカ独立戦争が，そしてフランス革命が起こり，人権宣言が発表された。

1 絶対王政と新しい思想

1 絶対王政の展開

十字軍の遠征などで教会や諸侯の勢力が弱まると，ヨーロッパ諸国では国王による中央集権化が進み，16世紀から18世紀にかけて諸侯や大商人を抑え，**政治権力のすべてを握って政治を行う**ようになった。このような，国王が強い権力をもって行った専制政治を**絶対王政**と呼んでいる。

世紀＼国名	イギリス	フランス	ドイツ（プロイセン）	ロシア
16世紀	エリザベス1世			
17世紀	ピューリタン革命 名誉革命	ルイ14世		ピョートル1世
18世紀		フランス革命	フリードリヒ2世	エカチェリーナ2世

⬆ヨーロッパ諸国の絶対王政の時期

2 絶対王政の国々

イギリスの絶対王政は，16世紀後半の**エリザベス1世**（女王）のとき全盛期を迎え，イギリス国教会を確立し，スペインの無敵艦隊を破り海外に進出していった。

フランスでは，17世紀後半の**ルイ14世**が「朕は国家なり」と宣誓し，パリ郊外に造営させた豪華な**ベルサイユ宮殿**は，ヨーロッパの政治・文化の中心となった。やがて，ドイツではプロイセンのフリードリヒ2世，ロシアではピョートル1世・エカチェリーナ2世が，それぞれ絶対王政を進めた。

3 新しい考え方・啓蒙思想

17世紀後半には，科学の発達とともに，人間の社会について合理的に考える精神が生まれた（**啓蒙思想**）。イギリスの**ロック**は「統治二論」を著して，人民が同

参考

王権神授説

絶対王政のもとでは，国王は自らの権力と支配を正当化するために，国王の権力は神から与えられた絶対的なものである，という王権神授説を唱えた。

発展

重商主義政策

絶対王政を支えるためには役人（官僚）と強力な軍隊（常備軍）が必要で，その費用を得るため大商人と結んで国内の産業を保護し，貿易を保護・奨励する政策をとった。これを重商主義政策という。

意することによって政府は存在することができる（**社会契約説**）と主張し，人民の抵抗権を唱えた。フランスでは，**モンテスキュー**が『法の精神』を著して**三権分立**を説き，**ルソー**が『社会契約論』を著して**人民主権**を説いた。啓蒙思想は，新聞や雑誌，『百科全書』などを通じて広まり，市民革命を支えるものとして，この後のアメリカ独立宣言やフランス人権宣言などに大きな影響を与えた。

2 イギリスの市民革命

1 イギリスの社会

イギリスでは，早くから自営農民が生まれ，都市でも富を蓄えた中小商工業者が現れていた。彼らは**中産階級**（**ブルジョワジー**）と呼ばれ，議会で勢力を広げるとともに，大商人と結ぶ国王に不満をもつようになっていた。こうした中産市民が中心となって，古い身分制度を改め，自由・平等などを求めて絶対王政を倒した変革を**市民革命**と呼ぶ。

2 ピューリタン革命

17世紀前半のイギリスでは，議会で多数を占める**プロテスタント**の**ピューリタン**（**清教徒**）を国王が圧迫し，さらに国民に重税を課すなど，議会を無視する政治を行っていた。ピューリタンがイギリス国教会を批判していたこともあり，国王と議会の対立は激しくなり，1642年に内戦となった。議会側は**クロムウェル**の指導により勝利し，1649年に国王を処刑して**共和制**を始めた（**ピューリタン革命**）。

3 名誉革命

その後クロムウェルが独裁政治を行ったため，彼の死後，イギリスは再び王政に戻った。しかし，即位し

（Alamy / PPS通信社）

⬆17世紀のイギリス議会

参考

イギリスの議会
イギリスでは，1215年に国王の専制を防ぐため，貴族・聖職者の権利を確認した大憲章（マグナ＝カルタ）が定められていた。さらにそれを確認するため，市民も参加する会議が開かれた。これがイギリス議会の始まりとされている。

ピューリタン
イギリスでのプロテスタントの一派で，カルバン派の教えを信じる人々のこと。清教徒と訳される。新興の市民階級に信者が多かった。

た王も専制的な政治を行い議会と対立したため，1688年，議会は国王を追放し，翌年**オランダから新しい王を迎えた**。この革命は，国王を処刑することなく行われたので**名誉革命**と呼ばれる。新国王は議会の権利を確認し，政治の中心は議会にあることなどを認めた**「権利（の）章典」**が定められた。これによって，イギリスの**立憲君主制と議会政治が確立した**。

史料

「権利（の）章典」

1．議会の同意なしに国王が法律を制定したり，廃止したりすることはできない。

4．議会の同意なしに課税することはできない。

8．国会議員の選挙は，自由でなければならない。　（一部要約）

❸ アメリカの独立

1 植民地・北アメリカ

17世紀になると，イギリス国王の圧迫を逃れたピューリタンたちが北アメリカに渡ってくるようになり，18世紀半ばまでに北アメリカ東部沿岸に**13の植民地**をつくって，それぞれ自治を行っていた。このころイギリスは，フランスとの戦争などで財政難となっていたこともあり，商工業が発達していた植民地に新しい税をかけてきた。これに対して植民地では，**「代表なくして課税なし**（本国議会に代表を送っていないのだから，納税義務はない）」として抵抗した。

⬆北アメリカ東部の13植民地

2 アメリカ独立戦争

イギリスが東インド会社に13植民地での茶の独占販売を認めると，人々は茶箱を海に捨てて抗議し（**ボストン茶会事件**），本国との対立が決定的となった。1775年，植民地の人々はワシントンを最高司令官として独立戦争を始め，翌1776年には**人間の自由・平等などをかかげた独立宣言**を発表した。植民地軍は，フランスなどヨーロッパ諸国の支援を受けて勝利し，独立を達成した。そして1787年に，人民主権を盛り込み，連邦制・三権分立を採用した**合衆国憲法**を制定し，1789年，初代大統領に**ワシントン**が就任した。

史料

「独立宣言（アメリカ独立宣言）」

われわれは，自明の真理として，すべての人々は平等につくられ，創造主によって，一定のうばいがたい生まれながらの権利を与えられ，その中に，生命・自由および幸福の追求が含まれている。

（一部要約）

❹ フランス革命

1 革命前のフランス

(Bridgeman Images / PPS通信社)

⬆目覚めた第三身分　貴族・僧侶が革命を起こそうとしている第三身分におどろいている風刺画。

アメリカが独立したころ，フランスはまだ絶対王政のもとにあった。身分による貧富の差は大きく，第一身分の聖職者・第二身分の貴族は免税などの特権をもち，人口の90％以上を占める第三身分の平民（農民や市民）は重税に苦しんでいた。イギリスとの戦争などで財政が苦しくなると，1789年，**ルイ16世**が財政立て直しのため議会（**三部会**）を開いた。しかし議決方法をめぐって対立すると，平民議員たちは一部の聖職者や貴族と国民議会を結成した。

2 フランス革命とナポレオン

国王が国民議会を弾圧すると，パリの民衆が専制政治の象徴と考えられていた**バスチーユ牢獄**を襲い，地方でも農民が立ち上がって**フランス革命**が始まった。国民会議は**人権宣言**を発表し，自由・平等・国民主権など市民革命の原理を明らかにした。周辺諸国からの革命への干渉は，かえって行動を激しくさせ，1792年には共和制を始め，翌年に国王夫妻を処刑した。

しかし，外国からの干渉戦争や社会の混乱で，不安定な政治情勢が続いていた。このような中で，軍人**ナポレオン**が国民の支持を得て実権を握り，革命の終結を宣言して1804年に皇帝となり，ヨーロッパの大部分を征服した。そして，革命の成果を確かなものにするため，法の下の平等・経済活動の自由などを定めた民法典（**ナポレオン法典**）を制定した。しかしロシアへの遠征に失敗してから各地でも敗れ，ナポレオンの支配は1815年に終わった。その後フランスは不安定な状態が続いたが，ナポレオンのヨーロッパ征服により，自由・平等などのフランス革命の理念は各地に広まった。

史料

「人権宣言（フランス人権宣言）」

第１条　人は生まれながらにして自由・平等の権利をもっている。

第３条　あらゆる主権の根源は，本来，国民の中にある。

第４条　自由とは，他人を害しない限り，すべてのことを成しうることである。（一部要約）

くわしく

ナポレオンの没落

1812年，ナポレオンがロシア遠征に失敗すると，独立と自由を求めて各国が立ち上がり，敗れたナポレオンは地中海のエルバ島に流された。1815年に，一時皇帝に復帰するが再び敗れ，大西洋の孤島のセントヘレナに流されて，６年後に死んだ。

第5章 SECTION 2

産業革命と欧米諸国

18世紀後半にイギリスで始まった産業革命が各国に広がるとともに，イギリスやフランスなどでは資本主義への動きが起こってきた。イタリアやドイツでは統一国家が生まれ，アメリカ合衆国(がっしゅうこく)では南北戦争が起こり，ロシアでも近代化が進められるようになった。

1 産業革命

1 産業革命の始まり

(Granger / PPS通信社)

⬆機械化されたイギリスの紡績工場

古くからから毛織物(けおりもの)工業がさかんだったイギリスでは，17世紀ごろから，東インド会社が輸入する，軽くて美しいインド産の手織りの綿織物(めんおりもの)の人気が高まっていた。そのため，国内で綿織物を安く大量に生産しようと紡績機(ぼうせき)や織機の発明・改良があいつぎ，動力として**ワット**が改良した**蒸気機関**(じょうき)が使われるようになった。こうして生産された綿織物は，国内向けだけではなくやがてインドにも輸出されるようになった。

このように，機械の発明・改良などによって，マニュファクチュア（工場制手工業）から工場制機械工業に変わり，経済・社会のしくみが大きく変わったことを**産業革命**といい，18世紀後半にイギリスの綿(めん)織物工業から始まった。

参考

蒸気機関と工場

蒸気機関が実用化されることによって，これまで動力に水力を使っていた工場は，河川(かせん)の周辺から離(はな)れた場所にも建てられるようになった。

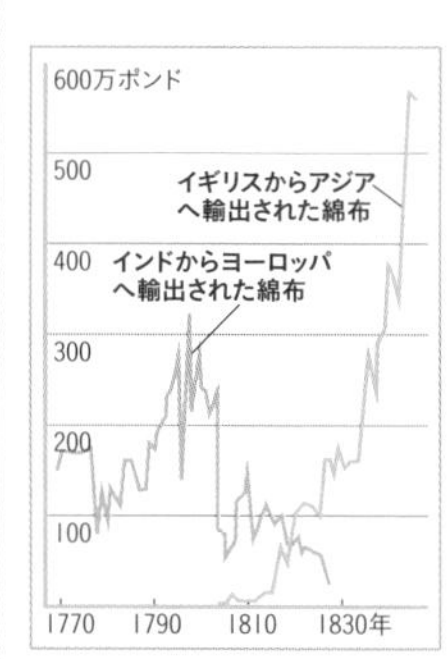

⬆インドとイギリスの綿布輸出の変化

2 産業革命の進展

綿織物工業が発達すると，機械工業と，機械の材料となる鉄をつくる製鉄，石炭などを運ぶ鉄道・造船などの産業も急速に発達し，フルトン（アメリカ）が**蒸気船**を，スティーブンソン（イギリス）が**蒸気機関車**を発明・実用化した。いち早く産業革命を成しとげたイギリスは，19世紀には**「世界の工場」**と呼ばれるようになった。産業革命はしだいに世界各国へ広がり，19世紀後半には日本にも広がった（→p.394）。

2 資本主義の発達

1 資本主義社会の成立

産業革命が進むと，鉄鉱石や石炭の産地近くなど，立地条件にめぐまれたところに工場が建てられるようになり，土地を失った農民たちが労働者となって集まり，工業都市が発展してきた。こうして，工場や機械・土地などの生産手段をもつ**資本家**が，賃金を得るために働く**労働者**を雇って，利益（利潤）を目的に自由に生産活動を行う**資本主義**の社会が成立した。

2 社会問題の発生

資本家は，より多くの利益を上げるため労働者を低賃金・長時間で働かせた。機械が使われるようになって熟練した労働者が必要でなくなり，女性や子どもも働かされるようになった。また都市に工場が建てられ，多くの人が集まったことで，住宅不足など生活環境が悪化した。労働者は生活を守るために団結して**労働組合**を結成して，資本家に労働条件の改善などを要求する労働運動を起こすようになった。

史料 

繊維工場で働く少女の証言

問：忙しいときは何時に工場へ行ったのか。

答：6週間ばかりですが，朝の3時に行き，終わるのは夜の10時から10時半でした。

問：休息はどれだけ与えられたのか。

答：朝食に15分間，昼食に30分間，そして飲料をとるのに15分間です。

（部分要約）

繊維工場の劣悪な労働条件が問題になったときに，政府に呼ばれた証人が答えたもの。

（TPG Images / PPS通信社）

⬆炭鉱で働く年少労働者

Episode

イギリスで産業革命が最初に始まったのはなぜ？

イギリスで産業革命が起こった要因は，大きく次のことが考えられる。

①いち早く市民革命を成しとげた結果，経済活動が自由になって商工業がさかんになり，民間に，技術革新に必要な資金が十分に蓄えられていた。

②18世紀に，地主が大規模な農業経営のために農地を集めたことで（囲い込み），土地を失った多くの農民が都市へ出て工場で働かなければならなかった。

③18世紀までに，フランスなどとの競争に勝って海外に広い植民地を持っていたので，原料の供給地と工業製品を売る市場が確保できていた。

このような中，資本主義を批判して，土地や工場などの生産手段を共有し，階級差のない平等な社会をつくろうとする**社会主義**の考え方が生まれた。ドイツの**マルクス**は，友人のエンゲルスとともに「**共産党宣言**」を著すなどして，社会主義の実現を説いた。

参考

マルクス（1818～1883）
貧困をなくすためには，労働者が団結して社会主義の社会を実現しようと訴え，労働者のために生涯をささげた。資本主義経済を分析した『資本論』を著し，世界に大きな影響を与えた。

3 欧米諸国の発展

1 イギリスの繁栄

いち早く産業革命を成しとげたイギリスは，19世紀の**ビクトリア女王**の時代に最盛期を迎えた。ロンドンは，世界の経済・金融の中心地となり，1851年には世界最初の**万国博覧会**が開かれた。民主主義も発展して二大政党制が整えられ，選挙法の改正で労働者・農民にも選挙権が与えられた。

↑万国博覧会 (Granger / PPS通信社)

2 フランスの動き

ナポレオンの没落後，フランスでは王政が復活した。しかし，国王はこれまでと同じような政治を行ったことから，市民や労働者が中心になって，19世紀前半に**七月革命**（1830年）・**二月革命**（1848年）と２度の革命が起こった。こののち，一時的な混乱を経てフランスは再び共和制に戻った。

発展

二月革命後のフランス
革命の翌年，臨時政府に反対してパリの民衆が自治政権（パリ＝コミューン）を成立させた。これは世界初の労働者の政権だったが，わずか２か月で政府軍に鎮圧された。

3 イタリアとドイツの動き

イタリアでは，サルディニア国王が**イタリア王国**をつくり，1870年にイタリア全土を統一した。小国が分立していたドイツでは，プロイセン首相**ビスマルク**が富国強兵策を進め，オーストリア，ついでフランスを破って，1871年にプロイセン国王ヴィルヘルム１世を皇帝に**ドイツ帝国**を成立させた。その後ドイツは産業が目覚ましく発展し，イギリスに次ぐ強国となった。

参考

ビスマルクと鉄血政策
ビスマルクは，軍備拡張に反対する議会で，「今日の問題はただ鉄（武器）と血（兵士）によってのみ解決される」と演説した。そこからビスマルクは鉄血宰相と呼ばれた。

4 ロシアの近代化

専制政治が続くロシアは，19世紀に入り積極的な**南下政策**をとり，1853年には地中海に進出しようとオスマン帝国（トルコ）と戦争（**クリミア戦争**）を始めたが，警戒するイギリス・フランスの参戦で敗れた。この敗北で改革の必要を感じた皇帝は，**農奴の解放**などの社会の改革を進めたがあまり成果がなく，ロシアでは20世紀になるまで専制政治が続いた。

参考

クリミアの天使

イギリスの看護師ナイチンゲールは，クリミア戦争で敵味方の区別なく傷病兵の看護に当たり，「クリミアの天使」と呼ばれた。

4 アメリカ合衆国の発展

1 南部と北部の対立

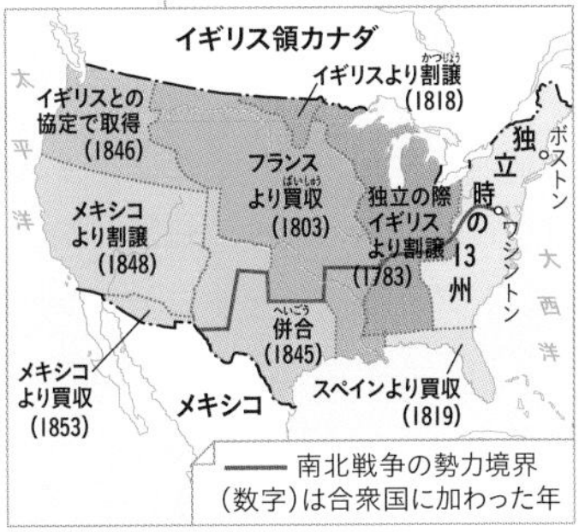

独立を達成したアメリカ合衆国は，ヨーロッパからの移民を受け入れ，国内産業の育成に力を入れた。さらに，戦争や買収によって領土を広げ，先住民を圧迫しながら西部への開拓を進め，19世紀半ばには太平洋岸まで達した。西部への開拓が進み，商工業が発達してくると，国内で南部と北部の対立が深まってきた。南部では，イギリス向けの綿花を栽培するために奴隷を使っていたが，北部は奴隷制に反対していた。また，商工業の発達していた北部は輸入品に関税をかける**保護貿易**を，南部は海外製品を安く買うために**自由貿易**を主張していた。

❶アメリカ合衆国の領土の拡大

2 南北戦争

南北の対立は，新しい州に奴隷制を認めるかどうかでさらに深まった。北部の**リンカン**が大統領になると，南部の州はアメリカ連合国を結成し，1861年に南北戦争が始まった。リンカン大統領は，1863年に**奴隷解放宣言**を出して支持を集め，1865年，内戦は北部の勝利で終わった。**アメリカは統一を取り戻し，奴隷制は廃止されて，民主主義と資本主義がいっそう発展した。**

参考

リンカンの演説

南北戦争中のゲティスバーグの演説で，「人民の，人民による，人民のための政治」を訴えた。これは民主主義の根本精神を示すものとして有名である。

なお，ストウ夫人の小説「アンクル・トムの小屋」も，奴隷解放を求める世論を高めた。

欧米諸国のアジア侵略

産業革命を進めたヨーロッパ諸国は，19世紀に入ると，原料の供給地や市場を求めてアジアに進出し，次々と植民地化していった。インドではイギリスの支配に不満をもつ人々がインド大反乱を起こし，中国はアヘン戦争で敗れ，ヨーロッパ諸国による半植民地化が進んだ。

1 アジアの情勢と侵略の背景

1 アジアの帝国

16～18世紀のアジアでは，オスマン帝国・ムガル帝国・清の３つの帝国が栄えていた。

アジア・アフリカ・ヨーロッパ大陸にまたがるイスラム教徒の**オスマン帝国**は，16世紀に全盛期を迎え，19世紀に入ると諸民族の独立運動などの高まりで国力は弱まった。インドでは，16世紀にイスラム教徒の**ムガル帝国**が建国され，イスラム文化がインド文化と融合して，**タージ＝マハル廟**に代表される独自のインド＝イスラム文化が生みだされた。しかし18世紀に入ると勢力が衰え，イギリスが植民地化に乗り出してきた。中国では，17世紀に満州族が**清**を建国し，明を滅ぼして中国を統一し，18世紀には最盛期を迎えていた。

⬆アジアの３つの帝国

⬆タージ＝マハル　ムガル帝国第５代皇帝が王妃のために建てた廟（霊をまつる建物）。

清の中国支配

清を建国したのは少数の満州族だったため，広い領土と漢民族を支配することが大変だった。このため，漢民族も役人として採用し，地方の政治を任せた。
しかし，漢民族に満州人の風習（服装や辮髪という髪型など）を押し付けていた。

2 欧米のアジア侵略の背景

19世紀の欧米諸国は産業革命が進展し，安い原料と，大量生産された工業製品を売るための市場を求めていた。一方，アジアは近代化が遅れていたが，茶・綿花などの原料は豊富で人口も多かったので，イギリスを先頭とする欧米諸国は，原料の供給地と製品の市場として，競ってアジアに進出してきた。

2 アヘン戦争と太平天国

1 イギリスのアジア貿易

イギリスでは，茶（紅茶）を飲む習慣が広まり，茶を清（中国）から大量に輸入して，その代金を銀で支払っていた。清では，貿易港を広州1港に制限していたため，綿織物などの輸出が伸びず，清との貿易は大きな赤字となり，茶の購入代金などとして大量の銀が清に流れていた。そのため，イギリスは銀の流出を防ごうと，綿織物を大量にインドへ輸出し，インドで栽培させた麻薬のアヘンを中国に持ち込んで売り，茶などを購入するようにし（**三角貿易**），大きな利益を上げた。この結果，銀はインド経由でイギリスに戻ったが，清は銀の流出とアヘン中毒患者の増加に苦しみ，アヘンの密輸を禁止し取り締まりを強めた。

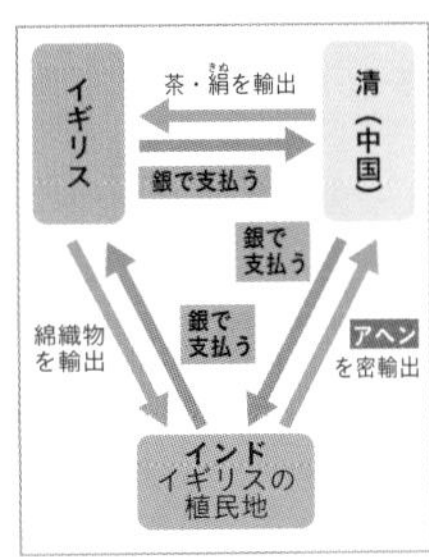

⬆三角貿易のしくみ

くわしく

アヘンの害毒

アヘンはケシの実から採れる汁を乾燥させた麻薬。これを吸い続けると体はやせ，気力はなくなり，やがて中毒になってしまうという恐ろしいもので，しかも高価だった。

2 アヘン戦争

アヘンの取り締まりを強める清が，アヘンを没収して廃棄すると，イギリスはこの機会を利用して自由貿易を実現しようと，1840年，清に戦争をしかけた。イギリスは強力な艦隊を送って広州や上海を攻撃し，清を降伏させた（**アヘン戦争**）。勝利したイギリスは，1842年に清と**南京条約**を結び，広州・上海など5港を開かせ，香港を手に入れ，多額の賠償金を支払わせた。その翌年には，イギリスの**領事裁判権**を認めさせ，清には**関税自主権**のない不平等条約を結ばせた。そののち，アメリカ・フランスともほぼ同様の条約を結んだ清は，欧米諸国の侵略が進んで植民地のような状態になった。そして，戦費や賠償金の支払いなどで人々には重税が課せられ，イギリスなどからの安い工業製品の流入で手工業が打撃を受け，人々の生活はいっそう苦しくなっていった。なお，日本ではアヘン戦争で

（公益財団法人東洋文庫所蔵）

⬆**アヘン戦争**　イギリスの軍艦の攻撃を受ける清の帆船。

参考

香港の返還

南京条約で香港を手に入れたイギリスは，その後に周辺も領有して支配を続けた。香港は1997年に中国に返還され，現在は，中国の行政区となっている。

清が敗れたことを知ると，異国船打払令を緩めて薪水給与令を出した。

3 太平天国

半植民地化が進み，人々の生活が苦しくなると，満州族の清を倒して漢民族を再興し，貧富の差のない，平等な社会を目指そうという動きが起こり，1851年，**洪秀全**が農民などを率いて**太平天国**を建国し（**太平天国の乱**），1853年に南京を都とした。この反乱に対して，地主たちは義勇軍をつくり，諸外国も清を助けるようになって，太平天国は1864年に滅んだ。清が太平天国などの混乱で苦しんでいるとき，より有利な条約を結ぼうとねらっていたイギリスとフランスは，清を攻めて北京を占領し，北京条約を結んでいっそうの市場開放と，キリスト教の布教を認めさせた。

❶アヘン戦争と太平天国の乱

参考

進む中国侵略

太平天国の反乱の最中に，イギリス船アロー号の水夫が清の役人に逮捕される事件（アロー号事件）が起こった（1856年）。これにフランス人宣教師殺害事件がからんだため，イギリスはフランスとともに清を攻めて屈服させ（アロー戦争），いっそうの市場開放などを認めさせた。

3 インド・東南アジアの植民地化

1 イギリスのインド支配

すでに1600年に東インド会社をつくって貿易に乗り出していたイギリスは，ムガル帝国の衰えを見て，18世紀後半からはインド進出を本格化した。そして競争相手のフランスを破ってインドから退け，ムガル帝国の衰えに乗じて支配地を内陸に広げていった。その結果，産業革命後のイギリスは，インド産綿花を用いてイギリス国内で**機械で大量生産された安い綿織物をインドへ輸出**し，インドから輸入する綿織物には高い税金をかけた。そのため，手工業に頼っていたインドの綿織物業は打撃を受け，イギリスの植民地支配に対する人々の反感が高まっていった。

❶イギリスのインド支配

2 インド大反乱

(Alamy/PPS通信社)

⬆インド大反乱　インド独立運動の原点とされる。

イギリスに対する反感は，1857年に，東インド会社に雇われていたインド人兵士の反乱で爆発した。反乱は，農民をはじめ旧支配層なども加わって各地に広まり，**インド大反乱**となった。この反乱を鎮圧したイギリスは，1858年にムガル帝国を滅ぼし，インド全土を直接支配することにした。

さらに，イギリス国王（ビクトリア女王）が皇帝を兼ねて**インド帝国**を成立させた。インドは完全に植民地となり，**イギリスの植民地支配の拠点**となった。

3 東南アジアの植民地

東南アジアでは，すでに17世紀初めころに進出していた**オランダ**が，ジャワ島を根拠地に周辺の島々に勢力を広げ，オランダ領東インドを成立させた。太平洋に進出した**アメリカ**は，19世紀末にスペインからフィリピンを獲得した。**イギリス**は，ビルマ（現在のミャンマー）をインド帝国に併合し，さらにマレー半島を植民地とした。**フランス**はインドシナに進出し，フランス領インドシナ連邦をつくった。

⬆欧米諸国のアジア侵略

なぜ？

シャム（現在のタイ）が植民地にならなかった理由

①シャムでは，19世紀後半に即位した国王チュラロンコン大王が改革を行って近代化を進め，国力を充実させていた。

②ビルマ（現在のミャンマー）に進出したイギリスと，インドシナ半島に進出したフランスが，シャムをはさんで衝突を回避した。

参考

オランダ領東インド

ジャワ島・スマトラ島を主として，周辺のボルネオなどの島々や，ニューギニア島の西半分などを含む，熱帯に属する地域。オランダ本国の約60倍の面積がある。オランダは，さとうきび・コーヒーなどを現地の人を使って強制的に栽培させ，ヨーロッパに運んで大きな利益を得ていた。

開国と江戸幕府の滅亡

日米和親条約で開国した日本は，日米修好通商条約で貿易を始めた。政治や経済の混乱が続く中で，薩摩藩・長州藩は攘夷の不可能を知り，同盟を結んで倒幕運動を進めた。幕府は，15代将軍徳川慶喜が大政奉還を行い，約260年続いた江戸幕府は滅んだ。

1 開国とその影響

1 黒船の来航

1853年，アメリカ使節の東インド艦隊司令長官**ペリー**が，４隻の軍艦を率いて**浦賀**（神奈川県）に来航した。

人々は，これらの軍艦を「黒船」と呼んだ。アメリカは，日本を北太平洋での捕鯨船の寄港地や，中国との貿易での中継地にしようと考えて，大統領の国書を渡して開国を強く求めた。幕府は，翌年回答すると約束し，先例を破って大名などの意見を聞き，朝廷にも報告した。このことは，幕府の権威を弱め，朝廷や大名の政治への発言力を強めることにもなった。

2 日米和親条約

翌1854年，ペリーは再び来航して幕府に回答を迫り，幕府はやむをえず**日米和親条約**を結んだ。この条

参考

なぜ黒船と呼んだか？

はじめて見る黒船におどろいた人々の様子は，下の狂歌にも表れているが，なぜ船は黒かったのか？

この船は木造船で，木材が腐食しないようにコールタール（石炭から生ずる油状の物質）を塗っていたからである。

史料

黒船来航をうたった狂歌

泰平の眠りをさます
上喜撰　たった四杯で
夜も眠れず

「上喜撰」とは上質な茶の銘柄で，蒸気船にかけている。

思考力UP

Q. アメリカが日本に来航したのはなぜだろう？

Hint 19世紀半ばに太平洋側まで領土を拡大したアメリカは，中国との貿易を目指し，また，北太平洋では鯨油を取るため捕鯨がさかんだった。それらの船に，食料や燃料を補給する港が必要だった。

A. 中国と貿易するための船と，鯨油を取るための捕鯨船の寄港地を求めていたから。

（一般財団法人　黒船館）

⬆黒船の来航

約で，幕府は**下田**（静岡県）と**函館**（北海道）の２港を開港し，アメリカ船に燃料・水・食料などを供給すること，下田に領事を置くことを認めた。ついで，同様の条約を，イギリス・ロシア・オランダとも結んだ。こうして日本は，長く続けた鎖国政策をやめ**開国**することになった。

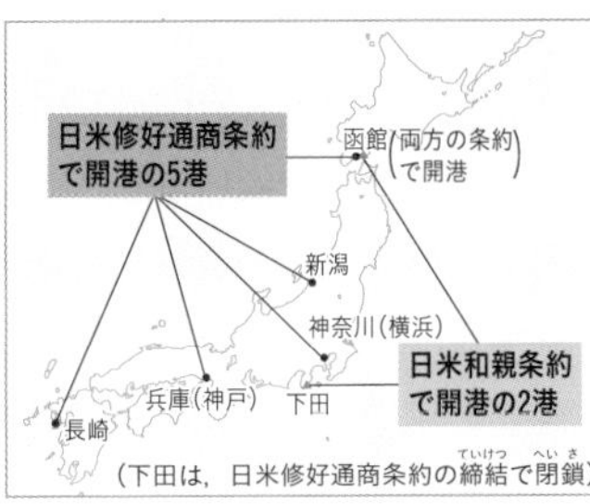

⬆幕末の2つの条約で開港されたところ

3 日米修好通商条約

1856年，下田に着任したアメリカ総領事**ハリス**は，幕府に通商条約を結んで，自由な貿易を行うことを強く求めた。**大老**の**井伊直弼**は，清がイギリス・フランスに敗れたことを知ると，朝廷の許可のないまま，1858年に**日米修好通商条約**を結んだ。これによって，**函館**・**神奈川**（横浜）・**長崎**・**新潟**・**兵庫**（神戸）の５港を開き，開港地の居留地（外国人の居住・営業などを認めた地域）で貿易を行うことになった（下田は閉鎖された）。しかし，この条約は中国が結ばされた南京条約（→p363）と同じように，アメリカの**領事裁判権**を認め，日本に**関税自主権**がないなど，日本にとって不平等なものだった。ついで，オランダ・ロシア・イギリス・フランスともほぼ同じ内容の条約を結び（**安政の五か国条約**），開港地での貿易が始まった。

くわしく

不平等条約の内容

領事裁判権を認める…日本で罪を犯した外国人を，外国の領事が裁判する権利で「治外法権」ともいう。

関税自主権がない…日本に，輸入品にかける関税の率を自主的に決める権利がない。

史料

日米修好通商条約

第４条　すべて日本に対して輸出入する商品は別に定めるとおり，日本政府へ関税を納める。

第６条　日本人に対して法を犯したアメリカ人は，アメリカ領事裁判所において取り調べのうえ，アメリカの法律によって罰する。

（部分要約）

4 開国による経済の混乱

貿易が始まると，日本は生糸・茶などを輸出し，毛織物・綿織物や武器などを輸入した。**最大の貿易港は横浜，相手国はイギリスが中心で**，日本を開国させたアメリカは南北戦争の影響で出遅れた。貿易の

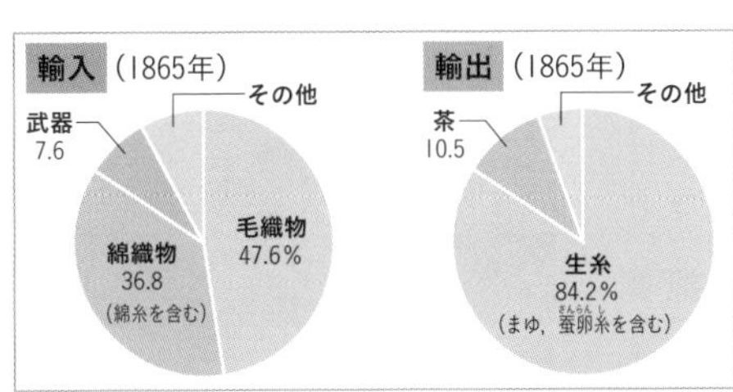

⬆主な輸出入品の割合　（『日本経済史3　開港と維新』）

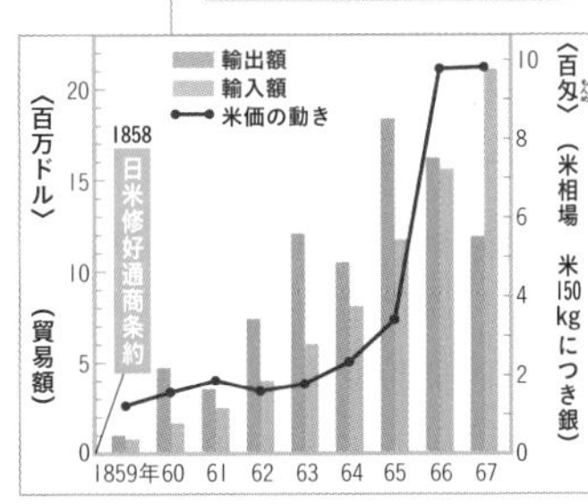

⬆開国後の貿易と米価の動き

開始は国内の産業にも影響を与え，輸出の中心となった生糸は生産がさかんになったが，一方，大量に輸入される安い綿糸や綿織物は，国内の生産地に打撃を与えた。また，幕府が**金の流出を防ぐために質の悪い貨幣をつくった**ことで物価が上昇して人々の生活は苦しくなり，百姓一揆や打ちこわしが続発した。

2 尊王攘夷から倒幕へ

1 開国後の情勢と尊王攘夷

開国による政治・経済の混乱に対して，外国人を打ち払えという**攘夷論**が，水戸藩（茨城県）などの武士を中心に強まっていた。こうしたとき，幕府が天皇の許可を得ずに通商条約を結んだことで，天皇を尊ぶ**尊王論**と攘夷論が結び付いて，幕府の政策に反対する**尊王攘夷運動**がさかんになってきた。これに対して大老井伊直弼は，反対派の大名や公家を取り締まり，長州藩（山口県）の**吉田松陰**や，越前藩（福井県）の橋本左内ら尊王攘夷派を多数処罰した（**安政の大獄**）。このため幕府への反感はいっそう高まり，井伊直弼は1860年に江戸城桜田門外で，水戸藩の元藩士らによって暗殺された（**桜田門外の変**）。こののち，幕府は朝廷との結びつきを強めて政権を維持しようと，**公武合体**政策をおし進め，孝明天皇の妹の和宮を14代将軍徳川家茂の夫人に迎えるなどしたが，尊王攘夷運動の高まりは抑えられなかった。

2 薩摩藩と長州藩の動き

幕府側に立つ薩摩藩（鹿児島県）は，1862年，藩主の父が江戸から帰るとき，生麦村（神奈川県横浜市）で，行列を横切ったイギリス人を殺傷する事件を起こした（**生麦事件**）。翌年イギリスは，その報復として艦隊

なぜ？

なぜ日本の金が海外流出したの？

日本での金の価値は外国よりも低く，金と銀の交換比率は，日本で約1：5，欧米では約1：15だった。そこで，外国人が，外国の銀貨と日本の金貨（小判）をさかんに交換したので，日本の金が海外に大量に流出した。

KEY PERSON

井伊直弼

（1815～1860年）

（豪徳寺）

彦根藩主（滋賀県）から幕府の大老となる。日米修好通商条約を結び，安政の大獄で反対派を処罰した。しかし，反発する元水戸藩士らによって暗殺された。

（大洗町幕末と明治の博物館所蔵）

⬆桜田門外の変

を派遣して鹿児島を砲撃した（**薩英戦争**）。鹿児島市街は大きな被害を受け，薩摩藩は攘夷が不可能なことを知った。

尊王攘夷の立場をとる長州藩（山口県）は，攘夷実行として1863年に下関（関門）海峡を通る外国船を砲撃した。翌1864年には，京都での勢力回復を目指して，御所を守る会津藩（福島県）や薩摩藩などと戦ったが敗れた。これに対して幕府は長州藩へ出兵し（**長州出兵**），さらに砲撃を受けたイギリスなど４か国の連合艦隊が，下関の砲台を攻撃して占領した（**四国艦隊下関砲撃事件**）。長州藩は内外からの攻撃を受けて，幕府に従う態度を示した。

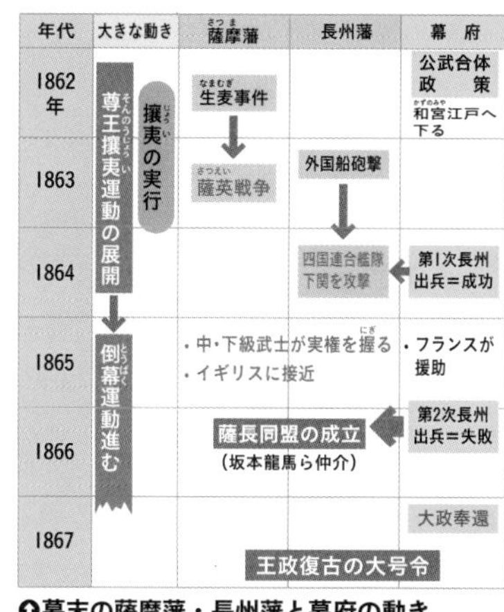

年代	大きな動き	薩摩藩	長州藩	幕府
1862年	尊王攘夷運動の展開 攘夷の実行	生麦事件		公武合体政策 和宮江戸へ下る
1863		薩英戦争	外国船砲撃	
1864			四国連合艦隊下関を攻撃	第1次長州出兵＝成功
1865	倒幕運動進む	・中・下級武士が実権を握る ・イギリスに接近		・フランスが援助
1866		薩長同盟の成立 （坂本龍馬ら仲介）		第2次長州出兵＝失敗
1867		王政復古の大号令		大政奉還

⬆幕末の薩摩藩・長州藩と幕府の動き

（横浜開港資料館所蔵）

⬆４か国の連合艦隊に占領された下関砲台

③ 倒幕運動の展開

攘夷の不可能を知った薩摩藩では**西郷隆盛**・**大久保利通**ら，長州藩では**高杉晋作**・**木戸孝允**ら，それぞれの藩の下級武士が藩政の実権を握った。長州藩も反幕府の立場をとるようになり，両藩はイギリスに接近して軍事力を増強し，藩の近代化を進めていった。1866年，薩摩藩と長州藩は，土佐藩（高知県）出身の**坂本龍馬**・中岡慎太郎らの仲介で**薩長同盟**を結び，倒幕へ動き出した。

フランスの援助を受けた幕府は長州藩に再び出兵したが，薩摩藩の出兵拒否などから失敗し，この結果，幕府の権威は地に落ち，倒幕の動きが強まっていった。

KEY PERSON

坂本龍馬
（1835〜1867年）

（高知県立坂本龍馬記念館）

土佐藩出身。幕臣の勝海舟に学んだあと，長崎に貿易を行う亀山社中をつくり，薩摩藩や長州藩に武器などを売った。薩長同盟の仲介を行ったが，新政府の成立を見る前に京都で暗殺された。

3 幕府の滅亡と戊辰戦争

① 江戸幕府の滅亡

開国後の政治や経済の混乱で，物価上昇などに苦しむ民衆は幕府に不満をもつようになり，世直しを求める一揆がしきりに起こっていた。1867年には「**ええじゃないか**」と人々が乱舞する騒ぎが全国に広がっていった。さらに，薩摩藩・長州藩の倒幕の動きも高まっていた。こうした中，公武合体の立場を取る土佐藩は，藩士後藤象二郎と坂本龍馬が前藩主の山内豊信を通して15代将軍**徳川慶喜**に，政権を朝廷に返すようにすすめ，慶喜はこれを受け入れて，1867年に政権を朝廷に返した（**大政奉還**）。徳川慶喜は新政権の中で実権を握ろうとしたが，西郷隆盛や公家の岩倉具視らは朝廷を動かして**王政復古の大号令**を出し，**天皇中心の新政府樹立を宣言**した。さらに，徳川慶喜に官職と領地の一部返上を命じた。

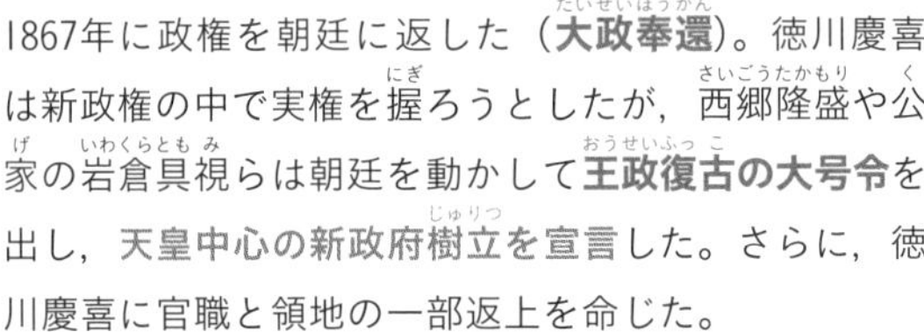

こうして約260年続いた江戸幕府は滅んだ。

（国文学研究資料館）

「ええじゃないか」

参考

「ええじゃないか」

1867年，伊勢神宮のお札が天から降ってきたといって，「ええじゃないか」とはやし立てながら踊り歩く騒ぎが名古屋（愛知県）で起こり，東海・南関東・近畿・四国などへと広がった。これは，人々の「世直し」への期待と不安を表したものだった。

2 戊辰戦争

新政府に不満をもつ旧幕府軍は，1868年，京都の鳥羽・伏見で戦いを起こしたが敗れ，新政府軍は江戸に向かい，**西郷隆盛と旧幕臣の勝海舟の話し合いで江戸城を無血開城**させた。その後も会津藩（福島県）などを破り，1869年には五稜郭（北海道）の戦いで勝利して，新政府による国内統一が完成した。鳥羽・伏見の戦いに始まる，旧幕府軍と新政府軍の一連の戦いを**戊辰戦争**という。

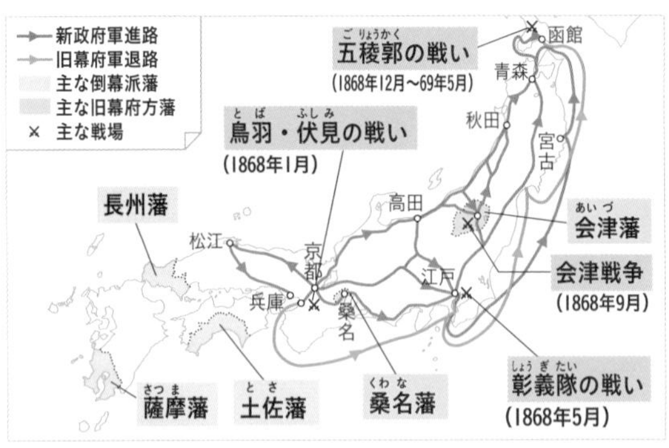

戊辰戦争の展開

（聖徳記念絵画館）

二条城で大政奉還を伝える慶喜

（「大政奉還」邨田丹陵筆）

第5章 SECTION 5

明治維新

江戸幕府に代わってできた明治新政府は，五箇条の御誓文で政治の方針を示し，近代化のためにさまざまな改革を進めた。廃藩置県で中央集権国家の基礎を確立し，学制の公布，徴兵令の制定，そして財政安定のための地租改正などで，富国強兵策を進めていった。

1 明治新政府の成立

（個人像）

⬆江戸城に入城する明治天皇一行

1 新政府の政治方針

戊辰戦争の勝利で国内を統一した新政府は，日本を近代国家にするためにさまざまな改革を進めていった。このような政治・経済の変革とそれに伴う社会の変化を，**明治維新**という。

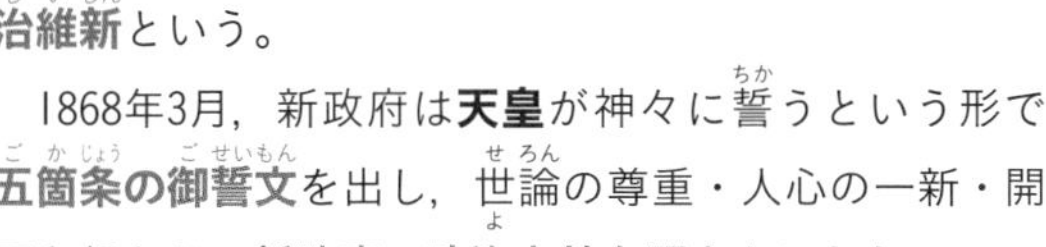

1868年3月，新政府は**天皇**が神々に誓うという形で**五箇条の御誓文**を出し，世論の尊重・人心の一新・開国和親など，新政府の政治方針を明らかにした。

五箇条の御誓文が出された翌日には，民衆の守るべきこととして，キリスト教禁止など旧幕府の方針を受け継いだ五つの高札（**五榜の掲示**）を示した。ついで江戸を**東京**と改め，年号を慶応から**明治**と改めて，翌年には首都を京都から東京に移した。こうした政治の一新を，人々は「御一新」と呼んで期待した。

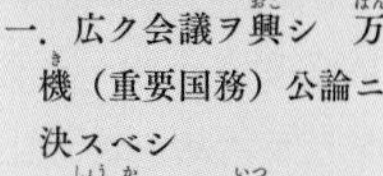

史料

五箇条の御誓文

一．広ク会議ヲ興シ　万機（重要国務）公論ニ決スベシ

一．上下心ヲ一ニシテ盛ニ経綸（政策）ヲ行フベシ

一．官武一途庶民ニ至ル迄各其志ヲ遂ゲ　人心ヲシテ倦マザラシメンコトヲ要ス

一．旧来ノ陋習（悪習）ヲ破リ天地ノ公道ニ基クベシ

一．智識ヲ世界ニ求メ大ニ皇基ヲ振起スベシ

2 中央集権国家の確立

明治新政府の成立後も藩は残り，大名が藩主として支配していた。そこで，**木戸孝允**や**大久保利通**らは，中央集権国家をつくり上げるため，1869年，藩主に土地（版図）と人民（戸籍）を政府に返させた（**版籍奉還**）。

しかし，旧藩主を知藩事に任命して，そのまま藩の政治を行わせたので，改革の効果は上がらなかった。

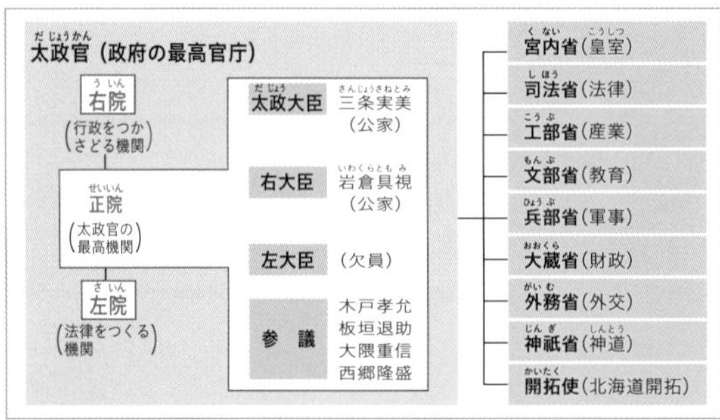

↑新政府のしくみ（1871年8月）

したがって，新政府は引き継いだ旧幕府領など，限られた土地から年貢を厳しく取り立てたので人々の不満が高まり，一揆がしきりに起こった。旧藩の領地でも，変わらない政治に人々の不満が高まっていた。

そのため新政府は，1871年に藩を廃止して県を置く**廃藩置県**を行い，各県には**県令**（のちの県知事），東京・大阪・京都の３府には**府知事**を中央から派遣して地方政治に当たらせた。これによって，年貢もすべて国の収入となり，**中央集権国家の基礎が確立**した。

しかし，中央政府の重要な役職は，倒幕の中心となった薩摩・長州・土佐（高知県）・肥前（佐賀県）の出身者が占め，のちに**藩閥政治**と呼ばれた。

3 身分制度の廃止

国内の統一を進めていた新政府は，江戸時代の身分制度を廃止することにし，天皇の一族を**皇族**，公家や大名を**華族**，武士を**士族**，百姓・町人を**平民**とした。

KEY PERSON 

大久保利通
（1830~1878年）

（国立国会図書館）

薩摩藩出身で，西郷隆盛とともに藩を指導して幕府をたおした。征韓論を退けて明治新政府で指導的立場に就き，地租改正・殖産興業などで新政府の基礎をつくった。

1869	公家・大名を華族，武士を士族とする
1870	平民に名字（姓）の使用を許可
1871	華族・士族・平民相互の結婚を許可
	「解放令」の布告
1873	徴兵令の布告
1875	華族・士族への家禄の米支給廃止
1876	士族の帯刀を禁止
	家禄を廃止➡これで士族の特権すべて廃止

↑身分制度関係の政策

Episode

廃藩置県がスムーズにできたのはなぜ？

藩を廃止するという大変革が，旧大名たちの抵抗がほとんどなく実行できたのは，なぜだろうか。その大きな理由は，戊辰戦争を戦った多くの藩が，多額の負債（大商人からの借金や藩札など）に苦しんでいたことにある。当時，諸藩の負債の合計は約7800万円余りで，これは当時の国家予算の２倍近くといわれる。この巨額の負債に，廃藩の前に領地の返上を申し出る藩があったほどである。この負債を，廃藩の代わりに新政府が引き継いでくれることになったので，廃藩置県がスムーズに行われたのである。

そして，**皇族以外はすべて平等**とし，さらに平民が名字（姓）を名のることや，居住地や職業の選択，華族・士族との結婚なども自由になった。士族は，のちに刀を差すことが禁止された。1871年には，えた身分・ひにん身分（→p.324）として差別されてきた人々の呼び名を廃止し，身分・職業とも平民と同じとする布告（いわゆる**解放令**）を出した。しかし，新政府は差別をなくすための具体的な政策をとらず，職業や結婚などでの差別は根強く残った。これに対して，差別からの解放を求める動きが起こった。

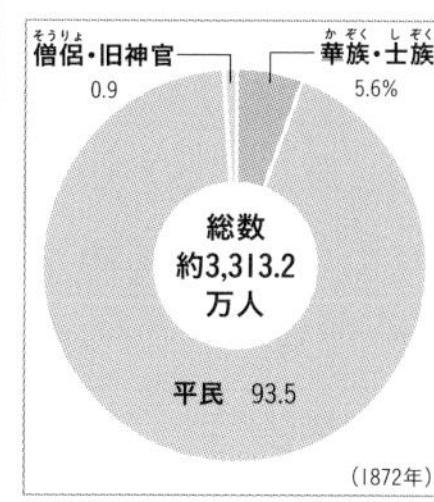

↑華族・士族・平民の割合
（「近代日本経済史要覧」による）

2 新政府の三大改革

1 富国強兵を目指して

新政府は，欧米諸国に対抗するために，経済を発展させて国力を向上させ，強力な軍隊を持つことを目指した。こうした方針を**富国強兵**といい，**教育の整備**，**税制の改革**，**軍隊制度の創設**の３つが中心となった。

2 学制の公布

新政府は，国民すべてに教育を受けさせることを目標に，1872年に**学制**を公布し，近代的な学校制度の基本を定めた。とくに小学校教育が重視され，全国各地に小学校を設けて，**満６歳以上の男女に教育を受けさせることが義務**となった。しかし，授業料や小学校の建設費の負担は重く，さらに重要な働き手でもある子どもたちを通学させることを嫌い，反対する者も多かった。教育期間は３～４年間だったが，1907年には６年間に延長され就学率も上がっていった（→p.397）。高等教育機関としては，1877年に東京大学が発足して，多くの外国人教師を招いた。また，教師を養成する官立の師範学校もつくられた。

参考

国宝になった小学校

最初の小学校は，江戸時代の寺子屋などを利用したものが多かった。下の写真は1876年に，今の長野県松本市に建てられた開智学校で，横浜などの最新の洋風建築を参考に，日本の伝統的な技法を用いて洋風に見えるようにつくられている（擬洋風）。クラスごとに教室が分かれているなど，当時の先進的なつくりで，1963年まで使われていた。こうしたことから，近代の学校建築として2019年に国宝に指定された。

（国宝旧開智学校）

↑旧開智学校（長野県松本市）

3 地租改正の実施

新政府の主要な財源は，旧幕府時代からの諸藩の年貢を引き継いだものだったので，地域によって年貢率も違い，豊作・凶作によって年々収穫量も変動し，収入は不安定だった。そこで政府は，税収入と国家の財政を安定させる必要から，税制の改革を行った。

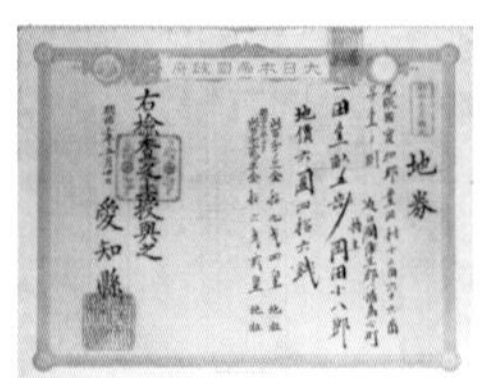

地券
土地の所有者・面積・所在地・地価・地租の額などが記されている。

まず，1872年に土地の売買を自由にし，全国の土地を調査して土地の価格（**地価**）を定め，土地の所有者（地主）に**地券**を発行した。

こうした準備のうえで，1873年から**地租改正**を行い，土地の所有者に**地価の３%**の税（**地租**）を現金で納めさせた。この結果，地租は全国で統一された税となり，政府の税収入は安定した。しかし，地租は江戸時代の年貢の額と変わらないことを前提として決められたので，農民の負担は減らず，各地で地租改正反対の一揆が起こった。このため，政府は1877年に地租の税率を地価の2.5%に引き下げた。

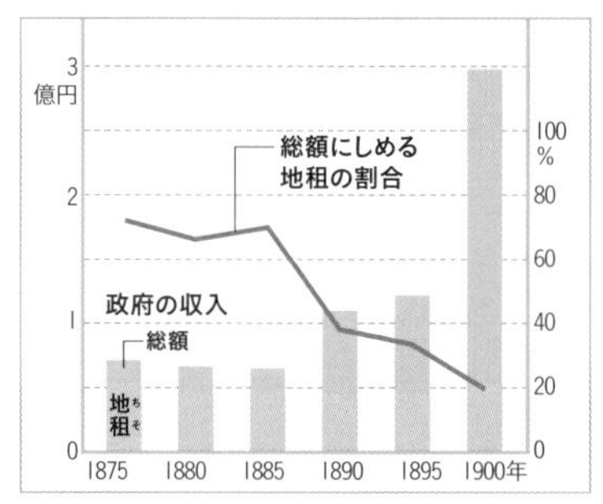

政府の収入の移り変わり

一方，地主は高い小作料を以前と同じ米で受け取ったので，米の値段が上がると地主だけが大きな利益を得るようになった。

参考

地租改正と農村の近代化
地租改正が行われても，農村では小作制度が残り，小作人の生活は苦しかった。また生活に苦しむ自作農が土地を手放して大地主が生まれるなど，農村の近代化は進まなかった。

4 徴兵令の布告

新政府は，富国強兵を目指す政策として1873年に**徴兵令**を布告し，士族・平民の区別なく満20歳以上の男子に３年間の兵役を義務付けた。これによって国民皆兵の原則ができ上がった。しかし，最初は多くの免除規定があり，戸主（一家の主人）とその跡継ぎ（主に長男），役人，学生，代人料270円を支払った者などは，兵役が免除された。この結果，実際に兵役に就いたのは，多くは平民の次男・三男で，とくに農民たちは一家の働き手がうばわれるとして，各地で徴兵反対の一揆を起こした。

（みどり市大間々博物館）

「徴兵のがれの心得」

明治新政府の外交

新政府は，不平等条約の改正や国境の画定など，さまざまな外交問題を抱えていた。岩倉使節団の条約改正交渉は失敗したが，ロシアとは樺太・千島交換条約を結んだ。琉球処分では沖縄県を設置し，北海道には開拓使を置いて開拓と北方の警備に当たった。

❶ 新政府の外交と国境の画定

1 岩倉使節団の派遣

新政府にとって，幕末に結ばれた不平等条約の改正は大きな課題だった。そのため1871年，**岩倉具視**を全権大使に，大久保利通・木戸孝允・伊藤博文らを副使とする使節団を欧米に派遣した（**岩倉使節団**）。使節団には，約50名の団員のほか，**津田梅子**ら５人の女子を含む多くの留学生も同行した。条約改正の予備交渉は，日本の法整備などが進んでいないことなどで不成功に終わるが，使節団は欧米各国の政治制度や産業・文化などの視察に重点を移し，**国力の充実と近代化の必要性を痛感**して1873年に帰国した。

（聖徳記念絵画館）
↑**岩倉使節団の出発**（「岩倉大使欧米派遣」山口蓬春筆）

参考

生かされた使節団の経験
条約改正の予備交渉は結局失敗したが，目的を欧米の制度・文物の視察に切り替えたことは，のちの改革に十分に生かされた。

2 国境の画定

近代的な国際関係をつくるためには，国境を定め領

Episode

岩倉使節団に5人の女子が同行したのはなぜ？

北海道開拓使長官の黒田清隆（のち首相）が，アメリカで女子教育の重要性を知り，優れた人材の育成には母親となる女子の教育が必要と考え，派遣を進言した結果であった。最年少の津田梅子はわずか７歳で，アメリカで11年間の教育を受けて帰国し，1900年には女子英学塾（現在の津田塾大学）をつくり，女子教育に生涯をささげた。

（津田塾大学津田梅子資料室所蔵）
↑**津田梅子**

土を画定することが必要だった。幕末のロシアとの条約では，樺太（サハリン）は両国の雑居地で，どちらの領土か決まっていなかった。そこで1875年，**樺太・千島交換条約**を結び，樺太をロシア領，千島全島を日本領とした。1876年には，太平洋の小笠原諸島の領有が国際的に認められた。

⬆明治初期の外交と国境の画定

2 琉球と蝦夷地

1 琉球王国から沖縄県へ

政府は，これまで薩摩藩の支配を受けながら清にも従っていた**琉球王国**を，1871年に鹿児島県に編入し，翌1872年には**琉球藩**を設置して，琉球王尚泰を藩王とした。これは，清との関係を断ち切り，完全に日本の支配下に置こうとするものであった。しかし，清が抗議したため，両国は琉球の帰属をめぐって対立した。

1874年，琉球漁民の殺害事件をきっかけとする台湾出兵で琉球の領有が認められたと考えた日本は，1879年，琉球の人々の反対を軍隊の力を背景に抑えて，琉球藩を廃止し沖縄県を設置した（**琉球処分**）。しかし，土地制度や租税制度などはそのまま残され，沖縄の人々が衆議院議員の選挙権を得たのは1912年のことだった。

2 蝦夷地から北海道へ

政府は1869年に蝦夷地を**北海道**と改めて，**開拓使**を置いて開拓事業を進めた。開拓使は，外国から顧問を招いて欧米の技術を導入し，農地の開墾や鉄道・道路の建設，都市づくりなどに力を注いだ。1874年には**屯田兵制度**を設けて，生活に苦しむ士族（旧武士）たちを集め，開拓と合わせて北方ロシアの防備に当たらせた。労働力の不足には囚人が集められ，過酷な道路工

くわしく

台湾出兵
1871年，台湾に漂着した琉球の漁民が先住民に殺される事件が起こった。これに対して日本は，琉球は日本の一部であることを示すために台湾に出兵した。清は，イギリスの仲介もあって日本の出兵を正当と認め，賠償金を支払った。

参考

クラーク（1826～86年）
アメリカの科学者・教育家。1876年，開拓使の招きで来日し，札幌農学校（現在の北海道大学の前身）の創設に当たった。翌年に帰国したが，そのときに残した「少年よ，大志を抱け」という言葉は有名である。

事などに当たらせた。開拓が進む一方で，先住民のアイヌの人々は土地や漁場をうばわれ苦しい生活を強いられるようになった。さらに伝統的な文化も否定され，日本語の使用など同化政策が進められた。

3 中国と朝鮮

1 中国との関係

これまで日本と清（中国）との間では，正式な国交がなかったが，1871年，政府は清と**日清修好条規**を結んで国交を開いた。この条約は，領事裁判権（治外法権）を相互に認めるなど，**日本が外国と結んだ最初の対等な条約**だった。

その後，琉球がどちらの国の領土かをめぐって台湾出兵などがあった。

2 朝鮮との関係

明治新政府は，朝鮮にも国交を開くように求めたが，鎖国政策をとる朝鮮はこれを断ってきた。そこで，朝鮮が朝貢している清と対等な条約（日清修好条規）を結び，朝鮮と交渉したがそれでも応じなかった。そこで，**武力を用いて開国を迫ろうという意見（征韓論）**が強まり，1873年に西郷隆盛を派遣することが決まった。しかし，欧米視察から帰国した**大久保利通**らは，**国力の充実が先であると主張**して，派遣を中止させた。この結果，征韓論を主張した西郷隆盛や板垣退助らは政府を去った。

その後も交渉を続けた新政府は，朝鮮沿岸で日本の軍艦が無断で測量して朝鮮軍と衝突した事件（**江華島事件**）を口実に圧力をかけ，1876年に**日朝修好条規**を結び，朝鮮を開国させた。この条約は，幕末に日本が欧米諸国と結んだ条約と同じように，日本が領事裁判権をもつなど，**朝鮮にとって不平等な内容**だった。

参考

アイヌの人々への政策

新政府は1899年に北海道旧土人保護法を制定して農地を分け与えるなどして同化政策を行った。しかし第二次世界大戦後，先住民の権利を守る動きが国際的に高まり，1997年に北海道旧土人保護法は廃止されて，アイヌ文化振興法が制定された。2019年には，それに代わりアイヌ民族を「先住民族」と初めて明記したアイヌ新法（アイヌ施策推進法）が制定された（→p.494）。

発展

江華島事件

首都の漢城（今のソウル）近くの江華島で，日本の軍艦が測量という名目で近づいて朝鮮側を挑発し，朝鮮側から砲撃を受けた事件。これをきっかけに全権を送り，武力を背景に日本に有利な条約を結ばせた。

↑朝鮮半島と江華島事件

殖産興業と文明開化

富国強兵の方針を打ち出した新政府は，近代産業の育成に力を入れた。そのため，これまでの古い制度を撤廃して欧米諸国の進んだ技術を取り入れ，資本主義が発展した。またこの時期は，欧米の進んだ文化も流入し，都市を中心に文明開化が進んだ。

1 殖産興業

1 近代工業の育成

富国強兵を目指した新政府は，欧米の進んだ経済制度や技術などを導入して，**近代産業を育成し，経済の資本主義化**をはかった。こうした政策を**殖産興業**と呼ぶ。当時はまだ工場制手工業（マニュファクチュア）の段階で，民間に大規模な近代工業をおこす力がなかった。そこで政府は，欧米の機械や技術を積極的に取り入れ，外国人技師を招いて製糸・紡績工場や軍事工場を中心に**官営模範工場**を設立した。また，幕府や藩が持っていた鉱山・工場なども手に入れて，近代工業の育成をはかった。

1872年に開業した**富岡製糸場**（群馬県）は，フラン

（個人像）

⬆富岡製糸場

富岡製糸場の工女

工女の多くは，募集に応じた士族の子女だった。ここで技術を習得した工女たちは，各地につくられた民間の製糸工場で技術を指導する役割を果たした。

なお富岡製糸場は，日本が近代工業国に仲間入りするかぎとなったなどの理由から世界文化遺産に登録されている。

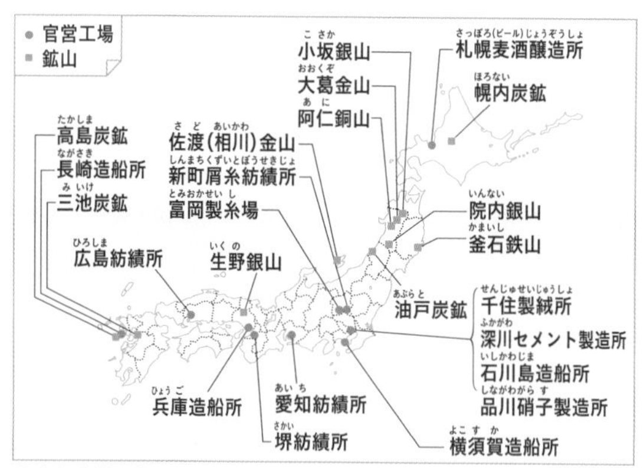

⬆主な官営工場と鉱山

ス人技師の指導で技術の導入と工女（女子工員）の育成に力を入れ，生糸の大規模な生産を行った。

2 貨幣・金融制度の整備

新政府が成立したころは，江戸時代の藩札や，新政府が発行した太政官札などが流通して，通貨が混乱していた。そこで政府は，1871年に新貨条例を定めて，**円**・**銭**・**厘**の10進法による新しい貨幣をつくって統一的な貨幣制度をしいた。翌年には，紙幣の発行と殖産興業を進める資金の供給を目的に，**渋沢栄一**らの意見で**国立銀行条例**を定めた。これによって，民間の第一国立銀行などがつくられた。

くわしく

国立銀行

国立銀行条例に基づく国立銀行は，国有・国営ではなく，「国の法律に基づいて設立・運営される」という意味で，民間の資金で経営される銀行であった。1882年に**日本銀行**が開業して銀行券の発行業務を任されたので，国立銀行は普通銀行となっていった。

3 交通・通信の整備

交通・通信の整備は経済上だけではなく，軍事上も必要なことだった。1872年に新橋・横浜間に鉄道が開通し，その後，大阪・神戸間，京都・大阪間などがつぎつぎ開通して，都市と主な港が結び付いた。1881年には最初の民営鉄道も開通し，1889年には東京と神戸を結ぶ東海道線が全線開通した。海運業も発達し，沿岸航路での物資の輸送がさかんに行われ，外国航路も開かれるようになった。

（山口県立山口博物館）

⬆鉄道の開通 蒸気機関車は「陸蒸気」と呼ばれ，新橋・横浜間の所要時間は片道53分だった。

通信の面では，1869年に東京・横浜間に電信が開通し，やがて欧米とも接続されるようになった。1871年には，**前島密**によって飛脚に代わる**郵便制度**がつくられ，郵便料金も全国均一となった。

参考

渋沢栄一（1840〜1931）

第一国立銀行や富岡製糸場をはじめ約500社の会社の設立に関わり，経済の発展に尽力し「日本資本主義の父」ともいわれた。なお，2024年から発行される新しい1万円札の肖像画になっている。

2 文明開化

1 生活の変化

明治時代の初めには，欧米の文化・習慣が急速に取り入れられ，都市を中心に衣食住などこれまでの伝統的な生活が大きく変化してきた。こうした様子を**文明開化**と呼び，開港地となった横浜や神戸などから広がった。東京や横浜では，**れんがづくりの洋館**が建てられ，**ガス灯**がともり，洋服を着る人も増え，人力車や**鉄道馬車**が走った。また，仏教の影響などからこれまで食べる習慣がなかった牛肉（牛なべ）も食べるようになった。暦も，これまでの太陰暦をやめて**太陽暦**を採用し，1日24時間制や七曜制が取り入れられ，日曜日が休日とされるようになった。当初こうした文明開化は都市周辺に限られていたが，役所や学校などを通じてしだいに各地にも広まっていった。

2 近代思想の紹介

文明開化の中で，欧米の自由・平等などの新しい思想も取り入れられた。**福沢諭吉**は**『学問のすゝめ』**を著して，人間は生まれながらに平等であることや，自主・独立などをわかりやすく説いた。また，**中江兆民**はルソーの思想（→p.355）を紹介し，人権の尊重を説いた。こうした新しい思想は，活版印刷の普及で発行されるようになった新聞や雑誌によって広められ，のちの自由民権運動などに大きな影響を与えた。

宗教では，新政府が神道（日本古来の民族宗教）を重んじる政策を行ったことで，各地で仏教寺院や仏像をこわす動きが起こった（廃仏毀釈）。一方，禁止されていたキリスト教の信仰は，外国の抗議もあり，1873年から黙認されるようになった。

分類	年	できごと
衣	1870	洋服の着用
	1871	散髪・廃刀の自由
食	1867	牛なべ店開店
	1872	ビール飲用流行
住	1872	ガス灯がつく
	1882	電灯がつく
交通・通信・施設	1869	乗合馬車が走る
	〃	電信線の敷設
	1870	人力車が走る
	〃	自転車が走る
	1872	鉄道が開通
	1877	電話機の輸入
その他	1872	太陽暦の採用
	1873	野球が伝わる

↑文明開化による新しい風俗のおこり（『明治事物起源』など）

KEY PERSON 

福沢諭吉
（1834～1901年）

（慶應義塾図書館）

大阪の適塾で蘭学を学び，幕府使節に従って欧米に渡る。やがて慶応義塾を開き，「学問のすゝめ」で人間の自由・平等，学問の大切さなどを説いた。

↑明治時代中ごろの銀座通り（東京都） （個人像）

（日本近代文学館）

↑牛なべの流行（「安愚楽鍋」より）

第5章 SECTION 8

自由民権運動と立憲国家の成立

藩閥政府への批判が高まると，板垣退助らは民撰議院設立の建白書を提出して国会開設を求めた。こうして自由民権運動が始まると，政府は10年後の国会開設を約束し，内閣制度を整えて1889年に大日本帝国憲法を制定し，翌年には議会が開かれた。

1 自由民権運動

1 自由民権運動の始まり

政府内では，征韓論（→p.377）を中止させた**大久保利通**が実権を握り，地租改正で財政の基礎を固め，殖産興業政策を進めていった。これに対して，征韓論に敗れて政府を去っていた**板垣退助**や江藤新平らは，1874年，政府に**民撰議院設立の建白書**を提出した。板垣らは，政府を一部の藩出身者による専制政治（藩閥政治）と非難し，政治に国民の意見を反映させるために国会の開設を求めた。この建白書が新聞にのると大きな反響を呼び，人々の政治への関心を高め，自由民権運動の口火となった。板垣は高知に戻って**立志社**を結成し，運動を進めていった。

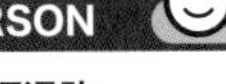

板垣退助
（1837～1919年）

（国立国会図書館）

民撰議院設立の建白書を提出して自由民権運動を始め，自由党を結成。のち運動から離れて政府に協力し，短期間だったが，大隈重信と日本で初めての政党内閣（隈板内閣）を組織した。

2 士族の反乱

自由民権運動が始まった一方で，帯刀禁止や徴兵制度の実施で特権をうばわれ，政府に不満をもった士族（**不平士族**）たちは，武力で政府に反抗した。1874年に江藤新平が起こした佐賀の乱をはじめ，神風連の乱（熊本県）・秋月の乱（福岡県）・萩の乱（山口県）など，反乱は西日本で多く起こった。中でも，1877年に**西郷隆盛**を中心に鹿児島の士族が起こした**西南戦争**は最大のものだったが，

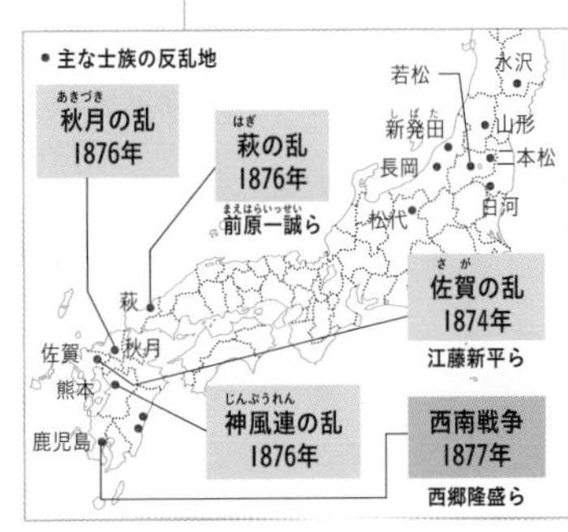

⬆主な士族の反乱

徴兵制度で組織された近代的な政府軍に敗れた。これ以後，政府（藩閥政府）への批判は言論を中心に行われるようになった。

（東京大学法学部附属明治新聞雑誌文庫）

⬆自由民権運動の演説会

3 自由民権運動の展開

1875年には，自由民権運動の全国的な組織を目指して，大阪で**愛国社**が結成された。こうした民権派の動きに，政府は**新聞紙条例**を制定して，新聞が政府を批判することなどを禁止した。

西南戦争後，士族が中心だった自由民権運動に，地主（豪農）や商工業者も参加するようになった。彼らは，1878年の地方制度の整備で設けられた地方議会（**府県会**）の議員となることで，政治意識を高めていった。

1880年には，全国の代表が大阪で**国会期成同盟**を結成し，国会開設の請願書を政府に提出しようとした。政府は，**集会条例**を制定して政治集会などを規制した。運動は憲法の草案を作成する方向に進み，民間で**五日市憲法**など多くの憲法私案がつくられた。

こうした運動の背景には，**植木枝盛**や**中江兆民**らによって紹介された欧米の人権思想の影響が大きかった。

4 政府の対策と政党の結成

運動の高まりに対して，政府内でも意見が分かれ，**大隈重信**は国会の早期開設を求めた。こうした中で，

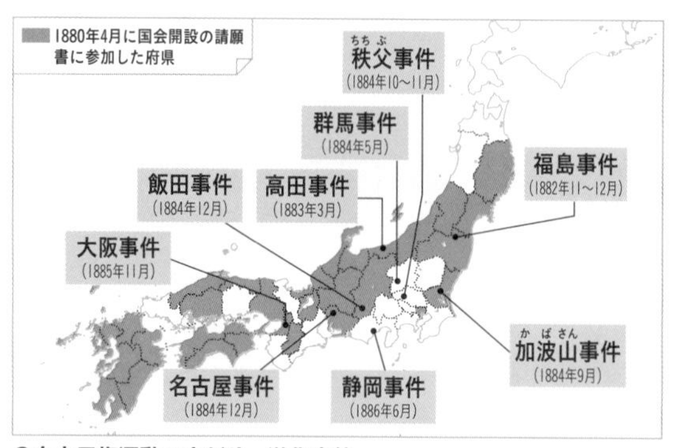

⬆自由民権運動の広がり・激化事件

発展

政府の対策

民権運動の高まりに，政府は1875年に新聞紙条例を出して，新聞や雑誌が政府を攻撃し，政治や法律を批判することを禁止した。西洋思想を紹介していた福沢諭吉らの「明六雑誌」も，この条例を受けて廃刊となった。

参考

五日市憲法

五日市町（現在の東京都あきる野市）の青年たちがまとめた憲法私案。「国民の自由を侵す法律は，国会が拒否する権利をもつ」ことなど，国民の権利が示されていた。このほか，植木枝盛の「東洋大日本国国憲按」も人権を広く保障し，抵抗権・革命権など急進的な内容を含んでいた。

1881年，北海道の開拓使の施設などを，関係者に安く払い下げる事件（**開拓使官有物払い下げ事件**）が起こり，民権派は政府への攻撃をいっそう強めた。

これに対して，政府は払い下げを中止し，大隈重信が民権派と結び付いているとして政府から追放するとともに，**国会開設の勅諭**を出し，10年後の1890年に国会を開くことを約束した。

民権派は，国会開設に備えて政党の結成に向かい，1881年，**板垣退助**はフランス流の人権思想の影響を受けた**自由党**を結成し，翌1882年には，**大隈重信**がイギリス流の議会政治を主張する**立憲改進党**を結成した。

5 自由民権運動の衰え

政府は，政治集会などの言論活動を取り締まったが，こうした弾圧に対して，東日本では民権派が関係する激化事件が各地で起こった。1882年には，福島県令の圧政に対して福島事件が起こり，1884年には，埼玉県秩父地方で重税に苦しむ農民たちが，郡役所や高利貸しなどを襲う**秩父事件**を起こした。こうした動きに，地主（豪農）たちもしだいに運動から離れていき，自由党は解散し，立憲改進党も大隈重信が離党して勢力を失った。

くわしく

開拓使官有物払い下げ事件
薩摩藩出身の開拓長官黒田清隆が，1400万円余りもの多額の費用を投じて北海道の開発を進めてきた開拓使の施設を，同郷の商人五代友厚らが関係する商社にわずか39万円で払い下げようとしたが，世論の反対を受けて取りやめた事件。

参考

秩父事件
秩父地方は養蚕・製糸農家が多かったが，不景気で倒産する農家が多かった。農民は困民党をつくって，旧自由党員の指導のもと，借金返済の据置きや減税などを要求して立ち上がった。一時は秩父地方一帯を支配したが，軍隊によって鎮圧された。

自由民権運動と政府の動き

年代	民権運動の動き	政府の動き
1874	民撰議院設立の建白書。立志社の結成	
1875	大阪で愛国社の結成	新聞紙条例を出し新聞の政府批判を禁止する
1877	（西南戦争が起こる→以後，政府への批判は言論で行われるようになる）	
1880	大阪で国会期成同盟を結成	集会条例を出し政治集会と結社を規制する
1881	板垣退助が自由党を結成	開拓使官有物払い下げ事件が起こる 国会開設の勅諭で10年後の国会開設を約束
1882	大隈重信が立憲改進党を結成 福島事件	伊藤博文がヨーロッパに留学しドイツやオーストリアなどの憲法を調査
1884	自由党が解散する。秩父事件	
1885		内閣制度を整える→初代内閣総理大臣伊藤博文
1889		大日本帝国憲法が発布される

2 大日本帝国憲法

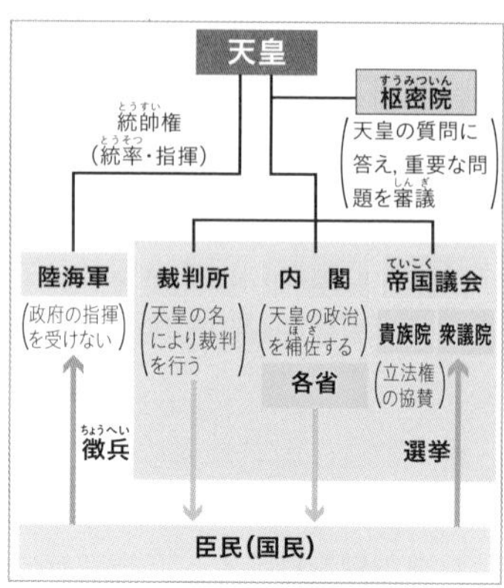

⬆大日本帝国憲法下での国のしくみ

1 憲法制定への準備

国会開設を約束した政府は，憲法作成とともに，政治制度の整備にも取りかかった。まず，1882年に伊藤博文をヨーロッパに派遣して，各国の憲法を調査させた。伊藤は，オーストリアやドイツの学者から，**君主権の強いドイツ（プロイセン）流の憲法を学び**，翌年帰国して憲法制定の準備を進めた。それとともに，国会開設に備えて制度の整備も始めた。新しい華族制度をつくって，これまでの華族（公家・大名）に加えて明治維新の功労者も加え，やがてできる上院（貴族院）の議員をここから選ぼうとした。1885年には，これまでの太政官制を廃止して内閣制度をつくり，**伊藤博文が初代の内閣総理大臣**（首相）となった。天皇の質問に答える機関として**枢密院**が設けられた。

地方制度の改革も行われ，1888年に**市制・町村制**，翌年には**府県制・郡制**が制定され，知事の任命制など中央集権的な地方自治のしくみが確立した。

史料

大日本帝国憲法（一部）

第一条　大日本帝国ハ万世一系ノ天皇之ヲ統治ス

第三条　天皇ハ神聖ニシテ侵スベカラズ

第四条　天皇ハ国ノ元首ニシテ統治権ヲ総攬シ…（以下略）

第十一条　天皇ハ陸海軍ヲ統帥ス

第二十九条　日本臣民ハ法律ノ範囲内ニ於テ言論著作印行集会及結社ノ自由ヲ有ス

2 大日本帝国憲法の発布

伊藤博文を中心に進められた憲法の草案は，枢密院の審議を経て，1889年２月，天皇が国民に与えるという形で，**大日本帝国憲法**（明治憲法）として発布された。この憲法では，**主権は天皇**にあり，天皇は元首として国を統治するとされた。ほかに帝国議会の召集や衆議院の解散，陸海軍の指揮権（統帥権），条約の締結などの外交権など，天皇は多くの権限をもっていた（天皇大権）。また，内閣・帝国議会・裁判所は，**すべて天皇の統治を助ける機関**とされ，各国務大臣は天皇に対して個々に責任を負い，議会は

（聖徳記念絵画館）

⬆**大日本帝国憲法発布式典**（和田英作筆）
明治天皇が，大日本帝国憲法を内閣総理大臣の黒田清隆に手渡している。

同じ権限をもつ衆議院と貴族院の**二院制**がとられた。

一方国民は憲法上「臣民」と呼ばれ，法律の範囲内で言論・集会・出版の自由などが認められた。

また法律の整備も進み，民法や商法などが制定・公布された。憲法制定の翌年には，学校教育と国民道徳の基本を示した**教育勅語**が出され，「忠君愛国」が学校教育の基本であることが強調された。

3 帝国議会の開設

1 衆議院と貴族院

帝国議会は，国民の選挙で選ばれる**衆議院**と，皇族・華族や天皇から任命された者などからなる**貴族院**の二院制で構成されていた。予算の先議権が衆議院にある以外は，両院はほぼ対等の権限をもっていた。

衆議院議員の選挙権は，直接国税（地租や所得税など）を15円以上納める満25歳以上の男子に限られ，有権者は総人口の約1.1%（約45万人）に過ぎなかった（制限選挙）。1890年に行われた第１回の衆議院議員総選挙では，自由民権運動の流れをくむ政党（**民党＝反政府野党**）が過半数を占め政府と対立した。

2 帝国議会の始まり

総選挙の結果を受け，1890年11月に開かれた**第１回帝国議会**では，民党が地租軽減や経費を減らすことなどを主張して，軍備の拡張を主張する政府と対立した。政府は，議会の解散や選挙干渉などで民党に対抗したが，日清戦争のころから，政府と政党はしだいに妥協するようになり，政党の力が強まってきた。

参考

民法の施行

国民の生活に関係の深い民法は，近代的なフランス民法をもとに作成され，1890年に公布された。しかし，日本の国情に合わないと反対論が起こって施行が延期され，戸主権など日本の家制度などを重視した民法が改めてつくられ，1898年にようやく施行された。

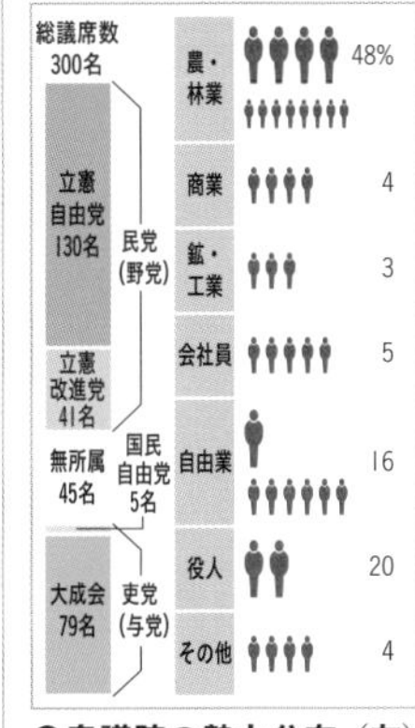

⬆衆議院の勢力分布（左）と議員の職業（右）

第１回帝国議会での構成。民党が総議席の過半数を占めている。もとの職業では，農・林業（地主）や役人が多い。

⬆帝国議会（衆議院）の様子　（山口県立山口博物館）

条約改正と日清戦争

欧米諸国は，アジア・アフリカに進出して帝国主義支配を強めていった。日本は，欧米諸国と対等な地位を得ようと条約改正交渉を進め，日清戦争直前の1894年に領事裁判権の撤廃に成功し，日露戦争後の1911年には関税自主権の回復に成功した。

1 帝国主義と欧米諸国

1 帝国主義とは

19世紀後半，欧米諸国は資本主義が急速に発展して**列強**と呼ばれるようになった。資源と市場を求めてアジア・アフリカ，さらに太平洋の島々に進出し，経済力と軍事力を背景に植民地支配を進めていった。この結果，世界の広い地域が列強によって分割されていった。このような動きを**帝国主義**という。

2 アフリカ・アジアへの進出

スエズ運河の開通（1869年）でアフリカへの関心が高まると，イギリスをはじめとする列強は競ってアフリカに進出し，20世紀初めまでにエチオピア・リベリ

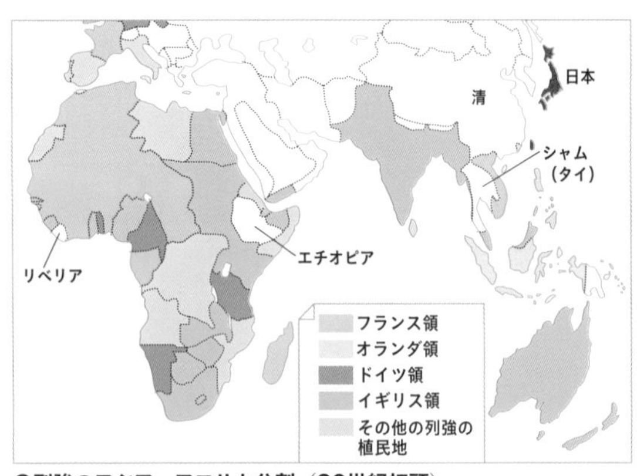

⬆列強のアジア・アフリカ分割（20世紀初頭）

(Granger / PPS通信社)

⬆アフリカをまたぐセシル＝ローズ

セシル＝ローズはイギリスのケープ植民地（現在の南アフリカ共和国）の首相を務めた極端な帝国主義者だった。

くわしく

スエズ運河

フランス人レセップスが完成させた，地中海と紅海を結ぶ全長162kmの運河。1869年に開通し，ヨーロッパからアジアへの航海を飛躍的に短縮させた。

アを除くアフリカ全土を分割した。太平洋の諸地域では，アメリカがフィリピンを手に入れてハワイも併合し，そのほかの島々も，ドイツなどの列強によって領有された。アジアでは，インドを植民地としていたイギリスがさらに植民地を広げ，東南アジアで独立を保ったのはタイだけとなった。

2 不平等条約の改正

1 条約改正への努力

岩倉使節団（→p.375）による予備交渉は失敗したが，幕末に結ばれた不平等条約の改正は，明治政府にとって大きな課題だった。近代化政策を進める中で，1878年に外務卿（大臣）の寺島宗則が，領事裁判権の撤廃でアメリカの賛成を得たが，イギリスの強い反対で実現しなかった。その後，外務卿となった**井上馨**が，**鹿鳴館**を建てて舞踏会を開くなど，日本が近代国家であることを示そうと**欧化政策**をとって改正交渉を進めた。井上についで外務大臣となった大隈重信は，裁判に外国人判事を参加させる案を示したが，政府内や国民からの反対で失敗した。1886年，**ノルマントン号事件**が起こると，国民の間で領事裁判権の撤廃を求める声がいっそう高まった。

2 条約改正の実現

条約改正に消極的だったイギリスは，ロシアの南下に対抗するため日本に接近し，交渉に応じてきた。その結果，日清戦争の直前の1894年，外務大臣**陸奥宗光**が**イギリス**との間に日英通商航海条約を結び，**領事裁判権（治外法権）の撤廃に成功**した。このあと他国とも同様の改正条約に調印した。

日露戦争後の1911年には，外務大臣**小村寿太郎**

くわしく 

ノルマントン号事件

1886年，イギリス船ノルマントン号が紀州（和歌山県）沖で沈没し，イギリス人船員は全員ボートで脱出したが，日本人乗客は全員死亡するという事件が起こった。これを裁いたイギリス領事は，船長を無罪にしたため，国民の間に領事裁判権の撤廃を求める声が高まった。船長はのちに，禁固3か月という軽い刑を言い渡された。

⬆ノルマントン号事件　(美術同人社)

⬆条約改正の経過

がアメリカとの間で**関税自主権の回復に成功**した。半世紀にわたる条約改正交渉も終わり，日本は外国と対等の地位を得ることになった。

（川崎市市民ミュージアム）

⬆日清戦争直前の様子の風刺画
日本と清が釣ろうとしている朝鮮を，ロシアが横取りしようとねらっている。

3 清(中国)との戦争

1 朝鮮の情勢

日朝修好条規を結んで朝鮮に進出した日本は，朝鮮を属国と考える清と勢力争いをするようになっていた。朝鮮でも，日本と結んで改革を進めようとする改革派（独立党）が，清との関係を維持する勢力（事大党）と２度にわたる衝突を起こしたが，清軍の介入で敗れた。これにより日本の勢力は後退したが，朝鮮をめぐる両国の対立はいっそう厳しくなった。

朝鮮の独立
日清戦争の結果，朝鮮は清国からの独立を宣言し，1897年には国名を大韓帝国（韓国）と改めた。

2 日清戦争の開戦

1894年，**東学**を信仰する団体が農民と結び，外国勢力の追放と朝鮮の政治改革を目指して，朝鮮半島南部で蜂起した（**甲午農民戦争**）。朝鮮が清に軍隊の派遣を求めると，日本も対抗して兵を送った。これをきっかけに両軍の衝突が起こり，８月に日本が清に宣戦布告して日清戦争が始まった。戦いは，近代的軍備をもつ日本が有利に進め，翌年，日本の勝利で終わった。

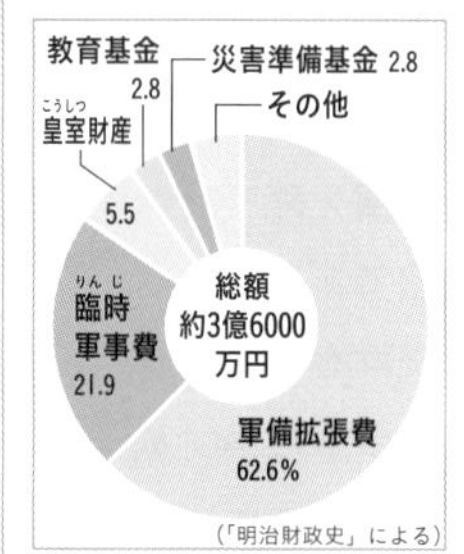

⬆日清戦争の賠償金の使いみち
総額は，賠償金に遼東半島を返還した代償約4500万円を加えた額。

3 下関条約

日清戦争の講和条約は1895年４月に下関（山口県）で，日本の全権伊藤博文・陸奥宗光と，清の全権李鴻章との間で結ばれた（**下関条約**）。その結果，清は，①朝鮮の独立を認める，②日本に**遼東半島**・**台湾**・澎湖諸島を譲る，③**賠償金２億両**（日本円で約３億1000万円）を支払うことなどが決められた。

なお，日本領となった台湾では，軍人を総督

⬆日清戦争での戦場

とする台湾総督府を設置し，住民の抵抗を武力で抑えて植民地支配を行った。

4 三国干渉と列強の中国分割

1 三国干渉

下関条約が結ばれると，南下政策をとる**ロシア**は，「日本が遼東半島を領有することは東洋の平和をおびやかす」として，**ドイツ・フランス**とともに，遼東半島の清への返還を求めてきた（**三国干渉**）。対抗できる力がなかった日本はこれを受け入れ，その代償として3000万両（約4500万円）を受け取った。

2 日清戦争後の日本

三国干渉後，国民の間にはロシアに対する対抗心が強まり，政府も「臥薪嘗胆（苦しみに耐え報復の機会を待つ）」を合い言葉にして軍備拡張に努めた。政府と議会も，軍備拡張で一致して協力するようになり，1900年には，伊藤博文も自ら**立憲政友会**を結成した。この後，立憲政友会は政党の中心になっていった。

3 列強に分割された中国

これまで「眠れる獅子」と恐れられていた清が敗れたのを見たイギリス・フランスなどの欧米列強は，競って中国に進出した。そして，重要地を租借（期限付きで借りて支配すること）し，鉄道を敷く権利や鉱山の開発権など，さまざまな権利を獲得していった。その結果，中国は列強の植民地のような状態になった。ロシアは，日本が返還した遼東半島の旅順・大連を租借し，東清鉄道を敷く権利を得た。

参考

三国干渉をした理由

ロシアは，不凍港を求めて南下政策をとっていたため，ドイツは，バルカン半島などでのロシアとの対立を避けるため，アジアにおけるロシアの南下政策を支持していた。また，フランスは，ロシアと1891年に露仏同盟を結んでいたためである。日本は，ロシアと対抗していたイギリスに応援を求めたが，イギリスは中立の立場をとった。

くわしく

門戸開放

アメリカ合衆国は中国への進出が遅れて，列強の分割に加われなかった。そこで，アメリカが中国市場に進出することを目的に，門戸開放を宣言し，通商の機会均等や，中国の領土と行政の保全を列強に要求した。

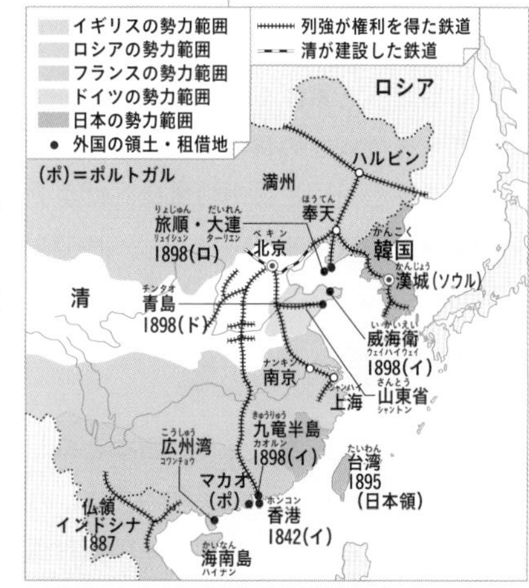

⬆列強による中国分割（20世紀初め）

第5章
SECTION

10 日露戦争と東アジア

南下政策をとるロシアに対して，日本とイギリスは日英同盟を結んで対抗し，1904年に日露戦争が始まった。ポーツマス条約で韓国への優越権を得た日本は，1910年に韓国併合を強行し，植民地支配を行った。中国では辛亥革命が起こり，中華民国が成立した。

1 ロシアとの戦争

1 義和団事件と日英同盟

列強の中国進出が進む中，清では外国人を排斥しようという運動が高まってきた。1899年，「扶清滅洋（清を助けて外国を討つ）」を唱える**義和団**が蜂起すると，運動はたちまち中国北部一帯に広がった。翌1900年，義和団が北京の外国公使館を包囲（**義和団事件**）すると，清も義和団に押され列強に宣戦布告した（**北清事変**）。列強は，日本を主力に連合軍を組織して義和団を鎮圧し，清を降伏させた。この結果，清は賠償金を支払い，北京の公使館を守るため外国軍隊の駐留を認めさせられた。一方ロシアは，事件後も満州（中国東北部）を勢力下に置こうと軍隊を留め，事実上満州を占領したので，満州と陸続きの韓国を勢力下に置こうとする日本をおびやかした。そこで日本は，ロシアに対して利害が一致するイギリスと，1902年に**日英同盟**を結んでロシアに対抗した。

(美術同人社)

❶**日英同盟の風刺画**　イギリスが日本に，ロシアの焼きぐりを拾わせようとしている(危険なことを押しつけている)。

参考

義和団
義和拳という武術を身に付けた宗教団体。清を助けて外国人を排斥することを目標としたので，はじめは清もひそかにその行動を応援していた。

2 日露戦争の開戦

日英同盟を結んだことで，日本とロシアとの対立は決定的となった。国内では，社会主義者の**幸徳秋水**やキリスト教徒の**内村鑑三**らが，戦争は国民に犠牲を強いるだけだと反戦

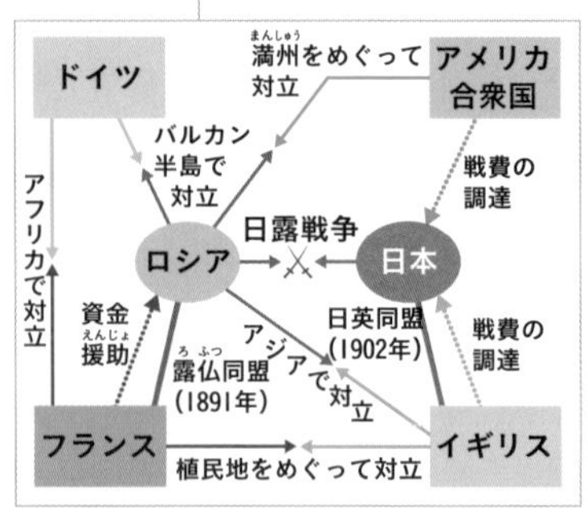

❶**日露戦争をめぐる列強の関係**

論を主張して戦争に反対したが，新聞・雑誌などは開戦論を主張して世論をリードした。

1904年2月，日本政府はロシアに宣戦布告し，**日露戦争**が始まった。日本は苦戦しながらも戦いを有利に進め，翌年の日本海海戦では，**東郷平八郎**が指揮する連合艦隊がロシアのバルチック艦隊をほぼ全滅させた。しかし，長期の戦いで**日本の戦費や兵力は限界**となり，ロシアでも**皇帝の専制政治に反対して革命運動**が起こるなど，両国は戦争を続けることが難しくなっていた。

3 ポーツマス条約

日本海海戦で日本が勝利した機会をとらえて，アメリカのセオドア＝ルーズベルト大統領が講和を仲介した。

1905年9月，講和会議がアメリカのポーツマスで開かれ，日本全権**小村寿太郎**（当時の外務大臣）とロシア全権ウイッテの間で**ポーツマス条約**が結ばれた。ロシアは，①韓国における日本の優越権を認め，②旅順・大連の租借権と長春以南の鉄道の利権を日本に与え，③北緯50度以南の樺太（サハリン）を日本に譲り，④沿海州・カムチャツカ半島沿岸の日本の漁業権を認めた。しかし，この条約で**日本は賠償金を得ることはできなかった。**

4 日露戦争後の日本

日露戦争中，国民は戦費を調達するため増税などに耐えていたが，ポーツマス条約で賠償金が取れないことを知ると，条約を不満として政府を攻撃し，東京の日比谷では講和反対国民大会をきっかけに暴動が起こった（**日比谷焼き打ち事件**）。

日露戦争の勝利で日本の国際的地位が高まり，1911年には不平等条約の改正にも成功した（→p.387）。また，列強の植民地化に苦しむアジアの諸国民にも大きな影響を与えた。一方，国民の間には列強の一員にな

史料

君死にたまふことなかれ

あゝをとうとよ，君を泣く，
君死にたまふことなかれ，
末に生れし君なれば
親のなさけはまさりしも，
親は刃をにぎらせて
人を殺せとをしへしや，
人を殺して死ねよとて
二十四までをそだてしや
（『明星』1904年9月号）
（一部）

与謝野晶子の詩。日露戦争で出征した弟の身を案じて発表したもので，日露戦争への疑問が込められている。

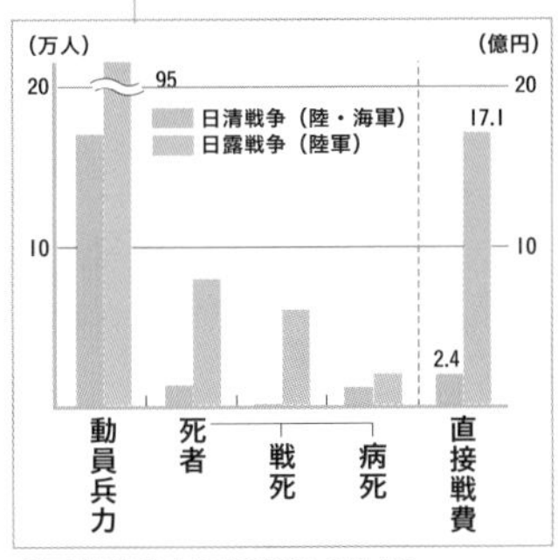

⬆日清戦争と日露戦争の比較

参考

日比谷焼き打ち事件

講和条約に反対する国民大会が，講和条約調印の9月5日に日比谷公園で開かれた。賠償金が取れないことに不満をもつ人々は，集会後に警察や講和を支持した政府系の新聞社などを襲った。政府は軍隊を出動させてこれを鎮圧した。

ったとして大国意識が生まれ，アジア諸国に対して優越感をもつようになった。

2 韓国・中国の情勢

1 韓国の植民地化

ポーツマス条約で韓国における優越権を得た日本は，1905年に韓国を保護国として外交権をうばい，**韓国統監府**を置き，伊藤博文が初代統監に就いた。そして1907年には韓国皇帝を退位させて内政の実権を握り，軍隊を解散させた。こうした日本の動きに対して，兵士や農民たちは各地で激しい抵抗運動を繰り広げ（**義兵運動**），1909年には伊藤博文が満州のハルビンで義兵運動家の安重根に暗殺される事件が起こった。1910年，日本は**韓国併合**を強行して韓国を朝鮮と呼び，首都漢城（現在のソウル）を京城と改めた。そして，統監府に代わって**朝鮮総督府**を置き，軍人を初代総督に任命して，武力を背景にした植民地支配をおし進めた。

2 植民地の朝鮮

植民地とされた朝鮮では，学校で朝鮮の歴史を教えることは制限され，日本語や日本の歴史が重視された。さらに朝鮮民族の伝統や文化を教える機会は減らされた。また，土地制度を近代化するとして土地調査が行われ，所有者が明確ではないとして多くの農地や山林がうばわれた。そのため農民の多くは，土地を持たない小作人になったり，日本や満州に移住せざるをえなくなったりした。こうした植民地支配は，日本が第二次世界大戦で敗れる1945年まで続いた。

参考

アジアからの留学生

小国日本が大国ロシアに勝利したことは，アジアの人々に民族独立の希望をもたせた。そのため，自国の近代化のために日本に学ぼうとする多くの留学生が，中国などからやってきた。

参考

韓国併合と石川啄木の短歌

1910年に日本が韓国併合を強行すると，詩人の石川啄木は

「地図の上　朝鮮国にくろぐろと　墨をぬりつゝ　秋風を聴く」

と，国がなくなった朝鮮の人々の心を思い，短歌によんだ。

（北海道新聞社／時事通信フォト）

↑朝鮮総督府

朝鮮支配の中心となった。1995年に取り壊されている。

↑日本語で授業を受ける朝鮮の児童たち

（毎日新聞社／時事通信フォト）

3 満州の経営

1906年，日本はポーツマス条約で獲得した南満州の鉄道（東清鉄道の一部と支線）を経営するため，半官半民の**南満州鉄道株式会社（満鉄）**を設立した。満鉄は鉄道の経営のほか，沿線の炭鉱や製鉄所なども経営し，満州支配の中心となって勢力を拡大していった。

そのため，満州に進出しようとしていたアメリカやイギリスとの対立を深め，とくにアメリカは日本への警戒を強め，アメリカ西部では日本人の移民排斥運動が起こった。

4 辛亥革命の始まり

中国では，清が外国勢力の侵略に対して無力であることから，清をたおして漢民族の国家をつくり近代化を進めようとする動きが強まった。その中心となった**孫文**は日本の東京で革命運動家の宮崎滔天や実業家の梅屋庄吉らの支援を受けて中国同盟会を結成し，民族主義・民権主義・民生主義の**三民主義**を唱えて運動を指導した。1911年，武昌（現在の武漢）で軍隊が反乱を起こすと，革命運動は全国に広がり，多くの省が清からの独立を宣言した。

5 中華民国の成立

翌1912年，革命軍は南京を首都にして，帰国した孫文を臨時大総統に迎えて，アジアで最初の共和国である**中華民国**の建国を宣言した（**辛亥革命**）。これに対して清は，軍閥の実力者**袁世凱**を派遣したが，袁世凱は革命政府と手を結んで清の皇帝宣統帝（溥儀）を退位させ，清を滅ぼした。その後，大総統の地位を譲り受けた袁世凱は，北京に都を移して革命勢力を抑え，独裁的な政治を行った。袁世凱の死後，軍閥が各地をそれぞれ支配したので，中国では混乱が続いた。孫文は，その後**中国国民党**を結成して軍閥に対抗した。

参考

アメリカとの対立

日本の南満州支配は，門戸開放を願うアメリカとの対立を激しくさせた。これに対して日本はロシアに接近し，日露協約を結んで北満州をロシアが，南満州を日本が勢力圏とすることを認め合った。アメリカは反発し，南満州鉄道を国際管理下に置くことを提案した。

くわしく 

三民主義

三民主義は，孫文が唱えた中国革命の指導的理論である。

民族主義…清朝をたおして漢民族の独立をはかる。

民権主義…共和制を実現して民主政治を行う。

民生主義…国民の生活の安定をはかる。

↑孫文
（1866～1925年）

くわしく 

軍閥

中国で清の末期から，私的な軍隊を抱えて，外国勢力と結んで勢力を伸ばした軍事集団。各地に分立していたが，袁世凱の軍閥が最も力をもっていた。

日本の産業革命と近代文化

日本の資本主義は，軽工業から重工業へと，2度の産業革命を経て急速に発達した。それとともに，さまざまな社会問題が発生し，社会主義の思想も広まって労働・農民運動が起こった。教育の普及とともに近代文化も形成され，科学では世界的な研究も進んだ。

1 産業革命の進展

1 官営工場の払い下げ

政府は，近代産業育成のため官営模範工場を設けていたが（→p378），財政負担を軽くするため，1880年代以降，軍事工場を除いた工場・鉱山などを民間に払い下げる方針をとった。これによって，政府とつながりの深い三井・三菱などが払い下げを受け，政府の保護を受けながら，産業革命が進む中で**財閥**に成長し，近代産業発展の中心的な存在になっていった。

2 軽工業の発展

1880年代になり，綿花から綿糸をつくる**綿糸紡績業**と，まゆから生糸をつくる**製糸業**などのせんい工業が発達して，軽工業を中心とした産業革命が始まった。

綿糸紡績業では，大阪紡績会社をはじめ各地に大規模な工場がつくられて生産が増え，日清戦争後の1890年代中ごろからは，中国・朝鮮への輸出が伸びて輸出が輸入を上回るようになった。

製糸業では，機械でつくった生糸の生産がこれまでの手工業による生産を上回った。生糸は主にアメリカへ輸出され，日露戦争後には世界最大の輸出国となった。

こうして綿糸・生糸の輸出で得た外貨は，ヨーロッパなどからの兵器の購入に使われた。なお，

用語解説

財閥
三井・三菱をはじめ・住友・安田・浅野などの資本家は，官営工場の払い下げなどを受けながら成長していった。やがて金融（銀行）を通じて，鉱山・運輸・貿易などさまざまな分野に進出し，産業界を支配するようになった。こうした集団が財閥で，とくに三井・三菱・住友・安田は四大財閥と呼ばれ，経済をはじめ政治にまでも影響を及ぼすようになった。

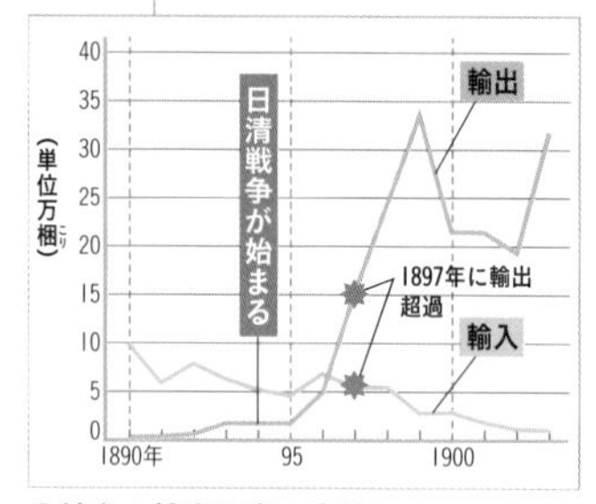

➊綿糸の輸出入高の変化

織物業では豊田佐吉によって豊田式自動織機が発明され，綿織物の生産量を増やしていった。

3 重工業の発達

日清戦争後，政府が軍備増強に努めたこともあり，軍事工業を中心とした重工業が発展した。

政府は鉄鋼の自給を目指し，日清戦争の賠償金を使って，北九州（福岡県）に官営の**八幡製鉄所**を建設し，ここが重工業発展の中心となった。八幡製鉄所は，中国の鉄鉱石と筑豊炭田（福岡県）の石炭を使用して，1901年から操業を始め，これによって輸入していた機械類・機関車なども国内で生産できるようになった。

4 交通の発達

産業の発達には，原料・製品などの輸送のために交通機関の整備が欠かせなかった。すでに官営の東海道線は全線開通していたが，民間会社によって東北本線が建設されるなど，民営鉄道も官営鉄道を上回る発展を見せた。政府は軍事や経済上の必要からも鉄道の国有化を図り，1906年に鉄道国有法を公布して主要な幹線鉄道を国有化した。海運業では，欧米などへの外国航路が開かれ，貿易などで大きな役割を果たした。

参考

豊田式自動織機
織機の製作を行っていた豊田佐吉は，本格的な自動織機を発明した。日露戦争後は，佐吉の発明した安い自動織機が，織物産地の工業化を進めていった。なお，豊田佐吉の子が，現在自動車の世界的メーカーとなっている日本のトヨタ自動車をおこした。

↑八幡製鉄所

思考力UP

Q. 八幡に製鉄所がつくられたのはなぜ？

Hint 八幡のあった北九州の位置から考えてみよう。鉄をつくるには，原料の鉄鉱石と鉄分を取り出すための石炭が必要で，石炭は近くに日本最大の筑豊炭田があり，ここから供給できた。鉄鉱石は，製鉄所づくりを指導したドイツ人技師が以前関係していた，中国の大冶鉱山から確保できることになった。また，洞海湾は大陸にも近く，波もおだやかで鉄鉱石の積み下しにも適していた。

A. 燃料の石炭を近くの筑豊炭田から供給でき，原料の鉄鉱石を中国から輸入しやすい場所だったから。

2 労働者と社会運動の高まり

1 都市と農村

産業が発達すると，農村から都市に働きに出てくる人々が増え，各地に大都市が生まれた。都市に出てきても決まった仕事もなく，日雇いなどでかろうじて生活をする人々が集まって住むところが大都市にできた。

農村では，生糸の輸出増加で桑の栽培や養蚕がさかんになったが，狭い土地しかなく生活に苦しむ農民は，日雇い労働や副業をしたり，子どもを都市に働きに出したりして生活していた。一方，農民から土地を買い集めた地主は小作料収入で生活する**寄生地主**となり，小作料などで得た資金を株式などに投資して資本家としての性格を強めていった。

2 労働者の生活

資本家たちは欧米との競争に打ち勝つため，労働者に低賃金・長時間労働を押しつけた。とくに紡績・製糸などのせんい産業では，働き手の大半が農村など地方から来た女子（工女）で，生活環境や衛生状態の悪い中，低賃金で1日12～18時間もの長時間労働を強いられた。一方男子は，工場で働く熟練工は少なく，多くは鉱山や運輸業で働いていた。

3 社会問題の発生

日清戦争後になると，労働者たちは労働条件の改善を求めて，労働組合を結成するようになり，しばしば**労働争議**が起こった。これに対して政府は，労働運動などを取り締まる一方，1911年，12歳未満の就労禁止，女子の深夜労働禁止などを定めた**工場法**を制定した。しかし例外規定があり，資本家の反対で実施も延期されるなど，労働条件の改善はな

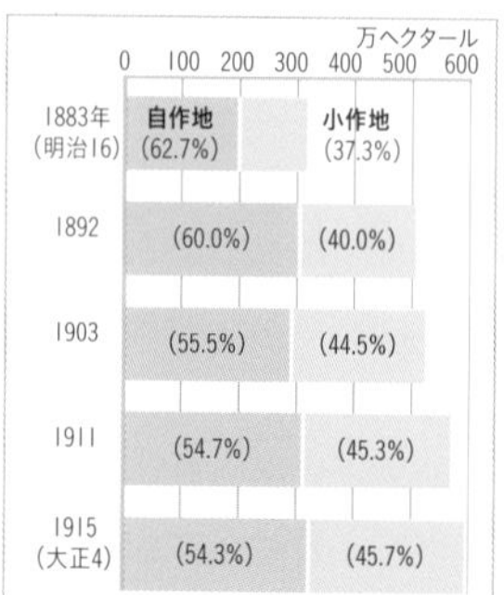

↑自作地と小作地の割合の変化

史料

製糸工女の生活

忙しいときは朝起きてからすぐ仕事にかかり，夜の12時まで働くこともめずらしくなかった。食事は麦と米を混ぜたもので，寄宿舎は豚小屋のように不潔だった。…いろいろな労働者を見て，もっとも同情すべき者の第一は，製糸工女である。

（『日本之下層社会』（横山源之助著）より）

（岡谷蚕糸博物館）

↑製糸工場で働く工女

かなか進まなかった。農村でも，小作料の軽減などを求める**小作争議**が起こるようになった。

産業の発展とともに公害問題も発生し，足尾銅山（栃木県）の鉱毒が渡良瀬川流域に流れ込んで被害を与えた事件（**足尾銅山鉱毒事件**）を，**田中正造**が国会で取り上げて解決を求めた。しかし政府は，根本的な防止策をとらず，鉱毒を含んだ水を貯めておく遊水池をつくっただけだった。

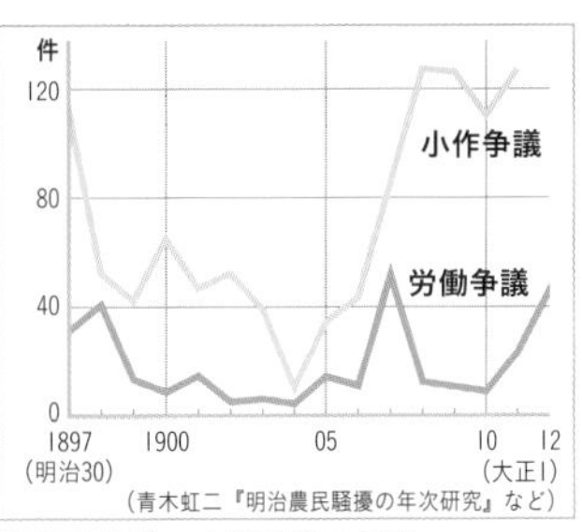

⬆労働争議・小作争議の件数

4 社会主義の台頭

労働運動などの高まりの中で，社会のしくみを変えて平等な社会を実現しようとする**社会主義思想**も広まってきた。これに対して政府は，1900年に**治安警察法**を制定し，労働運動・小作争議を厳しく取り締まった。1901年には，日本最初の社会主義政党の**社会民主党**が結成されたが，政府によって解散させられた。1910年には，天皇暗殺を計画したという理由をつけて社会主義者を捕え，**幸徳秋水**ら12名を死刑にした（**大逆事件**）。これ以後，社会主義運動は急速に衰えていった。

くわしく

田中正造と鉱毒事件

鉱毒事件に対して，衆議院議員だった田中正造は，議会の内外で操業停止を訴えた。しかし，政府は積極的に問題解決に当たらなかったため，正造は議員を辞職して，天皇に直訴しようとするなどして世論にも強く訴えた。

政府は，遊水池をつくったが，正造は根本的な解決を求めて，この後も反対運動を続けた。足尾銅山鉱毒事件は，社会的反響の大きさから，日本の公害問題の原点といわれる。

3 近代文化の形成

1 教育の普及と科学の発達

学制の公布以来，教育制度もしだいに整備され，1907年には義務教育が6年に延長され，就学率も97%に達した。福沢諭吉の慶応義塾，新島襄の同志社英学校，大隈重信の東京専門学校（現在の早稲田大学）など民間の私立学校も，独自の教育方針で多くの人材を送り出していた。教育の広がりとともに，科学が目覚ましく発達し，世界的な研究も行われた。医学では**北里柴三郎**・**野口英世**ら，化学では高峰譲吉・鈴

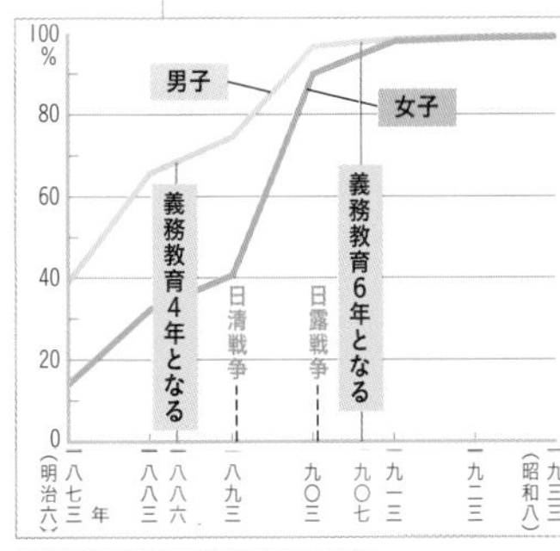

⬆義務教育の就学率の変化

木梅太郎ら，物理学では長岡半太郎ら，多くの優れた研究者が出て世界的な業績を残した。

2 近代文学の発達

文学では，二葉亭四迷が文語体をやめて，口語体（話し言葉）で表現する言文一致体で小説を書いた。また，**正岡子規**が写生風の俳句や短歌をよみ，独自の作風を開いた。1890年代になると，自由な個人の感情を重んじるロマン主義がさかんとなり，短歌では与謝野晶子，小説では**樋口一葉**などの女流文学者が活躍した。1900年代には，現実を直視しようとする自然主義が主流になり，**石川啄木**は生活に根ざした短歌をよんだ。これに対して，独自の立場で**夏目漱石**や**森鷗外**が小説を発表した。

3 芸術の発達

美術では，アメリカ人の**フェノロサ**が**岡倉天心**と協力して日本美術の復興に努め，東京美術学校（現在の東京芸術大学）を設立した。日本画では，**横山大観**・橋本雅邦らが欧米の技法も取り入れて，新しい画風をつくり出していった。洋画では，高橋由一が写実的な作品を描き，フランスから帰国した**黒田清輝**が印象派の画風を伝えた。彫刻では，高村光雲が伝統的な木彫に欧米の技法を取り入れ，ロダンに学んだ荻原守衛も近代的な彫刻を制作した。音楽では，滝廉太郎が洋楽への道を開いた。

分野	人物	業績
医学	北里柴三郎	破傷風の血清療法
	志賀　潔	赤痢菌の発見
	野口英世	黄熱病の研究
化学	高峰譲吉	タカジアスターゼの創製
	鈴木梅太郎	ビタミンB1の創製
物理学	大森房吉	地震計の発明
	木村　栄	緯度変化の研究
	長岡半太郎	原子模型の研究

↑医学・自然科学の主な業績

分野	人物	主な作品
文学	島崎藤村	『若菜集』『破戒』
	与謝野晶子	『みだれ髪』
	樋口一葉	『たけくらべ』
	石川啄木	『一握の砂』
	森鷗外	『舞姫』『雁』
	夏目漱石	『坊っちゃん』
美術・音楽	黒田清輝	（洋画）「読書」
	横山大観	（日本画）「無我」
	高村光雲	（彫刻）「老猿」
	滝廉太郎	（音楽）「荒城の月」

↑文学・美術・音楽の主な作品

（東京国立博物館蔵 / Image:TNM Image Archives）

↑「**無我**」（横山大観筆）

（東京国立博物館蔵 / Image:TNM Image Archives）

↑「**読書**」（黒田清輝筆）

（東京国立博物館）

↑「**老猿**」（高村光雲作）

CHECK 確認問題

第5章

近代の日本と世界

問題 各問いに答えましょう。
また，(　)に当てはまる語句を選びましょう。

❶ フランス革命では(権利章典　人権宣言)が発表された。

❷ 機械の改良・発明などで経済や社会のしくみが大きく変わることを何という。

❸ 南北戦争中に奴隷解放宣言を出した大統領は誰か。

❹ アヘンをめぐる清とイギリスの戦争を何という。

❺ 日米和親条約で開いた港は函館ともう１つはどこか。

❻ 日米修好通商条約での日本に不平等な内容は，領事裁判権を認めたことと，もう１つは何か。

❼ 徳川慶喜が政権を朝廷に返したことを何という。

❽ 明治天皇が明らかにした新政府の政治方針を何という。

❾ 人民の守るべきこととして出された５つの高札を何という。

❿ 旧藩主が土地と人民を政府に返したことを何という。

⓫ 地租改正で定められた税率は地価の(３　５)%である。

⓬ 図は官営模範工場として群馬県につくられた工場だが，何という工場か。

図

(個人像)

⓭ 『学問のすゝめ』を著して自由・平等などを説いた人物は誰か。

⓮ 民撰議院設立の建白書の提出に始まる運動を何という。

⓯ 最初の内閣総理大臣となった人物は誰か。

⓰ 領事裁判権の撤廃を求める声が高まるきっかけとなった，1886年に起こった事件は何か。

⓱ 三国干渉でロシアがドイツ・フランスとともに日本に返還を求めてきた半島はどこか。

⓲ 日露戦争の講和条約を何という。

⓳ 北九州につくられた官営の製鉄所を何という。

解答

① 人権宣言
② 産業革命
③ リンカン
④ アヘン戦争
⑤ 下田
⑥ 関税自主権がないこと
⑦ 大政奉還
⑧ 五箇条の御誓文
⑨ 五榜の掲示
⑩ 版籍奉還
⑪ 3
⑫ 富岡製糸場
⑬ 福沢諭吉
⑭ 自由民権運動
⑮ 伊藤博文
⑯ ノルマントン号事件
⑰ 遼東半島
⑱ ポーツマス条約
⑲ 八幡製鉄所

思考力UP

下関条約での賠償金の使いみちで軍事関係費用が多いのはなぜ？

下関条約は日清戦争の講和条約で，日本はこの条約で多額の賠償金を得ました。
賠償金の多くは軍事費関係に使われましたが，その理由を，
当時の国際関係なども考えながら整理してみよう。

問題

下関条約で得た賠償金が，資料①のように使われた理由を，資料②・③を参考にして簡潔に書きなさい。ただし，資料②が出されたできごとの名称を必ず用いること。

⬇資料①

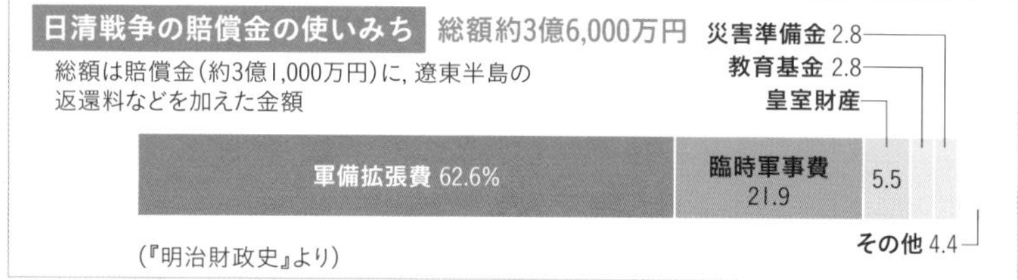

（『明治財政史』より）

⬇資料②

わがロシア政府が下関条約の内容を調査したところ，遼東半島の日本領有が確認された。このことは清国の首都北京にとって脅威となり，さらには朝鮮の独立を有名無実にするなど東アジアの平和に障害をもたらすものである。よってロシア政府は，日本政府が清国に遼東半島を返還することを要求する。

⬇資料③

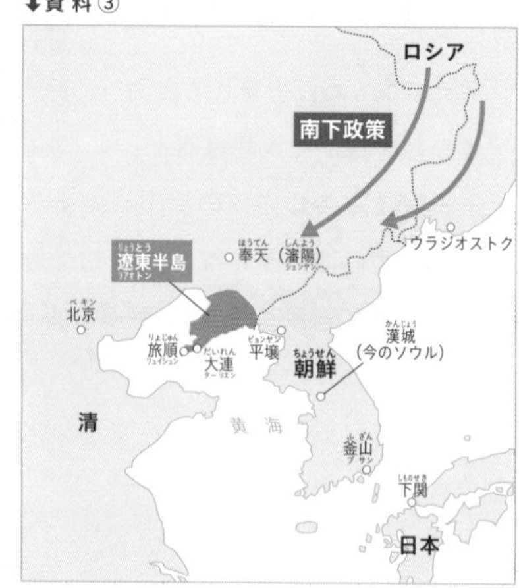

思考力UP ▸▸▸ 資料から，何がわかるか考えよう。

資料①をみると，賠償金の80%以上が軍事関係のために使われているよ。

資料②は三国干渉（さんごくかんしょう）ね。ロシアが，ドイツ・フランスをさそって，「東アジアの平和に障害をもたらす」ことを理由に，遼東半島を清に返すように要求しているよ。

日本はなぜこの要求を受け入れたのかな。資料③を見ると，このころロシアはアジアへの南下政策を進めているね。

ロシアは，日本が返還した遼東半島の旅順（りょじゅん／リュイシュン）と大連（だいれん／ターリエン）を，のちに清から租借（そしゃく）したから，日本はロシアへの対抗心が高まったのよね。

思考力UP ▸▸▸ 考えたことを，まとめてみよう。

解答例

三国干渉では対抗できなかったロシアに対抗できる軍事力をつけるため。（33字）

南下政策を進め，満州（中国東北部）に進出しようとしていたロシアは，日本の遼東半島領有に危機感を強め，フランス・ドイツをさそって三国干渉を行いました。対抗できる軍事力のなかった日本は，これを受け入れロシアへの対抗心を高めるとともに，軍事力の増強を進めました。

第6章

二度の世界大戦と日本

第 6 章では，第一次世界大戦から第二次世界大戦の終結までを取り上げる。20 世紀の前半に日本の帝国(ていこく)主義化が進み，自ら戦争につき進んでいく背景をつかもう。また，二度の世界大戦における世界の国々の関係についても理解しておこう。

Q. 世界恐慌はなぜ起こったの？
➡ SECTION 4へ
Q. ロシア革命はどのようにして起こったの？
➡ SECTION 1へ

第一次世界大戦と日本

20世紀初めのヨーロッパでは，ドイツ中心の三国同盟とイギリス中心の三国協商が，バルカン半島をめぐって激しく対立し，1914年，第一次世界大戦が始まった。日本は日英同盟を理由に参戦し，一方ロシアでは革命が起こり，社会主義政権が誕生した。

① 第一次世界大戦の始まり

1 大戦前のヨーロッパ

19世紀末から20世紀初めにかけて，欧米諸国は世界各地に植民地を広げ，勢力範囲をめぐって対立していた。ヨーロッパでは，工業化を進めたドイツが台頭してくると，イギリスと対立するようになった。ドイツは，すでにフランスを孤立させるためにオーストリア・イタリアと**三国同盟**を結んでおり，フランスは，ロシアと同盟を結んで対抗していた。イギリスは，ロシアの南下に備えて日本と**日英同盟**を結んでいたが，ロシアが日本に敗れるとロシアやフランスと協商を結び，ドイツを包囲する**三国協商**が成立した。こうして，ヨーロッパは三国同盟と三国協商が軍備を競い合う「**武装した平和**」と呼ばれる緊張関係が続いた。

2 第一次世界大戦の開始

列強の対立が続いている中，バルカン半島ではオスマン帝国（トルコ）の支配が衰え，諸民族が独立を目指していた。南下政策をとるロシアはスラブ民族を支援し，オーストリアは同じゲルマン民族のドイツの支持を得て，それぞれバルカン半島に進出しようとしていた。そのため，争いが絶えなかった**バルカン半島**は，「**ヨーロッパの火薬庫**」と呼ばれていた。こうした中で，1914年，オーストリアの皇太子夫妻が，バルカン

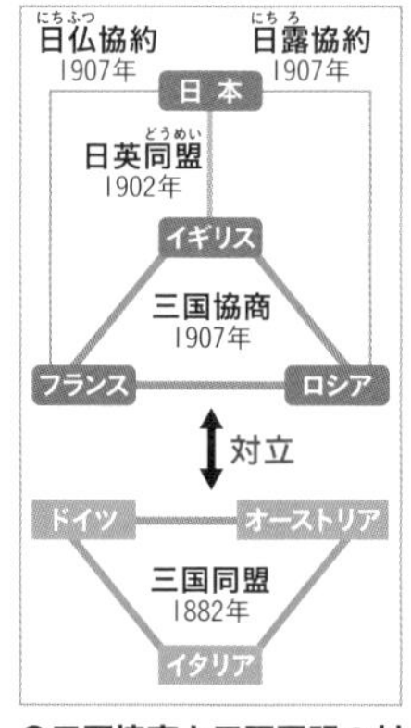

⬆三国協商と三国同盟の対立と，日本との関係

(TPG Images / PPS通信社)

⬆ヨーロッパの火薬庫
当時のヨーロッパを描いた風刺画。沸とうするバルカン半島を，イギリス・ドイツ・イタリア・ロシア・オーストリアの5か国が押さえつけている。

半島のサラエボでセルビア人青年に暗殺される事件が起こった(**サラエボ事件**)。この事件をきっかけに，オーストリアがセルビアに宣戦布告すると各国も参戦し，ドイツ・オーストリアなどの同盟国とイギリス・フランス・ロシアなどの連合国（協商国）に分かれて**第一次世界大戦**が始まった。日本は，日英同盟を理由に連合国側で参戦した。

⬆第一次世界大戦中のヨーロッパ　領土をめぐってオーストリアと対立したイタリアは，三国同盟を離脱して連合国側で参戦した。

3 大戦の経過と終結

大戦には植民地の人々も動員されて，世界的規模での戦争となった。各国では，戦場へ物資などを送るため民間人も軍需工場へ動員されるなど，国の経済・資源・技術などすべてを戦争のために総動員する**総力戦**となった。戦車・飛行機・毒ガス・潜水艦などの新兵器が使用され，ざんごう（溝をほって敵の攻撃から身をかくす場所）の中で多くの兵士が苦しみ，死傷者もばく大な数となった。1917年，中立を保っていたアメリカが，ドイツの無制限潜水艦作戦（中立国の船も攻撃する作戦）を理由に連合国側に参戦すると，連合国側が優勢となった。翌1918年にはドイツで革命が起こって皇帝が退位し，新しく

(Bridgeman Images / PPS通信社)

⬆第一次世界大戦の新兵器・戦車

Episode

第一次世界大戦の被害はどのくらいだった?

4年余りにわたる戦争でその被害も大きく，死者は約900万人，負傷者約2000万人を数えた。しかし，これはあくまで軍人・軍属（軍に所属する人）の数である。第一次世界大戦は史上初の総力戦となり，さらに飛行機などの新兵器によって都市への空襲が行われるようになり，民間人も戦闘に巻き込まれて多くの人々が犠牲になった。その数は，約700万人ともいわれている。また，戦争にかかった費用は，軍事費だけではなく，戦争で損害を受けた人的・物的損害などの費用を加えると，約3380億ドルといわれる。これは，当時の日本の国家予算の約1200倍に当たり，戦争による損失が，いかにばく大かがわかる。

第一次世界大戦の被害	
軍人戦死者	約900万人
軍人負傷者	約2000万人
民間人死者	約700万人
戦争被害額	約3380億ドル

できた共和国が連合国と休戦協定を結び，４年余りにわたり世界中を巻き込んだ戦争が終わった。

⬆演説するレーニン

2 ロシア革命

1 ロシア革命

ロシアは第一次世界大戦に参戦したが，戦争が長引いて人々の生活が苦しくなり，皇帝の専制政治に対して不満が高まっていた。1917年，「パンと平和」を要求して労働者がストライキを起こすと，兵士も反乱を起こし，各地に労働者や兵士たちの代表者会議（**ソビエト**）が結成された。こうした動きが全国に広がると，政府も抑えることができず，皇帝が退位してソビエトが主導する臨時政府が成立した。

しかし，臨時政府は資本家の勢力も強く，戦争を続けたため，労働者・兵士たちは，**社会主義者のレーニンを指導者として臨時政府をたおし，世界で最初の社会主義の政府をつくった**（**ロシア革命**）。

2 社会主義国家の建設

ソビエト政府は，土地を農民に分け与え，工場・銀行・鉄道などの重要産業を国有化し，社会主義国家の建設を進めた。その一方，交戦国に無併合・無賠償・民族自決を原則に各国に和平を訴えたが受け入れられず，1918年ドイツと単独で講和条約を結んで，第一次世界大戦から離れた。革命の影響を恐れる連合国軍は，**シベリア出兵**を行ってロシア革命に対する干渉戦争を起こしたが，労働者・農民中心の軍に敗れた。

3 ソ連の成立

こうした危機を乗り越えた政府は，1922年に**ソビエト社会主義共和国連邦**（**ソ連**）を成立させたが，しばらく国際社会から国として承認されなかった。レーニ

用語解説

民族自決

あらゆる民族は，ほかの民族からの支配や介入を受けることなく，独自にあり方や進むべき方向を定める権利があるという主張。第一次世界大戦後の講和会議における原則となった。

参考

社会主義と共産主義

労働者を中心とした平等な社会を目指そうとする社会主義に対して，それをさらに進めて，すべてを共有して貧富の差のない社会を目指すのが共産主義である。共産主義の実現をかかげてロシア革命を指導した政党は，共産党と名前を改めた。

参考

ソ連の承認

1922年，ドイツが最初に承認し，1924年にはイギリス・フランスが承認，各国が続いた。日本は1925年に日ソ基本条約を結んで承認した。アメリカの承認は1933年と遅く，その翌年にソ連の国際連盟（→p.409）加入が認められた。

ンの死後はスターリンが指導者となり，**五か年計画**を始めて国力を伸ばしていった（→p.410）。

3 大戦と日本

1 日本の参戦と中国への進出

日本は，中国山東省のドイツの根拠地青島を攻めて占領し，さらにドイツ領南洋諸島の一部を占領した。

さらに，中国への進出を考えていた日本は，ヨーロッパ諸国が大戦で中国への関心が薄れているのを見て，1915年に袁世凱の中国政府へ**二十一か条の要求**を示した。その内容は，山東省のドイツ権益を日本が受け継ぐこと，日本人の土地所有権や鉱山採掘権を認めること，旅順や大連の租借期間を延長すること，政治・財政・軍事面で日本人を顧問として政府に採用すること，などであった。これに対して，**中国は主権を侵すものとして強く反発**したが，日本は軍事力を背景に，日本人顧問を除く**要求の大部分を認めさせた**。この後，中国国民は，要求を受け入れた５月９日を国恥記念日として，各地で激しい反日運動を起こすようになった。

欧米諸国もこのような日本の行動を非難したが，大戦中で何もできなかった。

2 シベリア出兵

大戦中に起こったロシア革命に対し，影響を恐れた日本はイギリスやフランスなどの干渉戦争に加わり，1918年，**シベリア出兵**を行った。日本は，**シベリア東部を勢力範囲にしようという目的**もあって大軍を派遣した。干渉戦争は，革命政府が組織した労働者や農民の軍隊に敗れて失敗し，大戦が終わると諸外国の軍は引き揚げたが，日本は1922年まで兵をとどめ，多くの死傷者を出した。

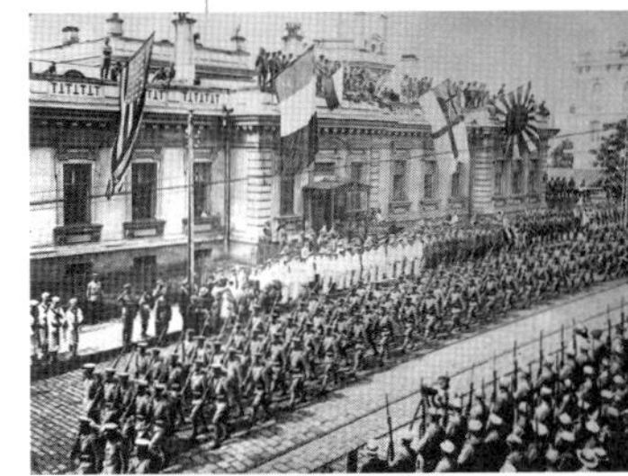
↑シベリア出兵　（TPG Images / PPS通信社）

参考

日本の参戦

大戦勃発を「天の助け」とした日本は，「この機会にドイツの根拠地を東洋から追い出し，日本の国際的地位を高めよう」と参戦を決定した。しかし，イギリスは日本のアジア・太平洋地域への進出を恐れて参戦依頼を取り消してきた。それにも関わらず，日本は中立を宣言していた中国の抗議も無視して，まず山東省へ兵を送った。

史料

二十一か条の要求

一．中国政府は，山東省におけるドイツの権益を日本に譲る。
一．旅順や大連の租借期限，南満州鉄道の利権の期限を，さらに99か年ずつ延長する。
一．南満州・東部内モンゴルでの鉱山採掘権を日本に与える。
一．中国の中央政府に，政治・財政・軍事の顧問として有能な日本人を招くこと。

（一部要約）

第一次世界大戦後の世界

第一次世界大戦が終わるとベルサイユ条約が結ばれ，民族自決と国際協調を基本とする体制ができ，国際連盟(こくさいれんめい)も発足した。民族自決の原則に基づいて，東ヨーロッパでは多くの独立国が誕生したが，植民地支配の続くアジア・アフリカでは独立運動が続けられた。

1 パリ講和会議と民族国家の誕生

1 ベルサイユ条約の調印

第一次世界大戦が連合国の勝利で終結すると，翌1919年，フランスのパリで講和会議が開かれた。会議は，アメリカ大統領**ウィルソン**が提唱した民族自決などを内容とする「**十四か条の平和原則**」をもとに進められた。しかし，戦勝国のイギリス・フランスなどが自国の利益を優先し，ドイツの力を弱めようとしたため，ウィルソンの原則は大きく曲げられた。その結果，ベルサイユ宮殿(きゅうでん)で結ばれた条約（**ベルサイユ条約**）はドイツに報復的なものとなり，ドイツは領土を縮小されてすべての植民地を失い，軍備の制限・多額の賠償(ばいしょう)金支払(きんしはら)いなどを課された。なお，日本は中国におけるドイツの権益を受け継(つ)ぎ，太平洋地域のドイツ植民地の統治権(とうちけん)を国際連盟から委任された。こうして築かれたヨーロッパの新しい国際秩序(ちつじょ)を**ベルサイユ体制**という。

2 民族国家の誕生

敗戦国のオーストリアなども領土を縮小され，それらの国の支配下に置かれていた多くの民族が独立し，ハンガリー，ユーゴスラビアなどの

用語解説

ウィルソンの十四か条
1918年に発表され，1）秘密外交の禁止，2）海洋・通商の自由，3）軍備縮小，4）平和のための国際機関の設立，5）民族自決，などを主な内容としていた。

発展

ドイツへの報復
ドイツは，地下資源に恵まれたアルザス・ロレーヌなど，本土の約6分の1を失い，すべての植民地を取り上げられた。巨額の賠償金で通貨の価値は暴落(ぼうらく)した。

❶第一次世界大戦後のヨーロッパ

新しい民族国家が生まれた。しかし，アジア・アフリカの民族自決は認められず，これらの民族が独立を達成できたのは第二次世界大戦後のことになる。

2 国際協調の動き

1 国際連盟の設立

ウィルソン大統領の提案に基づき，**国際平和の維持と国際協調を目的とする機関**として，1920年に**国際連盟**が設立された。連盟の本部はスイスのジュネーブに置かれ，イギリス・フランス・イタリア・日本が常任理事国となり，日本の**新渡戸稲造が事務局次長**として活躍した。しかし，**アメリカは議会の反対で加盟せず**，敗戦国ドイツや革命後のソビエト社会主義共和国連邦（ソ連）もはじめは加盟を認められなかった（ドイツは1926年，ソ連は1934年に加盟）。国際連盟は国際協調を進めるなどの成果を上げたが，紛争解決手段として経済制裁しか認められていなかったので，影響力には限界があった。

2 軍縮への努力

大戦後，列強は再び軍備拡張に力を入れるようになってきた。そこで，アメリカの呼びかけによって，イギリス・フランス・日本など９か国が集まり，1921～22年にかけて**ワシントン会議**が開かれた。

この会議では，①米英仏日の間で，太平洋地域の現状維持を確認した**四か国条約**が結ばれ，これによって**日英同盟が解消**された。②イタリアを加えた５か国の間で，海軍の主力艦の保有量を制限する**海軍軍縮条約**が結ばれた。③会議に参加した９か国の間で，中国の独立と主権を尊重した**九か国条約**が結ばれた。九か国条約によって，**日本は山東省での権益を中国に返還**した。これらの条約は，アメリカやイギリスが，日本の

参考

解体された帝国

第一次世界大戦後には，ロシア帝国をはじめ，ドイツ帝国・オーストリア＝ハンガリー帝国，オスマン帝国（トルコ）はすべて解体されて共和国となった。領土も縮小され，多くの小国が独立した。

KEY PERSON

新渡戸稲造

（1862～1933年）

札幌農学校を卒業したキリスト教徒。東京大学教授などを経て，1920年に国際連盟事務局次長となり活躍した。英文で書いた『武士道』は有名。

くわしく

主力艦と補助艦の制限

ワシントン会議の海軍軍縮条約では，主力艦の保有量比率をアメリカ・イギリスが５，日本３，フランス・イタリアが1.67と決められた。ロンドン海軍軍縮条約（→p.410）では，補助艦保有量比率をアメリカ・イギリス10に対して日本は７と決められた。

中国や太平洋進出を抑える目的で結ばれた。日本はその後も，1928年に国際的な紛争を平和的に解決することを目的とした**不戦条約**を，1930年には**ロンドン海軍軍縮条約**で補助艦の保有量の制限を認めるなど，国際協調の方針をとった。しかし，日本国内では軍部を中心に，しだいに国際協調への不満が高まっていった。

3 大戦後の欧米諸国

1 欧米諸国の動き

総力戦を戦った欧米諸国では，労働者や女性たちの要求を無視できなくなり，民主主義の動きが高まり，普通選挙による議会政治も進んだ。敗戦国ドイツは共和国となり，1919年，**ワイマール憲法**を制定した。この憲法は，労働者の基本的権利の保護などを規定しており，当時は最も民主的な憲法だった。

イギリスでは，選挙法改正によって女性にも参政権が与えられ，1924年には労働党内閣が成立し，1928年には21歳以上の男女平等の普通選挙が実現した。

ソ連では，1928年から**スターリン**が重工業化と農業の集団化を進める**五か年計画**を始め，国力を伸ばしていった。その一方で独裁的な傾向を強め，批判する人々は弾圧され，多くの犠牲者を出した。

2 アメリカの繁栄

国土が戦場とならなかったアメリカは，大戦中に連合国へ物資を輸出して大きな利益をあげた。「大量生産・大量消費」に支えられ，自動車が普及するなど産業が著しく発展した。

国際連盟には加盟しなかったが，経済力と軍事力を背景に，第一次世界大戦後，アメリカはイギリスに代わり国際政治・経済のうえで中心的な役割を果たすようになった。

用語解説

ワイマール憲法

前文と181か条の本文からなり，満20歳以上の男女普通選挙，団結権など労働者の基本的権利の保護のほか，国民主権，大統領の直接選挙など，当時の世界では最も民主的な憲法だった。しかし，大統領に強大な権限を与えたことで，のちにナチス独裁の道を開くことになった。

くわしく

五か年計画

５年ごとのソ連の社会主義計画経済。1928年からの第一次五か年計画では重工業が発達し，農業の集団化も進んで，ソ連は農業国から工業国へと変わった。1933年からは第二次五か年計画が行われ，世界有数の工業国へ発展した。

(Science Source / PPS通信社)

⬆大戦後の繁栄するアメリカ

4 アジアの民族運動

1 中国の民族運動

パリ講和会議で二十一か条の要求取り消しが無視され，山東省の権益を日本が引き継ぐことが決まると，中国では，人々の不満が爆発した。1919年5月4日，北京での学生集会をきっかけに大規模な**反日運動**が起こり，日本商品の排斥や，帝国主義に反対する全国的な運動に発展した(**五・四運動**)。これをきっかけに，孫文は**中国国民党**を結成し，その後，1921年に結成された**中国共産党**と協力して，軍閥打倒と民族の独立を目指し国内の統一を進めた。

(CPC Photo)

↑五・四運動 行進する学生たち。

2 朝鮮の民族運動

日本からの独立を求めていた朝鮮では，民族自決の考えに影響を受け，1919年3月1日，京城（現在のソウル）で学生や知識人が「独立万歳」と叫んでデモを行った。この動きはたちまち朝鮮全土に広がったが(**三・一独立運動**)，朝鮮総督府は軍隊・警察などを使ってこれを鎮圧した。この後，朝鮮総督府は武力による支配を緩めたが，日本への同化政策を続けたため，独立を求める人々の運動は続いた。

参考

ガンディーと塩の行進

塩の専売は，イギリスの植民地支配を支える重要な収入源だった。ガンディーは塩の専売に反対し，自分たちで塩をつくるため，1930年にインド西部のアーメダバードから約390km離れた海岸まで抗議の行進を行った。イギリスはこれに弾圧を加え，ガンディーをはじめ多くの人々を逮捕したが運動はますます激しくなり，翌年イギリスは，塩の製造を許可した。

3 インドの独立運動

大戦中，イギリスは植民地インドに対して，協力したら戦後に自治を認めるという約束をして兵士・物資を動員させた。しかし，イギリスは約束を守らず，かえって支配を強めてきた。それに対して，イギリスからの独立を望むインドは，**ガンディー**を指導者に**非暴力・不服従**（暴力で抵抗しないが服従もしない）の抵抗運動を行って，自治獲得運動を進めた。

(Alamy / PPS通信社)

↑糸をつむぐガンディー インドの伝統的な方法で糸をつむいで，国産品の愛用を呼びかけた。

第6章
SECTION

3 大正デモクラシーと文化

明治末ごろから第一次・第二次の護憲運動を通じて政党の力が伸びてきて，米騒動をきっかけに政党内閣が成立し，普通選挙も実現した。民主主義を唱える大正デモクラシーの風潮の中で社会・労働運動も激しくなり，また都市を中心に文化の大衆化が進んだ。

1 大正デモクラシー

（毎日新聞社／時事通信フォト）

❶桂内閣退陣を求めて，衆議院前に集まる人々

1 第一次護憲運動

日露戦争前後は，**藩閥**・官僚勢力と政党（立憲政友会）が交互に政権を担当してきた。しかし，1912年に成立した藩閥の桂太郎内閣が議会を無視する姿勢を示すと，立憲政友会の**尾崎行雄**や立憲国民党の**犬養毅**らは，「閥族打破・憲政擁護」をスローガンに，藩閥をたおし，憲法に基づいた政治（立憲政治）を守るための運動を起こした（**第一次護憲運動**）。新聞や民衆もこの運動を支持し，この結果，桂内閣は2か月足らずで退陣した（**大正政変**）。

2 デモクラシーの思想

第一次世界大戦後は，民主主義を求める動きが世界に広まり，日本も大きな影響を受けた。政治学者の**吉野作造**は，普通選挙によって民衆の声を政治に反映させることと，政党政治の実現を主張した（**民本主義**）。また，憲法学者の**美濃部達吉**は，**天皇機関説**を主張して憲法の面から政党政治を支えた。これら民主主義を求める風潮を，年号にちなんで**大正デモクラシー**という。

3 経済の急成長

第一次世界大戦が始まると，日本はアジア・アフリカに市場を広げるとともに，連合国から軍需品の注文

参考

民本主義
吉野作造が唱えた民本主義は，democracy（デモクラシー）を訳したもの。民本主義は，「天皇主権のもとでの民主主義」を主張したもので，現在の国民主権のもとでの民主主義とは異なる。民本主義は，大正デモクラシーの指導的な理論となった。

天皇機関説
「主権は国家にあり，天皇は国家の最高機関であって憲法に従って統治する」という美濃部達吉の学説。この学説は，政党政治の理論的な根拠とされた。

を受け，アメリカには生糸などを輸出し，経済が急速に伸びた。この結果，**輸出超過**となり，貿易額も1914年から1918年までの間に約４倍となり，空前の好景気（**大戦景気**）となった。また，欧米からの輸出が止まったことで，薬品・肥料などをつくる化学工業が新しくおこった。とくに世界的な船舶不足から，**海運業・造船業は好景気**となり，**成金**と呼ばれる，急に大金持ちになった人が続出した。大戦中に，**工業生産が農業生産を追い越し**，日本は工業国としての基礎を固めた。こうした中で，財閥はさらに力を付けてきた。

⬆第一次世界大戦前後の貿易額の変化

(灸まん美術館)

⬆**成金**
急に大金持ちになった成金を風刺する絵。紙幣を燃やして明かりの代わりにしている。

4 米騒動と政党政治の実現

好景気で物価は上がったが，賃金はそれほど上がらず，庶民の生活は苦しくなっていた。そのような中で，1918年，**シベリア出兵を見越して商人が米の買い占め**を行ったため，米の値段が大幅に上がった。**富山県の漁村の主婦たちが米の安売りを求める**と，その動きは全国の主要都市に広がり，米屋などを襲う騒動に発展した（**米騒動**）。政府は，警察・軍隊を使ってこれを鎮圧した。米騒動の責任を取って寺内正毅内閣が総辞職すると，立憲政友会総裁の**原敬**が内閣を組織した。原内閣は，陸軍・海軍・外務大臣以外の大臣を衆議院第一党の立憲政友会から選んだ，**本格的な政党内閣**だった。華族ではない原は**「平民宰相」**として期待され

KEY PERSON

原　敬
（1856〜1921年）

(国立国会図書館)

盛岡藩（岩手県）藩士の子として生まれる。華族出身でないことから「平民宰相」と呼ばれたが，普通選挙には消極的で，納税資格を10円以上から３円以上に引き下げただけだった。1921年，東京駅で青年に暗殺された。

⬆**米騒動**　民衆が米屋を襲っている。

(徳川美術館　©徳川美術館イメージアーカイブ/DNPartcom)

たが，普通選挙に対しては納税資格を引き下げただけで消極的だった。

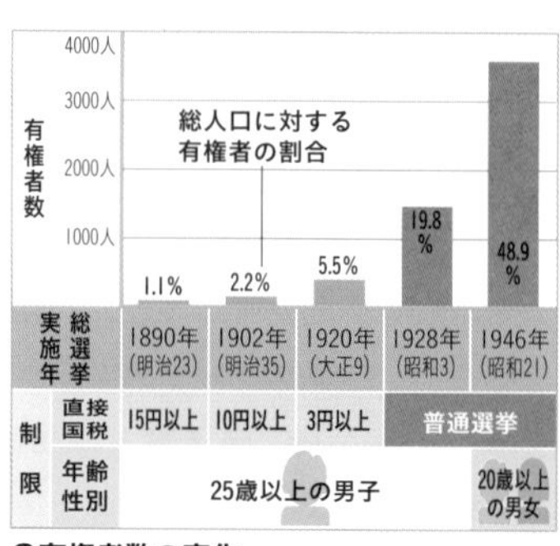

⬆有権者数の変化

2 社会運動の高まりと普通選挙

1 普通選挙法の成立

原内閣のあとは再び非政党内閣が続き，1924年に官僚の清浦奎吾内閣が成立すると，憲政会・立憲政友会・革新倶楽部の３党は，世論の支持も得て護憲運動を起こした（**第二次護憲運動**）。総選挙の結果，憲政会の**加藤高明**内閣が成立し，1925年に納税額の制限を廃止して，**満25歳以上の男子に選挙権**を与える**普通選挙法**を成立させた。有権者の数は４倍に増えたが，女性には選挙権が与えられなかった。

普通選挙法と同時に**治安維持法**が制定され，共産主義への取り締まりが強化された。なお，加藤高明内閣から，1932年の五・一五事件（→p.423）で犬養毅内閣がたおれるまでの８年間，衆議院の二大政党が内閣をつくった。これを「**憲政の常道**」という。

用語解説 

治安維持法
普通選挙の実施やソ連との国交樹立によって進出してくると考えられた，天皇制や私有財産制を否認する共産主義者を抑える目的で成立した。しかし，成立後は反政府運動や社会運動全般までにも適用されるようになった。

2 労働運動・農民運動の高まり

大戦中の経済の発展によって労働者が増え，ロシア革命などの影響も受けながら労働運動がさかんになり，

Episode

はじめての普通選挙

普通選挙法の成立から３年後の1928年，はじめての男子普通選挙が行われ，定員466名の議席を目指して966名が立候補した。人々は期待を胸に早朝から投票所に押しかけ，投票率は80.3％であった。しかし，この選挙では激しい選挙干渉が行われ，とくに社会主義系の無産政党には，演説会の中止などさまざまな妨害が行われた。四国の香川県では，無産政党の運動員500人の検挙などが行われ，応援した弁士が「これで当選するなら，黙って立っている琴平神社の石灯籠でも当選するだろう」と言ったといわれる。

➡投票所に並ぶ人々

待遇改善などを求めて**労働争議**が起こった。労働者の地位向上を目指して結成された友愛会は，1920年に日本で最初の**メーデー**を行い，翌1921年には全国組織として**日本労働総同盟**と改称した。1922年には，日本共産党が秘密裏に結成された。

農村でも，地主に小作料の引き下げなどを求める**小作争議**がさかんになり，1922年には全国的な農民組織として**日本農民組合**が結成された。

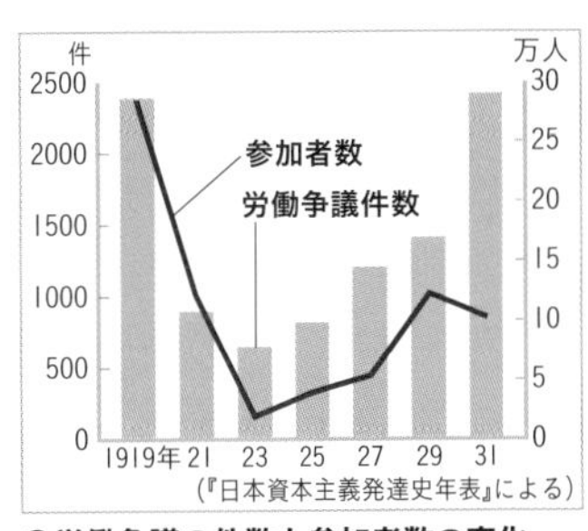

⬆労働争議の件数と参加者数の変化

3 女性たちの社会運動

差別からの解放を求める女性たちの運動もさかんになった。1911年，**平塚らいてう**は**青鞜社**を結成し，雑誌『青鞜』を発行して女性解放の運動を始めた。1920年には，平塚らいてうと**市川房枝**らによって**新婦人協会**が設立され，女性の政治参加を求めて運動を進めた。

4 差別からの解放を求めて

また，社会的・経済的に差別を受けてきた被差別部落の人々も，自らの手で人間としての平等を勝ちとり，差別を自主的に撤廃しようとする**部落解放運動**を本格的に展開するようになった。1922年，**全国水平社**を結成し，解放運動をねばり強く進めていった。

北海道では，アイヌの人々が差別からの解放運動を進め，1930年には**北海道アイヌ協会**を結成し，北海道旧土人保護法の改正を求めて運動を進めた。

史料

『青鞜』発刊に際して

元始，女性は実に太陽であった。……今，女性は月である。他によって生き，他の光によって輝く，病人のような青白い顔の月である。……私どもは，隠されてしまった我が太陽を今や取り戻さなければならない。

(部分要約)

史料

水平社宣言

全国に散在するわが部落の人々よ，団結せよ。…人の世の冷たさが，どんなに冷たいか，人間をいたわることが何であるかをよく知っているわれわれは，心から人生の熱と光を求めるものである。水平社はこうして生まれた。人の世に熱あれ，人間に光あれ。

(部分要約)

＊1922年，京都で開かれた全国水平社創立大会での宣言。

3 大正期の文化

1 大衆文化の誕生

1900年代には義務教育も行きわたり，大正時代には高等教育も広がった。こうした中で，都市で働く工場労働者やサラリーマン（給料をもらい生活する人）を中心とする**大衆文化**が生まれた。とくに活字文化が広がり，発行部数が100万部を超える新聞のほか，1冊1円の文学全集（**円本**）や低価格の岩波文庫，総合雑誌や週刊誌も発行された。また，子ども向けの雑誌「**赤い鳥**」が発行され，童謡・童話も広まった。映画やレコード，野球などのスポーツが娯楽として広まり，1925年には**ラジオ放送**が始まって新聞と並ぶ情報源となった。

（毎日新聞社／時事通信フォト）
⬆ラジオ放送を楽しむ人々

2 都市生活の変化

人口が集中した都市では，ガス・水道・電気などが普及し，洋式を取り入れた新しい住宅（**文化住宅**）が流行し，カレーライスなどの洋食も広まった。洋服を着る人も増え，おしゃれして街を歩く若者は，モガ（モダンガール）やモボ（モダンボーイ）と呼ばれ，また，**バスガール**や**電話交換手**など働く女性も増えてきた。1923年の**関東大震災**からの復興をきっかけに，都市では鉄筋コンクリートの建物も増えてきた。

（毎日新聞社／時事通信フォト）
⬆働く女性（バスガール）

発展 

関東大震災

1923年9月1日，東京・横浜（神奈川県）を中心として発生したマグニチュード7.9の大地震とその被害。死者・行方不明者約10万5千人，被災者340万人以上の大災害となった。この混乱のなかで，「井戸に毒を入れた」「暴動を起こす」など根拠のないうわさが流れ，多くの朝鮮人や中国人，社会主義者たちが，住民が組織した自警団の手によって殺害された。

3 新しい思想と文化

学問では，西田幾多郎が『善の研究』で東洋と西洋の哲学の統一を目指し，柳田国男は民衆の生活を明らかにする民俗学を確立した。また，柳宗悦は民芸運動を提唱した。

文学では，人道主義をかかげた**志賀直哉**・武者小路実篤らの**白樺派**や，知性的な短編の**芥川龍之介**，美に最高の価値を見いだす谷崎潤一郎が活躍した。また，新聞・大衆雑誌に連載された吉川英治の時代小説，江戸川乱歩の探偵小説などが人気を得た。**小林多喜二**らは労働者の生活を描き，**プロレタリア文学**と呼ばれた。

美術では，岸田劉生や女性の風俗画を描いた竹久夢二など，音楽では，童謡作家の野口雨情，日本最初の交響楽団を結成した山田耕筰，邦楽（箏曲）に新しい風を吹き込んだ宮城道雄などが活躍した。

第6章 SECTION 4

世界恐慌

1929年，繁栄していたアメリカでの株価の大暴落をきっかけに始まった混乱は，たちまち世界へと広がった。アメリカはニューディール政策，イギリス・フランスはブロック経済で恐慌を乗り切ろうとしたが，イタリア・ドイツではファシズムが台頭してきた。

❶ 世界恐慌の始まり

1 アメリカの恐慌

第一次世界大戦で直接の戦場にならなかった**アメリカ**は，連合国への物資の供給などで大きな利益を上げ，**世界経済の中心となっていた**。やがて，アメリカの援助でヨーロッパ諸国も経済が復興してくると，アメリカの製品は売れなくなってきた。また，国内でもそれほど購買力が伸びず，生産と消費のバランスがくずれてきた。

こうした中で，1929年10月24日，**ニューヨークの株式市場で株価の大暴落が起こった**。これをきっかけに，銀行の取り付け騒ぎが起こって多くの銀行が倒産し，資金難となった多くの企業も倒産して失業者があふれ，**アメリカは恐慌におちいった**。

(TPG Images / PPS通信社)

⬆恐慌に襲われたアメリカ・ウォール街

用語解説

取り付け

恐慌などのとき，銀行が信用をなくして預金者が銀行に押し寄せて，いっせいに預金の支払いを求めること。日本でも昭和時代の初めに起こった（→p.421）。

2 世界への広がり

世界の金融の中心でもあり，多くの資金を各国に貸し出していたアメリカが恐慌になると，**恐慌はたちまち世界中に広がり**，**世界恐慌**となった。こうして1930年代前半，アメリカをはじめイギリス・フランスなどの資本主義諸国は不景気となり，とくに，賠償金に苦しむドイツは深刻な打撃を受けた。一方ソ連は，恐慌の影響を受けず独自の発展を続けていた。

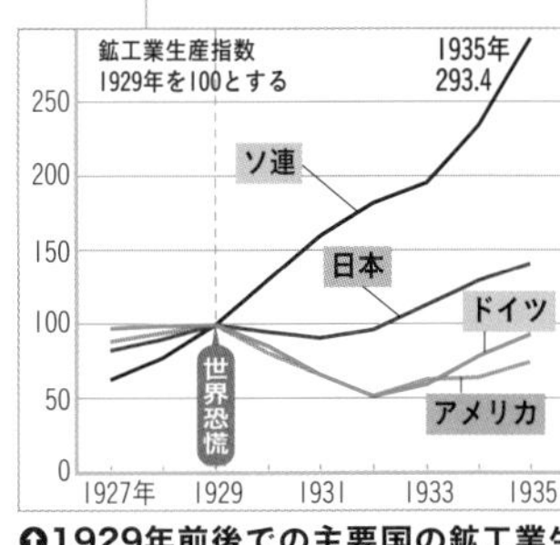

⬆1929年前後での主要国の鉱工業生産指数

2 各国の恐慌対策

↑ニューディール政策で建造されたテネシー川流域のダム

1 アメリカのニューディール政策

アメリカでは，1933年に大統領となった**ルーズベルト**が，恐慌を乗り切るため，これまでの自由放任の経済に，政府の統制・干渉を加える**ニューディール**（新規巻き直し）**政策**を実施した。農業や工業の生産量を制限して価格を調整し，産業の回復をはかるとともに，労働者の権利を保護して賃金を引き上げ，購買力を高めようとした。さらに，テネシー川の総合開発など大規模な公共事業を起こして，失業者の救済に努めた。この結果，国民の購買力は上向き，景気も回復に向かった。

くわしく

テネシー川の総合開発

テネシー川はミシシッピ川の支流で，雨が降れば洪水を起こすなど「魔の川」と呼ばれ，周辺には原野が広がっていた。この川を開発するためテネシー川流域開発公社（TVA）が設立され，失業者を雇い入れて，ダムを建設して洪水を防ぎ，水力発電所や農業用水路をつくる工事が進められた。その結果，周辺は緑地に変わり，電力も豊富になって工業も発展した。

2 イギリス・フランスのブロック経済

イギリスでは，労働党のマクドナルドが挙国一致内閣をつくって恐慌対策に当たった。本国と，植民地や連邦（カナダ・オーストラリア・インドなど）との結び付きを密接にして貿易を拡大する一方，それ以外の国との貿易には高い関税をかけて市場から締め出した。このように，関係国内だけで自給自足を目指し，経済を成り立たせようとする政策を**ブロック経済**という。

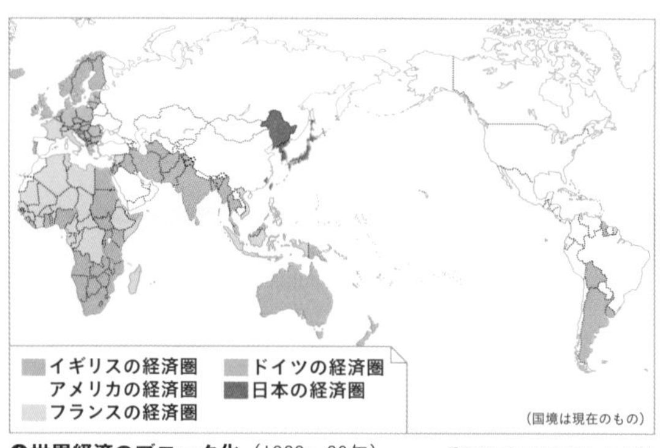

↑世界経済のブロック化（1929～39年）　（「タイムズ世界歴史地図」による）

参考

「ブロック」の意味

ブロックとは，「経済政策上の連合体」という意味で，本国と植民地や連邦内の国々を1つの連合体にたとえたものである。

イギリスと同じように，海外に多くの植民地や勢力圏をもつフランスも，同じようにブロック経済を進めた。これによって，イギリスやフランスはある程度の市場を確保し，恐慌の影響をやわらげることができた。

しかし，イギリス・フランスは自国の利益を優先させたため，これまでの，国際連盟などによってつくられてきた国際協調の体制はゆらぎ，日本・イタリア・ドイツなどの，植民地や資源の少ない，いわゆる「持たざる国」は，自分たちの経済圏をつくろうと，新たな領土獲得を目指していった。

3 ソ連の五か年計画

ソ連（ソビエト社会主義共和国連邦）では，レーニンの後を継いだ**スターリン**が，1928年から**五か年計画**を始めて独自の経済政策を進め（→p.410），**世界恐慌の影響を受けることなく成長を続けていた**。ついで第二次五か年計画が実施され，1937年にはアメリカにつぐ工業国となっていった。国際的地位も向上し，1934年には国際連盟への加盟が実現したが，国内では政権に反対する人々への弾圧などが行われた。

参考

オタワ連邦会議

恐慌に直面したイギリスは，1932年にカナダのオタワでイギリス連邦経済会議を開いた。そこで協定を結び，連邦内では輸入品にかけられる関税を低くし，ほかの国の商品が連邦内に入ってこないようにした（関税ブロックの形成）。これによって，イギリス連邦ブロック経済圏が成立した。

(TPG Images / PPS通信社)

↑五か年計画を呼びかけるポスター

大きく出ている人物がスターリン。

参考

ファシズムの呼び方のおこり

イタリア語で「結束」を意味する「ファッショ」から生まれた言葉。ムッソリーニがファシスト党を結成して以来，同様の傾向をもつものを，ファシズムと呼ぶようになった。

3 ファシズムの台頭

1 ファシズムとは

第一次世界大戦後，ヨーロッパでは民主主義が発展する一方で，**ファシズム**と呼ばれる政治傾向が現れてきた。ファシズムとは，**民主主義・自由主義を否定し，個人の幸福よりも民族・国家の利益を優先させる独裁政治**のことである。**全体主義**ともいい，勢力拡大のために武力による侵略政策をとった。1920〜30年代にイタリアから始まり，ドイツで勢力を強めていった。日本もまた，ファシズムへの道を歩み始めていった。

2 イタリアのファシズム

⬆支持者と握手するヒトラー（ゲッティー）

イタリアは第一次世界大戦の戦勝国だったが，戦争で国内は荒廃し，講和会議では領土要求が認められず，経済も混乱が続いて国民の生活は苦しくなっていた。ロシア革命の影響で共産主義の勢力が広がり，労働運動もさかんになっていた。

このような社会不安を背景に，ファシスト党の**ムッソリーニ**が勢力を伸ばし，1922年に政権を握って独裁政治を始めた。世界恐慌の影響を受けて経済が行きづまると，対外進出に訴えるようになり，1935年にアフリカのエチオピアを侵略し，翌年に併合した。これに対して，国際連盟は経済制裁を加えたが効果はなく，イタリアは1937年に国際連盟を脱退した。

3 ドイツのファシズム

第一次世界大戦に敗れたドイツは，領土を削られて植民地も失い，巨額の賠償金の負担に苦しんでいた。

そこに世界恐慌が押し寄せると，アメリカが資本を引き上げたため経済はいっそう混乱し，失業者も増えて社会不安が高まっていた。

こうしたとき，**ヒトラー**が率いる**ナチス**（**国民［国家］社会主義ドイツ労働者党**）は，ベルサイユ条約の破棄，ユダヤ人の排斥などを主張し，ドイツ民族の優秀さを説いて人々の支持を集め，1932年に議会で第一党となった。翌1933年，首相になったヒトラーは，**ナチス以外の政党禁止**・労働組合の解散・**ワイマール憲法**（→p.410）の停止などを行い，**一党独裁を実現**した。

ナチスは，公共事業や軍需産業をさかんにして失業者を減らしたが，一方で秘密警察を用いて国民の自由をうばい，ユダヤ人を迫害するなどしたため，ドイツは全体主義国家となっていった。国際連盟も脱退し，1935年にはベルサイユ条約を破棄して再軍備を進め，海外侵略を目指していった。

なぜ？

ユダヤ人排斥の理由

ナチスは，ユダヤ人が「神から選ばれた民族」という選民意識をもっていることに強い反感を抱いていた。そのため，ゲルマン民族は優秀であるとして「血の団結」を唱え，征服地のユダヤ人を公職から追放し，ドイツ人とユダヤ人の結婚も禁止した。

参考

ファシズムとの戦い

スペインでは，ファシズムに反対する人々が，民主主義を守るため人民戦線内閣を成立させた。軍部が反乱を起こすと，ドイツ・イタリアのファシズム勢力は軍部を支援し，ソ連や世界の社会主義・自由主義者たちは人民戦線内閣を支援した。1939年，内乱は軍部の勝利で終わり，以後，軍部のもとで独裁政治が進められた。

第6章
SECTION

5 日本の中国侵略

第一次世界大戦後の日本は，金融恐慌についで昭和恐慌となり，政党政治も行きづまりを見せていた。政党政治に不満をもつ軍部は五・一五事件，二・二六事件を通して台頭し，満州事変を起こして中国への侵略を開始し，日中戦争へと突き進んでいった。

❶ 昭和恐慌と政党政治

1 金融恐慌から昭和恐慌へ

第一次世界大戦中は好景気だった日本も，大戦が終わると不景気となり，さらに関東大震災(→p.416)は経済に大きな打撃を与えた。1927年，関東大震災の負債の処理を審議していた議会で，大蔵大臣の失言から銀行の取り付け騒ぎが起こり，多くの銀行が休業に追い込まれた（**金融恐慌**）。さらに，1930年代に入ると世界恐慌が日本にも及び，日本は不景気のどん底に落ち込み（**昭和恐慌**），都市では多くの企業が倒産し，人員整理も行われて，街には失業者があふれた。農村では，米やまゆなどの農産物の価格が暴落した。1930年には，大豊作によって米の価格がさらに下がって「豊作貧乏」となり，翌31年には一転して

(朝日新聞社 / PPS通信社)

⬆銀行の取り付け騒ぎ

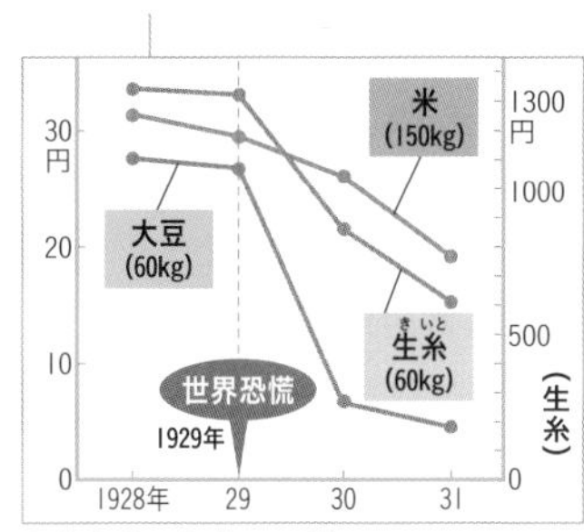

⬆農産物の価格の下落

Episode

裏の白い200円札が発行されたのはなぜ？

1927年４月，裏面に何も印刷されていない200円札が発行された。原因は３月の議会で，大蔵大臣の「東京渡辺銀行が破綻した」という失言にあった。この失言で，預金を引き出そうと大勢の人々が銀行に押し寄せ（取り付け騒ぎ），銀行が相次いで休業に追い込まれた。人々を安心させるには，銀行に十分な現金があることを示すのが一番だが，日本銀行では紙幣が底をついてしまった。そこで，急いで紙幣を刷るため，裏面の印刷を省略した200円札を印刷したのである。なお，このとき50円札も印刷されたが発行はされなかった。

⬇裏面が白い200円札

(朝日新聞社／アマナイメージズ)

東北・北海道を中心に大凶作となった。そのせいで，借金のため女性の「身売り」や，学校に弁当を持っていけない「欠食児童」が続出し，社会問題となった。こうした状況のもとで，各地では労働争議や小作争議が激しさを増してきた。

(毎日新聞社/時事通信フォト)

⬆だいこんをかじる東北地方の子ども

2 財閥と政党政治

こうした中で，三井・三菱・住友などの**財閥**は銀行を通して企業への支配を強め，日本の経済を支配するようになってきた。さらに，政党へ資金を出して結び付きを強め，政治にも影響力をもつようになってきた。国民の間には，財閥と，財閥から援助を受けて汚職などを繰り返す政党に対して，不信感が広がった。

くわしく

国家主義

個人よりも国家の利益を優先する考え方。軍国主義を生みだし，戦争を正当化する思想的な支えとなった。

3 中国の動きと日本の政策

中国では，1927年に中国国民党が南京に**国民政府**をつくり，協力していた中国共産党を弾圧して，内戦を始めた。国民政府軍が北京に近づくと，**中国での利権を失うことを恐れた現地の日本軍**（**関東軍**）は**満州**（中国東北部）を直接支配しようとし，1928年，満州に帰る途中だった軍閥の**張作霖を爆殺**した。しかし，この事件は結果的に国民政府が満州まで勢力を広げることとなった。そのため，翌年に成立した立憲民政党の**浜口雄幸内閣**は，ほぼ中国を統一した国民政府との関係を改善し，ロンドン海軍軍縮条約（→p.410）を結ぶなど国際協調を進めた。しかし，一部軍人や国家主義者たちの反発を招き，1930年，浜口首相は狙撃されて重傷を負い，辞任に追い込まれた。

なぜ？

浜口首相が狙撃された理由

ロンドン海軍軍縮条約で，政府が勝手に補助艦制限の条約を結んだのは，憲法が定める天皇の統帥権（軍隊の最高指揮権）を犯すものとして，国家主義者たちが政府を攻撃した。これが原因となって，浜口首相は東京駅で狙撃され，それがもとで翌年亡くなった。

（朝日新聞社／時事通信フォト）

⬆東京駅で襲われた浜口首相

2 満州事変から軍部の独裁へ

1 満州事変

このころ，不景気から抜け出すため，政府は「満州は日本の生命線」として大陸に進出しようと考えるようになった。国民政府によってほぼ中国統一がなされると，日本が満州にもつ権益を取り戻そうという動きがいっそう強まった。1931年９月，日本軍（関東軍）は奉天郊外の柳条湖で南満州鉄道の線路を爆破し（**柳条湖事件**），これを中国軍のしわざとして軍事行動を始めた（**満州事変**）。政府は戦争を拡大しない方針だったが，軍部はこれを無視して満州の主要地域を占領し，翌年には清朝最後の皇帝**溥儀**を元首として，**満州国**の建国を宣言した。しかし，日本が政治・経済・軍事などの実権を握り，不景気の続く日本の農村から移民が送られ，事実上の植民地であった。

↑満州事変の広がりと「満州国」

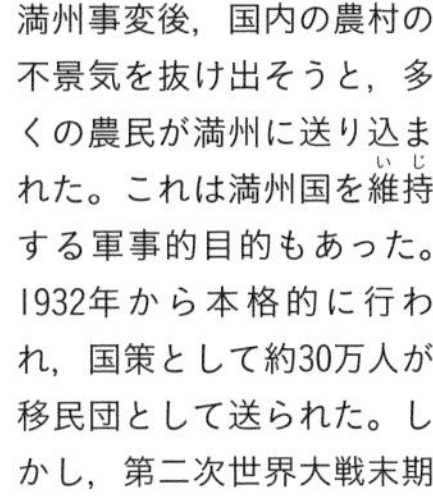
発展

満蒙開拓団

満州事変後，国内の農村の不景気を抜け出そうと，多くの農民が満州に送り込まれた。これは満州国を維持する軍事的目的もあった。1932年から本格的に行われ，国策として約30万人が移民団として送られた。しかし，第二次世界大戦末期のソ連の参戦により，多くの人々が取り残され，戦後に中国残留婦人・孤児を生むこととなった。

2 日本の国際連盟脱退

中国は，日本の行動を侵略として国際連盟に訴えたので，国際連盟はイギリスのリットンを団長とする調査団を派遣した。国際連盟は1933年の総会で，調査団の報告に基づいて，満州国を認めず，占領地からの日本軍の撤兵を求める勧告を，日本を除く全会一致で採択した。日本代表の松岡洋右はこれに抗議して退席し，３月に**国際連盟を脱退**した。孤立を深めた日本は，翌年にはロンドン海軍軍縮条約の破棄を通告して軍備拡張に力を入れ，ファシズム国家のドイツ・イタリアに接近するようになった。

3 五・一五事件と政党政治の終わり

昭和恐慌や満州事変などをきっかけに，軍人や国家主義者たちの間では，日本の行きづまりの原因を政党や財閥にあると考え，軍中心の強力な内閣をつくって国家を改造しようとする動きが活発になってきた。

1932年５月15日，海軍の青年将校らが首相官邸を襲い，満州国承認をしぶる犬養毅首相を射殺する事件が

昨夕帝都未曾有の不祥事

（朝日新聞社／PPS通信社）

↑五・一五事件を報じる新聞

起こった（**五・一五事件**）。この結果，1924年から約８年間続いた政党内閣が終わり，再び軍人や官僚による内閣がつくられるようになった。

（毎日新聞社／時事通信フォト）

⬆二・二六事件の反乱軍

4 二・二六事件と軍部独裁の形成

1936年２月26日には，軍事政権を目指した陸軍の青年将校らが首相官邸や警視庁を襲い，大蔵大臣の高橋是清らを殺傷して，国会を含む東京の中心部を４日間にわたって占拠した（**二・二六事件**）。事件は鎮圧されたが，以後軍部の政治への発言力が強まり，軍部の支持がないと内閣もつくれなくなった。

発展

軍部独裁の傾向

すでに1928年には治安維持法が改正されており，自由主義者までが弾圧を受けるようになり，思想・言論への弾圧も強化された。

3 日中戦争と戦時体制

1 ファシズム国家の結合

国際連盟を脱退して国際的孤立を深めていた日本は，1936年，共産主義勢力に対抗するためとして，ファシズム国家ドイツと日独防共協定を結んだ。翌年にはイタリアも加わり，**日独伊防共協定**となり，三国が反共産主義の立場で結び付いて，日独伊の**枢軸**（世界の中心となろうとする友好関係）が形成された。

参考

中国共産党の長征

国民政府軍の圧迫を受けた中国共産党は，1934年に南部の根拠地から北西の陝西省まで約１万2500kmの大移動を行った。この移動を長征と呼び，この途中で毛沢東が実権を握った。

2 日中戦争の開始

中国では，蔣介石が指導する国民政府と**毛沢東**の率いる中国共産党が内戦を続けていた。しかし，満州国建国後も侵略を続ける日本に対して抗日運動が強まると，毛沢東が蔣介石の国民政府に協力を求め，1936年に内戦を停止した。1937年７月，北京郊外の盧溝橋で日中両軍の武力衝突が起こると（**盧溝橋事件**），これをきっかけに日本軍が攻撃を始めた（**日中戦争**）。近衛文麿内閣ははじめ不拡大の方針をとったが，軍は方針に従わず，戦火は上海にまで広がって，宣戦布告のないまま全面戦争に発展した。

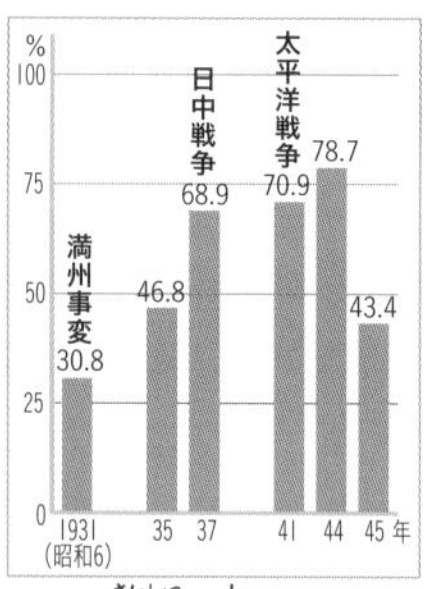

⬆国の歳出に占める直接軍事費の割合

3 戦争の長期化

戦争の開始を受けて，国民政府と共産党は協力して日本と戦うことを約束し，**抗日民族統一戦線**が結成された。戦線を拡大した日本は，1937年12月には首都南京を占領し，女性や子どもを含む多数の中国人を殺害した（**南京事件**）。国民政府は，重慶へ首都を移し，アメリカやイギリスなどの支援を受けて抗戦を続けたので，戦争は長期化していった。

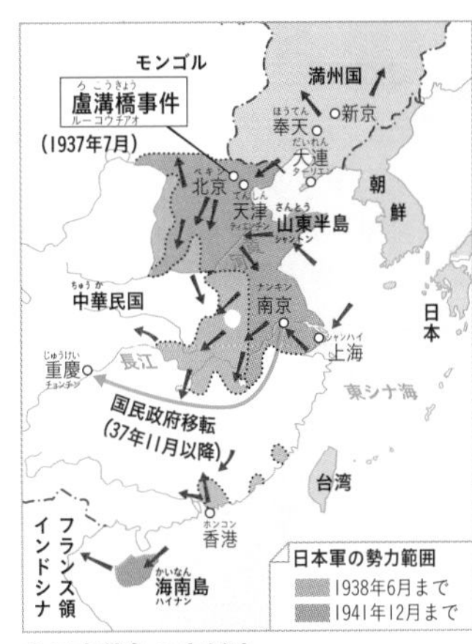

↑日中戦争の広がり

4 戦時体制の強化

日中戦争が長期化すると，政府は軍部の要求に従って軍事費を増やし，国民生活のすべてを統制するための戦時体制を強めていった。1938年，近衛文麿内閣は**国家総動員法**を制定し，労働力（国民）・物資・資本を，議会の承認なしに戦争目的のために動員できるようにした。政党は解散し，首相を総裁とする**大政翼賛会**が1940年に結成され，この結果，議会は名前だけのものとなった。また，すべての労働組合が解散させられ，大日本産業報国会にまとめられた。

5 戦時体制と国民

軍需品の生産が優先されたため，生活必需品はしだいに不足し，米・マッチ・衣料品などが**配給制**や**切符制**となった。また，町内会の下に**隣組**をつくり，国民が戦争に協力するようお互いを監視させた。言論・文化への統制も強まり，1941年には小学校は**国民学校**となり，軍国主義的教育が行われた。植民地の朝鮮では，日本に同化させる**皇民化政策**が行われ，日本語の使用や神社への参拝，日本式の姓名に改めさせる**創氏改名**などが進められた。また，志願兵制度（実際は徴兵制に近い）によって，朝鮮の人々も戦争に動員された。こうした政策は，台湾でも行われた。

参考

国民精神総動員運動

国民に戦争協力をうながすため，国家主義・軍国主義を主張し，戦争協力のために節約や貯蓄をすすめた運動。1937年から行われ，「ガソリンの一滴は血の一滴」「欲しがりません勝つまでは」などの標語が，町のあちこちに掲げられた。

（横浜市中央図書館）

↑節約を訴える町の標語

第二次世界大戦と日本

1939年，ドイツのポーランド侵攻で第二次世界大戦が始まった。日本は，日中戦争の戦局を打開しようとアメリカと太平洋戦争を始めたが，敗戦を重ね，２度の原子爆弾投下を受けてポツダム宣言を受諾し，降伏した。この間，国民は苦しい生活を強いられた。

1 第二次世界大戦

1 ヨーロッパの情勢

失った領土を回復しようとしたドイツは，ベルサイユ体制の打破を唱えて，1933年に**国際連盟を脱退して再軍備を進めた**。まず東方への領土拡大を目指し，1938年にオーストリア，ついでチェコスロバキア西部を併合した。このとき，イギリスやフランスは，戦争を避けるためドイツの行動を認めた。翌1939年，ドイツはそれまで敵対していたソ連と**独ソ不可侵条約**を結んでポーランド攻撃の準備を進めた。

2 第二次世界大戦の始まり

1939年９月，ドイツは**ポーランドへの侵攻**を開始した。これを見たイギリス・フランスは，ポーランドと援助条約を結んでいたこともあり**ドイツに宣戦布告し**

くわしく 

ドイツの侵略

オーストリアを併合したヒトラーは，ついで，多数のドイツ人が住んでいるチェコスロバキアのズデーテン地方の割譲を，民族自決を名目に，チェコ政府に求めた。フランス・ソ連の援助を受けていたチェコ政府が拒否すると，一時戦争の危機が迫った。しかし，英仏伊独の会談がミュンヘンで行われた結果，ドイツとの戦争を恐れるイギリス・フランスがヒトラーの要求を認めてしまった。そのため，この後のナチスの侵略をうながす結果にもなった。

Episode

独ソ不可侵条約が結ばれた背景は？

イギリス・フランスはポーランドを守ろうとソ連に呼びかけたが，ソ連は，先のチェコスロバキアの併合問題で，イギリス・フランスの態度に不信感をもっていた。そのため，やがてはソ連へも攻撃してくると思われるドイツと一時的に手を結び，その間に軍備の充実をはかろうとした。ドイツも，ソ連をイギリス・フランスから引き離し，東西からの攻撃を防ごうと考えたのである。なお，日独伊防共協定を結んでいた日本は，独ソ不可侵条約に衝撃を受け，平沼騏一郎首相は「欧州情勢は複雑怪奇」といって総辞職した。

（国立国会図書館）
↑平沼騏一郎首相

た。こうして**第二次世界大戦**が始まった。ドイツと不可侵条約を結んでいたソ連もポーランドに攻め込み，ポーランド東部とバルト三国などを併合した。ポーランドを占領したドイツは，1940年には北ヨーロッパから西ヨーロッパ各地を攻撃・占領し，６月にはパリを占領してフランスを降伏させ，イギリス本土にも爆撃を加えた。９月には，ドイツの優勢を見て参戦したイタリアに，日本を加えて**日独伊三国同盟**を結んだ。翌1941年には，ドイツは不可侵条約を破ってソ連に侵攻を始めた。ドイツは占領した地域で厳しい占領政策を行い，とくに**ユダヤ人を徹底的に迫害**し，アウシュビッツなどの収容所に送って多くを殺害した。

❶第二次世界大戦でのヨーロッパ

3 連合国と枢軸国

大戦に参加していなかったアメリカでは，反ファシズムの動きが高まり，イギリスやソ連に武器や軍需品を提供していた。1941年８月には，アメリカのルーズベルト大統領とイギリスのチャーチル首相が会談して**大西洋憲章**を発表し，**ファシズムの打倒と戦後の平和構想を明らかにした**。こうして第二次世界大戦は，**ファシズムの枢軸国と反ファシズムの連合国との戦い**という性格をもつことになった。

一方，ドイツに占領されたヨーロッパ各地では，市民たちのドイツへの協力拒否や，武力などによる抵抗運動（**レジスタンス**）が展開されていた。

発展

杉原千畝とユダヤ人

1940年，迫害されたポーランドのユダヤ人がソ連・日本を経てアメリカへ亡命しようと，ビザ（査証）を求めてリトアニアの日本領事館に押し寄せた。領事代理の杉原千畝は，ドイツと同盟関係にある日本政府の意向を無視してビザを発行し，約6000人もの命を救った。

くわしく 

大西洋憲章

1941年８月，アメリカ大統領ルーズベルトとイギリス首相チャーチルが大西洋上の軍艦の上で会談し，領土不拡張・民族自決・海洋の自由・軍備の縮小・平和機構の再建などを発表し，反ファシズムの団結を訴えた。

2 太平洋戦争

1 南方への進出

日中戦争の長期化で資源不足に苦しむ日本は，ヨーロッパでイギリスやフランスが劣勢なのを見て，東南アジアにあるイギリスやフランスの植民地に武力進出を始めた。**石油やゴムなどの資源を獲得**しようとするほか，フランス領インドシナなどを通る，欧米の中国への支援路（援蔣ルート）を断ち切ろうというねらいもあった。フランスの降伏を見た日本は，1940年９月，フランス領インドシナ北部に軍を進めた。翌1941年４月には**日ソ中立条約**を結んで北方の安全を確保し，７月にはインドシナ南部まで軍を進めた。南進を正当化するため，日本は，「**大東亜共栄圏**」の建設を唱えた。

用語解説

大東亜共栄圏
欧米の植民地支配を脱して，日本を中心にしてアジア民族だけで繁栄しようとするスローガン。日本の南進政策，さらにはアジア支配を正当化しようとするものだったが，実際には，国内で不足している資源や労働力の確保が目的だった。

② アメリカとの交渉

日本の東南アジアへの侵略的行動に対して，アメリカは強い警戒感を抱いた。近衛文麿内閣は，アメリカとの衝突を避けるため交渉を進めたが，南進はやめなかった。これに対して**アメリカは，石油の輸出を禁止するなど経済関係の断絶で対抗**し，イギリス・オランダもこれに同調したことで，アメリカ・イギリス・中国・オランダによる，日本への経済封鎖体制(**ABCD包囲陣**)ができあがった。軍部では，こうした圧力をはね返すには戦争に踏み切るしかないという主張が高まった。中国やフランス領インドシナからの全面撤兵を要求するアメリカとの交渉は進まず，近衛文麿内閣に代わって陸軍大将の**東条英機**が首相となると，最終的にアメリカとの開戦を決意した。

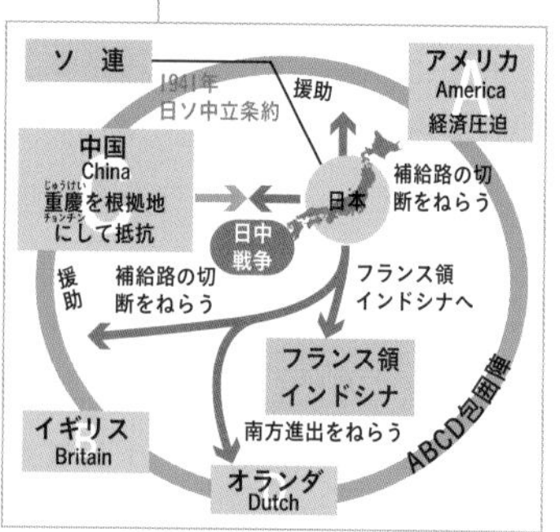

⬆ABCD包囲陣の構図

③ 太平洋戦争の始まり

1941年12月８日，日本軍はイギリス領マレー半島に上陸する一方，アメリカ海軍基地のある**ハワイの真珠湾を奇襲攻撃**して，米英に宣戦布告し**太平洋戦争**が始まった。日独伊三国同盟を結んでいたドイツ・イタリアもアメリカに宣戦

(PPS通信社)

⬆**真珠湾攻撃**　燃えるアメリカの戦艦。

布告し，日独伊などの枢軸国と，米英中ソなどの連合国との二大陣営に分かれて戦う世界戦争となった。日本軍は，短期間のうちに東南アジアから南太平洋のほぼ全域を勢力下に置いたが，1942年６月に**ミッドウェー海戦**で敗れてからアメリカ軍の反撃が始まり，日本軍は守勢に立たされることになった。

日本軍の進出
連合国軍の反撃
1943年1月の日本軍の進出線
おもな戦場，数字はその年月
ソビエト連邦
モンゴル
満州国
中華民国
重慶
北京
朝鮮
日本
東京
アッツ島 '43.5
アリューシャン列島
ミッドウェー島 '42.6
ハワイ '41.12
硫黄島 '45.2〜3
沖縄 '45.3〜6
マリアナ諸島
フィリピン
グアム島'44.7
マーシャル諸島 '44.2
ガダルカナル島 '42.8〜43.2
ビルマ
タイ
ベトナム
オーストラリア

↑太平洋戦争の広がり

３ 戦時下の暮らし

1 日本占領下のアジア

戦況の悪化とともに，東アジアでは日本軍が物資を取り上げたり，労働を強制するようになった。朝鮮では皇民化政策（→p.425）を強化し，さらに朝鮮や中国から多数の人々を強制的に日本に連れてきて，鉱山や工場などで過酷な労働をさせた。戦争末期には，朝鮮・台湾などでも徴兵制が導入された。こうした中で，東南アジア各地では，日本軍の支配への抵抗運動が強まっていった。

（毎日新聞社／時事通信フォト）

↑**学徒出陣の壮行会**（1943年10月）

2 戦時下の国民生活

戦争の長期化に伴い，国民の動員・統制はいっそう強められた。これまで徴兵を免除されていた大学生も戦場に送られる**学徒出陣**が始まり，労働力不足を補うため女性や学生までが軍需工場などで働かされた。1944年半ばからは本土への**空襲**が激しくなり，都市の小学生は親元を離れて，集団で農村などに疎開（**集団疎開**，**学童疎開**）した。軍需品の生産が優先されたため，食料をはじめとする生活必需品はほとんど底を突き，国民は苦しい生活を強いられた。しかし，情報は政府の統制

（毎日新聞社／時事通信フォト）

↑**集団疎開の壮行会**（1944年8月） 残留する子どもだちと疎開する子どもたちのお別れ会。

下にあったので，国民には正確な情報は伝えられないまま，戦争に協力した。

4 第二次世界大戦の終結

1 ヨーロッパ戦線の終結

ヨーロッパでは，1942年後半から連合国の反撃が始まり，翌1943年2月にはソ連軍がスターリングラードの戦いでドイツ軍を破った。9月にはアメリカ・イギリス軍がイタリアを降伏させ，ついで翌1944年8月にはパリを解放した。東西からの攻撃を受けたドイツは1945年5月に降伏し，ヨーロッパでの大戦は約6年でようやく終わりを告げた。

2 日本の降伏

日本は1943年2月に，ガダルカナル島で敗北してから後退を続け，1944年7月にサイパン島が陥落し，東条内閣が退陣した。こののちアメリカ軍の日本本土への空襲が激しくなり，1945年3月には**東京大空襲**が行われた。同じく3月には，アメリカ軍が**沖縄へ上陸**し，日本は特別攻撃隊（特攻隊）などで抵抗し，民間人も巻き込んだ大規模な地上戦が6月まで続いた。

連合国は，1945年7月，アメリカ・イギリス・中国の名で日本の無条件降伏を求める**ポツダム宣言**を発表したが，鈴木貫太郎内閣はこれを無視した。そのため，アメリカによって8月6日に**広島**，9日に**長崎**に**原子爆弾が投下**された。さらにヤルタ会談の秘密協定によって，ソ連が8月8日に日ソ中立条約を破棄して宣戦布告し，満州などに攻め込んできた。このため，8月14日，日本はようやくポツダム宣言を受け入れて無条件降伏することを決め，翌15日に昭和天皇がラジオ放送（玉音放送）で国民に伝えた。こうして1931年の満州事変から15年に及んだ中国との戦争も終わった。

くわしく

沖縄戦

日本軍は，沖縄県民をはじめ女学生・中学生まで動員して戦争に協力させた。それにもかかわらず，日本軍に食料をうばわれたり，スパイの疑いをかけられて殺されたり，集団自決に追い込まれたりして，犠牲者は県民の約4分の1の12万人以上に達した。

史料

ポツダム宣言

6条　軍国主義，戦争指導者の永久除去
7条　連合国軍の日本占領
8条　日本の領土の制限
9条　日本軍の完全武装解除
10条　戦争犯罪人の処罰
12条　責任ある政府樹立後，占領軍は撤退
13条　即時，無条件降伏の宣言

（一部）

参考

ヤルタ会談

1945年2月，アメリカ・イギリス・ソ連の首脳がクリミア半島のヤルタで行った会談。ここでドイツの戦後処理と，ドイツ降伏後のソ連の対日参戦とその見返りに，南樺太と千島列島をソ連領とすることなどの，秘密協定が結ばれた。

CHECK 確認問題

第6章 二度の世界大戦と日本

問題 各問いに答えましょう。
また，(　)に当てはまる語句を選びましょう。

❶ 日本は何を理由に，第一次世界大戦に参戦したのか。

❷ 世界で最初の社会主義政府をつくった革命を何という。

❸ 第一次世界大戦中に日本が中国に出した要求を何という。

❹ 第一次世界大戦の講和条約を何という。

❺ 国際連盟の事務局次長とした活躍した日本人は誰か。

❻ 民本主義を唱えたのは(美濃部達吉　吉野作造)である。

❼ 右図のできごとが起こる原因の１つとなった，軍隊の海外への派遣を何という。

図

(徳川美術館©徳川美術館イメージアーカイブ/DNPartcom)

❽ 初の本格的な政党内閣が成立したときの首相は誰か。

❾ 世界恐慌の対策としてアメリカで行われた政策を何という。

❿ 世界恐慌で，イギリスやフランスが行った関係国内だけで経済を成り立たせようとする政策を何という。

⓫ 満州事変のきっかけとなった鉄道爆破事件を何という。

⓬ 約８年間続いた政党政治が終わった事件で，射殺された首相は，(加藤高明　犬養毅)である。

⓭ 日中戦争の開戦のきっかけとなった事件は何か。

⓮ 1938年に制定された，国民生活のすべてを戦争目的のために動員することができる法律は何か。

⓯ アメリカ・イギリス・オランダ・中国の４か国による，太平洋戦争中の日本への経済封鎖体制を何という。

⓰ 1945年に原子爆弾が投下された２つの都市はどこか。

⓱ 日本の無条件降伏を求めた宣言を何という。

解答

① 日英同盟
② ロシア革命
③ 二十一か条の要求
④ ベルサイユ条約
⑤ 新渡戸稲造
⑥ 吉野作造
⑦ シベリア出兵
⑧ 原敬
⑨ ニューディール政策
⑩ ブロック経済
⑪ 柳条湖事件
⑫ 犬養毅
⑬ 盧溝橋事件
⑭ 国家総動員法
⑮ ABCD包囲陣
⑯ 広島，長崎
⑰ ポツダム宣言

思考力UP

米騒動の原因となった経済的背景とは？

1918年，富山県の漁村の主婦たちが始めた，米の安売りを求める運動はたちまち全国に広がりました。この米騒動が起きた背景には，どんな経済的・国際的状況があったのでしょう。

問題

次の資料①の文は，米騒動が起こった経済的背景を述べたものである。このほかに，どのような経済的背景があったか，資料②と資料③を参考にして，「シベリア出兵」という語句も用いて，45字程度で書きなさい。

⬇資料①

- 第一次世界大戦の影響（えいきょう）で好景気が続き，労働者の賃金は上がったが，物価も上昇した。
- 都市が発展して食料の消費人口が増えたため，米が不足した。

⬇資料② 第一次世界大戦前後の米価の移り変わり

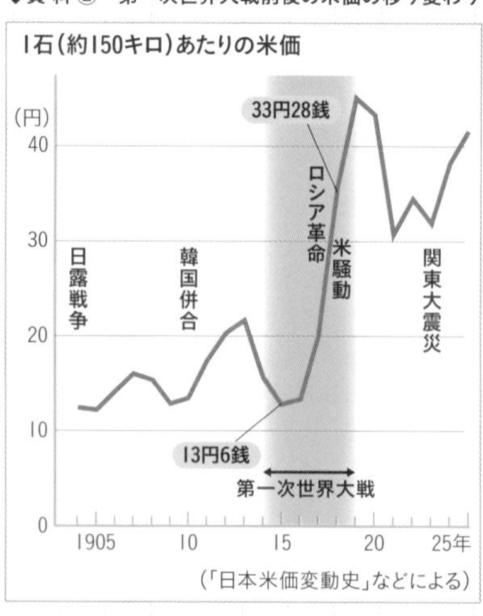

（「日本米価変動史」などによる）

⬇資料③ ウラジオストクを行進する日本軍

（TPG Images / PPS通信社）

思考力UP ▸▸▸ 資料から，何がわかるか考えよう。

資料①から，米騒動が起きる前の様子がよくわかるね。第一次世界大戦中，日本は欧米への輸出が大幅に増え，**大戦景気**を迎えていたんだ。

それなのに，資料②のグラフを見ると，ロシア革命前後に米価が急に上昇しているのはおかしいわ。

資料③の写真は**シベリア出兵**だね。1918年に始まったけれど，資料②にある**ロシア革命**と関係がありそうだね。

そうか，多くの兵士が外国へ出兵するんだから，きっと食料なども大量に準備しておく必要があるわね。

思考力UP ▸▸▸ 考えたことを，まとめてみよう。

解答例

ロシア革命に対するシベリア出兵を見越した商人が，米を買い占めたことで米価が急に上昇した。(44字)

ロシア革命の影響を恐れたイギリス・フランス・アメリカ・日本などは，革命への干渉戦争（シベリア出兵）を起こしました。このため，日本ではシベリア出兵を見越して米の買い占めが起こり，米が不足して米価が大幅に上がりました。

(徳川美術館©徳川美術館イメージアーカイブ／DNPartcom)

第7章

現代の日本と世界

第７章では，戦後の日本の民主化から、現在の世界情勢までの流れを取り上げる。無条件降伏(こうふく)をした日本では，GHQ主導で民主化政策が行われ，朝鮮(ちょうせん)戦争の特需(とくじゅ)などで、経済成長を果たした。世界では冷戦が終結したが，国際社会は現在も多くの問題を抱(かか)えている。

Q. 三種の神器(じんぎ)って何のこと？
➡ SECTION 3へ
Q. GHQは日本に何を指令したの？
➡ SECTION 1へ

第7章 SECTION 1

日本の戦後改革

ポツダム宣言を受諾した日本は，連合国軍によって占領され，民主化が進められた。財閥解体・農地改革などが行われ，選挙権が満20歳以上の男女に与えられた。1946年には，国民主権・基本的人権の尊重・平和主義を三大原理とする日本国憲法が公布された。

1 占領下の日本

1 敗戦後の日本

ポツダム宣言を受諾して降伏した日本は，アメリカ軍を主力とする連合国軍によって占領された。領土を九州・四国・本州・北海道と周辺の島々に限られ，沖縄・奄美群島と小笠原諸島は，本土から切り離されてアメリカ軍が直接統治することになった。また，北方領土はソ連によって占領された。東京には，アメリカの**マッカーサー**を最高司令官とする**連合国軍最高司令官総司令部（GHQ）**が置かれた。

占領政策の基本方針は，日本から軍国主義を取り除き，民主主義国家を建設することで，**日本政府がマッカーサーの指令・勧告に従って政策を行うという間接統治**の方法がとられた。敗戦後は，戦地にいた軍人や，満州や朝鮮などにいた民間人が，苦労しながらも日本に引き揚げてきた。こうした中で，満州にとり残された人々の中国残留婦人・孤児問題（→p.423）や，シベリア抑留問題などが起こった。

2 連合国軍の占領

1945年10月，GHQは日本政府（幣原喜重郎内閣）に対して，女性参政権の付与・労働組合の結成奨励・教育制度の自由主義的改革・秘密警察などの廃止・経済機構の民主化の，いわゆる**五大改革**を指令した。そし

（毎日新聞社／時事通信フォト）

⬆厚木飛行場に降り立つマッカーサー（1945年8月30日）

参考

シベリア抑留問題

満州などにいた軍人など約60万人がソ連軍に捕らえられ，シベリアなどで強制労働をさせられた問題。1956年までにほぼ帰国を完了したが，5万人以上の人々が亡くなったとされる。

（朝日新聞社／時事通信フォト）

⬆大陸から引き揚げてきた子どもたち

て，日本の軍国主義をなくすため軍隊を解散させ，戦争を指導した軍人・政治家を戦争犯罪容疑で捕らえ，また協力した各界の指導者を政府などの要職に就けないようにした（**公職追放**）。1946年には，東京で**極東国際軍事裁判**（**東京裁判**）が開かれ，戦争犯罪人として裁かれた。

昭和天皇は1946年に天皇が神であるという考えを否定して「人間宣言」を出した。

発展

極東国際軍事裁判

1948年に判決が言いわたされ，東条英機ら戦争を指導したA級戦犯25名が有罪判決を受けた。これとは別に，戦争中に捕虜虐待などを行ったとされるB・C級戦犯の裁判が世界各地で行われた。

2 日本の民主化政策

1 政治の民主化

1945年10月，これまで社会運動などを弾圧するよりどころになっていた**治安維持法**や，思想・言論や政治活動を取り締まってきた**特別高等警察**（特高）が廃止され，言論・集会・出版の自由が回復した。

また，共産党員をはじめ政治犯や思想犯が残らず釈放され，社会主義や共産主義の**政党**も復活して，すべての政党が自由に活動できるようになった。

1945年12月には**選挙法が改正**され，これまで満25歳以上の男性に限られていた選挙権が，満20歳以上の男女に与えられ，女性の参政権がはじめて認められた。翌年４月に行われた戦後初の衆議院議員総選挙では，はじめての女性の国会議員が39名誕生した。

参考

新選挙法での初の総選挙

有権者は3888万人で，投票率は72.1％だった。立候補者は2770人と総選挙史上最高で，当選者は466名，日本自由党が第一党となり，吉田茂内閣が成立した。

（毎日新聞社／時事通信フォト）

⬆はじめて投票する女性たち

2 経済の民主化

1945年，GHQは，戦前の経済を支配し，政党や軍部と結んで軍国主義を支えたと考えられていた財閥の解体を命じた（**財閥解体**）。これによって，三井・三菱・住友・安田などの財閥の解体が行われ，株式は一般に売り出された。さらに，少数の企業による独占を防ぎ，自由競争を確保するために，1947年には**独占禁止法**が制定された。

（毎日新聞社／時事通信フォト）

⬆運び出される財閥の株券

さらに，農村での地主と小作という封建的な寄生地主制が，軍国主義を生むもとになったとして，1946年から**農地改革**が行われた。寄生地主をなくし，自作農を増やそうとするもので，**地主が持つ小作地を政府が強制的に買い上げて，小作人に安く売りわたした**。この結果，多くの小作人が自作農となり，地主が農村を支配する力は衰えた。

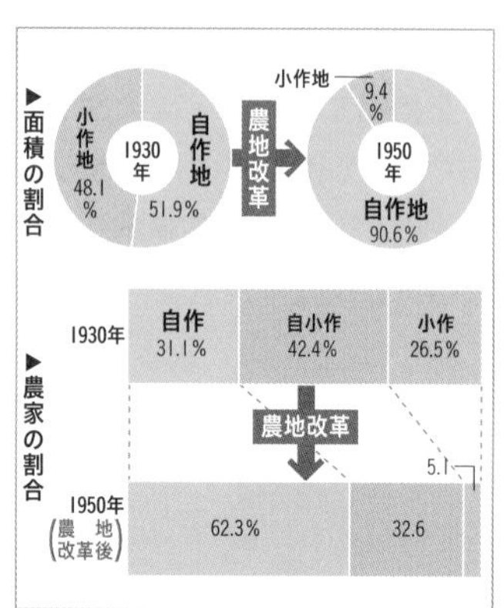

➊農地改革による農村の変化

労働者の保護も進められた。1945年には**労働組合法**が制定されて，団結権・団体交渉権・団体行動権（争議権）の**労働三権**が認められた。さらに翌年には労働争議の調整などをはかる**労働関係調整法**，1947年には１日８時間労働など労働条件の最低条件を定めた**労働基準法**が制定された（以上３つが**労働三法**）。こうした中で，1946年５月に11年ぶりにメーデーが復活した。

参考

不十分だった農地改革

農地改革では，山林や原野は対象とならなかったため，地主の勢力を残すことになった。このため，農村の民主化は不徹底に終わった。

3 教育の民主化

日本が軍国主義化したのは，教育の力が大きかったとして，教育の民主化はとくに重視された。新憲法の制定に伴い，1947年には教育勅語（→p.385）に代わって**教育基本法**が制定され，教育の機会均等・男女共学など**民主教育の原則**が明らかにされ，**義務教育が6年から9年に延長された**。同時に**学校教育法**が制定され，六・三・三・四制になった。大学も増設され，高

Episode

青空の下での勉強

敗戦後も小学校（国民学校）の授業は禁止されていなかった。そのため，空襲で校舎を焼かれた学校では，何とか勉強を始めようと，焼け残ったいすなどを校庭に並べて勉強を始めた。これを「青空教室」と呼んだ。また教科書も，軍国主義的な内容は墨で塗りつぶして，読めないようにして使った。

（毎日新聞社/時事通信フォト）

等教育を受ける人々も増えてきた。また，教育の中央集権化をなくして地方の実情に合った教育ができるように，1948年には都道府県・市（区）町村に公選の教育委員会が置かれた。

3 日本国憲法

1 日本国憲法の制定

戦後の民主化の中心は，新しい日本のあり方を決める憲法の制定で，1945年10月，GHQは憲法の改正を日本政府に指示した。政府（幣原喜重郎内閣）は，指令に基づいて憲法の改正案を作成した。しかし政府の案は，これまでどおり天皇の統治権を認めるなど，保守的だったため，GHQは民間の改正案なども参考にしながら，自らの改正草案をまとめて政府に示した。政府は，その草案をもとに改正案を作成し，帝国議会で修正・可決されたのち，吉田茂内閣のもとで，1946年11月３日に**日本国憲法**として公布され，翌1947年５月３日から施行された。

2 日本国憲法の特色

日本国憲法は，**国民主権・基本的人権の尊重・平和主義（戦争の放棄）**を三つの基本原理とした（→p.487)。国民主権とは，政治を動かす最終的な決

発展

反省から生まれた戦争放棄
憲法草案の審議で，「自衛のためには軍隊がもてるのではないか」という質問に対して，吉田茂首相は次のように答弁した。「これまでの戦争の多くは，自衛のためとして行われた。自衛のため，侵略のためと，戦争を分けることは無理である。わが国は，世界平和の基礎をつくるため，どのような名目であれ交戦権は捨てる」と，戦争放棄の意義を強調した。しかし，現在の日本政府は国際情勢の変化もあり，「自衛権はあり，必要最小限の防衛力はもてる」としている。

⬆皇居前広場で開かれた日本国憲法公布祝賀会（1946年11月3日）（朝日新聞社/時事通信フォト）

日本国憲法と大日本帝国憲法の比較

日本国憲法		大日本帝国憲法
1946年　公布 1947年　施行	成立	1889年　発布 1890年　施行
国民主権	主権	天皇主権
国民統合の象徴	天皇	日本国の元首
衆議院・参議院 両院とも国民の選挙	国会	衆議院・貴族院 衆議院のみ選挙
最大限に尊重 男女平等	基本的人権	法律によって 制限できる
兵役の義務なし 戦争放棄	軍隊	兵役の義務あり 天皇に統帥権

定権は国民にあり，国民が直接選挙する国会が「国権の最高機関」であるということで，天皇は統治権を失い**「日本国および日本国民統合の象徴」**とされた。また，戦争を放棄し，戦力はもたず交戦権も認めないという平和主義は，世界にも例のないものだった。新憲法に基づいて，1947年には民法が改正され，男女同権の新しい家族制度が定められて，封建的な家の制度などが廃止された。また，憲法に基づき地方自治法が成立して首長公選制などが盛り込まれるなど，地方政治の自由化と民主化がはかられた。

参考

ヤミ米とタケノコ生活

都会の人々は，ヤミ米（国の統制を逃れて出回っている米）などの買い出しのため，列車で農村まで行かなければならなかった。米などを買うためには，持っている衣類や家財道具などを，タケノコの皮を1枚ずつはぐように売らなければならなかった。こうした生活は，「タケノコ生活」と呼ばれた。

4 戦後の国民生活

1 国民の生活

戦後は，空襲によって家を失った人々も多く，生活必需品が不足して物価が上がるなど，国民生活は苦しかった。海外からの引き揚げで人口が増え，食料不足はいっそうひどくなった。都市の人々は列車に乗って農村へ買い出しに行ったり，闇市で必要なものを手に入れたりした。こうした深刻な食料難の中，1946年には東京で「食料メーデー」が開かれた。

くわしく

高まる労働運動

急速に進むインフレ（貨幣の価値が下がって物価が上がり続ける現象）と食料不足により，労働運動が高まってきた。1946年5月にメーデーが復活し，それに続いて「米をよこせ！」と食料メーデーが行われた。翌1947年2月1日には，官公庁の労働者を中心に大規模なストライキが計画されたが（二・一ゼネスト），GHQによって禁止された。

2 国民と政治

民主化を求める声は国民の間からも高まり，日本社会党（社会党）や日本自由党，さらに弾圧されていた日本共産党も再建され活動を開始した。1946年の総選挙では日本自由党の吉田茂内閣が成立して，**政党政治が復活した**。労働組合の結成も進み，各地で賃金の引き上げなどを要求してストライキなどが多発した。このほか，差別された人々の部落解放運動や女性解放運動もさかんになり，北海道アイヌ協会（→p.415）も再結成された。

↑**買い出し列車**　（朝日新聞社/時事通信フォト）

第7章 SECTION 2

国際連合と日本の独立

2度の世界大戦の反省から，世界は戦後平和を守るため国際連合を成立させた。しかし，まもなくアメリカを中心とする資本主義陣営と，ソ連を中心とする社会主義陣営との冷戦が始まった。こうした中，日本はサンフランシスコ平和条約を結んで独立を回復した。

1 国際連合と冷たい戦争

1 国際連合の設立

連合国は2度の世界大戦への反省から，国際連盟に代わるより強力な世界平和機構として，1945年10月に**国際連合（国連）**を設立した。本部はアメリカのニューヨークに置かれ，全加盟国（ぜんかめいこく）が参加する最高議決機関の総会のほか，安全保障理事会，経済社会理事会，国際司法裁判所，事務局などが置かれ，国連教育科学文化機関（ユネスコ）や世界保健機関（WHO）などの専門機関が国連と連携（れんけい）して活動している（→p.597）。

安全保障理事会は，**世界の平和と安全を維持（いじ）する中心機関**として設けられ，アメリカ・イギリス・フランス・ソ連・中国（1971年まで台湾の国民政府）の五大国が常任理事国となった。国際連合では，国際紛争を解決する手段として，経済制裁に加えて安全保障理事

(Granger／PPS通信社)

↑国際連合憲章の調印式

参考

国際連合の成立

第二次世界大戦中の大西洋憲章（→p.427）で世界平和機構の構想がつくられ，その後，米英中ソの会談が行われて，1944年に国際連合の原案が発表されていた。

思考力UP

Q. 国際連盟が第二次世界大戦を防げなかったのはなぜ？

Hint 現在の国際連合は大国の協調を重視し，紛争解決のために国連軍を組織して武力制裁ができるが，国際連盟（れんめい）では制裁は経済制裁に限られていた。また，何よりも第一次世界大戦を通じて一大工業国となったアメリカが加盟せず，外で強い発言力をもったことが，連盟の力を弱いものにしていた。

A. 紛争解決のための制裁手段が，経済制裁に限られていたから。またアメリカの不参加で，大国の協調ができなかったから。

会及び総会の決議により武力制裁ができるようになった。

2 冷たい戦争（冷戦）の開始

第二次世界大戦で，連合国としてともに戦ったアメリカとソ連は，しだいに対立するようになった。戦後発言力を強めたアメリカは，西ヨーロッパ諸国を援助し，これに対して第４次五か年計画で復興してきたソ連は，東ヨーロッパ諸国を指導して支配を強めた。

こうして世界は，**アメリカを中心とする資本主義の西側陣営と，ソ連を中心とする社会主義の東側陣営の，二つの陣営に分裂**してきた。両陣営の対立を受けて，アメリカ・イギリス・フランス・ソ連の４か国に分割統治されていたドイツは，1949年に東西に分かれて独立した。こうした中，軍事同盟として1949年に西側が**北大西洋条約機構（NATO）**が，1955年には東側が**ワルシャワ条約機構**を結成した。**直接に戦火は交えない２つの陣営の対立は，「冷たい戦争（冷戦）」**と呼ばれ，やがて米ソ両国は核兵器を含む軍備拡張に進み，世界は核戦争の危機にさらされるようになった。

参考

鉄のカーテン
1946年，イギリスのチャーチル前首相が，ヨーロッパが東西に分断されている状態を「バルト海のシュチェチン（ポーランド）からアドリア海のトリエステ（当時はユーゴスラビアが領土主張）まで鉄のカーテンが下ろされている」と演説した。これは冷戦の開始を告げる言葉でもあった。

（ゲッティー）

↑**建設されるベルリンの壁**　壁の向こう側にいる友人や家族と会おうとする人々。

くわしく 

ベルリンの壁
東ドイツ領内の都市ベルリンは，アメリカ・イギリス・フランスの管理下で西ドイツに属す西ベルリンと，東ドイツの首都である東ベルリンに分かれていた。1961年，東ドイツは，東ベルリンから西ベルリンへの人々の脱出を防ぐため，西ベルリンを囲むようにベルリンの壁を築いた。

2 朝鮮・中国とアジアの動き

1 朝鮮の動き

戦後，日本の植民地から解放された朝鮮は北緯38度線を境に，**北はソ連軍**に，**南はアメリカ軍**に分割・占領された。1948年，朝鮮半島では東西両陣営の対立を背景に，南にはアメリカが援助する**大韓民国（韓国）**が，北にはソ連が援助する社会主義国の**朝鮮民主主義人民共和国（北朝鮮）**が独立した。

2 中国の動き

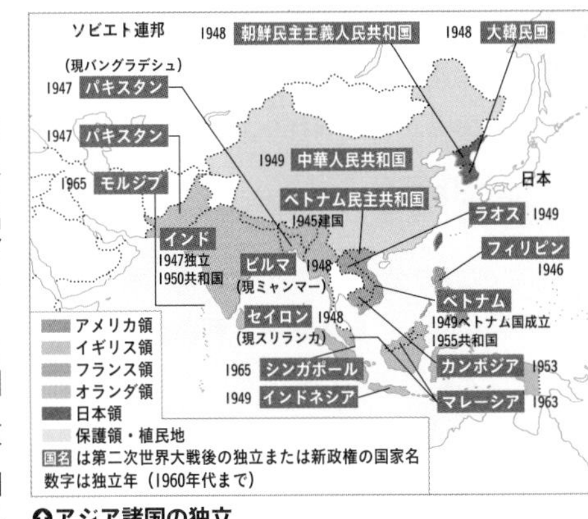

↑アジア諸国の独立

大戦が終わると，中国ではともに戦ってきた国民党と共産党が再び対立し，内戦を始めた。内戦は，**毛沢東**が率いる共産党が，**蒋介石**の率いる国民党に勝利して，1949年10月，毛沢東を主席とする**中華人民共和国**（**中国**）が成立した。アメリカが支援した国民党は台湾に逃れた。中国は，翌年にソ連と中ソ友好同盟相互援助条約を結び，社会主義国家の建設を進めた。

くわしく

中華人民共和国成立の影響

1949年，約８億の人口と広い国土を持つ中華人民共和国が社会主義陣営に加わったため，東西両陣営のバランスがくずれた。さらに翌年，ソ連と中ソ友好同盟相互援助条約を結んだことで，東西両陣営の緊張が急激に高まった。

3 アジア諸民族の動き

大戦後は，アジア諸民族の独立運動も活発になった。フランス領インドシナでは，1945年に**ベトナム民主共和国**が建てられてフランスからの独立を宣言し，同じフランス領インドシナのラオス・カンボジアも独立した。フィリピンはアメリカから独立を認められ，イギリス領ビルマ（現ミャンマー）も独立し，オランダ領東インド諸島ではインドネシアが1949年に完全独立を達成した。インドでは，ヒンドゥー教徒の多いインドと，イスラム教徒の多いパキスタンに分かれて独立を果たした。

3 朝鮮戦争と日本の独立

1 占領政策の転換

冷戦が激しくなると，アメリカは日本を早く自立させて西側陣営に加え，アジアでの共産主義進出を防ぐための防波堤にしようと考えた。GHQ（連合国軍最高司令官総司令部）の占領政策も，**民主化政策から経済復興を重視する方向に**変わってきた。そのため，公

くわしく

占領政策の転換

アメリカの占領政策の転換点となったのは，中国の内戦で共産党が優勢になった1948年だった。労働運動の中心となっていた公務員の争議権が禁止され，ついで共産党員やその同調者が，官公庁や新聞社や放送局などから追放された（レッド＝パージ）。その一方で，公職追放が緩和されて，戦争協力者として追放された多くの人々が復帰した。

務員の争議権（ストライキなどを行う権利）を禁止するなど労働運動が抑えられ，さらに公職追放されていた人々の復帰が認められた。

2 朝鮮戦争

1950年６月，朝鮮半島の武力統一を目指した北朝鮮軍が，韓国領内に攻め込み，**朝鮮戦争**が始まった。国際連合は北朝鮮軍の行動を侵略と認め，韓国を支援するためアメリカ軍を中心とする国連軍を派遣し，北朝鮮には中国が人民義勇軍を送って支援した。戦争は長期化したが，1953年７月，北緯38度線上の板門店で休戦協定が結ばれた。

なお日本では，アメリカ軍が必要な軍需物資を日本で調達したことから好景気（**特需景気**）となり，経済の復興が早まった。また，アメリカ軍が朝鮮半島に出兵すると，日本国内の治安を守るためとして，GHQは**警察予備隊**（現在の**自衛隊**）をつくることを命じた。

3 独立の回復と国連加盟

朝鮮戦争が始まると，アメリカは日本を西側陣営に加えるため，日本との講和を急ぐようになった。

1951年９月，**サンフランシスコ講和会議**が開かれ，**吉田茂内閣**はアメリカなど48か国との間に**サンフランシスコ平和条約**を結んだ。しかし，ソ連は調印を拒否し，最大の被害国である中国は招かれなかった。平和条約と同時に，アメリカとの間で日本の安全と東アジアの平和を守るとして**日米安全保障条約**が結ばれ，占領終了後もアメリカ軍が日本にとどまることになった。沖縄や小笠原諸島はアメリカの統治下に置かれた。1956年には，**鳩山一郎内閣**がソ連と**日ソ共同宣言**に調印して国交を回復した。これによって日本は国際連合への加盟が実現し，国際社会に復帰することになった。

↑朝鮮戦争

くわしく

警察予備隊

警察予備隊はしだいに強化され，1952年には保安隊となり，1954年には，現在の自衛隊になった。

参考

アジア諸国との国交回復

1952年，日本は台湾の国民政府と平和条約を結んで国交を開いたのを手はじめに，同年にインド，1954年にビルマ（現在のミャンマー），1958年にインドネシアとも国交を回復した。なお，日本が国民政府と平和条約を結んだため，中華人民共和国（中国）との国交は開かれなかったが，1972年の日中共同声明で国交が回復した（→p.447）。

↑サンフランシスコ平和条約の調印　（時事）

第7章 SECTION 3

多極化する世界と日本

東西冷戦の中で，第三勢力が台頭し，キューバ危機をきっかけに平和共存の動きが強まった。国際社会に復帰した日本も，積極的に外交を進め，韓国・中国とも国交を開いた。1950年代後半から，日本は急速な経済成長を続け，経済・社会が大きく変わっていった。

1 国際関係の変化

⬆アジア・アフリカ会議の開催　(AFP=時事)

1 第三勢力の台頭

長く植民地支配に苦しんできたアジア・アフリカ諸国は，平和を望む気持ちが強かった。1954年，中国の**周恩来**首相とインドの**ネルー**首相は領土・主権の尊重，平和共存などを内容とする**平和五原則**を発表して，世界平和を訴えた。翌年には，アジア・アフリカの29か国がインドネシアで**アジア・アフリカ会議**（バンドン会議）を開き，平和五原則を発展させた**平和十原則**を発表した。1960年には，アフリカで17か国が独立を達成し**「アフリカの年」**と呼ばれた。こうしてアジア・アフリカ諸国は，東西冷戦の中でどちらの陣営にも属さない，非同盟・中立の**第三勢力**として世界での発言力を強めていった。

2 緊張緩和の進む世界

米ソの核開発が進む一方，1950年代半ばから，国際的緊張はしだいに緩和され，核の均衡のうえでの平和共存という動きが高まってきた。1962年，米ソで核戦争の危機が高まった**キューバ危機**が解決されると，世界で平和共存の声がいっそう高まり，1963年には**部分的核実験停止条約**が，1968年には**核拡散防止条約**（**NPT**）が結ばれた。西ヨーロッパでは，フランス・西ドイツ（現ドイツ）など6か国が，1967年に経済統

用語解説

キューバ危機

1959年，キューバで社会主義の革命政権ができると，1962年，ソ連はキューバに核ミサイル基地を建設しようと，ミサイルを船で運び込んだ。アメリカのケネディ大統領がこれに激しく反対し，海上封鎖を行ったことで，米ソの間で全面核戦争の危機が高まった。ソ連のフルシチョフ首相がアメリカの要求を受け入れ，ミサイルを撤去したことで解決したが，これをきっかけに緊張緩和が進んだ。

合を目指して**ヨーロッパ共同体（EC）**を設立し，加盟国を増やしていった（→p.604）。

(Robert Ellison / Black Star / PPS通信社)

⬆ベトナム戦争

3 平和共存下での対立

南北に分かれていたベトナムでは，中国・ソ連の支援を受けて統一を目指す北ベトナム政府と南ベトナム解放民族戦線が，南ベトナム政府を支援するアメリカと戦った（**ベトナム戦争**）。アメリカが北爆を始めると，世界各地で反戦運動が起こり，アメリカは1973年にベトナムから撤退し，1976年，ベトナム社会主義共和国が成立した。

東ヨーロッパでは，ソ連の支配に反対してポーランドやハンガリーで暴動が起こり，さらにチェコスロバキアでも「プラハの春」と呼ばれる動乱が起こった。

中国は，文化大革命の混乱によって発展が遅れたが，1971年には台湾の国民政府に代わって国際連合での代表権を獲得し，翌1972年にはアメリカが中国を正統な政府と認めて，国交回復の道を開いた。

用語解説 

文化大革命
1966年ごろから始まった，毛沢東が主導した政治・権力闘争。大衆を動員して運動を繰り広げ，反対派が弾圧されるなど全国的な混乱を招いたが，毛沢東の死後，1977年に終息した。

2 55年体制と高度経済成長

1 独立後の日本

独立後の日本では，政府がアメリカとの関係を強めると，国民の間に基地反対闘争など平和を求める運動が広がった。1954年，アメリカの水爆実験によって日本漁船の**第五福竜丸**が被曝すると，これをきっかけに原水爆禁止運動が全国に広がり，翌年には広島で第1回**原水爆禁止世界大会**が開かれた。政治の面では，1955年に革新勢力が日本社会党を，保守勢力が自由民主党（自民党）を結成して，以後40年近く政権を握った自民党と，野党第一党の社会党が対立する時代が続いた（**55年体制**）。両党は，1960年の日米安全保障条

(共同通信社)

⬆原水爆禁止世界大会（広島）

約の改定をめぐって激しく対立し，国民の間からも戦争に巻き込まれる危険があるとして，全国的な安保改正反対運動が起こった（**安保闘争**）。しかし，**岸信介内閣**は条約を成立させたが，総辞職に追い込まれた。

2 日本の外交

国際社会に復帰した日本は，積極的に各国と外交関係を築いていった。韓国（大韓民国）とは，1965年に**日韓基本条約**を結んで，韓国政府を朝鮮半島で唯一の合法的な政府として国交を正常化した。中国とは，1972年に**田中角栄**首相が，**日中共同声明**に調印して国交が正常化し，1978年には**日中平和友好条約**が結ばれ，両国の関係が深まっていった。

一方日本の領土に関しては，アメリカの施政権下にあった小笠原諸島は1968年に返還されていたが，沖縄はベトナム戦争の基地になり，なかなか返還されなかった。しかし，県民のねばり強い祖国復帰運動もあり，1972年，**佐藤栄作内閣**のとき，沖縄の返還が実現した。だが，広大なアメリカ軍基地はそのまま残された。

沖縄返還の過程で，核兵器を「**持たず，つくらず，持ち込ませず**」という**非核三原則**が確認された。また，ソ連（のちロシア）が占拠している北方領土は，平和条約が結ばれず返還が実現していない。

3 高度経済成長の時代

1950年代後半までに戦前の水準を回復した日本の経済は，アメリカなどから技術革新の成果を取り入れて成長を続け，1955年から1973年までの間，年平均10％の成長を続けた（**高度経済成長**）。1960年ごろから，エネルギー源は石炭から石油に転換し（**エネルギー革命**），各地に石油化学コンビナートが建設され，鉄鋼・自動車・石油化学などの重化学工業が目覚ましく発達した。安保闘争の直後に成立した**池田勇人内閣**が，「**所得倍増**」をスローガンに経済

（時事）

↑安保闘争
条約の承認が衆議院で強行採決されると，大規模なデモ隊が国会を取り囲んだ。

用語解説 

北方領土
幕末の日露和親条約で，択捉島以南は日本領，得撫（ウルップ）島以北の千島列島はロシア領と決めた。以後，択捉島，国後島，色丹島，歯舞群島のいわゆる北方領土は日本が統治していたが，第二次世界大戦でソ連（現ロシア）が日ソ中立条約を破棄して参戦してから，現在までロシアが不法占拠している。（→p.40）

（共同通信社）

↑小学校の校庭近くを飛ぶアメリカ軍のヘリコプター（沖縄）
日本にある米軍施設の約74％が沖縄に集中している。

成長を推進したこともあり，1968年には国民総生産(GNP)がアメリカについで資本主義国で第２位となった。

4 高度経済成長と国民生活

国民の生活も豊かになり，テレビ（白黒）・洗濯機・冷蔵庫などの家庭電化製品や自動車が普及した。さまざまな社会問題も起こり，農村では若者の人口が減って**過疎化**が問題となった。反対に都市では過密となり，住宅不足・交通渋滞・ごみ問題などが起こった。さらに，貿易の自由化で外国から安い農産物が輸入されたために国内の農家は打撃を受けた。

また，工業生産を優先させたため，各地で**公害問題**が発生した。水俣病・新潟水俣病・イタイイタイ病・四日市ぜんそくの**四大公害病**は訴訟が起こされ，すべて被害者側が勝訴した。政府も対策に乗り出し，1967年には**公害対策基本法**（現在は**環境基本法**）を制定し，1971年には**環境庁**（現在の**環境省**）を設置した。

しかし1973年，第四次中東戦争の影響で石油価格が大幅に上昇して**石油危機（オイル・ショック）**が起こると，先進工業国は不況となり，日本でも高度経済成長が終わった。日本は，この不況を省エネルギー化などで乗り切り，そして高い技術力によって自動車・電気機械などの輸出を増やし，「経済大国」となって国際的地位も高まったが，貿易黒字が増えたため欧米諸国との間で貿易摩擦問題が起こった。

（時事通信フォト）

⬆店頭に並ぶ電化製品

参考

三種の神器

白黒テレビ・洗濯機・冷蔵庫は「三種の神器」として人気を集めた。1965年ごろからはカラーテレビ・クーラー・乗用車（カー）が広まるようになって「新三種の神器（3C)」と呼ばれた。

用語解説

中東戦争

大戦後パレスチナに住むアラブ人が追い出され，ユダヤ人によるイスラエルが建国されたことで起こった，アラブ諸国とイスラエルとの戦い。1948年から４回の戦争があり，1973年には，アラブ諸国の石油輸出制限や価格引き上げにより石油危機が起こった。

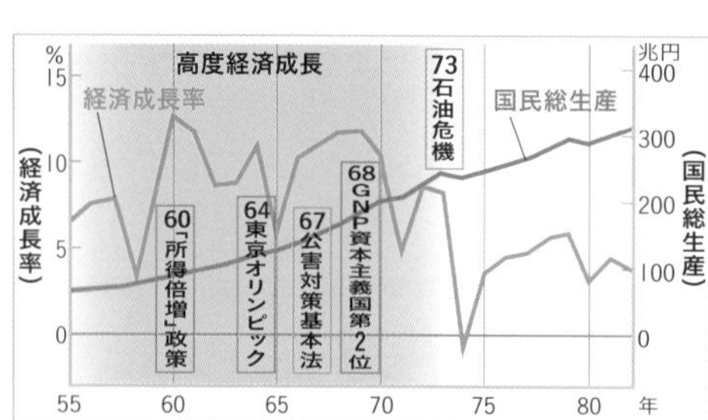

⬆高度経済成長期の国民総生産と経済成長率

（毎日新聞社／時事通信フォト）

⬆石油危機での買いだめ

③ 多様化する戦後の文化

1 戦後復興期の文化

戦後は，これまでの国家による統制はなくなり，思想・言論の自由が回復された。「世界」や「中央公論」などの総合雑誌をはじめ，多くの新聞・雑誌が復刊・創刊され，それらを通じて西洋の新しい思想や文化が取り入れられ，民主化を後押しした。大衆の娯楽として映画が人気を集め，**黒澤明**監督の「羅生門」などが世界的な評価を得た。学問でも世界で認められる業績が続き，1949年には**湯川秀樹**が**日本人最初のノーベル物理学賞を受賞**して，人々を元気付けた。

2 高度成長とマスメディアの発達

1951年に民間のラジオ放送が始まり，1953年にはテレビ放送も始まり，スポーツや芸能などの娯楽が**マスメディア**を通じて広く国民に楽しまれるようになり，歌手の美空ひばり，プロレスの力道山，野球の長嶋茂雄，相撲の大鵬などが人気を集めた。安く手ごろな価格の週刊誌も多く発行され，推理小説の松本清張や歴史小説の司馬遼太郎などの作品が多くの人に読まれた。また，純文学でも川端康成や大江健三郎のように，世界的な評価を得てノーベル文学賞を受賞する作家も現れた。漫画では，手塚治虫が「鉄腕アトム」などストーリー性の高い作品を生み出し，やがてアニメーション化されて世界的な評価を得るようになった。

3 インターネットの発達

1990年代後半になると，**インターネット**が急速に普及し，文字や画像など，大量の情報を高速で世界各地から手に入れられるようになった。インターネットを通じての買い物（オンライン・ショッピング）も広まり，これまでの社会生活に大きな変化が起きている。

KEY PERSON 

湯川秀樹

（1907～1981年）

（時事）

理論物理学者で，日本最初のノーベル賞受賞者（物理学賞）。原子核の中に中性子と陽子を結び付ける中間子があるという中間子論を発表し，世界的に評価された。のちには，核兵器反対などの平和運動にも積極的に参加した。

用語解説 

ノーベル賞

ダイナマイトを発明したスウェーデンのアルフレッド＝ノーベルの遺言によって，設けられた賞。人類に最大の貢献をもたらした人や団体に贈られる，世界で最も権威のある賞といわれる。物理学・化学・医学生理学・文学・平和・経済学の６つの賞があり，これまで日本人は約30名が受賞している。

新たな時代の日本と世界

冷戦の終結が宣言され，東西ドイツが統一される一方，ソ連が解体した。国際協調の動きも強まってきたが，各地で地域紛争があいついでいる。日本の役割はますます大きくなり，戦争のない平和な時代へ向けて積極的に行動することが求められている。

1 冷戦後の世界

1 冷戦の終結

1985年，ソ連では**ゴルバチョフ**が新しい指導者となり，体制の立て直し（**ペレストロイカ**）を進め，情報公開（グラスノスチ）を通じて政治・社会の見直しを行った。この動きは東ヨーロッパ諸国にも影響を与え，各国で民主化運動が進められ，共産党政権が次々とたおれた。

1989年11月には，これまで冷戦の象徴だった**ベルリンの壁が取り壊され**，12月には米ソの首脳が地中海のマルタ島で会談して，**冷戦の終結**を宣言した。翌1990年に**東西ドイツの統一**が実現し，ついで1991年にはバルト三国が独立した後に**ソ連が解体**し，ロシアなど12の共和国に分裂した。こうして世界は，新しい秩序を求める時代を迎えた。

(Woodfin Camp / PPS通信社)

⬆**ベルリンの壁の崩壊**（1989年11月）

くわしく

主要国首脳会議
1975年，石油危機後の世界経済を話し合うため，フランス大統領の提唱で始まった。参加国はアメリカ・イギリス・フランス・西ドイツ（当時）・日本・イタリア・カナダ・EC（現EU）の代表で構成され，1997年からは，ロシアが正式に加わってＧ８と呼ばれたが，現在はロシアが2014年のクリミア侵攻で資格停止となっている。日本では，1979年の東京を最初に，沖縄県名護市，北海道洞爺湖町，三重県志摩市などで計６回開かれている（2020年現在）。

2 国際協調へ向かう世界

冷戦後は，これまでの国家の枠を超えて互いに依存を深め，一体化する動きが強まった（**グローバル化**）。こうした中で，国際連合はその役割をいっそう強めることとなった。1975年から**主要国首脳会議**（**サミット**）が開催され，主要７か国（Ｇ７）が世界の政治・経済などの諸問題を話し合った。2008年からは世界的な金融危機をきっかけに，経済成長の著しい中国・ブラジルなどを加えた20か国・地域によるG20サミットも開かれている。ヨーロッパでは，1993年に政治的な統合も目指して**ヨーロッパ連合（EU（イーユー））**が発足し，域内での人・もの・サービスの移動が自由になり，**共通通貨ユーロ**も導入されている。アジア・太平洋地域では，地域統合は進んでいないが経済協力を進めることを目的に，1989年に**アジア太平洋経済協力会議（APEC（エイペック））**が発足した。また東南アジアでは，1967年に**東南アジア諸国連合**（ASEAN（アセアン））が発足し，政治・経済などの安定を目指して協力を進めている。

（時事）

⬆**日本で開かれたG20サミット** 2019年福岡での会議の様子。

3 激しくなる地域紛争

冷戦終結後も，民族・宗教・文化の違（ちが）いや国家間の対立から世界各地で地域紛争が起こり，さらに一般の人々を巻き込むテロリズムも発生している。

中東地域では，アラブ諸国とイスラエルの対立（**パレスチナ問題**）が続き，不安定な状態となっている。多民族国家の旧ユーゴスラビアでは，各民族が独立を目指して内戦が起こり，NATO（ナトー）（北大西洋条約機構）軍の空爆（くうばく）も行われた。紛争の絶えない中東（ちゅうとう）地域では，イラクのクウェート侵攻（しんこう）によって，1991年に**湾岸（わんがん）戦争**が起こり，アメリカ軍を中心とする多国籍軍がイラクを攻撃（こうげき）し，クウェートを解放した。

2001年，テロリストに乗っ取られた飛行機がアメリカの高層ビルなどに突入（とつにゅう）する**同時多発テロ**が起こり，アメリカはこれを理由にアフガニスタンを攻撃した。さらに2003年には，イラクが大量破壊（はかい）兵器を所有し，テロリストを支援しているとして**イラク戦争**を起こした。こうした地域紛争を解決するため，国際連合は平和維持（いじ）活動（PKO（ピーケーオー））を行い，日本も1992年の宮澤喜一（みやざわきいち）内閣が**国際平和協力法（PKO協力法）**を成立させて平和維持活動に参加している。

（Bridgeman Images / PPS通信社）

⬆**共通通貨ユーロ**

（Alamy / PPS通信社）

⬆**同時多発テロ**（2001年・ニューヨーク）

2 日本社会の変化

1 55年体制の崩壊

1990年代は，日本も大きな変化を迎えていた。自民党長期政権のもとで，政治家や企業が結びついた汚職事件などが起こり，国民の批判が高まった。冷戦終結後の1993年，細川護熙を首相とする**非自民連立内閣**が成立し，これによって自民党と野党第一党の社会党が対立する「55年体制」（→p.446）が終わった。その後自民党は，対立していた社会党と連立して村山富市内閣を成立させるなど，他党と連立して政権に復帰したが，2009年には民主党への**政権交代**が起こった。しかし民主党政権は国民の期待に十分応えられず，再び自民党が連立政権をつくるなど，政治の変化が続いている。

（時事）

⬆非自民連立政権の細川内閣
自民党・共産党を除く８党派から構成された。

2 バブル経済の崩壊

1980年代後半から，株式と土地の価格が実体を超えて，泡（バブル）のようにふくれ上がる好景気が続いた（**バブル経済**）。しかし好景気は，1991年に株価などが下落し始めると急速にしぼみ，バブル経済は崩壊した。企業の倒産や失業者が増えて社会問題ともなり，その後も長期にわたって不況が続いた（平成不況）。いったんは回復した景気も，2008年の世界金融危機によって再び深刻な不況が発生した。現在は，工場の海外移転による産業の空洞化が進み，国の財政赤字はふくらみ続けるなど，日本の経済は現在も多くの問題を抱えている。

参考

バブル経済の弊害
バブル経済が続く中で，駅前など立地条件のよいところでは，再開発のため大規模な土地の買い占め（地上げ）が行われ，住み慣れた土地を無理に追い出されるなどの問題も起こった。買い占めのため，都心などでは空地や駐車場が，虫食い状態のようにあちらこちらにできていた。

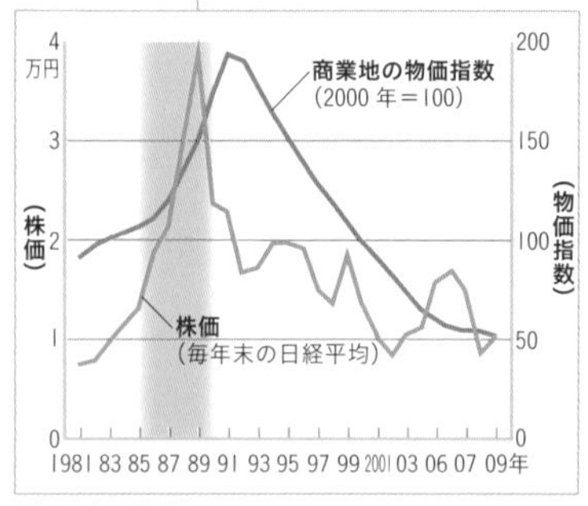

⬆バブル経済　（日本銀行・日本不動産研究所資料）

3 アジア諸国と日本

アジアでは，1960年代から韓国や台湾も急速に発展し，**新興工業経済地域（NIES）**と呼ばれた。中国は開放政策を掲げて外国資本の導入で発展し，現在「世界の工場」といわれ，アメリカにつぐ大国となった。

1991年には韓国（大韓民国）と北朝鮮（朝鮮民主主義人民共和国）が，同時に国際連合に加盟した。韓国と北朝鮮の首脳は会談を始め，さらに2018年には，北朝鮮はアメリカとも交渉を始めるなど，朝鮮半島での緊張を解消する努力が進められている。しかし日本は，北朝鮮との間で拉致問題などが依然として解決されておらず，国交正常化の動きも進んでいない。

また，韓国による竹島の不法占拠，中国・台湾による尖閣諸島の領有権主張の問題が残されている。ロシアとの北方領土問題も含め，解決を目指して関係改善の努力が続けられている。

⬆領土をめぐる問題

くわしく 

拉致問題

北朝鮮が，日本人をむりやり北朝鮮に連れ去った問題。2002年に小泉純一郎首相が北朝鮮を訪れ，日朝首脳会談が行われた結果，北朝鮮は拉致を認め，5名の被害者が24年ぶりに帰国し，2004年には家族も帰国した。しかし，そのほかの被害者の問題は解決していないため，政府は情報開示と帰国を求めている。

4 これからの課題

1995年の**阪神・淡路大震災**，2011年の**東日本大震災**を通じて，私たちは防災やエネルギーなどの問題に直面した。こうした中で，互いに助け合い，積極的に社会活動に参画する必要性に気付かされた。

また，人権の尊重のため，部落差別・障がい者差別・女性に対する差別，さらにアイヌの人々や在日韓国・朝鮮人に対する民族差別など，さまざまな差別や偏見をなくすことが課題となっている。

日本は，グローバル化が進んだ世界の中で，唯一の被爆国として核廃絶に向けた軍縮問題や，地球温暖化問題の解決などに向けて，地球に生きる人間として積極的に取り組むことが求められている。

（時事/東京消防庁）

⬆東日本大震災

CHECK 確認問題

第7章 現代の日本と世界

問題　各問いに答えましょう。
また，（　）に当てはまる語句を選びましょう。

❶ 日本の戦後改革に指令を出したGHQの最高司令官は誰か。

❷ 選挙法の改正によって選挙権資格はどのようになったか。

❸ 経済の民主化のため，三井・三菱・住友などが解体されたことを何という。

❹ 右の図は，戦後の改革によって変化した農地面積の割合を示している。この改革を何という。

図

1930年　小作地 48.1%　自作地 51.9%

1950年　小作地 9.4%　自作地 90.6%

❺ 日本国憲法で主権者とされたのは誰か。

❻ 民主教育の原則を定めた，教育勅語に代わる法律は何か。

❼ 第二次世界大戦後の世界平和を維持するために設置された国際機関は何か。

❽ 米ソ二大陣営の直接に戦火を交えない対立を何という。

❾ 朝鮮戦争が始まったあと，日本国内の治安を守るために設置された，現在の自衛隊のもとになった組織は何か。

❿ 日本が結んだ，第二次世界大戦の講和条約を何という。

⓫ ❿と同時に，日本の安全と東アジアの平和を守るためとしてアメリカとの間で結ばれた条約は何か。

⓬ 日本の国際連合加盟を実現した，ソ連との宣言は何か。

⓭ 中国とは1972年の（日中平和友好条約　日中共同声明）によって国交が回復した。

⓮ ベルリンの壁の崩壊によって統一された国はどこか。

⓯ 中東地域で現在も続く，アラブ諸国とイスラエルが対立している問題を何という。

⓰ 1980年後半からの，株式と土地の価格が実際の価値を超えてふくれ上がって起こった好景気を何という。

解答

1 マッカーサー
2 満20歳以上の男女
3 財閥解体
4 農地改革
5 国民
6 教育基本法
7 国際連合
8 冷たい戦争（冷戦）
9 警察予備隊
10 サンフランシスコ平和条約
11 日米安全保障条約
12 日ソ共同宣言
13 日中共同声明
14 ドイツ
15 パレスチナ問題
16 バブル経済

公民編

公民を学習するにあたって

公民を学ぶことの意義とは…

公民はとっつきにくいか

公民は，地理や歴史に比べてとっつきにくいと感じる人は多いのではないだろうか。政治，経済，国際社会，…その言葉だけを見れば，テレビの討論(ろん)番組で，政治家や大学教授などが難しそうに話している事柄(ことがら)ばかりだ。しかし，友達や家族との会話を思い出してみてほしい。そこで語られることの多くが，公民で学習したことと通じてはいないか。投票でクラス委員を決めたのは政治，お小遣い(こづか)をためて新しいゲームを買ったのは経済，温暖化対策で冷房(れいぼう)の設定温度を上げたのは国際社会の分野と，それぞれつながっている。

つまり，公民は私たちの生活について学習する科目であり，とっつきにくいどころか，自分自身が当事者なのである。

社会の一員として

公民という言葉にはもともと，政治に参加する権利と義務をもつ人という意味がある。政治に参加する権利をよりよく行使し，義務を果たすために，つまり，自分のことは自分で納得して決めるために，公民を学習するのである。

その際に，自分のことだけを考えていてはいけないということも重要だ。各人がそれぞれによりよく生きるためには，他人のことを知り，配慮(はいりょ)しなければならない。人間は社会をつくって生きる動物である。社会の一員として，公民を学習してほしい。

社会科の総仕上げ

最後に，公民学習のポイントについて触(ふ)れておこう。公民を学習する上で役立つのは，地理と歴史で身につけた知識や考え方だ。たとえば，市場価格について学ぶときは，地理で学んだ促成栽培(そくせいさいばい)を思い出そう。促成栽培のメリットは，ほかの土地で栽培できない時期に野菜を作って出荷すれば，高値で売れることだ。また，日本国憲法について学ぶときは，歴史で学んだ大日本帝国憲法を思い出そう。2つを比較することで，日本国憲法の理念がより明らかになる。このように，公民を社会科の総仕上げとして学ぶつもりで，地理と歴史を活用するとよい。そうすれば，公民はよりわかりやすく身近なものとなるはずである。

なぜこのカリキュラムで学ぶのか？

公民学習のカリキュラムは「現代社会と私たちの暮らし」→「人間の尊重と日本国憲法」→「現代の民主政治と日本の社会」→「私たちの暮らしと経済」→「地球市民としての私たち」の順で学んでいくことになる。

第１章の**「現代社会と私たちの暮らし」**では，今私たちが暮らしている現代社会の状況(じょうきょう)を知ることから始める。グローバル化，情報社会，少子高齢化といった現代社会の特徴を見ておこう。また，文化の役割についてもおさえておこう。

次に，社会で生きる人々の関係に着目しよう。私たち個人は家族・学校・地域社会など，さまざまな社会集団に属している。その役割を知った上で，社会生活を送る上で必要な「効率と公正」という考え方を学ぼう。

第２章の**「人間の尊重と日本国憲法」**では，民主政治や憲法について学習する。民主政治とはなにか，民主主義思想の成立の歴史を追いながら理解していこう。

次に，憲法とはなにか，大日本帝国憲法がどんなものだったかを確認した後，日本国憲法について見ていく。国民主権・基本的人権の尊重・平和主義という日本国憲法の３つの原理をしっかり理解してほしい。また，新しい人権の登場や，平和主義と自衛隊など憲法第９条をめぐる状況も，昨今の憲法改正をめぐる動きとともにきちんと理解しておきたい。

第３章の**「現代の民主政治と日本の社会」**では，国会・内閣・裁判所という政治権力の３つの機関と，国民の政治参加の機会である選挙，地方政治について詳しく学習する。国民の権利を守るために，政治がどのように行われているのか，第２章で学んだ日本国憲法の理念に照らしながら，とらえていこう。

第４章の**「私たちの暮らしと経済」**では，経済のしくみを消費・生産・金融(きんゆう)の観点から見ていき，その後，国家財政の運営や社会保障など，経済と社会のかかわりについて具体的なテーマからとらえる。

第５章の**「地球市民としての私たち」**では，日本から視野を広げて，現代世界の状況について学習する。まずは国際社会の主要機関である国際連合をおさえ，その後，国際経済や地域協力などについて見ていく。

また，現代は，環境，人口，資源・エネルギー問題など，世界全体が協力して取り組まねばならない問題が山積している。その内容と現在の取り組みをおさえよう。

第１・２章で，公民の基礎(きそ)的な知識を身につけて，第３・４章で，生活と切り離(はな)すことのできない政治・経済について理解しよう。さらに，第５章で世界を見渡(みわた)し，自分の考えや姿勢を確立しよう。

第1章

現代社会と私たちの暮らし

第1章では，私たちが生きている現代社会について学習する。
高度経済成長後の現在の生活様式や，文化の意義，情報社会の問題点などをつかもう。
また，基礎的な社会集団である家族や地域社会の重要性を理解しよう。

Q. 情報社会ってなんだろう？
➡ SECTION 1 へ
Q. 対立が起きたとき，どう解決すればいい？
➡ SECTION 2 へ

第1章 SECTION 1 現代社会と私たち

1950年代中頃からの高度経済成長は，私たちの生活や社会をどのように変えたか。
今日の情報社会は，私たちの生活をどのように変えたか，人間が生活を豊かにするために努力するすべての営みである文化などについて学習していこう。

1 経済成長と生活・社会の変化

1 高度経済成長

日本経済は，1950年の朝鮮戦争による特需景気後も発展し，1950年代中頃から1973年まで，**高度経済成長**と呼ばれる時期を迎えた。この成長を可能にしたのは，政府の産業保護政策や，外国の技術革新の導入，国内に豊富な労働力があったことなどである。

⬆1964年の東京オリンピックの開会式 高度経済成長のさなかの1964年10月10日に，開会式が行われた。（朝日新聞社／PPS通信社）

2 高度経済成長と生活・社会の変化

高度経済成長期には，国民の生活が向上した。電気洗濯機などの電化製品の普及により女性の家事労働の時間が減り，女性の職場への進出が増えた。冷凍食品が広まり，ファミリーレストランなどの外食産業が発展し，食生活も豊かになり，食料品の輸入が増えた。

発展

政府の政策：所得倍増計画
池田勇人内閣が掲げた，10年で国民所得（NI）を2倍にする経済計画。（→p.447）

参考

高度経済成長期の国民生活
①**三種の神器**…1950年代後半から普及した，電気洗濯機，電気冷蔵庫，白黒テレビ。生活を豊かにし，「三種の神器」といわれた。
②**3C**…1960年代後半から普及した，自動車，クーラー，カラーテレビ。それぞれ「C」で始まることから「3C」といわれた。

その反面，**食料自給率の低下**，若者の都市への流出による農山村の**過疎化**，都市の**過密化**，**核家族世帯**の増加，工場による**公害問題**などが起こった。産業の面では，石炭から石油へのエネルギーの転換が進み，また，**産業構造の高度化**（→p.590）が見られた。

3 高度経済成長以降の日本

高度経済成長は，1973年の**石油危機**（石油ショック）によって終わりをつげた。1980年代後半になると，株式や土地に資金が投資され，株価・地価が急速に上昇し，**バブル経済**と呼ばれる好景気となった。しかし，バブル経済は1990年代初めに崩壊し，失業者の増加などが社会問題となった。2008年には，**世界金融危機**などが起こり，再び経済が混乱した。

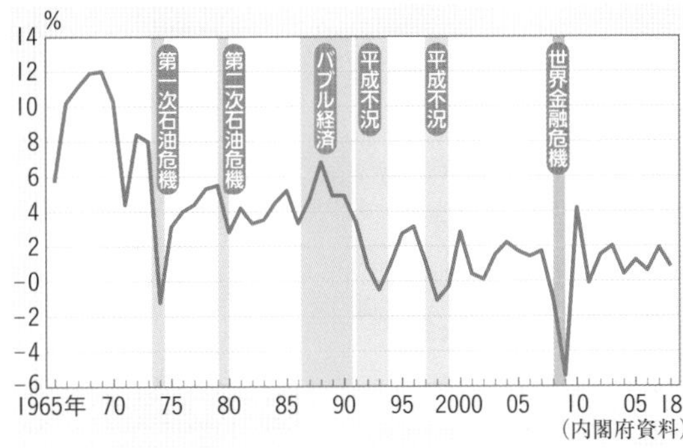

⬆日本の経済成長率の推移

2 グローバル化が進む現代

1 グローバル化

現在，交通や通信技術の発展により，世界各国の政治・経済・文化の結びつきが強まり，人・モノ・お金・情報が国境を越えてさかんに移動している。このような地球規模での世界の一体化を，**グローバル化**という。

用語解説

核家族世帯
親と子どものみ，または夫婦のみの家族のこと。

用語解説

産業構造の高度化
産業の中心が第一次産業から，第二次産業，第三次産業へと移ること。また，第二次産業においても，軽工業から重工業へと移ること。

なぜ？

なぜ高度経済成長は終わったのか？
1973年の第４次中東戦争時に，イスラエルを支援するアメリカなどの資本主義諸国に打撃を与えるために，OAPEC（アラブ石油輸出国機構）はイスラエル支援国への石油の輸出を禁止した。これによる世界経済の大混乱を石油危機といい，日本でも高度経済成長が終わるきっかけとなった。

用語解説

世界金融危機
アメリカの住宅ローン（サブプライムローン）問題で，2008年に大手の投資銀行（証券会社）が倒産したこと（リーマンショック）に始まる世界的な金融危機。株価が大暴落し，深刻な不況となった。日本でも製造業を中心に大打撃を受け，派遣社員の雇い止めなどが社会問題となった。

2 グローバル化と国際協力

グローバル化によって，各国が世界の市場で，質のよい商品を安い価格で提供することを競う**国際競争**が進んでいる。また，各国が自国の得意とする産業に力を入れ，不得意で競争力のないものは輸入するようになる**国際分業**も進んでいる。

その一方で，グローバル化により，一国の経済不振がすぐに他国へ広がり，世界的な不景気におちいりやすいなどの問題がある。また，感染症の拡大などの問題も生まれている。

それらの地球規模の問題への対策のため，各国が協力し合って取り組む**国際協力**が，これまでにも増して必要となっている。

3 多文化社会

グローバル化によって，国境を越えた人の移動が活発になったため，中南米の日系人や，東南アジア諸国の人々などが，就労や留学で日本に住むことが増えた。また，日本を訪れる外国人観光客も急速に増えている。このように，身近で外国人や外国文化に接する機会が増えつつあり，さまざまな文化をもった人々が共生する**多文化社会**が生まれている。多文化社会では，お互いの文化を尊重し，協力し合って生活していくことが求められている。

こうした中，多文化社会への取り組みとして，外国人が多く居住する地方公共団体では，外国語による「暮らしのガイド」などを発行し，共生社会づくりに力を入れているところがある。また，文字が読めなくても，誰にでも内容が分かり，目につきやすいように工夫された図（ピクトグラム）も利用されている。

⬆左から，無線LAN，充電コーナーのピクトグラム

データFILE

主な国の貿易依存度

GDP（国内総生産）に対する輸出額・輸入額の割合。

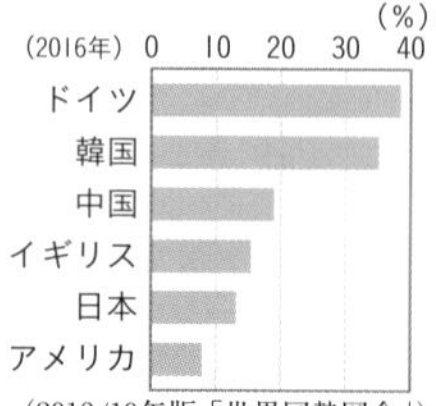

（2018/19年版「世界国勢図会」）

⬆**輸出依存度**

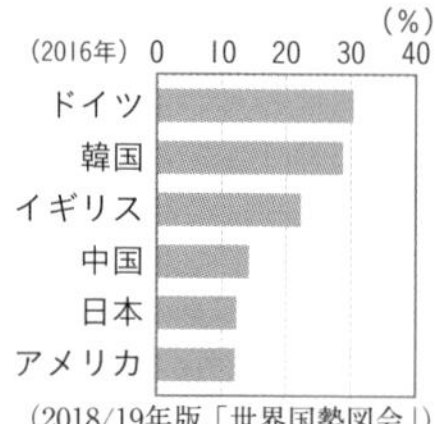

（2018/19年版「世界国勢図会」）

⬆**輸入依存度**

データFILE

総数 146万0463人
中国 26.6%
ベトナム 21.7
フィリピン 11.2
ブラジル 8.7
ネパール 5.6
韓国 4.3
その他 21.9

（2018年）
（2019/20年版「日本国勢図会」）

⬆**日本の外国人労働者の国籍別割合**

③ 情報社会（IT社会）の時代

1 情報化と社会の変化

私たちは新聞・テレビ・ラジオ，さらには**インターネット**やスマートフォンなどの**メディア**を利用して，さまざまな情報を入手し，それを生活に役立てている。このような**情報化**の進展により，情報が生活や社会の中で非常に重要な役割を果たすようになってきた社会を，**情報社会**という。

情報通信技術（ICT）の発達により，情報の大量・高速の伝達が可能となった今日の情報社会では，オンライン・ショッピングの普及など生活上の変化だけでなく，SNSによる個人の情報発信が，社会や政治に大きな影響を与えることもある。ほかにも，地震や洪水など災害時の防災情報の発信などに，情報通信技術が生かされている。

また，人工知能（AI）の急速な進化により，産業や社会が大きく変化しつつある。人工知能は，現在，医療現場では病気の診断に，食品メーカーでは食材の不良品検知などに活用されている。

このように，現在の私たちの生活に情報はなくてはならないものであり，生活は情報に支えられている。

2 情報社会の課題

情報社会では，**自分に必要な情報を取捨選択して判断し，活用する力**が求められる。これを**情報リテラシー**と呼んでいる。

現代は，インターネットなどから大量の情報を得ることができる。その中から情報リテラシーを発揮して，必要な情報を選択し，正しく活用しなければならない。また，情報が容易に入手できる一方，個人情報が知らないうちにインターネットなどで流出する恐れもあり，個人情報の管理には十分な注意が必要である。

用語解説

ICT（情報通信技術）
Information and Communication Technology の略。

データFILE

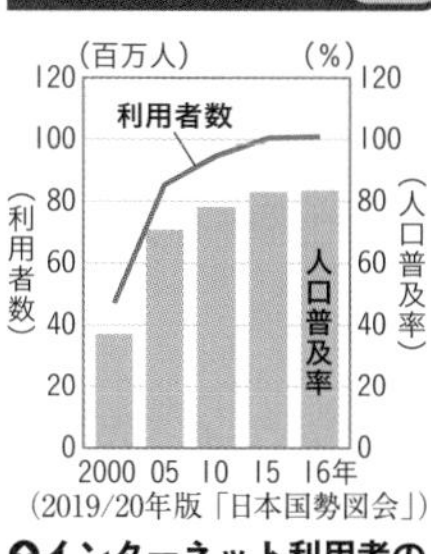

(2019/20年版「日本国勢図会」)

↑インターネット利用者の推移

用語解説

人工知能（AI）
推論，判断，学習などの人間の知能のはたらきをコンピューター上で実現したもの。AIは，Artificial Intelligenceの略。

SNS
Social Networking Service の略で，インターネットで人と人とのつながりを構築するサービスのこと。

参考

デジタル・ディバイド（情報格差）
情報社会の広がりとともに，情報通信を利用できる人とできない人との間に生じる，さまざまな格差のこと。地方と都市，先進国と発展途上国などの間にも生じる。

また，情報を発信する際には，他人のプライバシーを侵すような情報や，誤った情報を流すことのないように，**情報モラル**を身につけることが必要である。

SNSに友達の悪口を書く。

インターネットの掲示板に友達の写真，名前，住所などをのせる。

ブログにうその情報をのせる。

他人が描いた絵を自分の絵としてホームページで発表する。

↑情報モラルに反する行為の例

4 少子高齢化

1 少子高齢社会

日本では，現在，1人の女性が産む子どもの数が少なくなり，平均寿命が伸びたことにより，総人口に占める65歳以上の高齢者の割合が増えている。このように，子どもの数が減り，高齢者の割合が高くなることを**少子高齢化**という。

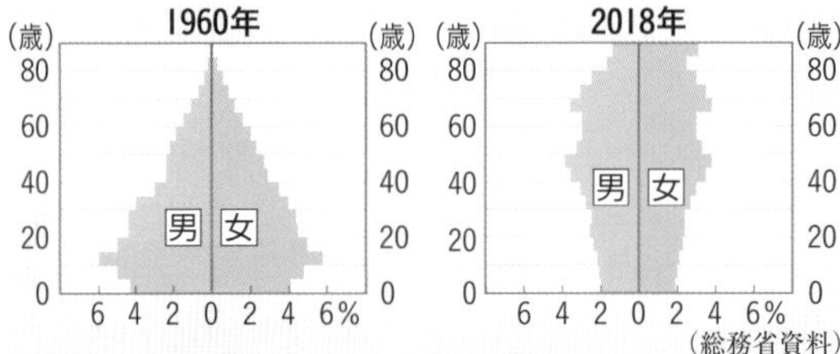

↑日本の人口ピラミッドの変化

2 少子化と高齢化の進展

1人の女性が，一生のうちに産む子どもの平均人数を**合計特殊出生率**といい，日本は，低い水準にある。その背景には，生涯を通じて結婚しない人が増えたこ

データFILE

日本の合計特殊出生率の推移

年	合計特殊出生率
1970	2.13
1990	1.54
2010	1.39
2017	1.43

(2019/20年版「日本国勢図会」)

人口の維持に必要な合計特殊出生率は，2.07とされている。

と，結婚する年齢が高くなってきたこと，働く女性が増えたにもかかわらず，安心して出産や育児のできる環境が整っていないこと，などがあげられる。一方，医療技術の進歩や食生活の充実などによって**平均寿命**が伸び，日本は世界有数の長寿社会となっている。

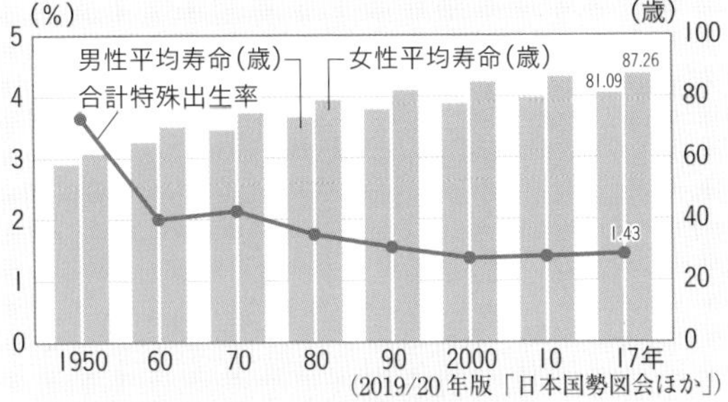

⬆日本の合計特殊出生率と平均寿命の推移

3 少子高齢化の影響と対策

少子高齢化が進むと生産年齢人口が減少するため，さまざまな問題が生じる。例えば，若い働き手が不足し，日本の産業が衰退する恐れがある。また，少ない生産年齢人口で，年金保険や医療保険・介護保険などの給付を受ける高齢者の生活を支えていかなければならず，社会保障費用（→p.585）の財源が不足し，国民1人あたりの経済的負担が重くなる。

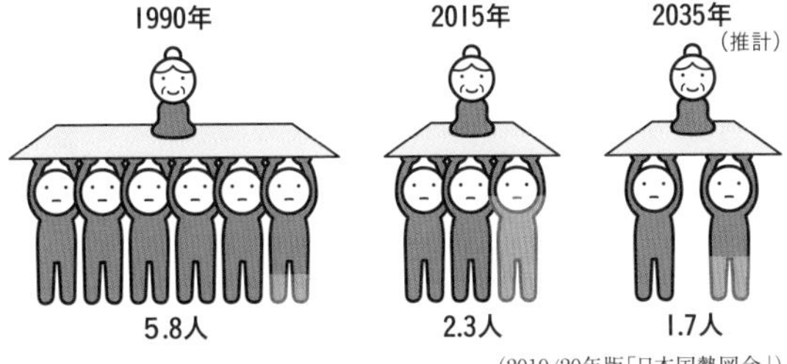

⬆65歳以上の高齢者１人に対する生産年齢人口の数

対策として，高齢者が安心して生活できる社会，安心して子どもを産み，育てられる社会の実現を目指さなければならない。そのため，国は社会保障制度の整

参考

人口減少社会へ

日本の人口は，2008年の1億2808万人をピークにして，2011年からは減少が続いている。2015年の国勢調査によると，総人口は1億2709万人，高齢者の割合は26.6%，15歳未満の割合は12.6%となっている。

用語解説

生産年齢人口

生産活動の中核となる満15歳以上満65歳未満の人口。

発展

日本の公的年金制度

日本の年金制度では，主に現在の生産年齢人口が支払った保険料が，現在の高齢者の生活を支えている。公的年金は，国民年金（基礎年金）と厚生年金の２階建て制度になっている。国民年金は，誰もが加入し，定額を支給される１階部分であり，厚生年金は，会社員や公務員が加入し，国民年金に上乗せして支給される２階部分である。

備を進めるとともに，**少子化社会対策基本法**や**育児・介護休業法**などを制定し，少子化対策を進めている。2019年には幼児教育・保育の無償化も開始された。地方公共団体の中には，高校生までの医療費の無料化など独自の取り組みを行うところもある。

5 生活と文化

1 文化とは？

長いあいだ，人間が自然に手を加えながらつくりあげてきたさまざまな成果が文化である。科学・芸術・宗教のほか，言葉やあいさつ，生活様式なども文化である。

●あいさつ

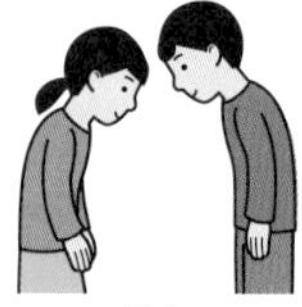

●食文化

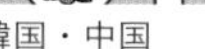

↑世界のあいさつ・食文化の例

2 文化の役割

文化の代表的領域として**科学・芸術・宗教**があり，私たちが豊かな生活を送るために大きな役割を果たしている。

❶**科学**…科学は，通信技術・航空技術・医療技術・農業技術・工業技術などさまざまな技術を発展させ，人々の生活を便利で快適なものにする。

❷**芸術**…絵画・演劇・音楽などの芸術は，人々にうるおいや安らぎを与え，人生を豊かにする。

❸**宗教**…宗教は，不安や悩みをかかえて生きる人間に心の安らぎを与え，考え方や生活の指針になる。

用語解説

少子化社会対策基本法
2003年に制定された，幼稚園や保育所の充実，母子保健医療の充実などを目的とする法律。

育児・介護休業法
仕事と家庭生活の両立を支援する目的で，男女問わず，育児・介護休暇を取得できるとした法律。1992年施行の育児休業法を改正し，1995年に成立した。

くわしく

文化の種類
①有形の文化…道具・機械・建物など，実際に目で見ることができる文化。
②無形の文化…宗教・芸術など，具体的な形では見ることができない文化。ただし，具体的な芸術作品は有形の文化である。

3 暮らしの中の伝統文化

長い歴史の中でつちかわれ，受けつがれてきた文化を**伝統文化**という。伝統文化には，歌舞伎や能楽など専門家によって受けつがれてきた文化と，衣食住や**年中行事**など日常生活の中で受けつがれてきた生活文化がある。伝統文化を守るために，国は**文化財保護法**を制定し，文化財の保護に努めている。

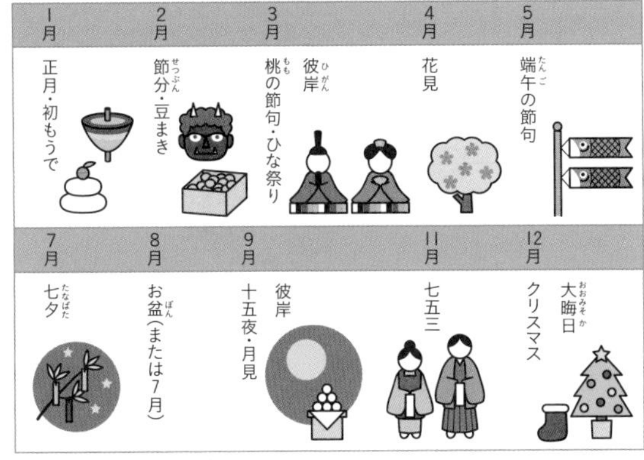

↑日本の主な年中行事

用語解説

文化財保護法
文化財の保護と活用をはかり，国民の文化的向上に資することを目的に，1950年に制定された法律。

4 日本文化の多様性

南北に長い日本には，気候や風土に応じたさまざまな文化が存在する。食文化についてみると，正月の雑煮は餅が丸いか四角いか，味噌仕立てか澄まし汁かなど，地域によって大きく異なっている。

また，日本には，沖縄県や奄美群島を中心にした**琉球文化**と，北海道などの先住民族によってになわれている**アイヌ文化**という２つの独自の文化が受けつがれている。国は，このような独自の文化を守ることに努め，**アイヌ施策推進法**などを制定している。

グローバル化が進む現在，私たちには，異なる文化の生活様式や宗教などを認め，お互いを尊重し合う**異文化理解**が求められている。

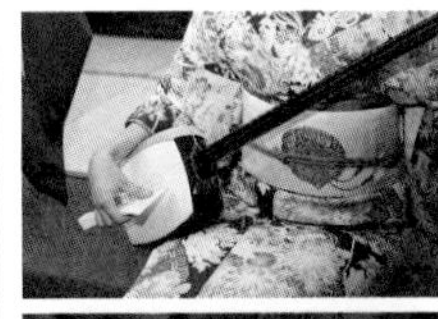

↑**三味線（上）と沖縄の三線**　琉球文化である三線は三味線の起源となった。

（ピクスタ）

用語解説

アイヌ施策推進法
それまでのアイヌ文化振興法に代わり，アイヌ民族の誇りを尊重し，共生社会の実現を目指すために2019年に制定された法律。アイヌ民族を先住民族であると初めて明記した。

個人と社会生活

ここでは，個人と社会集団の関係，社会生活のきまり，家族のはたらきや家族生活の基本原則，地域社会の役割などについて学んでいこう。

1 個人と社会生活

1 個人と社会集団

私たちは，家族，地域社会，学校，そして職場などのさまざまな**社会集団**の中で生活し，その構成員としての役割を果たしている。

社会集団とは，共通の意識や目的，仲間意識をもつ人々の集まりをいう。社会集団は，所属する人々の結びつきによって，次の２つに分けられる。

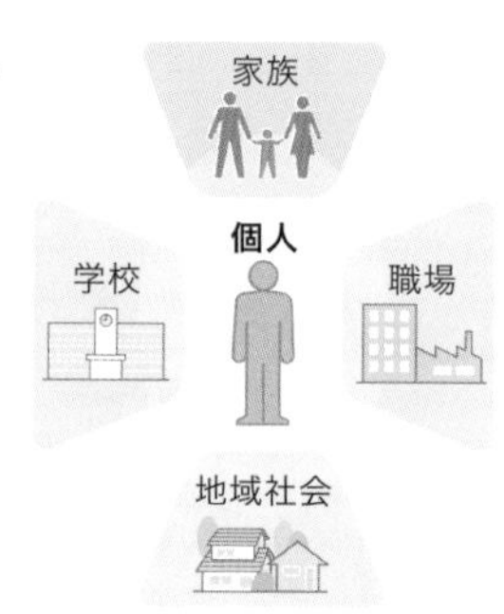

⬆さまざまな社会集団に属する個人

❶ **基礎的集団**…人々の間に自発的に成立した集団で，血のつながり（血縁）で結びついた家族，同じ地域に住んでいるという土地のつながり（地縁）によって結びついた隣近所，地域社会などである。

❷ **機能的集団**…同じ目的や利害を共にする人々などが人為的につくった集団。目的を達成するために一定期間続く持続的な集団である。学校，職場（会社，役所），サークル，クラブ，政治における政党など，さまざまな集団がある。

くわしく 

社会集団と群衆の違い
人間の集まりであるが，社会集団とはいえないものに群衆がある。
群衆とは，相互に無関係な個人が，偶然に集まったものである。

用語解説 

地域社会
同じ地域に住んでいるという地縁で結びついた人々が，何らかの共同体意識をもち，協力し合いながら生活している社会。community（コミュニティ）とも呼ばれる。

2 社会生活ときまり

社会集団には，社会集団としてのまとまりを保つために，各人が守らなければならない共通の**きまり**（**ルール**，**社会規範**）が必要になってくる。

きまりには，法律など外部からの強制力をもつもの，慣習など特定の社会の中で古くから続いているもの，道徳など個人の自覚に頼るものなどがある。社会集団を構成する個人には，きまりを守る責任と義務がある。

2 現代社会の中の私たち

1 社会集団の中で生きる

私たちは，さまざまな**社会集団**に属し，その一員として生きている。誰もが1人では生きていくことはできず，社会集団の中で協力しながら生活している。このことから，人間は**社会的存在**であるといわれる。

憲法では「すべて国民は，個人として尊重される」とあり，社会集団では，誰もが自由で平等な人間として尊重されることが必要である。しかし，人はそれぞれ，考え方や利害が異なる。そのため，社会集団の中で何かを決めようとするときに，さまざまな意見が出され，**対立**が起こることがある。こうした対立は，家族や地域社会，さらに国と国の間でも生じる。

対立が起こった場合，そのままにしておくと対立が深まるばかりである。その解決のために，お互いが納得して受け入れられる解決策を求めて話し合い，**合意**を目指す必要がある。

参考

人間はポリス的動物（社会的動物）である

ギリシャの哲学者のアリストテレス（紀元前384年〜紀元前322年）の言葉。当時のギリシャにはポリスと呼ばれる都市国家があった。人間は本来ひとりで生きる存在ではなく，ポリスのような共同体の中で生きる存在である，という意味の言葉。

2 効率と公正

社会集団の中で起こった対立を解決して合意を目指すには，当事者同士の話し合いによって解決策を考える必要がある。しかし，その解決策は誰(だれ)もが納得できるものでなければならず，その判断基準になる考え方が**効率**(こうりつ)と**公正**である。

効率とは，誰(だれ)もが納得できるように，時間やお金，労力などを無駄(むだ)なく使うことが大切であるという考え方である。

また，公正とは，誰(だれ)が見ても公平な解決策になっていなければならないという考え方で，以下のような2つの種類がある。

❶ **手続きの公正さ**…話し合いの場に，誰(だれ)もが対等の立場で参加し，誰(だれ)もが決定に参加できること。

❷ **機会・結果の公正さ**…誰(だれ)もが不当に扱(あつか)われることがなく，相手の立場になったとしても，解決策を受け入れることができるものであること。

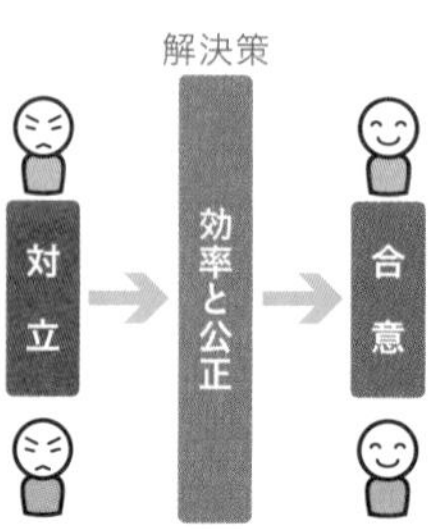

⬆解決策が効率と公正の両方を満たすことで対立が合意に導かれる。

思考力UP

Q. レジの並び方の問題点はなに？

右の図は，あるお店のレジのようすを示している。客はそれぞれ自由に列に並んでいる（各列並び）。効率と公正の観点から，各列並びのどこが問題か考えてみよう。

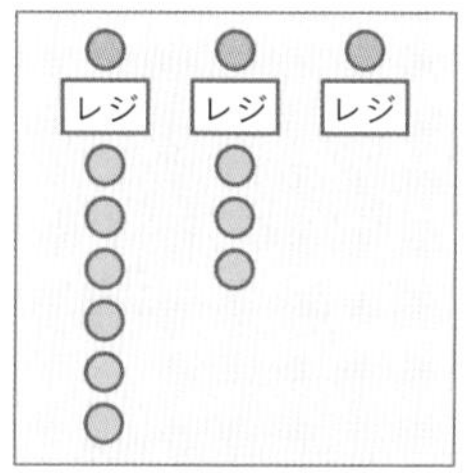

Hint 図を見ると，客が多く並んでいる列と誰(だれ)も並んでいない列がある。また，あとから来た客が先に空いたレジを通ってしまう可能性がある。

A. 空いたレジができるため効率が悪くなり，並んだ順番にレジを通ることができないため，公正といえない。

各列並びに対して，右の図のような並び方をフォーク並びという。フォーク並びでは，客は一列に並び，順番に空いたレジに進む。そのため，空いたレジができず，効率がよく，また，並んでいる順番にレジを通ることができるので，公正であるといえる。

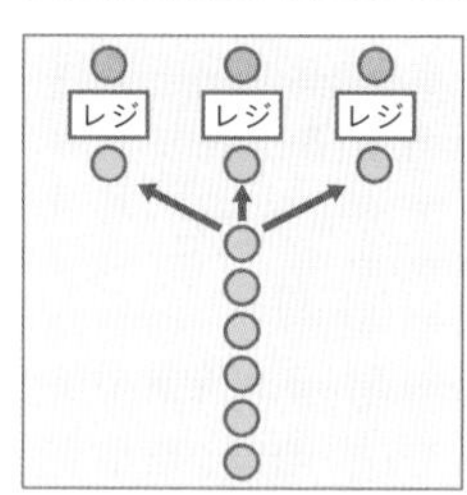

3 きまりをつくる

社会生活を送るうえで必要なことは，トラブルを調整したり解決策を考えたりするだけでなく，トラブルが起こらないように，前もって社会集団の中で**きまり**（**ルール**，**規則**）をつくっておくことである。

きまりには，家庭の中での約束ごとをはじめ，商品の売買での契約（けいやく），スポーツのルール，国家間の条約にいたるまで，さまざまなものがある。きまりが，効率や公正の考え方をふまえて，みんなの合意でつくられたものであれば，私たちは守ろうという気持ちが強くなる。そうして決められたきまりには守る**義務**があり，守られないときは**責任**が問われる。社会の秩序（ちつじょ）は，このように，決められたきまりを守ることによって保たれている。

きまりの決め方には，**全員一致**（いっち）（**全会一致**）で決める方法や**多数決**で決める方法，一人で決める方法などがある。多数決で決めるときは，十分な話し合いを行い，**少数意見を尊重すること**が大切である。また，きまりは社会集団の状況（じょうきょう）の変化に応じて見直すことも大切である。

決定のしかた	長所	短所
全員一致（全会一致）	みんなの意見が反映される	決定に時間がかかることがある
多数決	一定の時間で決定できる	少数意見が反映されにくい
代表者が決定	早く決定できる	代表者以外の意見が反映されにくい
第三者が決定	利害に無関係なため早く決定できる	当事者が納得しないことがある

↑ものごとの決定の例

用語解説

全員一致（全会一致）…参加した全員が賛成する意見を採用する方法。1人でも反対があれば合意できない。

多数決…賛成する人が多い意見を採用すること。

❸ 家族のはたらきと形態

1 家族のはたらき

家族は，親子や夫婦のように，愛情や血縁関係などで結ばれた基礎的な社会集団である。

私たちは，誕生すると，最も身近な社会集団である家族の一員となり，その家族の中で成長していく。

家族（家庭）のはたらきには，次のようなものがある。

❶ **生計の維持**…毎日の衣食住の生活の単位となる。
❷ **心身の休養**…社会生活での疲れをいやす。
❸ **子どもや老人の扶養・介護**…ひとりで社会生活を送れない子どもや老人を保護し，扶養・介護する。
❹ **子どもの教育**…子どもは家族の中で言葉や社会生活に必要なルールを覚え，社会人として成長する。

2 家族の形態

少子高齢化による人口構成の変化とともに，所得の伸び，産業構造の変化，農山村部などの**過疎化**，都市部の**過密化**などは，家族の形態も変えてきた。

かつては大家族で暮らしていたが，生まれる子どもがしだいに少なくなり，若年層が都市へ集中したため，一世帯あたりの家族構成人数は減少している。

家族の形態は，親と子ども，夫婦のみのいずれかで構成される**核家族世帯**が全体の半数以上を占めている。また，高齢化が進む中で，ひとりで生活する**1人世帯**（**単独世帯**）も増えている。

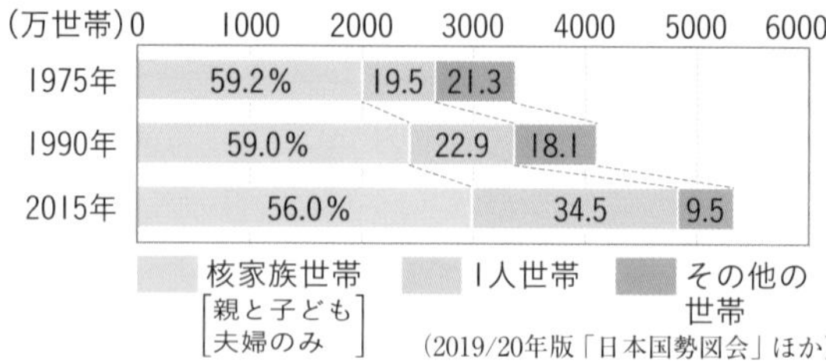

➊家族形態の変化

参考

家族・家庭・世帯

家族…親子などのように，愛情や血縁関係などで結ばれ，ともに暮らす一つの社会集団。

家庭…家族が生活を過ごす場所。

世帯…同じ住居で暮らしを共にしている集団のこと。必ずしも家族とは一致しない。例えば，単身赴任で働く人は家族の一員だが，別世帯の扱いとなる。

くわしく

家族形態の変化

高度経済成長期に，若年層を中心として地方から大都市へ人々が移動したため，核家族世帯や1人世帯が増加した。近年は，未婚者の1人世帯や，高齢者夫婦の核家族においてどちらかが死亡したことによる高齢者の1人世帯が増えてきている。

データFILE

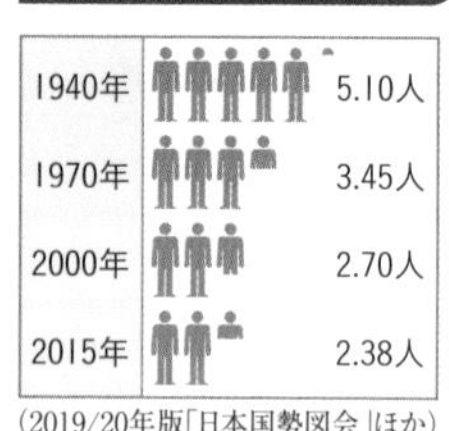

➊1世帯あたり人数の推移

3 今日の家族制度

日本は第二次世界大戦前まで**「家」**を重視した家族制度であり，戸主（家長）が家族の財産などを管理する戸主権をもち，家族を支配した。社会的にも法律的にも女性の地位は軽視されていた（男尊女卑）。

戦後，日本国憲法の精神に基づいて改正された**民法**は，「家」中心の制度を廃止し，民主的な家族制度を定めた。夫婦は同等の権利をもち，相互の協力によって家族は維持されていくとし，**「個人の尊厳と両性の本質的平等」**を家族関係の大原則としている。

4 家族生活の問題

平均寿命の伸びによる高齢者の割合の増加と，高齢者の１人世帯の増加，介護疲れから起こる高齢者への虐待など，高齢化による問題の解決は，わが国の大きな課題である。

また，家庭内における暴力の問題も近年目立つようになっている。子どもが親に対して暴力をふるう家庭内暴力，配偶者からの暴力（DV，ドメスティック=バイオレンス），親が子どもに対して暴力をふるう児童虐待など，家族だけで解決できない問題も多い。

日本国憲法や民法で男女平等がうたわれたが，実際には現在でも，「男は外で仕事，女は家で家事・育児」という性別による役割分担の意識が残っており，共働きの家庭が増える中で，男女が共同して家事・育児・介護を分担するには多くの課題がある。

男女共同参画社会基本法や**育児・介護休業法**などの法律の制定や，働きやすい環境づくりのために保育所の整備なども進んでいるが，家族間で話し合いを行い，地域社会などの協力も得ながら，問題を解決していくことが大切である。

用語解説 

民法
家族関係や相続などについて定めた法律。1896年に制定，1947年に改正された。

資料

日本国憲法第24条

①婚姻は，両性の合意のみに基いて成立し，夫婦が同等の権利を有することを基本として，相互の協力により，維持されなければならない。
②配偶者の選択，財産権，相続，……婚姻……に関しては，法律は，個人の尊厳と両性の本質的平等に立脚して，制定されなければならない。

用語解説 

配偶者
夫からみて妻，妻からみて夫のこと。

↑男性の家事参加（ピクスタ）

用語解説 

男女共同参画社会基本法
男女が対等な立場で，あらゆる場での社会活動に参加することを保障した法律。1999年制定。

4 家族生活と法律（民法）

1 民法の基本原則

憲法の「**個人の尊厳と両性の本質的平等**」（→p.493）に基づき，民法は，親族・婚姻・親子・扶養・相続などについてくわしく規定している。

2 親族・婚姻

親族とは，父母・子どもなど，**6親等内の血族**，**配偶者**，**3親等内の姻族**を範囲とする。

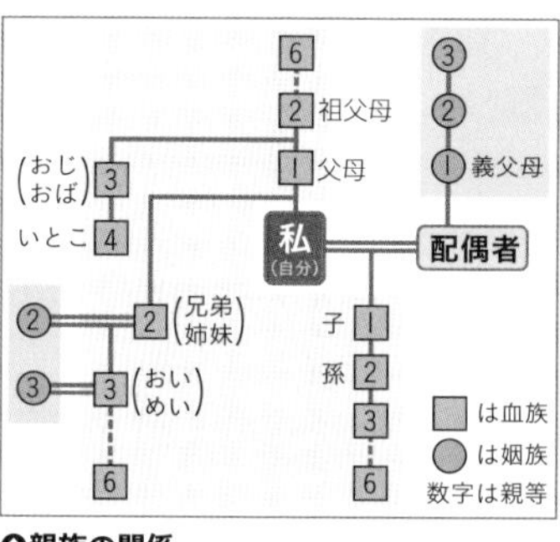

⬆親族の関係

民法改正により18歳が成年年齢になるに伴い，男女ともに18歳になれば**両性の合意**のみで結婚できるようになる（2022年4月1日より施行）。婚姻後は，合意の上，男性（夫）と女性（妻）のどちらかの姓（氏）を名のることができるが，近年，婚姻後の夫婦別姓を求める声が高まっている。また，婚姻後は親の戸籍から除かれ，夫婦だけの新しい戸籍となる。

3 相続の定め

原則として，財産は配偶者と子どもが共同で相続し，子どもの相続分は均等（**均分相続**）である。すなわち，配偶者が**2分の1**を，子どもが残りの**2分の1**を相続し，子どもが複数の場合は，子ども一人ひとりの相続分は均等である。

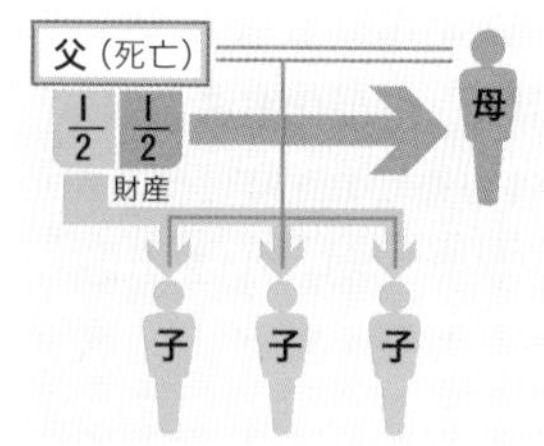

⬆民法の相続

用語解説

親等
親族関係の近さを示す単位。親子関係を1回経るごとに1親等ずつ増すこととなる。

血族
血のつながりのある者。

姻族
自分の配偶者の血族や，自分の血族の配偶者。

参考

婚姻年齢と成年年齢
2022年までは，女性は16歳以上，男性は18歳以上で婚姻が可能だが，20歳の成年年齢に達していないため，親の同意が必要である。2022年からは，女性の婚姻可能年齢が18歳に引き上げられ，親の同意は不要となる。

くわしく

夫婦別姓問題
民法では，夫婦どちらかの姓を名のればよいことになっているが，実際は家制度の名残で，9割以上の女性が男性の姓に変えている。姓の変更が社会生活上不利であるという主張があり，婚姻後もそれまでの姓を別々に名のること（夫婦別姓）を求める動きがある。

確認問題 CHECK

第1章

現代社会と私たちの暮らし

各問いに答えましょう。また，（　）に当てはまる語句を選びましょう。

❶ 1950年代中頃から1973年にかけての，日本経済の急速な成長を何というか。

❷ 人・モノ・お金・情報が国境をこえてさかんに移動し，地球規模で世界が一体化していることを何というか。

❸ 各国が自国の得意とする産業に力を入れ，不得意とするものを輸入する（国際競争　国際分業）が進んでいる。

❹ 情報が非常に重要な役割を果たし，活用されている社会を何というか。

❺ 自分に必要な情報を取捨選択（しゅしゃせんたく）し，活用する力は何か。

❻ 情報を正しく利用するための考え方や態度を何というか。

❼ 子どもの数が減り，高齢者（こうれいしゃ）の割合が高くなることを何というか。

❽ 正月や七夕（たなばた），お盆（ぼん）など，毎年決まった時期に行われる伝統的な行事を何というか。

❾ アイヌ民族を先住民族であると初めて明記した法律は何か。

❿ 異なる文化の生活様式や宗教などを認め，お互（たが）いを理解し，尊重しようとする態度を何というか。

⓫ 時間やお金，労力などを無駄（むだ）なく使うことが大切であるという考え方は何か。

⓬ 誰が見ても公平な解決策になっていなければならないという考え方は何か。

⓭ より多くの人が賛成する意見を採用することを何というか。

⓮ 親と未婚（みこん）の子ども，または夫婦だけで構成される世帯は何か。

⓯ 男女が対等な立場で，あらゆる場での社会活動に参加することを保障した法律は何か。

⓰ 民法（みんぽう）は，憲法の「個人の尊厳（そんげん）と両性の本質的（平等　自由）」に基づいて，親族や相続などについて規定している。

解答

① 高度経済成長
② グローバル化
③ 国際分業
④ 情報社会
⑤ 情報リテラシー
⑥ 情報モラル
⑦ 少子高齢化
⑧ 年中行事
⑨ アイヌ民族支援（しえん）法
⑩ 異文化理解
⑪ 効率
⑫ 公正
⑬ 多数決
⑭ 核家族世帯
⑮ 男女共同参画社会基本法
⑯ 平等

第2章 人間の尊重と日本国憲法

第２章では，民主政治とはなにか，民主主義思想の成立などについて学ぶ。そして，日本の根本的なあり方を定めた日本国憲法を見ていこう。日本国憲法は，民主主義にのっとって，国民主権・基本的人権の尊重・平和主義を三本柱として掲げている。

Q. 憲法ではなにを定めているの？
➡ SECTION 2，3へ
Q. 人権が保障されたのはいつ？
➡ SECTION 1へ

民主政治と人権

ここでは，政治とは何か，国家とは何かを学習し，
民主主義の発達によって確立した民主政治の基本原理を押さえよう。
民主政治の発達に大きな影響(えいきょう)を与(あた)えた人権思想家についても学んでいこう。

1 民主政治における個人と国家

1 人間と政治

人間は，さまざまな集団や社会の中で生活している社会的存在である。社会を構成する人々の間には，意見や利害の対立が生じるので，その対立を調整して，社会秩序(ちつじょ)を形成し維持(いじ)する機能が必要となる。この利害調整の活動を**政治**という。一般(いっぱん)には，国や地方公共団体が行う政治を指す。政治には，社会を構成する人々の対立を解消し，従わせるために命令し強制する力が必要であり，この力が**政治権力**である。

2 政治と国家

近代以前の社会では，政治権力をもち，国家を支配していたのは国王など一部の特権階級の人々であり，ほかの多くの人々の意見は政治に反映されなかった。

しかし，人権という考え方が生まれ，人々が幸せな生活を送るためには，国民の意思に基づいた政治を行うべきであるという声が高まると，民主主義による政治を行う国家が誕生した。国家は政治権力を行使するにあたり，統治機構をつくるとともに，**法**を制定する。民主主義国家では，法に従って政治権力が行使されなければならないだけでなく，法の内容も人権の保障にかなっていることが求められる（**法の支配**）（→p.480）。

用語解説 

政治権力
すべての国民に対して決定を下し，強制力をもって服従させる力。立法権（法律をつくる権限）や行政権（法律に従い政治を行う権限）などがこれにあたる。

↑絶対王政のころのフランスを風刺した絵 貴族と聖職者が税を意味する石の上に乗って，平民に重い負担を負わせている。

(Erich Lessing/PPS通信社)

2 民主主義と民主政治

1 民主主義の目標とその実現

民主主義（democracy）とは，民衆による統治を意味する言葉である。民衆の自由な意思に従って政治を行おうとする原則で，**直接民主制**と**間接民主制**がある。

民主主義は，個人を尊重し，国民の自由や権利を保障することを目的とする。そのためには，国民全体の政治参加（直接民主制）が理想だが，多くの国では，国民が選挙で代表者を選んで政治に参加する間接民主制（議会制民主主義，代議制）がとられている（→p.508）。また，国民に選ばれた代表者（議員）が議会を通じて，国民の意思を政治に反映させるしくみを，**議会政治**という。

2 民主政治の基本原理

民主主義のもとで行われる政治を民主政治という。アメリカ合衆国大統領**リンカン（リンカーン）**の「人民の，人民による，人民のための政治」という言葉は，民主政治の基本原理を表したものとして知られている。

- **基本的人権の保障の原理**…基本的人権の保障こそが民主政治の根本目的である。基本的人権は，すべての人間が生まれながらにもっている，だれもうばうことのできない権利であり，現在は「人類普遍の原理」として，国際的にも広く保障されている。
- **国民主権の原理**…人権の保障という民主政治の根本目的を達成するためには，国民自身が国家権力を握って政治を行う国民主権の原理が求められる。
- **権力分立（三権分立）の原理**…国家権力を立法権・行政権・司法権に分散し，国家権力の濫用を防ぎ国民の自由と権利を守るためのしくみである。権力分立を具体化した各国の制度はさまざまで，アメリカ合衆国のように，可能な限り権力の分立を図る**大統**

KEY PERSON 

リンカン（リンカーン）
（1809～65年）

アメリカ合衆国第16代大統領。在任は1861～65年。1863年，南北戦争時ゲティスバーグで行った演説で，「人民の，人民による，人民のための政治を地上から絶滅させないため,……」と述べた。 (PPS通信社)

参考 

日本国憲法前文中にみられる民主政治の原理

「そもそも国政は，国民の厳粛な信託によるものであつて，その権威は国民に由来し，その権力は国民の代表者がこれを行使し，その福利は国民がこれを享受する。」この部分は，リンカン（リンカーン）の「人民の，人民による，人民のための政治」と同じ，民主政治の基本原理を表している。

領制や，日本やイギリスの**議院内閣制**（→p.516）のような立法府と行政府の融合型の場合がある。権力分立の理論は，ロックによって唱えられ，モンテスキューが著書**『法の精神』**の中で三権分立として確立した。フランス人権宣言が，権力分立を人権保障とともに憲法の不可欠の原理として宣言してから，各国が民主政治の基本原理として採用するようになった。

●**法の支配の原理**…国家の活動はすべて法に拘束され，法の内容も人権を保障するものであること。

用語解説

議院内閣制
権力分立であるが，内閣が議会（国会）の信任の上に成り立ち，議会に責任を負う。

参考

各国の権力分立
フランス，ロシア…大統領が首相を任命し，そのもとで内閣が組織される。
中国…議会である全国人民代表大会に権力が集中し，国家主席が選出される。

発展

法治主義
議会で定めた法律に基づいて，行政や裁判を行うしくみ。法の支配が法の内容も重視しているのに対し，法治主義は形式や手続きの適法性を重視する。

Episode

アメリカ合衆国の大統領制

大統領は，国家元首，軍の最高司令官，行政府の長で，国民の選挙で選ばれる。国民は，各州の大統領選挙人に投票し，選ばれた選挙人が大統領候補に投票するという間接選挙のしくみをとっている。大統領選挙人とは，民主党や共和党の大統領立候補者を推薦し，投票することを表明している人のことで，各州で最多得票となった政党が，その州すべての選挙人の投票権を獲得する。

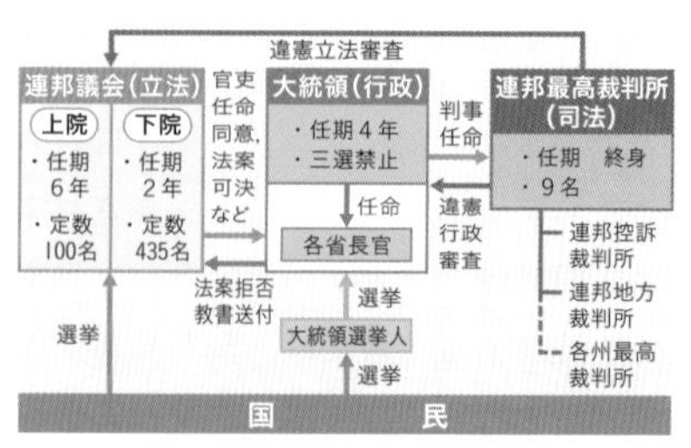

⬆アメリカの政治制度

大統領は国民の選挙で選ばれるため，議会の信任を必要としないが，議会に解散を命じる権限や，法案を提出する権限はない。議会の立法に対して大統領が反対の場合，１回に限り拒否権の発動が認められる。また，閣僚は議員であってはならないと定められている。連邦裁判所に属する司法権の独立性も高く，三権の抑制と均衡に重要な役割を果たしている。

3 啓蒙思想の発達

1 啓蒙思想家の出現

啓蒙思想とは，17〜18世紀のイギリスやフランスを中心に，権力が国王に集中した絶対王政を批判し，人々をそれまでの迷信と偏見から解放しようした思想である。ロック，ルソー，モンテスキューらの思想家が知られる。

2 ロック

イギリスの思想家**ロック**は著書『**統治二論**（**市民政府二論**）』で，すべての人間は生まれながら生命・自由・財産という自然権をもっており，自然権を守るため，人々は社会契約によって国家をつくったと考え（社会契約説），人民の代表者による議会政治を説いた。そして，自然権を守るという任務を果たさない政府に対して，人々は**抵抗権**（**革命権**）をもつと主張した。『統治二論』は，イギリスの名誉革命を理論的に正当化し，アメリカの独立やフランス革命に思想的根拠を与えた。基本的人権や権力の分立，民主政治を最初に明確にした思想家といえる。

3 ルソー

ロックの考えをさらに発展させて，徹底した人民主権論を主張したのがフランスの思想家**ルソー**である。

彼は，著書『**社会契約論**』で，自由・平等と幸福を実現するためには，人民は約束（契約）によって**人民主権**の政府をつくるほかはないと説いた。また，社会全体の利益を目指す全人民の意志（一般意志）による政治が行われるべきであり，すべての人民が直接政治に参加する直接民主制を主張した。彼の人民主権論・民主主義論は，フランス革命の理論的支柱となった。

用語解説

自然権
国家が定めた法律などによって保障された権利ではなく，国家の成立以前から人間が生まれながらもっている権利。

社会契約説
社会（国家）は，互いに自由・平等である個人の合意（約束ごと）で成立するという考え。

⬆ロック（1632〜1704年）

⬆ルソー（1712〜1778年）

4 モンテスキュー

権力分立の考えはロックによって説かれた。ロックは，立法権と行政権の分立と，立法権の行政権に対する優越を説いた。この主張を受け継ぎ，**三権分立**論に発展させたのが，フランスの思想家**モンテスキュー**である。

彼は著書『**法の精神**』で，**立法権・行政権・司法権**の三権の抑制と均衡（チェック＝アンド＝バランス）をはかることで，国家権力の濫用を防ぐことができるとした。

⬆モンテスキュー（1689～1755年）

4 人権思想の発達

1 イギリスの人権思想

イギリス国王ジョンは，重税を課すなど失政を重ねたため，1215年，貴族たちは国王にせまって，**マグナ＝カルタ**（大憲章）を認めさせ，王権を制限した。17世紀に入ると，王権神授説を唱えて専制政治を続けた国王チャールズ1世に対し，1628年，議会は**権利の請願**を提出し，議会の同意なしに課税したり，国民を不当に逮捕・投獄したりしないことを国王に求めた。しかし，国王はそれを無視したため，**ピューリタン（清教徒）革命**が起こった。これにより共和制が成立したが，その後王政が復活したため，議会派は1688年に国王を追放して，無血の**名誉革命**を成功させた。議会は『**権利の宣言**』をウィリアム3世に認めさせ，1689年にこれを『**権利の章典**』として制定した。『権利の章典』は，イギリス国民の自由と権利を保障し，議会の権限確立に重要な役割を果たした。

その後，18世紀には**議院内閣制**が成立し，議会政治が確立した。その結果『国王は君臨すれども統治せず』という原則が生まれた。

用語解説 

マグナ＝カルタ（大憲章）
貴族らがもっていた特権を国王に認めさせた文書。

王権神授説
国王の絶対的な支配権は神から授けられたものであり，国王の権力は不可侵であるという考え。

権利の章典
法律の制定や停止，課税などに関して，国王に議会の承認を必要とすることを認めさせたもの。イギリスの立憲政治の原点となるものである。

くわしく 

国王は君臨すれども統治せず
イギリス国王は存在するが政治は行わないという，イギリス議会政治の確立による国王の地位を表現した言葉。

2 アメリカの人権思想

北アメリカの東海岸には，1730年代までにイギリスの13の植民地が成立していた。植民地の経済は独自の発展をとげていたが，多くの負債をかかえた本国イギリスが植民地への課税と統治の強化をはかったため，本国との対立が深まった。そして1775年，植民地の人々は本国イギリスに対して独立戦争を起こし，翌年の1776年，**『アメリカ独立宣言』**を発表した。この宣言は，ロックの自然権の理論をもとに**基本的人権の尊重**と**国民主権**を主張し，植民地が連合して独立を決議するようになった理由を述べて，独立の正当性を理論づけている。

1777年には13の植民地が統合し，1783年にパリ条約で植民地の独立が承認された。その後，1787年に人民主権・連邦主義・三権分立を採用した**合衆国憲法**が制定され，1789年には，ワシントンを初代大統領とする連邦政府が成立した。

その後，南北戦争中の1863年，リンカン（リンカーン）大統領が奴隷解放を宣言し，形式的には人間の平等が実現した。

3 フランスの人権思想

絶対王政下のフランスでも，1789年，約170年ぶりに議会が開かれると，憲法制定を求める平民（市民）が国民議会を組織した。しかし，国王がこれに武力で圧力をかけようとしたため，パリの民衆はバスチーユ牢獄を襲って，**フランス革命**の火ぶたを切った。国民議会は革命のさなかに**『フランス人権宣言』**を発表し，基本的人権（自然権思想）・国民主権・所有権の不可侵など，革命の理念を明らかにした。

1791年には，立憲君主制の憲法が制定されたが，翌年には王政が廃止され共和政が始まった。

資料

われわれは，自明の真理として，すべての人々は平等につくられ，創造主によって，一定の奪いがたい生まれながらの権利を与えられ，その中に，生命・自由および幸福の追求が含まれていることを信じる。

（一部要約）

↑アメリカ独立宣言

第1条　人は生まれながらにして，自由・平等の権利をもっている。

第2条　政治上の結社のすべての目的は，自然で侵すことのできない権利を守ることにある。この権利とは，自由，財産，安全，および圧政への抵抗である。

第3条　あらゆる主権の根源は，本来，国民の中にある。

（一部要約）

↑フランス人権宣言

↑フランス人権宣言をえがいた板絵

(Album/PPS通信社)

4 人権思想の広がり

近代の人権で中心となったのは自由権や平等権であったが，19世紀の資本主義経済の発展に伴って社会の中での貧富の差が広がり，人間らしい生活の保障を要求する声が高まった。20世紀に入ると，各国で**普通選挙権**が認められた。また，第一次世界大戦で敗戦国となったドイツでは，1919年に**ワイマール憲法**が制定され，「人間に値する生存」（生存権）を保障するなどの**社会権**を規定した世界初の憲法となった。

第二次世界大戦後の1948年，国際連合で基本的人権の国際的規範を示した「**世界人権宣言**」が総会で採択され，1966年には，世界人権宣言を条約化した「**国際人権規約**」が採択された。現在，基本的人権の保障は世界共通の考えとなっている。

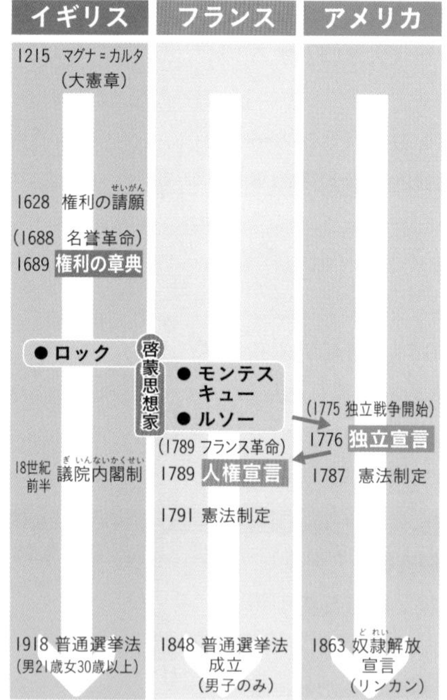

❶**民主政治の発達** イギリスで最も早く発達し，フランスやアメリカに影響を与えた。

資料

第151条 経済生活の秩序は，すべての人に人間に値する生存を保障する目的をもつ正義の諸原則にかなうものでなければならない。

❶**ワイマール憲法**

第1条 すべての人間は生れながらにして自由であり，かつ，尊厳と権利とについて平等である。人間は，理性と良心とを授けられており，互いに同胞の精神をもって行動しなければならない。

❶**世界人権宣言**

第2章 SECTION 2

日本国憲法の制定

国家の権力を統制して，私たちの人権を守っているのが憲法である。
日本国憲法も，国家権力を統制して人権を守ろうとしている。
日本国憲法がとっている基本原理を中心に，憲法について勉強していこう。

1 憲法と立憲主義

1 憲法の性格

主権の所在や政治のしくみなど，国の根本的なあり方を定めた法（国の根本法規）が**憲法**である。憲法は，国のすべての法の中で最上級の法（国の**最高法規**）であり，憲法に違反するすべての法律や命令などは無効となる。

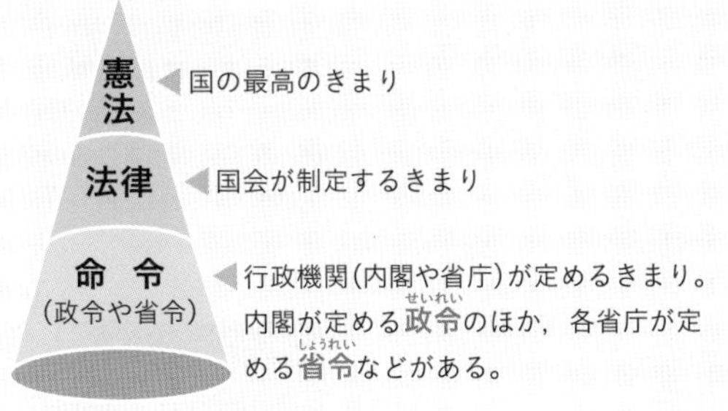

↑法の構成　上位の法になるほど強い効力をもち，下位の法が上位の法に反するときは無効となる。

2 立憲主義

国は，国が定めたルールに国民を従わせるために，強大な政治権力をもつ。そのため，国が政治権力を濫用すると，国民の権利が侵害される。憲法は，国民の権利を守るために，国の政治権力を制限するという性格をもつ。これを**立憲主義**といい，日本など多くの国で採用されている。

発展

憲法の種類

①成文憲法／不文憲法
文書化されている成文憲法と，文書化されていない不文憲法。イギリスは不文憲法の国で，個々の法典や政治上の慣習などが，憲法の役割を果たしている。

②欽定憲法／民定憲法
大日本帝国憲法のように，君主（天皇）が制定した欽定憲法と，日本国憲法のように，国民が制定した民定憲法。

③硬性憲法／軟性憲法
憲法改正の手続きが厳格な硬性憲法と，一般の法律と同様に改正できる軟性憲法。

くわしく

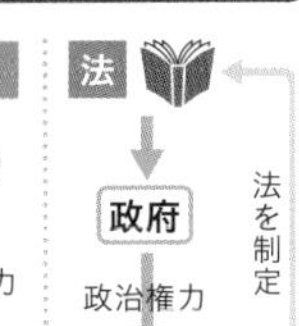

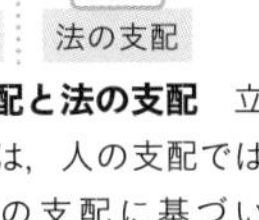

↑人の支配と法の支配　立憲主義では，人の支配ではなく，法の支配に基づいて，政治が行われる。

2 大日本帝国憲法

1 憲法制定の背景

自由民権運動の活発化で，国会開設と憲法制定の要求が高まり，明治政府は，1881年，憲法制定の基本方針を定め，10年後の国会開設を約束した。

その後，伊藤博文(いとうひろぶみ)らが君主権の強い**ドイツ（プロイセン）憲法**を中心に調査して，憲法草案が作成された。草案は，枢密院(すうみついん)での審議(しんぎ)・可決ののち，1889年２月11日，天皇が国民に与(あた)える形で発布され，1890年に施行(しこう)された。

2 大日本帝国憲法の基本原理

主権は天皇にあり，天皇は**神聖不可侵**(ふかしん)で，**国の元首**(げんしゅ)であると定められた。天皇は，議会などの関与なしに行使できる権限をもち，軍の統帥権(とうすいけん)（指揮統率権）も，天皇の権限とされた。

国民の権利は，「**臣民**(しんみん)（天皇の民(たみ)）の権利」として，法律の範囲(はんい)内でのみ認められた。

3 日本国憲法の制定

1 憲法制定の背景と理由

1945（昭和20）年８月，日本は**ポツダム宣言**を受け入れて連合国に降伏(こうふく)した。この宣言は，日本に民主的な政府をつくることを要求し，連合国軍最高司令官総司令部（GHQ(ジーエイチキュー)）は日本政府に憲法改正を指示した。

2 憲法改正の経過と成立

GHQの指示を受けて日本政府が提示した憲法改正草案は，大日本帝国憲法と大差のない民主化が不十分なものだったため，GHQはこれを拒否(きょひ)し，自らの改正草

用語解説

枢密院
1888年，大日本帝国(ていこく)憲法の草案を審議するために設けられた天皇の最高諮問(しもん)機関。

くわしく

臣民の権利
臣民の権利は，法律によって制限できるものであったため，治安警察法や治安維持(いじ)法が制定され，労働運動や社会主義運動は取りしまりの対象になった。

発展

大日本帝国憲法下の政治機構
天皇の立法権の協賛機関として，貴族院，衆議院の二院からなる帝国議会が，天皇の政治を助ける機関として内閣制度が設けられた。国務大臣は天皇が任免(にんめん)し，天皇に対して責任を負った。裁判は，天皇の名の下に裁判所が行い，裁判官は政府が任命した。

参考

日本の民主化を求めるポツダム宣言
ポツダム宣言には，日本への降伏の勧告(かんこく)と戦後の日本管理の基本方針が示されていた。その中で，まず日本が軍国主義を復活させないための諸条件を示し，さらに日本が民主主義国として発展していくうえで守らなければならない根本原則を示していた。

案を示した。政府はこれをもとに憲法改正案を作成した。

新憲法の制定は，大日本帝国憲法を改正する形式をとり，改正案は衆議院と貴族院で修正可決されたのち，**日本国憲法**として**1946（昭和21）年11月3日**に公布され，**1947（昭和22）年5月3日**から施行された。

4 日本国憲法の基本原理

1 日本国憲法の基本原理

日本国憲法は，**国民主権・基本的人権の尊重・平和主義**の3つを基本原理としている。

国民主権（主権在民）とは，**国の政治のあり方を決定する最終的な権限（主権）が国民にある**ということである。日本国憲法は前文で「……，ここに主権が国民に存することを宣言し，この憲法を確定する。」とうたっており，国民主権の原理を宣言している。

これまで主権者であった天皇は，日本国と日本国民統合の「**象徴**」となった。

基本的人権とは，人間が生まれながらにしてもっている権利であり，日本国憲法は，**永久・不可侵の権利**であると位置づけて，自由権・平等権・社会権などの諸権利を保障している。

大日本帝国憲法		日本国憲法
欽定・硬性・成文憲法	性格	民定・硬性・成文憲法
天皇	主権者	国民
神聖不可侵	天皇	象徴天皇
法律の範囲内で自由や権利を認める	国民の権利	基本的人権は永久･不可侵
天皇の協賛機関	国会	国権の最高機関，唯一の立法機関
天皇を助けて政治を行う	内閣	議院内閣制
天皇の名において裁判	裁判所	違憲立法審査権がある

⬆日本国憲法と大日本帝国憲法の比較

日本の政治		
国民による政治	国民のための政治	国際協調
国民主権	基本的人権の尊重	平和主義
日本国憲法		

⬆日本国憲法の基本原理

資料 

日本国民は，正当に選挙された国会における代表者を通じて行動し，われらとわれらの子孫のために，諸国民との協和による成果と，わが国全土にわたつて自由のもたらす恵沢を確保し，政府の行為によつて再び戦争の惨禍が起ることのないやうにすることを決意し，ここに主権が国民に存することを宣言し，この憲法を確定する。（一部）

⬆**日本国憲法の前文** 日本国憲法の基本原理や理想が述べられ，それらを国民が達成するという決意が宣言されている。

平和主義とは，国際協調によって，世界平和を維持しようとする考えで，日本国憲法は，前文で国際協調主義を打ち出し，さらに**第９条**で戦争の放棄，戦力の不保持，交戦権の否認を明確に定めている。

2 憲法の改正

憲法改正は，国の政治の根本に関わるため，その手続きは厳格（硬性憲法）であり，基本原理（国民主権，基本的人権の尊重，平和主義）は改正できないとするのが一般的である。憲法改正の手続きは，次の手順で行われる。

❶**内閣や国会議員による発案**…内閣または国会議員が，憲法改正案を国会に提出する。

❷**国会の発議**…各議院の総議員の３分の２以上の賛成で憲法改正の発議を行う。衆議院の優越はなく，両議院の議決がなければ発議できない。

❸**国民の承認**…国民投票によって有効投票の過半数の賛成を得たときに承認される。

❹**天皇の公布**…天皇が国民の名で公布する。公布には内閣の助言と承認が必要である。

憲法は国のあり方を決める根本法規であるため，その改正は論議を重ね，慎重に行わなければならない。また，主権者である国民の意思を直接に反映するよう，憲法改正の手続きには国民投票が採用されている。

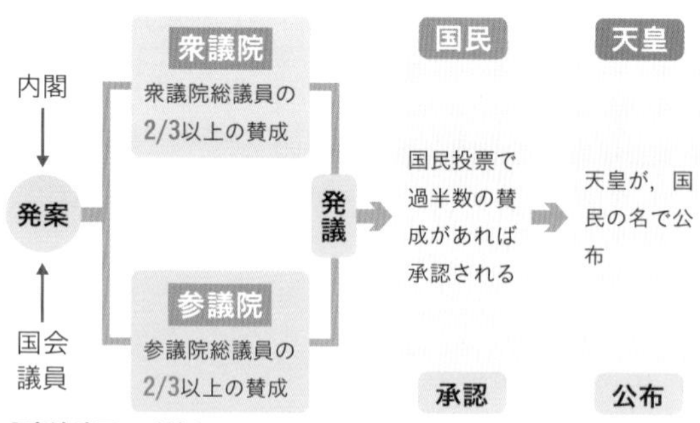

⬆憲法改正の手続き

ミス注意

表決の規定のちがい

法律は「出席議員の過半数」の賛成で成立するが，憲法改正の発議は，「各議院の総議員の３分の２以上」の多数で議決することが定められている。

くわしく

国民投票法の制定

2007年５月，憲法改正の国民投票に関する手続きを定めるとともに，憲法改正の発議に係る手続きの整備を行うことを目的に制定され，2010年から施行された。正式には「日本国憲法の改正手続に関する法律」という。

参考

憲法審査会

国民投票法の制定を受けて，2007年に，憲法改正原案や，憲法改正の発議などについて論議する憲法審査会が衆参両議院に設置された。

第2章 SECTION 3

日本国憲法の原理

日本国憲法は，国民主権の原理を採用し，基本的人権を保障している。
また，戦争と戦前の軍国主義を反省して，戦争の放棄(ほうき)を定め，平和を強く求めている。
これらの日本国憲法の原理を，詳(くわ)しく学習しよう。

1 国民主権

1 国民主権の宣言

国民主権とは，国の政治のあり方を決定する最終的な権限（主権）が国民にあることをいう。

日本国憲法は，前文で「……，ここに**主権が国民に存する**ことを宣言し，……」，第１条で「……**主権の存する日本国民**……」と明記している。

2 国民主権に基づく政治のしくみ

日本国憲法は前文で，国民は「……国会における代表者を通じて行動し……」と定め，主権者である国民が，代表者を選ぶことで政治に参加する**間接民主制**（議会制民主主義，代議制）を採用して，国民主権を実現することを宣言している。

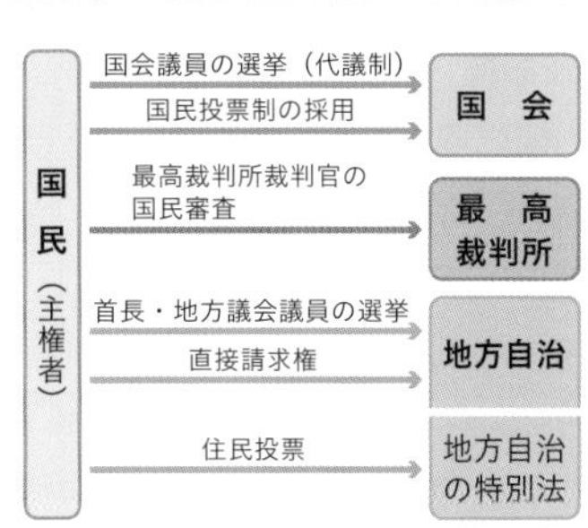

↑国民主権の政治のしくみ

また，主権者はあくまで国民であるため，国民自身が直接に意思表示できるように，最高裁判所裁判官の**国民審査**(しんさ)，憲法改正の**国民投票**，地方自治での**直接請求権**(せいきゅう)などの直接民主制も採用されている。

参考

使い方で異なる主権の意味

主権は，主に３つの意味に用いられる。
１つ目は，国民主権などの国の政治のあり方を決定する最終的な権限という意味。
２つ目は，主権国家などの対外的独立性を示す意味。
３つ目は，統治権など，国家権力そのものという意味。

2 天皇の地位とはたらき

1 象徴としての天皇

日本国憲法第１条は，「天皇は，日本国の象徴であり日本国民統合の象徴であつて，この地位は，主権の存する日本国民の総意に基く。」とあるように，天皇が日本国と日本国民統合の「**象徴**」であると定めている。また，憲法第４条では，天皇は国事に関する行為（**国事行為**）のみを行い，国政に関する権限はもたないと定め，第３条では，国事行為は**内閣の助言と承認**に基づいて行われ，その責任は内閣が負うと定めている。

2 天皇の仕事

天皇は，内閣の助言と承認に基づいて，以下の行為を行う。これらの行為はすべて形式的・儀礼的なものであり，天皇は，政治に介入する行為を行うことはできない。

❶憲法第６条に定める天皇の任命権

- 国会の指名に基づいて，内閣総理大臣を任命する。
- 内閣の指名に基づいて，最高裁判所長官を任命する。

❷憲法第７条に定める天皇の国事行為

- 憲法改正，法律，政令，条約を公布する。
- 国会を召集する。
- 衆議院を解散する。
- 国会議員の総選挙の施行を公示する。
- 国務大臣，法律の定める公務員の任免や全権委任状，大使・公使の信任状を認証する。
- 文化勲章などの栄典を授与する。
- そのほか，外国の大使・公使の接受や恩赦の認証，批准書や外交文書の認証，儀式を行う。

また，国事行為以外に，国会の開会式での「お言葉」，外国や被災地への訪問などの公的行為を行う。

くわしく 

象徴
日本国憲法第１条で示された象徴としての天皇の地位。ここでいう象徴とは，目で見えないものを具体的に表す（連想させる）立場にあることを意味する。

資料 

天皇の国事に関するすべての行為には，内閣の助言と承認を必要とし，内閣が，その責任を負ふ。

⬆日本国憲法第３条

用語解説 

恩赦
裁判所の決定した刑の効力の全部または一部を失わせること。内閣が決定し，天皇の認証により行われる。

批准書
条約を国家が最終確認したことを示す文書。

⬆国会でお言葉を述べる天皇 （時事）

③ 基本的人権の尊重と国民の義務

1 基本的人権の性格と種類

基本的人権は，人間の生活の上で欠くことのできない権利であり，生まれながらにして誰もが当然もっている権利である。日本国憲法では基本的人権を，現在および将来の国民に与えられる永久・不可侵の権利と定めている。

基本的人権の保障の根本には，一人ひとりの人間をかけがえのないものとして扱うという**個人の尊重**の原理がある（憲法第13条）。また，特定の人を不平等に扱うことは個人の尊重を損なうことになるため，個人の尊重は法の下の平等（憲法第14条）などの平等権とも深く結び付いた原理であり，個人の尊重と平等権は，基本的人権の土台となっている。

日本国憲法では，基本的人権として，**自由権**，**平等権**，**社会権**のほか，基本的人権を守るための権利として，**参政権**や**請求権**を保障している。国民には，これらの基本的人権を保持するために**不断の努力**が求められる（憲法第12条）。

このような人権はすべての人々に保障されるのであり，当然，子どもにも保障される。国際連合では，1989年に**「子ども（児童）の権利条約」**を採択し，日本も1994年に批准している。

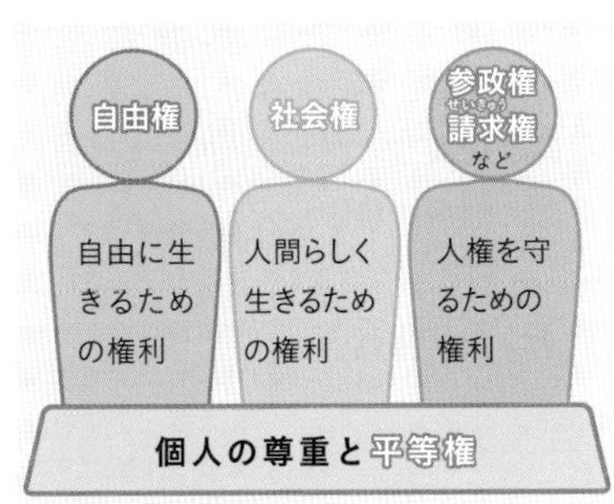

⬆基本的人権の構成

資料 

第11条　国民は，すべての基本的人権の享有を妨げられない。この憲法が国民に保障する基本的人権は，侵すことのできない永久の権利として，現在及び将来の国民に与へられる。

第12条　この憲法が国民に保障する自由及び権利は，国民の不断の努力によつて，これを保持しなければならない。又，国民は，これを濫用してはならないのであつて，常に公共の福祉のためにこれを利用する責任を負ふ。

第13条　すべて国民は，個人として尊重される。生命，自由及び幸福追求に対する国民の権利については，公共の福祉に反しない限り，立法その他の国政の上で，最大の尊重を必要とする。

第14条①　すべて国民は，法の下に平等であつて，……差別されない。

⬆日本国憲法第11～14条

2 人権の制限

私たちは，等しく人権が保障されているからといって好き勝手なことをしてもよいというわけではない。自由である，ということで大勢の人々が勝手な行動をすれば，社会生活は成り立たなくなってしまう。

日本国憲法は，国民の権利は，**公共の福祉に反しない限り，最大限に尊重される**（憲法第13条）とし，国民に対して権利の濫用をいましめ，**公共の福祉**のために利用する責任があることを明らかにしている（憲法第12条）。人権は，ほかの人の人権を侵害してはならず，社会の共同生活のために制限されることがあるということである。

表現の自由	他人の名誉を傷つける行為の禁止（刑法） わいせつ物の流布・販売・陳列の禁止（刑法）
集会・結社の自由	政治団体の届出（政治資金規正法） デモの規制（公安条例）
経済活動の自由	企業の価格・生産量などの協定の禁止（独占禁止法） 資格をもたない者の営業禁止（医師法など）
労働基本権	公務員のストライキの禁止 （国家公務員法，地方公務員法）
財産権の保障	不備な建築の禁止（建築基準法）

↑公共の福祉に基づく人権の制限の例

3 国民の義務

日本国憲法は，国民に対してさまざまな権利を保障する一方で，国民生活を国民全員で支え合うためになすべき３つの義務を定めている。

❶**普通教育を受けさせる義務**（第26条）…国民は，保護する子どもに普通教育を受けさせる義務を負う。

❷**勤労の義務**（第27条）…すべての国民は，勤労の権利を有し，義務を負う。

❸**納税の義務**（第30条）…国民は，国や地方公共団体に租税（税金）を納める義務を負う。

用語解説 

公共の福祉
一般的には，個人の利益に対して，「社会全体の幸福・利益」のことをいう。人権と人権が衝突したときには，社会全体の利益を考慮して，自由や権利を互いに尊重し，調整していくことが必要となる。

資料 

第26条② すべて国民は，法律の定めるところにより，その保護する子女に普通教育を受けさせる義務を負ふ。義務教育は，これを無償とする。

第27条① すべて国民は，勤労の権利を有し，義務を負ふ。

第30条 国民は，法律の定めるところにより，納税の義務を負ふ。

↑３つの義務を定めた日本国憲法の条文

用語解説 

普通教育
専門的，特殊な教育ではなく，国民が一般に受けるべき基礎的な教育。

義務教育
国民が子どもに必ず受けさせなければならない普通教育。わが国では学校教育法により，小学校６年間と中学校３年間の９年間が義務教育期間と定められている。

4 平等な扱いを受ける権利（平等権）

1 平等権の意味と種類

平等権とは，差別を受けずに，誰もが等しく同じ扱いを受ける権利で，基本的人権の基礎になる権利である。日本国憲法は，「すべて国民は，個人として尊重される。……」（第13条）として，国民はすべて平等に扱われると規定している。

2 法の下の平等（第14条）

憲法第14条は，「すべて国民は，**法の下に平等**であ(っ)て，人種，信条，性別，社会的身分又は門地により，政治的，経済的又は社会的関係において，差別されない。」と規定する。また，華族などの貴族制度を認めないと規定している。

3 両性の本質的平等（第24条）

大日本帝国憲法の下では，政治・経済・社会・生活において，女性に不利な制度が多くみられた。

これに対して，日本国憲法は第24条で，婚姻・財産の管理，相続方法などに関して**男女同権**であると規定している。

❶ **婚姻と夫婦**…婚姻は，**両性（男女）の合意**のみに基づいて成立し，夫婦が同等の権利をもつ。

❷ **個人の尊厳と両性の平等**…家族に関する法律は，個人の尊厳と両性の本質的平等に基づいて制定される。

日本国憲法は，そのほかに，政治上の平等として，成年者による普通選挙を保障（第15条）し，国会議員及びその選挙人の資格について，人種・信条・性別・財産などによる差別を禁止（第44条）している。

用語解説 

信条
宗教上の信仰や政治上の信念のこと。いわゆる人生観・世界観なども日本国憲法でいう信条にあたる。

門地
家がらや血統など，生まれながらにして社会的地位が決定するような条件のこと。明治時代に定められた華族・士族・平民などはこれにあたる。

5 共生社会を目指して

1 女性差別とその対策

今日，憲法や法律上は男女平等が実現しているが，「男は外で働き，女は家で家事・育児」という性別役割分担の考えが完全になくなったとはいえない。

このような中で，男女平等へ向けて，1985年には採用や賃金などでの女性差別を禁じた**男女雇用機会均等法**が制定され，1995年には**育児・介護休業法**が制定された。1999年には，男女の区別なく，個人としての能力をいかせる社会づくりを目指す**男女共同参画社会基本法**が制定された。今後も，家事や育児についての男性の意識改革，法律のさらなる整備などにより男女平等の実現を目指すことが必要である。

また，近年はLGBTと呼ばれる性的少数者の人々の権利を尊重し，差別をなくそうとする取り組みも活発になってきている。

2 民族差別の解消

❶ **アイヌ民族差別**…アイヌ民族は，主に北海道に先住し，独自の言葉と文化をもち，歴史を築いていた。しかし，明治政府は，北海道の開拓にあたり，アイヌの人々の土地をうばい，アイヌ文化を否定した。このため，アイヌ民族への差別や偏見が生まれていた。しかし，1997年の**アイヌ文化振興法**の成立，2008年の国会での「アイヌ民族を先住民族とすることを求める決議」，2019年の**アイヌ施策推進法**の成立など，差別解消への歩みが進んでいる。

❷ **在日韓国・朝鮮人差別**…日本には約48万人（2018年末）の在日韓国・朝鮮人が住んでいるが，これらの人々の中には，第二次世界大戦中を中心に，日本が植民地とした朝鮮から連れてこられた人々や，その子孫も少なくない。現在，日本に住む外国人は選挙

データFILE

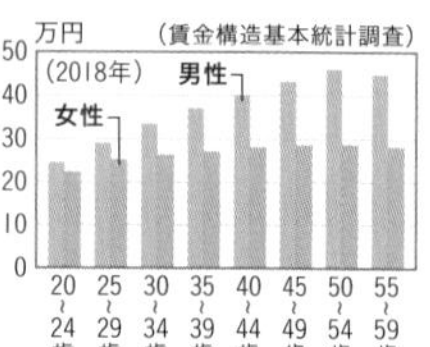

❶男女の賃金格差

参考

男女雇用機会均等法

1979年に国際連合で，女子差別撤廃条約が採択されたことを受けて制定された。

育児・介護休業法

男女の労働者が，育児や家族の介護のための休業をとることを認めた法律。1991年に育児休業法として制定されたものが，1995年に介護休業も含んで制定された。

LGBT

Lesbian（女性の同性愛者），Gay（男性の同性愛者），Bisexual（両性愛者），Transgender（心と身体の性が一致しない人）の頭文字をとった言葉。

用語解説

アイヌ文化振興法とアイヌ施策推進法

アイヌ文化振興法では，アイヌを先住民族とは認めず，支援の内容も文化面に限られた。アイヌ施策推進法は法律上初めて先住民族と認め，アイヌの人々の権利を守ろうとするものである。

権や公務員になる権利が制限されている。そのほかにも不当な偏見などがあり，解決が求められている。

3 部落差別からの解放

江戸時代に「えた・ひにん」という差別された身分は，明治時代に法律で廃止され，制度上は身分差別がなくなった。しかし，政府の差別解消政策がほとんどなかったため，就職や結婚などでの差別が続いた。

政府は1965年に同和対策審議会の答申を受けて，「部落差別をなくすことは国の責務であり，国民的な課題である。」と宣言した。これを受けて，被差別部落の人々の生活改善や，差別をなくすための人権教育などが行われてきた。2000年に人権教育・啓発推進法，2016年に部落差別解消推進法が制定されるなど，さまざまな取り組みが行われている。

4 障がいのある人々とともに

障がいのある人が，教育を受ける機会や働く機会を得ようとすると，不利に扱われることがある。

障がいのある人もない人も，社会の中でともに生活するという**ノーマライゼーション**の考え方に立ち，その実現が強く求められている。そのためには，段差などの障壁をなくす**バリアフリー**の推進や，誰もが使用しやすいように工夫された**ユニバーサルデザイン**の製品などの普及が必要である。1993年には，障がいのある人を支援するための**障害者基本法**が制定され，2013年には，行政機関や事業者が障がいを理由に差別することを禁止した**障害者差別解消法**が制定された。

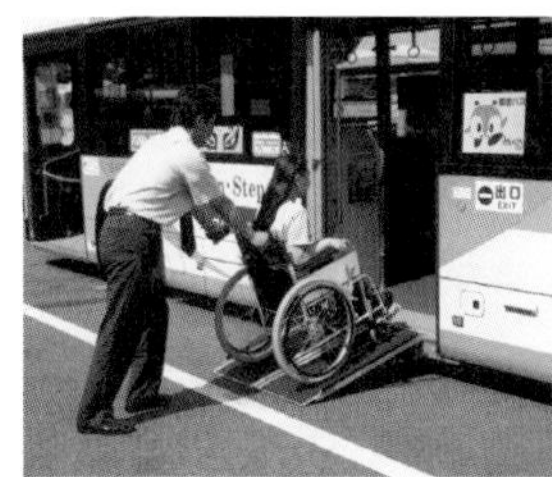

↑床が低く設計されたノンステップバス　（時事通信フォト）

参考

全国水平社

差別からの解放を目指して，1922年に結成された組織。「人の世に熱あれ，人間に光あれ」という水平社宣言を発表した。（→p.415）

くわしく

人権擁護の取り組み

基本的人権が侵されないように，また侵された場合には，適切な救済措置がとれるように，市(区)町村には人権擁護委員が設置されている。

人権擁護委員は，人権思想の普及，人権侵犯事件の調査・情報収集などを行っている。

また，法務省には，人権擁護局が設置されており，人権擁護活動の中心的な機関となっている。

くわしく

ユニバーサルデザイン

障がいのある人への対策や対応だけを目指したものではなく，誰もが使いやすい施設・製品・環境に配慮したものをデザインするという考え方。

下の写真は，利き手と反対の手や，ふだん箸を使わない人にも使いやすくなっている。

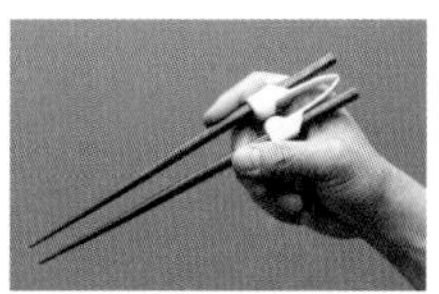

（時事通信フォト）

❻ 自由に生きる権利（自由権）

1 自由権の意味と種類

自由権とは，国から不当な制約を受けず，自由に行動する権利のことで，基本的人権の歴史の中でもっとも早く確立した権利である。日本国憲法は，身体の自由，精神の自由，経済活動の自由を保障している。

2 身体の自由

生命が不当にうばわれず，身体が不当に拘束を受けない自由のことであり，日本国憲法は，奴隷的拘束や苦役からの自由のほか，被疑者や被告人などの権利も保障している（→p.527）。

❶ **奴隷的拘束及び苦役からの自由**（第18条）…どのような場合も奴隷的拘束を受けず，犯罪により処罰される場合のほかは，苦役に服させられない。

❷ **法定手続きの保障**（第31条）…法律に定める適正な手続きによらなければ，生命，自由をうばわれたり，刑罰を科せられたりしない。

❸ **逮捕・拘禁などに対する保障**（第33～35条）…現行犯を除いては，裁判官が発行する令状によらなければ逮捕されない。また，正当な理由がなければ抑留・拘禁されない。

3 精神の自由

人間の内面の自由と，それを外に表明する自由のことである。

❶ **思想・良心の自由**（第19条）…個人のいかなる考えも，また，自分の良心に従ったどのような道徳的判断をするのも自由である。

❷ **信教の自由**（第20条）…どのような宗教を信仰するのも，また，信仰しないのも自由であり，いかなる宗教上の行為も強制されない。

用語解説 

苦役
肉体的，精神的な苦痛を受ける労働のこと。本人の意思に反する強制労働や苛酷な労働は，苦役にあたる。

抑留・拘禁
身体の自由をうばって拘束すること。抑留は一時的なもの，拘禁は比較的長い間の拘束と解釈されている。

参考 

死刑制度
国際的な死刑廃止の流れの中で，最高裁判所の「残虐刑ではない」という判決もあり，日本では死刑制度が存続している。

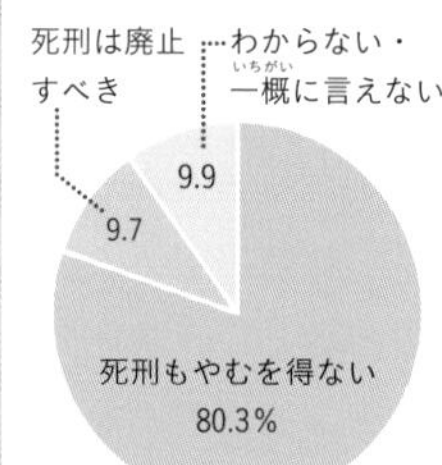

（2014年）
※合計が100%になるよう調整していない。
（内閣府「基本的法制度に関する調査」）

⬆死刑制度についての世論調査

発展 

政教分離
国と宗教の分離を意味する言葉で，国はいかなる宗教的活動にも支援などをしてはならないという原則。憲法でも定められている。

❸**表現の自由**（第21条）…出版物やテレビなど，あらゆる手段で自分の意見や感情などを表現する自由。また，共通の目的のもとに人々が集合したり，団体を結成したりする集会・結社の自由もある。

❹**通信の秘密**（第21条）…手紙・電話・電子メールなど，すべての通信の秘密は侵害してはならない。

❺**学問の自由**（第23条）…学問研究・発表など真理の探究は自由である。

4 経済活動の自由

人々の自由な経済活動を保障したものであるが，ほかの自由権よりも，公共の福祉による制限が広く認められている。

❶**居住・移転・職業選択の自由**（第22条）…公共の福祉に反しない限り，住みたいところに住み，自由に移転できる自由や，自分の就きたい職業を自分で選べる自由が保障されている。

❷**財産権の不可侵**（第29条）…自分の財産をもち，それを自由に利用・処分する権利（財産権）は，公の権力が侵すことはできない。ただし，公共の福祉のために，独占禁止法などの法律で制限したり，正当な補償の下，土地を収用して公共のために用いたりすることができる。

参考

通信傍受法
2000年から施行された法律。犯罪の捜査・予防のために，電話や電子メールなどの通信を，裁判官の令状に基づいて，警察などが傍受できる。「盗聴法」ともいわれ，プライバシーとの関連などで問題点が指摘されている。

（時事通信フォト）

↑隣り合う薬局　過当競争が起こると薬局が不良薬品を販売する恐れがあるとして，かつては薬事法（現在の医薬品医療機器等法にあたる）により，ほかの薬局と隣り合わないよう，距離制限が設けられていた。しかし，1975年に最高裁判所が，距離制限は職業選択の自由に違反するという判決を下し，廃止された。

思考力UP

Q. 誰かの私生活を小説に書いても大丈夫？

Hint　小説を書くことは表現の自由として保障されている。では，他人の私生活を勝手に小説に書くことも保障されるだろうか。

A. プライバシーの侵害にあたり，保障されない場合もある。

三島由紀夫が書いた『宴のあと』という小説は，元外務大臣の私生活を暴くものであった。裁判所はプライバシーの権利（→p.501）を認め，知られたくない事実を公開し，本人が不快を感じるなどの場合は，プライバシーの侵害にあたるとし，作者と出版社に損害賠償の支払いを命じた。

7 人間らしい生活を送る権利(社会権)

1 生存権と教育を受ける権利

日本国憲法は，**社会権**として，**生存権**，**教育を受ける権利**，**勤労の権利**，**労働基本権**（労働三権）を保障している。社会権は，資本主義社会の発達によって，生まれた権利であり，1919年に制定されたドイツの**ワイマール憲法**（→p.484）で初めて保障された。

社会権の中で基礎(きそ)となるのが**生存権**であり，日本国憲法は，**第25条**で「**すべて国民は，健康で文化的な最低限度の生活を営む権利を有する。**」と定めている。そのため，国は，**生活保護法**などの法律を定め，年金・医療(いりょう)などの社会保障制度を整えている。

教育を受ける権利については，憲法第26条で能力に応じて等しく教育を受ける権利を保障し，この規定に基づいて，**教育基本法**は教育の機会均等を定めている。

2 勤労の権利と労働基本権

勤労の権利は，働く意思と能力をもつ人が，国に対して就労の機会が得られるよう求める権利である。

また，労働者は，一般(いっぱん)的に使用者よりも弱い立場にあるため，憲法第28条で，次の**労働基本権**（労働三権）を保障している。

❶**団結権**…労働者が，地位の向上や生活の維持(いじ)・改善を目指して労働組合を結成する権利。

❷**団体交渉(こうしょう)権**…労働組合が，使用者側と賃金そのほかの労働条件などについて交渉する権利。

❸**団体行動権**（争議権）…団体交渉がうまくいかない場合，要求を通すために労働者がストライキなどの争議行為(こうい)を行う権利。

労働者のこれらの権利を保障するため，**労働組合法**，**労働基準法**，**労働関係調整法**の**労働三法**（→p.559）が定められている。

なぜ？ 

社会権の登場

19世紀以降の資本主義の発達により，国民の間に貧富の差が拡大した。このため，人々の間に，人間らしい生活の保障を国に求める生存権（社会権）が登場することになった。

資料 

第27条① すべて国民は，勤労の権利を有し，義務を負(う)ふ。
第28条 勤労者の団結する権利及(およ)び団体交渉その他の団体行動をする権利は，これを保障する。

↑勤労の権利と労働基本権を定めた憲法の条文

↑ストライキ決行を発表するプロ野球選手 2004年に，2日間，プロ野球選手がストライキを行った。

（写真提供：共同通信社）

8 人権を守るための権利(参政権・請求権)

1 参政権

参政権とは，国民が政治に参加する権利のことをいい，憲法および法律は，次の権利を定めている。

❶ **公務員を選定し，罷免する権利**（第15条など）…国民が代表者を選挙する**選挙権**が，満18歳以上のすべての国民に与えられている。また，代表者として国民に選挙される権利である**被選挙権**や最高裁判所裁判官の国民審査権，地方自治での直接請求権なども認められている。

❷ **請願権**（第16条）…損害の救済，公務員の罷免，法律・命令・規則の制定などに関して，国や地方公共団体の機関に要望を述べる権利。

❸ **立法に関する承認権**（第95・96条）…憲法改正の際の国民投票権や，特定の地方公共団体にのみ適用される特別法に賛否を表明する住民投票権をもつ。

2 請求権

請求権とは，基本的人権が侵害された場合に，その救済を求める権利をいう。裁判を受ける権利（裁判請求権）や国家（損害）賠償請求権，刑事補償請求権などが憲法に定められている。

❶ **裁判請求権**（第32条）…誰でも裁判所において裁判を受ける権利をもっている。また刑事事件の被告人は，公平で迅速な公開裁判を受ける権利をもっている（第37条）。

❷ **国家（損害）賠償請求権**（第17条）…公務員の不法行為で損害を受けたときは，その損害の賠償を国や地方公共団体に請求できる。

❸ **刑事補償請求権**（第40条）…犯罪の疑いで身柄を抑留または拘禁され，その後の裁判で無罪判決が出たときは，国に対してその補償を請求できる。

⬆選挙権の行使（時事通信フォト）

用語解説

罷免

公務員や議員など，公職にある者を辞めさせること。

参考

被選挙権の年齢

参議院議員と知事の被選挙権の年齢は満30歳以上，衆議院議員や市（区）町村長，地方議会議員の被選挙権の年齢は満25歳以上である。

わが国の近代的選挙は，1890（明治23）年から行われたが，このときの被選挙権は，満30歳以上の男子で，直接国税を年に15円以上納める者に限られた。

9 新しい人権の登場

1 新しい人権

日本国憲法制定以後，工業化や情報化の進展によって社会が急激に変化した。それに伴って，憲法には明確に規定されていない「新しい人権」が，憲法第13条の**幸福追求権**，第25条の**生存権**などを根拠に主張されるようになった。

2 環境権

環境権とは，健康で快適な生活環境を求める権利のことであり，1960年代以降，公害による被害が続出する中で，憲法第13条の**幸福追求権**，第25条の**生存権**を根拠として主張されるようになった（→p.498）。住居への日当たりを求める**日照権**も環境権の一つである。

現在では，地域開発など大規模な工事による環境破壊を防ぐために，開発事業者が事前に環境への影響を調査する**環境アセスメント**（**環境影響評価**）も行われている。また，地球環境問題に対する国際協調や将来への環境保全に向けて，**環境基本法**を定め，環境行政を総合的に進めている（→p.587）。

3 知る権利

国民が政治に参加するためには，国や地方公共団体がもつ情報を入手する必要がある。そこで，これらの情報を入手する権利として，**知る権利**が主張されるようになった。これにより，多くの地方公共団体は**情報公開条例**を，国は**情報公開法**を制定している。

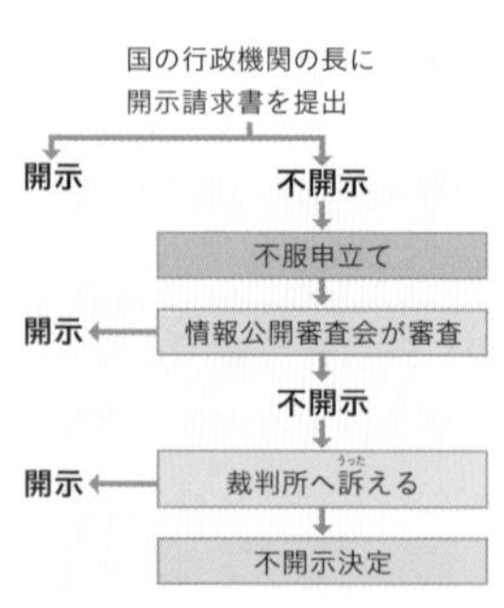

⬆国の情報公開制度のしくみ

（時事通信フォト）

⬆日照権に配慮した建物
周囲の建物の日当たりを確保するために，上層階が斜めに設計されている。

参考

環境アセスメント法
1997年に成立した，大規模な開発事業の前に，環境への影響を調査し，住民への説明を義務づけた法律。

くわしく

情報公開条例と情報公開法
地方公共団体は情報公開条例を，国は情報公開法を定めて，行政機関が保有する情報を人々の請求に応じて開示している。

特定秘密保護法
2013年に成立した，外交やテロ防止などで「特定秘密」とされた情報を漏らすことを禁じた法律。「知る権利」が侵される疑念があるなど，問題点も多い。

4 プライバシーの権利

高度な情報社会の今日，個人の情報が知らない間に広まり，利用される恐れが増えている。そのため，幸福追求権などを根拠に，個人の情報を勝手に公開されない権利として**プライバシーの権利**が主張されるようになった。2005年から，国や行政機関，民間企業に対し，個人情報の慎重な管理を求めた**個人情報保護法**が施行され，その後ＩＴ技術の急速な進歩に対応すべく，2015年に改正された。

5 自己決定権

自己決定権とは，個人が自分の生き方などについて自由に決定する権利のことである。医師が治療方法などを患者に十分に説明し，患者が納得して自ら決定するという**インフォームド＝コンセント**，死後に自分の臓器を提供することについて意思表明をする**臓器提供意思表示カード**もこの自己決定権に関わるものである。

10 国際社会と人権

1 国際的な人権保障の広がり

1948年に国際連合は，基本的人権の国際的規範として**世界人権宣言**を総会で採択した。1965年には人種差別の撤廃を目指し**人種差別撤廃条約**を，1966年には，世界人権宣言に法的拘束力をもたせるため，**国際人権規約**を採択した。1979年には男女差別の撤廃を目指した**女子差別撤廃条約**を，1989年には，子どもの人権の国際的な保障を目指して**子ども（児童）の権利条約**を，2006年には障がいのある人の権利を保障する**障害者権利条約**を採択した。また，国際連合や各国だけでなく，**アムネスティ＝インターナショナル**などの**非政府組織（NGO）**が果たす役割も大きくなっている。

参考

肖像権
個人を特定できる写真などを勝手に撮影されたり，公表されたりしない権利。プライバシーの権利の一つとして守られる。

（時事）

⬆臓器提供意思表示カード（ドナーカード）

用語解説 

アムネスティ＝インターナショナル
ロンドンに本部を置き，1961年から活動しているNGO。人権擁護運動の国際的な組織。政治，宗教，人権問題などで拘束されている人々の釈放や死刑廃止を求める活動などを行っている。1977年にノーベル平和賞を受賞した。

NGO（非政府組織）
平和や環境，人権問題などへの取り組みを行う民間団体。アムネスティ＝インターナショナルや国境なき医師団などがある。

11 日本の平和主義と安全保障

1 平和主義

憲法前文は「日本国民は，恒久の平和を念願し，……平和を愛する諸国民の公正と信義に信頼して，われらの安全と生存を保持しようと決意した。」と，**国際協調主義**・**平和主義**を明らかにしている。

これを受けて憲法**第９条**は，国権の発動としての戦争と武力による威嚇または，武力の行使は，国際紛争を解決する手段としては永久に放棄するとして，**戦争の放棄**を定めている。この目的を達するため，陸海空軍その他の戦力を保持しないこと，国が他国と戦いを交える権利（交戦権）を認めないことも定めている。

また，平和主義を実現するために，日本は，**核兵器を「持たず，つくらず，持ちこませず」**の**非核三原則**をかかげている。

2 自衛隊と憲法第９条

1950年に朝鮮戦争が始まると，在日アメリカ軍が朝鮮に出動したあとの軍事的な空白を埋めるため，日本を占領・統治していたGHQ（連合国軍最高司令官総司令部）の指令により**警察予備隊**が創設された。1952年に，警察予備隊は**保安隊**に改編され，さらに1954年に**自衛隊**に改編された。

自衛隊は，陸上自衛隊，海上自衛隊，航空自衛隊からなり，日本の防衛を主な任務としている。ほかに，治安維持，災害派遣，海上警備などの任務がある。

自衛隊が憲法第９条に違反するかどうか，長い間論議されてきた。現在の日本政府は，「陸海空軍その他の戦力の保持は憲法上許されないが，自衛のための必要最小限の実力は憲法で禁じる戦力にあたらない」とし，自衛隊の存在は憲法違反ではないという立場であるが，違憲と考える人々も少なくない。

資料

① 日本国民は，正義と秩序を基調とする国際平和を誠実に希求し，国権の発動たる戦争と，武力による威嚇又は武力の行使は，国際紛争を解決する手段としては，永久にこれを放棄する。

② 前項の目的を達するため，陸海空軍その他の戦力は，これを保持しない。国の交戦権は，これを認めない。

↑日本国憲法第９条

発展

文民統制（シビリアン＝コントロール）

軍隊を市民の代表者が統制するという民主主義の原則のこと。具体的には，自衛隊の最高指揮官である内閣総理大臣や，そのもとで自衛隊を統括する防衛大臣は，文民でなくてはならない。また，国会が自衛隊の定員や組織を，法律や予算で決定するというしくみがとられている。

データFILE

↑防衛関係費の推移

3 日本の防衛と日米安全保障条約

日本は，防衛のためアメリカ合衆国との間に**日米安全保障条約**（安保条約）を結んでいる。この条約は，他国が日本の領土を攻撃したときに，日米が共同で対処することを約束したものである。そのため，日本は，沖縄県などに駐留するアメリカ軍に必要な基地を提供している。また，駐留経費の一部も「思いやり予算」の名称で負担している。

1990年代以降，冷戦の終結によって日米の防衛協力の見直しが行われ，自衛隊の任務についてさまざまな法律も制定されている。このような安保体制と自衛隊の任務拡大は，憲法の平和主義に反するのではないかという批判もある。

4 国際貢献と自衛隊

1991年の湾岸戦争（→p.451）をきっかけに日本の国際貢献が課題となった。1992年に**国連平和維持活動（PKO）協力法**が成立し，同年，自衛隊がカンボジアでのPKOに参加した。その後，各国への自衛隊の派遣が続いているが，これらは，「武装した自衛隊の海外派遣は憲法上許されない」としてきた政府の見解から，問題があるとする意見もある。また，2015年には**集団的自衛権**（→p.504）の限定的な行使を可能とする法改正が行われた。

	派遣期間	延べ人数（人）
カンボジアPKO	1992年9月～93年9月	1,216
モザンビークPKO	1993年5月～95年1月	154
ルワンダ難民救援	1994年9月～12月	378
ゴラン高原PKO	1996年2月～2013年1月	1,501
アフガニスタン難民救援	2001年10月	138
東ティモールPKO	2002年2月～04年6月	2,304
ハイチPKO	2010年2月～2013年2月	2,196
南スーダンPKO	2011年11月～	3,949

⬆自衛隊の国際平和協力のための主な海外派遣（防衛省資料）（2019年10月現在）

⬆沖縄のアメリカ軍施設
日本にあるアメリカ軍施設の面積のうち，沖縄県に約70％が集中している。

用語解説

国連平和維持活動（PKO）
国連が紛争地域で，停戦の監視や選挙の監視など，平和維持のために行う活動。派遣には受け入れ国の同意が必要である。

集団的自衛権
自国と密接な関係にある国が武力攻撃を受けたとき，自国は攻撃を受けていなくても，その国とともに防衛にあたることができる権利。日本政府は，集団的自衛権の行使は，憲法違反としてきたが，2014年に，違憲から合憲と解釈を変更した。

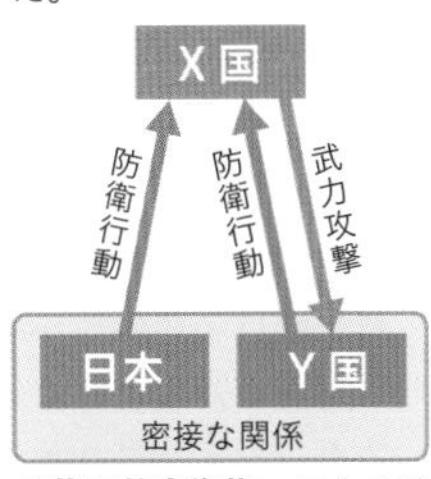

⬆集団的自衛権　日本は武力攻撃を受けていないが，集団的自衛権を行使し，防衛行動をとる。

思考力UP

集団的自衛権の行使にはどんな問題点があるか？

日本は2016年から集団的自衛権の限定的な行使が可能になりました。
集団的自衛権とは何なのかを考えてみましょう。

問題

集団的自衛権を日本が行使することの問題点は何か，生徒同士の会話文を読んで，50字程度で答えなさい。

集団的自衛権って，日本と密接な関係にある国が武力攻撃を受けたとき，日本が攻撃を受けていなくても，いっしょにその国を守る権利のことだよね。

協力して国を守ることができる点は良さそうだけど，日本に紛争の被害が及ぶことはないのかな？

そもそも，攻撃を受けていない日本が相手国を攻撃するのは，憲法9条が禁止する武力行使にならないの？

思考力UP ▸▸▸ 考えたことを，まとめてみよう。

解答例

日本が集団的自衛権を行使して，相手国を攻撃した場合，日本も相手国から武力攻撃を受ける可能性が高まること。(52字)

集団的自衛権が自衛のための必要最低限度の実力を超える場合，憲法の定める平和主義に反する恐れがある。(49字)

日本の集団的自衛権の行使が可能になるのは，日本と密接な関係にある国が攻撃を受けて，日本の存立がおびやかされ，国民の生命や自由などが根底から覆される明白な危険がある場合に限るとされています。ただし，これがどのような事態なのか曖昧であるという意見や，現実的には憲法の「戦争放棄」に反する武力行使だという指摘もあります。

確認問題 CHECK

第2章 ●●●

人間の尊重と日本国憲法

問題 各問いに答えましょう。また,(　)に当てはまる語句を選びましょう。

❶ 民衆の自由な意思に従って政治を行うという原則は何か。

❷ 民主政治の基本原理を「人民の,人民による,人民のための政治」と表したアメリカ合衆国大統領は誰(だれ)か。

❸ 「法の精神」で三権分立を説いたフランスの思想家は誰か。

❹ 独立戦争中にアメリカで出された宣言は何か。

❺ ドイツで制定された,社会権を規定した最初の憲法は何か。

❻ 憲法により国の政治権力を制限するという考えを何というか。

❼ 日本国憲法の三つの基本原理のうち,国の政治のあり方を決める最終的な権限が国民にあることを何というか。

❽ 各議院(衆議院と参議院)の総議員の(3分の1　3分の2)以上の賛成で憲法改正の発議が行われる。

❾ 天皇は日本国と日本国民統合の何か。

❿ 天皇が内閣の助言と承認に基づいて行う行為(こうい)は何か。

⓫ 憲法が保障している基本的人権は,平等権,社会権,基本的人権を守るための権利と,あと一つは何か。

⓬ 社会全体の幸福・利益を実現するために人権が制限されることを何というか。

⓭ 採用や賃金などにおける男女差別を禁じた法律は何か。

⓮ 憲法第25条では,生存権として「(健康　幸福)で文化的な最低限度の生活を営む権利」が定められている。

⓯ 団結権,団体交渉(こうしょう)権,団体行動権をまとめて何というか。

⓰ 国民が政治に参加する権利は何か。

⓱ 医師から十分な説明を受け,患者(かんじゃ)が納得して医療(いりょう)を受けることを何というか。

⓲ 日本がかかげている,核(かく)兵器を「持たず,つくらず,持ちこませず」という原則は何か。

解答

① 民主主義
② リンカン(リンカーン)
③ モンテスキュー
④ アメリカ独立宣言
⑤ ワイマール憲法
⑥ 立憲主義
⑦ 国民主権
⑧ 3分の2
⑨ 象徴(しょうちょう)
⑩ 国事行為
⑪ 自由権
⑫ 公共の福祉(ふくし)
⑬ 男女雇用(こよう)機会均等法
⑭ 健康
⑮ 労働基本権(労働三権)
⑯ 参政権
⑰ インフォームド=コンセント
⑱ 非核三原則

第3章

現代の民主政治と日本の社会

第３章では, 私たちの政治参加の手段である選挙や世論, 政党について学び, そのあと, 立法権・行政権・司法権を行使するそれぞれの機関である国会・内閣・裁判所について見ていく。
最後に,「民主主義の学校」ともいわれる最も身近な地方政治を学習しよう。

Q. 法律ってどう決めるの？
➡ SECTION 1 へ
Q. 選挙ってどんなしくみ？
➡ SECTION 4 へ

国会のしくみと仕事

国会は，国権の最高機関であり，国の政治は国会中心に行われている。
ここでは，国会の地位と種類，国会の仕事や国会の運営について学習しよう。
あわせて，衆議院の優越(ゆうえつ)についてもくわしくみてみよう。

1 国会の地位と種類

1 政治と民主主義

社会の中で起こった対立や争いを調整し，社会秩序(ちつじょ)を維持(いじ)していくはたらきを**政治**という。政治の方法として，多くの人々で物事を決定する**民主主義**（→p.479）があり，民主主義による政治には，国民すべてが直接政治に参加する**直接民主制**と，国民が選挙で選んだ代表者を通じて政治に参加する**間接民主制**（**議会制民主主義**，**代議制**）がある。

わが国では，憲法改正の国民投票など，一部で直接民主制も採用しているが，国会で国民の代表者（議員）が話し合う議会制民主主義によって政治を進めていくのが一般的である。

⬆スイスの直接民主制
スイスの一部の州では，人々が集まって話し合い，挙手で議決を行っている。
(Keystone／時事通信フォト)

2 国会の地位と二院制

わが国の政治は，国家権力を立法・行政・司法の三権に分け，それぞれを**国会**・**内閣**・**裁判所**の３つの機関に運用させる**権力分立主義**と，代表者（議員）による議会を通して国民の意思を反映させる**議会制民主主義**に基づいて成り立っている。

日本国憲法第41条は，「国会は，**国権の最高機関**であつ(っ)て，**国の唯一(ゆいいつ)の立法機関**である。」と定め，国の政治は，国民を代表する国会を中心に行われることを明らかにしている（国会中心主義）。

くわしく 

国権の最高機関
「最高」としているが，これは国会が国民によって選ばれた代表者（議員）からなるためで，実際は，権力分立主義に基づき，国会・内閣・裁判所の３つの機関は対等でなければならないと考えるのが一般的である。

国会は，**衆議院**と**参議院**からなる二院制（両院制）をとっている。衆議院と参議院に違いがなければ，二院制にする必要性は低い。そのため，それぞれの議院の定数や任期，被選挙権，選出方法に違いを設けている。二院制をとることで，国民の多様な意見を政治に反映させることができ，また，議案を慎重に審議することによって，衆議院の行き過ぎを参議院で抑制することができる。

衆議院		参議院
465名 { 比例代表 176名 / 小選挙区 289名	議員数	※1 248名 { 比例代表 100名 / 選挙区 148名
4年（解散で身分を失うことがある）	任期	6年（3年ごとに半数改選）
満25歳以上の日本国民	被選挙権	満30歳以上の日本国民
比例代表選出…全国を11区 小選挙区選出…全国を289区	選挙区	比例代表選出…全国を1区 選挙区選出…※2都道府県を選挙区
解散により世論を的確に反映	性格	衆議院の行き過ぎを抑制する

⬆衆議院と参議院の違い

※1　2022年の参議院議員選挙から248名となる。
※2　鳥取・島根，徳島・高知は合区。

3 国会議員の権利

国会議員には，国民の代表者として自由な言動を保障し，その職責を果たすことができるよう，次のような権利が与えられている。

❶ 議員は，議会外の現行犯の場合を除き，国会の会期中は原則として，その院の許可がなければ逮捕されない（不逮捕特権）。

❷ 議員は，院内で行った演説・討論・表決について，院外で民事・刑事の責任を問われない（免責特権）。

❸ 議員は，国会議員としての活動のために，相当額の歳費（給料）や諸手当を受け取れる（歳費を受ける権利）。

そのほか，所属する議院に対して議案を発議する権利や，内閣に対して文書で質問する権利などをもつ。

参考

衆議院と参議院の違い

衆議院では，そのときの国民の意思を受けた多数の議員による「数の政治」が行われる。一方，参議院は，長期的，冷静な観点からみた「理の政治」で抑制するはたらきが求められる（良識の府）。しかし，参議院の政党化が進み，選挙制度が衆議院と似てきたこともあり，独自の機能が失われたとの指摘がある。

用語解説

会期

国会が開かれている期間のこと。常会のみ国会法で150日間と定められている。そのほかの国会の会期は，両議院一致の議決で決まる。

参考

逮捕されていた議員

会期以前に逮捕されていた議員は，その議院の要求があれば，会期中は釈放しなければならない。

くわしく

議員に与えられている経済的待遇

- 一般議員の歳費（月額）…129万4000円
- 期末手当，立法事務費，文書通信交通滞在費
- JRの無料パスあるいは航空クーポン券
- 議員会館，議員宿舎，公用車の利用
- 公設秘書３人（政策担当，第１，第２秘書の給与）

4 国会の種類と緊急集会

国会には，３種類の国会と参議院の緊急集会がある。

❶**常会**（**通常国会**）…**毎年１回**，１月中に召集される国会。会期は，150日間と定められている。**次年度の予算の審議**や議決，法律の審議などが行われる。

❷**臨時会**（**臨時国会**）…必要に応じて召集される臨時の国会。会期は議決で決定される。

臨時会は，次のように２つに区分される。

- 選挙後の臨時会…参議院の通常選挙や衆議院の任期満了による総選挙後30日以内に召集される。
- 憲法に基づく臨時会…内閣が必要と認めた場合，または，いずれかの議院の総議員の４分の１以上の要求がある場合に召集される。

❸**特別会**（**特別国会**）…衆議院の解散に伴う総選挙後，30日以内に召集される国会。会期は議決で決定され，**内閣総理大臣の指名**の議決が主要議題となる。

❹**参議院の緊急集会**…衆議院の解散中，国会の議決を必要とする緊急事態が生じた場合，召集される。緊急集会での議決は，次の国会開会後，10日以内に衆議院の同意が得られなければ，その後の効力を失う。

用語解説

通常選挙と総選挙

参議院議員を選出するために３年ごとに行われる選挙を通常選挙と呼ぶのに対し，衆議院議員の選挙は，全員が改選されるため総選挙と呼ばれる。

月	主な動き
1	常会召集，予算提出
2	衆議院で予算可決
3	参議院で予算可決 →予算成立
4	
5	
6	
7	常会閉会 →81件の法律案が成立
8	
9	
10	臨時会召集
11	衆・参で補正予算成立
12	臨時会閉会 →24件の法律案成立

↑国会の１年の動き（2018年）

2 国会の仕事と運営

1 国会の仕事

憲法は国会の仕事として，以下のことを定めている。

❶**法律の制定**…法律案の発議権は国会議員と内閣にある。議決は，両議院の議決の一致を原則とするが，両議院の議決が異なった場合などには，衆議院で出席議員の3分の2以上の賛成で再可決すれば，成立する。成立した法律は，内閣の助言と承認の下で天皇が公布する。

くわしく

緊急集会の開会例

これまでに1952年と1953年に開かれており，1952年の集会は，中央選挙管理会の委員を指名するため，1953年の集会は，暫定予算の議決のために開かれた。

参考

会期不継続の原則

原則として，１つの会期で議決に至らなかった議案は，次の会期での継続審議は行われない。

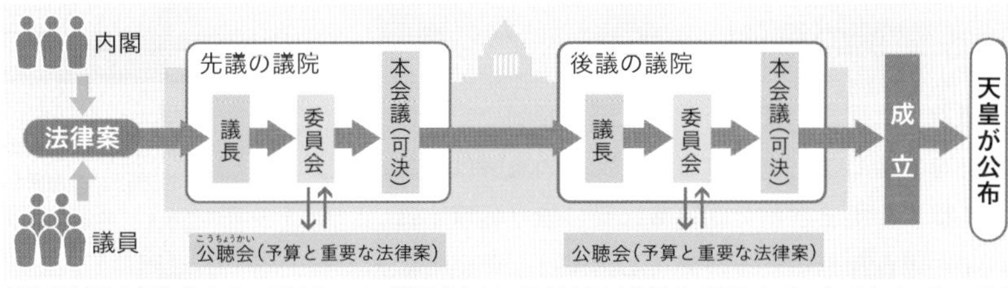

↑法律が公布されるまで　委員会では，関係者などの意見を聞く公聴会が開かれることがある。(→p.512)

②**予算の議決**…予算とは，４月１日から翌年の３月31日までの歳入（収入）と歳出（支出）の計画のことである。予算の作成と提出は内閣が行う。予算は先に衆議院に提出しなければならない（**衆議院の先議権**）。両議院の議決が異なった場合などには，衆議院の議決が優越する。

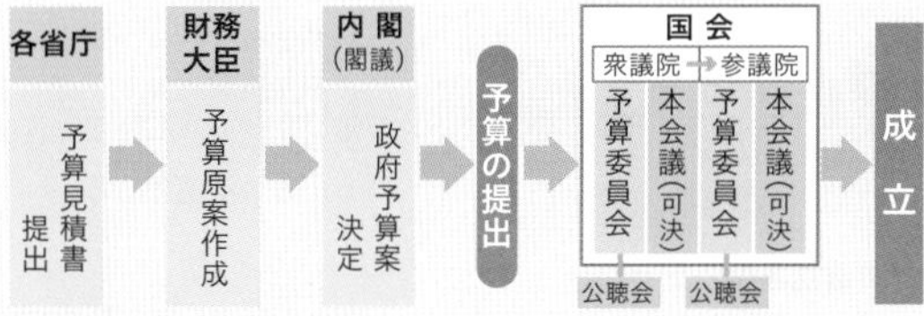

↑予算が成立するまで

③**内閣総理大臣の指名**…**国会は，国会議員の中から内閣総理大臣を指名する**。両議院の指名が一致しない場合などには，衆議院の指名が優越する。

④**条約の承認**…国会は，内閣が締結した条約を承認する。両議院の議決が異なった場合などには，衆議院の議決が優越する。国会による条約の承認は，条約締結の前または後に行う。

⑤**憲法改正の発議**…各議院の総議員の３分の２以上の賛成で発議する。発議には両議院の賛成が必要。

⑥**弾劾裁判所の設置**…弾劾裁判所は，各議院が議員の中から選んだ７名ずつ，計14名の裁判員で構成される。裁判官訴追委員会（衆参各議院から各10名，計20名の委員からなる）から罷免の訴えを受けた裁判官に対して，罷免するかどうかの決定を行う。裁判で罷免の宣告があれば，その裁判官は罷免される。

参考

内閣提出法案と議員提出法案

議員提出法案より内閣提出法案のほうが成立する割合が高い。

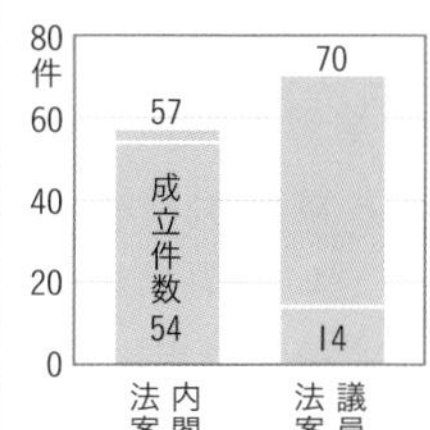

(第198回常会)(内閣法制局資料)

ミス注意

内閣総理大臣の指名権は，衆議院と参議院の両議院にあるが，内閣の信任・不信任の決議権は衆議院のみの権限である。(→p.514)

法律案の議決	第59条
予算(案)の議決	第60条
内閣総理大臣の指名	第67条
内閣が外国と結ぶ条約の承認	第61条
憲法改正の発議	第96条
弾劾裁判所の設置	第64条
衆議院の内閣に対する信任・不信任	第69条
両議院による国政の調査	第62条

↑憲法に定める国会の主な仕事

2 各議院の権限

両議院には**国政調査権**があり，**証人喚問**や記録の提出などを求めることができる。また，両議院は，議員の紹介により提出された請願書を受け取り処理する。

内閣の信任や不信任を決議する権限は，衆議院にのみ認められたもので，参議院にはない（→p.514）。また，衆議院の解散中に開かれる緊急集会で議決する権限は，参議院のみがもつ権限である。

3 議案の審議

議案は，国会議員または内閣から，どちらかの議院の議長に提出され，議長が議案と関係の深い委員会にまわし，委員会で審議する。委員会では議案の利害関係者や学識経験者から意見を聞くために**公聴会**を開くことがある。委員会で審議された議案は，本会議へ送られ，審議・議決したあと，ほかの議院に送られる。

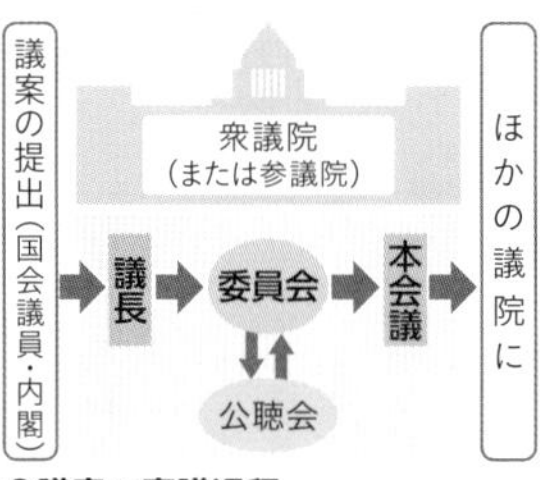

⬆議案の審議過程

委員会には，予算など特定の問題を審議するための**常任委員会**と，特別な議案を審議するための**特別委員会**があり，国会議員は，いずれかの常任委員会に属して審議する。また，委員会の審議の過程において，**公聴会**は重要議案を審議するときに開かれ，予算の審議のときには必ず開かれる。

本会議は，各議院のすべての議員で構成される。各議院の最終決定は，その院の本会議の議決で決まり，国会としての意思は原則として両院の一致で決まる。

用語解説

国政調査権
国政上の正しい判断と法律を制定するのに必要な資料を得るために，衆議院と参議院に与えられている，国政に関して調査をする権限。

参考

委員会制度の目的
委員会制度はアメリカ合衆国にならったもので，専門知識をもつ委員（議員）による，議案の掘り下げた審議と，議事の円滑化をはかるための制度である。

常任委員会	委員数
内閣	40名
総務	40
法務	35
外務	30
財務金融	40
文部科学	40
厚生労働	45
農林水産	40
経済産業	40
国土交通	45
安全保障	30
環境	30
国家基本政策	30
予算	50
決算行政監視	40
議院運営	25
懲罰	20

⬆衆議院の常任委員会

4 会議の原則と定足数

国会の活動を国民の監視の下におくため，傍聴や報道の自由，会議録の公開などが認められている。

議事の運営を能率的・円滑に行うため，議決した議案は，同一会期中に再度の議決をしない。

会議の**定足数**は，本会議では**総議員の３分の１以上の出席**，委員会では，その委員の半数以上の出席である。また，議決は原則，**出席議員の過半数**の賛成で決定する。

用語解説

定足数

会議を開き，議決するのに必要な出席者数のこと。

くわしく

特別な場合の議決

憲法では，次のような場合の議決に特別の多数決が必要であると定めている。

・出席議員の３分の２以上の賛成が必要な場合

秘密会の決定，議員の除名，法律案の再可決など。

・各議院の総議員の３分の２以上の賛成が必要な場合

憲法改正の発議。

3 衆議院の優越と解散

1 衆議院の優越

二院制では，議決が異なった場合，国民の意思統一が遅れ，国政に影響が出かねない。そこで，日本国憲法は，**衆議院の優越**を定めている。

衆議院が優越する理由は，**参議院に比べて任期が短く解散もあるため，国民の意思をより的確に反映しやすい**と考えられているからである。衆議院の優越には，以下のものがある。

❶ 法律案の議決

- 参議院が衆議院と異なる議決をした場合…**衆議院で出席議員の３分の２以上の賛成で再可決すれば法律となる**。再可決の前に**両院協議会**を開いて，両院の意見の一致をはかってもよい。
- 参議院が衆議院の可決した法律案を受け取ってから**60日以内**に議決しない場合…衆議院で出席議員の３分の２以上の賛成で再可決すれば成立する。

❷ 予算の議決と条約の承認

- 参議院が衆議院と異なる議決をした場合…両院協議会を開いても意見が一致しないときは，衆議院の議決が国会の議決となる。

用語解説

両院協議会

各議院で選ばれた10名ずつの議員で構成され，両議院の異なった意見を調整する。予算の議決，条約の承認，内閣総理大臣の指名においては，必ず開かれる。法律案の議決においては，衆議院の請求で開かれる。

参議院が衆議院と異なる議決をした場合

衆議院が出席議員の3分の2以上の賛成で再可決

法律になる

❶法律案の議決での衆議院の優越

●参議院が衆議院から予算や条約を受け取ってから30日以内に議決しない場合…衆議院の議決が国会の議決となる。

③内閣総理大臣の指名

●参議院が衆議院と異なる議決をした場合…両院協議会を開いても意見が一致（いっち）しないときは，衆議院の指名の議決が国会の議決となる。

●衆議院の指名の議決後，**10日以内**に参議院が指名の議決をしない場合…衆議院の議決が国会の議決となる。

衆議院だけに認められている権限として，予算は先に衆議院が審議（しんぎ）するという**予算の先議権**や，**内閣信任・不信任の決議権**も衆議院の優越（ゆうえつ）に含（ふく）まれる。

↑予算の議決，条約の承認，内閣総理大臣の指名での衆議院の優越

2 衆議院の解散

内閣が国会の信任の上に成立している議院内閣制（→p.516）では，国会と内閣が対立すると，解散により国民の意思を問うことがある。解散後の総選挙で，世論をより的確に国会に反映させることを目的とする。

衆議院が**内閣不信任案を可決**するか，内閣信任案を否決した場合，**10日以内に内閣は総辞職するか，衆議院を解散しなければならない**（第69条）。その他，憲法第７条による衆議院の解散もある（７条解散）。

衆議院の解散後，**40日以内**に**総選挙**が行われ，総選挙後**30日以内**に**特別会**が召集（しょうしゅう）される。その際，内閣は**総辞職**し，国会で**新たな内閣総理大臣の指名**が行われ，天皇が新たな内閣総理大臣を任命する。

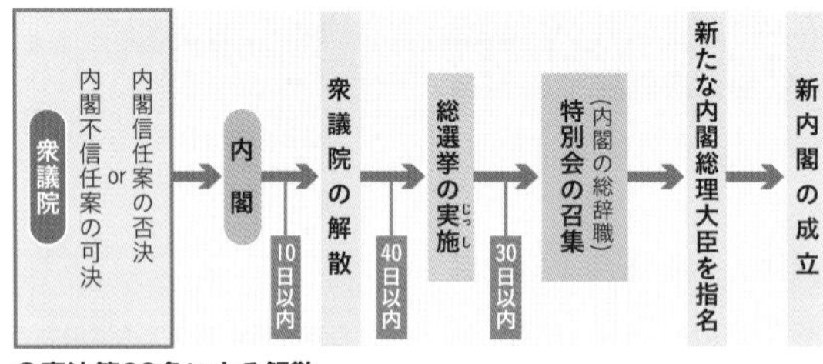

↑憲法第69条による解散

ミス注意

内閣総理大臣の指名

内閣の信任・不信任の決議権は衆議院のみの権限だが，内閣総理大臣の指名権は衆議院と参議院の両議院にある。

くわしく

７条解散

重要な問題で民意を問うなどの場合に，憲法第７条の定めに基づき，内閣の助言と承認によって天皇が衆議院を解散することの通称。天皇は政治権力をもたないため，解散をする権利は事実上，内閣にあると考えられている。7条解散は解散権の乱用であるとの指摘（してき）もあるが，現行憲法下での解散の多くが7条解散である。

第3章 SECTION 2

内閣のしくみと仕事

国の行政の中心である内閣は，内閣総理大臣とその他の国務大臣で構成されている。ここでは，内閣のしくみと議院内閣制，内閣の仕事，行政機関と公務員，行政の課題などについて学習しよう。

1 内閣のしくみと議院内閣制

1 内閣のしくみ

国会が決めた法律や予算に基づいて政治を行うことを行政といい，憲法第65条には「**行政権は，内閣に属する。**」とある。内閣は，最高の行政機関として，ほかの行政機関を指揮・監督(かんとく)している。

内閣は，最高責任者である**内閣総理大臣**（**首相**(しゅしょう)）とその他の**国務大臣**で構成される。内閣総理大臣は，文民で国会議員であり，国会の指名に基づいて，天皇が任命する。内閣総理大臣は，国務大臣を任命または罷免(ひめん)（辞めさせること）する。また，**閣議**を開いてその議長となるほか，内閣を代表して議案を国会に提出するなどの職務がある。内閣総理大臣は，与党(よとう)を構成する政党の党首がなるのが一般的(いっぱんてき)である。

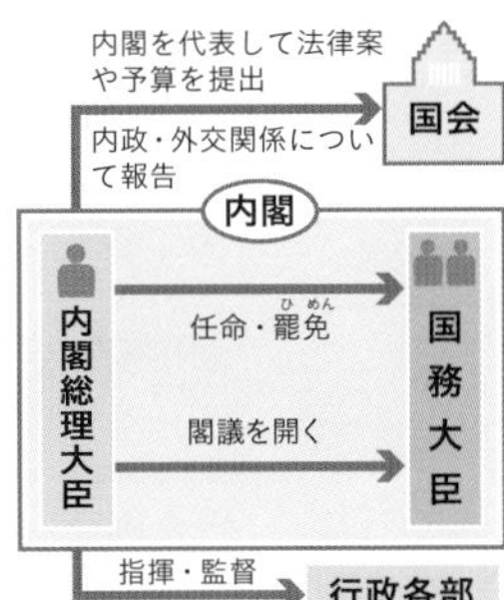

⬆内閣総理大臣の権限

国務大臣（内閣総理大臣以外の大臣）の**過半数は国会議員**で，しかも**文民**でなければならない。国務大臣は，各省庁を指揮・監督する大臣と特命担当大臣などからなる。

用語解説

文民
職業軍人としての経歴をもたない者，現職自衛官でない者とする説が一般的である。日本では戦後，元自衛官が防衛大臣を務めた例がある。

閣議
内閣の全構成員による会議で，行政の最高意思決定機関。内閣総理大臣が議長となって主宰(しゅさい)する。閣議の決定は全会一致(いっち)による。非公開である。

特命担当大臣
内閣総理大臣の命令で政権の重要課題（特命）などを担当する大臣。内閣府に置かれる。沖縄(おきなわ)及(およ)び北方対策担当，金融(きんゆう)担当，消費者及び食品安全担当，少子化対策担当などがある。

2 議院内閣制

議院内閣制は，責任内閣制ともいい，アメリカなどの大統領制に対して，イギリスや日本で採用されている。行政機関（内閣）が立法機関（国会）の信任の上に成立し，立法機関に対して責任を負う制度をいう。

わが国の議院内閣制には，次のような特色がある。

❶ **内閣は国会から誕生**…内閣総理大臣は国会議員の中から国会の議決で指名される。また，国務大臣の過半数は国会議員である。

❷ **国会への連帯責任**…内閣は行政権の行使について，国会に対して連帯して責任を負う。

❸ **内閣は国会の信任の上に成立**…衆議院で，内閣不信任案が可決されたときは，内閣は10日以内に**衆議院を解散**するか**総辞職**する。

このように，わが国では，**内閣が国会の信任に基づいて成立し，国会に対して連帯して責任を負うしくみ**をとっている。

参考

大統領制の場合

アメリカの大統領制は，大統領が国民の選挙で選ばれるため，大統領の所属政党は必ずしも議会における多数党ではない。

このため，抑制と均衡の原理が，大統領と議会の間にはかなり強くはたらくといわれる。

くわしく

内閣の総辞職

内閣不信任案が可決されると，衆議院を解散した場合でも，総選挙後の最初の国会召集時，内閣は総辞職しなければならない。

●日本の議院内閣制

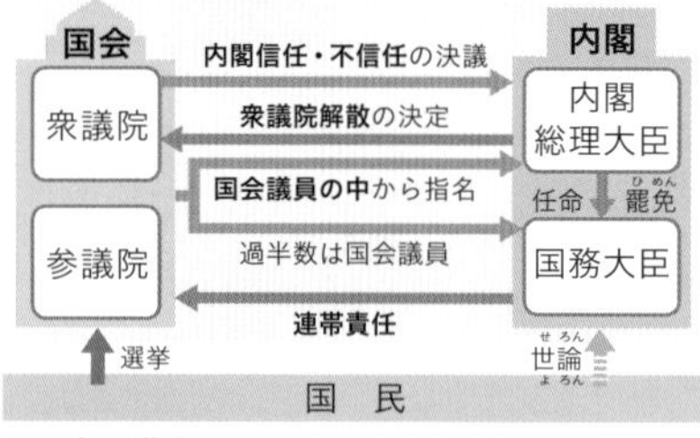

●アメリカの大統領制

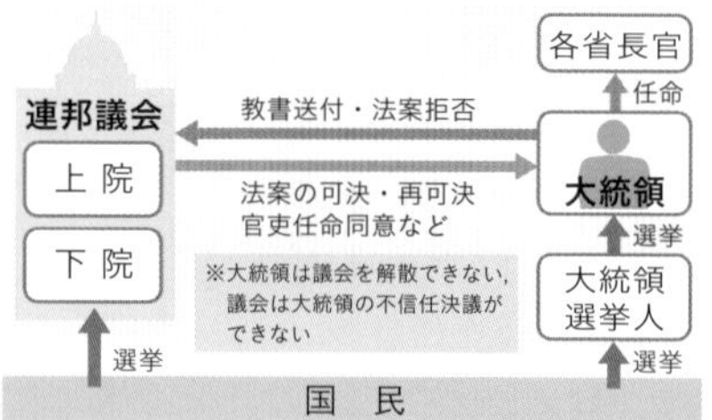

⬆日本の議院内閣制とアメリカの大統領制

Episode

内閣総理大臣が欠けてから新内閣が成立するまで

内閣総理大臣が死亡するなどして欠けた場合，内閣は総辞職し，新内閣がつくられる。新内閣が成立するまでは，内閣法第9条で「その予め指定する国務大臣が，臨時に，総理大臣の職務を行う。」と定めている。しかし，小渕恵三首相が2000年に脳梗塞で倒れたとき，臨時代理の国務大臣が指定されておらず，大きな問題となった。これ以降，臨時代理の国務大臣を，順位をつけて5人まで指定しておく慣例ができた。

❷ 内閣の仕事と行政機関

1 憲法に定められた仕事

内閣の仕事は，一般の行政事務のほか，憲法第73条を中心に，次のようなものが定められている。

●憲法第73条に定められた仕事

❶ **法律の執行と各部の監督**…法律を政治の上で正しく適用するとともに，行政機関の各部を監督する。

❷ **外交関係の処理**…外交使節を派遣するなど，外国と交渉を行うほか，外交文書の作成や受理など外国と関わる仕事を行う。

❸ **条約の締結**…文書による外国との取り決めである条約を結ぶ。

❹ **公務員に関する事務の管理**…法律の定めに従い，国家公務員の給与・試験・任免などの事務を管理する。

❺ **予算の作成と国会への提出**…予算は財務省で原案としてまとめられ，閣議で政府の予算（案）として決定されたのち，**国会に提出**される。

❻ **政令の制定**…政令とは，内閣が憲法や法律の範囲内で制定する命令のこと。

❼ **恩赦の決定**…裁判所が言い渡した刑罰などについて減免などの変更を加える恩赦を決定する。

●憲法第73条以外の仕事

❶ 国事行為の**助言と承認**…天皇の国事行為に対して，助言と承認を与える。

❷ **指名と任命**…**最高裁判所長官を指名**し，その他の裁判官を任命する。

❸ **そのほか**…国会の召集を決定したり，**衆議院の解散**を決定したりすることも内閣の権限である。

参考

外交関係の処理

大日本帝国憲法の下では，天皇が元首としての地位にあったため，外交関係を処理する権限は，内閣ではなく，天皇にあった。

しかし，日本国憲法はこれらの権限をすべて内閣に与え，天皇は外交使節の接受など形式的・儀礼的行為を行うのみにとどまっている。

2 国の主な行政機関

内閣の下には多くの行政機関があり，行政の中心的な役割を果たしている。

❶ **内閣府**…内閣の政策方針の企画立案を助ける仕事を行う総合調整機関。

❷ **11省**

- **総務省**…地方行財政，選挙，消防などを担当。
- **法務省**…検察や国籍，人権擁護など法務行政を担当。
- **外務省**…国の日常的な外交に関する事務を担当。
- **財務省**…財政，課税，通貨管理などを担当。
- **文部科学省**…学校教育，科学技術，文化などを担当。
- **厚生労働省**…社会保障，医療，労働問題などを担当。
- **農林水産省**…農林・畜産・水産業の振興などを担当。
- **経済産業省**…通商，産業，エネルギーなどを担当。
- **国土交通省**…国土の利用，交通政策の推進などを担当。
- **環境省**…環境政策，公害防止政策などを担当。
- **防衛省**…自衛隊の隊務の統括。2007年に省に昇格。

❸ **行政委員会**…政治的中立性，専門的知識が必要な分野に，一般の行政組織から独立して設置される。**国家公安委員会**，**中央労働委員会**，**公正取引委員会**など。

❹ **会計検査院**…内閣に対して独立した地位をもつ行政機関。国の会計検査を行い，国の歳入・歳出の決算を検査・確認する。

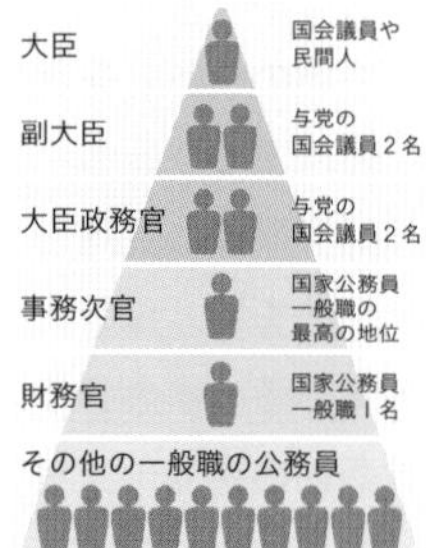

⬆行政機関の組織図（財務省の場合） 副大臣・大臣政務官は，与党の国会議員から選ばれ，各省庁に1～3人配置されている。

用語解説 

国家公安委員会
警察庁を管理する警察の最高機関で，政治的中立性の確保をはかる。国務大臣である委員長と5人の委員で構成される。

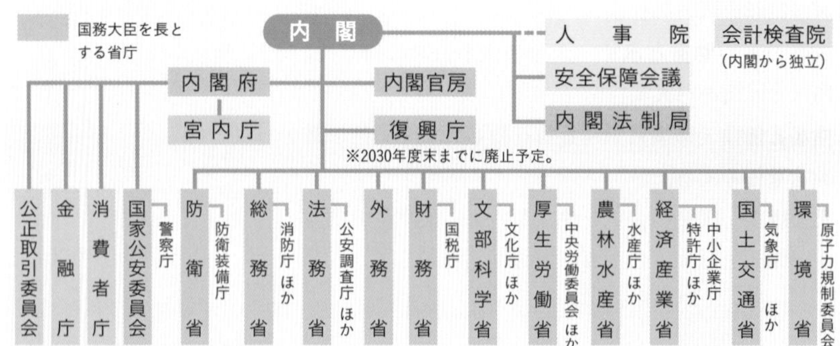

⬆主な行政機関のしくみ

3 公務員と行政の諸問題

1 公務員制度

公務員とは，公共の利益のために仕事をする人々であって，国の仕事に従事する**国家公務員**，地方公共団体の仕事に従事する**地方公務員**がある。憲法第15条で「すべて公務員は，**全体の奉仕者**であつて，一部の奉仕者ではない。」と定められている。

2 行政の諸問題

18～19世紀のヨーロッパやアメリカでは，政府の役割を最小限にする「**小さな政府**」がよいとされてきた。

しかし，現代の国家では，行政の仕事は拡大され，社会保障制度の充実，産業・経済の振興，教育の向上，安全と秩序の維持，外交と防衛など，国民生活のすみずみにまでおよんでいる。このように行政権が肥大化した「**大きな政府**」へと変わり，むだや非効率が増えたため，近年，次のような**行政改革**が進められている。

❶ **省庁の再編**…2001年に，省庁の再編成が行われ，1府22省庁を1府12省庁に再編統合。内閣府などが新設され，内閣の指導力を強化した。

❷ **地方分権の推進**…国と地方公共団体が対等の関係で仕事を分担すること。

❸ **規制緩和**…民間企業に対する国や地方公共団体の規制を緩めたり，廃止したりして自由な経済活動を促すこと。

❹ **独立行政法人化**…国立の博物館や研究所などを国の事業から分離し，その運営を自主性に任せること。

また，行政監察制度の充実，一部の地方公共団体で採用されている**オンブズマン（オンブズパーソン）制度**（→p.544）の国レベルでの採用，**情報公開制度**を活用して，行政機関の情報を国民に開かれたものとすることも，行政の活動が適正に行われるためには重要である。

くわしく

大きな政府と小さな政府
「大きな政府」は，税金などの国民負担は重くても社会保障の充実など，国のはたらきを強めた政府のこと。「小さな政府」は，国民の負担は軽いものの，国の仕事を最低限のもののみにとどめた政府のことである。

発展

たてわり行政
各省庁間の横の連絡や調整がほとんどなく，たてのつながりを中心に行われる行政。例えば，幼稚園は文部科学省，保育園は厚生労働省の管轄で，たてわりの弊害が指摘されていた。しかし，近年，幼保一体化施設として，「認定こども園」が創設された。

↑コンビニでの薬の販売
規制緩和により，2009年からコンビニでも一部の薬が販売されるようになった。
（朝日新聞社／PPS通信社）

裁判所のしくみと権力分立

国家権力の1つである司法権をもつ裁判所の種類や裁判のしくみ，刑事裁判における人権の保障などについて学習しよう。
立法・行政・司法の三権が互いに抑制し合っている権力の分立についても整理しよう。

1 司法権の独立と裁判官

1 社会生活と法

人々が社会生活を営むときには，きまり（ルール）が必要となる。きまりの一つが憲法や法律などの法であり，法は社会生活の中で発生した犯罪や，人々の間の争いを解決するために必要である。法のはたらきによって私たちの権利は守られ，社会の秩序は維持されている。

2 司法権の独立

具体的な事件について法を適用し，その行為が適法であるか，あるいは違法であるかを決定する権限を**司法権**という。

司法権は，**最高裁判所**と，法律によって設けられている**下級裁判所**に属する。裁判所は，司法権を行使する公正で中立な機関として，国会や内閣に対して独立した地位をもつ。

ほかの政治権力の干渉を受けずに裁判が行われることを**司法権の独立**といい，そのためには**裁判官の独立**や**裁判官の身分保障**が必要である。

憲法第76条第3項で「すべて裁判官は，その**良心**に従ひ独立してその職権を行ひ，この**憲法**及び**法律**にのみ拘束される。」と定められており，裁判にあたって裁判官は，国会や内閣など，ほかのいかなる権力や圧

用語解説

下級裁判所
最高裁判所以外の，高等裁判所，地方裁判所，家庭裁判所，簡易裁判所を指す。(→p.523)

参考

司法権の独立を守った判例
1891年，日本を訪問中のロシア皇太子が滋賀県大津市で，巡査に切りつけられ重傷を負った（大津事件）。政府は，ロシアに配慮し，巡査の死刑を求めたが，大審院院長（今の最高裁判所長官）の児島惟謙が担当裁判官を説得し，法律の規定どおり，無期徒刑（無期懲役）の判決が出た。

⬆児島惟謙 (1837~1908年)

力にも屈（くっ）してはならないとされている。

最高裁判所長官は，**内閣が指名し天皇が任命**するが，そのほかの裁判官は，すべて**内閣が任命**する。

最高裁判所の裁判官には任期がなく，下級裁判所の裁判官の任期は10年である。ただし再任が認められる。

3 裁判官の身分保障

裁判官の身分保障とは，憲法や法律上の定めを除き，裁判官の意思に反して罷免（ひめん）される（辞めさせられる）などの不利益な扱（あつか）いを受けないことをいう。裁判官の身分保障は，**司法権の独立と裁判の公正を目指すためのもの**である。具体的には，一定の年齢（ねんれい）に達するまで身分と報酬（ほうしゅう）（給料）を保障されることである。

ただし，次の❶～❸の場合は罷免される。

❶**心身の故障（こしょう）**…裁判によって，裁判官が病気など心身の故障のために仕事を続けることができないと決定されたとき。

❷**公（おおやけ）の弾劾（だんがい）**…職務上の怠慢（たいまん）や義務違反，裁判官の威信（いしん）を失うような非行などを理由に，裁判官訴追（そつい）委員会から罷免の訴追を受け，国会に設置された**弾劾裁判所**（→p.511）で罷免が決定されたとき。

❸**国民審査**…国民審査は，**最高裁判所裁判官**に対する国民の信任投票で，最高裁判所裁判官に限られ，下級裁判所の裁判官には行われない。

見本

横尾和子	藤田宙靖	深沢武久	滝井繁男	濱田邦夫	島田仁郎	甲斐中辰夫	上田豊三	泉徳治	裁判官の名
									×を書く欄

注意
一　やめさせた方がよいと思う裁判官については，その名の上の欄に×を書くこと。
二　やめさせなくてよいと思う裁判官については，何も書かないこと。

⬆**国民審査の用紙**　不信任の場合のみ，その人の名前の上の欄（らん）に×をつける（時事通信フォト）

最高裁判所裁判官は，**任命後，初めて行われる衆議院議員総選挙**のとき，投票によって国民の審査を受け，その後も**10年を経るごと**に審査を繰り返し受ける。罷免の投票が過半数の場合，その裁判官は罷免される。しかし，これまでに国民審査によって罷免された裁判官は一人もいない（2019年現在）。

用語解説

そのほかの裁判官
ここでいうそのほかの裁判官とは，最高裁判所の長官以外の14名の裁判官と，下級裁判所のすべての裁判官をいう。
最高裁判所の長官以外の裁判官は内閣が任命し，天皇が認証する。
下級裁判所のすべての裁判官は，最高裁判所が指名し，これに基づいて内閣が任命する。

⬆**裁判官の法服**　裁判官は黒い服（法服）を着ている。これは，「何色にも染まらない」という意味で，公正・中立の立場を示すものである。（最高裁判所）

2 裁判所の種類と三審制

1 最高裁判所の地位と構成

最高裁判所は，司法権の最高機関であり，東京に設けられた**唯一の終審裁判所**である。最高裁判所は，**最高裁判所長官1名**と**14名の最高裁判所裁判官**で構成され，最高裁判所長官は，**内閣の指名**に基づいて**天皇が任命**する。ほかの14名の最高裁判所裁判官は**内閣が任命**し，天皇が認証する。

2 違憲立法審査権

違憲立法審査権（**違憲審査権**，**法令審査権**）とは，法律・命令などが憲法に違反していないかどうかを判断する権限で，下級裁判所にもあるが，最高裁判所が**最終的な決定権**をもつ。このため，最高裁判所は「**憲法の番人**」とも呼ばれる。

事件に関わりをもつ法律・命令などが憲法違反と判断された場合，違憲部分の定めが無効とされたり，処分の取り消しが行われたりする。

用語解説

終審裁判所
裁判において，最終的な判断を下す裁判所。その判決は刑などの「確定」を意味する。

↑最高裁判所の大法廷 15名全員の裁判官で構成される法廷。大法廷に対し，5名の裁判官で構成される法廷を小法廷といい，3つの小法廷がある。最高裁判所の裁判は，ほとんどが小法廷で行われる。 （時事）

年月	事例	根拠	判決要旨	判決後の措置
1973年4月	尊属殺人の重罰規定	**憲法14条**（法の下の平等）	刑法200条の重罰規定は不合理な差別的扱い	尊属殺の規定は削除
1975年4月	薬局の距離制限規定	**憲法22条**（職業選択の自由）	薬事法による距離制限規定は非合理的で無効	国会は同法の該当項目を廃止
1997年4月	愛媛玉ぐし料訴訟	**憲法20・89条**（信教の自由・公金支出の制限）	愛媛県による玉ぐし料等の公費支出は，公的機関の宗教的活動であり，憲法で禁止している宗教活動への公費支出である	前知事に対して支出相当額を県に賠償するよう命じた
2005年9月	公職選挙法の在外選挙権制限	**憲法15条①③，43条①，44条**（公務員の選定，国会議員の選挙）	在外国民の選挙権を両議院の比例代表部分だけに限っていて，選挙区部分での投票を保障する法律がつくられていない状態は憲法違反である	2006年法改正
2015年12月	再婚禁止期間訴訟	**憲法14条、24条**（法の下の平等，両性の平等）	離婚した女性の再婚を6か月間禁じる民法733条の規定は，100日を超える部分は憲法違反	離婚した女性の再婚禁止期間を100日に短縮

↑最高裁判所の主な違憲判決

そのほかに，最高裁判所は下級裁判所からの上告について審理を行う。また，下級裁判所の裁判官の指名権や，訴訟に関する手続きや裁判所の内部規律について規則を定める権限をもつ。

3 下級裁判所の種類としくみ

最高裁判所以外の裁判所を**下級裁判所**といい，次の4種類がある。なお，下級裁判所のすべての裁判官は，最高裁判所が指名し，これに基づいて**内閣が任命**する。

❶ **高等裁判所**…下級裁判所で最上級の裁判所。主に第二審を扱い，民事裁判においては，第三審も扱う。

❷ **地方裁判所**…主に重大な裁判の第一審を扱い，民事裁判においては，第二審も扱う。

⬆高等裁判所の所在地

❸ **家庭裁判所**…一般の民事・刑事事件は扱わず，相続や離婚問題など家庭内の争いに関する事件について，調停や審判を行う。また，罪を犯した少年の保護や，必要な処分を行う。

❹ **簡易裁判所**…請求額が140万円以下の民事事件と，罰金以下の刑にあたる刑事事件の第一審を行う。

裁判所	設置数	裁判官の人数
高等裁判所	全国に８か所	３名の裁判官の合議制が原則だが，５名の合議制の場合もある
地方裁判所	全国に50か所（各都道府県に１か所と北海道に４か所）	１名の裁判官の単独制が原則だが，３名の合議制の場合もある
家庭裁判所		
簡易裁判所	全国に438か所	つねに１名の裁判官が裁判を行う

⬆下級裁判所の設置数と裁判官の人数

くわしく

訴えがあって初めて発動
違憲立法審査権は，裁判所への訴えがあって初めて発動される。具体的な事件について訴えがない場合，裁判所には違憲審査を行う権限はない。

用語解説

民事事件
金銭の貸し借りなど，個人や企業間の権利，義務に関する争い。

刑事事件
殺人・強盗・放火など，法律で犯罪と定められている事件。

発展

調停と審判の違い
調停とは，当事者の話し合いをうながして解決に導く方法。審判とは，調停が不調の場合，強制的に行う解決方法。

参考

裁判官の定年
最高裁判所と簡易裁判所の裁判官は70歳，そのほかの裁判官は65歳である。

4 三審制

わが国では，判決に不服な場合，同一事件について原則として**3回まで裁判が受けられる三審制**を採用している。この制度は，裁判を公正・慎重に行うことで，人権を保障し，裁判の誤りを防ぐことを目的とする制度である。

判決に不服のある場合に，上位の裁判所に訴えることを上訴といい，上訴には**控訴**と**上告**がある。

❶ **控訴**…第一審の判決に不服のある場合，次の上級の裁判所に裁判のやり直しを求めて訴えること。

a）**民事裁判の場合**…簡易裁判所の判決に対する控訴は地方裁判所に，地方裁判所の判決に対する控訴は高等裁判所に行う。

b）**刑事裁判の場合**…控訴はすべて高等裁判所に対して行う。地方裁判所は控訴審は行わない。

❷ **上告**…第二審の判決に不服のある場合，次の上級の裁判所に裁判のやり直しを求めて訴えること。

a）**民事裁判の場合**…第二審の地方裁判所の判決に対する上告は高等裁判所に，第二審の高等裁判所の判決に対する上告は最高裁判所に行う。

b）**刑事裁判の場合**…上告はすべて最高裁判所に対して行う。

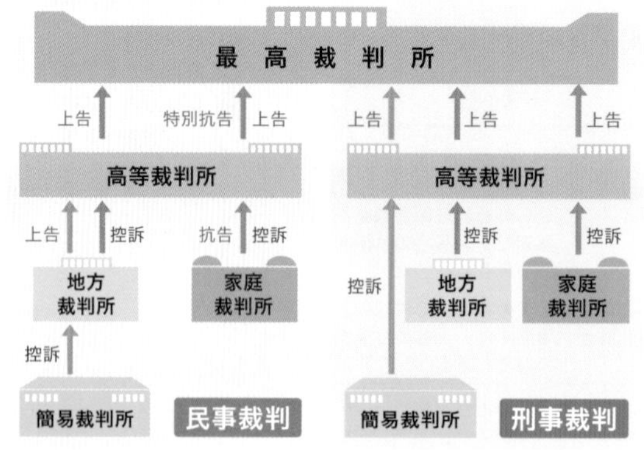

❶わが国の三審制

ミス注意

3回まで裁判

必ず3回受けるというわけではない。争っている当事者が双方とも上訴しなければ，その時点で裁判は終わる。

発展

抗告

控訴でも上告でもない上訴として抗告がある。「判決」ではなく，より簡易的な裁判で下される「決定」や「命令」に不服を申し立てることである。また，特別抗告とは，憲法違反などを理由に，最高裁判所に対して行う抗告のことである。

③ 裁判の種類と人権の擁護

1 裁判の種類

裁判には**民事裁判**と**刑事裁判**がある。民事裁判は，お金の貸し借りなど，個人や企業の間の対立を解決する裁判である。刑事裁判は，強盗や殺人などの犯罪行為に対して有罪・無罪を決定し，有罪の場合は，刑罰を言い渡す裁判である。

2 民事裁判のしくみ

個人や企業などの間に起きる利害関係の対立，または権利や義務に関する争いを裁くのが民事裁判である。

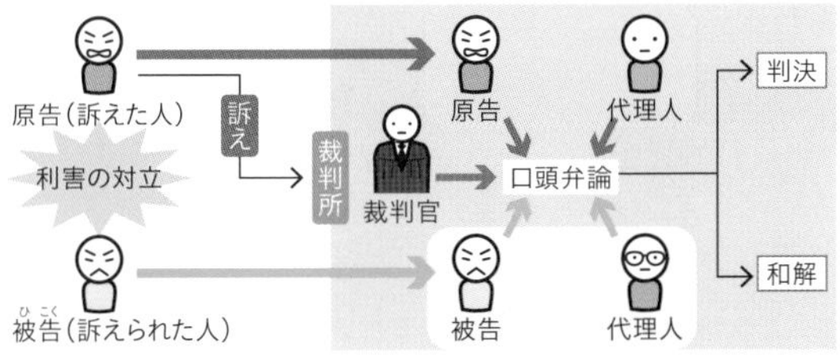

↑民事裁判の進行

民事裁判は，自分の権利を侵害されたとする者が，相手を裁判所に訴えることで始まる。訴えた者を**原告**，訴えられた者を**被告**といい，それぞれ対等の立場で，自分の言い分を主張する。しかし，裁判には法律的な知識が必要であるため，原告も被告も弁護士を訴訟代理人として依頼するのが一般的である。

裁判官は，当事者の主張をよく聞き，民法や商法などの法律を適用してどちらの言い分が正しいかの判断を下す。裁判の途中で，当事者どうしの話し合いがつけば，**和解**ということで裁判は終わる。

また，国や地方公共団体など，行政機関の行為が憲法や法律に違反するとして，行政機関を相手どって争う裁判を**行政裁判**という。民事裁判と同様の手続きで行う。

くわしく 

弁護人と弁護士

刑事裁判で被告人の弁護を担当する者が弁護人で，原則として弁護士がつく。
弁護士は，訴訟の当事者や関係人の依頼を受けて，事件の法律事務を行うことを職業とする有資格者である。

発展 

和解と調停

民事裁判では，裁判の途中でも，当事者どうしが話し合いで決着をつけ，裁判を終わらせる和解と，調停委員という第三者を交え，自分たちで話し合って決着をつける調停がある。調停で決定した内容には，当事者は必ず従わねばならない。

3 刑事裁判のしくみ

法律で犯罪と定められている事件（刑事事件）を裁く裁判を**刑事裁判**という。

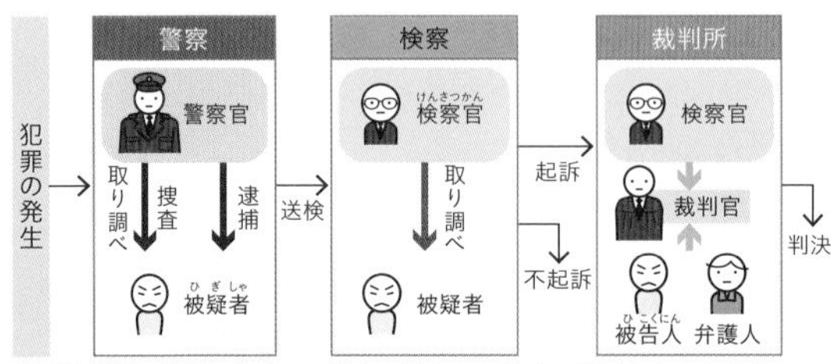

⬆**刑事裁判の進行**　検察は，警官と協力して捜査・逮捕を行う場合もある。

刑事事件が発生すると，警察官が，犯罪に関する証拠を収集し，捜査を行い，犯人を発見・逮捕する。必要がある場合は検察官も捜査を行う。

犯罪の疑いがあり，逮捕された者（**被疑者**）を**検察官**が取り調べ，犯罪の疑いが明らかなときは，検察官は裁判所に裁判の申し立てを行う（**起訴**）。明確な犯罪の証拠がない場合には，起訴しない（**不起訴**）。起訴された被疑者は**被告人**と呼ばれる。

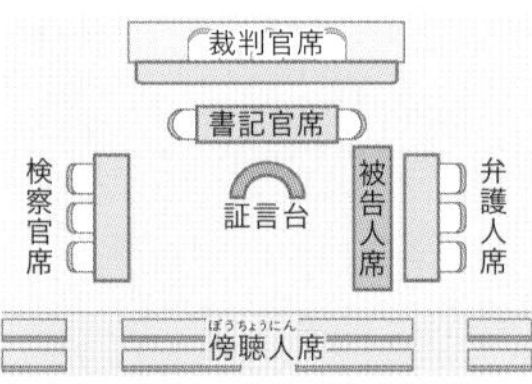

⬆**刑事裁判の法廷**

裁判官は，検察官と被告人の言い分をよく聞いて，刑法などの法律を適用し，有罪・無罪の判決を下す。有罪の場合には，罪に相当する刑罰を言い渡す。

4 検察制度と弁護人制度

❶**検察制度**…検察官は，公益を代表する国の機関で，犯罪の被疑者を裁判所に起訴し，法の正当な適用を請求する。また，捜査活動も行う。検察官は検察庁に属し，検察庁は裁判所に対応するかたちで組織され，**最高検察庁・高等検察庁・地方検察庁・区検察庁**がある。

❷**検察審査会**…検察官による不起訴や起訴猶予処分が

ミス注意

被疑者と被告人

被疑者は，犯罪の疑いがあるために逮捕された者のこと。検察官により起訴されると被告人と呼ばれる。

被告と被告人

民事裁判では，訴えられた者を被告と呼ぶが，刑事裁判では，訴えられた被疑者を被告人と呼ぶ。

裁判	訴えられる前	訴えられた後
民事裁判	—	被告
刑事裁判	被疑者	被告人

⬆**呼び方の変化**

発展

検察審査会

満20歳以上の国民の中から抽選で選ばれた11名の検察審査員が任期6か月で活動する。検察審査会が，同一事件で「起訴相当」の議決を2度続けて出した場合は，起訴の手続きが取られる。

くわしく

起訴猶予

検察官は，被疑者の犯した罪が軽い場合などには起訴を猶予することがある。

正しく行われているかどうかを審査するのが検察審査会である。被害者からの審査の請求があった場合には，処分の適否を審査する。

③ **弁護人制度**…被疑者や被告人の権利や利益を守るために，弁護人（弁護士の資格をもつ者）がつく。弁護人を経済的理由などで依頼できない場合，国の費用で裁判所が選任する**国選弁護人**がつく。

5 刑事裁判と人権

憲法や法律は，捜査や裁判の段階で人権が不当に侵されないように，いくつかのきまりを定めている。

●捜査や逮捕，取り調べ段階での人権の保障

❶ **令状主義**…警察官や検察官が，逮捕や押収などの強制処分を行う場合には，裁判官が交付する令状が必要であり，令状なしには逮捕や押収はできない。ただし，現行犯の場合の逮捕は例外である。

❷ **黙秘権の保障**…被疑者は取り調べに対して，自分に不利となる供述は強要されない権利(**黙秘権**)をもつ。

❸ **拷問の禁止**…拷問は憲法で禁じられており，拷問や強要による自白は証拠とすることはできない。

❹ **取り調べの可視化**…2019年から，裁判員裁判の対象となる事件や，検察が独自に捜査する事件で，原則として，逮捕されてから起訴までの，取り調べの全過程の録音・録画（可視化）が義務づけられた。

くわしく 

強制処分と令状

逮捕・押収（証拠物の差し押さえなどを行うこと）・捜索（所持品や住居などを調べる）などの強制処分には，それぞれ逮捕令状・押収令状・捜索令状などが必要で，令状なしにこうした強制処分はできない。こうした制度は，警察や検察などの国家権力の行き過ぎを抑制するためにとられているものである。

Q. 取り調べの可視化が始まったのはなぜ？

↑足利事件で無罪判決を受けた菅谷さん

（朝日新聞社/PPS通信社）

Hint 1990年の足利事件では，取り調べの際に警察官により，机をたたく，被疑者の髪の毛を引っ張る，足をける，などの暴行が行われた。その結果，被疑者は虚偽の自白を強いられ，無期懲役の有罪判決を受けたが，再審により無罪となった。

A. 適正な取り調べを行い，冤罪を防ぐため。

被疑者の取り調べには弁護士も立ち会えず，どんなことが行われているかは，捜査官と被疑者にしかわからなかった。捜査を急ぐあまり，強引な取り調べを行うこともあり，それらを防ぐために取り調べの可視化が義務づけられた。

●裁判段階での人権の保障

❶**裁判を受ける権利**…誰でも裁判所で裁判を受ける権利をもつ。これは刑事被告人の権利でもある。

❷**公開裁判の原則**…裁判は公開が原則である。

❸**証拠裁判主義**…犯罪を証明する明確な証拠がなければ，自白のみでは有罪とされない。「**疑わしきは罰せず**」が原則である。

❹**弁護人を依頼する権利**…私費，または国費で弁護人を依頼することができる。

4 司法の課題と司法制度改革

1 司法制度の課題

無実の罪で有罪の判決を受けることを**冤罪**というが，冤罪をなくすことは，司法にとっては最も重要な問題である。死刑判決後に**再審**となり，その結果，冤罪であったことが判明した例もある。

また，日本の裁判は時間や費用がかかり，外国と比べて弁護士が少ないため，国民にとっては利用しにくい制度となっている。

	アメリカ	イギリス	ドイツ	フランス	日本
弁護士数 人口10万当たり	1,257,732 (384.43)	153,906 (261.99)	166,370 (200.95)	67,081 (100.13)	41,155 (32.55)
検察官数 人口10万当たり	33,169 (10.14)	2,316 (3.94)	5,503 (6.65)	1,975 (2.95)	2,756 (2.18)
裁判官数 人口10万当たり	32,536 (9.94)	2,984 (5.08)	20,739 (25.05)	5,794 (8.65)	3,881 (3.07)

↑外国と比較した日本の法曹人口 （裁判所データブック2019）

2 司法制度改革

国民が利用しやすい司法制度にするため，**司法制度改革**が進められてきた。

裁判官・検察官・弁護士などの法曹人口を増やすため，2004年から**法科大学院**(**ロースクール**)が各地に設

発展

公開裁判の義務

裁判官は，全員一致で「公序良俗」に反するおそれを理由に，裁判の公開を停止することができる。ただし，政治犯罪，出版に関する犯罪，国民の権利などについての裁判は，公開裁判で行わなければならない。

くわしく

疑わしきは罰せず

「疑わしきは被告人の利益に」ともいう。

用語解説

再審

三審制による裁判を経て確定した判決に対して，新たな証拠の発見など裁判に重大な誤りが疑われるときに，裁判をやり直す制度。再審により，刑に服している人が無罪になった例は少なくない。

事件名 罪名	判決	再審結果
免田事件 強盗殺人	1952年 死刑	1983年 無罪確定
財田川事件 強盗殺人	1957年 死刑	1984年 無罪確定
松山事件 強盗殺人 ・放火	1960年 死刑	1984年 無罪確定
島田事件 殺人	1960年 死刑	1989年 無罪確定
足利事件 殺人	2000年 無期懲役	2010年 無罪確定

↑再審事件の例

置された。2005年には，知的財産に関する複雑な訴訟に対応する「**知的財産高等裁判所**」も設置され，2009年からは市民が裁判に参加する**裁判員制度**が始まった。

また，被害者などが刑事裁判に参加する**被害者参加制度**や，誰でも法律相談を受けることができる**日本司法支援センター**（**法テラス**）が設置され，無料の法律相談のほか，犯罪被害者支援の業務などを行っている。

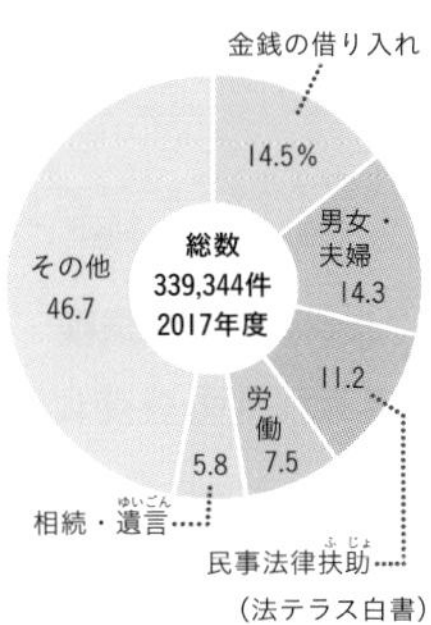

（法テラス白書）

↑法テラスへのサポートダイヤル問い合わせ分野別内訳

3 裁判員制度

2009年5月から，**裁判員制度**が始まった。これは，国民が裁判員として刑事裁判に参加し，被告人が有罪かどうか，有罪の場合どのような刑罰を科すかを，裁判官とともに決める制度である。国民の視点や感覚が裁判に反映されることや，国民の裁判への信頼と理解が深まることが期待されている。

裁判員が参加する事件は，地方裁判所を第一審とする殺人などの重大な刑事事件である。裁判員は，有権者のうち**満20歳以上**の者が抽選で選ばれ，**3人の裁判官**と**6人の裁判員**が公判に出席して審理を行う。

公判では，証拠を取り調べるほか，証人や被告人に対する質問が行われる。裁判員からも質問できる。

次に，証拠に基づいて，被告人が有罪か無罪か，有罪であればどんな刑にするかを，裁判官とともに議論（評議）し，決定（評決）することになる。

評決が決まると，法廷で裁判長が判決の宣告を行う。裁判員の仕事は，判決の宣告によって終了する。

裁判員には，評議の経過や職務上知り得たことを外にもらさない義務（**守秘義務**）があるが，その程度や範囲が問題となっている。また，裁判員の辞退が多い，公判日数が長い，裁判員の日常の仕事などへの影響が大きいといった問題もある。

裁判員裁判は地方裁判所の第一審のみであり，控訴審は裁判官のみで行われる。裁判員裁判の判決が控訴審でくつがえることもある。

裁判員を辞退できる人

満70歳以上，在学中の学生，過去5年間以内に裁判員や検察審査会の審査員を務めた人，重病や重傷で裁判所に行くのが困難な人，育児や介護などを行っている人，妊娠中の人，重要な仕事がある人など。

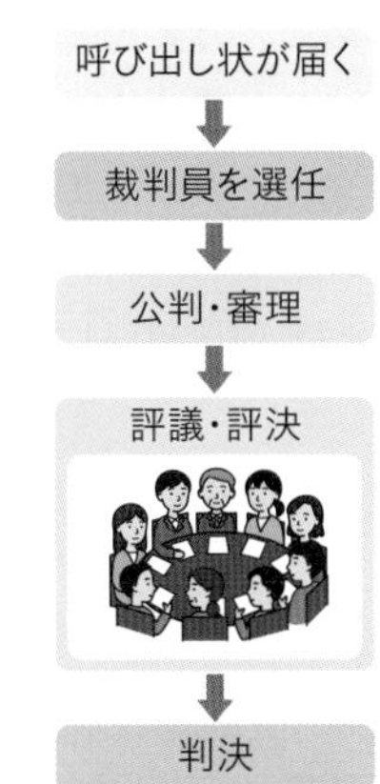

↑裁判員制度の手続き

5 三権の抑制と均衡(三権分立)

1 権力分立の基本原理

国家権力を**立法権**・**行政権**・**司法権**の3つに分散し，それぞれ別の機関に分担させることを**権力分立(三権分立)**という。権力分立の目的は，分散した国家権力が相互に抑制し合い，均衡を保つことで，国家権力の濫用を防ぎ，国民の権利と自由を守ることにある。

- **立法権**(法律を制定する権限)…**国会**(議会)に属する。
- **行政権**(法律に基づいて政治を行う権限)…**内閣**(大統領制では大統領)に属する。
- **司法権**(法律によって社会秩序を守る権限)…**裁判所**に属する。

2 権力分立論の展開

17世紀にイギリスの**ロック**は，立法権と行政権の二権分立を唱え，立法権の優越を主張した。18世紀にフランスの**モンテスキュー**がそれをさらに発展させ，著書**『法の精神』**の中で立法権・行政権・司法権を対等に位置づけ，権力相互の抑制と均衡を実現して国民の自由を守る三権分立を主張した（→p.482)。

この考え方を人民主権と結びつけたのが，1787年に制定された**アメリカ合衆国憲法**である。また，1789年のフランス人権宣言には，「権利の保障が確保されず，権力の分立が定められていないすべての社会は，憲法をもつものではない。」と規定され，以後，権力分立論は，民主政治の基本原理の1つとして確立された。

3 三権相互の抑制と均衡

権力分立（三権分立）には，大きく分けて，アメリカなどの大統領制（→p.516）と，日本やイギリスなどの議院内閣制の2つの形態がある。

❶**大統領制**…厳格な三権分立制で，三権は独立・対

くわしく 

国家権力の濫用

国家権力の濫用とは，国家が権力を勝手に行使することをいう。この結果，国民の権利や自由が奪われることが多くなる。

権力分立の考えは，絶対王政下の国王の専制政治に反対して理論づけられたものである。

史料 

すべての権力をもつ者は，それを濫用しがちだ。かれは極限まで権力を用いる。これは，今までの経験が示すところだ。

権力の濫用をなしえないようにするためには，権力が権力を抑制するように物ごとをうまくはこぶようにすることが必要である。（一部）

❶モンテスキュー『法の精神』

等。大統領は，国家元首・軍の最高司令官であり，国民の選挙で選ばれる。議会に議席をもたず，議会に対しては立法勧告権（教書送付権）や法案拒否権をもつ。また，閣僚は議員であってはならない。

❷**議院内閣制**…議会優位型の権力分立制で，行政府（内閣）は，議会の信任により成立し，議会と内閣は協力関係にある。行政府の構成員は，議会の議員であることを原則（日本では過半数は国会議員）とし，行政府は議会に対して責任を負う。

4 日本の権力分立

国会（立法権）・**内閣**（行政権）・**裁判所**（司法権）の間には，次のような抑制関係が設けられ，権力の集中を防ぐようになっている。

❶国会と内閣は，**議院内閣制**のしくみで結びついているが，国会（衆議院）の**内閣不信任決議権**と，内閣の**衆議院の解散権**とで均衡を保っている。

❷国会・内閣と裁判所との関係では，国会による裁判官の**罷免権**（弾劾裁判の実施），内閣による裁判官の**指名権・任命権**と，裁判所の**違憲立法審査権**や，命令・処分の**違憲審査権**とで均衡を保っている。

参考

アメリカの大統領の権限

立法勧告権や法案拒否権は，アメリカの大統領がもつ権限である。

①**立法勧告権**…大統領が教書（議会に送るメッセージ）によって議会に立法を勧告する権限。

②**法案拒否権**…大統領が議会の議決した法律案に反対するとき，1回に限り署名することを拒否し，議会に差し戻す権限。

くわしく

議会優位型の権力分立制

議会が内閣不信任案を可決すれば，一般に内閣は総辞職となる。

また，内閣総理大臣とほかの国務大臣は原則として国会議員であり，内閣は議会を母体としている。このようなことから，議院内閣制は議会優位型と呼ばれる。

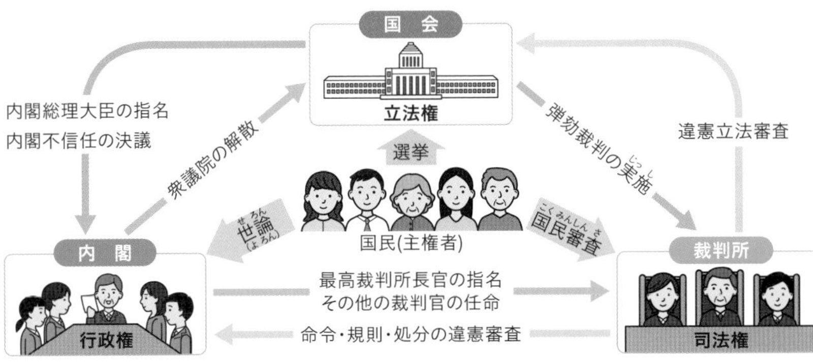

↑わが国の権力分立制

国民の政治参加

現代の民主政治は，国民の代表者（議員）を選挙で選び，議会を通して行われている。
そのため，選挙は国民が政治に参加する重要な機会となる。
日本の選挙制度や，政治と国民を結びつける政党などについて学習しよう。

1 選挙と選挙制度

1 選挙の役割と選挙権の拡大

選挙は，主権者である国民が政治に参加する最大の機会であり，代表者（議員）を選び，**議会政治**を実現するために最も重要な役割をもつ。

わが国では，明治(めいじ)時代の1890年，初の衆議院議員選挙が行われた。選挙権は，直接国税を15円以上納める満25歳(さい)以上の男子のみにあった。大正(たいしょう)時代の1925年には**普通(ふつう)選挙法**が成立し，満25歳以上の男子全員に選挙権が認められた。昭和時代の1945年，戦後の民主化の中で**女性の参政権**が確立し，満20歳以上の男女に選挙権を認める**普通選挙**が実現した。そして，平成時代の2015年には，選挙権年齢が満18歳以上の男女に引き下げられた（施行は2016年）。

2 選挙の原則

わが国では，公正に国民の代表者を選ぶために，次のような選挙の四原則が確立されている。

- **普通選挙**…**満18歳以上**の男女に選挙権を認める。
- **秘密選挙**…すべての選挙は，投票用紙に投票者の氏名を書かない無記名投票である。
- **平等選挙**…**1人1票**で，投票の価値はすべて等しい。
- **直接選挙**…有権者が，候補者を直接選ぶ。

データFILE

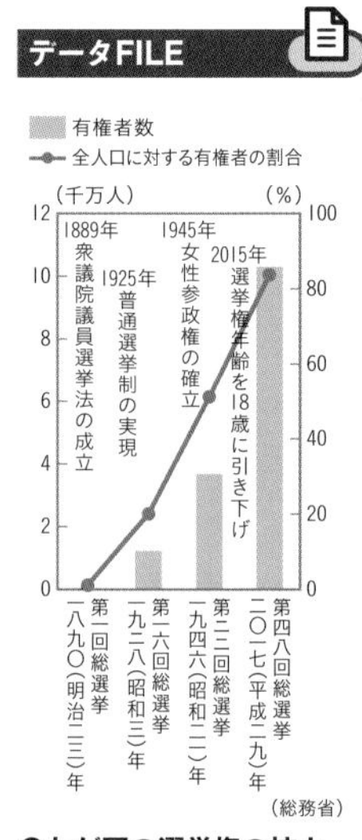

↑わが国の選挙権の拡大

用語解説

普通選挙
選挙権（代表者を選ぶ権利），被(ひ)選挙権（代表者として立候補できる資格）を納税額などで制限せず，一定の年齢(ねんれい)に達したすべての国民に与(あた)える選挙制度。

3 わが国の選挙と選挙制度

選挙のしくみは，1950年に制定された**公職選挙法**で，選挙権・被(ひ)選挙権・選挙手続きなどが詳(くわ)しく規定されている。

❶ **選挙権と被選挙権**…選挙権は，満18歳以上の日本国民が有する。被選挙権は，衆議院議員，都道府県議会議員や市（区）町村議会議員，市（区）町村長が満25歳以上，参議院議員と都道府県知事が満30歳以上である。

		被選挙権	選挙権
国会	衆議院議員	満25歳以上	満18歳以上の日本国民
国会	参議院議員	満30歳以上	満18歳以上の日本国民
地方公共団体	都道府県 知事	満30歳以上	満18歳以上の日本国民（3か月以上，その地域内に住所を有する者）
地方公共団体	都道府県 議員	満25歳以上	満18歳以上の日本国民（3か月以上，その地域内に住所を有する者）
地方公共団体	市（区）町村 市（区）町村長	満25歳以上	満18歳以上の日本国民（3か月以上，その地域内に住所を有する者）
地方公共団体	市（区）町村 議員	満25歳以上	満18歳以上の日本国民（3か月以上，その地域内に住所を有する者）

↑選挙権と被選挙権

❷ **選挙管理機関**…公正な選挙が行われるように，選挙事務を監督(かんとく)するため，国に中央選挙管理会，都道府県と市（区）町村に**選挙管理委員会**がある。市（区）町村の選挙管理委員会が，投票権のある者の氏名などを記載(きさい)した選挙人名簿(めいぼ)を作成する。

❸ **選挙公営**…経済的に余裕(よゆう)のない候補者にも選挙運動を保障し，公正な選挙の実現を図るため，国や地方公共団体が，ポスター印刷代やビラ印刷代など選挙費用の一部を負担する。

❹ **選挙運動**…立候補を届け出た日から，投票日の前日までに限られる。戸別訪問などは禁止されている。

❺ **投票の方法**…投票日に指定された投票所で，無記名投票を行う。投票時間は午前7時から午後8時が原則である。ただし，前もって投票できる**期日前投票**が認められている。

用語解説 

選挙人名簿

選挙権のある者の氏名・住所・性別・生年月日などを記載(きさい)した公の名簿。継続(けいぞく)して3か月以上その地域に住んでいる者を登録する。

発展 

供託金(きょうたくきん)制度

無責任な立候補を制限するため，立候補の際に一定の金額を選挙管理委員会へ預けさせる制度。一定の得票数が獲得(かくとく)できないときには，供託金は没収(ぼっしゅう)される。供託金制度が立候補の自由を制限するものであるとの批判もある。

項目	金額(円)
人件費	1,155,000
家屋費	2,673,171
通信費	148,163
交通費	380,706
印刷費	2,621,468
広告費	3,888,000
文具費	21,179
食料費	294,273
休泊費	214,200
雑費	1,244,071
合計	12,640,231

↑ある議員の2017年衆議院選挙運動費用（総務省）

発展 

インターネット選挙運動

2013年に公職選挙法が改正され，インターネットを利用して一部の選挙運動が可能となった。ただし，投票はできない。

4 選挙制度の種類

議員を選ぶ選挙制度には，小選挙区制，大選挙区制，比例代表制などがある。

小選挙区制は，1選挙区から1人の代表を選出する選挙制度である。最高得票者1名のみが選出される。各選挙区で1名しか当選しないため，有力な候補者を多くもつ大政党に有利になりやすい。また，1名しか当選しないため国民の少数意見が反映されにくく，**死票**が多くなる。

大選挙区制は，1選挙区から2人以上の代表を選出する選挙制度である。獲得票数の多い者から順に定数に達するまで選出される。各選挙区で複数名当選するため，小政党の候補者も当選しやすい。国民のさまざまな意見が比較的反映されやすく，死票が少なくなるが，小党分立を招きやすい。

日本の**比例代表制**は，各政党の得票数に応じて議席を各政党に配分する選挙制度である。国民の支持政党の割合を，できる限り反映させようとする制度であり，国民のさまざまな意見が比較的反映されやすく，死票が少なくなるが，小党分立を招き，政権が不安定になりやすい。

- ●**衆議院議員の選挙**…議員数465名のうち，289名を小選挙区制で選び，176名を比例代表制で選ぶ。この方法は，**小選挙区比例代表並立制**と呼ばれている。
- ●**参議院議員の選挙**…議員数248名のうち，148名を43都道府県と2つの合区を選挙区とした選挙区制で選び，残り100名を全国を1つの単位とした比例代表制で選ぶ。ただし3年ごとに半数を改選する。また，2018年の公職選挙法改正で，議員数は242名から248名になったが，3年ごとに半数を改選するため，2019年の選挙で245名，2022年の選挙で248名となる。(→p.509)

用語解説

死票
選挙で落選者に投票された票。

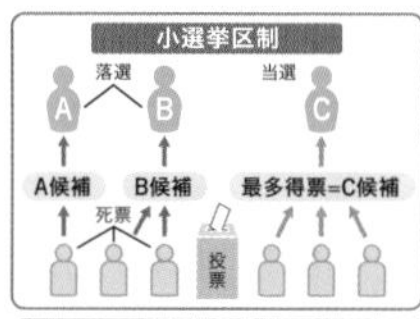

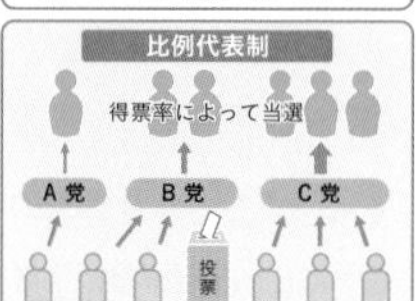

↑**小選挙区制と比例代表制**

	A党	B党	C党
得票数	600	420	240
÷1	①600	②420	④240
÷2	③300	210	120
÷3	200	140	80

↑**比例代表制の議席配分（ドント式）** 得票数を整数で割り，数字の大きい順に議席（ここでは4名）が配分される。

くわしく

参議院議員選挙の比例代表制
政党名または候補者名を書いて投票する非拘束名簿式となっている。（衆議院議員選挙の比例代表制は，政党名を書いて投票する。）
なお，2019年の選挙から，比例代表制において「特定枠」が導入された。これにより，あらかじめ候補者に順位をつけて登録し，優先的に当選させることが可能になった。

5 選挙をめぐる問題

最近の選挙では，若年層(じゃくねん)を中心に選挙を棄権(きけん)する人が多く，投票率が低いことが問題になっている。なぜなら，若年層の意見が政治に反映されにくく，一部の人々によって政治が決められてしまう可能性があるからである。棄権の原因としては，政治に対する無力感・無関心・不信感などがある。

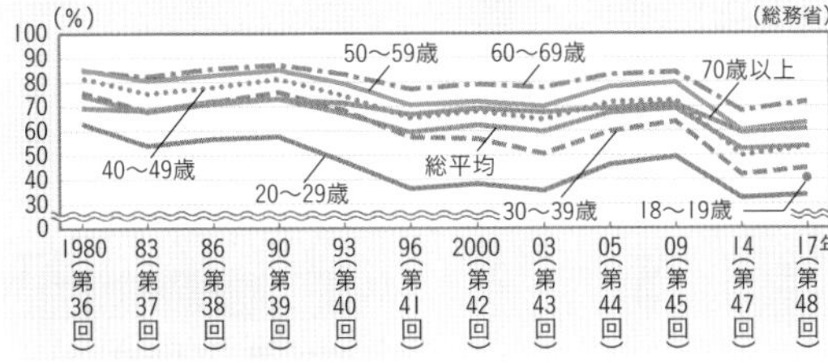

⬆衆議院議員選挙の投票率の推移

また，**一票の格差**をめぐる問題がある。これは，選挙区ごとの議員1人あたりの有権者数が異なり，一票の重み（投票価値）に違(ちが)いが生じるという問題で，**法の下(もと)の平等**を定めた憲法に違反(いはん)する恐れがある。最高裁判所は，違憲状態（合理的な期間の間に是正(ぜせい)されなければ違憲となる状態）であるとする判決を何度も出しているが，選挙自体が無効になるという判断を下したことはない。

データFILE

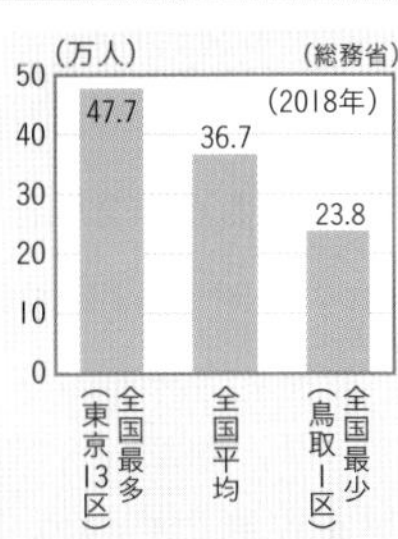

⬆**衆議院小選挙区における議員1人あたりの有権者数**

有権者の多い選挙区ほど一票の価値が低く，有権者の少ない選挙区ほど一票の価値が高くなる。

発展

アダムズ方式

選挙区の人口を一定の数値で割り，得られた商の小数点以下を切り上げて定数を決める方式。アメリカ合衆国の第6代大統領アダムズが考案した。選挙区の人口比をより反映しやすく，一票の格差解消のために，2020年の国勢調査の結果をもとに衆議院選挙での導入が決まっている。

思考力UP

Q. 一票の格差が広がると，どのような問題が起こる？

Hint　一票の格差とは，選挙区によって，議員1人あたりの有権者数に格差があるということ。議員1人あたりの有権者数が多い選挙区では，少ない選挙区より，たくさん得票しないと当選しないため，一票の価値が低くなってしまう。

A. 法の下の平等に違反する可能性がある。

2018年の衆議院小選挙区の最多有権者数は47万6662人の東京13区，最少は23万7823人の鳥取1区で，一票の価値に2倍以上の差がある。有権者の一票の価値が選挙区によって異なる状況(じょうきょう)は，憲法第14条の法の下の平等に違反する可能性がある。

❷ 世論と政党

1 世論とマスメディア

世論(せろん・よろん)とは，政治や社会などについての多くの人々の意見を集約したものであり，政治は一般に世論を参考に行われる。マスメディアは世論形成に強い影響(えいきょう)力をもつため，その責任は重大であり，公正で迅速(じんそく)な報道が求められる。そのため，国家によるマスメディアへの干渉(かんしょう)は排除(はいじょ)されなければならない。

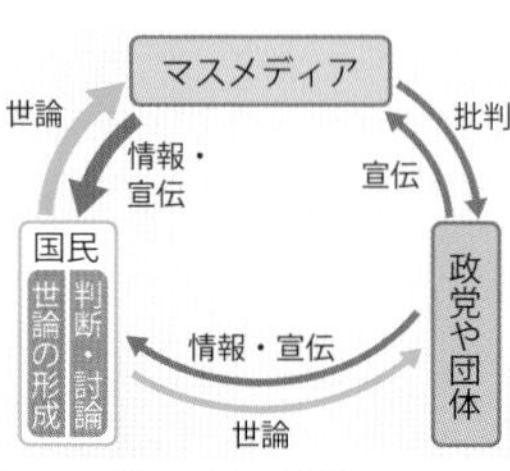

⬆マスメディアの役割 マスメディアは，国民の意見を政治に反映させるうえでも大きな役割を果たす。そのため，正確で公正な情報を国民に提供する義務がある。

また，国民はマスメディアの情報をうのみにするのではなく，さまざまな角度から批判的に読み取り，正しい情報を見抜(ぬ)き，その上で適切に利用する力（**メディアリテラシー**）を養うことが求められている。

2 世論の政治への反映

選挙のほかにも，国民の意見（世論）を政治に反映させる手段として，さまざまなものがある。

国民は，**請願権**(せいがん)（→p.499）を行使し，要求の実現を求めて国や地方公共団体に対してはたらきかけることができる。そのため，集団でのデモ行進や街頭での署名活動なども行われる。

また，特定地域の問題で地域住民によって行われる**住民運動**や，公害・消費者問題などについて，多くの人々と連帯して解決を図ろうとする**市民運動**なども政治へのはたらきかけである。

くわしく 

マスメディアの危険性

マスメディアとは新聞・テレビ・ラジオ・雑誌など，不特定多数の人々に大量の情報を伝える媒体(ばいたい)のこと。

マスメディアが一部の人々に都合よく利用されると，国民は誤った方向に導かれ，意図的に世論が形成される危険性がある。

ドイツのヒトラーは，世論操作をたくみに行ったことで知られる。

発展 

利益集団（圧力団体）

政府や議会などに圧力をかけ，政策決定に影響をあたえ，自分たちの要求を実現しようとする団体。日本経団連(けいだんれん)（日本経済団体連合会）などの経営者団体や連合（日本労働組合総連合会），日本医師会，農業協同組合などがこれにあたる。

利益集団の要求が，つねに国民全体の利益と一致(いっち)するとは限らない。

3 政党とそのはたらき

現代の議会政治は，政党の政治活動を中心に成り立つ**政党政治**を通して行われている。

政党とは，主義や政策について共通の意見をもつ人々の集団であり，選挙を通じて政権を獲得(かくとく)し，政策の実現を図るための活動を行う。

政党は，17世紀にイギリスで起こり，議会政治とともに発達した。わが国では，明治(めいじ)時代の初期に結成され，大正(たいしょう)時代に発達したが，第二次世界大戦中には解散させられた。第二次世界大戦後，政党政治が本格化したが，合併(がっぺい)や分離(ぶんり)を繰り返し，今日に至っている。

政党は世論を代表し，国民の意思を政治に反映させるはたらきがある。そのために政党は，選挙では**公約**を示して具体的な政策を国民に訴(うった)え，議会で多くの議席を得ることを目指す。

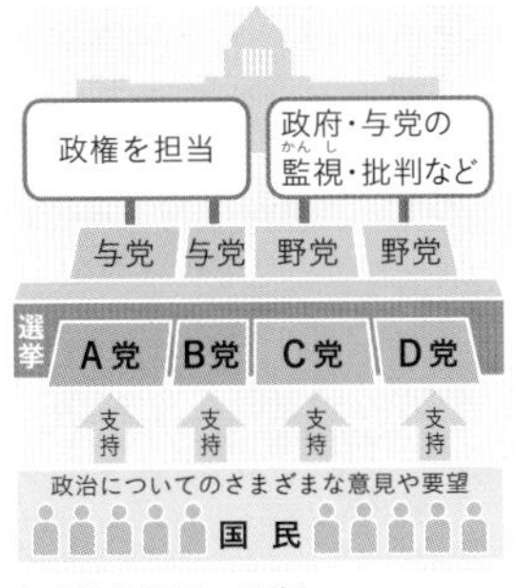

❶政党と国民の関係

政党は，政権を担当(たんとう)しているか否(いな)かで以下の二種類に分類することができる。

❶**与党(よとう)**…議会で多くの議席を占(し)め，**政権を担当している政党**。内閣を組織して，独自の政策を決定して実行できる立場にある。

❷**野党**…議会の少数党。与党と対立する立場の政党。政府・与党の政策を批判し，自分たちの政策の実現を目指して活動する。

政党の活動には多額の資金が必要であるが，企業(きぎょう)や団体と政治家がお金を通じて不正に結びつかないよう，**政治資金規正法**で，企業や団体からの政治家個人への献金(けんきん)は厳しく制限されている。そのかわりに，**政党助成法**により，国から各党に政党交付金が交付されている。

くわしく

政党制の形態

多党制…日本などでみられ，少数意見が反映されやすいが，政局が不安定になりやすい。

二大政党制…アメリカ合衆国やイギリスなどでみられ，政局は安定するが，少数意見は反映されにくい。

一党制…中国などでみられ，指導力は強いが，国民の意見は反映されにくく，独裁政治となる恐れもある。

用語解説

公約

政党や候補者が有権者に示す政策目標。財源，期日など具体的な数値を示したものを政権公約（マニフェスト）として区別することもある。

くわしく

野党の役割

政府・与党の政策を監視・批判するとともに，与党の数の力による議会支配を防ぎ，議会を民主化するはたらきをもっている。

二大政党制のイギリスなどでは，野党は影(かげ)の内閣（シャドーキャビネット）を組織して，政権交代に備えている。

4 わが国の政党政治

1955年に自由民主党（自民党）が誕生して与党（よとう）となり，最大野党の日本社会党との二大政党制が長く続いた（**55年体制**）。1993年の総選挙で自民党は過半数に達せず，非自民党の8党派による**連立政権**が誕生し，自民党が一党優位の55年体制は終わりを告げた。1994年に，再び自民党が与党に復帰し，その後，約15年間のほとんどの時期，自民党が中心の連立政権が続いたが，2009年の総選挙では，民主党が多くの議席を獲得（かくとく）した。その結果，それまでの自民党中心の連立政権がくずれ，民主党を中心とする連立政権が成立して政権交代が起こった。しかし，2012年の総選挙では，再び自民党が多くの議席を獲得し，自民党と公明党の連立政権が続いている。

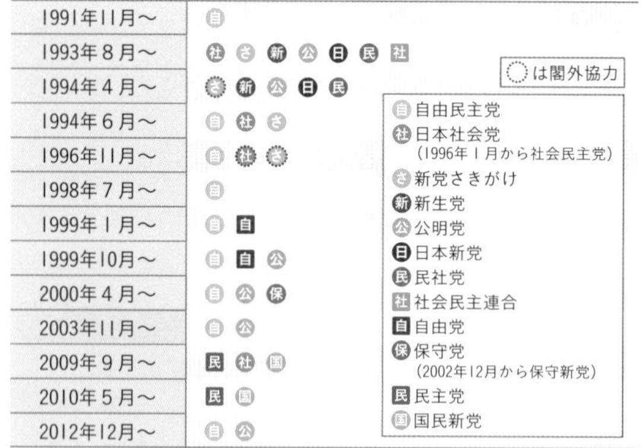

⬆1990年代以降の主な与党の移り変わり

用語解説

連立政権
複数の政党が協定を結んで組織する政権。1つの政党が選挙で過半数の議席を確保できなかった場合などにつくられる。連立内閣ともいう。

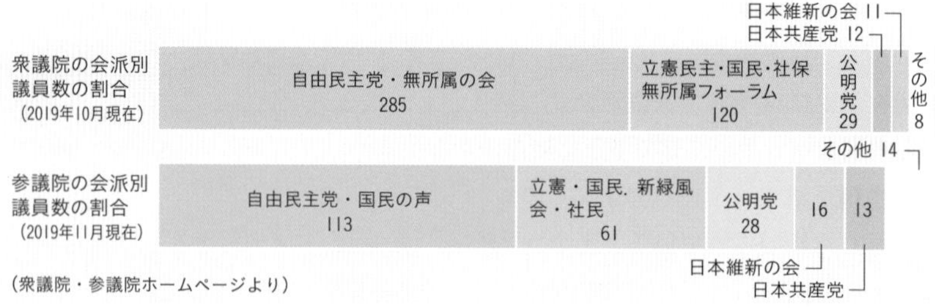

⬆会派（党派）別の議員数

地方の政治と自治

都道府県や市(区)町村を地方公共団体(地方自治体)といい,各地方公共団体は,地域の実情に合った政治(地方自治)を行っている。
地方自治のしくみや地方公共団体の仕事などについて学習しよう。

1 地方自治のしくみ

1 地方自治の確立と地方公共団体

地域住民が,地域の実情に合わせて政治を自主的に行うことを**地方自治**という。地方自治は,国民の最も身近な政治参加の機会であることから,「**民主主義の学校**」と呼ばれている。

地方自治を行う**都道府県**や**市(区)町村**を**地方公共団体(地方自治体)**という。地方公共団体には議決機関としての**地方議会**と,執行(しっこう)機関としての**首長**がある。

憲法は,第8章に地方自治に関する基本原則を定め,**地方自治法**で,地方公共団体の組織や運営のほか,直接請求(せいきゅう)権など住民の権利も定めている。

2 地方議会のしくみ

都道府県には**都道府県議会**,市(区)町村には**市(区)町村議会**がある。地方議会の議員は,住民の**直接選挙**で選ばれ,被(ひ)選挙権は**満25歳(さい)以上**,任期は**4年**である。

地方議会の仕事は,**条例の制定・改廃(かいはい)**,**予算の議決**,決算の審査(しんさ)などのほか,法令に定められたことがらについて議決する。また,首長の任命する副知事や副市(区)町村長,行政委員会の委員の任命について同意を与(あた)える同意権や,地方公共団体の事務に関する調査を行う事務調査権がある。

参考 

特別区
東京23区は特別区と呼ばれ,市とほぼ同じ権限をもつ地方公共団体である。

くわしく 

地方自治の基本原則
住民の意思に基づいて地方の政治を行うこと(住民自治)と,地方公共団体が国から自立して地方の政治を行うこと(団体自治)の二つである。

用語解説 

条例
地方議会が,法律の範囲(はんい)内で定める法。その地方公共団体にのみ適用され,罰則(ばっそく)も設けることができる。

3 執行機関のしくみ

地方議会で可決された条例や予算に基づいて，地域の行政を行う機関を執行(しっこう)機関という。執行機関には，首長である**都道府県知事**や**市(区)町村長**，補助機関として副知事，副市(区)町村長，そのほか，さまざまな行政委員会・委員が置かれている。

首長は，住民の直接選挙で選ばれる。被(ひ)選挙権は，知事は**満30歳(さい)以上**，市(区)町村長は**満25歳以上**で，任期は**4年**である。

首長は，予算や条例の案を作成して議会に提出するほか，事務を管理し，職員を監督(かんとく)する。

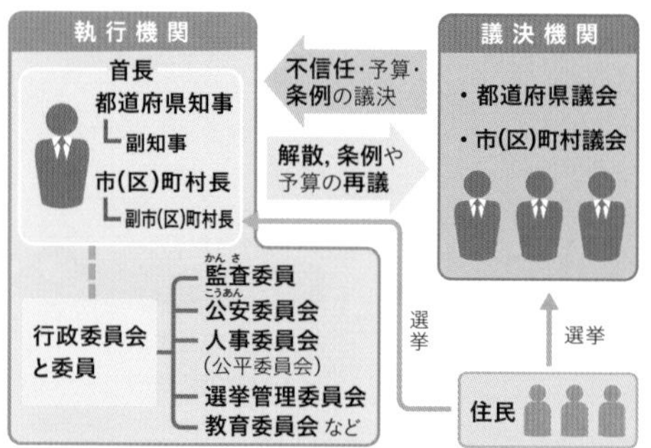

⬆地方公共団体のしくみ

4 首長と地方議会の関係

首長と地方議会議員は，どちらも住民の直接選挙で選ばれており（**二元代表制**），対等の立場にある。どちらか一方に権力が集中するのを防ぐため，国会と内閣の関係と同じように，お互いに抑制(よくせい)し合う，次のようなしくみがとられている。

●**議会の不信任決議**…議会は首長の不信任決議を行うことができ，その場合，首長は**10日以内**に議会を解散しなければその職を失うことになる。

●**首長の再議要求**…首長は，地方議会が行った，条例の制定・改廃(かいはい)，予算の議決に異議がある場合，地方議会に再議を要求することができる。

発展

副知事・副市(区)町村長
首長が議会の同意を得て選任する。

くわしく

行政委員会
政治的な中立性を必要とする分野で，首長からある程度独立して設置された執行機関。次のようなものがある。

- ●教育委員会…教職員の任免(にんめん)や学校教育，社会教育，文化などに関する仕事を行う。
- ●公安委員会…警察の仕事を管理するため，都道府県に設置される。
- ●選挙管理委員会…選挙に関する仕事を行う。
- ●監査委員…地方公共団体の事務（お金の出し入れなど）の監査を行う。

❷ 地方公共団体の仕事と財政

1 地方公共団体の仕事

地方公共団体は，土木・建設，教育と文化の振興，警察・消防，福祉など住民の生活に密着したさまざまな仕事や，国政選挙の事務など，国から委託された仕事を行っている。

2 地方財政の歳入と歳出

地方財政とは，地方公共団体の経済活動のことで，地方公共団体の**歳入**（収入）と**歳出**（支出）をいう。

歳入には以下のような種類がある。

❶ **地方税**…地方公共団体が住民や企業から徴収する税金。道府県税と市(区)町村税がある。

❷ **地方債**…地方公共団体が**公債**を発行して得たお金。

❸ **国からの支出**

a) **地方交付税交付金**…地方公共団体間の財政格差を是正するために国が支出するお金。**使いみちは指定されない。**

b) **国庫支出金**…義務教育や公共事業などについて，国が**使いみちを指定**して支出するお金。

用語解説 

公債

地方公共団体が発行する地方債と国が発行する国債をまとめて公債と呼ぶ。歳入が不足したときに発行する(→p.582)。

くわしく

歳出の種類

住民の社会福祉にあてる民生費，学校教育のための教育費，道路・橋の建設のための土木費などがある。

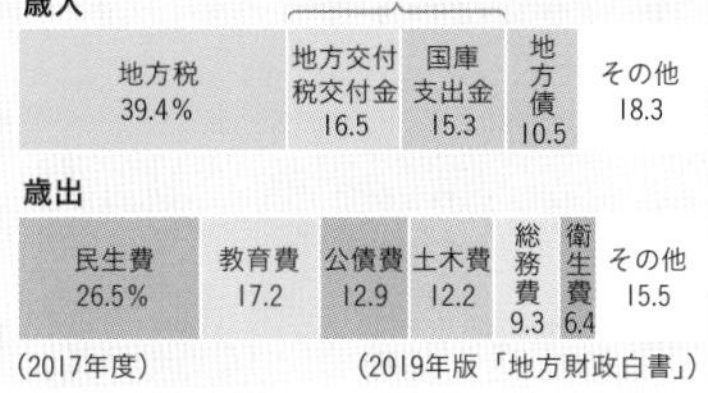

⬆地方財政の内訳

思考力UP

Q. 東京都が地方交付税交付金を配分されていないのはなぜ？

Hint 東京都と鳥取県の歳入のグラフを比べると，東京都は地方交付税交付金が0%なのに対し，鳥取県は40%近くを占めている。また，地方税では，東京都は約75%で，鳥取県は約18%である。

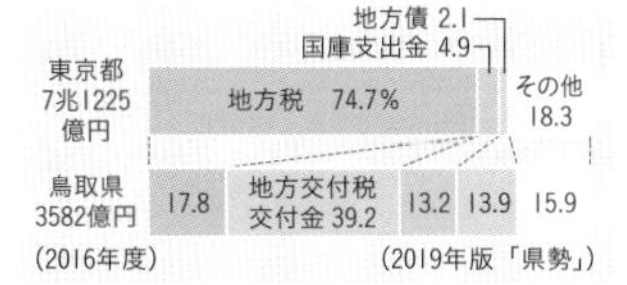

A. 東京都は人口や企業の数が多く，地方税が多く集まるため。

地方交付税交付金は，地方公共団体間の財政格差を是正するための財源である。東京都は自主財源である地方税が圧倒的に多いため，配分する必要がないのである。

3 地方自治の課題

地方財政は，かつては自主財源が30％程度で，国からの地方交付税交付金などの依存財源に頼る割合が大きいことから**「三割自治」**といわれた。また，地方公共団体は国の下部組織のように動くことが多かった。そこで，1999年，**地方分権一括法**が成立し，地方公共団体の自主性が大きく高められた。

また，財源確保のために，地方公共団体が地方債を発行することもあるが，これを繰り返すと，借金の返済が財政を大きく圧迫し，住民にとって真に必要なサービスを提供することができなくなってしまう可能性がある。そのため，地方公共団体は事業を縮小したり，職員を減らしたりするなどの努力を行っている。

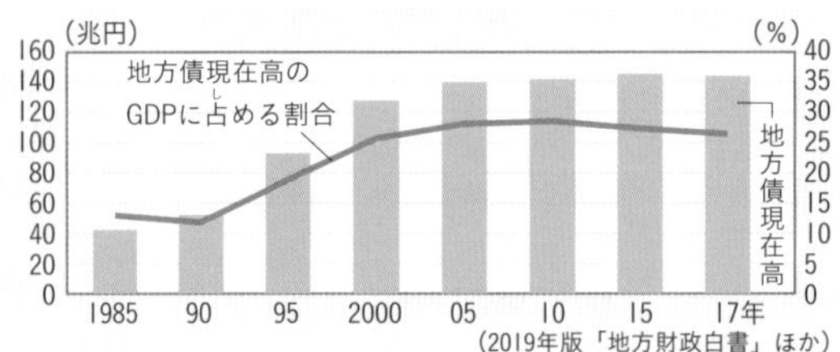

⬆地方公共団体の借金

2007年には，**自治体財政健全化法**が制定され，財政状態がよくない地方公共団体の財政の健全化を促すこととなった。また，財政悪化の地方公共団体には，国が監督し，立て直しを図ることにした。

このほか，仕事の効率化や財源の安定化などを目指して，1999年から2010年にかけて，**「平成の大合併」**と呼ばれる市町村の合併が進んだが，依然として課題をかかえる地方公共団体も多い。

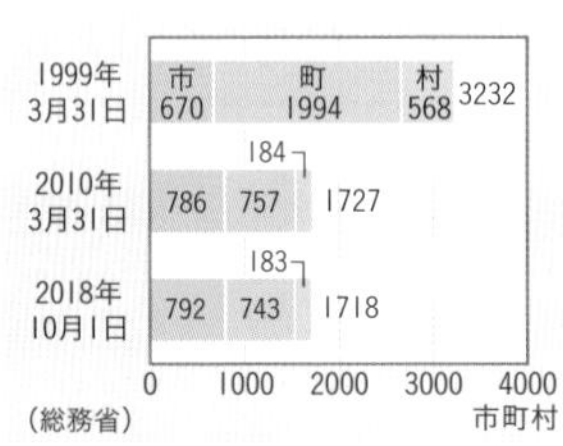

⬆市町村数の推移

用語解説

自主財源，依存財源
地方公共団体が自ら徴収する地方税を自主財源，それ以外を依存財源という。

地方分権一括法
地方自治法を含め，都市計画法などの関係法を一括して改正したもので，2000年4月から施行された。
中央集権から地方分権に変えていくための法律。

発展

ふるさと納税
地方公共団体の財源不足を補う一つの方法として認められた制度。自分の希望する地方公共団体に寄付した場合，住民税額から一定額が免除される。地方公共団体は，「ふるさと納税」者に，特産品などを返礼品として送ることができるが，制度の趣旨に反して，高額の返礼品や特産物以外の品を送る地方公共団体が続出したため，2019年6月から返礼品に条件を課すよう法律が改正された。

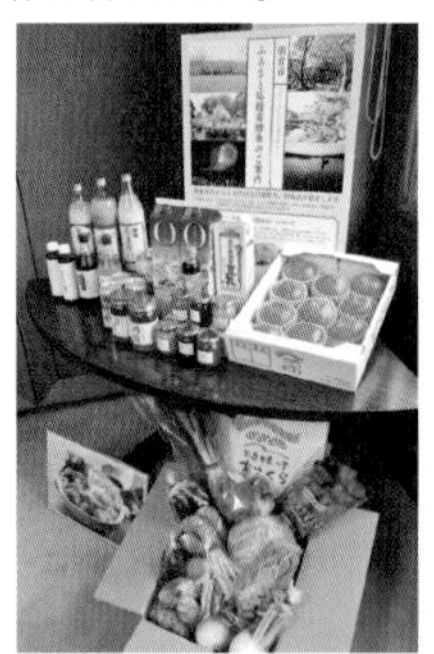

⬆ふるさと納税の返礼品の一例 (朝日新聞社／PPS通信社)

❸ 地方自治と住民参加

1 住民の権利

地方自治では，住民が，選挙で首長や地方議会議員を直接選ぶことで政治に参加できるほかに，直接意思を表示できるように直接民主制が採用されている。

地方自治法では，住民が一定数の署名を集めて請求を行う**直接請求権**を保障しており，憲法第95条では，特定の地方公共団体のみに適用される法律の制定には，その地方公共団体の住民による**住民投票**（レファレンダム）が必要であると定めている。

2 直接請求権

直接請求権には，次のようなものがある。

❶**条例の制定・改廃の請求**…条例を制定・改廃（改正・廃止）するのは地方議会の権限であるが，住民も議会で審議するように請求できる。

❷**監査請求**…住民は，地方公共団体の財政事務などが正しく行われているかどうかの監査を請求できる。

❸**解職請求（リコール）**…住民は，地方議会議員，首長，副知事，副市（区）町村長などの解職を請求できる。

❹**解散請求**…住民は，地方議会の解散を請求できる。

発展

国民発案

国民が直接，法の制定・改廃などを提案することを国民発案（イニシアチブ）という。わが国では，地方公共団体において，住民が，条例の制定・改廃を一定数の署名とともに請求できる権利が認められている。

なぜ？

直接請求権の署名数の違い

解職請求や解散請求は，ほかの請求に比べ必要な署名数が多い。これは，代表者の地位や職を奪うには，より慎重・厳重な手続きが求められるからである。

署名数が緩和される理由

有権者が40万人を超える大きな地方公共団体では，より署名を集めやすくするために，解職請求や解散請求に必要な署名数が緩和された。

直接請求		法定署名数	請求先	請求の効果
条例の制定・改廃の請求		有権者の50分の1以上	首長	●首長が地方議会に付議➡地方議会の決議➡結果公表
監査請求			監査委員	●請求事項を監査➡結果を公表・報告
解職請求	首長・議員	有権者の3分の1＊以上	選挙管理委員会	●住民投票➡過半数の同意があれば職を失う
	その他の役職員		首長	●首長が地方議会に付議➡3分の2以上出席➡4分の3以上の同意で職を失う
解散請求			選挙管理委員会	●住民投票➡過半数の同意があれば解散

⬆**直接請求の種類とその内容**　＊有権者数が40万人を超える場合は，40万人を超えた分の人数の６分の１と，40万人の３分の１を合計した数。有権者数が80万人を超える場合は，80万人を超えた分の人数の８分の１と，40万人の６分の１と，40万人の３分の１を合計した数。

3 直接請求権以外の住民の権利

❶**住民投票**（レファレンダム）…憲法第95条には，国会が特定の地方公共団体のみに適用される**特別法**を制定しようとする場合，その地方公共団体の住民投票によって，住民の過半数の賛成がなければ，制定することができないと定められている。

このほかに，地域の重要問題に対しては，住民の意思を直接確認することが必要だとして，**条例に基づく住民投票**を実施する地方公共団体も増えている。ただし，投票結果には法的な拘束力はない。

❷**請願**…住民の意思を地方自治に反映させるしくみの1つ。地方議員の紹介で，住民が請願書を地方議会に提出する。

4 住民の政治参加

住民運動は，公害や環境破壊に反対する運動などから起こり，住民の地方自治における政治参加が進んだ。その後，村おこし・町おこしといった新しい地域づくりへの取り組み，また，行政を監視する**オンブズマン**（**オンブズパーソン**）**制度**や情報公開制度，プライバシー保護などを進める地方公共団体も増えた。

国際化が進む中で，外国人の地方公務員への採用問題，外国人の**地方参政権**の問題なども地方公共団体が解決しなければならない問題である。

また，東日本大震災などの被災地の復興や，地球温暖化に伴う気候変動が引き起こすさまざまな災害から，人々を守るなどの問題もある。

こうした環境問題や災害からの復興，また，高齢化に伴う問題などについては，地方公共団体の互いの協力，地域住民のボランティア活動による支援や**NPO**（民間の非営利組織）などとの協力も必要である。

参考

特別法の例
原爆で被災した市の復興のため，財源確保を目的とした特別法である広島平和記念都市建設法（1949年），長崎国際文化都市建設法（1949年）など。

住民投票条例による投票の例
新潟県巻町（現新潟市）…条例による日本初の住民投票。原子力発電所の建設の賛否が問われた（1996年）。
沖縄県…普天間飛行場の代替地としての辺野古の海岸部の埋め立ての賛否が問われた（2019年）。

用語解説

オンブズマン（オンブズパーソン）制度
政府や地方公共団体の活動を監視し，これらに対する国民（住民）の苦情を処理する制度。1809年にスウェーデンが世界で初めて採用。日本では，1990年に神奈川県川崎市が初めて導入した。

⬆オンブズマン制度のしくみ

CHECK 確認問題

第3章

現代の民主政治と日本の社会

問題 各問いに答えましょう。また，（　）に当てはまる語句を選びましょう。

問題	解答
❶「国会は，(国民　国権)の最高機関」（第41条）である。	① 国権
❷ 衆議院は，議員の任期が(4　6)年で，解散がある。	② 4
❸ 毎年1月に召集される国会は何か。	③ 常会(通常国会)
❹ 裁判官を罷免するかどうかを決定するため，国会に設置される裁判所は何か。	④ 弾劾裁判所
❺ 衆議院と参議院の委員会での審議の際に，利害関係者や学識経験者から意見を聞くために開かれる会は何か。	⑤ 公聴会
❻ 国務大臣の(過半数　全員)は国会議員でなければならない。	⑥ 過半数
❼ 内閣が国会の信任に基づいて成立し，国会に対して連帯責任を負うしくみは何か。	⑦ 議院内閣制
❽ 内閣は最高裁判所長官を(任命　指名)する。	⑧ 指名
❾ 民間企業に対する国や地方公共団体の規制を緩めたり廃止したりすることは何か。	⑨ 規制緩和
❿ 法律・命令などが憲法に違反していないかどうかを判断する，裁判所の権限は何か。	⑩ 違憲立法審査権（違憲審査権，法令審査権）
⓫ 同一事件について，3回まで裁判が受けられる制度は何か。	⑪ 三審制
⓬ 2009年から始まった，市民が裁判に参加する制度は何か。	⑫ 裁判員制度
⓭ 一定年齢以上のすべての国民に選挙権を認める選挙は何か。	⑬ 普通選挙
⓮ 得票数に応じて議席を各政党に配分する選挙制度は何か。	⑭ 比例代表制
⓯ 選挙区ごとの議員1人あたりの有権者数が異なることから生じる選挙の課題は何か。	⑮ 一票の格差
⓰ 地方自治の組織や運営などについて定めた法律は何か。	⑯ 地方自治法
⓱ 義務教育や公共事業などについて，国が使いみちを指定して，地方公共団体に支出するお金は何か。	⑰ 国庫支出金
⓲ 地方公共団体の住民が首長や議員の解職を請求する場合の法定署名数は，有権者の(50分の1　3分の1)以上である。	⑱ 3分の1

第4章

私たちの暮らしと経済

第４章では，私たちの暮らしと切り離すことのできない経済について学習する。ものやサービスを生産し消費することで，私たちの暮らしは成り立っている。価格のしくみや企業，国の財政と社会保障など，暮らしの中の体験と照らし合わせながら理解しておこう。

Q. 価格ってどう決まるの？
➡ SECTION 3へ
500
100
Q. 株式会社の株式ってなに？
➡ SECTION 2へ

消費生活と経済

生産・流通・消費を中心とする人間の活動を経済活動という。
その中で，消費の主体となっている家計の収入と支出，消費者の保護，
商品の流通のしくみと商業について学習しよう。

1 経済活動と家計

1 経済活動

商品を生産し，それを必要とする人々の場所に移し（流通），生活の中で消費する，という一連の活動を**経済活動（経済）**という。

一国の経済は，家計，企業，政府の三つの経済主体が結び付いて成り立っている。

家計は**消費の主体**であり，労働力を提供する。**企業**は**生産の主体**であり，財・サービスを提供する。**政府**は財政を通じて経済の調整を行う。

国の経済は，生産・流通・消費を繰り返しながら成長している。これを**経済の循環**という。家計は企業や政府と結び付き，国の経済を成り立たせている。

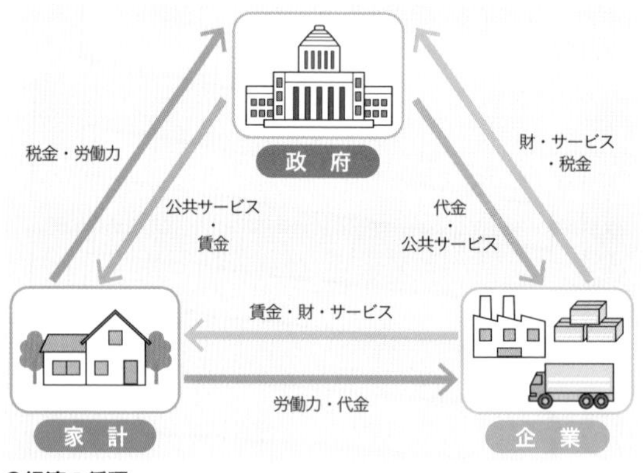

⬆経済の循環

用語解説

財
生活に必要な，形のあるもの。食料品や衣類，自動車，電化製品など。

サービス
生活に必要な，形のないもの。医療や運輸，教育など。

2 家計の収入の種類

家計とは，家庭の営む経済活動のことであり，家庭の収入と支出のことをいう。収入（所得）は次のように分けられる。

❶**給与所得**（**勤労所得**）…会社などで勤務する人が得る収入。

❷**事業所得**（**個人業主所得**）…個人が農業や商店，工場などを経営して得る収入。

❸**財産所得**（**財産収入**）…土地などの財産から得る収入。

3 家計の支出の種類

家計の支出は，実支出（消費支出・非消費支出）と実支出以外の支出に分けられる。

❶**消費支出**…消費のために支出される費用のこと。

- 食料費…飲食のための費用。
- 住居費…家賃や，住宅ローンの返済費用など。
- 光熱・水道費…電気・ガス・水道などの費用。
- 被服・はき物費…洋服や下着，靴などの費用。

❷**非消費支出**…消費以外に支出される費用。

- 税金…消費税や所得税など。
- 社会保険の掛け金…医療（健康）保険・年金保険などのための掛け金。

❸**貯蓄**（実支出以外の支出）…所得から消費支出と非消費支出を引いた残り。銀行預金や生命保険の掛け金，株式や国債の購入費用など。

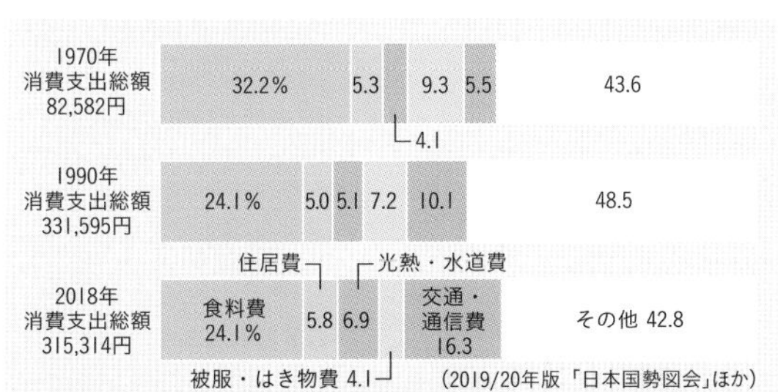

⬆全国勤労者1世帯あたりの消費支出の内訳

くわしく 

そのほかの消費支出

- 交通・通信費…電車やバスの乗車費，携帯電話などの費用。
- その他…医療費，教育費など。

参考 

エンゲル係数

$$\frac{\text{食料費}}{\text{消費支出総額}} \times 100$$

家計の消費支出総額に占める食料費の割合のことで，豊かさを測る1つの目安。上の式で求められる。所得が大きいほどエンゲル係数は小さくなると考えられている（エンゲルの法則）。

用語解説 

社会保険

病気やけが，老齢，失業などで生活に困ったとき，生活を保障する保険制度。日本では，医療（健康）保険・年金保険・介護保険・雇用保険・労働者災害補償保険（労災保険）などがある（→p.583）。

❷ 消費者の保護と権利

1 消費者問題と消費者の権利

わが国では，高度経済成長のころから，企業が大量生産・大量販売を図るようになって，大量消費社会を迎えることになった。こうした中，欠陥商品や悪質商法，誇大広告，薬害・有害食品事件など，消費者の利益を損なう消費者問題が深刻化した。そのため消費者団体などによる消費者運動がさかんになった。

消費者は市場経済の主権者といわれている（**消費者主権**）。消費者主権とは，「消費者が自由に商品を選択し，消費者の決定が企業の生産のあり方を決める」ということであるが，これに反して，消費者より企業が強い立場にあることが多かった。しかし，アメリカの**ケネディ**大統領が，1962年に**消費者の４つの権利**を明確にしてから，消費者の権利を大切にする考え方が世界中に広まった。

2 消費者の保護

企業優位の社会においては，消費者の利益や権利が損なわれることが少なくない。そこで，消費者の利益や権利を法律で保護することが大きな課題となった。

こうした中，地方公共団体は積極的に消費者保護の政策を打ち出し，消費者行政窓口や全国各自治体の消費生活（消費者）センターなどを設置した。

国も，1968年に消費者保護の基本理念を定めた**消費者保護基本法**を成立させ，国民生活センターを設置した。この法律は，2004年に**消費者基本法**として改正され，消費者を保護の対象としてではなく，自立した権利の主体とみなすとともに，企業と行政の責任を定めた。

訪問販売などの契約ののち，一定期間内に消費者が無条件で解約できる**クーリングオフ制度**も設けられた。

用語解説

消費者の４つの権利
安全を求める権利，正確な情報を知らされる権利，商品を選ぶ権利，意見を反映させる権利の４つをいう。

⬆ケネディ大統領

（Bridgeman Images/PPS通信社）

用語解説

消費生活センターと国民生活センター
情報提供，苦情の処理・商品テストなどを行う。

資料

第1条　この法律は，……消費者の権利の尊重及びその自立の支援その他の基本理念を定め，……消費者の利益の擁護及び増進に関する総合的な施策の推進を図り，もつて国民の消費生活の安定及び向上を確保することを目的とする。

⬆消費者基本法

取引の内容	期間	適用対象
訪問販売	法定書面を受け取ってから8日間	原則すべての商品・サービスなど
電話勧誘販売	法定書面を受け取ってから8日間	原則すべての商品・サービスなど
マルチ商法（連鎖販売取引）	法定書面を受け取ってから20日間	すべての商品・サービス

↑主なクーリングオフ制度　クーリングオフは，特定商取引法などに定められている。

欠陥商品による被害者救済については，1994年に**製造物責任（ＰＬ）法**が制定され，**商品の欠陥が原因であると証明されれば，過失がなくても企業が損害賠償の責任を負わねばならない**とされた。

2000年には，契約上のトラブルから消費者を守るために**消費者契約法**が制定された。この法律では，訪問販売などで，消費者に事実とは異なる説明をしたり，消費者に不利益な情報をわざと伝えなかったりした場合は，一定期間内なら，消費者は契約を取り消すことができるとした。

2009年には，各省庁に分かれていた消費者行政を一元化するために，内閣府のもとに，**消費者庁**が設置された。

3 契約と消費者の責務

売り手と買い手が合意して，売買が成立することは契約の一種である。正式な契約書がなくても契約は成立し，どのような契約を結ぶかは原則自由である（契約自由の原則）。当事者には契約を守る義務があり，契約を自分の都合で取り消すことはできない。

一般的に，売り手に比べて消費者は商品についての情報に乏しいので，契約において不利な立場になることが多い。消費者保護のため，さまざまな政策がとられているが，消費者側も果たすべき責任があることを自覚しなければならない。商品の情報を収集し，安易に契約を結ばないようにするなど，自分の責任で行動することが必要である。

資料

通知書

次の契約を解除します。

契約年月日○年○月○日
商品名　○○○○○
契約金額　○○○○○円
販売会社　株式会社○○
○○営業所
担当者○○○
支払った代金○○○○円を返金し，商品を引き取ってください。
○年○月○日
○○○○

↑クーリングオフの通知書の例

くわしく 

いろいろな悪質商法

キャッチセールス…街頭で「アンケートに答えてください」などと誘い，高価な化粧品や健康食品などを買わせる商法。

マルチ商法…商品の売り上げに対する報酬のほか，会員を増やすほど多額の報奨金がもらえる，などとして新たな会員の加入活動をさせる商法。

アポイントメントセールス…電話などで「当選しました」などと呼び出し，高価な商品を買わせる商法。

ネガティブオプション…注文していない商品を送りつけ，代金を支払わせる商法。

3 商品の流通と商業の役割

1 商品の流通と流通経路

商品が，生産者から消費者に届くまでの流れを**流通**といい，一般的な流通の経路は次のようになっている。

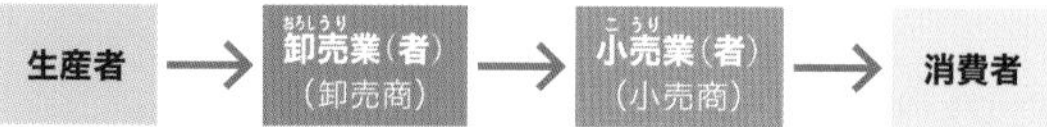

今日では流通の合理化を図るために，スーパーマーケットやコンビニエンスストアなどでは**POSシステム**を採用したり，大規模な小売店では，商品を生産者から直接仕入れて，流通費用の節約を図ったりしている。また，インターネットを使ったオンライン＝ショッピングは，在庫費用の節約などにつながる。

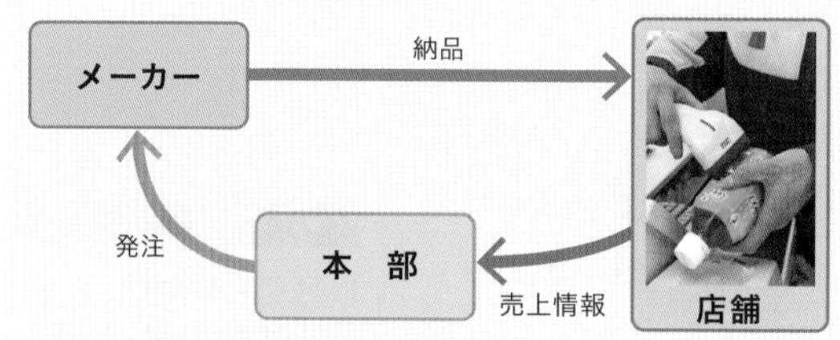

⬆POSシステム（販売時点情報管理）のしくみ　（時事通信フォト）

2 商業の役割と種類

商品の流通にたずさわる仕事を**商業**という。商業には，小売業・卸売業などがある。

❶**小売業**…消費者に商品を直接販売する仕事のこと。小売業者には，個人商店，大規模な小売店であるデパート（百貨店），スーパーマーケット，コンビニエンスストアなどがある。

❷**卸売業**（問屋）…生産者から商品を仕入れ，小売業者に販売する仕事のこと。

❸**流通関連業**…流通を支える産業のこと。運送業，広告業，倉庫業，通信業，保険業など。

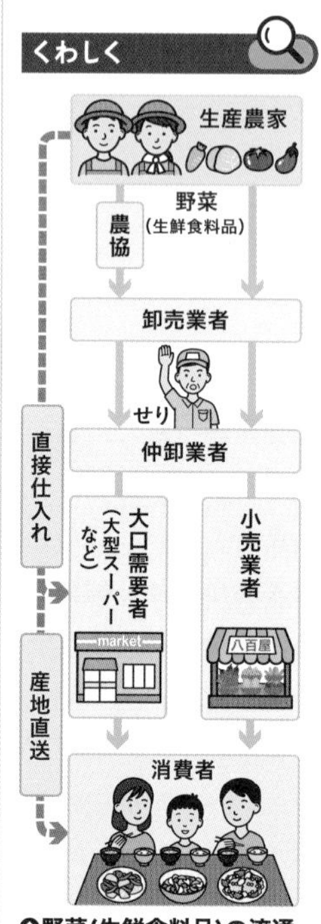

⬆野菜(生鮮食料品)の流通

用語解説 

POSシステム
商品についているバーコードをレジの機械で読み取り，商品の価格，販売個数，日時などをコンピューターで管理する。そして，その情報をもとに，商品の在庫を管理し，商品の流通や製造などを効率的に行うしくみ。

第4章 SECTION 2

生産のしくみと企業

生産のしくみと，生産の主体となる企業について学習していこう。とくに株式会社のしくみをおさえ，大企業と中小企業の問題点，企業などで働く労働者の問題点についても学習しよう。

1 生産のしくみ

1 生産の意味と生産要素

人間が，生活に必要な財やサービスをつくることを**生産**という。生産活動は主に企業が行っている。生産をするために欠くことができないものを**生産要素**といい，主に次の三つがある。

❶**労働力**…生産を目的として働く人々。

❷**土地**（**自然**）…企業や工場を建てるための場所や天然資源。

❸**資本**…機械，建物（工場），原材料，経営資金など。

これらを用いて生産を行うが，生産は繰り返して行われる。これを**再生産**という。人間が消費活動を続けていくためには，財・サービスの生産も継続されなければならない。

再生産においては，企業が生産によって得た利潤（利益）の一部を次の生産のための資本（資金）にあてる。これを次々にくり返すことにより生産規模がしだいに拡大し，企業が成長していく。このように，しだいに規模が拡大していく再生産の形態を**拡大再生産**という。

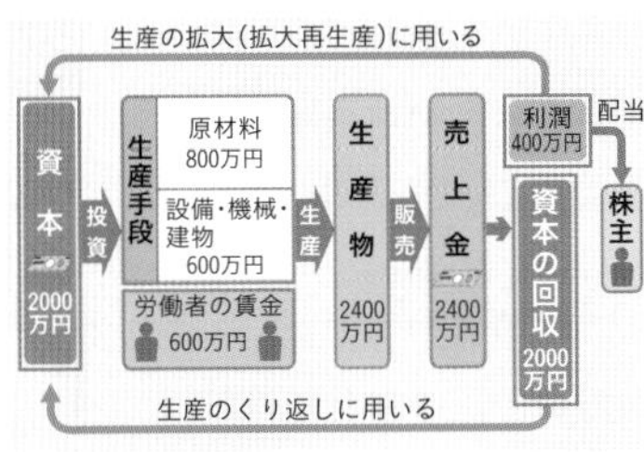

❶拡大再生産のしくみ

発展

知的資源

製法の特許，ノウハウ（知識や技術），労働者の技能などのこと。これを生産要素に加えるとする考え方がある。

参考

再生産の形態

拡大再生産のほかに，同じ規模で反復して生産が行われる単純再生産，生産規模がしだいに縮小する縮小再生産がある。

2 生産の発展と大量生産

生産の歴史は，自給自足のための生産から始まり，やがて商品を売るための生産へ移った。17世紀初めには**問屋制家内工業**が生まれ，そして**工場制手工業（マニュファクチュア）**へと発展した。18世紀のイギリスで始まった**産業革命**により**工場制機械工業**が生まれ，商品を大量に生産することが可能になった。

2 資本主義経済

1 資本主義経済の成立と特色

資本主義経済は，18世紀のイギリスの産業革命を契機に発達した。その結果，大きな生産設備や資金をもつ資本家と，生産手段をもたず，資本家に労働力を売って賃金を受け取る労働者が生まれた。資本主義経済の特色は，**私有財産制**と**市場経済**である。

2 資本主義経済の問題点

資本主義経済には，好景気や不景気などの**景気変動**（→p.575）があり，不景気のときには失業者が発生し，企業の倒産が増える。また，不景気に勝ち残った巨大企業が中小企業や消費者の生活を圧迫したり，高い賃金を得たい労働者と，安い賃金に抑えたい資本家との間に利害の対立が起きたりする。

3 社会主義経済の成立と変容

生産手段を公有し，生産を政府の計画のもとで行う社会主義の思想が，19世紀にマルクスらによって確立された。社会主義は世界に大きな影響を与え，ソビエト社会主義共和国連邦（ソ連）や中国などの社会主義国が誕生した。中国は，現在，市場経済化を進め，工業を発展させ「社会主義市場経済」を掲げている。

用語解説 

問屋制家内工業
問屋が生産者に道具・原料を貸し与えて自宅で商品を生産させ，買い取って販売するしくみ。

工場制手工業（マニュファクチュア）
資本家が一つの作業場（工場）に多くの労働者を集め，道具を使い，分業させて生産するしくみ。

工場制機械工業
工場の機械と動力を使って，商品を大量に生産するしくみ。

私有財産制
機械・原材料などの私的所有（個人所有）が認められていること。

市場経済
市場での需要と供給によって，価格や生産量，購入量が決められるしくみ。

↑マルクス（1818～83年）
社会主義思想を確立したドイツの経済学者。著書『資本論』の中で資本主義の矛盾を明らかにした。
（PPS通信社）

3 企業の種類と株式会社

1 企業の活動と種類

企業は，生産要素を結びつけて，私たちの生活に必要な財やサービスを生産し，提供する。企業の生産活動は，原則として，利潤（利益）を得ることを目的に行われる。

企業は，**公企業**と**私企業**に大別される。

公企業は，国または地方公共団体が出資して経営される企業で，利潤ではなく，社会全体の利益のために活動する。

いっぽう私企業は，**利潤**を得ることを目的とした民間経営の企業であり，一般に企業という場合は，私企業のことを指すことが多い。私企業は，個人の出資による**個人企業**と，複数の者の出資による**法人企業**に大別される。

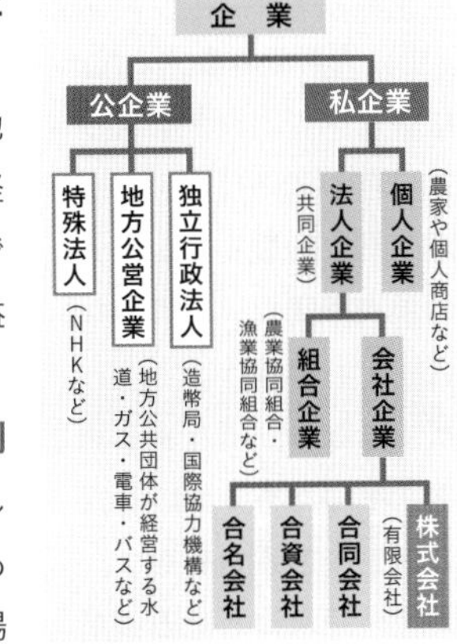

❶企業の種類

2 会社企業の種類と特色

❶**合名会社**…全員が無限責任社員で，家族や親族などによって設立されることが多い小規模な会社企業。

❷**合資会社**…無限責任社員と有限責任社員からなる小規模な会社企業。

❸**合同会社**…全員が有限責任社員からなる会社企業。ベンチャー企業に適している。

❹**株式会社**…現代の代表的な形態の会社企業であり，大企業のほとんどが株式会社である。

❺**有限会社**…全員が有限責任社員で，中小企業に多く見られる会社企業。現在は新規の設立ができない。

くわしく 

利潤
商品などの売上から，生産や販売に使われた費用を差し引いた金額のこと。

用語解説 

無限責任社員
会社の損失については，自分の財産を犠牲にしても損失分を負担しなければならないという，重い責任をもつ社員（出資者）。

有限責任社員
会社の損失については，自分の出資額の範囲内でのみ責任を負えばよい社員（出資者）。

参考 

有限会社
2005年の会社法制定で株式会社と一本化され，新規の設立ができなくなった。これまでの有限会社は存続が認められている。

3 株式会社のしくみ

株式会社は，必要とする資本金を小額の均等な株式に分けて発行し，それを販売することで，広く一般から資金を募り，設立された企業である。

株式を購入した人々（出資者）を**株主**といい，所有する株式数に応じて会社から利潤の一部を**配当**として受け取る権利や，**株主総会**に出席し，議決する権利をもつ。会社の業績が悪くなったら株式を売ったり，よくなったら追加して買ったり自由に売買できる。また，もし会社が倒産しても，株主は会社への出資金を失うだけで，それ以上の負担はない（有限責任）。

株主によって組織される会議を**株主総会**といい，会社の経営方針を決定する**最高の議決機関**で，取締役などの経営者を選任し，決算の承認などを行う。

株主総会での議決権は1人1票ではなく，所有する株式数に応じた票数が与えられる。そのため多数の株式をもつ大株主は，会社の経営に大きな影響力をもつ。

株主総会で選ばれ，会社の実際の経営にあたるのが取締役で，取締役で構成される**取締役会**で，会社の事業全般について具体的な方針が定められる。

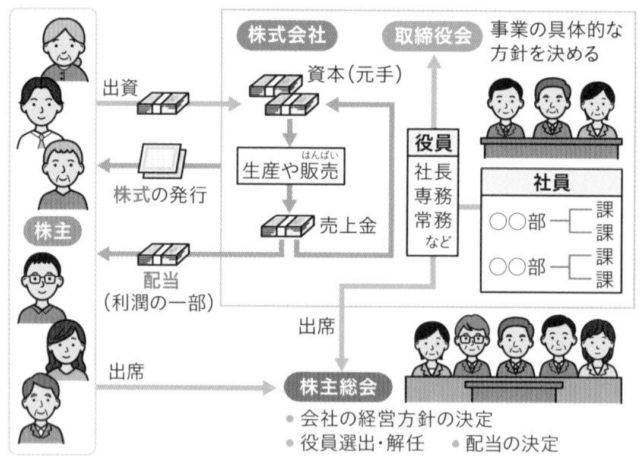

↑株式会社のしくみ 株主総会で選出される役員には，取締役のほかに，会社の業務・会計を監督する監査役がいる。

くわしく

株式
お金をいくら出資したかを示すもの。

参考

株式会社の誕生
1602年につくられたオランダの東インド会社が，株式会社の起源だといわれる。アジアの香辛料をヨーロッパにもち帰る資金を集めるために多くの株主を募り，航海が成功すれば出資割合に応じて配当を行った。

証券取引所
株式や債券を売買する場所で，東京・名古屋・福岡・札幌などにある（2019年現在）。取り引きは証券会社を通じて行われる。

くわしく

株式会社の利点
株式会社は，資金をたくさん集めることができるため，大量生産や技術革新が容易で，一般に市場での競争力が強い。また，新しい株式の発行によって企業の規模を拡大することも容易である。

4 大企業と中小企業の問題

1 大企業の特色

大企業は，巨大な資本をもち，新技術を次々に導入し，生産性を向上させ，設備投資をくり返しながら発展していく。高品質の商品の大量生産を行い，市場に占める割合が大きく，影響力が大きい。

2 中小企業の特色と地位

資本の少ない中小企業は，大企業との間で，生産性，設備，賃金などで大きな格差がみられる。しかし，事業所数で99％以上，従業者数で68％以上，出荷額でも48％以上を占めており，日本経済において大きな役割を果たしている。

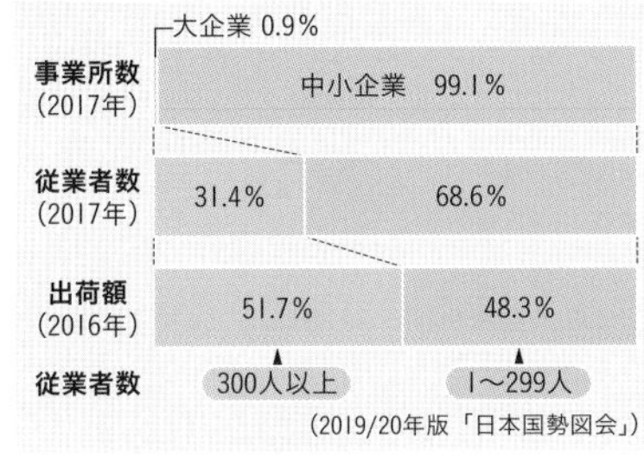

⬆中小企業の占める割合（製造業）

3 これからの中小企業

独自の技術やアイデアを生かして企業をおこすことを創業や**起業**といい，このようにして生まれた企業を**ベンチャー企業**（ベンチャービジネス）という。中小企業にとって，情報通信分野で進んでいる技術革新は大きなビジネスチャンスで，コンピューターソフトやインターネット関連事業で多くのベンチャー企業が生まれている。こうした活動は，新たな雇用や産業を生み出す可能性があり，日本経済の活性化にもつながるとして期待されている。2006年からは，会社法が施行され，最低資本金規制を撤廃し，ベンチャー企業の起業家を支援する方針が明確に打ち出された。

くわしく 

経済の二重構造

大企業と中小企業との間で，生産性，設備，賃金などで大きな格差がある構造のこと。背景には，中小企業の大半が零細企業であることや，大企業の下請けとして，厳しい生産条件や労働条件を強いられてきたことなどがあげられる。

二重構造は，高度経済成長期に少し改善されたが，グローバル化が進む今日，再び格差が広がってきている。

資料 

⬆北海道のベンチャー企業が開発した小型観測ロケット。2019年5月に，国内の民間企業が単独で開発したロケットとしては初めて宇宙空間に到達した。（時事）

5 現代企業の形態と企業の社会的責任

1 現代企業の形態

現代の企業の中には，**M&A（合併・買収）**によって複数の企業が1つになったり，株式の取得によって他の企業を吸収して規模の拡大や経営の多角化を図ったりする企業もある。さらに，事業内容の異なる企業を合併し，広い範囲にわたって多角化した企業をつくることもある。また，販売網の拡大や，世界市場への進出を目的に，多くの国々に子会社をもつ**多国籍企業**（世界企業）も増加している。

順位	会社名	国名	業種	売上高（百万ドル）
1	ウォルマート	アメリカ	小売	500,343
2	国家電網公司	中国	電力配送	348,903
3	中国石油化工集団公司	中国	石油精製	326,953
4	中国石油天然気集団公司	中国	石油精製	326,008
5	ロイヤル・ダッチ・シェル	オランダ	石油精製	311,870
6	トヨタ自動車	日本	自動車・自動車部品	265,172
7	フォルクスワーゲン	ドイツ	自動車・自動車部品	260,028
8	BP(ブリティッシュ・ペトロリアム)	イギリス	石油精製	244,582
9	エクソンモービル	アメリカ	石油精製	244,363
10	バークシャー・ハサウェイ	アメリカ	保険・持株会社	242,137

↑世界の大企業（2017年）（2019「データブック　オブ・ザ・ワールド」）

参考

M&A（合併・買収）
M＆AはMergers and Acquisitionsの略。

発展

企業活動の用語
コーポレート＝ガバナンス…企業の経営状態を監督すること。企業統治。近年，株主に対する経営責任が強調されるようになった。
メセナ…企業の文化・芸術への支援活動。

2 企業の社会的責任

現代における企業の多くは利潤（利益）をあげることを目的としているが，その他にも次のような**企業の社会的責任（CSR）**を果たすことが求められている。

❶**法令を守る（コンプライアンス）**…法令や社会規範などを守る。

❷**情報を公開する**…株主をはじめ多くの人々に活動の内容を公開する。

❸**雇用を確保する**…人々の生活を安定・向上させるとともに，社員の労働環境に配慮する。

❹**社会に貢献する**…地域の文化の伝承・保護や，環境に配慮した生産活動，障がいのある人の積極的な雇用などの活動を行う。

参考

企業の社会的責任（CSR）
CSRは，Corporate Social Responsibilityの略。

↑災害復興支援を行う，ある企業の社員たち
（朝日新聞社/PPS通信社）

6 働く人の権利と労働環境

1 職業と職業の選択

人々は，働くことで，生活するための収入を得ている（生計の維持）。また，個性や能力を発揮して生きがいや充実感を得たり（自己実現の手段），職業を通して社会の発展に協力（社会への貢献）したりしている。

かつて，日本には厳しい身分制度があったため，職業を選ぶ自由はなかったが，現在では日本国憲法で，**職業選択の自由**が保障され，自分の個性や能力にあった仕事を自由に選ぶことができる。

そして，国は，就職の機会均等を保障するため，**公共職業安定所（ハローワーク）**や職業訓練のための施設などを設置している。

2 労働者の権利と労働三法

労働者一人ひとりは，使用者（経営者）に比べて弱い立場にある。そのため，団結して**労働組合**を結成し，使用者に，賃金や労働時間，職場の安全などの労働条件の改善を要求することができる。

憲法では，労働者の権利として，**団結権**，**団体交渉権**，**団体行動権**（争議権）の3つを保障している。これらは**労働基本権（労働三権）**と呼ばれる（→p.498）。

労働者の権利を保障するために，次のような**労働三法**が定められている。

資料 

何人も，公共の福祉に反しない限り，居住，移転及び職業選択の自由を有する。

⬆**憲法22条1項**　居住・移転および職業選択の自由

すべて国民は，勤労の権利を有し，義務を負ふ。

⬆**憲法27条1項**　勤労の権利および義務

用語解説 

公共職業安定所（ハローワーク）
勤労の権利を保障するために設置されている，厚生労働省の機関。企業からの求人の紹介，就職口を探す人の相談，失業手当の給付などの業務を行っている。

法律名	目的	内容
労働基準法	労働条件の最低基準を示し，労働者の人間らしい生活を保障する。	・1日8時間，1週間40時間以内の労働時間。 ・毎週最低1回の休日。
労働組合法	労働者の地位の向上，団体交渉を保障する。	・労働組合の結成。 ・不当労働行為の禁止
労働関係調整法	労働争議の予防と解決を図る。	・労働委員会による争議の解決方法を規定。

3 労働環境の現状と課題

今日，労働者を取り巻く労働環境も変化している。

かつての日本には，慣行として**終身雇用制**があった。これは，就職してから定年まで同じ会社で**正社員（正規労働者）**として働く制度であった。しかし，今日では，終身雇用制が崩れ始め，アルバイト，パートタイマー，派遣労働者などの**非正規労働者**が増えている。非正規労働者は，正規労働者と同じ仕事をしていても，賃金が低く，そのほかの労働条件も悪いことが多い。また，不景気になると，解雇の対象になりやすく，生活が不安定となる。こうした非正規労働者が増えた結果，国民の間に所得の格差が広がっている。

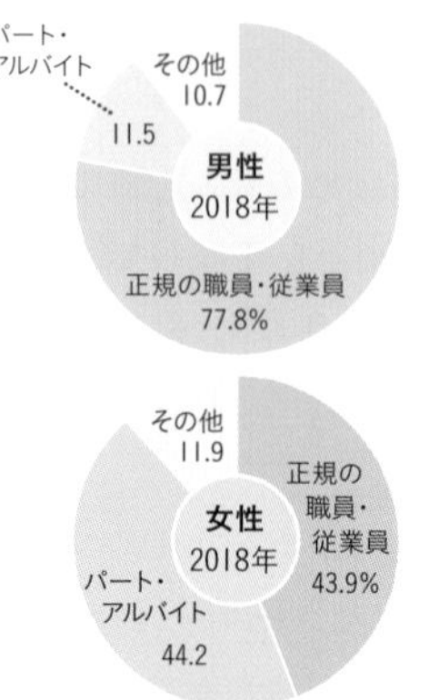

↑男女別の雇用形態割合 女性の非正規労働者の割合が高い。

このような状況を改善するため，2018年に成立した**働き方改革関連法**では，同じ職場で同じ仕事を行っていれば，正規労働者であるか非正規労働者であるかを問わず，同一労働同一賃金の原則が適用されることになった。

また，国は，働き方改革の一環として，原則として，本業以外に仕事をもつ副業・兼業を認める姿勢を2018年に示した。このため，2018年は「副業元年」ともいわれ，大手企業があいついで副業解禁を発表した。副業解禁によって，労働者には，収入の増加，スキルアップ，自己実現などのメリットがある一方，本業と副業・兼業を合わせた労働時間が長くなるという危険が伴う。

用語解説 

派遣労働者
人材派遣を業務とする企業と契約を結び，その企業からほかの企業へ派遣されて働く労働者。

働き方改革関連法
2018年に成立した，8本の労働法を改正したもの。同一労働同一賃金の原則のほか，残業時間の上限を規制したり，5日の年次有給休暇の確実な取得を企業に義務づけたりしている。

参考 

3年ルール，5年ルール
非正規労働者の雇用の安定のため，次のようなルールが定められている。
3年ルール…派遣労働者が同一の派遣先で3年を超えて働くことができない。3年を超える場合，派遣元は派遣労働者の雇用を安定させる義務を負う。
5年ルール…有期契約労働者が同一の会社に通算5年を超えて勤めた場合，その労働者は企業に無期雇用を申し込むことができる。
しかし，法律の趣旨に反し，3年未満，5年未満で契約を打ち切られる，いわゆる雇い止めが懸念されている。

賃金形態や就業時間についても変化がみられる。これまでの日本の慣行であった**年功序列賃金制**が改められ，能力や成果を重視した**成果主義**や**年俸制**などの賃金制をとる企業が増え，就業時間についても，**裁量労働制**や**フレックスタイム制**をとる企業も増えている。

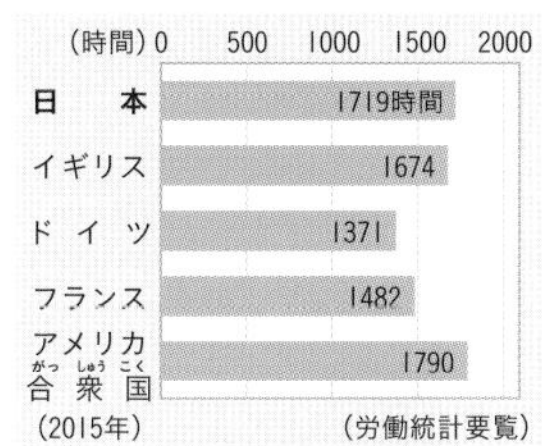

❶各国の1人あたり労働時間(年間)

労働時間は，労働基準法で週40時間を超えてはならないと定められているが，時間外労働は依然として多い。それが**過労死**や過労自殺などの**労働災害**の発生や，賃金が支払われないサービス残業などの原因になり，社会問題化している。

多くの企業では60歳定年制が慣習となっているが，高齢社会を迎えた今日，定年の年齢を65歳へ引き上げる動きもある。さらに定年の廃止なども含め，高齢者の再雇用が課題となっている。

4 外国人と労働

近年，日本で働く外国人が急増し，2018年現在，**外国人労働者**は約146万人に達している。その背景には，少子高齢化による深刻な人手不足がある。こうした中，**外国人技能実習制度**に基づく外国人技能実習生を，事実上国内の労働力として人手不足解消に利用しているという実態がある。また，2019年から新たな在留資格を設け，人手不足が深刻な介護や建設など14の業種で外国人労働者を受け入れることになった。しかし，これにより，日本人労働者の賃金が下がる可能性や，外国人労働者が劣悪な労働環境に置かれる可能性も指摘されている。

用語解説

年功序列賃金制
企業での勤続年数に応じて賃金が上昇する制度。

年俸制
前年の成果などにより，翌年1年間の賃金総額が決定する制度。

裁量労働制
実際の労働時間に関係なく，一定時間働いたとみなす制度。労働者を時間ではなく，成果で評価する。

フレックスタイム制
労働者が一定の時間帯のなかで，出社と退社の時間を自由に決めることができる制度。

参考

ワークシェアリング
労働者1人あたりの労働時間を短縮して雇用人数を増やし，より多くの人に労働と収入の機会を与えようとする考え方。失業率の増加や高齢社会をむかえ，注目されている。

外国人技能実習制度
外国人が日本で働きながら技術や知識を学び，帰国後に母国の経済発展にいかしてもらう制度。アジアからの実習生が多い。長時間労働，低賃金，賃金未払いなどの問題が指摘されている。

5 女性と労働

2018年現在，全労働力人口のうち，約46％を女性が占めている。しかし，男性に比べると，派遣労働者やパートタイマーなど非正規労働者が多く，賃金も低く，男女間の格差は大きい。

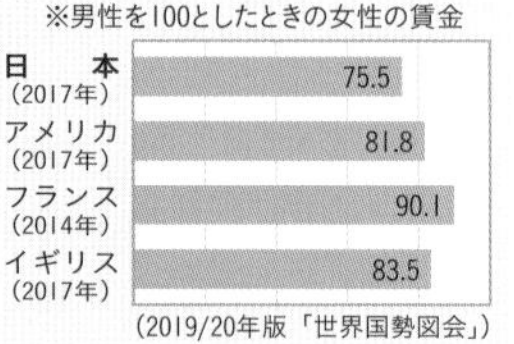

⬆**男女の賃金格差（製造業）** 女性は昇進などで不利な立場になることが多く，賃金が低い。

1985年に制定された**男女雇用機会均等法**では，採用や賃金に関して男女平等を義務づけ，その後の改正で，**セクシャルハラスメント**の禁止が義務づけられた。1995年には**育児・介護休業法**が制定された。1999年には男女があらゆる社会活動に対等に参加する**男女共同参画社会基本法**が制定され，社会や企業内，家庭内での男性の意識改革などで実質的な平等を求めている。

こうした法律の整備のほか，男女の労働者の格差をなくすには，育児や介護などの家庭の負担を女性だけに負わせず，男女ともに仕事と生活を両立させる**ワーク・ライフ・バランス**を実現することが必要である。

参考

女性活躍推進法

女性が職業生活で活躍できる環境を整備することを目的に2015年に成立した。国，地方公共団体，大企業などに，女性が活躍するための行動計画の策定などを義務づけている。優良な企業には「えるぼし」という認定マークが付与される。

用語解説 

ワーク・ライフ・バランス

「仕事と生活の調和」と訳される。仕事のみでなく，家庭生活や地域社会に生きる一員としても，充実した生き方をすることを目指そうとする考え方。

思考力UP

Q. 日本の女性の労働力率がM字型になるのはなぜ？

右の図を見ると，30歳～44歳ぐらいまでの日本女性の労働者の割合が低いため，グラフがM字型になっている。この年齢層の女性にはどのような負担があるのだろうか。

A. 日本では，妊娠・出産を機に仕事を辞める女性が多いから。

日本では，出産・育児の負担が女性にかかることが多く，女性の労働力率を示すグラフは，M字型の線を描いている。しかし，近年は，M字の谷の部分が浅くなってきている。この要因としては，妊娠・出産後も仕事を続ける女性が増えていることや，晩婚化，未婚率の上昇などが考えられる。

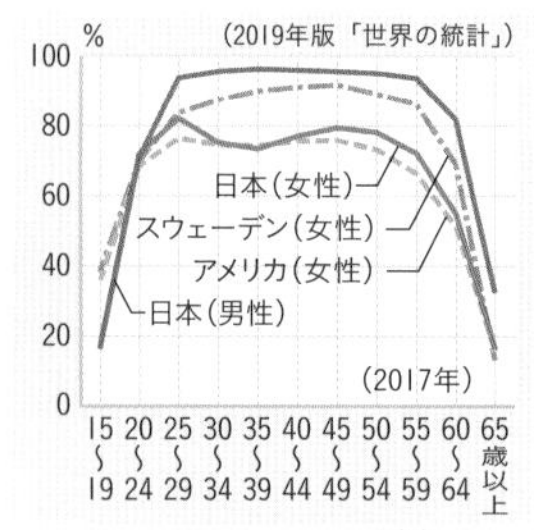

⬆**年齢別労働者割合の比較**

第4章 SECTION 3

価格と金融

価格が市場経済において果たす役割，貨幣のはたらきと通貨制度，金融のしくみとはたらきや，わが国の中央銀行である日本銀行の役割を学習しよう。

1 価格の種類

1 市場経済と市場価格

商品が売り買いされる場の全体を**市場**といい，原油を扱う原油市場や，資金を扱う金融市場，野菜や果物を扱う青果市場など，さまざまな市場がある。市場で自由に商品の売り買いが行われる経済のしくみを**市場経済**という。

市場経済のもとでは，商品の価格は，市場で消費者が買おうとする量〔**需要**（**量**）〕と，生産者が売ろうとする量〔**供給**（**量**）〕の関係によって決まる。これを**市場価格**という。

価格が高いと需要量は減り，供給量は増える。価格が低くなるにつれて，需要量は増え，供給量は減る。

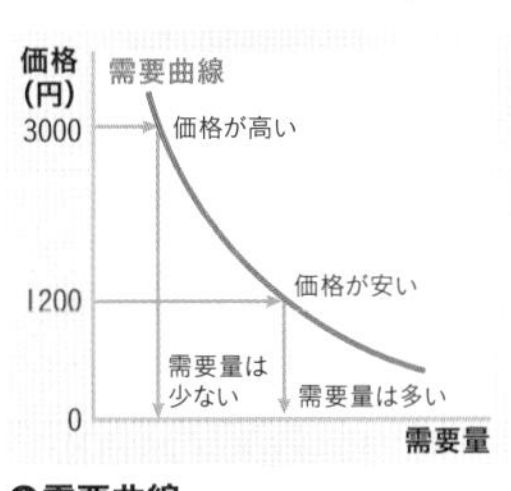

⬆需要曲線

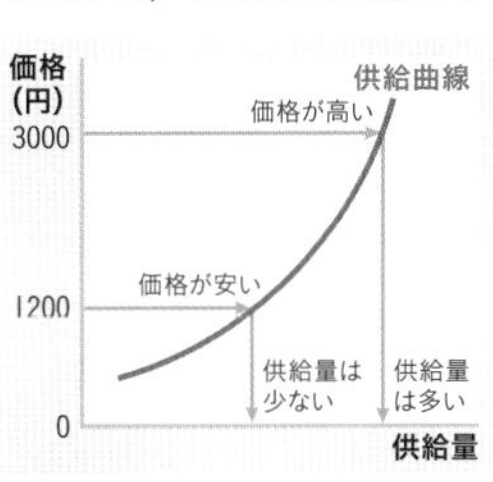

⬆供給曲線

上のグラフは，縦軸が価格，横軸が需要量または供給量を示している。例えば，すいか1玉が3000円と高い場合，需要量は少なく，供給量は多いが，1200円と安い場合，需要量は多く，供給量は少なくなる。

参考

「いちば」と「しじょう」
市場を「いちば」と読むと，食料品や肉，日用雑貨品などを売る店が集まって，実際に取引が行われる場所を指し，「しじょう」と読むと，財・サービスが売買される場の全体を指す。

発展

きゅうりの入荷量と価格
きゅうりの入荷量が多い月は，価格が下がる傾向にある。

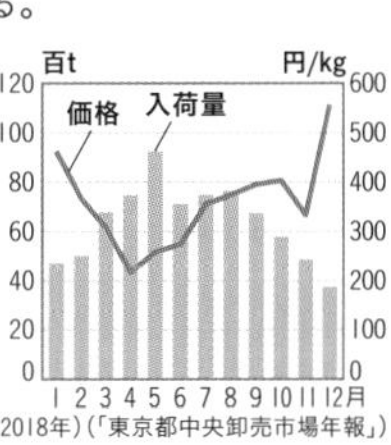

(2018年)(「東京都中央卸売市場年報」)

需要が供給を上回ると，商品が不足し，高い価格でも商品が売れるため，価格は上昇する。

逆に，供給が需要を上回ると，商品が余り，高い価格のままでは商品は売れないため，価格は下落する。

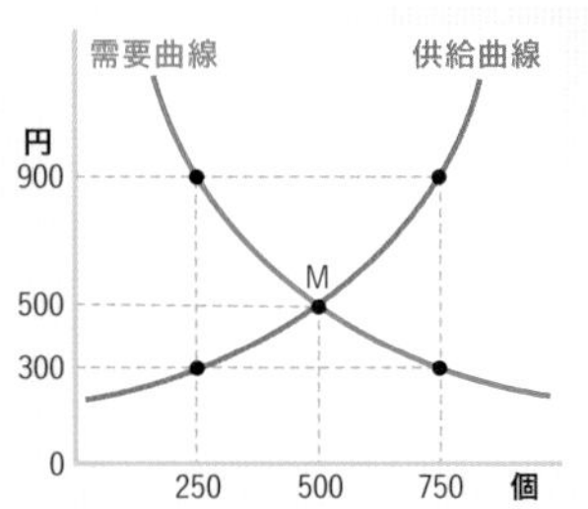

❶需要曲線と供給曲線 縦軸が価格（円），横軸が数量（個）。ある商品が1個500円のとき需要量と供給量が一致し，500個売れる。

このように，商品の価格は需要と供給の関係で変動するが，最終的には，需要と供給はつり合い，価格も生産量も決まる。このときの価格を**均衡価格**という。

また，需要と供給の関係で，市場価格が均衡価格へと導かれるしくみを**市場メカニズム**という。

2 価格のはたらきと価格の内訳

価格には，価格が上下に変動することによって，需要と供給が調整され，最終的には均衡していくはたらきがある。これを価格の自動調節作用という。価格が需要と供給を均衡させることから，価格には資源を適切に配分するはたらきがあるとされる。

価格の上昇 →（その結果）需要は減少，供給は増加する

価格の下落 →（その結果）需要は増加，供給は減少する

商品は，生産にかかった費用（生産費）や，卸売・小売にかかった費用に，生産者・卸売業者・小売業者の見こんだ利潤（もうけ）を加えた価格で市場に売りに出される。この価格が需要と供給の関係で変化する。

価格（生産者価格） － **生産費** ＝ **企業の利潤**

❶生産者価格とは，生産費に生産者である企業の利潤を加えたもので，卸売業者や小売業者の利潤は含まれない。

くわしく

左の図をもとに考えよう

ある商品の価格が900円のとき，供給量は750個，需要量は250個で，供給超過となるので，価格を下げる力がはたらく。

価格が300円のとき，供給量は250個，需要量は750個で，需要超過となるので価格を上げる力がはたらく。

その結果，価格は需要と供給の一致点Mに落ち着く。このときの価格500円が，均衡価格である。

発展

神の見えざる手

市場経済で需要と供給がうまく調整されることを，アダム＝スミスは「神の見えざる手」がはたらいていると表現した。

❶アダム＝スミス（1723～90年）

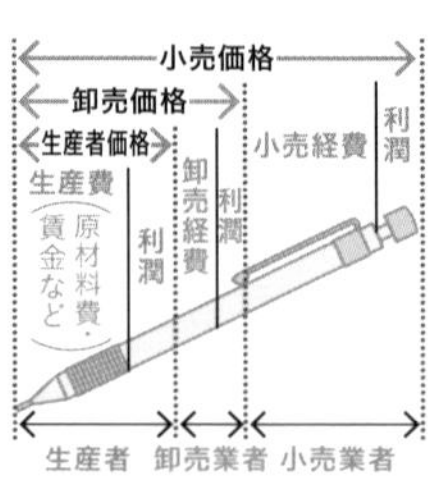

❶商品の価格の内わけ

3 独占価格と公共料金

資本主義経済では，自由競争が行われる。自由競争で決まる市場価格に対して，1つの企業が市場を支配する独占状態の場合，競争がないため，企業は利潤がなるべく大きくなるような価格（**独占価格**）を決めることがある。また，少数の企業で市場が支配されることを寡占といい，この状況下で決められる価格を寡占価格という。

これらの価格は，生産者に有利な高い価格に決定されるので，消費者にとっては不利になることが多い。

電気，ガス，水道などの財やサービスは，国民生活に深く関わっており，なくてはならないものである。これらの価格を市場の取引量の関係で決定すると，価格が都市部や農山村で異なったり，価格が上昇した場合，所得の低い人の生活が苦しくなったりして，国民生活に大きな影響をおよぼす。そのため，これらの価格を**公共料金**として，企業が価格を自由に決めるのではなく，国会や政府，地方公共団体が決定したり，認可したりしている。

決定方法	例
国会や政府が決定するもの	社会保険診療報酬，介護報酬
政府が認可・上限認可するもの	電気料金，鉄道運賃，都市ガス料金，乗合バス運賃，高速自動車国道料金，タクシー運賃，郵便料金（定期刊行物の郵便料金など）
政府に届け出るもの	電気通信料金（固定電話の通話料金など），国内航空運賃，郵便料金（手紙・ハガキなど郵便物の料金など） ※電気料金，都市ガス料金の引き下げ改定 ※鉄道・乗合バス運賃の上限価格の範囲内での改定
地方公共団体が決定するもの	公営水道料金，公立学校授業料，公衆浴場入浴料，印鑑証明手数料

↑公共料金 2016年に電気の小売りが，2017年にガスの小売りが自由化された。

データFILE

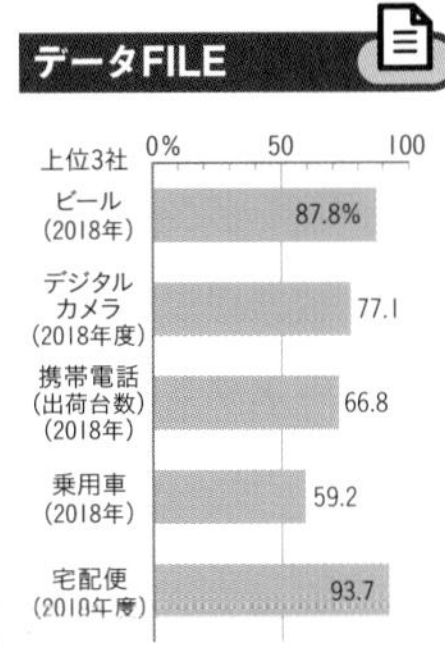

（2019/20年版「日本国勢図会」ほか）

↑少数の企業に集中している商品・サービスの例（国内）

発展

水道法の改正

2018年，水道法が改正され，水道事業の運営を民間企業に委託できるようになった。

水道施設の所有者は地方公共団体だが，水道施設を使って民間企業が水道事業を行うことができる。人口減少などで料金収入が減り，悪化した水道事業を立て直すのが目的だが，水道料金が高くなったり，水質が悪化したりするのではないかと懸念する声もある。

2 独占とその弊害

1 企業の集中と独占の種類

資本主義経済の国々においては，企業は利潤を求めて，他の企業と激しく自由競争を行う。激しい自由競争が続く中で，強い企業は弱い企業を合併するなどして，しだいに生産の全体を支配するようになっていく。これを**企業の集中**（**生産の集中**）といい，この傾向は**独占**へと発展していく。企業の集中が進むと，少数の大企業が互いの利益を守るために競争をやめ，協定や合併などによる独占が成立するようになる。

独占の形態には，次のようなものがある。

❶ **カルテル**（企業連合）…同じ業種の独立した企業どうしが，それぞれ高い利潤を確保するために，価格や生産量・販売地域などで**協定**を結ぶこと。

❷ **トラスト**（企業合同）…同じ業種の独立していた企業が合併し，一つの新しい巨大企業になること。

❸ **コンツェルン**（企業連携）…ある大企業が親会社として，同業種または，異業種の企業を**株式の所有などにより支配**して子会社化し，その子会社がさらに他企業を支配して結合すること。各企業は，法律上は独立性を保っているが，実質的には，親会社の支配下に置かれる。戦前の財閥も，コンツェルンの一種とされる。

持株会社

株式を多数所有することを目的とし，多くの企業を支配下におく会社。

財閥解体後，禁止されていたが1997年に持株会社の設立が許可された。「ホールディングス（HD）」という名称で呼ぶこともある。

用語解説 

財閥

第二次世界大戦前の日本で，株式の所有によって多くの企業を支配下においた企業。三井・三菱・住友・安田が4大財閥といわれた。

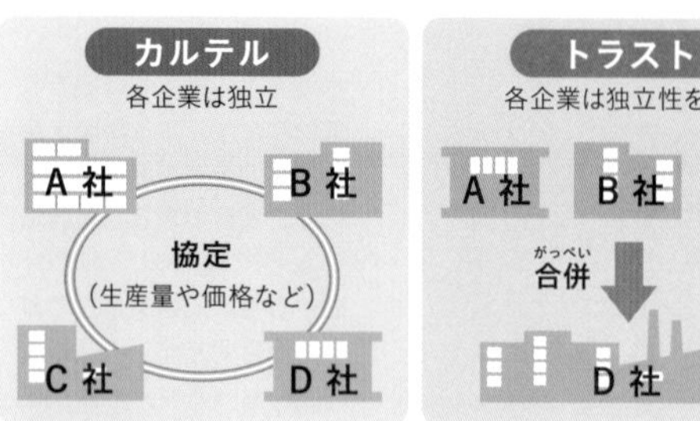

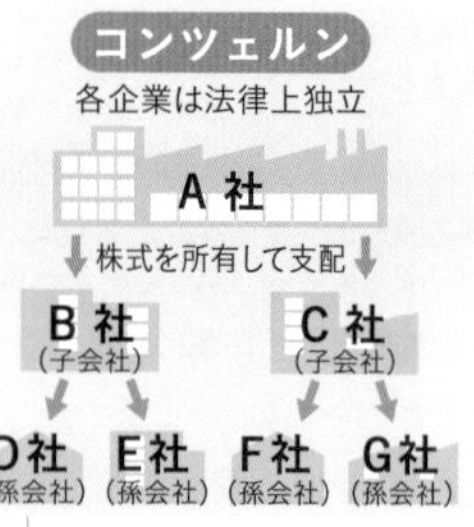

⬆独占の形態

2 独占の弊害と独占禁止法

独占によって自由競争が失われた結果，消費者にとって不利な価格が決められることがある。また，大企業は，中小企業の分野にまで進出して中小企業を圧迫することがある。

公正で自由な企業間の競争を確保し，国民経済の健全な発展を図るため，**独占禁止法**（正式には「私的独占の禁止及び公正取引の確保に関する法律」）が制定されている。この法律で，カルテルなどを制限・禁止している。また，独占禁止法を実施・運用するために，**公正取引委員会**が設置されている。

公正取引委員会は，内閣府に属し，委員長と委員4名で組織され，独占禁止法に違反する事件の調査を行い，審決を下す。また会社合併の届け出などについて審査する。

3 貨幣のはたらきと通貨制度

1 貨幣のはたらきと種類

私たちがふだん商品を買うときなどに使う，紙幣や硬貨などのお金を**貨幣**（通貨）という。

もし貨幣が存在せず，物々交換でほしいものを手に入れる場合，お互いのほしいものと提供できるものが一致する必要がある。また，提供できるものが保存のきかないものであったり，運ぶのが難しいものであったりした場合，提供できる期間や場所が限られてしまう。

貨幣は，長期間の保存にすぐれ，持ち運びもたやすいため，いつでもどこでも物品に交換でき，物々交換よりもスムーズに自分のほしいものを手に入れることができる。

資料

第1条　この法律は，私的独占，不当な取引制限……を禁止し，……一切の事業活動の不当な拘束を排除することにより，公正且つ自由な競争を促進し，……一般消費者の利益を確保するとともに，国民経済の民主的で健全な発達を促進することを目的とする。

↑独占禁止法

参考

公正取引委員会の活動例

2019年，解散したアイドルグループの元メンバーをテレビ番組に出演させないように，元所属事務所が圧力をかけたという情報が流れ，独占禁止法に触れる可能性があるとして公正取引委員会が調査した。
その結果，違反行為は認定できなかったが，元所属事務所に注意をした。

貨幣には，次のようなはたらきがある。

❶**価値尺度**…商品が売買されるとき，その商品の値打ちは貨幣の単位（商品についた価格）によって示される。すなわち，貨幣は商品の値打ちをはかる尺度（ものさし）の役目をしている。

❷**商品交換の仲立ち**…ある商品を売って貨幣を手に入れ，その貨幣でほかの商品を買ったときには，貨幣は，商品と商品を交換する仲立ちの役目を果たしたことになる。このように，貨幣は交換手段として使われる。

❸**価値の保存**…貨幣は，商品を買う必要のない場合には，手元において，または，銀行に預金するなどして，値打ちを蓄える手段（貯蔵手段）として用いられる。そして，必要なときにはこの貨幣を使い，いつでも自由に商品を買うことができる。

日本で発行されている貨幣の種類には，日本銀行が発行する**日本銀行券**（紙幣）と，政府（財務省）が発行する**硬貨**（補助貨幣）があり，合わせて**現金通貨**と呼ばれる。それに対して，銀行などに預けられた貨幣を**預金通貨**といい，現在は預金通貨が大半を占めている。

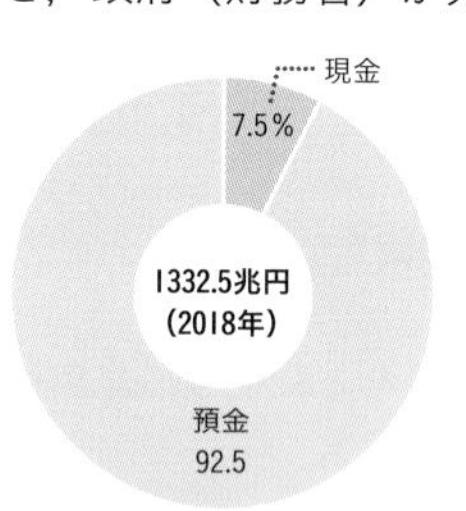

（2019/20年版「日本国勢図会」）

⬆現金と預金の比率

（財務省）

⬆わが国の紙幣　2024年から発行される新紙幣。左から一万円札，五千円札，千円札。

くわしく

紙幣

現在，日本では千円，二千円，五千円，一万円の4種類の紙幣が発行されている。かつては，聖徳太子，伊藤博文などの政治家が図柄に描かれた。偽造防止のためのさまざまな工夫がなされている。

硬貨

現在，日本では一円，五円，十円，五十円，百円，五百円の6種類の硬貨が発行されている。

預金通貨

銀行に預けられ，預金の形を取っている通貨のこと。現金通貨と同じように支払手段として用いることができる。また，一定の条件下ではすぐ現金化できる。

参考

新紙幣

2024年に紙幣のデザインが変更され，新紙幣が登場する予定である。

一万円札…表：渋沢栄一。裏：東京駅丸の内駅舎。

五千円札…表：津田梅子。裏：藤の花。

千円札…表：北里柴三郎。裏：葛飾北斎が描いた富嶽三十六景の「神奈川沖浪裏」。

二千円札のデザインは変更されない。なお，五百円硬貨もデザインが変更され，2021年に発行予定。

2 管理通貨制度

貨幣（通貨）発行のしくみのことを通貨制度という。金本位制度と管理通貨制度があるが，今日，日本をはじめ世界各国は**管理通貨制度**をとっている。

管理通貨制度とは，国または中央銀行（日本では日本銀行）が**経済の状況をみて貨幣の発行量を調節する制度**であり，いつでも自由に貨幣を発行できる。

3 キャッシュレス社会の到来

今日，電子マネーやクレジットカード，スマホ決済などのさまざまな支払手段が利用されるようになってきている。これらに共通する特徴は，紙幣や硬貨などの現金（キャッシュ）を支払い手段とするのではなく，電子的な決済手段を利用するということである。電子的な決済手段が普及した社会を**キャッシュレス社会**という。

また，近年は，特定の国家が発行せず，インターネット上の決済手段として電子データのみ存在する**仮想通貨**も登場している。

発展

金本位制度
金や金貨を，通貨制度のもとになる貨幣とし，それと交換できる紙幣が流通している制度。日本でも戦前は何度か採用されたが，1931年以降，管理通貨制度に移った。管理通貨制度では，金などと交換できない紙幣（不換紙幣）が発行される。

用語解説

電子マネー
ICチップが埋め込まれた専用のカードなどを利用して買い物ができるしくみ。Suica，iDなど。

スマホ決済
スマートフォンを利用した電子決済のこと。アプリに銀行口座やクレジットカード情報を登録して利用する。Apple Pay, PayPay, モバイルSuicaなどがある。

Q. クレジットカードで買い物ができるのはなぜ？

Hint クレジットカードを使うと，手元に現金がなくても，商品を購入することができるが，お金を払っていないわけではない。現金支払いとは異なるタイミングで，手元からお金が出ていくのである。

A. クレジットカード会社が一時的に代金を立て替えているから。

クレジットカードを使って商品を購入した場合，カード会社が購入した本人に代わって，お店に代金を支払い，その後，商品を購入した人に代金を請求するしくみになっている。クレジットカード払いは，カード会社に対する一種の借金というわけである。

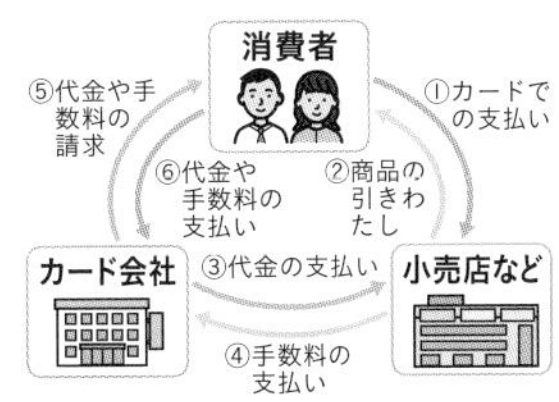

4 金融のはたらきと日本銀行

1 金融のしくみとはたらき

金融とは，資金（お金）に余裕がある個人（家計）や企業と，資金に余裕がない個人（家計）や企業との間で，資金を融通（貸し借り）することである。金融は，一般に銀行などの**金融機関**を通じて行われる。

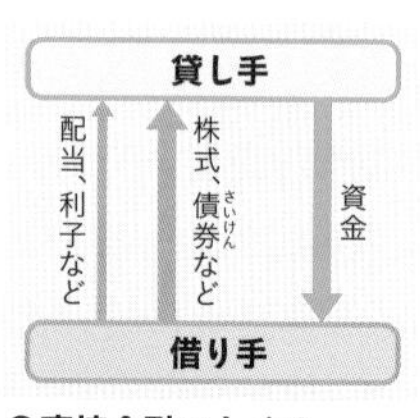

⬆直接金融のしくみ

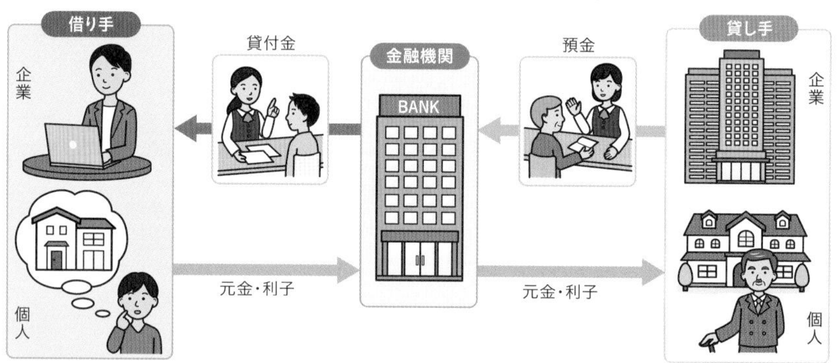

⬆間接金融のしくみ

金融には，**直接金融**と**間接金融**の2種類のしくみがある。直接金融とは，資金が必要な企業などが，株式などを発行し，**株式の購入者である株主（出資者）から直接に資金を調達すること**である。間接金融とは，資金が必要な企業などが，**金融機関を通して資金を借りること**をいう。近年，大企業を中心に，間接金融から直接金融へと比重が移ってきている。

金融は，資金を余裕のあるところから余裕のないところへ融通することにより，借りた個人や企業の消費活動や生産活動などを促進し，その結果，経済活動全体を円滑にするはたらきがある。しかし，こうした金融による資金の融通がうまくいかない場合，消費や生産が落ちこみ，経済活動全体に悪影響が出るおそれもある。

用語解説 

元金と利子

元金は実際に貸し借りした金額。利子はお金を貸した見返りに支払われる金銭。

（借りるとき）500万円 元金 → （返すとき）500万円 元金 ＋ 5万円 利子
（金利1%で借りた場合）

2 金融機関の種類

金融機関は，都市銀行などの銀行が代表的で，日本には，ほかにも次のような金融機関がある。

種類		金融機関の種類
中央銀行		日本銀行
民間金融機関	普通銀行	都市銀行・地方銀行・ゆうちょ銀行など
	中小企業金融機関	信用金庫・労働金庫など
	農林水産金融機関	農林中央金庫・農業協同組合など
	証券関係金融機関	証券会社など
	保険会社	生命保険会社，損害保険会社
	庶民金融	消費者金融など
公的金融機関		日本政策投資銀行，日本政策金融公庫など

↑さまざまな金融機関　証券会社は，お金が必要な企業と出資したい人を結びつけ，株式などの売買を仲立ちする。

3 銀行の仕事

銀行の主な仕事は，次の3つである。

❶ **預金業務**…個人や企業から，余裕のある資金を預金として預かる業務。預金に対しては，預金利子率に応じて**利子**（利息）を支払う。

❷ **貸付業務**…資金を必要とする個人や企業に，資金を貸し出す業務。資金の返済を受ける際には，元金と貸付利子率に応じた**利子**（利息）も受け取る。

❸ **為替業務**…依頼された公共料金の支払い，購入した商品代金の支払いなどを，直接現金をやり取りすることなく，手数料をとって決済する業務。離れた相手に送金する手段として利用される。

銀行は，❷の貸付利子率と❶の預金利子率の差や，❸の手数料などにより利益を生み出している。

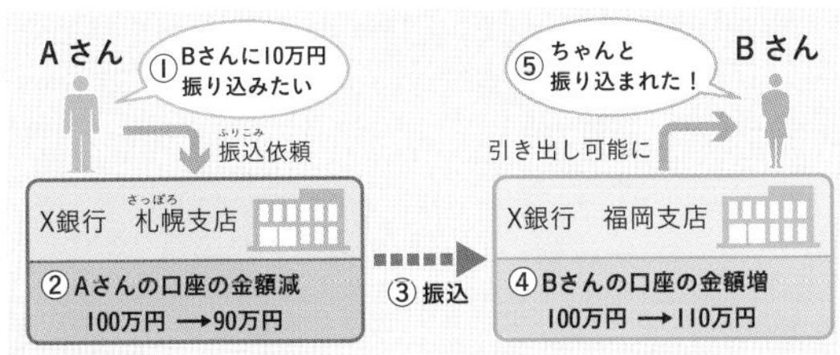

↑為替のしくみ

参考

インターネットバンキング
近年広まってきている，パソコンやスマートフォン，携帯電話などを利用した，銀行の取引サービス。店舗をもつ銀行のほか，無店舗で銀行業務を行っている企業もある。利用者は店舗に足を運ばなくてもサービスを利用できる。

発展

預金の種類

①**定期預金**…預金後，一定期間は原則として払い戻しができない預金。

②**普通預金**…いつでも出し入れができる預金。利子率は定期預金よりも低い。

③**当座預金**…主に企業が支払いなどのために使う預金。利子はつかない。

4 日本銀行の役割

世界の各国には，その国の金融機関の中心となる**中央銀行**と呼ばれる銀行があり，日本では，**日本銀行**が中央銀行である。

日本銀行は，日本政府が出資していて，一般の銀行とは異なり，個人や一般企業とは取り引きを一切せず，日本政府（国）や一般の銀行のみと取り引きを行う。

日本銀行は，国の中央銀行として，次の3つの役割をもっている。

❶ **発券銀行**…現在流通している紙幣（日本銀行券）は，すべて日本銀行が発行している。その発行限度額は，政府が決定する。国立印刷局で印刷された紙幣は，日本銀行から金融機関に支払われ，その金融機関から国民の手元に渡る。

❷ **政府の銀行**…国税などの政府の収入を預金として受け入れ，出し入れを行う。また，国債の発行などの事務を行う。

❸ **銀行の銀行**…一般の銀行を対象に，銀行から資金の一部を預かり，銀行が資金不足で支払いに応じられないときは，「最後の貸し手」として銀行に資金を貸し出す。

また，日本銀行は，景気の安定を図るために，好景気のときには，世の中のお金の量を減らし，不景気のときには，世の中のお金の量を増やす**金融政策**を行う。(→p.577)

日本銀行
- 発券銀行 — 日本銀行券の発行
- 政府の銀行 — 政府資金の取り扱い／現金の受け入れ／国債発行の手続き — 政府
- 銀行の銀行 — 貸し出し／国債などの売買／預金の受け入れ — 一般の銀行

⬆日本銀行の主な役割

	億円	%
日本銀行券	**1,103,625**	**95.8**
一万円	1,021,872	88.7
五千円	34,354	3.0
二千円	1,964	0.2
千円	43,984	3.8
硬貨	**48,450**	**4.2**
五百円	23,188	2.0
百円	10,866	0.9
五十円	2,218	0.2
十円	1,935	0.2
五円	535	0.0
一円	377	0.0
合計	**1,152,075**	**100.0**

(2019/20年版「日本国勢図会」)

⬆**種類別通貨流通高（2018年末）**

硬貨の発行

五百円，百円などの硬貨の発行権は政府にあり，造幣局でつくられている。

5 価格と物価

商品一つひとつの値段を**価格**というが，いろいろな商品（財，サービス）の価格を総合して平均化したものを**物価**といい，一般に，物価は**物価指数**で表される。

物価指数とは，ある年（月）の物価を基準としてこれを100とし，ほかの年（月）の物価を指数で表したものである。

物価指数の種類には，次のようなものがある。

❶ **企業物価指数**…企業間で取り引きされる商品の価格変動をとらえた物価指数。日本銀行が，毎月1回調査し発表する。

❷ **消費者物価指数**…家計が購入する日常生活に特に関係が深い商品の価格変動をとらえた物価指数。消費者物価指数は，消費生活の動きを知るための重要な指数で，総務省統計局が，毎月1回調査し発表する。

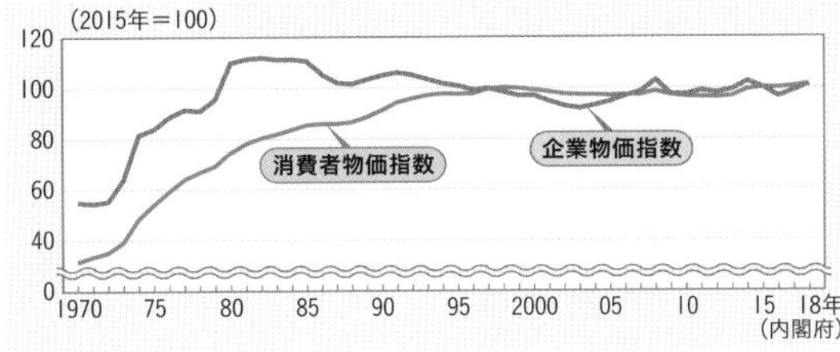

⬆物価の動向

6 インフレーション

例えば，今まで1個100円だったおにぎりが，原材料費の値上がりなどで，じわじわと価格が上がり，1個200円になったとする。この結果，100円は，現在のおにぎりの0.5個分の値打ちしかなくなってしまう。このように，物価が継続的に上昇し，貨幣の値打ちが下がる現象を**インフレーション（インフレ）**という。

インフレは，原材料費や人件費などの生産コストが上昇した場合，商品の供給量よりも需要量が大きく上回った場合，政府や日本銀行の政策により貨幣の流通

くわしく 

消費者物価指数に採用される品目

最新の消費実態を反映した品目が採用され，そうでない品目は廃止される。2015年基準で廃止された品目は，お子様ランチ，ビニールホースなど。追加された品目はロールケーキ，電動アシスト自転車など。

物価指数の算出方法

物価指数は，次のような計算方法で産出される。

$$\frac{\text{測定する年(月)の物価}}{\text{基準とする年(月)の物価}} \times 100$$

物価を指数で示す意味

去年100円だったノートが今年150円に，同じく10万円だったパソコンが11万円になった場合、金額だけをみればパソコンのほうが大きく値上がりしている。しかし，去年の価格を100として今年をみれば，ノートは150，それに対してパソコンは110になっており，パソコンのほうが値上がり幅は小さくなる。
このように，基準となる年（月）と比べることで，値上がり，値下がりが正確にわかるのが，指数で表す点の長所である。

量が増えた場合などに起こる。

物価が上昇すると貨幣価値は下がるため，賃金の金額は同じでも，買える商品は少なくなる。そのため，実質賃金が低下して生活は苦しくなる。年金生活者や預貯金で生活する人々は，生活が圧迫される。

用語解説

実質賃金
賃金のもっている実質的な購買力を示したもの。例えば，賃金が2倍になっても，物価が4倍になれば実質賃金は2分の1に下がったことになる。

7 デフレーション

例えば，今まで1個100円だったおにぎりが，原材料費の値下がりなどで，じわじわと価格が下がり，1個50円になったとする。この結果，100円は，現在のおにぎりの2個分の値打ちをもつことになる。このように，**物価が継続的に下降し，貨幣の値打ちが上がる現象**を**デフレーション（デフレ）**という。

デフレは，生産コストが下降した場合，供給量よりも需要量が大きく下回った場合，政府や日本銀行の政策により貨幣の流通量が減った場合などに起こる。

商品の価格が下がるため企業の利潤は減少し，企業の倒産が増え，失業者も増加し，経済活動は不活発になる。

物価が下落すると企業の売上げが減少して業績が悪化するため，企業は人件費をおさえたり，労働者を解雇したりする。すると，労働者の賃金が下がったり，失業する人が増えたりするため，商品がますます売れなくなり，物価がさらに下落する。この結果，不況がより一層深刻化することを，**デフレ＝スパイラル**という。スパイラルとは「らせん」という意味である。

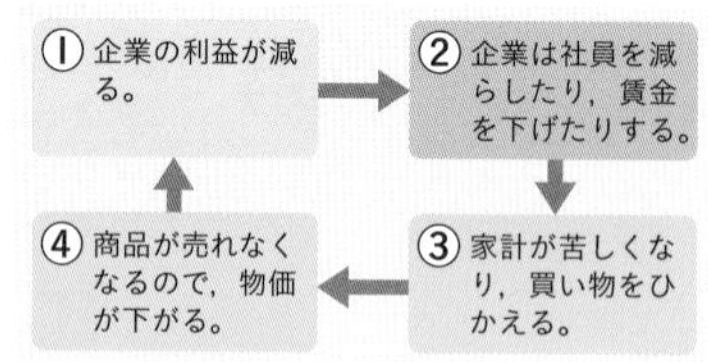

⬆デフレ＝スパイラル

5 景気変動の調整

1 景気変動とは

景気変動（**景気の循環**）とは，好景気（好況）と不景気（不況）とが交互に繰り返されることである。

好景気（**好況**）では，商品の売れ行きが増加し，雇用が増え，賃金が上昇する。そのためインフレーションとなるおそれもある。好景気の中で，企業が生産の拡大を続けると，いつかは供給が需要を上回り，商品の売れ残りが出始め，景気が**後退**し始める。

不景気（**不況**）では，商品が売れ残り，企業の利潤が減る。労働力も余り，賃金の上昇が止まり失業者が増加する。物価が下落し，デフレーションとなるおそれもある。不景気が続くと企業は生産の合理化を進め，その結果，再び利潤を**回復**し，景気が好転する。

2 景気対策

激しい景気変動は，倒産・失業などの悪影響を及ぼすため，景気変動の幅を可能な限り小さくする対策が，政府（→p.580）や日本銀行により行われている。

日本銀行は景気変動を調整するために，**金融政策**として**公開市場操作**（**オペレーション**）を行う。好景気のときは，日本銀行が所有する**国債**などを一般の銀行に**売り**，不景気のときは，一般の銀行から国債などを**買う**ことによって，通貨量を増減し，景気を調整する。

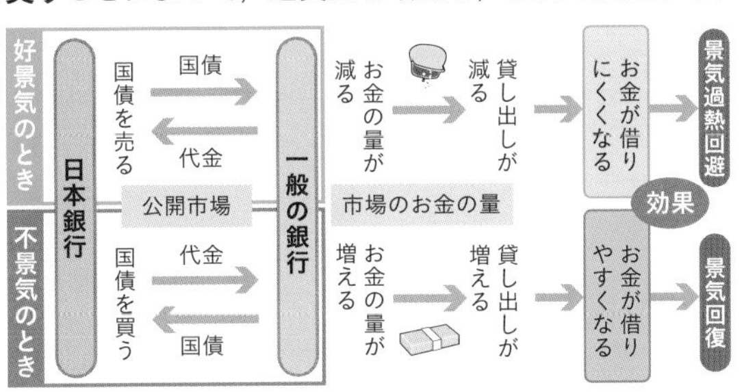

公開市場操作　日本銀行が国債の売買などで景気を調節する政策。

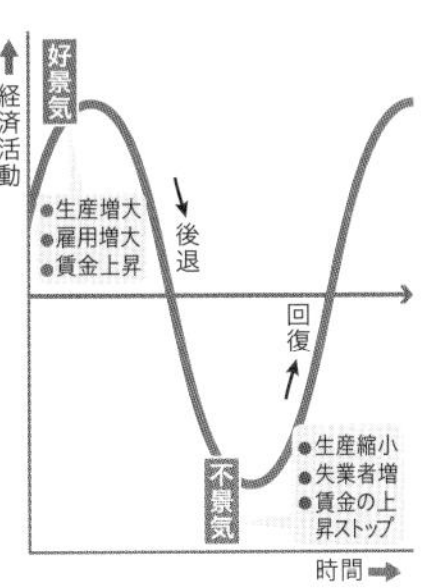

景気変動とその現象

参考

恐慌
好景気から急激に不景気になった場合に起こる経済や社会の大混乱のこと。1929年にアメリカのニューヨークで株式の大暴落をきっかけに始まった世界恐慌が有名である。

発展

スタグフレーション
景気がよくないにも関わらず物価が上昇する現象。1973年の第一次石油危機のときにみられた。スタグネーション（景気の停滞）とインフレーションを組み合わせてつくられた用語。

発展

預金準備率操作
日本銀行が，一般金融機関に預金の一定割合を預けさせる準備預金の割合を上下させて，通貨量を調整する金融政策。1991年を最後に行われていない。

思考力UP

日本銀行が国債を買うと景気が回復するのはなぜ？

日本銀行は景気を調整するために，国債を売ったり買ったりする公開市場操作を行います。それがどのような効果をもつか，考えてみましょう。

問題

ケンジさんは，日本銀行（日銀）の公開市場操作について，ノートに次のような図でまとめてみました。A，Bに入る文を10〜15字程度で答えなさい。

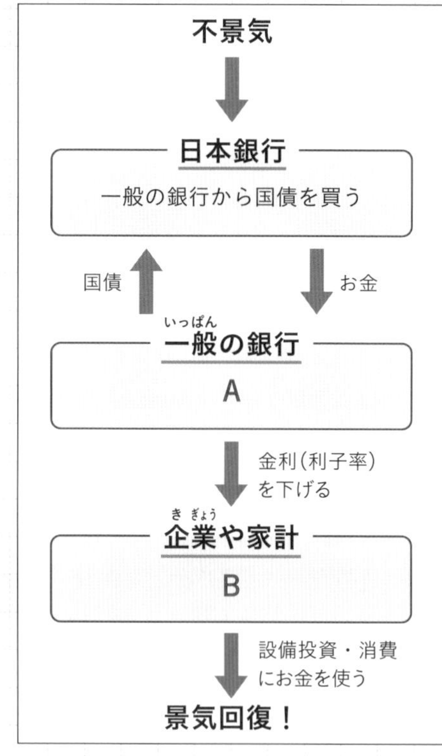

思考力UP ▸▸▸ 図から何がわかるか考えよう。

図を見ると，日銀は一般の銀行から国債を買うために，その銀行に国債の代金を払っているよ。

その後，代金を受け取った銀行は金利を下げるみたいだね。

そうなると，利子が低くて済むから，お金を借りるときに助かるね。

企業や家計にお金が入ってくれば，経済が活性化しそう！

思考力UP ▸▸▸ 考えたことを，まとめてみよう。

A：
B：

A：貸し出せるお金の量が増える（13字）〔銀行の資金の量が増える（11字）〕
B：お金が借りやすくなる（10字）

日本銀行が一般の銀行との間で国債を売買する金融（きんゆう）政策を公開市場操作（オペレーション）といいます。不景気のとき，日本銀行は，一般の銀行から国債を買い，国債の代金を受け取った銀行は貸し出せるお金の量が増えるので，金利を下げてたくさん貸し出そうとします。金利が下がれば，企業や家計はお金を借りやすくなり，設備投資や消費に使うので経済が活性化し，景気が回復します。

政府と財政

政府の財政の歳入と歳出，そして，歳入のもととなる租税の種類を学習し，景気を調整する財政政策についても学習していこう。
政府が財政をもとに行う社会保障制度についても内容と課題を考察しよう。

1 財政のはたらき

1 財政とは

国（政府）や地方公共団体が税金を集め，国民に必要なモノ・サービスを提供する活動を**財政**という。

2 歳入

国や地方公共団体の1年間の収入を歳入という。**歳入**の内訳は，**租税**（**税金**）と，**公債金**がほとんどである。公債金とは，国債を発行して借り入れたお金で，将来，利子をつけて返済しなければならないお金である。

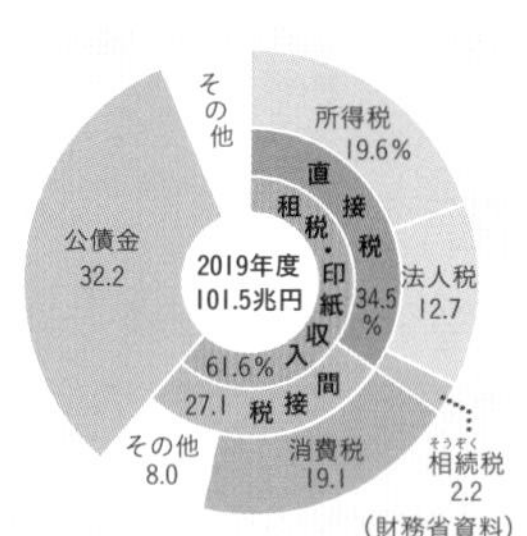

⬆国の歳入の内訳と税収入の割合

3 歳出

国や地方公共団体の1年間の支出を歳出という。**歳出**の内訳は，近年，少子高齢化の影響を受けて社会保険などの**社会保障関係費**，国が借りた国債の元金

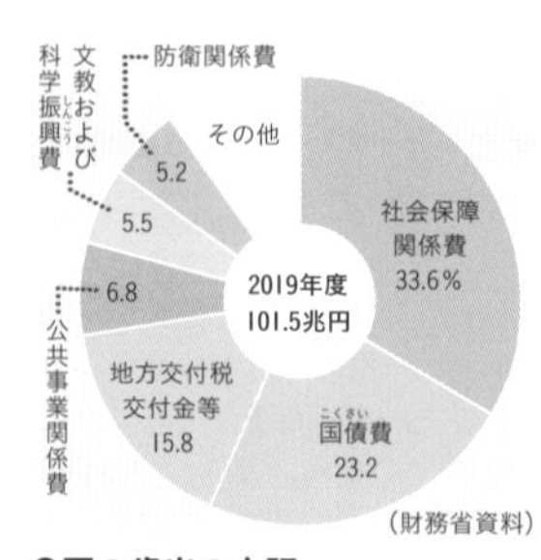

⬆国の歳出の内訳

くわしく

財政の1年間
財政，予算の1年間とは，わが国の場合，4月1日から翌年の3月31日までをいう。

用語解説

社会保障関係費
国民の生活の保障に必要な経費。社会保険費・生活保護費・社会福祉費・失業対策費などが含まれる。

公共事業関係費
道路や港湾の建設や整備，治山・治水，災害対策，国土開発などのための費用。

文教および科学振興費
学校教育，社会教育，科学発展などのための費用。

とその利子の支払いのための**国債費**，地方財政の不均衡を是正し，地方自治の活性化のため地方公共団体に交付される**地方交付税交付金**の割合が増えている。

4 税金の種類と役割

税金は，国が集める**国税**と地方公共団体が集める**地方税**に分けられる。また，どのように納めるかによって**直接税**と**間接税**に分けられる。直接税は，担税者（税金を実際に負担する人）と納税者（税金を納める人）が同じ税，間接税は担税者と納税者が異なる税である。

データFILE

年	消費税率
1989	3％
1997	5％
2014	8％
2019	10％（食品など一部の商品は８％）

↑消費税率の変化 10％への引き上げは，当初2015年の予定だったが，消費の落ち込みを理由に延期された。

		直接税	間接税
国税		所得税・法人税・相続税・贈与税など	消費税・酒税・たばこ税・揮発油税・石油ガス税・航空機燃料税・石油石炭税・関税・印紙税など
地方税	（都）道府県税	（都）道府県民税・事業税・自動車税など	地方消費税・（都）道府県たばこ税・ゴルフ場利用税など
	市（区）町村税	市（区）町村民税・固定資産税・軽自動車税など	市（区）町村たばこ税・入湯税など

↑税金の種類

所得税や相続税では，所得の格差を調整するため，課税対象の金額が多くなるほど税率を高くする**累進課税**のしくみをとっている。一方，消費税には，所得の少ない人ほど税負担の割合が重くなる逆進性がある。

重い課税を行った場合，消費支出や産業への投資を抑えてしまい，経済活動が不活発になるなどの影響がある。逆に減税を行った場合，経済活動は活発になる。

また，不公平な課税を行った場合，国民の政治への不信が増大する。

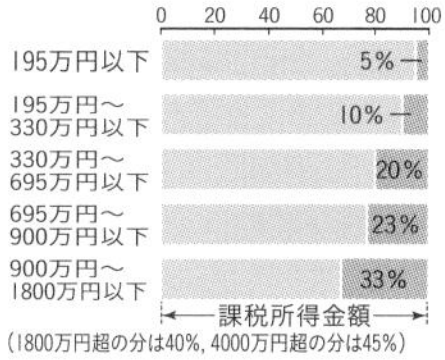

↑所得税の累進課税 課税所得金額とは，扶養控除などの控除額を差し引いた金額。

5 財政投融資

財政投融資とは，政府が民間の市場から資金を借り，政府関係機関や地方公共団体を通じて，社会資本の整備，住宅の建設，中小企業への融資な

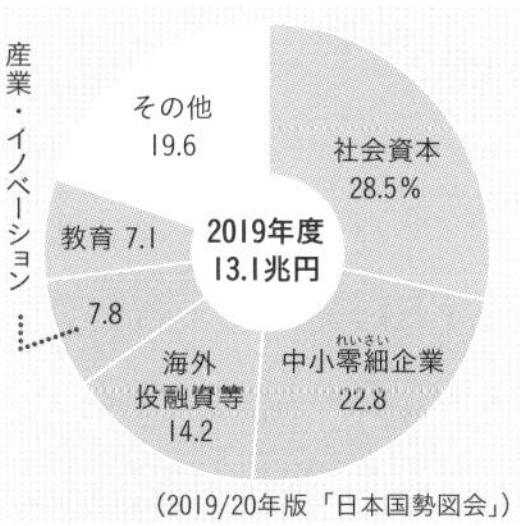

↑財政投融資の使いみち

くわしく

近年の財政投融資
財政投融資は，郵便貯金・簡易保険などを原資として，貸し付けを行ってきたが，現在は，財政投融資に必要な資金は，財政投融資特別会計が発行する債券などによって市場から調達する方法がとり入れられた。

どを行うものである。

かつては，資金の規模が大きく「第2の予算」とも呼ばれていたが，近年は，その金額が大幅に減少している。

6 財政の役割

財政は，次のような役割を果たしている。

❶ **景気の調整**…景気の安定のために，政府が行う政策を**財政政策**といい，日本銀行が行う**金融政策**（→p.575）と並ぶ景気調整の2本柱である。

財政政策は，増税や減税による企業や家計の資金の調整や，道路の建設や整備など公共事業への財政支出（**公共投資**）の増減などを中心に次のように行われる。

好景気（好況）のときは，公共投資を減らし，**増税**を行う。この結果，企業の仕事が減って生産が縮小し，企業や家計のお金が減って消費が減退することになるので，景気の行き過ぎをおさえることができる。

不景気（不況）のときは，公共投資を増やし，**減税**を行う。この結果，企業の仕事が増えて生産が拡大し，企業や家計のお金が増えて消費が活発になるので，景気が回復していく。

	公共投資	税金		
好景気のとき	減らす	増やす	➡	景気がおさえられる
不景気のとき	増やす	減らす	➡	景気が回復する

↑財政政策

❷ **所得の再分配**…累進課税によって高額所得者から集めた税金を，社会保障関係費などの支出によって低額所得者に分配し，経済の格差を縮める。人々の所得を再分配し，所得の平均化を図る。

このはたらきは，憲法25条で保障されている，

くわしく

金融政策と財政政策

金融政策と財政政策は，好景気のときは市場に出回る通貨量を減らし，不景気のときには通貨量を増やすことで行われる。

参考

財政の自動安定化装置

所得税などは，累進課税のため，平均所得上昇に伴い，平均税率も上昇する。すると，民間の余った資金が政府に吸収され，景気の過熱がおさえられる。不景気のときはこの逆になり，平均税率も下がるので，所得が減りにくい。このように財政には，景気の安定に寄与する自動調節機能がある。

「健康で文化的な最低限度の生活を営む権利」という生存権の保障を実現する一つの方法である。

❸ **公共財・公共サービスの提供**…政府は，道路，公園，ダム，港湾などの**社会資本**のほか，警察，消防，教育，国防など，利益を得にくいため民間企業が提供するのは難しい**公共財・公共サービス**を提供する。たとえ民間企業が提供したとしても，民間企業だけでは，人々が必要とする数量を満たすことは難しい。そこで政府が提供するわけである。民間企業が生産活動を行わず，商品を提供しない分野で，政府が公共財・公共サービスを供給することを**資源配分の調整**という。

❶**社会資本の提供（明石海峡大橋）**
（田中秀明／PPS通信社）

思考力UP

Q. 低所得者ほど消費税の負担が重くなるのはなぜ？

Hint

1か月の所得が20万円，50万円，100万円の人が1万円の商品を買ったとき，負担する消費税は価格の10％の1000円で同じだが，1000円が1か月の所得に占める割合はそれぞれ変わってくる。

※消費税率10％

一か月の所得	消費税	一か月の所得に占めるこの商品の消費税の割合
20万円		0.5％
50万円	1000円	0.2％
100万円		0.1％

❶**1万円の商品を買った場合の消費税**

A. 所得に関係なく，一定の税率が課されるため。
一般に，高所得者よりも低所得者のほうが，所得に占める消費支出の割合が高いと考えられており，これも低所得者の消費税負担が重い理由である。

7 公債とその問題点

国や地方公共団体は，予算を決めるにあたって歳入(さいにゅう)が不足することがあり，その場合，借金をしてその年の歳出(さいしゅつ)をまかなうことになる。この借金をするために発行される証書が**公債**(こうさい)である。国の公債を**国債**，地方公共団体の公債を**地方債**という。公債の購入(こうにゅう)者には，一定期間後に利子を支払(しはら)い，元金を返済しなければならない。

公債を大量に発行すると，利子の支払いや元金の返済額が大きくなり，財政負担が大きくなる。そのため，国民の税負担が大きくなったり，ほかの重要部門の歳出額を削(けず)って利子の支払いにあてたりするので，国民生活を圧迫(あっぱく)する状態となっていく。公債の発行は，返済の負担を将来の世代に負わせることになるため，慎重(しんちょう)に行わなければならない。

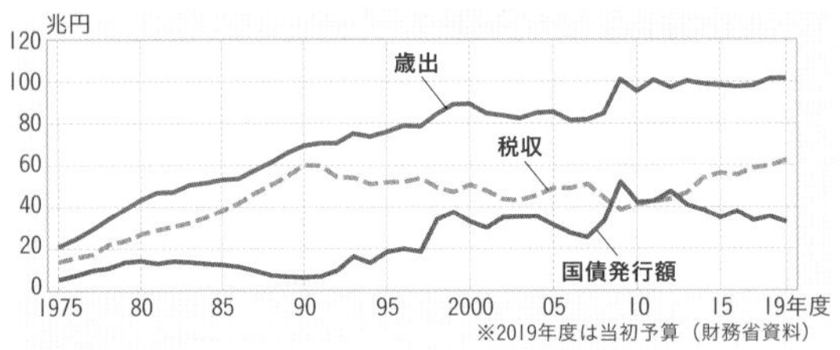

⬆**日本の財政の変化**　歳出が税収を上回る財政赤字が続いている。

発展

国債の種類

次の2種類がある。

建設国債…公共事業を行うために発行される国債。

赤字国債…歳入不足を補うために発行される国債。本来認められていないが，特例法をつくることで発行できる。特例国債ともいう。発行量が増えると，通貨量が増加し，インフレーションになる危険性がある。

Episode

日本の借金はどれくらいあるか

2019年度予算では，国が国債を発行して得た公債金は約33兆円。借金を返済するための国債費は約24兆円である。

例年，借金を完全に返済できない状態が続き，国債の総額（国債残高）は年々増加している。2019年度末で897兆円，そのほかの国と地方公共団体の借金を合計すると1122兆円となる（政府見通し）。

少子高齢(こうれい)化の進展による社会保障費の増大と，バブル経済崩壊(ほうかい)以後の長引く不況(ふきょう)による税収不足が原因である。

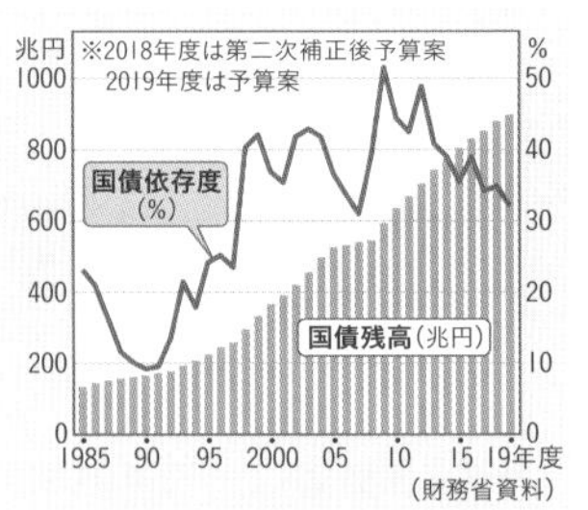

⬆**国債の発行残高と国の歳入に占める国債依存度**(いそんど)

2 社会保障と国民の福祉

1 社会保障のしくみと発達

私たちは，ふだんは健康に生活していても，ある日，突然(とつぜん)事故にあって負傷したり，病気になったりして治療(ちりょう)や手術，入院が必要になる可能性がある。また，年をとると誰(だれ)もが思うように働くことができなくなる。

そこで，国の責任のもと，社会全体で突然の事故や病気，障がいをもったときや，高齢(こうれい)となったときの生活などに備えようとするのが社会保障の制度である。

2 日本の社会保障制度

わが国の社会保障制度は，憲法第25条1項の「すべて国民は，健康で文化的な最低限度の生活を営む権利を有する」という規定（生存権），および憲法第25条2項の「国は，すべての生活部面について，社会福祉(ふくし)，社会保障及(およ)び公衆衛生の向上及び増進に努めなければならない」という規定に基づいて整備されてきた。

わが国の社会保障制度は**社会保険**，**公的扶助(ふじょ)**，**社会福祉**，**公衆衛生**の4つの柱で構成されている。

❶**社会保険**…加入者が前もって掛(か)け金を積み立て，高齢(こうれい)・傷病(しょうびょう)・失業などの場合に現金の給付やサービスを受ける制度。突然の事故や病気，高齢による生活不安を取り除き，生活の安定を図ることを目的としている。

⬆社会保障関係費の内訳

社会保険には，以下の種類がある。

●**医療(いりょう)（健康）保険**…病気になったときなどに，医療費の一定割合を負担すれば医療を受けることができる。

参考

社会保障制度のあゆみ

世界で最初の社会保障制度は，1883年にドイツのビスマルクがつくった社会保険制度である。アメリカでは，ニューディール政策の一環(いっかん)として，社会保障法が1935年に成立。イギリスでは，第二次世界大戦中の1942年，「ゆりかごから墓場まで」をスローガンとする社会保障制度が整備された。

第二次世界大戦後，社会保障は，人間の基本的権利であるとする考え方が定着した。

夜警国家から福祉国家へ

資本主義の初期は，人々の生活は個人の責任であり，国の仕事は防衛や治安維持(いじ)に限るとする夜警国家の考えが中心であった。

しかし，資本主義の発達により貧富の差が拡大し，人々の生活の保障は国の責任であるとする福祉国家の考えが生まれた。

●**年金保険**…高齢になったときや，障がいを負ったときなどに現金の給付を受けることができる。誰もが加入する国民年金（基礎年金）と，会社員や公務員が加入し，国民年金の上乗せとなる厚生年金からなる。

●**雇用（失業）保険**…失業したときに保険金が給付される。

●**労働者災害補償（労災）保険**…仕事が原因で病気・けが・死亡した場合に保険金が給付される。

●**介護保険**…介護が必要になったときに，介護サービスを受けることができる。40歳以上の国民が加入する。

わが国では，1961年に，すべての国民が医療保険と年金保険に加入する，国民皆保険，国民皆年金が始まった。

❷**公的扶助**…国が公費によって，生活に困っている人々に最低限度の生活を保障し，自立のために必要な援助を行う制度。**生活保護法**に基づいて，医療扶助，生活扶助，住宅扶助などが行われる。

❸**社会福祉**…母子家庭や高齢者，障がい者など，働くことが困難な人々や立場の弱い人々を保護・援助する制度。児童福祉，障がい者福祉，高齢者福祉，母子・父子福祉などがある。

❹**公衆衛生**…病気の予防を図り，国民全体の健康を増進するために国が行う保健衛生対策制度。感染症などの病気対策，医療施設の拡充，公害対策，食品衛

発展 

ベーシックインカム

生活に必要な最低限のお金を，政府がすべての国民に無条件に支給する制度。現行の社会保障制度を縮小し，行政コストが抑制できるとされる。

発展 

生活保護法の改正

生活保護費の不正受給問題などを受け，2013年に生活保護法が改正され，親族の扶養義務や不正受給対策などが強化された。その後，2018年にも改正されたが，当事者のための改正になっていないなどの批判がある。

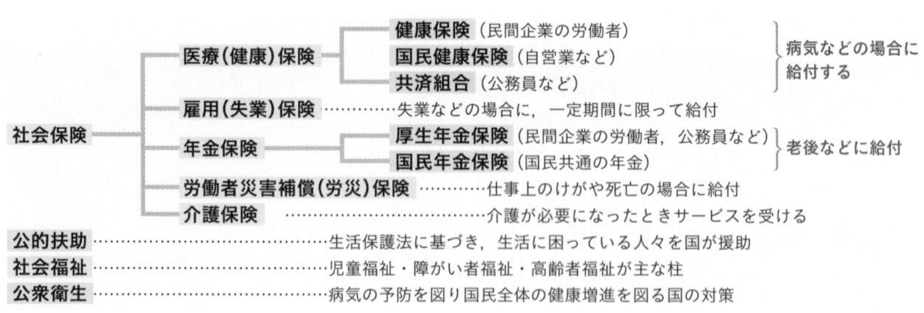

⬆わが国の社会保障制度

生，環境衛生の整備などがある。

3 高齢社会の到来と社会保障制度の課題

わが国では，少子高齢化が急速に進展しているため，年金・医療などの財源をどのように調達するかが深刻な問題となっている。そのため，年金の給付開始年齢を65歳に遅らせる措置がとられ，さらに遅らせる措置も考えられている。また，医療の分野では，急速な少子高齢化に対応するために，**介護保険制度**(→p.584)や,後期高齢者医療制度が実施されている。

社会保障の給付とそれを支える国民の負担の関係については，アメリカなどでみられる低福祉低負担というあり方と，北ヨーロッパ諸国でみられる高福祉高負担というあり方が比較されることが多い。低福祉低負担の社会保障では，給付が少ない代わりに，国民の負担も小さい。高福祉高負担の社会保障では，給付が多い代わりに，国民の負担も大きい。

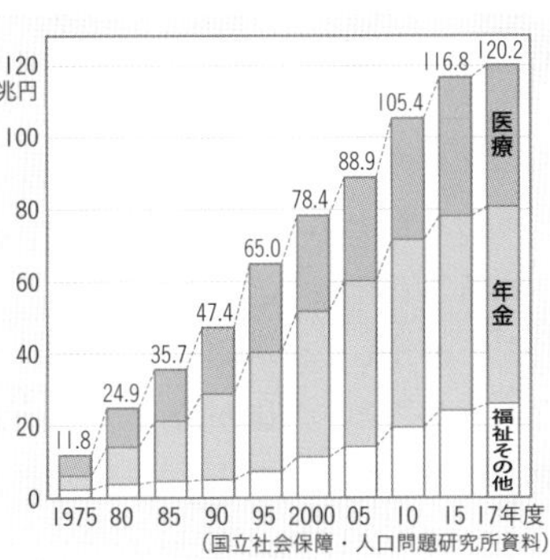

➊わが国の社会保障給付費の推移

わが国では，現在，高齢化によって社会保障給付の拡大が進行している。しかし，それに見合った税収を確保できているとはいいがたい状態である。このような状態を改善し，社会保障の財源をまかなうために，消費税が5%から8%へ，そして10%へと引き上げられた。しかし，消費税は逆進性が高いために，低所得者の負担が重くなるという批判もある(→p.581)。

社会保障の財源をどのように公平に負担していくかが，今後の大きな課題となっている。

用語解説

後期高齢者医療制度
高齢者だけの独立した保険制度で，2008年から実施された。原則として75歳以上の高齢者に加入が義務づけられている。

くわしく

年金制度の財源問題
わが国の年金保険は，高齢者が受け取る年金に現役世代からの保険料をあてる賦課方式を基本としている。そのため，少子高齢化が進むにつれ，現役世代の負担が大きくなり，将来世代の年金を確保できなくなる可能性がある。そこで，2016年に年金制度改革関連法が制定され，年金給付を抑え，現役世代の負担を軽くするしくみが強化された。高齢者の年金給付を抑える法律のため，年金カット法であるとの批判もある。

第4章 SECTION 5 今日の日本経済と社会

現在の日本がかかえている公害問題や環境問題について学習しよう。
そして，グローバル化が進んだ経済の姿や
現代の日本の，これからの進むべき方向，課題について考察してみよう。

1 公害防止と環境保全

1 公害の種類と公害病

公害とは，企業の生産活動や人々の日常生活の活動により発生する大気汚染や水質汚濁などによって，人々の健康や生活環境が損なわれることをいう。

公害の発生原因は，企業が利潤を優先し，公害防止のための投資を積極的に行わなかったことや，国が公害防止よりも産業の発展を優先したことなどである。

1950年代後半から公害が深刻化する中，四大公害裁判は，いずれも原告側の全面勝利に終わった。

公害病	被害地域	原因	被告	判決
水俣病	熊本・鹿児島県 水俣湾岸地域	**水質汚濁** （有機水銀）	チッソ	原告勝訴 （1973年3月）
イタイイタイ病	富山県 神通川流域	**水質汚濁** （カドミウム）	三井金属鉱業	原告勝訴 （1972年8月）
四日市ぜんそく	三重県 四日市市	**大気汚染** （亜硫酸ガスなど）	三菱油化など6社	原告勝訴 （1972年7月）
新潟水俣病	新潟県 阿賀野川流域	**水質汚濁** （有機水銀）	昭和電工	原告勝訴 （1971年9月）

⬆四大公害裁判

2 環境保全への対策

わが国では1960年代後半から，公害批判の世論が高まり，住民運動が全国で展開された。そこで政府は公害対策に本格的に取り組み，1967年に**公害対策基本法**を制定し，1971年には公害行政を扱うため**環境庁**（現環境省）を設置した。

くわしく

公害の種類
大気汚染，水質汚濁，土壌汚染，騒音，振動，地盤沈下，悪臭（典型7公害）などがある。

データFILE

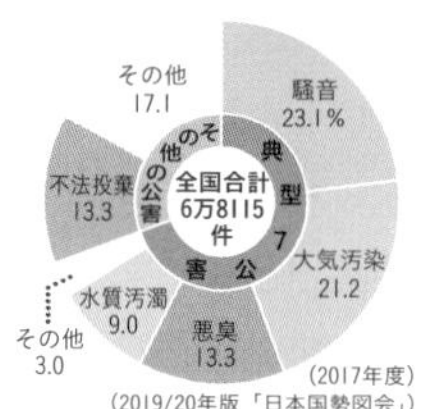

⬆公害苦情受理件数の割合
騒音や大気汚染，悪臭などへの苦情が多い。

発展

汚染者負担の原則（PPP）
公害防止のための費用や，被害者救済のための費用は，公害の発生者である企業に負担させるという考え方。

3 新しい公害

自動車の排ガスによる大気汚染，道路・鉄道周辺での騒音や振動，ごみの焼却過程で発生する**ダイオキシン**による土壌汚染など，身近な生活環境が悪化する**都市公害・生活公害**が問題となっている。近年は，**環境ホルモン**などの人体への影響が心配されている。また，半導体産業やIT産業などの先端技術産業からも有害物質が排出され，地下水の汚染などのハイテク公害，IT公害なども起こっている。また，飛散した鉱物繊維で肺癌などを引き起こす**アスベスト**（石綿）による問題も起こっている。

こうした公害・環境問題に対し，国はこれまでの公害対策基本法などを発展させて，1993年に新たに**環境基本法**を制定した。環境行政の基本方針である環境基本計画もつくられ，政府が一体となって環境行政に取り組むこととなった。1997年には**環境アセスメント（環境影響評価）法**が制定され，大規模開発を行う際は，事前に開発行為が環境に与える影響を調査し公表することが制度化された（→p.500）。

4 循環型社会への取り組み

これまでの，大量生産，大量消費，大量廃棄という生活様式は限界に達している。これからは環境を中心にすえ，生活様式や生産活動を根本的に見直す必要がある。

環境基本法で規定された，環境負荷の少ない社会の構築と再生資源の利用が**循環型社会**の考え方の基礎となり，2000年には**循環型社会形成推進基本法**が制定された。この法律では，物質循環の確保や，資源の消費の抑制などが求められている。これからは，**3R（リデュース，リユース，リサイクル）**や環境をつねに意識し，自らの行動を振り返りながら具体的な行動を通じて，循環型社会の形成に取り組まなければならない。

用語解説

ダイオキシン
プラスチックなどを燃やすと発生する猛毒物質。ごみ焼却場とその周辺から検出され，大きな問題となった。

環境ホルモン
体内に摂取されるとホルモンのようなはたらきをして，身体の機能を乱す化学物質。ダイオキシンなどが疑われている。

参考

低周波音
耳では聞きとりにくい周波数音のこと。風力発電の風車や高速道路などから発生する。これによる健康被害も報告されており，因果関係が注目されている。

用語解説

3R
リデュース（Reduce）…無駄をなくし，捨てるもの（ごみ）を減らす。
リユース（Reuse）…できるだけ繰り返して使用する。
リサイクル（Recycle）…繰り返して使用できないものは，原材料に戻し，再生して利用する。

❶リサイクルのための分別
（小谷田　整／PPS通信社）

2 経済のグローバル化

1 貿易の意味と役割

貿易とは，国と国との間で行われる商品の取り引きのことで，各国は自国の産物・製品を輸出し,自国の産業や国民生活に必要な原料・食料・製品を輸入する。

貿易は，世界の資源の不均衡(きんこう)を調整し，各国の特色をいかした**国際分業**を促進(そくしん)し，世界経済を発展させるとともに，各国を強く結びつける。

効率的な国際分業の下で，それぞれの国が自由にその産物を交換(こうかん)し合えば，世界全体の富を増やすことができるとするのが，自由貿易論である。

2 国際通貨と為替相場

国際通貨とは，外国との取り引きの際に使用される国際的に信用をもつ通貨のことで，現在ではアメリカのドルやEUのユーロが主要な国際通貨となっている。

外国と貿易を行う場合などには，自国通貨を相手国通貨に交換する必要がある。2国間の通貨の交換比率を**為替相場(かわせそうば)（為替レート）**といい，わが国の場合，アメリカとの貿易の際は1ドル＝100円など，EUとの貿易の際は1ユーロ＝120円などのように示される。為替相場は，世界経済の状況(じょうきょう)を反映して変化する。

用語解説

国際分業
世界各国が，その自然的・経済的条件に適した商品を生産し，それを貿易によって交換し合うことをいう。

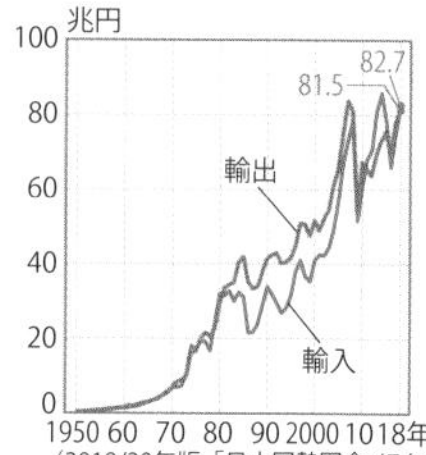

↑わが国の貿易額の推移
日本は戦後，加工貿易による貿易黒字が続いたが，近年では工場の海外移転などにより，貿易赤字となることもある。

くわしく

為替相場（為替レート）
1949年，わが国の為替相場は1ドル＝360円と定められた固定相場制であった。1973年からは，その時々の需要(じゅよう)と供給の関係で変化する変動相場制となった。

Episode

リカードの比較(ひかく)生産費説

	X	Y
A国	2人	4人
B国	12人	6人

右の表は，A，B各国で商品X，Yを1単位生産するのに必要な労働者数を示している。各国が別々に1単位ずつ生産した場合，両国合わせて，Xを2単位，Yを2単位しか生産できない。しかし，同じ人数でもA国がX，B国がYの生産にそれぞれ特化すれば，Xは3単位，Yは3単位生産できる。これを貿易で交換したほうが効率的である。このような，国際分業と自由貿易に関する理論を比較生産費説といい，イギリスのリカード（1772～1823年）が説いた。

3 円高，円安のしくみ

1ドル＝100円だった為替相場が1ドル＝80円になったとする。これを**円高**という。これは，1ドルの商品を買うのに100円必要だったのが80円ですむようになったということであり，円の価値が20円分上がったということになる。

逆に，1ドル＝100円だった為替相場が1ドル＝120円になったとする。これを**円安**という。これは，1ドルの商品を買うのに100円必要だったのが120円かかるようになったということであり，円の価値が20円分下がったということになる。

両替して1ドルを受け取るには…

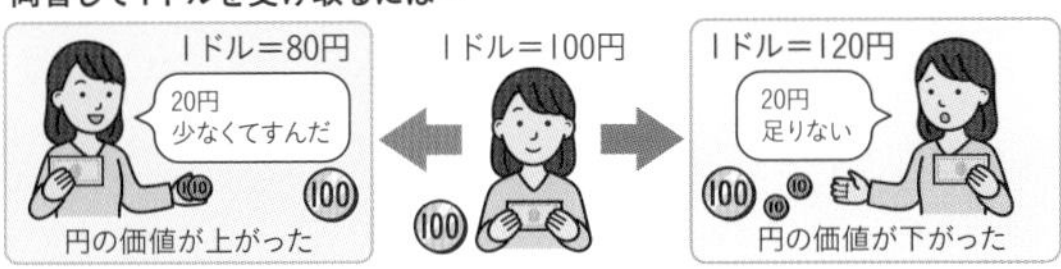

↑円高と円安

貿易への影響(えいきょう)を考えてみよう。円高の場合，輸出品は割高に，輸入品は割安になるため，**輸出に不利で輸入に有利になる**。また，海外旅行は，航空運賃やホテル代などが安くなるので有利である。逆に，円安の場合，輸出品は割安に，輸入品は割高になるため，**輸出に有利で輸入に不利になる**。また，海外旅行は，航空運賃やホテル代などが高くなるので不利である。

なぜ？ 

なぜ為替相場は変動する？

為替相場の変動は，「商品への需要が多ければ価格は上がり，少なければ価格は下がる。」という法則と同じである。

例えばドルという通貨（商品）に対する需要が多ければ，ドルの価値は上がり，ドル高（円安）となる。逆に，アメリカ経済が不安なため，ドルを円に換(か)えようとするなど，ドルへの需要が少なければ，ドル安（円高）となる。

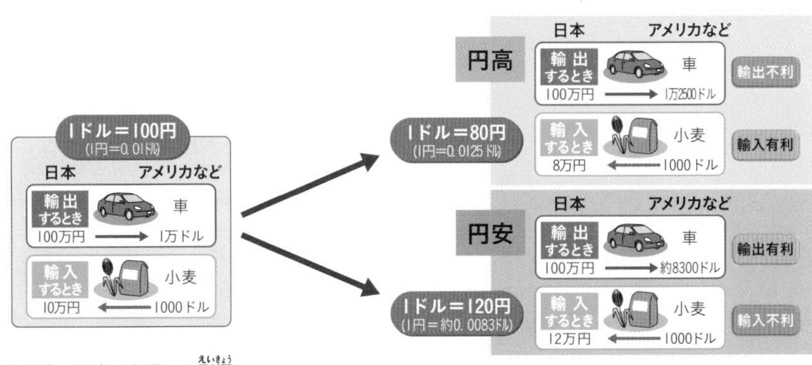

↑円高，円安の貿易への影響(えいきょう)

3 日本の産業の姿

1 産業構造の高度化

産業は，**第一次産業**，**第二次産業**，**第三次産業**に分類される。一般に，産業が第一次から第二次，第二次から第三次産業へ移行していくことを**産業構造の高度化**という。第三次産業は，主にサービスの生産を行い，その比率が高まることを**経済のサービス化**という。

2 バブル経済の崩壊とこれからの日本経済

日本経済は，1985年の**円高不況**により輸出が大打撃を受け，海外に生産拠点を移す企業が増え，**産業の空洞化**が起こった。

1980年代後半には，再び経済が上向き，**バブル経済**（→p.461）が発生したが，1990年代初めに，株価や地価が急落し，バブル経済は崩壊した。

21世紀に入り，中国やインドなどの新興国の成長が著しく，日本経済の地位は大きく揺らいでいる。また，経済の**グローバル化**は，2008年の**世界金融危機**（→p.461）のような負の一面をもつ。そうした中，物質的・経済的な豊かさにとどまらない「本当の豊かさ」を求める声が高まっている。**GDP（国内総生産）**が増えても，幸福度や生活満足度が高まるとは限らない。数値に反映されない，精神的な充足を伴う「本当の豊かさ」を実現していく必要がある。

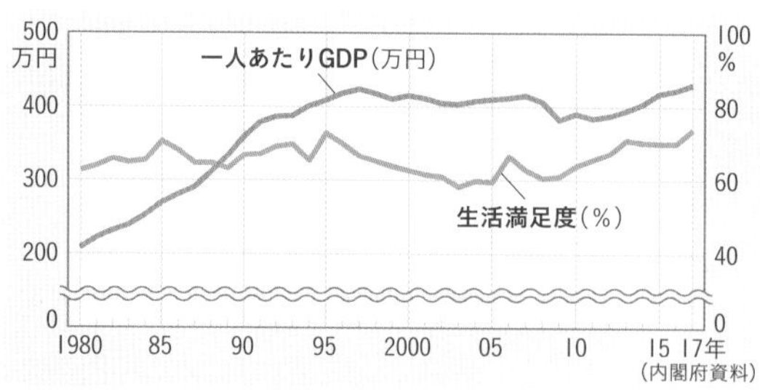

生活への満足度と一人あたりのGDPの推移

第一次産業
自然にはたらきかけて食料や原料を生産する
農業・林業・水産業

第二次産業
原材料を加工して製品をつくる
製造業・鉱業・建設業

第三次産業
「もの」ではなく，「サービス」を生産する
商業・金融業・サービス業・運輸・通信業など

産業の分類

くわしく

円高不況
急激な円高によって起こる不況。とくに，1985年にアメリカのドル高を是正するとしたプラザ合意により起こった不況は，日本経済に大きな打撃を与えた。

用語解説

GDP（国内総生産）
一つの国の中で，一年間に生産された財やサービスの合計から，原材料などの額を引いたもの。一国の経済規模を示す指標の一つである。

参考

GNI（国民総所得）
一国の国民が一年間に受け取った所得の合計。日本国民が海外で得た賃金も含まれる。以前はGNP（国民総生産）が使われていたが，2000年よりGNIに変更された。

確認問題 CHECK

第4章

私たちの暮らしと経済

問題 各問いに答えましょう。また，（　）に当てはまる語句を選びましょう。

❶ 訪問販売などの契約ののち，一定期間内に消費者が無条件で解約できる制度は何か。

❷ 商品の欠陥によって消費者が被害を受けた場合，過失がなくても企業に損害賠償の責任を負わせる法律は何か。

❸ 株主で組織する，株式会社の最高の議決機関は何か。

❹（中小企業　大企業）は，事業所数で約99％を占めている。

❺ 労働条件の最低基準を定めた法律は何か。

❻ 仕事と生活が両立していることを何というか。

❼ 市場で消費者が買おうとする量を（需要量　供給量）という。

❽ 市場で需要量と供給量が一致する価格を何というか。

❾ 国や地方公共団体が決定や認可を行う料金を何というか。

❿ 独占禁止法を運用するために設置された国の機関は何か。

⓫ 企業などが金融機関を通して資金を借りることを何というか。

⓬ 日本銀行の三つの役割のうち，紙幣を発行する銀行であることを何というか。

⓭ 物価が継続的に上昇し，貨幣の値打ちが下がる現象は何か。

⓮ 不景気（不況）のとき，日本銀行は国債を（銀行から買う　銀行に売る）ことで，通貨量を増やし，景気回復をはかる。

⓯ 課税対象の金額が多いほど，税率を高くする課税制度は何か。

⓰ 好景気（好況）のとき，政府は公共投資を減らしたり，（増税　減税）したりすることで，景気をおさえようとする。

⓱ 加入者が掛け金を積み立て，病気や高齢などの場合に，現金の給付やサービスを受ける社会保障制度は何か。

⓲ 日本の環境保全政策の基本を定めた，1993年制定の法律は何か。

⓳ 1ドル＝100円が1ドル＝120円になった場合，円とドルの為替相場は，以前よりも（円高　円安）になっている。

解答

① クーリング・オフ制度
② 製造物責任（PL）法
③ 株主総会
④ 中小企業
⑤ 労働基準法
⑥ ワーク・ライフ・バランス
⑦ 需要量
⑧ 均衡価格
⑨ 公共料金
⑩ 公正取引委員会
⑪ 間接金融
⑫ 発券銀行
⑬ インフレーション（インフレ）
⑭ 銀行から買う
⑮ 累進課税制度
⑯ 増税
⑰ 社会保険
⑱ 環境基本法
⑲ 円安

第5章

地球市民としての私たち

第５章では，国際社会や世界全体で取り組まなければならない課題について学習する。地球上で暮らす一市民として，国際連合などの国際機関や，世界の政治・経済状況を知っておこう。とくに，地域紛争や核問題，地球環境，南北問題や人口問題，資源・エネルギー問題をおさえておく。

Q. 国の領域ってどこまで？
➡ SECTION 1 へ
Q. 国際連合ってなにをする機関？
➡ SECTION 1 へ
Q. 地域機構ってなんだろう？
➡ SECTION 2 へ

第5章 SECTION 1

国際社会と世界平和

ここでは，第二次世界大戦後の国際社会の変革を学習しよう。
国際社会のしくみや，国際連合（国連）のはたらき，
また，さまざまな国際経済の協力機構のしくみや目的をしっかりおさえよう。

1 国際社会のしくみ

1 国際社会の成立

現在，世界には190以上の国家がある。各国は，政治・経済・文化などで結びつき，自国の力のみでなく，他国と協力しながら発展を図っている。こうした結びつきによってつくられた社会を**国際社会**という。

2 主権国家と国際社会

国家が成り立つためには，**主権**・**領域**・**国民**の三つが必要である。主権とは，他国から支配や干渉（かんしょう）を受けない権利（独立権）や，どの国家も一つの国家として平等に扱（あつか）われる権利（平等権）のことで，主権をもつ国家を**主権国家**という。

領域とは国家の主権がおよぶ範囲（はんい）のことで，領土・領海・領空から成り立つ。

❶**領土**…主権のおよぶ陸地。

❷**領海**…領土に接し，沿岸から一定の範囲（一般的には12海里）までの海。1海里は約1852m。

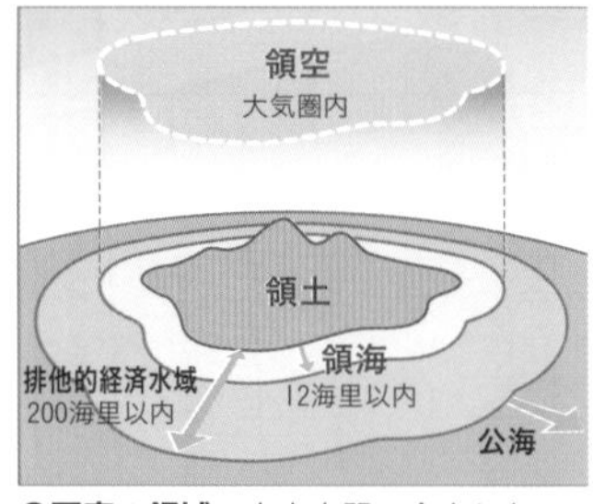

❶**国家の領域**　宇宙空間は含まれない。

❸**領空**…領土と領海の上空。一般的に大気圏（たいきけん）内まで。

ミス注意

国民主権と主権国家

同じ「主権」という語句でも，「国民主権」の場合の「主権」は，「国の政治のあり方を最終的に決定する権力」の意味であり，「主権国家」の場合の「主権」は，左の説明のように，独立権や平等権をもつという意味である。（→p.489）

くわしく

領空

領空の飛行には，その国の許可が必要である。許可なく飛行すると領空侵犯（しんぱん）となり，相手国の主権を侵害（しんがい）したこととなる。

なお，領海の航行については，平和などをおびやかす恐（おそ）れがないときは，その国の許可がなくても航行ができる。

領海の外側で，沿岸から200海里（約370km）までの範囲の海を**排他的経済水域**という。この水域では，沿岸国に水産資源や鉱産資源を利用する権利がある。

3 日本の領土をめぐる問題

日本の領土をめぐる問題には次のようなものがある。

❶**北方領土**…第二次世界大戦後，日本固有の領土である歯舞群島，国後島，色丹島，択捉島をソ連が不法に占拠し，ソ連解体後はロシア連邦が占拠している。

❷**竹島**…島根県に属する日本固有の領土であるが，韓国が不法に占拠している。

❸**尖閣諸島**…中国が領有権を主張しているが，日本が有効に支配しており，領土問題は存在しない。

4 国際社会の原則と国際法

国際社会の原則として次のものがある。

❶**主権平等の原則**…各国は相互に平等であり，それぞれの主権を尊重しなければならない。

❷**内政不干渉の原則**…他国の内政に干渉してはならない。

❸**公海自由の原則**…公海では，航行，漁業，上空飛行などは自由である。

❹**国際法の尊重**…世界の平和は，国際社会のルールを尊重することで守られる。

国際社会の形成とともに，**国際法**が発達してきた。国際法には，国際慣習法と成文国際法がある。

❶**国際慣習法**…国際社会で長年にわたって行われてきた慣習を法として認めたもの。現在は条約化されたものとして，公海自由の原則，外交特権などがある。

❷**成文国際法**…国家間で結ばれた法。条約，宣言，議定書などがこれにあたる。

また，**国旗**と**国歌**は，国民の誇りやまとまりの象徴として定められ，その国の歴史や理想が込められている。

用語解説 

公海
領海と排他的経済水域を除いた，いずれの国家主権にも属さない海。1982年の国連海洋法条約によって，領海が3海里から12海里に拡大され，また，200海里の排他的経済水域が設定された。

参考 

日本の国旗と国歌
1999年，日章旗（日の丸）を国旗，「君が代」を国歌とする法律が制定された。

⬆**グロティウス**（1583～1645年）オランダの法学者。『戦争と平和の法』を著し，国際平和を守るための国際法の必要性を主張した。 (Bridgeman Images/PPS通信社)

参考 

外交特権
国際慣習法の一つ。外交官が，滞在する国の警察権や裁判権などを免れる権利のこと。

2 国際連合(国連)のしくみとはたらき

1 国際連合(国連)の成立とその目的

国際連合（**国連**）は，第二次世界大戦後に世界の平和と安全の維持，経済，社会，文化，人権などの分野で，国際協調の促進と国際問題の解決を目的につくられた国際機関である。

1945年4月にサンフランシスコ会議が開かれ，6月に**国際連合憲章**が調印され，10月に国際連合（国連）が正式に発足した。本部をニューヨークに置き，1946年に原加盟国の51か国の代表が集まり，第1回国連総会が開かれ，正式な活動が開始された。

2 国連の加盟国と特色

国連の加盟国数は，2019年11月現在193か国であり，世界のほとんどの国が加盟している。

国連は，加盟国の主権平等の上に成り立ち，国際紛争を平和的手段で解決することを原則とするが，**大国中心主義**をとり，**武力制裁**が行える。

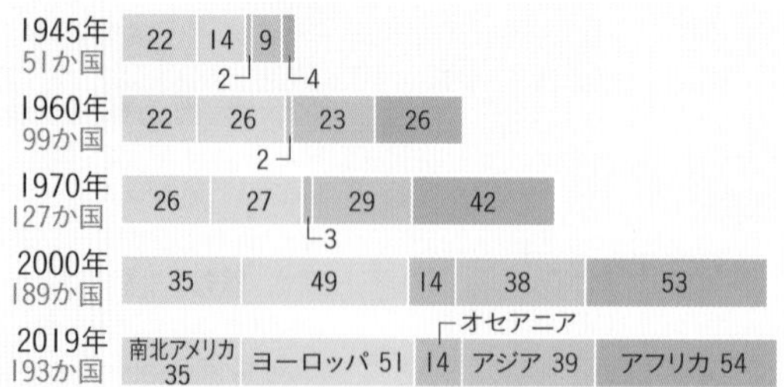

⬆国際連合の加盟国数の変化　（国連資料）

❶ **大国中心主義**…**アメリカ・ロシア・イギリス・フランス・中国**の5大国を**常任理事国**とし，**拒否権**を与えている（→p.598）。

❷ **多数決制の採用**…全会一致制は議決の円満解決の円滑さを欠くため，総会を中心に多数決制の原則を採用している。

用語解説 

国際連合憲章
国際連合の任務・目的・組織などを定めた憲章。

くわしく 

United Nations
国際連合の英語表記。国際連合関係の機関や組織などで「ＵＮ」と略称表記されることがある。

日本の国際連合加盟
1956年，常任理事国のソ連との間で，日ソ共同宣言を調印し，国交を回復したことで，日本の国連加盟が実現した。

国際連合未加盟国・地域
バチカン市国，コソボ共和国，クック諸島，ニウエ，パレスチナ，台湾など（2019年11月現在）。

❸**武力制裁が可能**…世界の平和をおびやかし，安全を損なう恐れのある国に対しては，貿易の制限などの経済制裁のほか，武力制裁のための**国連軍**の設置が認められている。

	国際連盟	国際連合
発足	1920年	1945年
本部	ジュネーブ（スイス）	ニューヨーク（アメリカ）
加盟国数	原加盟国42か国 最多60か国	原加盟国51か国 現在193か国
表決方法	全会一致が原則	多数決が原則
制裁方法	経済制裁	経済制裁，武力制裁

⬆国際連盟と国際連合の比較

国連には，**総会**，**安全保障理事会**，**経済社会理事会**，**国際司法裁判所**，**事務局**，**信託統治理事会**の６つの主要機関があり，**国連教育科学文化機関（UNESCO）**や世界保健機関（WHO）などの**専門機関**と，互いに協力しながら活動を進めている。

くわしく

総会の種類

定期総会…毎年1回，定期的に9月に開催。

特別総会…安全保障理事会，または加盟国の過半数の要請があった場合に開催。

緊急特別総会…安全保障理事会の9か国以上，または加盟国の過半数の要請があった場合，24時間以内に開催。

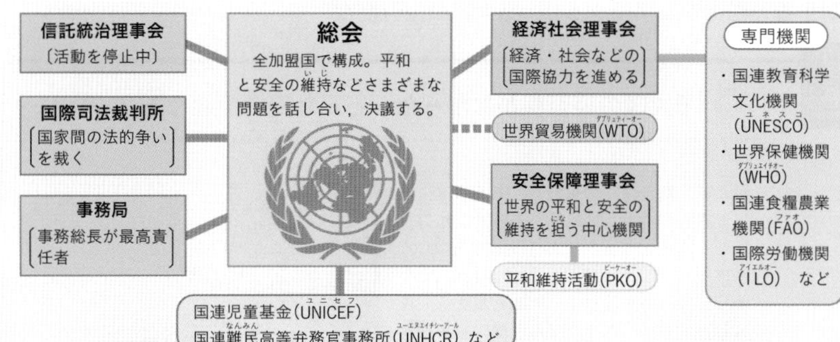

⬆国際連合の主な組織

3 総会のしくみとはたらき

総会は，全加盟国の代表で構成され，すべての加盟国の意思が直接に反映される国連の最高機関である。国際平和と安全の維持に関する問題や国際協力に関する問題を討議し，その改善のための勧告を各国に行う。総会における議決は，**1国1票制**で，加盟国は平等の投票権をもつ。

4 安全保障理事会

安全保障理事会は，**常任理事国**である**アメリカ・ロシア・イギリス・フランス・中国**の５大国と，総会で選出される任期２年の理事国10か国（**非常任理事国**）の計15か国で構成される。

安全保障理事会は，紛争(ふんそう)の解決，平和維持(いじ)についての討議や勧告(かんこく)を行い，任務をやりとげるための強大な権限をもつ。具体的には，紛争の実態を調査し解決策を勧告したり，経済封鎖(ふうさ)や外交断絶，国連軍など，軍事行動を実施する組織の派遣(はけん)の決定を行ったりする。

安全保障理事会での議決については，会議の日時や場所，議長の選出方法の決定などの手続き事項(じこう)の議決は９か国以上の賛成で決定されるが，手続き事項以外の議決については，**５常任理事国すべてを含(ふく)む9か国以上の賛成が必要**であり，５大国のうちの１か国でも反対すると議案を決議できない（**5大国の拒否権(きょひけん)**）。

発展

非常任理事国

非常任理事国は，世界の地域のバランスを考えて10か国が選ばれ，毎年半数ずつ改選される。日本もこれまで10回以上の非常任理事国に選ばれている。

平和のための結集決議

1950年の朝鮮(ちょうせん)戦争の際，「平和のための結集決議」が採択(さいたく)された。これにより，安全保障理事会が拒否権で機能しないとき，総会が３分の２以上の多数決で，武力行使などの強制措置(そち)を加盟国に勧告(かんこく)できるようになった。ただし，安全保障理事会の決議には法的拘束(こうそく)力があるが，総会の決議は，あくまで勧告にとどまる。

思考力UP

Q. 5大国の拒否権がなかったらどんな問題が起こる？

例えば，安全保障理事会で，ある議案に対して右の表のように賛成国と反対国が分かれたとする。５大国に拒否権があるので，本来なら，この決議案は採択(さいたく)されないが，もし単純に多数決で決定するとしたら，採択される。その場合，どんな問題が予想されるだろうか。

賛成	アメリカ，イギリス，フランス，ベルギー，コートジボワール，ドミニカ共和国，赤道ギニア，ドイツ，インドネシア，クウェート，ペルー，ポーランド，南アフリカ共和国
反対	ロシア，中国

⬆ある決議に対する賛成と反対の国
（下線部は５大国。2019年の安全保障理事会の理事国に基づく）

Hint 影響(えいきょう)力の大きい５大国のうちのロシアと中国が反対したまま，この決議による活動をスムーズに行うことはできるだろうか。

A. 反対した大国が非協力的となり，決議をきちんと実行できない可能性がある。

５大国が一致すれば，決議をきちんと実行しやすいが，単純な多数決で決議した場合は，反対した大国が非協力的で，決議をきちんと実行できないかもしれない。ただし，かつては，拒否権が頻繁(ひんぱん)に発動され，安全保障理事会が機能麻痺(まひ)に陥(おちい)ることもあった。

5 国連のそのほかの組織

❶**経済社会理事会**…経済・社会・文化・教育などの国際交流を進め，各国に対して勧告を行う。多くの専門機関と連携している。

❷**国際司法裁判所**…オランダのハーグに設置され，国家間の法的な争いを裁く。紛争当事国の双方が裁判所に訴えることを同意した場合のみ，裁判を行う。

❸**事務局**…国連本部にあり，多くの国際公務員が働いている。最高責任者は**事務総長**である。

6 国連のさまざまな機関・活動

❶**国連教育科学文化機関（UNESCO）**…教育・科学・文化面での国際協力を促進するための専門機関。**世界遺産**の登録も行う。本部はフランスのパリ。

❷**国連児童基金（UNICEF）**…発展途上国の児童に対する援助や，災害地の児童に対する援助などを行う機関。本部はニューヨーク。

❸**世界保健機関（WHO）**…保健・医療・衛生活動を行う専門機関。本部はスイスのジュネーブ。

国連は，国際平和を守るため，紛争地域に**国連平和維持軍（PKF）**を派遣し，停戦監視などの**平和維持活動（PKO）**を行っている。地域紛争などで国を追われた難民に対する救済活動は，**国連難民高等弁務官事務所（UNHCR）**が中心になって行っている。

また，世界の人々の人権を守るため，1948年，総会で**世界人権宣言**を採択し，人権尊重の基準を示し，1966年には，**国際人権規約**として条約化を行った（→p.501）。

核軍縮については，軍縮特別総会を開催したり，**包括的核実験禁止条約（CTBT）**を採択し，核実験の禁止を求めたりしている。

地球環境問題に関しても，地球環境の保全と開発を両立させるために活動している。

参考

そのほかの機関

国際労働機関（ILO）…国際連盟発足時に設立。労働者の地位向上を図る。

国際通貨基金（IMF）…国際通貨の安定と貿易の拡大を図る。

国際復興開発銀行(IBRD)…世界銀行ともいう。加盟国の経済復興や開発のための資金援助を行う。

国連貿易開発会議(UNCTAD)…発展途上国と先進国の経済格差（南北問題）を討議する機関。

データFILE

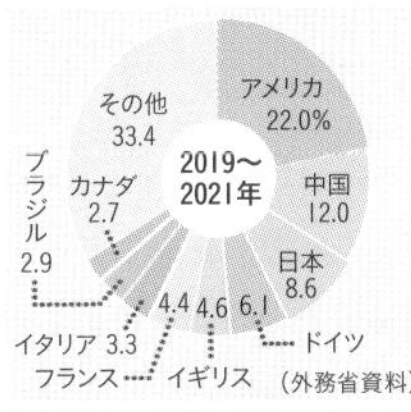

⬆国連の通常予算の分担率

加盟国の経済状況に応じて，国連の活動資金の分担率が決まる。

3 冷戦終結後の国際社会

1 2つの世界の対立

第二次世界大戦後，ソ連の影響力の下，東欧に社会主義国が急増し，ドイツは東ドイツと西ドイツに分断された。アジアでも，中華人民共和国の成立で社会主義勢力が強まり，朝鮮半島やベトナムが南北２つに分断された。

1949年には，アメリカと西欧諸国が**北大西洋条約機構**（**NATO**）を結成し，これに対抗してソ連と東欧諸国は1955年に**ワルシャワ条約機構**（**WTO**）を結成した。

アメリカを中心とする西側資本主義諸国と，ソ連を中心とする東側社会主義諸国の対立（東西対立）は，直接戦火を交えなかったため**冷戦**（**冷たい戦争**）と呼ばれた（→p.442）。

2 冷戦の終結

1989年，アメリカのブッシュ大統領とソ連のゴルバチョフ書記長が地中海のマルタ島で会談し（マルタ会談），冷戦の終結を宣言した。

1989年には冷戦の象徴であったドイツの**「ベルリンの壁」**が崩壊し，1990年には東西ドイツが統一された。1991年にはソ連が解体し，ロシアを中心とする独立国家共同体（CIS）が結成された。

3 絶えない地域紛争

冷戦終結後，冷戦の時代には押さえつけられていた対立，問題が次々と表面化してきた。

国と国による対立，戦争のほか，民族問題や宗教問題などを原因とする**地域紛争**が多発し，紛争を逃れて国境を越え，**難民**となる人々もあとをたたない。

2001年に起こったアメリカの同時多発テロのように，特定集団による**テロリズム**（**テロ**）も多発している。

年	できごと
1945	第二次世界大戦終結
1948	ベルリン封鎖
1949	北大西洋条約機構結成
1950	**朝鮮戦争**（～53）
1953	朝鮮戦争の休戦協定成立
1955	ワルシャワ条約機構結成
1961	ベルリンの壁が築かれる
1962	キューバ危機
1965	**ベトナム戦争**（～75）
1985	ソ連にゴルバチョフ政権誕生 冷戦終結への米ソ対話開始
1989	**ベルリンの壁の崩壊** 冷戦の終結
1990	**東西ドイツの統一**
1991	**ソ連の解体**

↑冷戦の影響

↑マルタ島での米ソ首脳会談 （AFP＝時事）

用語解説 

難民
戦争や政治的・宗教的な迫害を受けて国外にのがれた人々。

テロリズム（テロ）
政治的な目的を実現するために，非合法的手段を行使すること。

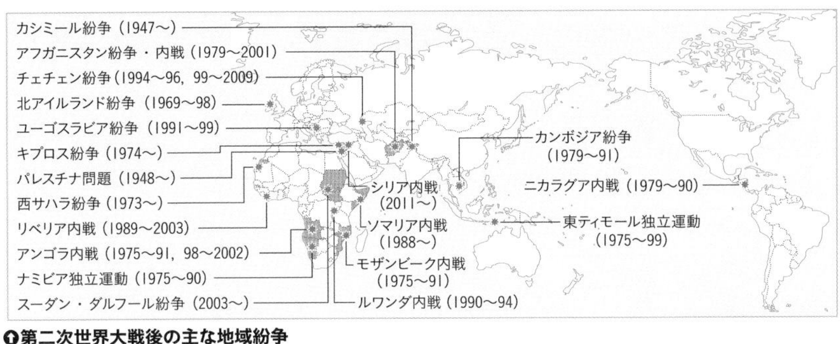

⬆第二次世界大戦後の主な地域紛争

4 核軍縮の動き

第二次世界大戦末期の原子爆弾の開発をきっかけに，強力な核兵器をもつことで相手の攻撃を防ぐ「抑止力」の考え方から，米ソ間で核兵器の開発が続き，世界を何度も破壊するほどの核兵器が製造された。こうした状況の中から，核軍縮への動きがあらわれた。

1. **部分的核実験停止条約（PTBT）**…地下以外での核実験を禁止。米・英・ソ（旧ソ連）間で締結した。
2. **核拡散防止条約（NPT）**…**非核保有国への核兵器の譲渡や製造援助の禁止**。日本は1976年にこの条約を批准している。
3. **中距離核戦力（INF）全廃条約**…米・ソ間で中距離核戦力の廃止を定めた。2019年にアメリカが破棄を通告し，失効。
4. **戦略兵器削減条約（START）**…第1次を1991年に米・ソ間で，第2次を1993年に米・ロ（ロシア）間で締結。核弾頭の大幅な削減を決めた。
5. **包括的核実験禁止条約（CTBT）**…爆発を伴うあらゆる核実験を禁止する条約。1996年，国連総会で採択。2019年11月現在，発効していない。
6. **核兵器禁止条約**…核兵器の開発や使用，保有などを全面的に禁止する条約。2017年，国連総会で採択。核保有国および日本は不参加。

年	できごと
1963	部分的核実験停止条約
1968	核拡散防止条約（NPT）
1972	米ソ，戦略兵器制限交渉
1978	第1回国連軍縮特別総会
1987	米ソ，中距離核戦力（INF）全廃条約
1991	米ソ，戦略兵器削減条約
1995	NPTの無期限延長決定
1996	包括的核実験禁止条約
2002	米ロ，戦略攻撃能力削減条約
2009	安保理で「核なき世界」決議
2010	米ロ，新戦略兵器削減条約
2017	核兵器禁止条約

⬆主な核軍縮の動き

データFILE

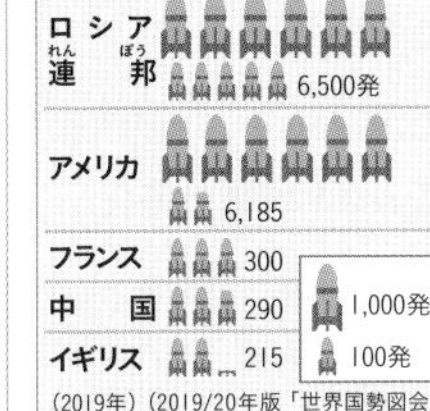

⬆世界の主な国の核弾頭保有数（概数）

4 国際経済のあゆみと国際経済機関

1 国際経済の現状

国際経済は，グローバル化が進む今日，拡大を続けているが，貿易や資源問題などで各国の利害の対立がみられるほか，先進工業国と発展途上国との間に大きな**経済格差**が存在する。そのため，発展途上国においては，貿易による利益はあるものの，**貧困**が大きな問題となっている国が多い。このような貧困問題を解決する手段の一つとして，近年，発展途上国でつくられた商品を公正な価格で取引する**フェアトレード**（公正取引）が注目されている。

2 戦後の国際経済協力のしくみ

第二次世界大戦後，戦前のブロック経済による国際経済の秩序が破綻したことを反省し，自由貿易の回復，拡大と国際通貨体制の安定を目指し，さまざまな国際経済機構がつくられた。

1945年には，**国際通貨基金**（**IMF**）が設立され，国際通貨の安定と貿易の拡大を目指した。また，**国際復興開発銀行**（**IBRD**，世界銀行）が，戦後の経済復興を図るために設立された。

1948年には，保護貿易を禁止して世界貿易の拡大を図るために，自由貿易を目指した**関税および貿易に関する一般協定**（**GATT**）が発足した。

3 国際通貨体制の変化

アメリカは，ベトナム戦争による軍事費の増大などで，金の保有量が減少したため，1971年に，ニクソン大統領が金とドルの交換を停止した（ニクソン＝ショック，ドル＝ショック）。この結果，**固定相場制**は終わり，1973年には各国は次々に**変動相場制**に移行した。

1985年，アメリカの貿易赤字解消のため，ドル高の

用語解説 

ブロック経済
数か国内で経済圏を形成し，域内で自給自足を図ろうとする政策。1929年の世界恐慌時に，イギリスやフランスが植民地と結びついたブロック経済が有名（→p.418）。

❶金とドルの交換停止を発表するニクソン大統領

（UPI・サン＝共同）

用語解説 

固定相場制
外国為替相場の変動をまったく認めないか，わずかの変動しか認めない制度。

変動相場制
外国為替相場を，市場の需要と供給の関係に任せる制度。

是正を先進5か国（G5）で合意したが（プラザ合意），日本は円高となり，安価に製品をつくれるアジアへの工場進出が増えていった。

近年では，G7や**主要国首脳会議（サミット）**などで為替相場の安定を図るなどの政策協調を行っている。

自由貿易を拡大するための制度であるGATTは，ものの貿易に加え，サービスの貿易，知的財産権などの分野で貿易のルールを強化して発展的に解消し，**世界貿易機関（WTO）**として発足した。

発展

G5・G7・G8・G20

日本，アメリカ，ドイツ，イギリス，フランスをG5，1986年からイタリアとカナダが加わりG7，ロシアを加えてG8（2014年からはウクライナ問題をめぐりロシアは参加停止），G8に中国，インドなどを加えた20の国・地域をG20という。

	機関名	設立年	目的と仕事
国際経済協力	国際通貨基金（IMF）	1945年	加盟国の出資金で共同の基金を設け，国際通貨の安定と貿易の拡大を図る。
	国際復興開発銀行（世界銀行＝IBRD）	1945年	加盟国が出資した資金により，加盟国の経済復興や開発のための資金援助を行う。
	経済協力開発機構（OECD）	1961年	加盟国の経済発展（経済成長）を目指し，また発展途上国への援助を行う。
	関税および貿易に関する一般協定（GATT）	1948年	関税の引き下げ，輸入制限の撤廃によって貿易の自由化を目指し，加盟国間の貿易の促進・拡大を図る。ウルグアイ＝ラウンドを経てWTOに発展。
	世界貿易機関（WTO）	1995年	ウルグアイ＝ラウンドでの合意を受け，GATTの機能を大幅に拡大，強化した国際機関。ものの貿易だけでなく，知的財産権やサービスの分野にも国際的ルールをつくり，機能が強化された。

↑国際経済協力（主な国際金融機関）

思考力UP

Q. コーヒーやカカオがフェアトレードの対象なのはなぜ？

Hint フェアトレードのフェアとは「公正」という意味。コーヒーやカカオの生産地はどういうところに多く，どのような人々が生産しているかを考えてみよう。

A. 生産地に発展途上国が多く，生産者の生活を支えるため。

フェアトレードの対象となっているコーヒー，カカオ，茶，綿花などは発展途上国で生産が多い。途上国の生産者は立場が弱く，業者が不当に安い価格で買い取ることがある。そうなると，生産者に正当な報酬が入らなかったり，農薬を多用して生産性を上げることで環境や生産者の健康に害を与えたりすることにつながる。

↑フェアトレードラベルのついたコーヒー

（Alamy/PPS通信社）

5 地域協力と民間の国際活動

1 地域ごとの国際組織

近年，経済や環境などの面で，同じような問題をかかえている国どうしが，地域でまとまって協力して問題解決にあたろうとする**地域主義（リージョナリズム）**の動きが強くなっている。

2 ECからEUへ

1967年，ベルギーの首都ブリュッセルに本部を置く**ヨーロッパ共同体（EC）**が成立した。ECでは，域内の関税の撤廃，人，もの，金融サービス，資本の自由移動で経済的統合が図られた。

1993年，12か国が調印した**マーストリヒト条約**が発効し，ECは**ヨーロッパ連合（欧州連合，EU）**と名称を変更した。2020年現在，加盟国数は27か国で，そのうち19か国が共通通貨の**ユーロ**を導入している。

経済発展が遅れている東ヨーロッパの加盟国が増えたEUでは，加盟国間の経済格差が大きな問題となっている。また，ギリシャ財政危機により，2010年にユーロの為替相場が下落し，EU全体の経済が大きく混乱するなど，EU経済の脆弱な一面を示した。

くわしく

ヨーロッパ経済共同体（EEC）

1958年に，フランス，西ドイツ，イタリア，ベルギー，オランダ，ルクセンブルクの６か国で発足した経済協力組織。1967年にＥＣへと発展した。

イギリスのＥＵ離脱

イギリスは，移民問題に対する不満などから，2016年に国民投票でＥＵ離脱に賛成する票が多数を占め，離脱を決定した。当初，2019年３月に離脱する予定だったが，議会で離脱協定が承認されなかったため延期され，2020年１月に離脱した。

用語解説 

ギリシャ財政危機

2009年，ギリシャの財政赤字が公表していた額よりも多額であったことが発覚し，財政危機に陥ったこと。

ＥＵの加盟国　イギリスは2020年１月末で離脱

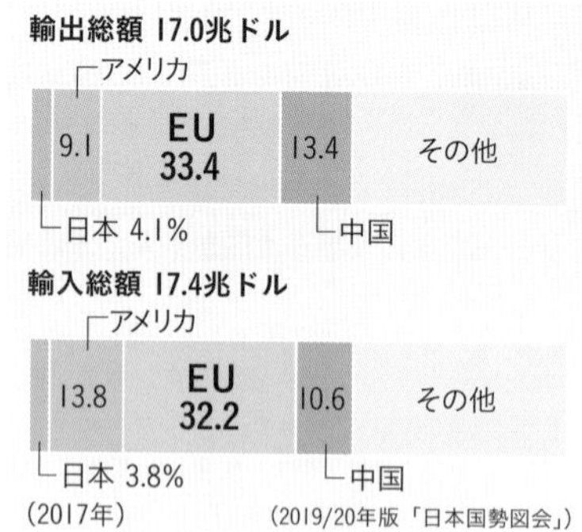

世界の貿易に占めるＥＵの割合

3 世界各地の地域機構

❶**東南アジア諸国連合（ASEAN）**…1967年成立。東南アジア10か国で構成され，貿易に重点を置いた経済協力などを行う。

❷**アジア太平洋経済協力会議（APEC）**…1989年成立。アジア・太平洋地域の貿易の自由化，経済協力などを行う。日本を含む21の国・地域が参加している。

❸**アメリカ・メキシコ・カナダ協定（USMCA）**…2018年，従来の**北米自由貿易協定（NAFTA）**を見直し，アメリカ，メキシコ，カナダの３か国が結んだ貿易協定。「新NAFTA」とも呼ばれる。

❹**環太平洋経済連携協定（TPP）**…2006年に４か国で発効した経済連携協定（EPA）。貿易やサービス，労働力の自由化などを目指す。加盟国拡大のため，2016年に日本を含む12か国で調印したが，2017年にアメリカが離脱。2018年に発効した。

❺**自由貿易協定（FTA）**，**経済連携協定（EPA）**…特定の地域や国どうしが，関税などを撤廃し自由貿易を目指す自由貿易協定（FTA）や，FTAの内容に加えて，知的財産権の保護，労働者の移動の自由なども含む経済連携協定（EPA）を結び，貿易を進める動きが活発である。

4 民間の国際組織

非政府組織（NGO）は，国際的に活動している民間の組織・団体のことである。国際的な人道・医療援助活動を行う組織で1999年にノーベル平和賞を受賞した**国境なき医師団**，政治犯とされた人の権利や自由を守る組織で，1977年にノーベル平和賞を受賞した**アムネスティ＝インターナショナル**などがある。

くわしく 

そのほかの地域主義

1995年成立の南米南部共同市場（MERCOSUR）や，2002年成立のアフリカ連合（AU）などもある。

日本のEPA

2002年に初のEPAをシンガポールと締結し，その後は，ASEANやスイス，EUなどとも締結している。

参考 

そのほかのNGO

地雷禁止国際キャンペーン（ICBL）…対人地雷を廃絶する運動を展開している。1997年にノーベル平和賞を受賞。

核兵器廃絶国際キャンペーン（ICAN）…核兵器を廃絶する運動を展開している。2017年にノーベル平和賞を受賞。

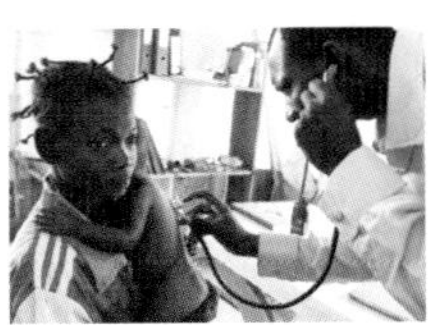

⬆国境なき医師団の活動

(Alamy/PPS通信社)

第5章 SECTION 2

地球規模の課題

環境問題，南北問題，資源・エネルギー問題など，地球規模の問題は，国際社会全体で，その解決に向けて努力しなければならない。
それぞれの問題の内容と解決への取り組みを，ここで学習しよう。

1 地球の環境問題

1 地球環境問題の現状

今日，地球規模での環境の汚染や破壊が大きな問題となっている。世界各地で洪水や干ばつの被害が報告されているが，これらの災害の原因は，そのほとんどが人間によるもので，自然の環境浄化作用の能力を超えて，汚染や破壊をくり返したためだといわれている。

地球規模での環境破壊には次のようなものがあり，国連などを通じて，国際的な対策がとられている。

❶ **地球温暖化**…地球全体の平均気温が上昇する現象。人間のさまざまな活動による**温室効果ガス**の増加が原因といわれ，その多くは**化石燃料**（石油や石炭，天然ガスなど）の大量消費で発生した二酸化炭素（CO_2）が占めている。

地球温暖化の影響には，海水面の上昇などのほか，気候変動や農作物の収穫量の減少，生産地域の変化，昆虫や植物の生態系の変化などがある。

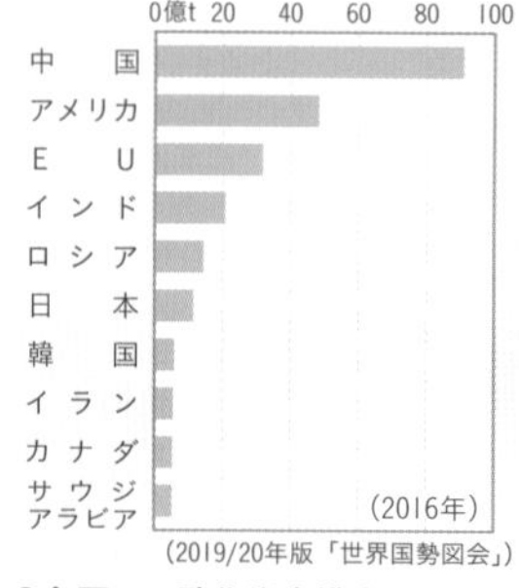

(2019/20年版「世界国勢図会」)

⬆各国の二酸化炭素排出量

❷ **オゾン層の破壊**…冷蔵庫やエアコンでの冷却，半導体などの洗浄に大量に使われてきた**フロンガス**が，成層圏まで上昇し，オ

くわしく

温室効果ガス

温室効果ガスには，二酸化炭素のほか，メタン，フロンガス，亜酸化窒素などがある。

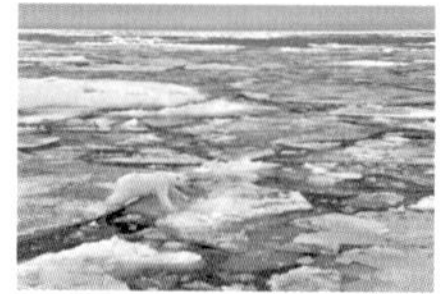

⬆北極海の溶けた氷の上で獲物を探すホッキョクグマ（ノルウェー）

(TPG Images/PPS通信社)

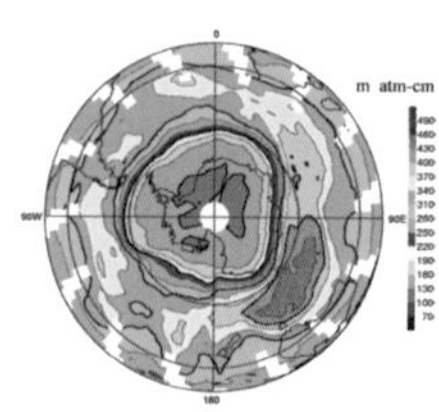

⬆**南極上空でのオゾン層破壊のようす**　中央の灰色の部分がオゾン層の破壊が激しいところ。

(時事)

ゾン層を破壊する。その結果，地上に届く紫外線の量が増え，皮膚がんなど人体に影響を与えるとされる。現在は，フロンガスの生産が規制され，新たな使用は禁止されている。

❸ **酸性雨**…化石燃料の大量消費で，窒素酸化物や硫黄酸化物などが大気中に増え，水蒸気に溶け込み酸性度の強い雨となって降り注ぐもの。酸性雨により森林が枯れたり，湖沼や河川が酸性化して魚が死滅したりしている。

❹ **砂漠化**…過放牧や過耕作，過伐採によって土のもつ栄養素などが減り，地力が弱まり不毛化する。砂漠化の進行で食料生産が減少する。

❺ **森林（熱帯林）の減少**…森林の減少の主原因は，乱伐，開墾のための焼畑による熱帯林の破壊など。

2 地球環境への取り組み

国連を中心に国際会議を開き，環境問題への取り組みを行っている。

❶ **国連人間環境会議**…1972年にスウェーデンのストックホルムで開催された，環境に関する初の国際会議。「**かけがえのない地球**」をスローガンに討議が行われ，**人間環境宣言**を採択し，地球環境の保護が人類共通の目的であることを確認した。これを受けて，**国連環境計画**（UNEP）が発足した。

❷ **国連環境開発会議（地球サミット）**…1992年にブラジルのリオデジャネイロで開催。21世紀に向けての行動原則である「**環境と開発に関するリオ宣言**」が採択された。この宣言には，「**持続可能な開発**」という原則が盛り込まれ，将来の世代の生活を損なわない節度ある開発が主張された。また，行動計画であるアジェンダ21のほか，気候変動枠組条約，生物多様性条約なども採択された。

❸ **地球温暖化防止京都会議**…1997年に京都で，**気候変動枠組条約第3回締約国会議**（**COP3**）として開催

⬆酸性雨の被害を受けた森林（ドイツ）（dpa/時事通信フォト）

⬆砂漠化で砂に埋もれた建物（ナミビア）（dpa/時事通信フォト）

⬆ブラジルの熱帯林の伐採（AFP＝時事）

用語解説 

国連環境計画（UNEP）
国連が取り組む環境問題の調整などの業務を行う。本部はケニアのナイロビ。

気候変動枠組条約
温室効果ガスの排出量を規制し，地球温暖化を防止するための条約。

生物多様性条約
地球上の生物の多様性を保存し，その利益を世界各国が公平に受けることを目的とする条約。

された。先進工業国は，2008年から2012年の間に温室効果ガスを1990年に比べて平均5.2％削減するという目標（EUは8％，アメリカは7％，日本は6％の削減，途上国には削減義務がない）を決めるなどの**京都議定書**が採択された。

④ **持続可能な開発に関する世界首脳会議**…2002年に南アフリカ共和国のヨハネスバーグで開催。環境保護と開発の両立をめざすヨハネスバーグ宣言を採択。

⑤ **気候変動枠組条約第21回締約国会議**（COP21）…2015年にフランスのパリで開催。温室効果ガスの削減などについて，産業革命前からの気温上昇を２度未満にしようとすることなどを定めた「**パリ協定**」を採択。パリ協定は2016年に発効した。2017年に，アメリカのトランプ大統領が離脱を表明した。

また，地球環境を守るために，世界各国でNGOや市民によるさまざまな活動が行われている。

・**ナショナルトラスト運動**…無秩序な開発から自然環境を守るため，市民からの募金をもとに土地を買い取るなどして保存・管理する運動。

・**エコツーリズム**…観光を通じて地域独特の自然や文化に触れ，理解を深めようという考え方。

❶**パリ協定の採択**（2015年12月） (Alamy/PPS通信社)

参考

環境に関する条約

ラムサール条約…1971年，イランのラムサールで採択。「特に水鳥の生息地として国際的に重要な湿地に関する条約」のこと。

ワシントン条約…1973年採択。「絶滅の恐れのある野生動植物の種の国際取引に関する条約」のこと。

環境保護に関する南極条約議定書…1991年採択。南極の環境保護についての条約。

水俣条約…2013年採択。水銀を使用した製品の輸出入などを禁止する条約。

思考力UP

Q. パリ協定が京都議定書と大きく違う点は何？

Hint

グラフＡは京都議定書に参加した国・地域のうち，削減目標がある国・地域の数，グラフＢはパリ協定に参加を表明した国・地域のうち，削減目標がある国・地域の数である。どのような違いがあるだろうか。

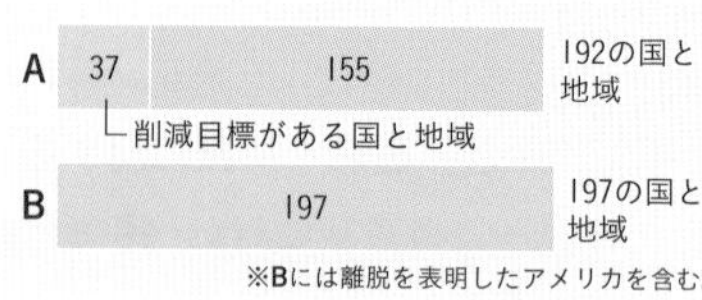

A. 先進国だけでなく，発展途上国を含めすべての参加国に削減目標がある。

京都議定書では，地球温暖化の責任は先進国にあるとされ，先進国のみに削減目標が課された。しかし，その後，発展途上国も経済発展に伴い，二酸化炭素排出量が増えたため，パリ協定では，各国が自国で削減目標を立てて実施することになった。ただし，京都議定書では目標を達成する義務があったが，パリ協定では義務はない。

❷ 南北問題と人口・食料問題

1 南北問題

南半球に多い発展途上国と，北半球に多い先進国との間の経済格差と，それに伴って生じるさまざまな問題を**南北問題**という。

1960年代，**経済協力開発機構**（**OECD**）が発展途上国の援助に乗り出し，国連も国連貿易開発会議（UNCTAD）を設置し，発展途上国への先進国による経済援助と貿易拡大を要求した。

その後，発展途上国の中には，先進国からの資金や技術援助により，急速に工業化を進め，**新興工業経済地域**（**NIES**）と呼ばれる国や地域が現れた。

2000年代に入ると，ブラジル，ロシア，インド，中国，南アフリカ共和国の５か国は，国土が広く資源が豊富であることを背景として，著しく経済発展をとげた。この５か国は，国名の頭文字を合わせて**BRICS**と呼ばれる。

また，発展途上国間では，石油などの資源がある国や工業化が進んだ国と，そうでない国との間に経済格差がみられ，これらは**南南問題**と呼ばれるようになった。

こうした問題を解決するためには，世界各国の**政府開発援助**（**ODA**）（→p.614）による資本や技術などの援助や，世界各国が自国の市場を開放し，発展途上国との貿易の拡大に努めなければならない。

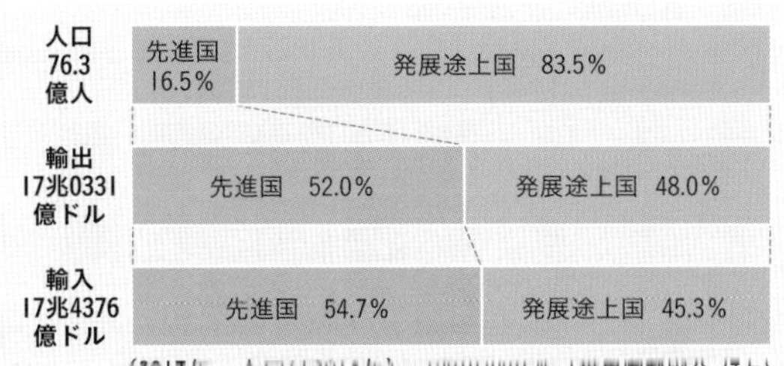

⬆人口，貿易に占める発展途上国（先進国以外の国）の割合

用語解説

経済協力開発機構（OECD）
第二次世界大戦後，ヨーロッパの復興を進めてきた欧州経済協力機構を発展させて，1961年に発足した機関。加盟国の経済の安定成長，発展途上国への援助を促進することなどが目的。

国連貿易開発会議（UNCTAD）
1964年，先進国と発展途上国との間で南北問題の対策を検討するために設置された国連の機関。発展途上国の経済開発を促進するための政策を立てる。

新興工業経済地域（NIES）
1960年代から著しく工業化をとげた国や地域。韓国，台湾，シンガポール，ホンコンをとくにアジアNIESと呼ぶ。

2 人口・食料問題

国連の推計では，2019年の世界人口は約77億人であり，2050年には約97億人になると予測されている。将来人口は，先進工業国よりも発展途上(とじょう)国の方が急激に増加するとされており，生活環境(かんきょう)の悪化や貧富の差の拡大などにつながることから，発展途上国では人口抑(よく)制(せい)策をとる国も多くなっている。

2018年の世界の栄養不足人口は約8.2億人で，そのほとんどが発展途上国の人々である。このような状況は，**持続可能な開発目標（SDGs(エスディージーズ)）**が，2030年までに達成するとしている「飢餓(きが)をゼロに」という目標に立ちはだかる大きな壁(かべ)となっている。

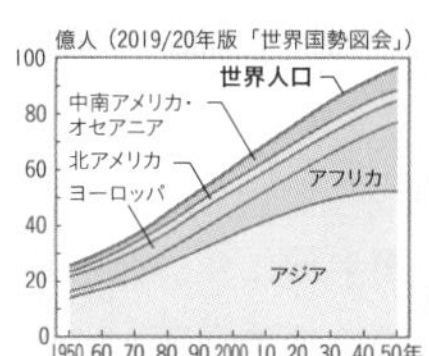

⬆地域別の将来人口（推計）

⬆栄養不足人口の割合（ハンガーマップ2018）

Episode

持続可能な開発目標（SDGs）とは？

2015年に国連持続可能な開発サミットで採択(さいたく)された，2016～2030年までの世界の開発目標のこと。「地球上の誰(だれ)一人として取り残さない」をスローガンに，「貧困をなくそう」「飢餓をゼロに」「すべての人に健康と福祉(ふくし)を」「質の高い教育をみんなに」「ジェンダー平等を実現しよう」「安全な水とトイレを世界中に」など17の国際目標と169のターゲットを掲(かか)げている。

⬆SDGsの17の目標のアイコン

❸ 世界の文化・宗教の多様性

1 文化の多様性

人間は，世界の各地でその気候や風土に適応した**文化**（→p.466）を生み出してきた。そのため，各地域や国の人々は，多様な価値観や生活習慣，社会のしくみなどをもって暮らしている。各文化に優劣はなく，対等である。

そして，各地域や国の人々は，文化の違いから，さまざまな**民族**に分けられる。民族とは，言語や宗教，社会，経済，生活習慣などの文化的要素を共有し，同じものに属しているという意識をもつ集団である。

2 宗教の多様性

文化の中でも**宗教**は，人々の暮らしに深く根ざしている。宗教は，それを信仰する人々の衣食住や生活習慣のほか，政治制度にも大きな影響を与えている。

主な宗教として，**キリスト教**，**イスラム教**，**仏教**の三大宗教のほか，インドに信者が多い**ヒンドゥー教**，イスラエルに信者が多い**ユダヤ教**などがある。

異なる民族や宗教，宗派の間で対立がおこり，戦争やテロなどの原因となることもある。現在も続くイスラエルとパレスチナの対立は，宗教が原因の１つとなっている。宗教や宗派の違いを乗り越えて，共存する道を探すことが重要である。

3 異文化理解

グローバル化が進む中で，異文化を認め合い，異文化を受け入れる寛容さが求められている。自文化の価値観で異文化をはかることなく，異文化を尊重し，共存・共生しようとする多文化主義の態度が重要である。

資料

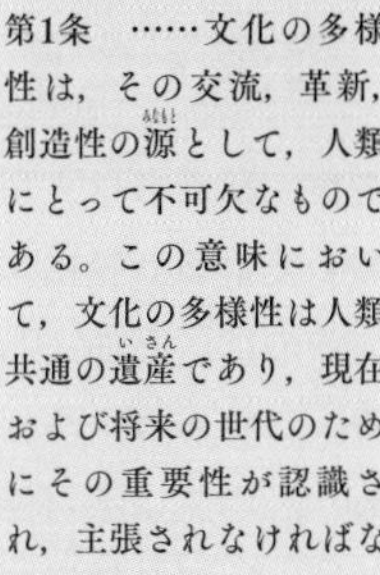

第1条　……文化の多様性は，その交流，革新，創造性の源として，人類にとって不可欠なものである。この意味において，文化の多様性は人類共通の遺産であり，現在および将来の世代のためにその重要性が認識され，主張されなければならない。

⬆文化の多様性に関する世界宣言　UNESCOは文化の多様性を重んじており，2001年に，この宣言を採択した。

⬆ロヒンギャの難民キャンプ　人口の多くが仏教徒のミャンマーでは，イスラム系の少数民族であるロヒンギャに対する差別や迫害が起こっており，隣国のバングラデシュに難民として避難する人々も多い。

（時事）

4 資源・エネルギー問題

1 資源・エネルギー問題

現在，私たちは大量の資源やエネルギーを消費して生活している。特にエネルギー源として大量に使用しているのは，石油・石炭・天然ガスなどの**化石燃料**である。これらは，可採年数の限られたエネルギー資源であり，再生は不可能である。このまま大量消費を続ければ，いずれ枯渇することになる。

また，化石燃料の大量使用は，窒素酸化物や硫黄酸化物，二酸化炭素などによる大気汚染，地球温暖化，酸性雨など環境問題の原因にもなっている。そのため，これらに代わるものとして，枯渇の心配がなく，汚染物質を排出しない**再生可能エネルギー**（→p.131）の開発がさかんに行われるようになった。

2 原子力発電の課題

日本の電力は主に，水の落差を利用する水力発電，化石燃料の燃焼による火力発電，ウランの利用による原子力発電などでまかなわれている。

原子力発電は，わずかな燃料で大量のエネルギーが得られ，温暖化の原因となる二酸化炭素などを発電時には出さないため，わが国の電力需要を支える重要なエネルギーとして期待されていた。

しかし，2011年3月の**東日本大震災**において，福島県の原子力発電所で水素爆発が起こり，大量の放射性物質が大気中に放出され，周辺住民の避難，健康被害，農畜産物や漁獲物の出荷制限など，さまざまな問題を引き起こした。これらの問題は現在も続いている。

原子力発電は，安全性とともに，放射性廃棄物の処理方法，放射性物質の最終処分（地下に埋蔵など）をする場所の問題など，多くの問題をかかえている。

データFILE

石炭（2016年）	111.5年
原油（2018年）	57.1年
天然ガス（2017年）	51.8年

（2019/20年版「世界国勢図会」ほか）

↑資源の可採年数
確認埋蔵量÷年間産出（生産）量で計算。

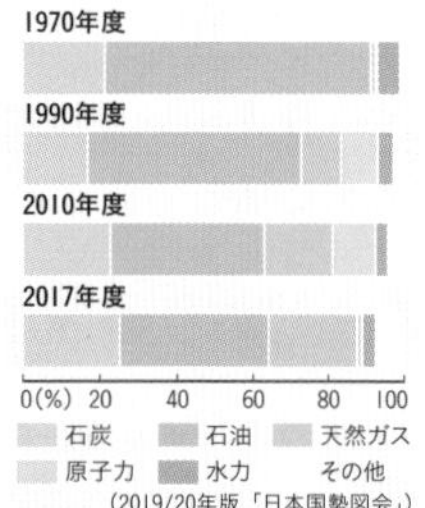

↑日本の一次エネルギー供給割合の推移

参考

チェルノブイリ原発事故
1986年に旧ソ連のウクライナで起こった原子力発電所の事故。現在も原発周辺は居住禁止となっている。

↑水素爆発後の福島第一原子力発電所３号機 （時事）

3 これからのエネルギー

火力や原子力に代わる，環境への影響が少ない**再生可能エネルギー**には，太陽光，太陽熱，風力，波力，地熱，潮力などがある。環境保護の意識が強いヨーロッパ諸国では導入率が高い。

❶ **太陽光発電**…太陽の光を直接電力にかえる。電卓や時計などに利用され，住宅用にも普及している。

❷ **風力発電**…風のよく吹く地点に風車を設置し，その回転力で発電機を回す。

❸ **地熱発電**…地球内部の熱を利用して蒸気タービンを回転させ発電する。東北地方や九州地方でさかん。

❹ **波力発電**…海の波の運動を利用して発電を行う。

❺ **バイオマス発電**…木屑などの廃棄物や家畜の糞など生物由来の物をエネルギー源として発電を行う。

しかし，これらの再生可能エネルギーを得るための発電は，発電のための費用が高くつくことや，自然条件に影響される面が大きいことなど，改善するべき課題が多く残っている。

発電方法		供給安定性	費用	CO_2排出量	特徴・課題
化石燃料（限りがある）	石油	中	中	多	地球温暖化や大気汚染の原因。中東など特定の地域への依存度が高い。
	石炭	高	安	多	
	天然ガス	中	安	多	
原子力	—	高	安	無	安全性や放射性廃棄物の処理。
再生可能エネルギー	太陽光	低	高	無	供給が不安定
	風力	低	中	無	

⬆発電方法の特徴

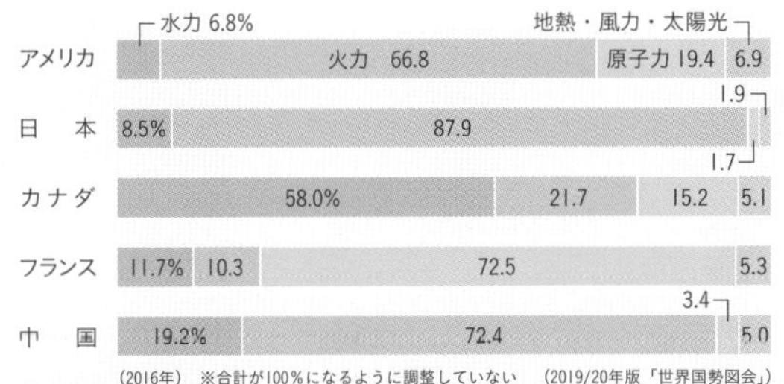

⬆主な国の発電エネルギー源別割合

用語解説

太陽熱発電
太陽熱で液体を蒸発させ，蒸気タービンを回して発電。

潮力発電
潮の干満を利用して発電。

⬆太陽光発電（福島県大熊町） （時事）

⬆風力発電（秋田県にかほ市） （時事通信フォト）

参考

新しいエネルギー
近年の新技術により，地下深くから，「燃える氷」といわれる化石燃料のメタンハイドレートや，地中深くの頁岩層から化石燃料のシェールガスが採掘されている。シェールガスはアメリカで商業利用されているが，どちらもメタンを成分とするため，燃焼により二酸化炭素を発生し，地球温暖化の原因となる。

5 国際社会における日本の役割

1 日本の政府開発援助（ODA）

日本は，貧困などに対する人道的支援，経済的自立を目指す自助努力の支援，環境保全などのために，発展途上国へ**政府開発援助**（**ODA**）を行っている。ODAには，国際機関を通じての支援と，日本と相手国との間で行われる二国間の支援がある。

医療・公衆衛生，教育など，直接人々の生活向上に結びつく援助のほか，**青年海外協力隊**や専門家の派遣，相手国の研修員の受け入れなどもある。青年海外協力隊はODAの技術協力を行う部門であり，国際協力機構（JICA）が重要な事業の１つとして行っている。1965年に始まったこの事業は，約50年間に43,000名以上の隊員を派遣している。

また，ODAだけでなく，**非政府組織**（**NGO**）(→p.501)による海外援助も活発に行われている。海外での援助を効果的に行うには，政府も，援助する現地の実情を詳しく知る機会が多いNGOとの連携が必要である。

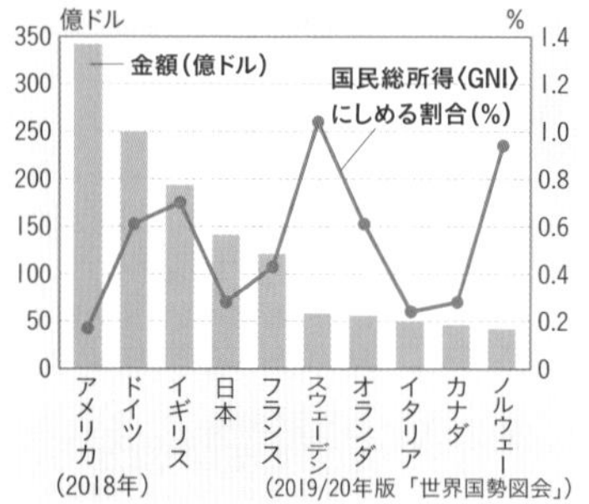

↑ODAの支出額と対GNI比　日本は，かつては世界１位の金額を出していたが，現在は減少傾向にある。また，GNI比はアメリカなどとともに低い水準にある。GNI比の国際目標は0.7%とされている。

くわしく

政府開発援助（ODA）
二国間支援には，返済義務のある資金援助である円借款と，返済義務のない贈与がある。贈与には，無償資金協力のほかに技術協力がある。

青年海外協力隊
JICA海外協力隊の１つで，20〜45歳の人が応募できる。JICA海外協力隊の仕事は，国・地域づくりに関わる「計画・行政」，食べ物や自然に関わる「農林水産」，教育やスポーツなど人を育てる「人的資源」など９つの分野に分かれている。

2 核軍縮と日本の役割

日本は，第二次世界大戦の末期の1945年８月に，広島・長崎に投下された原子爆弾により，多くの犠牲者を出し，現在に至るまで多くの人が後遺症に苦しんでいる（→p.430）。こうしたことから，日本は核兵器を**「持たず，つくらず，持ち込ませず」**という**非核三原則**を掲げ，核兵器をなくすための努力を行ってきた。また，1954年に第五福竜丸がアメリカの水爆実験で放射能を浴びた事件をきっかけに，国民の間から原水爆禁止運動が始まり，1955年から毎年８月に日本で原水爆禁止世界大会が開かれている。

わが国は戦争による唯一の被爆(ひばく)国として，また，平和主義を定めた日本国憲法をもつ国として，国連をはじめあらゆる場で核軍縮を訴(うった)え続けるべきだとする声が強い。

3 私たちの役割

今日，**地球社会の一員**，**地球市民**といった言葉が多く使われるようになった。世界で起こる，環境破壊(はかい)，テロ，民族・地域紛争(ふんそう)などのさまざまな問題について，政府に任せておくだけでなく，私たち一人ひとりにとって，何をするのがよいのか，どうするべきなのかを考えて行動に移すことが大切である。私たちは地球市民として，地球社会の一員として自覚をもち，できること，なさねばならないことを深く考えていかなければならない。

また近年は，一人ひとりの人間に着目して，その生命や人権を守るという**「人間の安全保障」**の考え方が世界的に広まっている。この考え方は，日本政府の外交方針にも取り入れられており，世界のさまざまな脅威(きょうい)から人々を守ろうとするものである。

用語解説

人間の安全保障
軍事力を背景として，他国の脅威から国家の安全を守るのではなく，一人ひとりの人間に着目して，さまざまな脅威から世界の人々を守ろうとする考え方。グローバル化が進み，軍事力を背景とした，これまでの「国家の安全保障」では，人権侵害(しんがい)，飢餓(きが)，紛争，地球環境など，世界の人々が直面する脅威から人々を守れないとして，この考えが生まれた。

確認問題 CHECK

第5章 地球市民としての私たち

問題 各問いに答えましょう。また，（　）に当てはまる語句を選びましょう。

❶ 国家が成り立つために必要なものは，領域・国民のほか，あと一つは何か。

❷ 領海の外側で，沿岸から200海里までの海を何というか。

❸ 世界の平和と安全の維持に主要な責任をもつ，国際連合の中心機関は何か。

❹ ❸の機関の常任理事国は，アメリカ・ロシア・イギリス・中国と，あと一か国はどこか。

❺ 教育・科学・文化の面で国際協力を推進するための国連の専門機関は（ UNICEF　UNESCO ）である。

❻ 非核保有国への核兵器の譲渡や製造援助の禁止を定めた条約は何か。

❼ 自由貿易を強化し，知的財産権やサービスの分野にも対象を広げた国際機関は（ WTO　GATT ）である。

❽ ヨーロッパ連合（EU）の共通通貨は何か。

❾ 環太平洋経済連携協定のアルファベットの略称は何か。

❿ 国際的に活動している民間の組織・団体を何というか。

⓫ 京都議定書に代わって，2015年に採択された，2020年以降の地球温暖化防止のための国際的な取り決めは何か。

⓬ 発展途上国の間での経済格差から生じる問題は何か。

⓭ 「貧困をなくそう」など，持続可能な社会をつくるために，2030年までに実現すべき17の国際目標を何というか。

⓮ 太陽光や風力など，枯渇の心配がなく，汚染物質を排出しないエネルギーを何というか。

⓯ 発展途上国に対して，先進国の政府が行う経済援助は何か。

⓰ 国だけでなく一人一人の人間に着目して，さまざまな脅威からその生命や人権を守ろうとする考え方を何というか。

① 主権
② 排他的経済水域
③ 安全保障理事会
④ フランス
⑤ UNESCO
⑥ 核拡散防止条約(NPT)
⑦ WTO
⑧ ユーロ
⑨ TPP
⑩ 非政府組織(NGO)
⑪ パリ協定
⑫ 南南問題
⑬ 持続可能な開発目標(SDGs)
⑭ 再生可能エネルギー
⑮ 政府開発援助(ODA)
⑯ 人間の安全保障

巻末資料

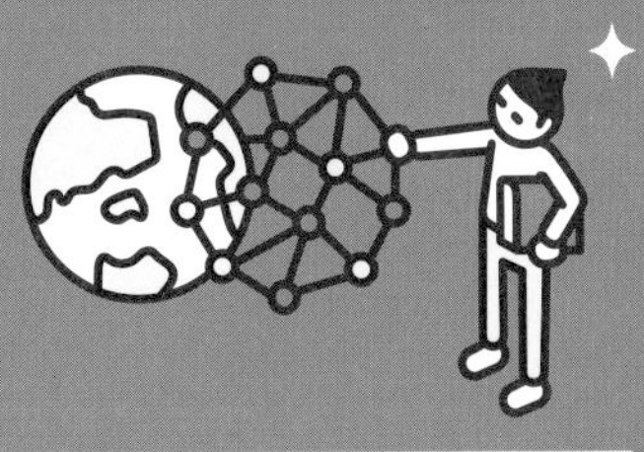

地理	よく出る世界の諸地域のポイント
地理	間違えやすい地理用語
歴史	よく出る写真・絵画資料
歴史	間違えやすい重要人物
公民	よく出る政治・経済の図
公民	間違えやすいアルファベット略称

よく出る 世界の諸地域のポイント

◉ ヨーロッパ州 ➡p.70

◇**自然**…暖流の**北大西洋海流**と**偏西風**の影響で，高緯度のわりに温暖。

◇**農業**…**地中海式農業**や混合農業，酪農などが行われている。

◇**工業**…先端技術（ハイテク）産業や自動車工業がさかん。

◉ アジア州 ➡p.56

◇**気候**…東，東南，南アジアは**季節風**（**モンスーン**）の影響が強い。

◇**人口**…世界の約６割を占める。**中国が世界一**。インドが第２位。

◇**産業**…中国は沿岸部に**経済特区**。インドでICT（情報通信技術）産業がさかん。

◉ 北アメリカ州 ➡p.90

◇**民族**…アメリカはネイティブアメリカン，ヒスパニックなど多民族国家。

◇**農業**…アメリカは「**世界の食料庫**」。大規模で企業的な農業。

◇**工業**…アメリカは**サンベルト**で先端技術（ハイテク）産業。シリコンバレーにICT関連の企業。

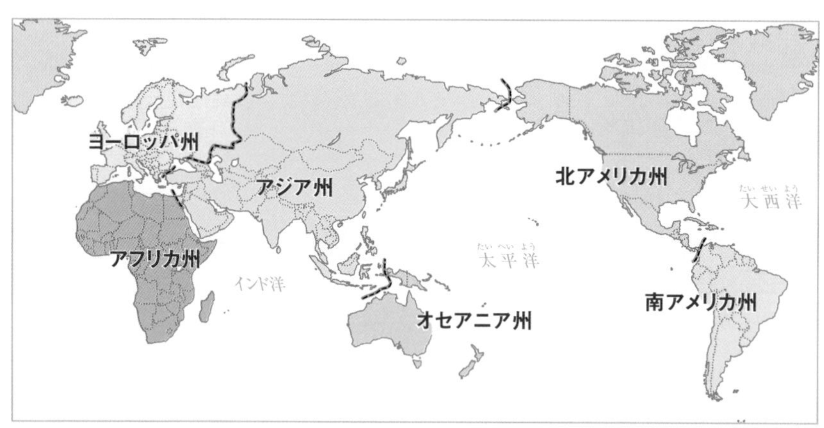

◉ アフリカ州 ➡p.82

◇**農業**…ギニア湾岸で**カカオ**の栽培がさかん。

◇**鉱業**…金やダイヤモンド，**レアメタル**（**希少金属**）が豊富。

◇**経済**…特定の資源，農作物の輸出に頼る**モノカルチャー経済**の国が多い。

◉ オセアニア州 ➡p.108

◇**先住民**…オーストラリアは**アボリジニ**（**ー**）。ニュージーランドは**マオリ**。

◇**農業**…オーストラリアで**掘り抜き井戸**の水を利用した羊の放牧。

◇**鉱業**…オーストラリアの東部で**石炭**，西部で**鉄鉱石**が産出。

◉ 南アメリカ州 ➡p.100

◇**民族**…先住民の**インディオ**，白人と先住民の混血の**メスチソ**（**メスチーソ**）。

◇**農業**…ブラジルの**ファゼンダ**で**コーヒー**の栽培。**パンパ**で小麦の栽培。

◇**環境**…**アマゾン川**流域で**熱帯林**が減少。

間違えやすい
地理用語

◉扇状地と三角州

◇扇状地

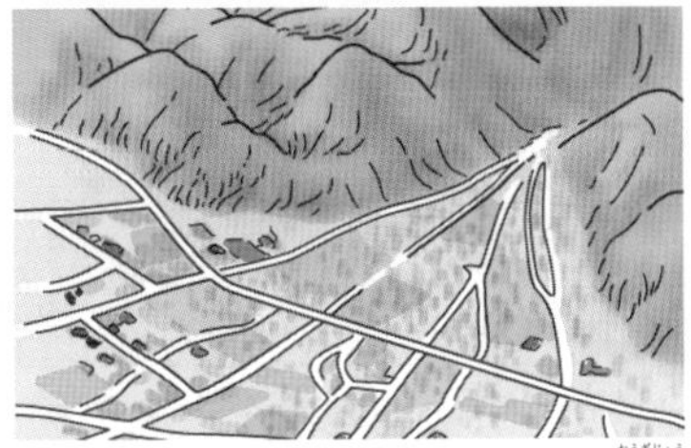

川が**山地から平地に出るところ**にできる扇状の地形。**果樹園**に利用。

◇三角州

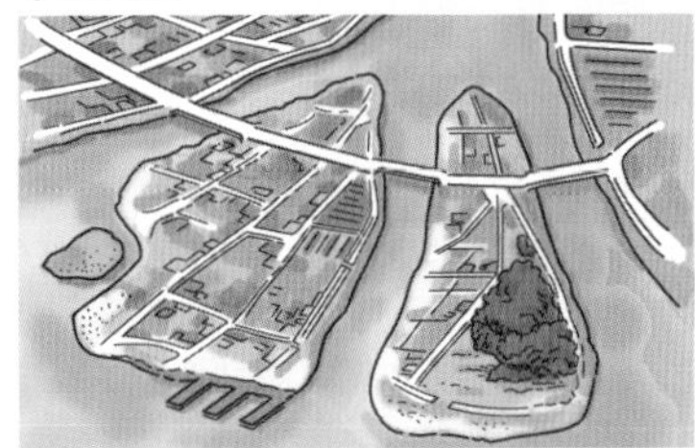

川が海や湖に出るところにできる三角形に似た低地。**水田**や住宅地に利用。

◉促成栽培と抑制栽培

◇促成栽培

（フォト・オリジナル）

ビニールハウスなどを利用して，他の地域よりも**出荷時期を早める。**
宮崎平野や高知平野など暖かい地域でさかん。

◇抑制栽培

（Cynet Photo）

他の地域よりも**出荷時期を遅らせる。野辺山原や嬬恋村の高原野菜**や，**渥美半島の電照菊。**

◉シラス台地と関東ローム

◇シラス台地

（縄手秀樹／PPS通信社）

鹿児島県から宮崎県南部にかけて広がる，シラスと呼ばれる白い火山灰が積もった土地。さつまいもの栽培がさかん。

◇関東ローム

（ピクスタ）

関東平野に広がる赤褐色の土壌。富士山や浅間山の火山灰が積もってできた。

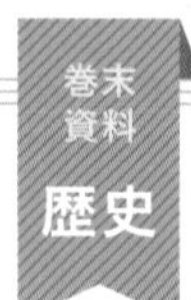

よく出る
写真・絵画資料

土偶 ➡p.239

(東北大学大学院文学研究科)

女性などを形どったものが多く，安産や，食物の豊かさを祈るためなどにつくられたと考えられている。

大仙古墳 ➡p.245

前方後円墳という形で世界でも最大級の墓といわれ，世界遺産にも登録されている。

金剛力士像 ➡p.280

(東大寺／撮影：飛鳥園)

東大寺南大門に安置されていて，運慶・快慶らが製作に携わった。

元寇 ➡p.283

(菊池神社)

幕府軍は元軍の火薬兵器「てつはう」と集団戦法に苦しめられた。

書院造(東求堂同仁斎) ➡p.298

(慈照寺)

足利義政の建てた慈照寺（銀閣寺）にある東求堂の一間で，和風建築のもとになった。

長篠の戦い ➡p.314

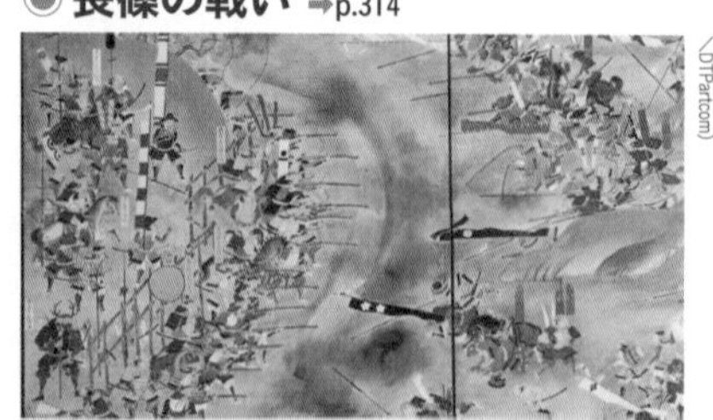

(徳川美術館©徳川美術館イメージアーカイブ／DTPartcom)

騎馬隊中心の武田軍に対して，左の織田・徳川軍は鉄砲を使用して戦いを有利に進めた。

◉ 検地 ➡p.316

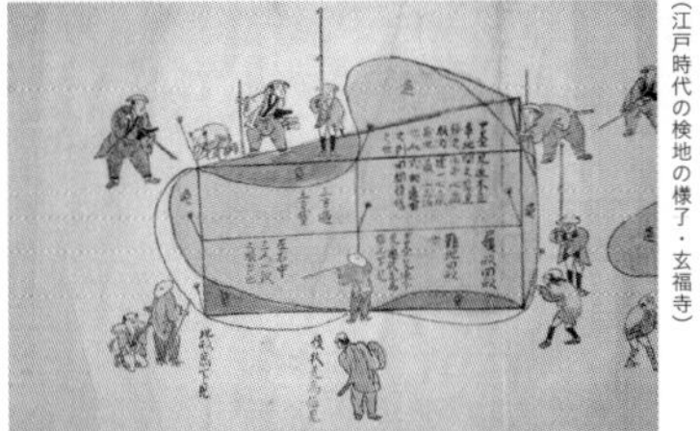

（江戸時代の検地の様子・玄福寺）

豊臣秀吉は統一した基準で検地を行い，全国の土地は石高という統一基準で表された。

◉ 富嶽三十六景（神奈川沖浪裏） ➡p.346

（個人蔵）

化政文化を代表する浮世絵師葛飾北斎が描いた「富嶽三十六景」のうちの１枚。

◉ 明治の銀座通り ➡p.380

（個人像）

レンガづくりの建物や洋服を着た人，鉄道馬車やガス灯など文明開化の様子が見てとれる。

◉ 日清戦争風刺画（漁夫の利） ➡p.388

（川崎市市民ミュージアム）

日本と中国が魚（＝朝鮮）を釣るのをロシアが横取りしようとねらっている。

巻末資料 歴史

間違えやすい 重要人物

天智天皇と天武天皇	古代の天皇	大化の改新を進めた中大兄皇子が即位して天智天皇となり，弟は壬申の乱に勝利して即位し天武天皇となり律令国家への歩みを進めた。
最澄と空海	新しい仏教	ともに唐から仏教の新しい教えを伝え，最澄は天台宗を伝えて比叡山に延暦寺を，空海は真言宗を伝えて高野山に金剛峯寺を建てた。
紫式部と清少納言	国風文化	ともに国風文化を代表する女流作家で，紫式部は『源氏物語』を，清少納言は随筆『枕草子』を著した。
北条泰時と北条時宗	鎌倉幕府執権	鎌倉幕府の執権で，３代北条泰時は承久の乱後御成敗式目を制定し，８代北条時宗は２度の元の襲来（元寇）を退けた。
足利義満と足利義政	室町幕府将軍	室町幕府の将軍で，３代義満は日明貿易を始め北山文化が栄え，８代義政は応仁の乱後に東山に銀閣を建て東山文化が栄えた。
松平定信と水野忠邦	江戸幕府の改革	江戸幕府の老中で，松平定信は寛政異学の禁など寛政の改革を，水野忠邦は上知令など天保の改革を行った。
原敬と犬養毅	政党政治	大正・昭和前期の首相で，原敬は本格的な政党内閣をつくり，犬養毅は五・一五事件で射殺され，約８年続いた政党内閣が終わった。

よく出る
政治・経済の図

衆議院・参議院の違い →p.509

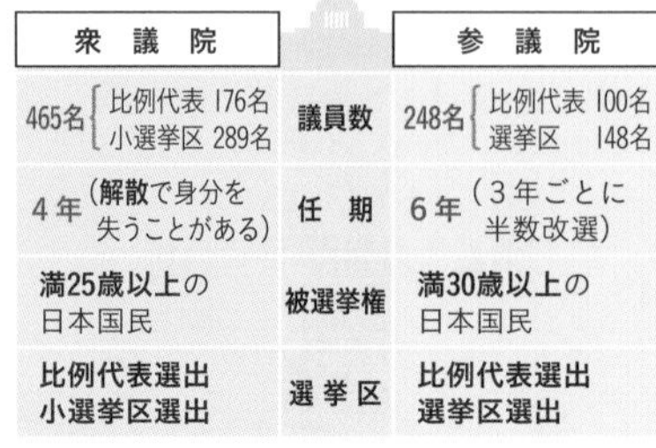

衆議院		参議院
465名{比例代表 176名 / 小選挙区 289名	議員数	248名{比例代表 100名 / 選挙区 148名
4年（解散で身分を失うことがある）	任期	6年（3年ごとに半数改選）
満25歳以上の日本国民	被選挙権	満30歳以上の日本国民
比例代表選出 小選挙区選出	選挙区	比例代表選出 選挙区選出

衆議院は民意を反映するべく，任期が短い。

議院内閣制 →p.516

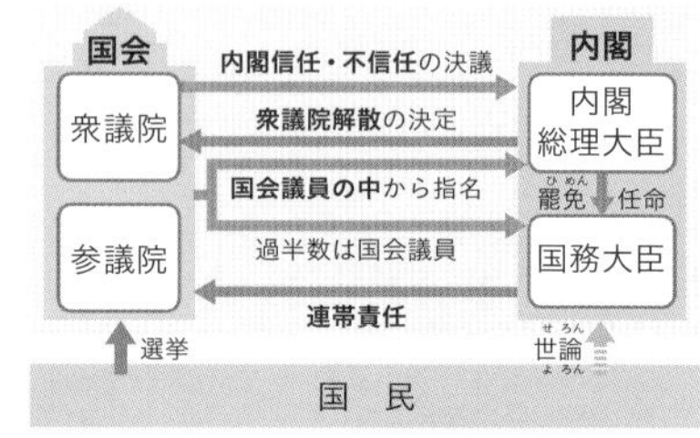

内閣は国会からうまれ，国会の信任で成立し，連帯して責任を負う。

三権分立のしくみ →p.531

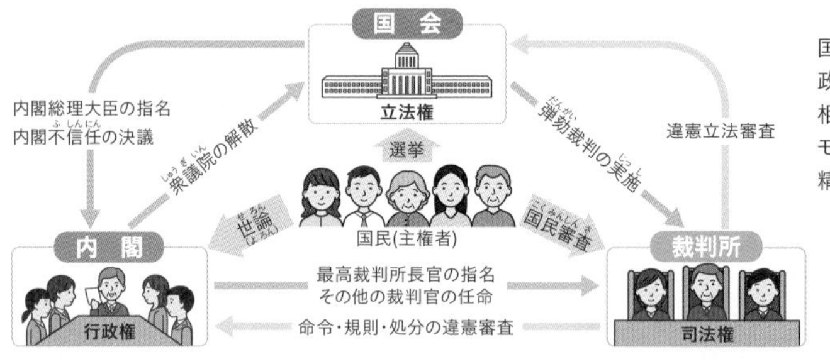

国家権力を「立法」「行政」「司法」の3つに分け，相互に抑制し合うしくみ。モンテスキューが『法の精神』で唱えた。

地方自治のしくみ →p.540

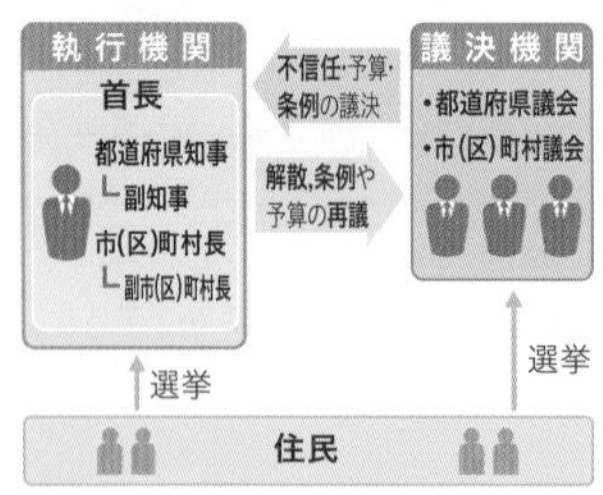

議会と首長は，対等な関係にある。

直接請求権の種類 →p.543

直接請求		法定署名数	請求先
条例の制定・改廃の請求		有権者の50分の1以上	首長
監査請求		有権者の50分の1以上	監査委員
解職請求	首長・議員	有権者の3分の1以上	選挙管理委員会
解職請求	その他の役職員	有権者の3分の1以上	首長
解散請求		有権者の3分の1以上	選挙管理委員会

議会の議員や首長を辞めさせる請求は，多くの署名を必要とする。

株式会社のしくみ ➡p.556

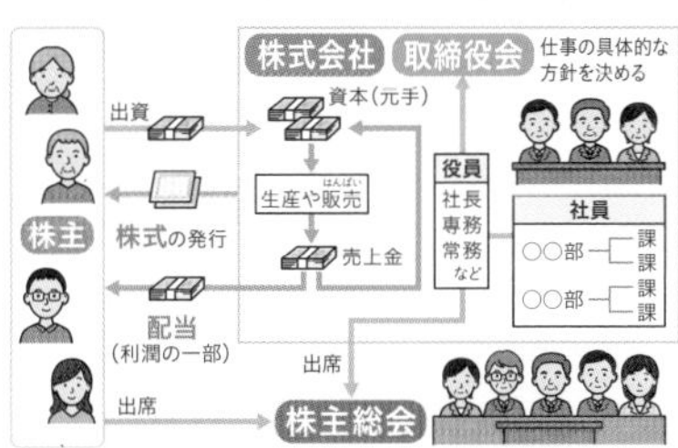

株主は利潤の一部を配当として受け取る。

需要量と供給量 ➡p.563〜564

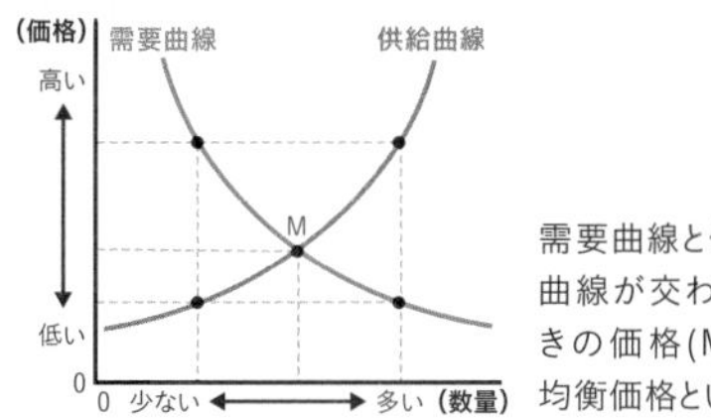

需要曲線と供給曲線が交わるときの価格(M)を均衡価格という。

国の歳入・歳出 ➡p.578

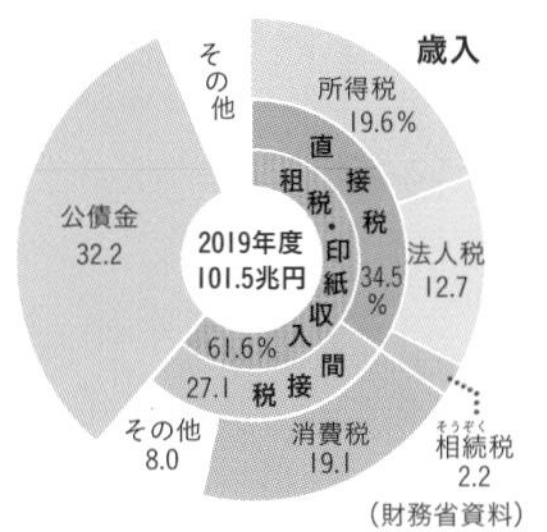

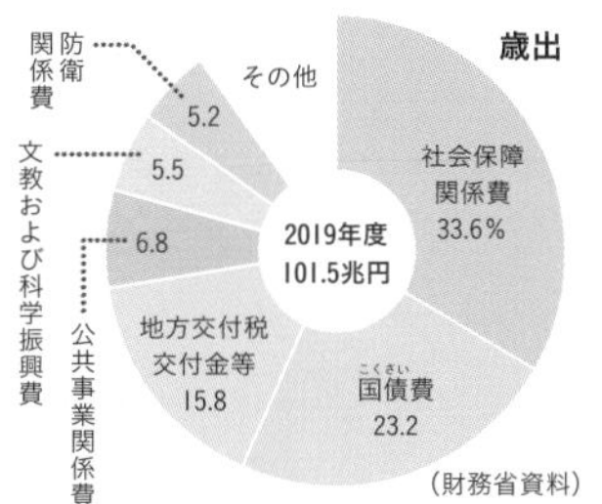

歳入は，租税と公債金がほとんどである。歳出は，社会保障関係費，国債費，地方交付税交付金の割合が多くなっている。

巻末資料 公民

間違えやすい アルファベット略称

FTA (エフティーエー)	Free Trade Agreement	**自由貿易協定**	特定の地域や国が，自由貿易を進めるために結ぶ協定。
IMF (アイエムエフ)	International Monetary Fund	**国際通貨基金**	国際通貨の安定や貿易拡大のための，国連の専門機関。
NGO (エヌジーオー)	Non-Governmental Organizations	**非政府組織**	政府に属さず，国際的な奉仕活動をする民間の組織。
NPO (エヌピーオー)	Non-Profit Organization	**非営利組織**	政府に属さず，国内中心に奉仕活動などをする民間の組織。
ODA (オーディーエー)	Official Development Assistance	**政府開発援助**	発展途上国に対して，先進国の政府が行う経済援助。
WHO (ダブリューエイチオー)	World Health Organization	**世界保健機関**	人々の健康維持・増進を目的に，感染症対策などを行う国連の専門機関。
WTO (ダブリューティーオー)	Word Trade Organization	**世界貿易機関**	世界貿易の自由化と秩序維持の強化を目的に設立された機関。

さくいん

用語の出てきた編を 地 歴 公 マークで示しています。
同じ分野で複数のページにのっている用語は，とくにくわしい解説があるページを**太字**にしています。

あ

い

う

え

お

か

く

け

こ

さ

し

す

せ

そ

た

ち

つ

て

と

な

に

ぬ

ね

の

は

ひ

ふ

へ

ほ

ま

み

む

め

も

や

ゆ

よ

ら

り

る

れ

ろ

わ

A~Z

監修　太田弘（元 慶應義塾普通部教諭）　菊池陽太（開成中学校・高等学校教諭）
近藤剛（開成中学校・高等学校教諭）　佐伯暖（開成中学校・高等学校教諭）

編集協力　佐野秀好，㈱ダブルウィング，青山社，余島編集事務所，株式会社　エデュデザイン，長谷川健勇，中屋雄太郎，笹原謙一，菊地聡，八木佳子，㈱クレスト，彩文社，小林麻恵，粕谷佳美，㈲マイプラン，高橋賢，小西奈津子，山﨑瑠香

カバーデザイン　寄藤文平＋古屋郁美［文平銀座］

本文デザイン　武本勝利，峠之内綾［ライカンスロープデザインラボ］

本文イラスト　加納徳博

図版　㈲木村図芸社，ゼム・スタジオ，㈱アート工房

写真提供　写真そばに記載，無印：編集部または学研写真資料課

DTP　㈱明昌堂

データ管理コード：22-2031-1980（CC19）

この本は下記のように環境に配慮して製作しました。
●製版フィルムを使用しないCTP方式で印刷しました。 ●環境に配慮して作られた紙を使用しています。

学研 パーフェクトコース
わかるをつくる 中学社会